HISTOIRE DE LÉON X.

EN VENTE A LA MÊME LIBRAIRIE.

Histoire de la vie, des ouvrages et des doctrines de Luther, par M. Audin, 4ᵉ édition, 1 vol. in-12.   3 fr. 50 c.
Histoire de la vie, des ouvrages et des doctrines de Calvin, par M. Audin, 4ᵉ édition, 1 vol. in-12.   3 fr. 50 c.

Sous presse :

Histoire de Henri VIII et du schisme d'Angleterre, par M. Audin, 2 vol. in-8°.

HISTOIRE DE LÉON X.

PAR M. AUDIN.

> Quidquid ex eo amavimus, quidquid mirati sumus, manet mansurumque est in animis hominum, in æternitate temporum, famâ rerum.
> CORN. TACIT., *Agricola.*

DEUXIÈME ÉDITION.

PARIS,
L. MAISON, LIBRAIRE-ÉDITEUR,
RUE CHRISTINE, N° 5.

1846.

PRÉFACE.

Au commencement du seizième siècle, à la renaissance des lettres, deux hommes quittaient l'Allemagne, leur patrie, pour visiter l'Italie. L'un, monté sur une mule, traversait à petites journées les Alpes, emportant pour se distraire en chemin quelques satiriques grecs et latins ; l'autre suivait sur un cheval de bataille l'empereur Maximilien Ier dans l'expédition du Milanais. De nos deux voyageurs, l'un était prêtre et se nommait Érasme ; l'autre était poëte et s'appelait Ulrich de Hutten ; tous deux, ennemis du capuchon, s'arrêtaient pour écrire une épigramme contre le moine qui passait à leurs côtés. Ils avaient assisté aux luttes de Pfefferkorn et de Hogstraët contre Reuchlin, et ri de bon cœur de l'encre que les moines et les humanistes de Cologne avaient dépensée dans cette querelle ; seulement le prêtre y avait pris une part active, parce qu'il était né bien avant le poëte. Érasme était alors le roi de l'ironie ; son bonheur et sa gloire peut-être étaient de faire la guerre aux péchés d'habitude qu'il prêtait à tout ce qui portait un froc. Ces péchés étaient au nombre de sept, comme dans le catéchisme : l'orgueil, la paresse, la colère, l'avarice, la luxure, l'envie, la gourmandise. Il n'y en avait malheureusement que sept, mais il était homme d'invention. Pour ridiculiser les moines, il avait imaginé une foule de joyeusetés qui couraient les écoles, et devenaient bientôt autant d'apophthegmes qu'on répète encore de nos jours avec une imperturbable assurance. Il leur attribuait cette singulière formule que vous pourrez chercher, mais qu'assurément vous ne trouverez dans aucun de leurs livres : *Gréciser, c'est faire de l'hérésie*. Alors le monde monacal était une terre que peu de lettrés avaient visitée, en Allemagne surtout, où naquit ce proverbe. Érasme en sortait, y avait été nourri, vêtu, élevé, et en avait rapporté toutes sortes de fables auxquelles on ajoutait foi, parce qu'il avait un rare talent de narrateur; qu'il savait parer une médisance, enchâsser une calomnie, mettre en œuvre un mensonge, et donner à tout ce qui s'échappait de sa plume ou de ses lèvres un tour fin et spirituel. Du reste, comme il ne faut pas que nous tombions dans le péché que nous reprochons à notre Batave, nous devons, pour être juste, confesser que l'épigramme de Désidérius n'allait pas au delà de l'épiderme; qu'elle égratignait, mais ne faisait pas couler le sang.

Ulrich de Hutten ne ressemble à Érasme ni de figure, ni de vêtement, ni de style. Sa poitrine est emprisonnée dans un corselet de fer travaillé à Nuremberg; à ses côtés pend une longue épée; ses talons sont armés d'éperons en forme de croc, et ses deux cuisses cachées sous des écailles d'acier poli. Sans le laurier dont il s'est couronné lui-même en tête de ses œuvres, et qu'il porte souvent en voyage, vous le prendriez pour un de ces gantelets de fer qui, dans la guerre des Paysans, s'en vont à la chasse de nos vieux reliquaires, de nos images peintes sur bois, de nos chasubles brodées d'or, et de nos ostensoirs surchargés de pierres précieuses. On dirait, en le lisant, que le champ de bataille est son trépied sibyllin. Son ironie, car il rit aussi, déchire comme son éperon; sa moquerie a une odeur de sang; son épigramme sent le corps-de-garde, et sa gaîté monte au cerveau comme la fumée de ce bois de gayac dont il a célébré les vertus.

Érasme donc et Ulrich de Hutten se trouvaient à peu près en même temps en Italie, au moment où Jules II partait pour la conquête de Bologne. Ni l'un ni l'autre ne comprirent le pontife-roi.

Hutten s'attache d'abord à la forme extérieure. La figure de Jules II, que Michel-Ange prit pour modèle en taillant son Moïse, l'effraye; il en fait un Sarmate à la barbe épaisse, à la chevelure ondoyante, à l'œil hagard, aux lèvres gonflées de colère.

Alors, comme s'il tremblait à cette apparition, il appelle un autre Brutus pour délivrer Rome de ce nouveau Jules : Rome, assure-t-il, qui meurt dans l'esclavage si quelque poignard ne la débarrasse du tyran.

Hutten, qui a dans les veines du sang germain, se lamente chaque fois qu'une forteresse tombe au pouvoir du Saint-Siége. Il a rêvé que le beau ciel, les plaines fécondes, les montagnes couvertes de vignes et d'oliviers, les fleuves et les rivières de l'Italie, appartiennent en toute propriété à son empereur Maximilien. « Tout cela est à vous, lui dit-il ; étendez la main, et reprenez ce qu'on vous a dérobé : voici Bologne, la ville du droit canon, elle est à vous; voici Rome, la ville aux sept collines, elle est à vous; voici Parme et Plaisance, où vos ancêtres ont rendu justice, elles sont à vous; tout ce qui est puissance civile vous appartient : au pape, les clefs du royaume du ciel ; aux apôtres du Christ, les conquêtes de l'enseignement. » Dans ses préoccupations teutones, il ne s'aperçoit pas que, si son empereur osait toucher à une seule pierre du patrimoine de l'Église, Venise viendrait avec son d'Alviane, l'Espagne avec son Gonzalve de Cordoue, la France avec son Gaston de Foix, pour lui en disputer la possession. Et alors que deviendrait cette lumière que la papauté a fait lever en Italie, et dont quelques rayons éclairent déjà l'Allemagne? où tous ces Grecs chassés de Constantinople iraient-ils chercher un asile? où se réfugierait l'art qui vient de se réveiller? que deviendrait cette philosophie platonicienne que les chanoines de Santa-Maria-del-Fiore ont intronisée à Florence? quel serait le sort de tous ces peintres ombriens que les couvents fêtent et protégent? pour qui travailleraient le Pérugin, Raphaël et Bramante?

Jusqu'où va la passion d'Ulrich! Sur la place de Saint-Pierre, de nombreux ouvriers sont occupés à élever une basilique dont Jules II conçut l'idée, et Bramante le plan ; il a traversé cette place, et il n'y a trouvé que deux maçons, dont l'un était boiteux : les pierres crient, *lapides clamant*, et il n'entend pas!

Nous nous trompons, le poëte a repris un moment l'usage de ses sens, le soleil de Rome lui a rendu la vue ; mais voici tout ce qu'il aperçoit :

Une tourbe d'avocats, de juristes, de procureurs, de bullistes, attachés comme autant de mouches à sa pauvre Allemagne, dont ils aspirent le sang : mais, de toutes les intelligences chrétiennes qui vivent à Rome, il n'en a pas vu une seule.

Alors, dans sa colère, il s'écrie :

« Brisons nos fers et jetons bas leur joug. »

Ces cris, exhalés en beaux vers, traversent le Rhin, vont remuer les esprits en Franconie, et préparer le grand schisme qui coûtera bientôt tant de larmes à l'humanité. Les peuples allemands croient aux récits d'un voyageur qui a décrit, en courant à cheval, les mœurs d'une nation, et ils pleurent, aux dithyrambes du poëte, sur la dégradation de toutes ces intelligences méridionales, à qui Dieu pourtant, dans sa bonté, avait donné, disait-on, pour habitation cet autre paradis terrestre où l'oranger croît en plein champ, terre dont Hutten conteste aussi les splendeurs.

Ne nous étonnons pas des colères et des préventions de Hutten, que partagera Luther. C'est des Alpes qu'est descendu Cécina, qui marqua son passage à travers l'Allemagne par des traces de sang, qui donna des fers à l'Helvétie, qui mit si cruellement à mort le vieillard d'Aventicum. Hutten et Luther haïssent tout ce qui sort du monde latin, et, dans leurs préjugés, ils ne font pas plus grâce au sol qu'à l'homme : pour Luther, la rampe verdoyante du Poltesberg nourrit plus de fleurs que toutes les montagnes de l'Italie; pour Hutten, le tilleul de la Franconie est mille fois plus beau que le hêtre de la campagne de Rome.

A l'exception de Jules II, et nous dirons pourquoi, Érasme a respecté tout ce qui de son temps porta la tiare. Mais il s'est dédommagé de ce silence obligé, en dénigrant tout ce qui avait un froc, en Allemagne comme en Italie. En Allemagne, c'est à l'intelligence qu'il s'est attaqué surtout; en Italie, ce sont les mœurs qu'il a poursuivies : ces mœurs, il ne les a guère connues, car rarement il est descendu dans un monastère. Il lui suffit de deux ou trois épigrammes comme chaque nation en possède sur le clergé conventuel, épigrammes qui en Italie avaient deux à trois siècles d'existence, et, depuis

Dante, s'étaient transmises par voie de poëte jusqu'à Pontano, pour immoler les moines à sa risée. Hutten et Érasme se seraient bien gardés d'aller visiter un de ces monastères où ils prenaient plaisir à loger tant de fabuleuses folies : ils auraient trouvé agenouillé dans une petite chapelle un pauvre frère qui, les mains jointes, priait Dieu de le délivrer de ces dignités mondaines que le pape lui imposait, et qu'il était obligé d'accepter par obéissance : car l'obéissance aussi a ses martyrs ! Mais que leur faisait la vérité ? ils emportaient avec eux un roman ingénieusement disposé en drame, et qui ne devait voir le jour qu'en Allemagne : car c'est une chose bien remarquable qu'ils n'ont osé imprimer en Italie aucune de leurs bouffonneries antimonacales ; et cependant, à cette époque, de tous les pays du monde, l'Italie seule jouissait du privilége de penser et d'écrire librement.

Un historien contemporain a déjà remarqué la couardise d'Érasme. « Tant que le philosophe est en Italie, dit Adolphe Muller, il fait l'éloge de cette nation, même dans ses épîtres familières. Mais, quand les Italiens se vantent hautement d'avoir été ses maîtres, le Batave orgueilleux s'irrite et se met à les dénigrer. »

Lorsque nous conçûmes le projet de décrire cette grande révolte contre la foi de nos pères qu'on appelle Réforme, nous pensâmes que notre devoir était de visiter le pays qui en avait été le berceau. Il nous tardait d'apprendre si ces théologiens, moines pour la plupart, qui combattirent Luther, avaient été, comme il osa le dire, déshérités du ciel ; si Dieu avait abandonné des créatures qu'il avait suscitées pour défendre son Église ; si la vérité n'avait eu pour athlètes que des intelligences privées de raison ; et nous fûmes heureux, en exhumant de la poussière cette légion de nobles défenseurs du catholicisme, de voir que nous avions été trompé, et le monde avec nous ; que la parole d'Eckius, de Faber, de Priérias, était aussi splendide que Luther la faisait terne, et que l'illumination d'en haut n'avait pas plus manqué que le courage à tous ces nobles preux en Jésus-Christ. A vrai dire, il nous répugnait de croire que leur piété envers notre vieille mère n'eût pas été récompensée dès cette vie.

La même pensée qui nous poussait vers l'Allemagne nous a conduit en Italie. Luther l'avait visitée en 1510. Dans quelques fragments de ses Tisch-Reden, il nous a raconté sous quelles impressions il avait repassé les Alpes ; mœurs et intelligence, il n'a rien épargné. L'intelligence de ses hôtes a été magnifiquement vengée ; c'est le temps, cet historien sans peur, qui s'est chargé de leur réhabilitation. Lorsque, assis dans son auberge de l'Aigle-Noir, entre Amsdorf et Justus Jonas, Luther parlait des ténèbres épaisses qui s'étendaient sur les cloîtres, le temps prenait soin d'enregistrer chacun des titres de gloire de ceux qui les habitaient en passant : il dressait le catalogue des œuvres entreprises dans les couvents ; œuvres dans tous les genres, depuis le *Thesaurus cornucopiæ* de Bolzani le franciscain, jusqu'au Saint-Marc du peintre Fra-Bartolommeo, de l'ordre des dominicains. Quand l'Allemagne comptait à peine un rudiment en langue grecque, l'Italie possédait sept poëmes épiques.

Jamais époque ne fut attaquée avec plus de méchanceté que la renaissance en Italie : la Réforme a su rendre séduisant le mensonge à force de parure. Des catholiques, en se faisant l'écho des plaintes exhalées au delà du Rhin, souvent par des âmes passionnées qui n'avaient jamais traversé les Alpes, n'ont pas compris que, pour colorer sa rébellion, l'erreur avait eu besoin de nous tromper. Elle avait besoin de nous faire croire qu'avant la venue de Luther, le grand arbre catholique, « sorti d'un petit grain de senevé, » n'abritait plus de ses ombres que des âmes qui avaient éteint volontairement en elles la lumière du père céleste ; car, sans cela, comment lui pardonner sa révolte ? Elle avait besoin de démontrer que le chef de la catholicité avait altéré le dépôt des vérités qu'il avait reçu de saint Pierre, étouffé cette voix du Christ qui devait régénérer le monde, corrompu et souillé la parole de Dieu ; car, sans cela, comment justifier ses insultes à la papauté ? Elle avait besoin de prouver que les grandes dignités ecclésiastiques, qui ne devaient être que le prix de la foi et des lumières, étaient le lot de l'orgueil et de l'ignorance ; car, sans cela, pourquoi ses tentatives contre l'épiscopat ? Il fallait encore qu'elle nous révélât que dans ces monastères ultramontains, jadis séjour de la prière et des vertus, toute étincelle de foi s'était éteinte, qu'à la vie de l'âme avait succédé la vie du corps, et que l'homme avait remplacé l'ange ; car, sans cela, pourquoi cette sécularisation des couvents qu'elle provoquait partout sur son passage ?

Voilà les plaintes que fit entendre la Réforme par la bouche de ses apôtres, mais dépouillées de ces injures qu'elle leur donnait pour ornement ou pour appui. Notre devoir était d'en vérifier la sincérité dans cette Rome chrétienne d'abord, dont elle avait prédit la chute en témoignage même de la vérité des accusations qu'elle avait formulées. Il y a longtemps que Rome serait tombée, si elle eût ressemblé à l'image que Wittemberg en avait tracée.

Nous avons cherché sérieusement à étudier la papauté sous deux sortes d'aspects, telle qu'elle s'est produite à la Renaissance : comme fille du Christ dans ses attributions toutes spirituelles, comme puissance mondaine dans ses actes tout humains. Nous la verrons, sous ces deux représentations, ressusciter les lettres, fonder des gymnases, élever des chaires aux diverses sciences, fouiller la terre pour y chercher des statues à la contemplation desquelles l'art revêtira une nouvelle forme; appeler les Grecs chassés de Constantinople, et les loger splendidement à l'Esquilin; favoriser le mouvement des imaginations vers Platon, donner pour toile les murs de la Sixtine aux grands peintres de l'époque, loger dans un couvent de pauvres ouvriers allemands apportant en Italie le bel art de l'imprimerie, que Léon X appelait une lumière nouvelle descendue du ciel; bâtir un palais pour les livres, un autre pour les statues, un troisième pour les tableaux; chercher au delà des mers les manuscrits d'écrivains antiques; réveiller la langue de David, d'Homère et de Virgile; affranchir la pensée; donner à la parole une liberté dont elle ne jouissait nulle part, et, quand elle y est forcée, se servir de son épée pour fonder les libertés nationales, et arracher les peuples du continent italien au joug de l'étranger.

Luther avait dit à Léon X :

« Vous voilà comme un agneau au milieu des loups, comme Daniel au milieu des lions, comme Ézéchiel parmi les scorpions. »

Et cependant le Saxon connaissait la cour du pontife. Nous prendrons place au consistoire parmi les robes rouges qui formaient le cortége du pape; nous dirons les titres de ces princes de l'Église à l'admiration des lettres et à l'amour des chrétiens, et l'on verra combien nous aurions été malheureux en nous laissant tromper par la feinte pitié du moine.

Il ajoute quelques lignes plus loin :

« A tous ces mécréants qui vous entourent qu'opposerez-vous ? deux ou trois cardinaux, hommes de foi et de science. »

Deux ou trois ! Quand nous aurons suivi Cajetan dans ses pérégrinations chrétiennes à travers l'Italie ; que nous nous serons assis dans la petite chambre de Louvain où Adrien d'Utrecht partage avec les pauvres le pain qu'enfant il reçoit de son père pour sa nourriture quotidienne ; quand nous aurons visité cette forêt ombreuse de Viterbe, où Léon X ira chercher Égidius pour le décorer de la pourpre romaine ; que nous aurons assisté aux réceptions, à Rome, du cardinal Grimani, qu'Érasme appelle une des splendeurs de l'Église du Christ, nous verrons s'il ne nous restera pas encore d'autres noms à citer ? Pourquoi donc Luther oublie-t-il Paul-Émile Césio, qui disait souvent : Mieux vaut manquer du nécessaire que de laisser souffrir les autres ; Boniface Ferreri de Verceil, qui fit élever à ses frais un collège à Bologne ; Campeggi, dont Érasme a célébré les vertus ; l'évêque d'Albe, Vida, qui ne vivait que de racines ; Giberti, le père des pauvres et des lettrés, comme on le nommait à Rome ? Il nous sera bien permis de réveiller de leur tombeau ces saintes ombres pour rappeler un moment leurs travaux apostoliques.

Léon X a été malheureux : il n'a pas plus échappé aux calomnies qu'aux louanges de la Réforme : l'éloge, dans les termes qu'il est formulé, ferait plus de tort à la mémoire du pape que l'insulte même. Le protestantisme en fait un humaniste érudit, un poëte brillant, un lettré de la renaissance enfin, tout occupé, sur la chaire de Saint-Pierre, de vanités mondaines : ce qu'il y a de plus douloureux, c'est qu'il a donné le change à l'opinion catholique, qui répète des jugements inspirés par la passion. Tout en acceptant les louanges que lui ont décernées à dessein les écrivains de la Réforme, nous réclamons pour Léon X une gloire plus durable que celle qui trouve ici-bas son prix dans l'admiration et les applaudissements des hommes ; et cette gloire, que Dieu seul peut donner, il faudra bien la lui restituer quand nous le verrons dans le cours de sa vie, si courte et si pleine, pratiquer tous les préceptes de l'Évangile, qu'enfant il avait étudiés à Florence ; conserver dans l'exil cette chasteté de mœurs qui défia, suivant l'expression d'un écrivain contemporain, jusqu'au soupçon lui-même ; vivre, au milieu des humanistes romains, à la manière des chrétiens de la primitive Église ; jeûner, prier, et, rude à lui-même, faire maigre trois fois la semaine, répandre autour de lui d'abondantes aumônes, et, quand Dieu l'eut constitué chef de l'Église, donner au monde le spectacle des vertus chrétiennes les plus éminentes.

Nous le verrons au concile de Latran, poursuivant l'œuvre glorieuse commencée par Jules II, et qui devait s'accomplir à Trente : la réforme de l'Église. Il y a bien longtemps que la papauté travaillait à l'amélioration intellectuelle et morale du clergé : elle voulait une réforme ; Nicolas V, Sixte IV, Innocent VIII, en avaient proclamé la nécessité. Que si vous cherchez dans le cahier des doléances écrit par l'Allemagne à Nuremberg, vous n'y trouverez pas un des griefs que les Ordres ont formulés, et auxquels la papauté n'eût déjà tenté de faire droit. Certes, s'il est une page où Léon X se montre dans toute sa grandeur chrétienne, c'est à Latran quand il écoute les gémissements des cœurs catholiques, et que sous son inspiration le concile promulgue ces règlements dont la sagesse n'a point été assez appréciée, qui vivent encore, et qui seront comme l'éternelle gloire de l'Église et du vicaire de Jésus-Christ. Nous donnerons l'analyse des actes du concile, et l'on nous dira si Léon X faillit à sa mission apostolique. Ouvrez les livres de tous ceux qui ont écrit la vie de ce pape ; ils passent les yeux fermés devant ces travaux véritablement évangéliques.

Nous l'étudierons surtout dans les lettres écrites sous les noms de Bembo et de Sadolet; œuvre incontestable du pape, parce qu'on y reconnaît à chaque ligne les qualités de son esprit, de son cœur et de son style. Il en est de toutes sortes, adressées à des rois, tels que François Ier et Henri VIII ; à des humanistes, tels qu'Érasme et Lascaris; à des poëtes, tels que l'Arioste et Vida; à des artistes, tels que Raphaël. Ce n'est plus là le Léon X que nous accompagnerons au Vatican, dans la basilique de Saint-Pierre, au palais de Saint-Jean de Latran, au Gymnase romain, à Florence, à Bologne. Il est seul dans son cabinet d'étude, seul avec son correspondant, auquel il dit tout ce qui lui vient sur les lèvres ; et en vérité, si dans ces confidences intimes, il est des pages pour le politique, l'humaniste, l'artiste et le lettré, il en est un bien plus grand nombre pour le chrétien qui veut, avant tout, entendre le vicaire de Jésus-Christ. Ne cherchez pas ailleurs l'histoire du pontife, c'est-à-dire son âme : elle est là tout entière. Pour nous, c'est plus d'une fois que nous avons ouvert ce recueil précieux ; nous le laissions pour y revenir ; il nous semblait, en lisant ces lignes écrites par Léon X, qu'il vivait encore, qu'il était à nos côtés, qu'il nous parlait ; et, comme ce camérier qui, à la vue du tableau où Raphaël a fait revivre si admirablement les traits du pontife, s'agenouille pour demander au pape sa bénédiction, nous étions tenté de prendre la main qui avait tracé de si belles paroles, et de l'embrasser en signe d'admiration et d'amour.

Expliquons clairement notre pensée : notre livre nouveau est le complément de notre œuvre sur la Réforme.

Si dans l'Histoire de Luther nous avons démontré que, hors de l'unité catholique, il n'y a plus que désordre dans les intelligences, anarchie dans les doctrines, doute et négation dans la pensée ;

Si dans l'Histoire de Calvin nous avons prouvé que, hors de l'unité catholique, la Réforme avait été obligée, pour vivre et pour se perpétuer, de tomber dans le despotisme ;

Dans l'Histoire de Léon X, nous voulons faire voir que, sous cette papauté répudiée si violemment par la Réforme, il y avait unité, foi, lumière, liberté. Ici, pas de dispute théologique ; le fait est un argument assez lumineux.

Nous savions bien qu'avant nous d'autres écrivains avaient raconté la vie de notre héros, mais leur pensée n'était pas la nôtre ; aussi avons-nous tâché de ne pas les imiter. Un de ces historiens, qui travaillait à la manière des bénédictins, Roscoë, a tracé le tableau du règne de Léon X ; mais tableau tout mondain, où le pape n'est présenté que sous l'une de ses faces. Quand on a lu Roscoë, on connaît l'artiste, on ignore le chrétien. C'est une réhabilitation du caractère de Léon X que nous tentons aujourd'hui ; c'est Léon X aussi dans son œuvre religieuse, inconnue à la plupart des lecteurs, que nous avons essayé d'apprécier. Un ancien a dit que le devoir d'un historien est de ne pas taire les vertus des personnages dont il retrace le souvenir : *Præcipuum munus... ne virtutes sileantur.*

Nous avons voulu mettre ces vertus en lumière. Ne nous plaignons pas du silence et de l'oubli de Roscoë : pourrions-nous demander à un disciple de Knox l'amour filial d'un catholique pour son père ? Sachons gré à l'historien anglican de tout ce qu'il a mis souvent d'impartialité dans son récit en écrivant la vie de Léon X ; sans lui, peut-être n'aurions-nous pas entrepris notre ouvrage. A une époque de difficiles investigations, il pénétrait dans les archives et dans les bibliothèques publiques et particulières, conférait des manuscrits qu'on prêtait avec peine, visitait soigneusement chaque endroit où devait se passer une des scènes de son livre, interrogeait les monuments, relisait les poëtes de l'époque, et, pèlerin de l'histoire, puisait aux sources officielles les documents nombreux et variés qui devaient entrer dans sa composition littéraire. Roscoë, en nous traçant notre marche, nous avait indiqué notre devoir.

Comme Roscoë, c'est en Italie même que nous avons rassemblé les matériaux de notre ouvrage.

Notre première visite devait être naturellement à cette Rome, encore brillante des splendeurs dont l'a dotée Léon X. Là nous avons retrouvé cette papauté dont la Réforme compta les jours, vivant de la vie que lui assigna le Christ et qui ne doit pas avoir de fin : les noms seuls étaient changés.

Il y a plus de trois siècles, un homme dont nous raconterons le voyage en Italie, Erasme, disait à Léon X : Soyez béni, car vous faites fleurir la piété chrétienne, les saintes lettres et la paix parmi les nations. S'il revenait à la lumière, et qu'il lui fût donné de s'agenouiller devant Grégoire XVI, de quelles autres expressions se servirait-il pour louer le pontife assis aujourd'hui dans la chaire de Saint-Pierre ? Nous l'avons vu ce pontife : à nous, voyageur inconnu, n'apportant pour tout trésor qu'une foi vive, il a ouvert ses bras comme il eût fait à un roi des lettres : la Vaticane était là, il nous en a livré tous les trésors. Il y a trois siècles, à la tête de cette bibliothèque, œuvre et pensée d'un pape, était

Inghirami, dont la parole était aussi belle que puissante. Là, nous avons retrouvé l'humaniste d'Érasme dans le cardinal Lambruschini. Érasme ajoute qu'il compte comme une de ses bonnes fortunes d'avoir joui pendant quelques moments trop rapides de la conversation de cet écrivain au style cicéronien. Grâce au cardinal, ministre d'État; grâce à cette haute intelligence que nous avons eu le bonheur d'écouter, nous avons pu consulter tout ce que nous demandions de documents à ces immenses archives, où nous avons été introduit par Mgr Laureani, dont le zèle égale les lumières.

A tous ceux qui voudraient écrire l'histoire abrités par de doux silences, nous dirons : Allez à Rome ; vous y trouverez de riches bibliothèques, comme celles de la Minerve et des Augustins, ouvertes à diverses heures de la journée. Ne craignez pas de tourmenter la patience des conservateurs : la patience entre dans leurs attributions ; c'est une vertu que le supérieur leur recommande et que Dieu leur accorde pour salaire. Manuscrits, livres, brochures, tout est à vous, jusqu'à l'intelligence des gardiens, trésor qu'ils sont obligés de donner à qui en a besoin. Vous seriez bien malheureux en quittant ces vastes nécropoles, si vous n'emportiez avec vous l'amitié des pères à qui la garde en fut confiée. Vous faut-il de nouvelles lumières? vous avez les membres du sacré collège que vous pourrez visiter sans vous être fait annoncer, et qui sont toujours prêts à rendre des arrêts comme des services.

Nous ne pouvions oublier Florence, qui tint une si belle place dans les destinées et les affections de Léon X. La Magliabecchiana, les archives du palais Pitti, nous ont fourni de curieux renseignements sur des hommes et des faits littéraires du seizième siècle. Nous avons visité tous les lieux où des personnages de notre récit se sont trouvés en scène : Fiesole, dont le prieur chérit si tendrement Léon X ; Careggi, où Laurent le Magnifique dissertait avec Ficin sur le néoplatonisme ; le palais de la Via Larga, d'où le peuple chassa, dans un transport de colère, ces rois marchands qu'on nommait les Médicis ; le couvent des dominicains, qu'habita longtemps un moine du nom de Savonarole, dont nous avons essayé d'apprécier le génie religieux et politique. Là vivent, comme à la Minerve de Rome, dans la pratique des lettres et des vertus, des religieux qu'il est impossible de ne pas aimer. Pour le mystérieux génie qui traversa si glorieusement leur cloître, tous conservent un culte d'amour et d'admiration. Nous avons raconté les fautes de Savonarole, sans crainte d'offenser ces saintes âmes, parce qu'à la robe blanche du dominicain nous préférons la vérité, ce que du moins nous croyons la vérité.

A l'époque que nous nous proposons de décrire, la papauté fut plus d'une fois obligée de défendre, les armes à la main, la nationalité italienne. Nous la suivrons sur le champ de bataille, moins pour raconter les péripéties du combat, que pour faire connaître quelques-uns des principaux personnages qui s'y trouvèrent mêlés. Il est une grande figure historique qu'on a pris à tâche de dénigrer et que nous essayerons de réhabiliter, celle de Mathieu Schinner, évêque de Sion et légat de Jules II : c'est dans l'abbaye de Saint-Maurice en Valais que nous l'avons étudiée.

L'art de la Renaissance, et sous ce terme nous comprenons la peinture, la sculpture, la poésie, les lettres, devait avoir une large place dans notre histoire : nous la lui avons donnée. Il est un peintre, le commentaire en quelque sorte de Léon X, que nous nous sommes attaché surtout à faire apprécier : c'est tout à la fois dans l'Ombrie où se passa son enfance, au Vatican où l'appela la papauté, que nous suivrons Raphaël. M. Passavant, dont l'ouvrage récent a fait une si vive sensation en Allemagne, nous fournira de curieux documents sur celui qu'il a poétiquement nommé : « le plus bel astre du firmament de l'art. »

Et maintenant, puissent les hommes d'études sérieuses lire ces pages, que nous leur abandonnons, avec la même attention que nous les avons écrites.

Goëthe a dit :

« L'historien a un double devoir à remplir, d'abord envers lui-même, puis envers ses lecteurs : pour se satisfaire lui-même, il est obligé de s'assurer que les faits qu'il rapporte sont réellement arrivés; pour satisfaire ses lecteurs, il est obligé de les prouver. »

Nous pensons avoir rempli ce double devoir.

HISTOIRE
DE LÉON X.

CHAPITRE PREMIER.

LAURENT LE MAGNIFIQUE. — JEAN DE MÉDICIS. —
1475-1489.

Florence. — La famille des Médicis. — Les Grecs chassés de Constantinople se réfugient à Florence. — Protection que leur accorde Laurent le Magnifique. — Amour de Laurent pour les lettres. — Cosme fonde l'Académie platonicienne. — Gemiste Pléthon. — Le Néoplatonisme. — Idée de cette doctrine philosophique. — Laurent la chante. — Fête qu'il institue en l'honneur de Platon. — Son goût pour le naturalisme païen expliqué et jugé. — Laurent dans son ménage. — Naissance de Jean de Médicis. — Il reçoit la tonsure. — Louis XI lui confère l'abbaye de Passignano. — Avénement à la papauté d'Innocent VIII. — Jean obtient le chapeau de cardinal. — Lettre de Politien au pape. — La république félicite Sa Sainteté. — Scala.

Un jour quelques soldats de l'armée de L. Sylla, qui avaient obtenu, pour récompense de leur belle conduite dans les guerres civiles, les champs qui s'étendent autour de Fiesole, descendirent sur les bords de l'Arno, et, attirés par la beauté de la verdure et l'odeur des lis qui croissaient sur les bords du fleuve, construisirent à la hâte quelques cabanes de bois dans l'endroit où l'Arno vient s'unir au Mugnone. Telle est, suivant Léonard Arétin, l'origine de Florence, qui reçut d'abord le nom de *Fluentia*, à cause même de sa position sur ce double courant. La ville grandit bientôt, et se peupla : un demi-siècle s'était à peine écoulé, qu'elle comptait des milliers d'habitants, de beaux édifices, de larges rues, un port animé par des barques nombreuses. Fluentia s'appelle alors *Florentia*. Les poëtes ont trouvé une autre étymologie : ils veulent que la ville tire son nom de ces belles fleurs qui naissent en hiver sur cet amphithéâtre de collines qui l'enceignent de toutes parts. Dante dit qu'en 1251 elle avait pour armes un lis dans un champ rouge. Au moyen-âge, les savants qui chantaient en vers, et qui avaient été ravis, comme les soldats du dictateur, par ce doux parfum que le vent amène de Fiesole, ne pouvaient être de l'avis des historiens. Florentia, à leurs yeux, devait venir nécessairement de *flos :* c'était la ville de Fleurs. De nos jours, la science a soufflé sur ces vaines étymologies, en démontrant que la cité était de plusieurs siècles plus vieille que Sylla, et qu'elle devait son origine aux Étrusques.

Au moment où naquit Jean de Médicis, Florence était gouvernée par Laurent, surnommé le Magnifique.

C'était une antique famille que celle des Médicis : quelques historiens en placent le berceau à Athènes, d'autres à Mugello en Toscane. Elle florissait en 1074 : Marsile Ficin en a relevé les grandeurs. Longtemps elle fut en possession de fournir à l'État des gonfaloniers ; elle a donné à la cité cent prieurs, sept grands-ducs ; au monde, plusieurs reines ; à Rome, trois pontifes, Léon X, Clément VII et Léon XI.

Au quinzième siècle, Florence n'était pas seulement la cité des fleurs, mais une ville qui cultivait les lettres, qui s'adonnait aux sciences, qui parlait en vers latins, et qui se passionnait pour Platon. Des Grecs chassés de Constantinople, après un court séjour à Venise, s'embarquaient sur la Brenta, saluaient Padoue en passant, et venaient s'établir à Florence, attirés par les sollicitations de Cosme ou de Laurent. Laurent les fêtait comme des hôtes venus du ciel, les admettait à sa table, tâchait de les retenir à force de caresses, et, s'ils résistaient à ses séductions, ne les laissait jamais partir sans quelques lettres de recommandation pour les souverains qu'ils devaient rencontrer sur leur passage. Tantôt, comme Démétrius Chalcondyle, ils venaient se loger près de Santa-Maria del Fiore; tantôt, comme Politien, ils cherchaient sur l'une des collines environnantes une retraite à l'abri du tumulte de la cité, du bruit des marteaux des ouvriers en cuivre, du ciseau des architectes et des sculpteurs, de la lime des orfévres, et de ce mouvement d'artistes en tout genre dont elle était le rendez-vous et la patrie. On venait, dit Rudhart, de France, d'Allemagne, d'Angleterre, pour y étudier l'antiquité. Rome ne faisait que de naître à la lumière, que Florence avait déjà des bibliothèques, des académies, des gymnases, des réunions de lettrés. William Grocyn, Thomas Linacre, G. Sulpizio, Pomponio Leto, avaient voulu la visiter avant de voir Rome. Laurent les avait invités à sa table, leur avait donné des fêtes, avait avec eux visité ses belles villas, où il rassemblait les chefs-d'œuvre de la sculpture antique récemment trouvés en Italie ou rapportés de la Grèce, et les manuscrits que des juifs, ces grands marchands de l'époque, achetaient en Orient pour les revendre à Florence.

C'est que jamais prince n'aima les lettres d'un amour plus éclairé que Laurent de Médicis! Il était heureux quand, le soir, loin de Florence, et dans un de ces palais que lui avait laissés en mourant Cosme, son grand-père, il pouvait montrer à ses protégés ces beaux manuscrits qu'un Israélite lui avait vendus au poids de l'or! Il disait quelquefois à Nicolas Leoniceno : « Je les aime tant ces livres, que je vendrais jusqu'à ma garde-robe de prince pour m'en procurer. » A Careggi, Cosme avait fait élever une maison toute royale, distribuée en petites cellules où Laurent logeait ses humanistes chéris. Il y avait deux salles pour les livres, une pour les œuvres et les partitions musicales. On lisait sur l'une des portes de cet asile dédié aux Muses cette inscription grecque :

Τέρμα ὁρᾶν βιότοιο.
Μέτρον ἄριστον.

Après des causeries toutes philosophiques imprégnées de poésie platonique, où brillait surtout Ficin, on passait dans la salle du concert, et Squarcialuppi, son chanteur de prédilection, entonnait un hymne dont le prince avait composé les paroles, et l'on se séparait pour se réunir le lendemain au coucher du soleil. Laurent revenait toujours avec quelque nouvelle miniature d'un moine ignoré, quelque codex antique acheté à Venise, quelque statuette récemment déterrée à Rome. Les poëtes, les philosophes, les lettrés tombaient en extase et se mettaient à célébrer la bonne fortune du prince.

C'est sous les verts ombrages de la villa du grand Cosme, restaurée par Laurent, dans une petite chambre dont il ouvrait les fenêtres, au lever du soleil, pour entendre le chant des rossignols, ou respirer l'odeur des chèvrefeuilles et des aubépines en fleur, que Ficin s'écriait : « O doux loisir, ô asile secret des Muses, jamais ton souvenir ne s'effacera de ma mémoire! »

Dans l'intérêt de la santé de ses hôtes, Laurent voulut fonder d'autres asiles aussi poétiques, mais plus salubres. L'air de la villa de Careggi était trop tiède, des eaux trop abondantes l'imprégnaient d'une humidité malfaisante, le soleil avait trop de peine à percer les touffes épaisses des bois qui l'entouraient. Il fit bâtir une maison de plaisance à Fiesole, dont Politien nous a laissé la description; le rhéteur écrit à Ficin, son docte ami :

« Viens à notre Tusculum de Fiesole, quand le mois d'août, avec ses chaleurs dévorantes, se sera abattu sur Careggiano. Là tu trouveras de belles eaux, et dans le fond de la vallée un rare soleil, un vent doux et frais. De notre *villula*, à demi cachée par la forêt, tu pourras embrasser tout Florence. »

Avant de mourir, Cosme avait fondé l'Académie platonicienne. Gémiste Pléthon, le Byzantin, dont la science humaine et divine faisait l'admiration du monde entier, et qui assistait au concile de Florence sous Eugène IV, vint un jour au palais du Magnifique avec un manuscrit de Platon sous le bras ; il en lut quelques pages au prince. C'était comme un monde nouveau dont Gémiste venait de faire la découverte. Dans sa joie, Cosme imagine sur-le-champ une académie où l'on enseignera les principes de la philosophie platonicienne. Aristote, qui jusqu'alors avait régné en despote dans les écoles, commençait à peser à ces imaginations florentines, trop vives pour rester plus longtemps enchaînées à la parole d'un maître qui pour séduire les esprits n'employait que la raison. C'était l'oracle des moines qu'Aristote, et les âmes cherchaient à cette heure en Allemagne, comme en Italie, à s'affranchir du joug de la scolastique.

Les lettrés célébrèrent donc dans leurs vers l'apparition dans le monde philosophique de ce génie nouveau, favorable aux rêveries et au mysticisme, accessible à l'intelligence, facile à poursuivre dans ses développements, n'exigeant de l'esprit qui cherchait à le deviner qu'une application ordinaire, et s'associant surtout admirablement, dans ses tendances instinctives, au culte que le Florentin avait voué au symbole et à la matière. Aussi à peine Gémiste eut-il fait connaître quelques fragments des doctrines platoniciennes, que Florence, représentée par ses humanistes et ses artistes, se hâta d'abandonner Aristote, dont Nicolas V, au témoignage de Bessarion, avait recommandé et propagé la lecture, en confiant la traduction des œuvres du philosophe à d'habiles écrivains. Les Médicis prirent sous leur protection Platon, qui suivit la fortune de ses Mécènes, et quitta Florence quand le peuple les en eut bannis.

Cosme voulut que Christophe Landino, Marsile Ficin et Pic de la Mirandole missent en latin, pour les populariser, les œuvres de Platon. Marsile Ficin, afin de travailler plus à son aise, alla s'enfermer dans la villa de Careggi; c'est là qu'on nous le représente, une petite lampe à ses côtés, qu'il oubliait quelquefois d'éteindre, et que le jour retrouvait brûlant encore, tant il avait éprouvé de bonheur à ces doux songes où son âme s'endormait! Marsile Ficin a dédié son travail à Laurent, son protecteur : cette dédicace est l'hymne d'un poëte en faveur du platonisme, bien plus qu'une appréciation philosophique. Il ne faut pas croire que la doctrine de Florence ressemblât à celle d'Alexandrie, qui s'était efforcée d'accorder les spéculations de son maître avec l'enseignement dogmatique de l'Église. Brucker remarque qu'elle s'en éloignait en plusieurs points; c'était un panthéisme déguisé qu'enseignaient, en s'appuyant de Platon, Marsile Ficin, Laurent de Médicis, et peut-être Benivieni, le chanoine-poëte de Santa-Maria del Fiore, qui tous se croyaient à l'abri du soupçon même d'hétérodoxie, tant leur foi était vive et docile! Ficin croyait la matière éternelle, de toute éternité, reposant en Dieu, intelligente et active. Il compléta quelques-unes de ses idées psychologiques dans son traité *De vitâ cœlitùs conservandâ*, œuvre d'une double intelligence à qui la médecine et la philosophie sont également familières. C'est là que l'écrivain anime tout ce qui existe autour de lui, la terre et le ciel, qui se nourrissent, pour vivre l'une et l'autre, de certaines substances (*escas*) répandues dans l'espace.

Il tardait à Laurent d'échapper au tumulte des affaires, et libre de soucis, et loin des gardes dont il marchait accompagné dans les rues de Florence, de se réfugier dans le *Museion* dont nous a parlé Politien. Quelques-uns de ses amis l'attendaient au sortir de la ville : tous ensemble ils gravissaient la colline au sommet de laquelle s'élève la ville de Fiesole, discourant en chemin de lettres, d'art ou de philosophie. Ficin attendait le prince avec impatience : on échangeait, en se revoyant, de douces paroles d'affection, et la conversation commençait. C'est dans ces promenades au crépuscule que Marsile aimait à soulever quelques-uns des voiles qui cachaient aux yeux profanes les mystères de sa doctrine favorite. Laurent prenait souvent la parole, et faisait admirer, dans une vive improvisation, sa connaissance du cœur humain, ses trésors d'érudition, son culte pour le beau. La séance finie, un repas à l'ombre des pins d'Italie terminait délicieusement la soirée; puis, la nuit venue, le poëte, nous parlons du prince, écrivait ce *laude*, où l'on retrouve les idées philosophiques de l'époque :

« Par toi, Providence divine, l'âme entre dans le monde,
» pour se répandre ensuite dans chacun des membres de ce
» grand corps.

» Tout ce qui dans ce bel animal se meut, ne se meut que
» par une loi unique ; trois natures se cachent dans cette
» âme gentille.

» Les deux natures les plus pures, les plus aimables, les
» plus dignes, en tenant d'elles-mêmes leur mouvement,
» forment deux grands cercles en s'unissant entre elles.

» Loin de toi, mon Dieu, nulle cause n'est capable de
» produire cette matière, toujoure avide de formes nou-
» velles. »

Ce n'était pas assez de tous ces hommages : Laurent voulut qu'on instituât, comme au temps de Porphyre et de Plotin, une fête en l'honneur de Platon. Un jour de l'année, le 13 novembre, à une heure convenue, tous les lettrés, prêtres et laïcs, qui avaient fait défection à Aristote, se rassemblaient dans une villa du Magnifique. A l'extrémité d'une allée d'arbres, s'élevait, porté par un socle de marbre, et une couronne d'or sur la tête, le buste de Platon, dont Jérôme Roscio de Pistoie lui avait fait don. Au milieu, sur une vaste table autour de laquelle s'asseyaient les conviés, un dîner splendide était servi ; et, après le repas, commençaient les hymnes en l'honneur du philosophe. Le théologien a pu trouver dans ces cantiques, dans ces *laude* et *canzoni*, des offenses fréquentes aux dogmes catholiques ; le logicien, des insultes gratuites à ce représentant de la raison, à ce dieu que l'école n'adorait pas vainement depuis tant de siècles ; mais l'historien, dans cet enthousiasme pour l'imagination la plus colorée de l'ancienne Grèce, cherche et rencontre l'explication du mouvement intellectuel qui pousse à Florence les esprits à la recherche des lois du beau, du sentiment dans les arts, du culte de la matière ; de ce travail fervent de la société qui poursuit un double problème : l'affranchissement de la scolastique et la rédemption de l'art. Cette double résurrection ne pouvait avoir lieu sans la réhabilitation de la forme, négligée jusqu'alors. Or cette forme, dont l'antiquité avait été en possession, c'était le naturalisme païen. Le monde ancien retrouvé par Ficin, par Politien, par Valori, par Scala, et tous ces lettrés que Laurent avait appelés à sa cour, était un monde sensuel. Ne nous étonnons donc pas, avec M. Rio, que le Magnifique à Pallajuolo ait demandé les douze travaux d'Hercule; à Ghirlandajo, l'histoire des malheurs de Vulcain; à Lucas Signorelli, des dieux et des déesses helléniques. L'antiquité ne pouvait offrir que ses types matériels. Épris d'admiration à la vue de cette pierre sortie si belle de la main des hommes, l'art, pour en reproduire plus fidèlement l'image, se fit païen; tout comme Ficin, pour introduire dans Florence la philosophie platonicienne, s'était incarné dans Platon. Si l'art fût resté exclusivement chrétien, il n'aurait pas trouvé la forme; c'est-à-dire qu'il eût été incomplet.

Jamais prince, dans sa vie, ne fut aussi vivement loué que le Magnifique. On trouve dans la bibliothèque Laurentienne des volumes de vers écrits pour célébrer ses vertus. Il faut le dire à la gloire des lettrés, quand le malheur vint atteindre la famille des Médicis, les poëtes, qui oublient si vite, lui restèrent fidèles en général. Laurent, à leurs yeux, fut toujours un modèle de bonté, de libéralité, de désintéressement, de savoir. Il avait voué à l'art un véritable culte. Sur la place Saint-Marc était un jardin tout plein de statues de marbre, dont il confia la garde à Bertholdo le sculpteur, élève de Donatello. Le sépulcre de bronze et porphyre de Pierre, son père, à Saint-Laurent; le palais de Poggio à Cajano; l'hôpital de Volterre, le château de Firenzuola, le Poggio impériale, aux confins du territoire siennois; les citadelles de Pise, de Volterre, d'Arezzo, témoignent de son goût pour les beaux travaux. Il avait étudié dès son enfance, sous Gentile de' Becchi, depuis évêque d'Arezzo, les poëtes antiques, Horace surtout, qu'il aimait presque autant que Platon. Quand une de ces maladies de cœur qui le clouaient à son fauteuil ducal l'empêchait le soir d'aller visiter ses amis qui l'attendaient à Careggi, ou bien à Fiesole, il s'enfermait dans son cabinet d'étude, et il charmait ses douleurs en improvisant en latin ou en italien. Dans l'ancienne Rome il eût passé pour un épicurien, tant il avait peu de souci du lendemain, tant il semblait négliger l'avenir; à Florence on disait qu'il avait deux âmes. Il resta longtemps païen, malgré le baptême qu'il avait reçu dans l'église de Santa-Reparata. Les joies turbulentes des jours du carnaval, si beau en Toscane, le mouvement des masques qui emplissaient à cette époque les rues de Florence, les cris des ouvriers, les danses des femmes couronnées de fleurs, excitaient sa verve, et lui inspiraient des chants étincelants de poésie, mais dont Rome moderne a dû punir la licencieuse expression : du reste, meilleur père encore que poëte, quand il ne s'occupait pas de lettres, son plus doux amusement était de jouer avec ses enfants, qu'il mettait sur ses genoux, qu'il couvrait de caresses, qu'il endormait au son de cette petite lyre dont Squarcialuppi lui avait appris à se servir : heureux si quelqu'une de ces beautés faciles que Savonarole poursuivait, en chaire, de ses colères, ne venait pas frapper à sa porte pour l'arracher à ses préoccupations de père, de poëte, ou de philosophe. Toutefois gardons-nous de croire au témoignage de ses ennemis, qui nous le représentent oubliant avec les femmes tous ses devoirs de prince et de magistrat.

Valori, le biographe, a vanté la piété du Magnifique. Laurent portait ordinairement au doigt un diamant dont il avait hérité de Cosme, et enchâssé dans trois plumes de diverses couleurs, verte, blanche et rouge, autour duquel on lisait *semper*. Le diamant, disait le prince, c'est l'homme ici-bas ; les trois couleurs, ce sont les vertus dont il doit briller : la Foi, l'Espérance et la Charité ; la Foi représentée par le blanc, l'Espérance par le vert, la Charité par le rouge. Rarement il manquait, le dimanche et les jours de fête, d'assister au service divin ; mais, païen dans ses affections, il fit introduire dans les cérémonies du culte catholique une pompe toute mondaine. Santa-Maria del Fiore et les autres églises de Florence, un moment, furent transformées en véritable théâtre, étincelantes de feu, d'or et de pierreries ; les murs du sanctuaire étalaient quelquefois aux regards des peintures dont le sujet était pris dans l'antique mythologie. Ce que Laurent demandait, dans son jeune âge, aux prédicateurs, ce n'était pas une parole chrétienne s'inspirant aux sources des deux Testaments, humble, tendre et parlant au cœur ; mais une phrase parée comme les déesses dont il emplissait ses musées, douce comme cette musique au son de laquelle il aimait à s'endormir, poétique comme une phrase de Politien.

Plus tard, dans ses dernières années, il parut abandonner ce goût désordonné qu'il avait montré pour la forme ; on le vit construire dans un des faubourgs de Florence, hors de la porte San-Gallo, un vaste couvent où plusieurs fois la semaine il venait entendre Mariano de Genazzano, religieux augustin dont l'éloquence tout évangélique a mérité l'admiration de Politien.

Dans cette rapide biographie de l'un des plus glorieux citoyens de la république florentine, nous n'avons cherché à mettre en relief que les qualités principales et les défauts les plus sérieux de Laurent de Médicis : les unes furent son ouvrage, les autres l'œuvre de son siècle même. La source de toutes les fautes qui ternirent cette belle vie de prince est dans le culte qu'il avait voué à l'antiquité. Marsile Ficin, Ange Politien, Benivieni, en firent un véritable païen; comme artiste, ce fut l'homme de la peinture terrestre, de la forme visible, de la couleur sensible ; il chercha le beau hors de la région idéale du christianisme, et crut le trouver dans la nature matérielle. Quelques-unes de ses trop fréquentes transgressions des préceptes évangéliques sont dues moins aux exigences d'une nature libertine qu'à la fastueuse imitation de l'antiquité.

Tout en blâmant, dans l'intérêt du spiritualisme chrétien, les instincts sensuels du prince, l'historien, s'il veut être juste, ne saurait taire les services que le Magnifique rendit à la civilisation. A partir du règne de Laurent, Florence cesse d'offrir ces spectacles de désordre, de sang, de meurtres, dont elle attriste le regard à chaque instant au moyen-âge. Sous ces rois marchands du nom de Médicis, et surtout sous Laurent, les mœurs s'épurent, la barbarie des temps anciens s'efface, le règne de la force brutale s'en va, les vieilles haines qui divisent les races et les familles s'éteignent, et ce bruit de stylets, de poignards, qu'on entend à toute heure dans les rues de la cité, meurt pour longtemps : tout cela est remplacé par des discussions philosophiques, des cantiques aux Muses, de douces causeries, des spéculations spiritualistes à l'ombre des bois.

M. Delécluse, dans ses Vicissitudes de Florence, a peint avec un vif intérêt de détails la vie privée de Laurent, qui, rentré dans son ménage, avait les goûts et la sobriété d'un bon bourgeois : on dînait mal chez le Magnifique. Quand il maria l'une de ses filles, le jeune époux, dit M. Villemain, accoutumé au luxe de la cour de Rome, fut alarmé de l'extrême parcimonie de son beau-père, en venant s'asseoir à la table de famille. Un jour, Laurent, qui avait dépensé tous ses revenus, et jusqu'à sa fortune privée, à embellir sa patrie, se trouva réduit à regretter l'état de commerçant où ses pères s'étaient enrichis : il allait être obligé de déposer son bilan. Florence s'émut, et fit banqueroute pour sauver l'honneur de la signature du prince.

Laurent avait épousé en 1468 Clarisse, fille de Jacques Orsino ou des Ursins, femme dont les vertus égalaient la naissance. Il en eut trois fils : Pierre, Jean et Julien.

Jean naquit à Florence, le 11 du mois de décembre 1475 ; il reçut au baptême le nom de son oncle paternel Giovanni, second fils de Cosme de Médicis, mort en 1461, ou peut-être de Giovanni Tornabuoni, frère de Lucrezia, mère de Laurent.

On croyait alors aux présages : c'était le siècle de l'astrologie, dont les Grecs chassés de Constantinople avaient répandu le goût en Italie. On disait à Florence que Clarisse avait rêvé qu'elle accouchait, dans l'église de Santa-Reparata, d'un lion merveilleux de beauté et de douceur. Les poëtes feignirent de croire au songe, et y lurent les destinées futures de l'enfant : le lion figura donc comme un emblème de force et de bonté dans les chants que la reconnaissance et la flatterie inspirèrent en l'honneur du fils de Laurent le Magnifique.

La maison ducale, comme nous l'avons vu, était une demeure de lettrés. L'évêque d'Arezzo y représenta pendant longtemps les muses et la philosophie. Il avait été le précepteur de Laurent : à soixante ans il enseignait à lire à Jean, qui aimait à jouer sur les genoux du vieillard. Ugolin Verino était le maître de Pierre, qui, dès son enfance, montra un vif amour pour les poëtes de l'antiquité : Virgile était son auteur de prédilection. Dans une lettre adressée à son père, il raconte comment il commence à traduire, à douze ans, les Bucoliques du Mantouan, qu'il explique ensuite, à la prière de Verino, à son petit frère. Jean se prit aussi d'une véritable passion pour la belle Rome chantée par Virgile.

Après la conspiration des Pazzi, en 1478, Politien avait suivi Pierre et son frère à Pistoie, en qualité de gouverneur. Dans une de ses lettres, il donne sur ses élèves quelques détails empreints d'un charme véritable : « Je suis assez content de Pierre, écrit-il à son illustre protecteur; il va bien. Nous faisons chaque jour des excursions aux environs de Pistoie, et de longues séances dans la bibliothèque de maestro Zambino, où les bons ouvrages grecs et latins ne manquent pas. Jean monte à cheval, et la foule s'amuse à le suivre. »

Laurent, comme tous les hommes supérieurs, avait l'intuition de l'avenir. Il avait deviné les merveilleux instincts de son fils bien-aimé. Le soir, après que les portes de son palais avaient été fermées aux solliciteurs, il appelait ses favoris, c'est-à-dire Politien, Chalcondyle, Marsile Ficin, Gentile, Verino le poëte, qui a célébré avec plus d'enthousiasme que de talent la gloire de Florence; et, prenant Jean sur ses genoux, il leur montrait cet œil en perpétuel mouvement, ce front aux lignes blanches et pures, ces cheveux bouclés comme ceux d'une jeune fille, ce cou de cygne aux fines inflexions, ce sourire doux et spirituel; et il leur demandait de tirer l'horoscope de l'enfant. Politien contemplait la figure, et annonçait que Jean honorerait un jour les lettres antiques. Marsile Ficin levait les yeux à l'horizon, et prédisait une ère de gloire pour la philosophie platonicienne, dont le fils du Magnifique étendrait le règne en Italie. Chalcondyle, dans le profil grec de l'enfant, lisait d'heureux jours pour les Hellènes fugitifs; et le vieux Gentile d'Urbino répétait, avec le Siméon de nos livres saints : « Que mon âme loue le Seigneur; » Jean sera l'honneur du sanctuaire.

Il y avait bien lontemps que la science divinatoire n'avait aussi clairement vu dans l'avenir.

Le cœur de Laurent s'ouvrait plein de joie à ces beaux rêves, et sa main, en signe de contentement, pressait la main de ses nobles amis. Il destinait son fils au sacerdoce.

A sept ans, Jean de Médicis recevait la tonsure : le jour où il entra dans les ordres, un courrier partit de Florence pour demander à Louis XI la collation d'un bénéfice. Florence, à cette heure, n'était pas seulement, comme la nommait Politien, la ville homérique, mais une citadelle d'où l'on pouvait tirer cent cinquante mille combattants. Elle aimait Laurent, en reconnaissance des trente-deux millions que Cosme avait dépensés pour l'embellir ; Laurent était l'homme du peuple. Quand l'aristocratie, humiliée par le marchand de laines qui refusait des alliances royales, avait essayé de ressaisir le pouvoir en rendant aux gonfaloniers et aux seigneurs leurs anciens priviléges, le peuple avait murmuré : les nobles firent semblant de ne pas l'entendre. L'aristocratie, représentée par les Pazzi, pour frapper le Magnifique, se cacha derrière la robe de l'archevêque de Pise, qui lui avait donné rendez-vous à l'église de Santa-Reparata : l'église fut rougie au moment de l'élévation, mais seulement du sang de Julien, qui succomba sous les coups des assassins. Laurent se défendit vaillamment, et eut le temps d'appeler à son secours en se réfugiant dans la sacristie. Quelques heures après, le peuple pendait aux fenêtres du palais les principaux conjurés ; et, plus tard, Louis XI envoyait Comines pour féliciter le Magnifique et lui demander son amitié : une alliance avec ce monarque républicain n'était pas à dédaigner. L'historien latin de Florence, Bruti, remarque, avec raison, que le sang des Pazzi servit à accroître le pouvoir déjà si grand de Laurent le Magnifique.

Au prince qui savait si bien se servir de son épée, qui au besoin l'eût rougie jusqu'à la garde du sang d'un Pazzi, et qui, pour satisfaire sa vengeance, trouvait des bourreaux parmi le peuple, Louis XI n'avait rien à refuser ; il répondit au Magnifique qu'à la première vacance d'un bénéfice il ferait tout ce qui dépendrait de lui pour contenter sa Magnificence.

Déjà il avait permis, en signe de bonne amitié, au petit-fils de Cosme de « porter trois fleurs de lys en son escu. »

L'abbaye de Font-Douce vint à vaquer l'année suivante,

1483 : Louis XI y nomma Jean de Médicis. C'est la première de ces faveurs que le ciel réservait en si grand nombre à l'enfant ducal. Sixte IV avait besoin de se faire pardonner son amitié pour les Pazzi : l'investiture de l'abbaye de Passignano, accordée à Jean de Médicis, sur la demande de l'ambassadeur florentin, fut le prix de sa réconciliation avec la maison de Médicis : c'était noblement se repentir.

Laurent a consigné dans ses *Ricordi* ou Mémoires le récit de toutes les bonnes fortunes qui arrivent coup sur coup à son fils : le cœur du père s'y montre autant que le talent du narrateur.

« Le 19 mai 1483, la nouvelle nous est venue que le roi de France a nommé Jean à l'abbaye de Font-Douce : le pape a confirmé le 31 la royale élection, et permis à mon fils, qui n'a que sept ans, de posséder des bénéfices. Le 1er juin, il est parti de Poggio pour Florence, où l'évêque d'Arezzo (Gentile) lui a donné la confirmation et la tonsure : le voilà messire Jean. Le 8 au matin, arrivée du courrier Jacopino, porteur de dépêches du roi de France, qui daigne conférer à messire Jean l'archevêché d'Aix : le soir, départ d'un messager porteur de la cédule royale pour le pape et le cardinal de Mâcon... Le 15, à six heures, réponse de Sa Sainteté, qui hésite à confirmer, à cause de l'âge de l'enfant, la nomination royale. La réponse est sur-le-champ expédiée à Louis XI, et voici que, le 20, Lionetto nous informe que l'archevêque d'Aix n'est pas mort. Le 1er mars 1484, trépasse l'abbé de Passignano, et sur-le-champ un courrier est expédié à Vespucci, ambassadeur de Florence à la cour de Rome, qui a ordre de demander pour mon fils l'abbaye vacante, dont il prend possession le 2, en vertu de la réserve accordée par Sixte IV, et que confirme Innocent VIII, quand mon fils Pierre va le complimenter à l'époque de son avénement au pontificat. »

Ce fut un événement heureux pour le Magnifique que l'exaltation à la papauté de Jean-Baptiste Cibo, qui succédait à Sixte IV, dont les Médicis avaient eu si souvent à se plaindre. L'un des fils qu'Innocent VIII eut avant d'entrer dans les ordres, François, comte d'Anguillara, avait épousé, en 1487, Madalena de Medici. Les Ursins et les Cibo avaient longtemps donné à l'Italie le spectacle de haines ardentes que le sang ne pouvait éteindre; la vertu d'une femme fut plus puissante que le poignard : elle rapprocha les deux familles. L'histoire et la poésie ont célébré les mérites de Madeleine.

Chaque jour, pour ainsi dire, apportait une nouvelle joie à Laurent. Dans l'espace de quelques années, son fils fut nommé successivement chanoine de la cathédrale de Florence, de Fiesole et d'Arezzo; recteur de Carmignano, de Giogoli, de Saint-Casciano, de Saint-Jean dans le val d'Arno, de Saint-Pierre de Casale, de Saint-Marcelin de Cacchiano; prieur de Monte-Varchi; chantre de Saint-Antoine de Florence; prévôt de Prato; abbé du mont Cassin, de Saint-Jean de Passignano, de Sainte-Marie de Morimonda, de Saint-Martin de Font-Douce, de Saint-Salvador de Vajano, de Saint-Barthélemy d'Anghiarri, de Saint-Laurent de Coltibuono, de Sainte-Marie de Monte-Piano, de Saint-Julien de Tours, de Saint-Juste et de Saint-Clément de Volterre, de Saint-Étienne de Bologne, de Saint-Michel d'Arezzo, de Chiaravalle près de Milan, du Pin dans le Poitou, de la Chaise-Dieu près de Clermont.

Il ne lui manquait plus que le chapeau de cardinal, et c'était l'objet des vœux de Laurent et de sa cour. La nature avait donné au Magnifique un coup d'œil profond, une volonté de fer, une ténacité que rien ne pouvait abattre. Il avait deviné que le corps d'Innocent VIII, usé par les veilles, les chagrins de famille, les maladies, ne porterait pas longtemps la tiare; « âme faible, mais honnête, qui se laisserait mener bien plus facilement qu'elle ne mènerait les autres. » Il n'avait pas de temps à perdre : il lui fallait la pourpre, et il la demanda. Il disait au pape :

« J'apprends que Votre Sainteté est dans l'intention de créer bientôt de nouveaux cardinaux; je serais coupable si je ne vous rappelais, en ce moment, les titres de cette cité et les miens aussi à la bienveillance de votre béatitude... Je connais vos dispositions bienveillantes envers ma famille, et je vous en remercie humblement. Je puis affirmer à Votre Sainteté que rien ne serait plus doux à mon cœur de père, rien de plus heureux pour Florence, que le chapeau que je lui demande pour mon fils : sans cette faveur insigne, je ne vois pas comment Votre Sainteté pourrait récompenser mon dévoûment à sa personne, et prouver au monde que je ne suis pas indigne de ses bonnes grâces. »

Il s'excusait, en terminant sa lettre, de ce qu'une main étrangère avait tracé des lignes qu'il n'avait point écrites, parce qu'il avait mal à la main droite.

Innocent VIII ne put résister longtemps aux prières de Laurent et aux vœux du cardinal Ascagne et du vice-chancelier de l'Église, Roderic Borgia.

Le 9 octobre 1488, un courrier apportait au Magnifique un billet du cardinal d'Angers, écrit à la hâte, et ainsi conçu :

« Magnifique et cher frère, salut. Bonne nouvelle pour votre fils, pour vous, pour Florence : Jean est créé cardinal sous le titre de Santa Maria in Domenica. Je ne saurais vous dire ma joie. »

Jamais père n'avait été plus heureux que Laurent : le soir de cette bonne nouvelle, les édifices de Florence étaient illuminés, et le Magnifique passait la nuit à annoncer cet événement à ses nombreux amis.

« Vraiment, écrit-il à Lanfredini, son ambassadeur, je ne sais si les démonstrations de joie qui ont éclaté à Florence déplairont à Sa Sainteté : de ma vie je n'ai vu allégresse plus vive. Si je ne m'y étais opposé, Florence aurait bien fait autre chose. Cela soit dit entre nous, car je sais que la faveur obtenue par messire Jean devait rester secrète; mais vous l'avez dit à tout le monde à Rome; on ne nous blâmera pas, je l'espère, d'avoir suivi votre exemple. Impossible à moi d'échapper aux félicitations de la ville tout entière; jusqu'aux hommes du peuple qui viennent me témoigner leur joie! Si j'ai mal fait, ce n'est pas ma faute. Dites-moi donc le genre de vie que doit mener désormais messire Jean, les habits qu'il doit porter, quelle suite il doit avoir. Messire Jean est avec moi au palais depuis hier : ma maison ne désemplit pas de visiteurs. Écrivez-moi sur-le-champ, et me dites la signature et le cachet de mon fils. Ne perdez pas un moment; faites-vous donner la bulle et expédiez-la-moi le plus tôt possible dans l'intérêt de nos amis. Je vous envoie la mesure de messire Jean ; il a grandi, je crois, depuis hier. J'espère que vous serez honorablement récompensé de vos efforts, et que Sa Sainteté sera contente de son ouvrage. Je voudrais bien que vous me dissiez si je dois faire partir pour Rome mon fils Pierre, comme j'en aurais envie. Il me semble qu'une faveur aussi insigne exigerait que je partisse moi-même. »

Les néoplatoniciens étaient heureux ; leurs hymnes ne tarissaient pas : c'est qu'ils savaient bien ce qu'il y avait de caché sous cette pourpre si libéralement accordée au fils de leur bienfaiteur. Politien ne put contenir sa joie : il voulut que le pape entendît quelques accents de reconnaissance de ce monde où Jean brillait déjà. C'est la lettre d'un professeur tout fier de son élève : on aime à voir Politien vantant les titres de l'écolier aux faveurs pontificales. « Mon Giovanni, dit-il, est si bien né, il a été si bien élevé, il est si bien instruit, qu'il ne le cède à personne en esprit, à aucun de ses aïeux eu mérite, à nul de ses précepteurs eux-mêmes en amour pour la science. Il a si bien profité à l'école de son père, que jamais parole libre ou même légère n'est sortie de sa bouche : action, geste, démarche, en lui rien n'est à blâmer. Enfant, il a la maturité de l'homme fait. En l'écoutant parler, les vieillards croient entendre son grand-oncle Cosme, et non le fils du Magnifique. On dirait qu'il a sucé avec le lait nourricier l'amour des lettres et de la religion. Ah ! que je voudrais, très-saint-père, que vous pussiez ouïr ce concert de voix qui s'élève à Florence pour vous souhaiter un règne heureux ! Que je voudrais que vous vissiez tous ces flots de peuple qui viennent au palais nous fatiguer de leurs cris de joie ! Le palais de Médicis est le rendez-vous des femmes, des vieillards, des enfants : tous les sexes y sont confondus, et les rangs aussi ; c'est à qui verra le premier le nouveau cardinal. Tout ce monde de courtisans saute, crie, lève les mains au ciel en signe de joie, et prie Dieu pour Votre Sainteté. N'en doutez pas, Jean sera l'honneur de la pourpre ; il ne succombera pas sous le poids du chapeau de cardinal ; l'éclat des grandeurs ne l'éblouira jamais.... »

Cette lettre, qu'il fallait abréger (car Politien aime la phrase, il la fait si bien !), n'eut pas un grand succès à Florence. Laurent y trouvait des longueurs ; les lettrés, une expression tourmentée ; les esprits politiques, une louange maladroite des mœurs de son élève. Politien ne put se consoler du peu d'effet produit à Florence par son épître : à Rome elle éprouva le même sort, le pape n'en fut pas content. Or Politien tenait beaucoup à l'approbation d'un juge aussi éclairé qu'Innocent VIII. Il avait été plus heureux, quelques mois auparavant, dans sa dédicace au pontife romain de sa traduction latine d'Hérodien.

Il est vrai que jamais la louange n'avait parlé peut-être une langue plus harmonieuse ! On dirait cette préface écrite par quelque commensal d'Auguste : elle est pleine d'images. C'est Laurent le Magnifique, doux astre qui descend du ciel et qui rend au monde sa sérénité ; ce sont les lettrés qui, comme autant de fleurs dont une pluie d'orage avait courbé le front, se raniment et se relèvent aux douces flammes d'une lumière nouvelle. La part du pontife dans cette palingénésie est aussi grande que belle. Le moyen qu'Innocent VIII ne se laissât pas prendre à des flatteries si douces ? Politien rappelait à Sa Sainteté une entrevue récente où le pontife demandait au savant de donner à l'Italie quelque récit des splendeurs de l'ancienne Rome, et comment il s'est mis à l'œuvre, et comment il a traduit Hérodien en latin.

Innocent n'envoya pas seulement au rhéteur des paroles d'amitié et d'encouragement, mais deux cents beaux écus d'or, afin, disait-il dans sa réponse, que, « grâce à ce viatique, il pût continuer ses doctes travaux. » Le même jour il écrivait au Magnifique :

« Le volume de Politien, notre cher fils, fera l'ornement de notre bibliothèque, en même temps qu'il restera comme un éternel témoignage du mérite et de la science de l'écrivain. Au nom de Dieu, encouragez de toute votre autorité la publication d'œuvres semblables, qui seront pour Angelo la source d'une gloire immortelle, et pour nous d'un véritable plaisir. »

A ce don de deux cents pièces d'or Politien répond en poëte : il amène, pour remercier son bienfaiteur, les humanistes aux pieds du saint-père, qui le félicitent d'avoir chassé les ténèbres et repoussé l'ignorance.

Noble échange de flatteries qui n'ont rien de menteur et où le rhéteur et le pape font tous deux leur devoir : Innocent VIII, en protégeant dans Angelo les saintes lettres, dont

Dieu lui donna la garde au Vatican; Politien, en racontant les libéralités de ce pontife, dont Guid. Antonio Vespucci avait un moment méconnu les talents. L'ambassadeur florentin, dans une lettre confidentielle à Laurent, disait tout bas : Le pape n'entend guère à la politique non plus qu'aux lettres : Politien pense autrement. Le rhéteur disait vrai encore quand il célébrait la joie de Florence à la nouvelle des dignités que le pape venait d'accorder au fils du Magnifique. Florence un moment se prend d'un amour tout lyrique pour Rome, et oublie ses vieilles querelles avec Sixte IV. Elle félicite la papauté en vers, en prose; elle couronne Innocent VIII, elle le place dans ses musées, elle le célèbre dans ses chaires de professeur, et frappe des médailles pour éterniser dans ses annales la glorieuse faveur qu'elle en a reçue.

La république remercia Sa Sainteté de l'honneur qu'elle avait fait à la cité en donnant le chapeau de cardinal à Jean de Médicis. Barthélemi Scala rédigea la lettre :

> ... Lo Scala, figliuol d'un mulinaro
> Ovver d'un tessitor di panni lini.

Scala devait toutes ses grandeurs à la culture des lettres : chancelier de la république, gonfalonier, il n'oublia jamais ni ses parents, ni ses bienfaiteurs.

Les professeurs de l'enfant célébrèrent en toutes sortes de langues la promotion de leur élève : ils étaient nombreux. On cite Démétrius Chalcondyle, Pierre Éginète, Bernard Michelozzo, et d'autres encore : c'étaient là des instituteurs. Ses maîtres véritables sont Marsile Ficin, Politien et Pic de la Mirandole, qui le prirent au sortir de l'enfance, quand sa raison commençait à se développer, et le formèrent aux lettres humaines, dans ces conversations de tous les soirs, au palais du Magnifique, où Jean assista dès l'âge de neuf ans. Ce sont trois grandes et nobles intelligences qu'il nous faut étudier, car elles nous serviront à comprendre l'enfant devenu pape.

CHAPITRE II.

LES MAITRES DE JEAN DE MÉDICIS. — MARSILE FICIN. — PIC DE LA MIRANDOLE. — POLITIEN.

Marsile Ficin enfant, adolescent. — Il traduit Platon, et refait sa version, d'après les conseils de Musurus. — Il explique en chaire les doctrines du philosophe. — Son disciple Mercati. — Pic de la Mirandole. Son portrait tracé par son neveu. — Il étudie à Bologne. — Se met à parcourir le monde. — Est trompé par des Juifs. — Son voyage à Rome. — Il est accusé d'hérésie, et protégé par Innocent VIII. — Accusé de nouveau à la mort de ce pape, et défendu par Alexandre VI. — Ses sentiments religieux. — Politien. Sa villa de Fiesole. — Ses goûts. — Il professe l'éloquence latine à Florence. — Son portrait, par Paul Jove. — Ses Sylves. — Idée de son style. — Sa liaison avec le Magnifique. — Influence de ces lettrés sur Jean de Médicis.

I. MARSILE FICIN.

Marsile Ficin naquit à Florence en 1433, « dans ce siècle » d'or, » comme il le dit, « où les lettres, à demi mortes, » se réveillaient à la voix des Médicis. » Melchisédech, ajoute-t-il dans sa « Triple Vie, » eut à peine un père; moi, pauvre petit prêtre, j'en comptai jusqu'à deux, Ficin le médecin et Cosme le Médicis. Quand il fut baptisé, le curé ne put s'empêcher de sourire à la vue de ce corpuscule d'enfant qui aurait tenu dans un soulier de femme. Grâce aux soins de la science, Marsile triompha d'une foule de maladies qui vinrent le tourmenter dès son berceau. A douze ans, il commença de sérieuses études. Sa mémoire était prompte, son imagination vive, ses instincts poétiques. Il aimait Virgile de prédilection, et son bonheur était de réciter quelques vers des Géorgiques, le matin, sur les bords fleuris de l'Arno. Toute sa vie il eut besoin de soleil pour composer. Quand le ciel se voilait de nuages, son cerveau rebelle n'obéissait que difficilement aux exigences de sa pensée. Il travaillait fort avant dans la nuit, mais seulement à des œuvres de recherche ou de révision ; le matin était à l'inspiration. Cosme, ainsi que nous l'avons dit, lui fit présent d'une petite lampe, devenue depuis si célèbre. Les livres de sa bibliothèque avaient été achetés également par le prince, qui ne s'était pas trompé sur l'avenir de Marsile.

Un moment toutefois, l'enfant fut menacé d'être arrêté sur cette route de lumière qu'il avait rêvée. Son père voulait en faire un médecin. Cosme sourit à cette idée : « Le ciel, » dit-il au docteur, « vous a créé pour guérir les corps, mais votre fils est destiné de Dieu à guérir les âmes. » Il n'y avait rien à répondre. Marsile revint à son soleil et à ses livres.

On avait apporté de Venise à Florence divers manuscrits de Platon : le Magnifique en acheta quelques-uns dont il fit présent à son protégé, qui, dès ce moment, délaissa les muses pour la philosophie. Dans sa ferveur pour Platon, l'adolescent oubliait l'heure des repas, ses amis les lettrés, son Mécène, et Florence elle-même. Cosme cependant entretenait toujours le feu de la petite lampe, qui brûlait plus longtemps que de coutume. Les veilles nocturnes de Ficin étaient si longues, qu'il tomba dans un véritable marasme. On craignait pour ses jours. La voix de l'amitié eut peine à faire comprendre à l'écolier qu'un peu de repos lui était nécessaire pour rétablir des forces épuisées par l'étude. Marsile céda, et renonça pour quelques mois à ses chants du matin, à ses promenades sur les bords du fleuve, à ses causeries avec les humanistes florentins, à ses visites au Magnifique, à Platon, son maître : la santé revint. C'était en 1456. Après deux années entières employées à sonder les mystères de la nouvelle philosophie, Marsile vint au palais ducal pour lire, devant une docte assemblée dont Cosme était le président, quelques pages des Institutions platoniciennes, qu'il avait divisées en quatre livres, et qu'il se proposait de mettre bientôt sous presse. La lecture achevée, Cosme hocha la tête en souriant. Marsile comprit le signe muet, ferma son manuscrit, dit adieu à ces rêves de gloire qui l'avaient soutenu pendant son travail, et promit, avant de rien publier, d'apprendre le grec, qu'il ne savait qu'imparfaitement. Il avait alors vingt-trois ans. Il tint parole. Platina, dit-on, fut le nouveau maître qu'il choisit : ses progrès furent rapides. Cette fois il pouvait faire à son aise des songes, car il connaissait la langue hellénique comme un rhapsode de Samos. Il refait sa version, et c'est au juge le plus compétent qu'il veut la montrer, à Marcus-Musurus, le maître de Lascaris. Il apportait avec lui deux ou trois feuillets de sa traduction nouvelle. Musurus, en lisant ces belles pages, écrites avec une patience de calligraphe ou de jeune fille, s'amusait à jouer avec son écritoire. Ficin, impatienté, interrompt le lecteur : — Voyons donc, lui demande-t-il d'un ton suppliant, qu'en pensez-vous ? — Voilà, dit Musurus en répandant l'encre en guise de poudre d'or sur le manuscrit qu'il rend tout noirci à l'auteur. Tout autre que Ficin se serait emporté : heureusement il avait lu dans le Timée d'admirables préceptes sur la colère, et il n'aurait pas voulu pécher contre Platon. Donc, sans mot dire, il retourne à la petite habitation rurale que Cosme lui a donnée dans la villa Carreggi, et se remet une troisième fois à l'ouvrage. L'œuvre s'étend, grandit, et reste cachée aux regards jusqu'à l'époque de la mort de son bienfaiteur. Pierre venait de succéder à Cosme, et Ficin ne s'était pas aperçu du changement de règne : heureusement pour les lettres, la dynastie des Médicis avait encore de longs jours à vivre. Pierre avait voulu continuer Cosme : par ses soins, une chaire s'éleva où Marsile monta pour expliquer Platon. On ne se douterait pas de toutes les belles choses qu'il trouvait dans le fils d'Ariston : la Sainte-Trinité, le Verbe de saint Jean l'Évangéliste, la Création de Moïse, l'Eucharistie de saint Paul. Il faisait du philosophe un génie céleste qui avait eu l'intuition des mystères enfermés dans nos saints livres. Est-il besoin de dire qu'il plaçait dans son paradis l'écrivain antique que Jésus, dans sa descente aux enfers, venait arracher aux limbes purificateurs pour le couronner de l'auréole de bienheureux ? Il avait renoncé aux formules de salutation ordinaire, et il n'appelait ses auditeurs que *mes frères en Platon*. A ses yeux, le Criton était un second Évangile tombé du ciel. Ses élèves partageaient son enthousiasme et ses croyances.

Reuchlin et Agrippa, après avoir suivi ses leçons, quittèrent Florence pour retourner en Allemagne. L'Allemagne devait à son tour opérer sa résurrection intellectuelle, mais en oubliant et quelquefois en calomniant la terre où ses enfants avaient reçu la lumière.

Parmi les auditeurs de Ficin, Michel Mercati se faisait remarquer par une expression indicible de mélancolie qu'il portait constamment aux leçons du professeur : il doutait. L'avenir le tourmentait, et l'existence de l'âme après cette vie était un problème dont il demandait vainement la solution à ses savants amis : ses amis le ramenaient toujours à Platon. Malheureux qui ne savait pas lire l'immortalité de la pensée dans cette intelligence qui, chaque semaine, développait si poétiquement en chaire les harmonies du monde spiritualiste ! Il avait besoin de croire cependant, car le doute le faisait souffrir. Un jour qu'il discutait avec Ficin sur les destinées futures de l'homme : — Maître, lui dit-il, faisons un pacte. — Et lequel? répondit le professeur. — Que celui qui mourra le premier vienne dire à l'autre s'il y a quelque chose là-haut; et, en prononçant ces mots, Mercati regardait tristement le ciel. Ficin prit la main de Mercati et inclina la tête.

L'historien continue ainsi ce récit, qui rappelle une ballade de Bürger :

« A quelque temps de là, un matin, quand tout dormait dans Florence, Mercati est réveillé par le bruit des pas d'un cheval et la voix rauque d'un cavalier qui crie : Mercati! L'homme du doute se lève, entr'ouvre sa fenêtre, et aperçoit, sur un cheval blanc, un fantôme qui du doigt lui montre le ciel en murmurant : « Michel! Michel! cela est vrai! » Mercati descend précipitamment l'escalier, pousse la porte, regarde de tous côtés; la vision avait disparu.

» Il se rappelle alors le pacte qu'il a fait avec Ficin, et prend le chemin de la demeure du néoplatonicien. Il frappe. — Que voulez-vous? demande une vieille femme. — Parler à mon ami Ficin. — Mon maître vient de mourir, dit la servante; priez Dieu pour son âme. »

Le légendaire termine là son drame, sans nous dire si Mercati continua de douter.

II. JEAN PIC DE LA MIRANDOLE.

A côté de cette âme inquiète venait quelquefois s'asseoir, attentive à la parole du maître commun, une autre intelligence à la recherche également de la vérité, mais prête à l'embrasser quand elle aurait eu le bonheur de la trouver. Aux yeux du monde, Dieu en avait fait une créature d'élite : c'était quelque chose de plus beau peut-être que Raphaël. « Pic de la Mirandole, » nous dit son neveu, « avait la taille souple et élancée, les chairs d'un blanc mat, l'œil d'un bleu marin, la chevelure blonde et touffue, les dents d'une blancheur de perle. Il y avait dans toute sa personne un mélange de douceur angélique, de pudique modestie, de bienveillance attrayante qui charmait les regards et attirait les cœurs. » A ces dons un peu trop féminins Pic en joignait d'autres plus dignes d'être célébrés : une imagination orientale, une parole colorée, une âme d'artiste qui se laissait emporter à toutes les émotions de la peinture, de la musique ou de l'éloquence; une sensibilité exquise, et par-dessus tout une mémoire qui tenait du prodige. On lui lisait une page d'Homère, et il la répétait en changeant l'ordre des vers. Quelques mois lui suffisaient pour posséder le dictionnaire entier d'un idiome : à dix-huit ans il savait vingt-deux langues. Parfois, après ses repas, il improvisait, devant son commensal Benivieni, tout un nouveau chant de l'Enfer ou du Paradis; et, le lendemain, Florence, dans l'admiration, ne savait qui saluer, des vers de Dante, son vieux poëte, retrouvés après trois siècles, ou du mensonge de son improvisateur.

Son père, seigneur de la Mirandole, voulut qu'il étudiât à Bologne. Le droit canon, qu'on enseignait à cette université, ne pouvait plaire à une imagination comme la sienne. Pic aimait par-dessus tout l'air et la liberté. Il ferma ses livres et courut le monde. Comme Luther, quelques années plus tard, il cheminait à pied, sans autre boussole le jour que l'horizon, et la nuit que les étoiles, le havresac sur le dos, le bâton de pèlerin à la main. Mais, tandis que le fils du mineur de Mœhra s'arrêtait au bas de chaque fenêtre pour demander le pain du bon Dieu, le fils de Gianfrancesco, la bourse pleine, le cœur joyeux, sûr de la Providence et de son chemin, errait à l'aventure, se mêlant à ces processions d'écoliers dont les routes universitaires étaient embarrassées, couchant sous la tente de toile du bohémien qui faisait métier de dire l'avenir, ou enfourchant le cheval qu'un reître lui avait vendu pour vivre. Partout il dépensait follement son argent, ruinait sa santé, compromettait son existence au milieu de cette société mouvante de verriers, de forgerons, de sorciers, de bourreaux, de fossoyeurs, de magistrats, de prêtres, de jeunes filles, dont il étudiait les mœurs, les habitudes, les superstitions, donnant la moitié de son or pour quelques pages de la grammaire d'un idiome qu'il apprenait chemin faisant, et qu'il parlait au bout de quelques mois. Cette vie de périls, de sensations, d'exaltation, de mouvements matériels et spiritualistes, convenait à cet adolescent amoureux fou de ce fantôme nuageux et insaisissable qu'on appelle, dans la langue de la physique, feu follet, et gloire dans celle de l'artiste. Marche, pauvre jeune homme, puisque marcher est ton châtiment; mais, quand il en sera temps, Dieu saura bien t'arrêter !

Malheureusement, comme toutes les natures vaniteuses, Pic aimait à prêter l'oreille à la louange et se laissait prendre au piége de la flatterie. Il voyageait, suivant sa coutume, quand il vit venir de loin une caravane d'Israélites à longues barbes et à robes flottantes, qui allaient de ville en ville pour vendre des manuscrits recueillis dans leurs pérégrinations. On s'assied sur l'herbe, on parle, on dispute. Pic est dans l'enchantement. On lui offre soixante codices hébreux, composés par Esdras, et qui renferment, lui dit-on, les arcanes de la philosophie cabalistique. A cette époque de curieuses investigations, c'était une opinion accréditée que le peuple juif gardait cachée, dans des livres fermés aux profanes, la doctrine des mages de l'ancienne loi. Comme le Faust de Goëthe, Pic croyait trouver dans un parchemin « la source où l'âme peut apaiser sa soif éternelle. » Il ne se doutait pas encore que les mystères de la vie humaine, de sa destinée, de son avenir, sont écrits en lettres d'or dans un livre que le Christ nous a légué en mourant : l'Evangile était à ses pieds, et il ne se baissait pas pour le ramasser. Jugez de la joie de notre Ahasvérus, quand, au prix de tout ce qu'il possédait d'or dans sa bourse de cuir, il se crut en possession de secrets dont, à son tour, il pourrait faire l'aumône à ses semblables ; car il était généreux comme on l'est à son âge. On devine qu'il avait été trompé. Ces traditions d'Esdras n'étaient qu'un amas de gloses dérobées au Thalmud, aux écrits des rêveurs de l'Arabie et de la Grèce ; mais c'était pour lui de l'or et de la lumière. Le voilà donc, heureux, qui prend le chemin de la capitale du monde chrétien. C'est là qu'il se propose de convier à un cénacle philosophique toutes les intelligences de l'Europe. A Rome, où régnait Innocent VIII, protecteur des lettres, Pic fut accueilli avec enthousiasme. Il étonna le pape, le sacré collége, les lettrés, par sa science lexicologique ; il répondait en hébreu, en chaldéen, en grec, en latin, et dans presque tous les idiomes vivants. Sans perdre un moment, il se mit à formuler neuf cents thèses, chacune formée de diverses propositions, qu'il jetait comme autant de défis, non pas à ce monde de robes noires qui balayaient les bancs de l'école, mais au monde des théologiens, des prêtres, des philosophes. Il y avait dans ces thèses de la physique, de l'histoire naturelle, de la médecine, de la théologie, de la cabale. Aristote y était accouplé à Isaac de Narbonne, Platon à Abamanon de Babylone, saint Thomas à Moïse l'Egyptien, Scot à Mahumet de Tolède, saint Augustin à Adélando l'Arabe. Viennent maintenant les disputeurs, Pic est tout prêt : voilà du pain, du vin, un bon lit, qu'il leur offre dans l'hôtellerie de la grande route ; personne ne se présenta. Il se mit à chercher à travers les rues de Rome ; personne non plus qui voulût se commettre avec un tel jouteur. Que faire? publier ses thèses : c'est le parti qu'il prit. Mais il avait irrité l'amour-propre des savants : l'amour-propre essaya de se venger. On fouilla dans ce chaos de propositions ; on en tira treize qu'on déféra au souverain pontife comme entachées d'hérésie. A ce mot de funèbre présage, notre juif errant s'émeut et s'agenouille pour prier, les mains jointes, celui qui lit au fond des cœurs, de le défendre contre les préventions ou la jalousie de ses ennemis. La prière était trop ardente pour qu'elle ne fût pas écoutée. Innocent VIII lut cette apologie, écrite avec une foi tout enfantine ; il en fut touché, et défendit d'inquiéter Pic de la Mirandole. On se tut, et la papauté eut la gloire de protéger la liberté de penser dans une des plus hardies intelligences de l'époque. C'est un beau triomphe pour la tiare. Voltaire n'en a pas parlé : notre devoir, à nous, était d'en rappeler le souvenir.

Jeune encore, il riait de ses amis qu'il voyait courir comme de véritables enfants après des bulles de savon. Un jour qu'Ange Politien chantait en poëte le bonheur que procurent les lettres : — Insensé, lui dit-il en se penchant sur l'épaule de son maître, qui te fatigues à chercher dans la science ce que tu ne saurais trouver que dans l'amour divin.

Parfois cependant il sentait en son âme l'aiguillon de la vanité : il regardait autour de lui sur sa table de travail, où reposait une cassette d'ébène, et il disait à Benivieni : — Je ne conçois pas le péché de murmure contre Dieu, à moins cependant que je ne perdisse cette petite boîte où sont enfermées mes élucubrations.

La science moderne, en ouvrant la cassette du mort, a souri de pitié. Elle hausse les épaules quand on lui parle aujourd'hui du bruit que Pic fit autrefois parmi ses contemporains ; elle se moque du titre de monarque de la cabale qu'on donnait à Pic ; elle conteste même, dans son dénigrant scepticisme, jusqu'à ce don de vingt-deux langues que l'Esprit-Saint aurait soufflé dans ce merveilleux cerveau ! Passons-lui son sourire, son incrédulité et ses moqueries. Pic, quoi qu'elle en dise, n'en resta pas moins une des individualités les plus puissantes du quinzième siècle. Dans ses thèses insolentes *de omni re scibili*, s'il y a du sable, il y a de belles perles aussi. En traitant des animaux et des plantes, Pic enseigne que leurs germes se développent à l'aide d'une vertu prolifique : pressentiment instinctif de la décomposition des corps et du principe de l'organisme vital. Tout en s'élevant contre l'astrologie judiciaire, il affirme que le magicien antique, c'est-à-dire le sage, possédait de véritables notions sur les phénomènes naturels ; qu'au ciel et sur la terre il n'existe pas de force cachée que la science ne puisse s'approprier : et, parmi ces forces occultes que l'homme un jour maîtrisera inévitablement, il semble indiquer la vapeur, l'électricité et le magnétisme minéral.

Pic n'avait-il pas raison de trembler pour sa cassette ? Que de trésors elle enfermerait s'il eût vécu de nos jours !

Il dut quitter Rome. Cette victoire avait coûté à ses adversaires trop d'humiliation pour qu'il espérât jouir en paix de sa gloire. Il reprit sa vie des champs, il revit son beau soleil, il retrouva sa tente poudreuse, il dormit comme autrefois sous son étoile protectrice, il aspira de nouveau cet air ambiant qui dilatait ses poumons et fertilisait son cerveau. A peine avait-il touché le sol de la France, qu'il apprit à la fois la mort d'Innocent VIII, l'exaltation de Borgia sous le nom d'Alexandre VI, et le réveil de ce spectre coiffé du bonnet de docteur, et qui de la ville sainte lui criait : — A Rome, hérétique.

— A Rome donc ! se dit-il.

Heureusement il se rappela qu'avant de ceindre la tiare, Borgia s'était fait applaudir au barreau d'Espagne, et il résolut de demander des juges au nouveau pape. Il y a ici une belle page dans la vie de Borgia. Voici donc qu'à trois cents lieues de la ville éternelle, un pauvre voyageur, assis tristement dans une misérable auberge de village, prend un peu d'encre et écrit au pape, c'est-à-dire à ce qu'il y a au monde de plus grand : car le pape, comme le remarque Voltaire, c'est l'opinion au moyen-âge. Il se plaint qu'on ravive cette tache d'hérésie qu'Innocent VIII avait eu soin de laver lui-même ; il dit que, nourri du lait de la sainte Eglise romaine, il aime cette Eglise comme sa nourrice et sa mère, qu'il veut vivre et mourir catholique ; il demande qu'on lui donne des juges, et proteste de sa soumission et de son obéissance au saint-siége. Alexandre nomme sur-le-champ une commission. L'œuvre des neuf cents propositions est soumise à un examen sévère. Cette fois ce sont des théologiens qui ont pris part au mouvement spiritualiste dont Florence donna le signal, que la papauté a choisis pour présider à cette enquête religieuse. L'innocence de Pic est reconnue solennellement. Ce fut un bien beau jour pour notre jeune homme que celui où il put placer en tête de ses thèses la bulle d'Alexandre VI ! Sa foi triomphait, il était heureux ! Car, dans ce tourbillon de joies mondaines, de voluptés intellectuelles, de poussière et de vanités, où il s'était laissé emporter, jamais il n'avait oublié l'eau de son baptême : l'ange s'était fait homme plus d'une fois, mais les ailes lui restaient. A trente ans, il s'en servait pour remonter au ciel. Las d'errer à travers l'espace, il secouait la poussière des grandes routes, dénouait sa ceinture de cuir, jetait bas son bâton de pèlerin, se réfugiait dans le sanctuaire, et, devant l'autel de la Vierge, disait adieu au monde, aux lettrés, à la cabale, ses ardentes amours, et passait le reste de ses jours dans la prière et l'exercice des vertus les plus austères du christianisme.

III. ANGE POLITIEN.

Ange Politien a d'autres instincts : vous ne le trouverez pas sur les grands chemins, à la recherche de « cette montagne d'aimant » que Paracelse et Jean de la Mirandole poursuivent presque en même temps. Il habite une villa assise sur le sommet d'une rampe de verdure, d'où l'œil domine « la cité méonienne et les longs méandres de l'Arno à travers les campagnes étrusques. »

Et dans cette retraite de Fiesole, que Laurent a faite à Politien, il n'y a pas seulement de beaux arbres, de lointains horizons, de fraîches brises, mais du vin, et un vin que le rhéteur vante à son ami Ficin :

« Viens ici, mon cher Ficin, si la chaleur de Careggi te fatigue ; accepte l'hospitalité que je t'offre : doux ombrages, bonne chère et vin parfumé, voilà ce que tu trouveras à Fiesole. En fait de vin, tu sais que je suis quelque peu connaisseur : Pic lui-même, avec toute sa science de gourmet, ne m'apprendrait pas grand'chose. »

A la cour du Magnifique, nul lettré n'aima d'un amour plus vif les champs, la verdure, les fleurs et le soleil : le bruit de Florence tourmentait son cerveau ; même lorsque le poëte n'avait pas besoin d'inspiration, qu'il ne cherchait ni le mètre ni la quantité, que les ailes reployées il travaillait en compilateur à coordonner les Pandectes, il lui fallait le repos des champs, le murmure des oiseaux, le silence de la solitude. C'est derrière des haies d'églantiers, dans une cabane enveloppée d'aubépines, assis à une petite table odorante de fleurs, qu'il a composé presque tous ses ouvrages.

Il était né en 1454, à Monte-Pulciano, et descendait des Cinci ou Ambrogini. Quand on eut pour maître de philosophie platonicienne Marsile Ficin, de philosophie aristotélicienne Argyropulo, de grec Andronic le Thessalonicien, de latin Cristoforo-Landino, et que, comme Angelo, on naquit avec un amour ardent du travail, avec un cerveau que les plus longues veilles ne peuvent fatiguer, avec une mémoire qui retient jusqu'à des chiffres, avec une imagination qui illumine jusqu'à l'explication d'un texte, on est sûr de son avenir; on n'a plus besoin que de marcher devant soi : le ciel et la terre vous appartiennent.

A vingt-neuf ans il professait à Florence l'éloquence latine. Son cours était fréquenté par une foule d'intelligences qui se sont fait un nom dans les lettres. Pierre Ricci, Varino Favorino, Bernard Ricci, Scipion Cartéromaque, étaient ses auditeurs assidus. Jean Pic de la Mirandole vint plus d'une fois pour l'écouter. C'est des bancs de son école que sortit cette pléiade d'humanistes dont Érasme a glorifié les travaux : Guillaume Grosin, qui fut depuis professeur de grec à Oxford; Thomas Linacre, l'ami du chancelier Morus; Denis, le frère de Reuchlin; les deux fils de Jean Tessira, chancelier du roi de Portugal. Pic, en rappelant le souvenir de ses triomphes de professeur, ne peut réprimer un mouvement de vanité bien pardonnable dans un rhéteur. « Vraiment, écrit-il à l'un de ses amis, je ne sais pas si, depuis mille ans, maître d'éloquence latine compta pareil nombre d'écoliers. » Quand pour la première fois on apercevait en chaire ce professeur, au nez difforme, à l'œil gauche louchant disgracieusement, au col mal emboîté; c'est Paul Jove, historien contemporain, qui a tracé cette silhouette; il était impossible de retenir un mouvement involontaire de dépit ou de surprise : mais lorsque Politien ouvrait la bouche, son organe doux et vibrant, sa parole, véritable bouquet de fleurs, *varios spargens flores*, et sa phrase parfumée de sel attique, *salsa comitas*, avaient bientôt fait oublier les torts de la nature. Il s'enthousiasmait aisément, et savait faire passer dans l'âme de ses auditeurs les émotions diverses qui l'agitaient. Il aimait à expliquer les poëtes bucoliques. Trouvait-il dans l'un d'eux quelque allusion au bonheur des champs, il posait son livre et commençait une improvisation pleine d'un coloris tout champêtre. Il n'oubliait ni la voix susurrante du pin, ni le sifflement du vent qui balance l'ombelle conique du cyprès, ni le gazouillement de l'onde à travers les cailloux colorés, ni les jeux de l'écho qui redit les vers du poëte.

Tableau ravissant qu'il faut reproduire dans la langue de l'auteur, faute de pouvoir le traduire.

Sa leçon finie, il prenait souvent par le bras son docte ami Laurent de Médicis, et tous deux s'acheminaient à pied vers Fiesole, par une fraîche soirée dont il chantait les charmes, au milieu de la route, pour se reposer. C'est à Fiesole qu'il a composé plusieurs de ses *Sylves*, le Rusticus, le Manto, l'Ambra, qu'il lisait le lendemain à ses élèves, et qu'on aurait prises pour quelques poëmes antiques, s'il avait songé à surprendre l'oreille par l'imitation de la phraséologie virgilienne. Mais il faut lui rendre cette justice, qu'il ne copie ni ne calque. Il a, comme humaniste, une personnalité latine qu'on ne lui contestera jamais : peut-être même le soin trop vigilant d'écarter de sa phrase tout mot dont la source eût été facile à deviner, a-t-il jeté dans sa composition des caprices qui sentent trop l'étude. Son style, sous ce rapport, ressemble assez à sa villa de Fiesole, où, pour faire de l'effet, le jardinier du Magnifique émondait au ciseau la haie vive, travaillait en cône le hêtre, emprisonnait le ruisseau, ménageait à l'œil des repos, des surprises, des accidents : travail d'ouvrier chez le jardinier et chez le rhéteur que le souffle inspirateur de la nature vient trop rarement vivifier.

Parfois cette manie d'individualité lui fait commettre des fautes étranges : c'est ainsi que dans son Orphée, tragédie lyrique, au lieu d'un chœur aux dieux d'Homère, il imagine un hymne en l'honneur de son protecteur, le cardinal Gonzague, que le héros du poëme vient chanter sur la rampe en face du trou du souffleur.

Gonzague était l'un des Mécènes de Politien, mais qui s'obstinait aussi dans sa personnalité, toute distincte de celle de l'ami d'Horace; grand seigneur qui payait en monnaie de cuivre des vers qu'Auguste achetait au poids de l'or : mais nous doutons qu'Horace ait jamais consommé autant de vêtements que son rival de la renaissance.

Heureusement Angelo avait une autre providence à son service, qui se laissait attendrir par les beaux vers.

« Les sots! disait Politien à Laurent; ils rient des haillons qui me couvrent le corps et des sandales trouées qui montrent mes pieds à nu.

» Ils me plaisantent sur ce que ma chaussure n'emprisonnant plus mes doigts laisse à l'air un plus libre cours.

» Mon vêtement a perdu son lustre et son duvet, la corde seule reste encore, et la maudite traîtresse atteste qu'elle est formée des fils les plus grossiers, les derniers qui restaient à la brebis tondue à ras. Ils rient, et ne font plus de cas de moi. Ils disent que mes vers ne sont point de ton goût.

» Laurent, envoie-moi donc une de tes belles robes. »

A Wittemberg, un moine, qui eût été poëte s'il l'eût voulu, disait aussi à l'électeur : « Ma soutane s'en va, donnez-moi donc quelques pièces de drap noir pour m'en faire une autre; » mais Sa Grâce ne se pressait guère, tandis que le Magnifique de Florence cherchait tout aussitôt dans sa garde-robe, et faisait remettre à Politien un vêtement de drap de Venise, que le poëte, sans même le donner au tailleur, endossait sur-le-champ ; et le peuple de s'écrier :

« C'est un habit de Son Altesse : il faut que les vers

d'Angelo soient bien beaux, puisque le Magnifique l'habille si richement ! »

Le poëte avait besoin de remercier son bienfaiteur : il invoquait l'assistance de Calliope, qui descendait de l'Olympe, et, ne reconnaissant plus son favori, tant il était richement vêtu, se hâtait de regagner le ciel; Politien se frappait inutilement le cerveau, le vers reconnaissant ne venait pas.

Mais tout le monde ne regardait pas, comme cette *plébécule* dont parle Politien, au vêtement du poëte. Sa petite maison, près de l'église Saint-Paul dont il était prieur, était chaque matin assiégée d'une foule de visiteurs qu'il n'avait pas la force d'éconduire. Il a peint d'une manière fort comique le malheur de celui qui avait un nom littéraire à cette époque.

« En voici un qui vient frapper à ma porte, un glaive à la main dont il ne peut lire les lettres mystérieuses; un autre qui veut absolument une inscription pour son cabinet d'études; un troisième qui attend une devise pour sa vaisselle; d'autres qui me demandent des épithalames, des chansons; c'est à peine si j'ai le temps d'écrire! Dieu me pardonne, il faut interrompre jusqu'à la lecture de mon bréviaire. »

Il nous fallait donner une idée des penchants des maîtres de Jean de Médicis. Marsile Ficin représente le néoplatonisme alexandrin, mais dans des tendances catholiques; — Pic de la Mirandole, la mystique judaïque, mais rattachée au dogme chrétien; — Politien, la rhétorique païenne, mais assouplie au style de la renaissance. Il était impossible que l'élève échappât à l'influence individuelle de ses professeurs. Il dut prendre à l'un son amour pour Platon, à l'autre ses fantaisies rêveuses d'imagination, au troisième son culte pour l'antiquité. Si donc jamais un jour Dieu l'appelle à Rome pour gouverner l'Eglise, nous sommes sûrs d'avance que nous retrouverons dans le Florentin couronné les traits les plus saillants de ces trois grandes natures. Comme Marsile, un moment il rêvera des mondes imaginaires, doués d'une force cachée personnelle; comme Pic, il aimera la vie des champs, le grand air, l'espace; comme Politien, il cherchera la solitude, les fleurs et le soleil : trois belles âmes dont il reflétera les vertus; ami chaud et dévoué comme Politien, sensible comme Pic de la Mirandole, doux comme Ficin. Ce n'est pas sans motif que la Providence, si elle a des vues sur Médicis, a placé près de lui ces trois caractères de lettrés. En ce moment l'Allemagne travaille à secouer le joug de l'école. Elle s'est peu mêlée au mouvement intellectuel qui agite à cette heure l'Italie; restée en deçà des Alpes, elle ignore ce qui se passe dans le monde ultramontain : elle croit, et c'est le sujet ordinaire de ses plaintes, que la papauté s'est donnée corps et âme à Aristote. A l'entendre s'exprimant plus tard par la voix de son lauréat Ulrich de Hutten, le syllogisme, qui a tué l'imagination, qui pèse comme du plomb sur la pensée, qui arrête l'essor de l'esprit humain, et qu'un de ses plus glorieux enfants comparera bientôt à la monture d'Abraham, qu'il faut attacher au bas de la montagne quand on veut sacrifier sur les hauts lieux, c'est-à-dire pénétrer dans l'œuvre de Dieu; le syllogisme règne en maître dans les écoles d'Italie. Ces plaintes, dont elle n'a pu vérifier la justesse, car elle ne s'est pas mise à voyager, ont soulevé contre la papauté de graves intelligences. Dieu s'apprête à leur donner un démenti. Architecture, peinture, poésie, éloquence, musique, sous Léon X, tout s'avivera à la nature visible : l'antiquité, dans ses créations matérielles, sera le moule à l'aide duquel tout ce qui se sentira âme d'artiste voudra reproduire ses émotions. L'idée pourra souffrir de ce culte trop exclusif pour le symbole, mais la plastique y gagnera : et, pour s'en convaincre, il suffit de jeter un regard sur quelques-unes des peintures Frate Angelico, si ravissantes d'expression, mais où la vie se réfugie tout entière dans la tête ; et sur les reliefs d'Orcagna, où l'on dirait qu'il n'y a dans l'être humain qu'un élément, au lieu de cette double individualité, l'âme et le corps, que Dieu lui donna en le créant.

Supposez à la place de Léon X un homme doué d'ailleurs d'éminentes vertus, mais de race germanique, comme Adrien d'Utrecht, qui, à tous ces artistes accourus pour le fêter lors de son entrée à Rome, eût préféré, ainsi qu'il le disait, un cortége de paralytiques ; alors notre petite lampe de Ficin serait morte faute d'aliment, et Platon aurait traversé les mers pour retourner en Orient, et les grandes vues de Dieu sur les destinées du monde intellectuel n'auraient pu s'accomplir ; et une portion notable de l'humanité, l'Allemagne, qui aspirait de tous les élans de sa nature vers les mondes rêvés par le fils d'Ariston, aurait pu se plaindre avec raison que Rome, loin de la suivre, voulait l'arrêter dans cette voie de rédemption spirituelle.

N'accusons pas toutefois Adrien VI : avec le temps les besoins de la société changent ; l'art une fois retrouvé, il fallait un homme du Nord qui l'arrêtât sur le penchant de ce naturalisme où il menaçait de se précipiter.

CHAPITRE III.

JEAN DE MÉDICIS A PISE. — 1480-1492.

Chalcondyle. — Bibbiena. — Jean de Médicis étudie la musique. — Il part pour Pise. — L'université de cette ville est protégée par les papes, et restaurée par les Médicis. — Les professeurs Philippe Decio et Barth. Soccino. — Progrès de l'écolier. — Il soutient sa thèse à Florence, où il est reçu docteur en droit canon. — Philomus prédit que Médicis sera pape un jour.

Jean poursuivait le cours de ses études ; à douze ans il

connaissait le grec, le latin, et lisait à livre ouvert Homère
et Virgile : c'était l'orgueil de ses maîtres. Le vieux Chalcondyle, obligé de quitter la chaire de littérature grecque,
autour de laquelle, depuis l'apparition récente de Politien,
ne se pressaient plus que de rares écoliers, avait trouvé dans
le palais des Médicis un asile où les caresses de Jean le consolaient de l'injustice de ses anciens élèves. Jean n'avait pas
voulu l'abandonner. On reprochait à Chalcondyle une phrase
incolore, une parole sans vie, une diction sans jet ni
flamme : on le comparait à un rhéteur à jeun. L'écolier florentin, de sa nature si mobile, l'avait un beau matin, quand
il s'apprêtait à discourir sur Platon, brisé comme un musicien brise un violon qui ne rend plus de son ; et le vieux
professeur, les larmes aux yeux, avait été contraint de
s'exiler de cette chaire si souvent témoin de ses triomphes,
et d'aller se consoler dans la demeure de ses maîtres, où du
moins il ne pouvait plus entendre les applaudissements
qu'on prodiguait à son rival, qui resta toujours son ami. Ses
souffrances venaient d'avoir un terme : il trouva dans la Via
Larga un enfant dont les embrassements lui firent oublier
l'ingratitude de tout ce qu'il est au monde de plus capricieux,
après les rois peut-être, l'écolier des grandes cités, qui ne
voit dans son maître qu'un acteur qu'il abandonne quand
sur sa tête un cheveu commence à grisonner. Dieu, soyons-en sûrs, n'oubliera pas le baiser de l'enfant : devenu grand,
Jean éprouvera l'inconstance des hommes, et il sera trop
heureux de trouver dans le malheur un ami fidèle : Bibbiena
payera la dette de Chalcondyle.

Laurent de Médicis avait pris à son service Bernard Dovizi, si connu sous le nom de Bibbiena, en avait fait son
secrétaire d'abord, puis l'avait adjoint aux professeurs qui
donnaient leurs soins à son fils bien-aimé. C'était un beau
jeune homme, qui ne gardait rien sur le cœur, qui disait

tout ce qu'il pensait, qui parlait peu, qui étudiait l'homme, non pas dans les livres, si souvent trompeurs, mais sur la physionomie, miroir plus fidèle ; une de ces âmes d'or que la Providence accorde si rarement aux princes, parce qu'ils n'aiment ni leur franchise, ni leur dévoûment, ni leurs conseils, et dont elle fit don à Jean de Médicis, qui sut apprécier ces belles qualités. Un jour nous verrons le peuple florentin, qui ne peut voir passer dans la rue un des rejetons de cette noble famille sans battre des mains, chasser indignement les Médicis. Nous regarderons alors autour de nous, cherchant quelqu'un d'assez courageux pour suivre dans l'exil le prince qui hier encore était l'idole de la cité, et au coin de la rue del Giglio nous trouverons un professeur de vingt ans attendant son élève proscrit, comme une mère attend son fils : ce sera Dovizi.

Au milieu de ses occupations toutes diplomatiques à la cour de Laurent, Bibbiena trouvait moyen de penser aux muses. Il rêvait la résurrection de la comédie en Italie, et s'amusait à griffonner quelques scènes du drame qui, sous le nom de *Calandra*, devait illustrer à la fois et son nom et la scène italique. Adorable nature d'adolescent, qui aimait avec passion son pays, avait voué à ses maîtres un véritable culte, se passionnait pour leur gloire, et dans Jean, leur rejeton, devinait le pape futur à qui la Providence réservait un des plus beaux rôles qu'elle ait jamais confiés à un mortel.

A cette époque, nous voyons rarement Médicis à Florence, parce qu'il fuit le tumulte de la cité pour étudier plus tranquillement. Quelquefois il va surprendre Marsile, et, au feu de la lampe de Cosme, ils discourent de matières philosophiques. Ficin a enseigné à son élève le secret de calmer les ardeurs de tête, de ranimer une imagination lasse d'un trop long travail, de chasser les insomnies. Il lui répète souvent son adage favori : La médecine guérit le corps, la musique l'esprit, la théologie l'âme. Jean fait comme son maître; il fait de la musique, et retourne au travail avec un charme nouveau. Toutes les intelligences d'élite du seizième siècle ont reconnu le pouvoir de la mélodie sur les sens; mais l'Italie, longtemps avant l'Allemagne, l'appliqua dans les maladies de l'esprit. J'aime ce tableau ravissant où Mathesius nous représente son enfant chéri, Luther, exilé de la maison paternelle, et le soir, de retour au logis, essayant sur sa flûte quelques modulations tristes ou joyeuses, selon que les groschens du bon Dieu sont tombés rares ou abondants dans sa casquette de cuir. Mais Ficin, Politien, Pic et Jean de Médicis se servaient de la lyre longtemps avant le réformateur, pour bénir ou pour prier. Car il ne faut pas croire, comme on le lit dans quelques-uns des livres écrits en Allemagne après la réforme, que tous les écrivains de la renaissance florentine eussent oublié, dans ces songes où les berçait Platon, l'eau sainte qu'une main catholique avait répandue sur leur front le jour du baptême. Nous avons vu déjà l'un d'eux, le plus brillant peut-être, Pic de la Mirandole, s'effrayer, comme d'une tache honteuse, du soupçon d'hétérodoxie qu'une susceptibilité théologique, qui n'était pas de la science, voulait faire peser sur sa pensée. Si nous entrions, en ce moment, dans l'église de Santa-Reparata de Florence, nous verrions, prosterné au pied des autels, Marsile Ficin, qui mourra sous l'habit de chanoine, en protestant de sa soumission à l'Eglise; et Politien, au sortir de cette chaire où il a ravi ses auditeurs, qui improvise ce cantique en l'honneur de Marie :

> Tu stellis comam cingeris;
> Tu lunam premis pedibus;
> Te sole amictam candido
> Chori stupent angelici.

Jean sut rester pur dans cette atmosphère de corruption,

peut-être plus épaisse à Florence que dans les autres villes de l'Italie, parce qu'elle était le rendez-vous d'une foule d'exilés qui y apportaient bien souvent des mœurs équivoques. Nous n'avons pas besoin heureusement de chercher dans l'âge, la naissance et la position de l'écolier, l'excuse de fautes contre la morale évangélique... Paul Jove, dont le penchant à la médisance est assez connu, nous le représente méritant par la pureté de ses mœurs la louange de tous ceux qui le connaissaient.

Bayle ajoute, d'après le témoignage du même historien, que Médicis avait dès son enfance renoncé à l'usage du vin et des liqueurs.

Innocent VIII, en conférant à Jean de Médicis la dignité de cardinal, voulut qu'il n'en revêtît les insignes qu'après trois ans d'étude. Les prières paternelles ne purent abréger les jours de cette épreuve, dont il avait fixé le terme. Cette initiation était toute scientifique : le pape exigeait que l'écolier allât à Pise étudier la théologie et le droit canon.

Pise était toujours cette cité chantée par Carolus de Maximis, où le soleil ne laisse tomber que des rayons dont la chaleur est tempérée par la brise maritime, où l'air arrive embaumé par le parfum des fleurs des collines environnantes, où l'oranger fleurit en plein hiver, où l'atmosphère toujours pure n'est jamais troublée par le sirocco ; ville d'études et de plaisirs, asile des muses et des malades. Au moyen-âge, quand toutes les autres cités italiques sont visitées chaque année par la peste, Pise seule est à l'abri des atteintes de l'épidémie. Nul endroit au monde n'était plus propre à recevoir une université.

Les papes, de tout temps, s'étaient montrés les ardents protecteurs de son école : c'était leur fille bien-aimée. En 1343, Clément VI, dans une bulle rapportée par Fabrucci, veut que tout clerc qui vient y étudier jouisse en paix du revenu de ses bénéfices et le touche intégralement. Comme les autres universités d'Italie, Pise eut ses jours de gloire; c'est en 1386, quand Francesco di Bartolo da Buti monte dans la chaire qui porte le nom de Dante pour expliquer à ses auditeurs les mystères de la philosophie du poëte florentin. Dante avait laissé dans Pise d'impérissables souvenirs : on l'y vénérait comme un dieu ; sa statue reposait couronnée au milieu de la grande salle, et les écoliers en passant se découvraient le front en signe de respect. A la suite de diverses révolutions, l'université était devenue déserte. Alors les Médicis songent à lui restituer sa splendeur primitive : l'école pisane se relève de ses ruines; les routes se couvrent de nombreux pèlerins qui viennent y entendre la parole de maîtres célèbres, et abandonnent Florence, où le bruit des affaires, les joies tumultueuses, et les charmes trop décevants du sexe, détournent l'âme du culte des muses. C'est encore un pape qui favorise ces pèlerinages scientifiques : Sixte IV, dans un bref qui porte la date de 1475, permit, dans l'intérêt de l'université, de prélever sur les biens des ecclésiastiques 1,000 ducats par an. Florence avait choisi, sur la proposition du Magnifique, cinq de ses plus illustres citoyens pour dresser les statuts de l'académie nouvelle : ce furent Tomaso de' Ridolfi, Donato degli Acciajuoli, Andrea de' Puccini, Alamanno de' Rinuccini, et Lorenzo de' Medici. La grande salle fut restaurée, l'édifice embelli ; on alla chercher dans le palais quelques tableaux de vieux maîtres pour en décorer les murs; le salaire des professeurs fut augmenté : désormais chacun d'eux reçut 600 florins par an. Il ne manquait plus que des écoliers, et ils ne tardèrent pas à venir quand on apprit que Jean de Médicis devait bientôt arriver à Pise pour étudier sous Philippe Decio et Barthélemi Soccino.

Jean passa plusieurs années à Pise. C'était un bon écolier, assidu aux leçons de ses maîtres, passionné pour l'étude, excellent camarade, parlant peu, écoutant attentivement, et, quand il était interrogé, répondant avec une facilité, une grâce et un choix d'expressions qui plus d'une fois lui valurent les applaudissements de ses professeurs et de ses condisciples. On aime à voir le fils de Laurent le Magnifique, le protégé d'Innocent VIII, mêlé comme un enfant du peuple à tous ces écoliers venus pour écouter la parole magistrale de Decio, et rentrant après la leçon en son logis pour repasser dans son souvenir les doctes paroles qu'il vient d'entendre. Pise fut une école où il apprit à parler en public, à écouter attentivement, à délaisser ces sphères poétiques où Politien l'avait peut-être trop longtemps retenu, pour passer dans un monde où la logique est reine. Il était parti de Florence poëte, il revint de Pise dialecticien. Il est aisé de s'apercevoir de la révolution qui s'est opérée dans l'intelligence du fils de Laurent. Les hommes dont il recherche l'entretien sont presque tous aristotéliciens; cependant il n'a pas renoncé au culte de la forme : seulement c'est l'idée qui l'occupe à Pise plus sérieusement. Le droit canonique est encore en Italie la règle des puissances : il l'étudie avec ferveur; et telle est la réputation de gravité qu'il s'est faite à l'université, qu'Alexandre Farnèse lui écrit de Rome, en lui recommandant l'évêque de Pampelune qui vient à Pise pour étudier le droit civil.

Il soutint sa thèse de doctorat en droit canon avec beaucoup d'éclat, à Florence, dans le palais archiépiscopal. Le docteur Thésée de Penis, de la ville d'Urbin, vicaire général de Renaud des Ursins, archevêque de Florence, avait été chargé d'examiner le candidat : il s'était adjoint Dominique de Bonsis et Angelo de Niccolini, qui jouissaient l'un et l'autre d'une grande réputation de science. L'épreuve fut sévère : l'aspirant s'en tira avec honneur, et répondit magistralement, suivant le procès-verbal du temps, aux questions qu'on lui adressa. L'argumentation des juges fut tout à la fois serrée et subtile; il montra une sagacité qui étonna l'assemblée. L'épreuve achevée, il reçut solennellement les insignes accoutumés du doctorat : le vicaire général plaça d'abord dans les mains de l'élève, mais fermé, le livre du Digeste, qu'il ouvrit ensuite, puis sur sa tête le bonnet doctoral, et à son doigt l'anneau d'or, signe de ses fiançailles canoniques; ensuite il le baisa au front et le proclama maître en droit canon, et, comme tel, ayant pouvoir de lire, d'enseigner, de gloser, d'interpréter, de consulter, de monter en chaire, de faire tous les actes attachés au titre qu'il venait d'obtenir. Il déclara le lauréat en possession désormais des honneurs, immunités, priviléges, prérogatives, grâces et indulgences que possède tout docteur en droit canon.

Enfin arriva le jour où l'écolier devait prendre place parmi les princes de l'Église. Jean se rendit à Fiesole, au couvent des saints Barthélemi et Romolo, où l'abbé Matth. Bosso, chanoine de St-Jean de Latran, le reçut au nom de Laurent de Médicis, dont il était le confesseur. Bosso avait été chargé par la cour de Rome de conférer au docteur les insignes du cardinalat : le pallium, la barrette et l'anneau des fiançailles spirituelles. Le lendemain, Pic de la Mirandole, Jacques Salviati, mari de Lucrèce, Siméon Staza, notaire, l'accompagnèrent à l'église. C'était un samedi, jour consacré à Marie. On chanta l'office de la Vierge. Au moment de la consécration, Jean s'approcha de la sainte table, et reçut la communion de la main du célébrant avec des témoignages d'une vive piété. La messe achevée, Bosso bénit les vêtements, et prenant la bulle pontificale : — « Jean de Médicis, dit-il, ô jour trois fois heureux pour la sainte Église, pour votre pays, pour votre famille! le temps de l'épreuve fixé par notre saint-père est accompli : *legant qui volunt*. Siméon, les ordres du saint-siége ont été ponctuellement remplis, prenez acte de la déclaration. » Il revêtit alors le cardinal du pallium en adressant à Dieu cette prière : « Que Dieu te revête du nouvel homme qui a été créé dans la justice et la sainteté. » Puis il lui remit la barrette, le chapeau et l'anneau avec la formule ordinaire : « Voici les ornements de votre nouvelle dignité dont le siége apostolique vous a décoré ; portez-les tant que vous vivrez en l'honneur du Seigneur. » Alors les moines entonnèrent le *Veni creator Spiritus* ; l'hymne achevée, le cardinal bénit l'assemblée, et, en vertu des pouvoirs pontificaux, accorda une indulgence aux assistants, et le cortége gagna le couvent.

En ce moment, Pierre gravissait la rampe qui conduit à Fiesole, monté sur son cheval de bataille tout caparaçonné d'or, pour embrasser et féliciter son frère. Depuis la porte San-Gallo, la route était couverte d'une foule de curieux à pied et à cheval, impatients de voir le cardinal, qui descendit bientôt du couvent, traversa le Mugnone, fut reçu auprès du pont par le protonotaire, les prélats, le clergé et les principaux magistrats de Florence, et accompagné jusqu'au palais ducal par de grands cris de joie. A la porte de l'église de la Nunziata, il descendit de sa mule et alla s'agenouiller au pied de l'autel ; il pria également dans l'église de Santa-Reparata. Les rues que le cardinal traversa étaient remplies de spectateurs, et les maisons décorées, suivant la coutume de l'époque, de tableaux représentant les hauts faits des Médicis. C'était un jour d'heureux augure pour les humanistes florentins ; les poëtes surtout étaient dans l'enivrement ; un d'eux, dans un délire prophétique, se mit à chanter l'exaltation future du noble enfant. Il lui disait :

« Enfant issu de race illustre, courage ! grandis, deviens homme, un jour tu porteras les insignes sacrés du Christ..... un jour tu ceindras la tiare : quelle joie pour ton père ! et pour le poëte quel sujet d'inspiration ! »

Le poëte devinait l'avenir ; mais pourquoi se cachait-il sous le pseudonyme de Philomus ?

CHAPITRE IV.

JEAN DE MÉDICIS A ROME. — MORT DE LAURENT. — 1492.

Arrivée de Jean de Médicis à Rome. — Il est reçu par le pape. — Sa lettre à son père. — Les cardinaux romains La Rovère, Piccolomini, Borgia, et leur caractère. — Rome et Florence poursuivent également l'affranchissement de la pensée. — Travaux archéologiques de Pomp. Leto, avec lequel se lie le cardinal de Médicis. — L'Académie romaine un moment dispersée par Paul II, et pourquoi. — Aquilano, P. Cortese. — Plan de conduite que Laurent trace à son fils. — Mort de Laurent. — Jugement sur ce prince.

Le cardinal avait un devoir à remplir, c'était de porter aux pieds d'Innocent VIII l'expression de sa reconnaissance et de celle de son père. Le pape, qui aimait les Médicis, avait dit à Pierre Alamanni, ambassadeur de la République : « Reposez-vous sur moi du soin de la fortune de messire Jean, que je regarde comme mon fils. » Innocent favorisait les lettres; et si, dans le cours de son pontificat, il ne put les honorer comme il l'aurait voulu, c'est qu'il en fut empêché par des soucis domestiques qui abrégèrent son existence.

Jean de Médicis quitta Florence et partit pour Rome. En s'éloignant de son père il ne put réprimer ses larmes; Laurent, de son côté, se séparait avec chagrin de son fils : l'avenir l'effrayait, il redoutait l'humeur des Florentins, l'ingratitude de la noblesse, la faiblesse de Pierre son fils, et par-dessus tout l'éloquence de Jérôme Savonarole. Le prieur de Saint-Marc avait en chaire l'audace d'un tribun : il attaquait la forme du gouvernement, les institutions nouvelles, les mœurs des Médicis; il prêchait une religion de pauvreté, de macérations, de silence. Le peuple l'écoutait, et applaudissait aux colères de l'orateur contre les grands. Les esprits pratiques estimaient que cette parole de moine, secondée par les mauvais instincts de la populace, jetterait tôt ou tard la société dans le désordre et mettrait le pouvoir lui-même en péril. Ils avaient fait part de leurs craintes au prince, qui s'était contenté d'en rire. Laurent le philosophe avait laissé prêcher le frère, soit qu'il se méprît sur la puissance du dominicain, soit qu'il se fiât trop aveuglément à sa bonne étoile, ou, comme le pensent la plupart des historiens, que les mesures énergiques convinssent peu à cette nature, amoureuse de plaisirs et de repos.

Jean était accompagné dans son voyage à Rome par Philippe Valori, André Camino et Delfino le Camaldule, que son père avait voulu lui donner pour compagnons de route, hommes de bonnes mœurs et de savoir; quelques nobles citoyens s'étaient joints au cortége. Il coucha le soir à l'abbaye de Passignano; le lendemain il visita Sienne. La ville le reçut avec toutes sortes d'honneurs : « Si je voulais raconter ici, dit l'auteur de la relation latine de l'itinéraire, les hommages dont notre cardinal a été l'objet, un jour ne suffirait pas. » Par ordre du sénat, les boutiques et tavernes avaient été fermées; personne au logis; les ouvriers, les magistrats étaient répandus dans la ville et hors des murs : on eût dit de l'entrée d'un pape. Sienne voulut faire les frais du voyage jusqu'à San-Quirico. Jean coucha le lendemain à Acquapendente et traversa Viterbe, où François Cibo, son beau-frère, l'attendait pour l'accompagner jusqu'à Rome, où il arriva le 22 avril. Un peuple nombreux l'attendait, malgré la pluie battante qui tombait depuis plusieurs heures. Il descendit dans le couvent de Sainte-Marie, après avoir fait une courte prière à la chapelle du monastère. Le lendemain, il reçut la visite des cardinaux, qui le conduisirent au palais du souverain pontife. Le pape l'embrassa affectueusement, et lui adressa quelques paroles pleines de grâce comme il les savait dire. La pluie n'avait pas cessé ; le cardinal et sa suite retournèrent au palais Médicis au milieu d'un véritable déluge : le carrosse alors ne s'employait que dans les cérémonies papales, et le parapluie était presque un meuble de luxe. Au consistoire, les cardinaux remarquèrent la tenue modeste, la parole brève, l'air digne du fils de Laurent ; dans la rue, ce qui frappa le plus, ce fut sa figure.

A cette époque où la forme allait être réhabilitée en Italie, on comprend que Jean de Médicis dût attirer les regards. Il ressemblait alors à quelqu'une de ces belles statues dans la fleur de l'âge que Pomponio Leto trouvait fréquemment dans Rome souterraine.

Les peintres, les sculpteurs, les artistes en général qui le regardaient passer, ne pouvaient se lasser de contempler cette taille souple, cette harmonie dans les traits, cette jambe droite et nerveuse, cette main de neige, cette figure greco-romaine, cet œil bleu de ciel, cette tête forte reposant sur deux épaules évasées, cette lèvre légèrement enflée, et toutes ces belles proportions dont le type semblait être perdu. Ils rêvaient je ne sais quelle divinité traversant les mers pour s'abattre à Rome et y relever le culte de la matière. Il faut leur pardonner, à ces hommes de chair, cet enthousiasme pour la forme. L'adolescent avait fait une étude sérieuse de la langue italienne, qu'il parlait avec un charme particulier : sa phrase était légèrement cadencée, son accent tout à fait siennois ; on eût dit de la musique.

A peine a-t-il été présenté à Sa Sainteté, que, tout plein de son bonheur, il se hâte d'en faire le récit à son père. C'est le premier acte de la vie privée du jeune homme ; il faut le recueillir soigneusement, pour y surprendre, à côté d'une joie qui n'a rien de fastueux, l'élan d'un véritable amour filial.

« Bonne santé, mon père... J'ai fait mon entrée à Rome vendredi matin, accompagné, depuis Sainte-Marie jusqu'au palais pontifical, et depuis le palais jusqu'au Campo di Fiore, de tous les cardinaux et de toute la cour, et d'une grande pluie. Notre saint-père m'a reçu très-gracieusement ; je ne lui ai adressé que peu de mots. Le pape m'attendait le lendemain en audience particulière. Sa Sainteté m'a parlé on ne peut plus tendrement. Je ne puis rien vous dire de plus, sinon que je m'efforcerai de me rendre digne de vous : *De me proloqui ulterius nefas*. Je me recommande à vous : *non altro*. Jean, votre fils. »

Parmi les cardinaux qui formaient son cortége, quelques-uns étaient sans signification personnelle ; d'autres, au contraire, étaient comme des symboles vivants des instincts de l'époque. François Piccolomini, neveu de Pie II, représente les lettrés, Roderic Borgia le peuple, Julien de La Rovère l'Eglise. Piccolomini ne se mêle guère aux mouvements des affaires temporelles, il ne recherche que la conversation des savants. Pape, si Dieu lui donne de longs jours, il marchera sur les traces d'Æneas Sylvius, et comme lui il avancera le règne des lumières. Borgia, nouveau Louis XI, n'est dominé que par la pensée d'affranchir le peuple de l'oppression des grands : s'il arrive à la tiare, on peut être sûr qu'il sera sans pitié pour tous ces feudataires qui tiennent Rome en captivité ; homme d'Etat qui à de grandes qualités unit des passions dont il a puisé le germe en Espagne ; âme énergique qui ne reculera, pour briser ses tyranniques vassaux, ni devant la ruse ni devant le sang ; parent dévoué jusqu'au fanatisme aux intérêts de sa famille, son auxiliaire contre l'aristocratie romaine. Julien de La Rovère sait les besoins politiques et intellectuels de son époque ; il aime les lettres, mais d'un amour intéressé, et il s'en servira, quand Dieu l'aura fait roi, comme d'un instrument de gloire ou de puissance nationale. A la vue de ce prélat, qui monte un cheval comme un reître, qui porte la cotte de mailles comme Sickingen, qui manie l'épée en véritable condottière, il est aisé de deviner que Julien saura protéger les droits temporels de l'Eglise, et que, si jamais puissance ultramontaine traverse les Alpes pour envahir l'Italie, il défendra son pays en soldat courageux. Si vous le visitez, vous ne trouverez chez lui aucune de ces figures toutes marquées d'un type commun de famille, comme celles qui se pressent dans l'antichambre de Borgia. La Rovère n'a pas de parents : servez l'Eglise, vous serez son fils bien-aimé. Il est facile de juger les caractères de ces trois hommes par leur entourage personnel : le cardinal du titre de Saint-Pierre ès Liens a pour favori un pauvre moine; l'archevêque de Valence a pour courtisan César Borgia; François Piccolomini a pour ami Pomponio Leto. Jean s'attacha de prédilection à Julien de La Rovère.

A Rome et à Florence, à l'heure où nous parlons, on poursuivait également la rédemption de la pensée humaine, mais par des voies diverses. Florence la cherchait dans Platon, Rome dans la pierre; l'une et l'autre, par des chemins différents, tendaient au même terme, l'antiquité. A Florence, la route où s'était jeté Ficin était peut-être plus fleurie, plus lumineuse, plus séduisante, mais plus longue assurément; l'imagination était sa seule compagne à travers ce mystérieux passé où il poussait ses auditeurs : elle seule, avec ses rêves dorés, devait adoucir les fatigues du voyage, ranimer les forces épuisées, enchanter les heures de nuit et de jour. Rien qui réveillât dans l'âme des élèves de Ficin le sentiment national, qui surexcitât la pensée, qui peuplât l'espace d'êtres connus. Ficin, leur guide, chantait pour eux des hymnes, qui parlaient à l'oreille comme un doux concert, mais dont les sons étaient fugitifs comme ceux de la musique ; tandis que Pomponio Leto, avec les grandes ombres dont il trouvait les noms écrits sur la pierre, faisait assister l'âme à un drame vivant où, à chaque inscription, elle pouvait lire le récit de quelque exploit militaire, de quelque grande pensée matérielle, d'un antique triomphe de la civilisation sur la barbarie, et quelquefois d'une belle création intellectuelle. Ficin n'avait pour auditeurs que des esprits distingués. Le peuple refusait de s'associer à ses admirations, faute de le comprendre, tandis qu'il pouvait se mêler en corps et en âme à ces évocations archéologiques où, tous les matins, le conviait Pomponio Leto : une frise, une corniche, un fragment de statue, étaient autant de livres ouverts où le savant faisait lire à ses disciples les gestes du passé. Comme Ficin, il avait aussi sa petite lampe qu'il allumait longtemps avant le lever du soleil pour aller à la recherche d'une vieille inscription. A cette époque, notre antiquaire n'avait pas besoin de fouiller bien avant dans la terre ; un coup de pioche au Campo-Vaccino, et l'inscription apparaissait : il la sciait, l'enveloppait dans les plis de son manteau troué, et se hâtait de regagner le Quirinal, où l'attendaient ses élèves. Pomponio plaçait la pierre sur une petite table, et alors commençait une scène de nécromancie. L'ombre dont la pierre avait conservé le souvenir, évoquée par la voix du professeur, ressuscitait, et Pomponio, en poëte bien plus qu'en archéologue, racontait la vie du revenant. Si dans son existence terrestre l'ombre avait revêtu le manteau du philosophe, il faisait l'histoire de la secte à laquelle elle avait appartenu ; si elle avait manié la lyre, il récitait quelques-uns des vers qu'elle avait laissés ; si elle s'était assise dans la chaire du magistrat, il donnait une idée de l'œuvre de juriste à laquelle elle avait travaillé ; si elle avait tenu l'épée, il faisait le récit des batailles où elle s'était trouvée : son cours embrassait à la fois l'histoire, la philosophie, l'archéologie et la morale.

Quelquefois on le trouvait au fond de l'un de ces grands cimetières, où la pioche n'avait point encore pénétré, dans l'attitude d'un homme en extase, le cœur suffoqué par les sanglots, la poitrine haletante, l'œil mouillé de larmes. Au bruit des pas de l'étranger, Pomponio se relevait ; on eût dit un spectre, à la vue de cette tête blanchie avant l'âge, de ces joues amaigries par l'étude, de ce corps dont un habit rapiécé couvrait à peine la nudité. La science a des reproches à faire à Pomponio : quand, dans ses courses à travers les ruines, il n'avait rien trouvé, qu'il rentrait au logis le manteau vide, alors sa tête se montait, et, pour ne pas être obligé de confesser qu'il avait perdu sa journée, il inventait une inscription et improvisait le testament de Lœtus Cuspidius et l'épitaphe du poëte Claudien, que Rabelais faisait réimprimer à Lyon, chez Gryphe, en 1582, et dont Barnabé Brisson, en ses Formules, et Antoine Augustin, en ses Dialogues, n'ont pas eu de peine à démontrer la fausseté.

Barthélemi Platina, tout-puissant à la cour pontificale, avait fait obtenir à son ami Pomponio une petite maison sur la déclivité de ce mont qu'on appelle Quirinal. Cette habitation, toute rurale, toute silencieuse, ressemblait un peu à celle que Politien a chantée, c'est-à-dire qu'elle reposait dans une corbeille de verdure, qu'elle était abritée du soleil par des bosquets de lauriers, et du bruit de Rome par d'épaisses murailles. On ne croirait pas, si le fait n'était attesté par tous les historiens, qu'un jour cet asile des muses fut envahi par une populace armée qui se mit à briser, dans sa fureur aveugle, tout ce qui en faisait l'ornement, c'est-à-dire les débris antiques que Pomponio y rassemblait depuis tant d'années. On n'épargna ni la verdure qui reposait l'œil du maître, ni le bois de lauriers à l'ombre desquels il s'asseyait le soir. Le printemps, en revenant, fit reverdir le parterre, et quelques gouttes d'eau rendirent la vie aux lauriers ; mais les marbres furent plus difficiles à retrouver : il eût été impossible à Pomponio de les remplacer à prix d'argent, lui qui, au témoignage de son ami Platina, était si pauvre, « que s'il eût perdu deux œufs, il n'aurait pas eu de quoi s'en procurer deux autres. » Ceci se passait en 1484, dans une révolution dont Rome fut le théâtre. Heureusement le professeur avait autant d'amis qu'il comptait d'élèves : ses disciples se répandirent dans la campagne, et bientôt eurent retrouvé de nouvelles pierres, de nouvelles statues, de nouvelles inscriptions ; et le professeur reprit ses leçons sur la Rome souterraine, un moment interrompues. Marc-Antoine Sabellico, Conrad Peutinger et André Fulvio continuèrent les travaux de leur maître.

Le vieux Pomponio, avec sa barbe mal peignée et ses vêtements troués, craignait de se montrer aux visiteurs qui venaient frapper à chaque heure du jour à sa demeure du Quirinal : il était si heureux dans son musée lapidaire ! — Dites que je n'y suis pas, faisait-il répondre à l'un de ces importuns ; me prend-on pour un ours ou pour un lion ?

L'ours avait trop d'obligations à Laurent de Médicis pour éconduire le cardinal ; Jean était d'ailleurs l'élève de Politien, avec lequel l'archéologue entretenait un commerce épistolaire, et il savait aussi que l'adolescent aimait les lettres latines. Or Pomponio, le maître de William Lilly, tout en s'occupant de ressusciter la pierre, s'était attaché à reproduire quelques classiques latins : *Silius Italicus*, qu'il avait publié à Rome en 1471 ; *Terentius Varro*, à Venise en 1474 ; *Quintus Curtius*, etc. : comment lui refuser sa porte ? Jean vit donc et fréquenta Pomponio.

Ce fut ce savant qui le premier, à Rome, eut l'idée de fonder un cercle littéraire, sous le nom d'Académie, où se réunissaient chaque semaine tous ceux qui s'occupaient d'arts, de science ou de philosophie; il avait pris pour modèle l'institution platonicienne formée à Florence sous les auspices des Médicis. A Rome, ceux qui s'associèrent à l'œuvre de Pomponio étaient des âmes folles de paganisme, qui renoncèrent à porter le nom qu'elles avaient reçu le jour de leur baptême pour prendre celui de quelque personnage antique : Philippe Buonaccorsi s'appela Callimaque; Marc le Romain, Asclépiade; Marino le Vénitien, Glaucus ou Glocco; comme si le nom, dit l'Arioste, faisait le poëte.

A tout prendre, c'était un innocent caprice dont la papauté ne dut guère s'effrayer; mais il paraît que les Muses n'étaient pas seules fêtées dans cet institut littéraire, et qu'on y évoquait parfois des souvenirs républicains qui ne pouvaient plaire au saint-siége : on y rêvait la restauration de la république romaine, et peut-être des superstitions païennes. Paul II fit arrêter quelques-uns des académiciens, entre autres Platina et Pomponio Leto. On reproche au pontife d'avoir usé contre les coupables de rigueurs trop sévères; on veut que, dans sa haine contre les lumières, il ait inventé des crimes, afin d'exiler quelques fanatiques dont il avait peur. Paul a trouvé dans Platina, l'un des membres de cette association, un ardent accusateur, dont le protestantisme n'a fait que reproduire les plaintes, sans oublier surtout celle que l'historien a formulée contre l'intelligence du pape; mais un écrivain moderne a fait ressortir tout ce que ce reproche d'ignorance avait de mensonger. Il n'est guère plus possible de croire, quand on lit les preuves amassées dans la dissertation de Mgr Quirini, à l'imbécillité d'un pape qui lit les historiens antiques, qui de sa bourse aide les jeunes gens de famille dans leurs études, qui paye généreusement les professeurs, et qui conçoit surtout l'idée d'un collége d'abréviateurs au nombre de soixante-dix, dont l'occupation principale sera de reviser et de corriger les actes publics publiés en latin.

Quoi qu'il en soit, les débris de cette académie, dispersés en diverses contrées, se retrouvèrent à Rome à l'exaltation de Sixte IV. Buonaccorsi, après un long exil, reparut au Quirinal, portant toujours le nom de Callimaque, qu'il faisait suivre cette fois de l'épithète d'*experiens*, par allusion aux fortunes diverses qu'il avait éprouvées dans ses longs voyages. A la cour de Pologne, il avait trouvé dans Casimir un généreux protecteur; au moment où nous parlons, il était ambassadeur de ce prince auprès d'Innocent VIII, à Rome. Il retrouva son ami Pomponio, usé par l'âge, mais toujours fidèle à ses pierres, qu'il aimait comme à vingt ans. La mort avait moissonné quelques-uns de leurs anciens collègues, mais les vides s'étaient bien vite remplis; on recommençait à cultiver les lettres. Paul Cortese, le nouvel hôte de Pomponio, achevait, à vingt-trois ans, son dialogue célèbre *de Hominibus doctis*, et rassemblait les matériaux de ses quatre livres de sentences, recueil d'homélies dans le genre des *Postilles* du docteur Luther. Un des grands reproches que Martin a faits à nos moines, c'est d'être restés embarrassés jusqu'à l'époque de la réforme dans les langes de Scot. Cortese cependant, dans ses *Discorsi volgari*, a répudié la méthode aristotélicienne; il ne procède pas par syllogismes, mais expose simplement le sujet, qu'il développe à l'aide de l'autorité et de la raison. Ainsi donc, c'est l'Italie qui devait la première échapper à la scolastique. A quoi donc se réduisent les plaintes éloquentes de Luther?

Il paraît que Paul Cortese, dans son zèle pour les lettres, voulut que Rome eût une double tribune d'où rayonnerait au loin la lumière. Il essaya de fonder un autre cercle académique, mais qui n'eut pas de succès; toutefois rien ne prouve qu'il déserta la maison de Pomponio Leto. A cette époque, la poésie italienne commençait à fleurir à Rome : elle avait pour représentant Séraphin Aquilano, que protégeait le cardinal

Ascagne Sforce. Aquilano avait fait une étude particulière de Dante et de Pétrarque. Un des premiers, il imagina de s'accompagner sur le luth en improvisant; musicien habile, il cachait sous les sons de son luth les défauts de sa versification. Ses succès firent éclore une multitude de poëtes qui, bien moins inspirés encore que Séraphin, la lyre en main, chantaient de pitoyables vers; rapsodes nomades qui employaient, pour séduire le peuple, la langue vulgaire, réveillant ainsi le culte de la muse nationale.

Poëte, musicien, archéologue, philosophe, Jean de Médicis devait se plaire à Rome. Il fut longtemps un des habitués des réunions de Pomponio. A Rome, il continua le genre de vie modeste qu'il menait à Florence : il se levait de bonne heure, cherchait quelque église écartée pour faire sa prière du matin, et rentrait à son palais, où ne tardaient pas à venir quelques amis dévoués. Il n'avait oublié ni son père, ni ses frères, ni les lettrés, ni ses professeurs, avec lesquels il entretenait une correspondance suivie. Florence tenait toujours une large place dans ses affections. Il était heureux quand, accompagné de Pomponio, il avait découvert quelque beau marbre dont il pouvait faire présent à sa ville natale. Sa table était frugale comme celle de son père : pendant le repas, il se faisait lire quelque histoire des temps passés; après le dîner, il aimait à se promener dans la vieille Rome; point de recherche dans ses vêtements, qui étaient demeurés d'une propreté exquise. Ses serviteurs l'aimaient, car il était bon, doux et affable; les pauvres ne l'imploraient jamais en vain; Innocent VIII l'entretenait souvent. Jean obéissait aux conseils de son père.

Peu de temps avant sa mort, Laurent avait tracé pour son fils un plan de conduite qui semble l'œuvre de quelque sage retiré du monde.

« Mon premier désir est que vous n'oubliiez jamais à qui

vous devez les faveurs dont vous avez été comblé : ce n'est ni votre prudence, ni votre mérite, qui vous ont fait cardinal, mais Dieu seul dans son admirable bonté. Le meilleur moyen de vous acquitter envers Dieu est de mener une conduite exemplaire..... Il serait honteux pour vous, et pour moi bien douloureux, qu'à l'âge où l'on songe à former sa raison et sa conduite, vous démentissiez les espérances que vous aviez données. Tâchez donc d'alléger le fardeau que vous portez, en persévérant dans ces études qui conviennent si bien à votre état de vie. L'an passé, j'éprouvai une bien douce consolation en vous voyant souvent approcher du tribunal de la pénitence et de la sainte table : persévérez ; c'est le moyen de rester dans les bonnes grâces du ciel. Vous voilà donc à Rome : il vous sera bien difficile de suivre les conseils de votre père ; outre les mauvais exemples, vous allez trouver des courtisans de corruption. Vous ne pouvez vous dissimuler que les faveurs que vous avez obtenues à votre âge ont excité l'envie : ceux qui n'ont pu vous arrêter dans la voie des honneurs n'oublieront rien pour vous perdre dans l'estime publique, en vous faisant choir dans cette fosse où ils sont eux-mêmes tombés : votre âge ne les servira que trop. Vous devez d'autant plus chercher à éviter cet écueil, que la vertu est assez rare dans le sacré collége : pourtant il y a parmi les cardinaux des hommes de doctrine et de sainte conduite ; voilà ceux que vous devez prendre pour modèles..... Fuyez, comme on fuit Charybde et Scylla, l'hypocrisie ; point de folle ostentation ni dans votre conduite ni dans vos discours..... Vous le savez, rien n'est si difficile que de savoir converser avec des hommes de caractères divers : à cet égard, que vous recommander ? Avec les cardinaux et les autres personnes de condition, vous serez décent et réservé. Que votre conscience interrogée soit toujours en état de vous rendre ce témoignage, que jamais vous n'avez eu l'intention d'offenser personne. A Rome, du reste, mon avis est que vous devez plus souvent ouvrir l'oreille que la bouche.....

» Vous êtes le cardinal le plus jeune du sacré collége, et peut-être de tous les cardinaux créés jusqu'à ce jour; vous devez donc vous montrer le plus empressé, le plus modeste, et ne jamais vous faire attendre à la chapelle du consistoire ou dans les députations. Vous saurez bientôt ceux dont la vie est le plus ou le moins exemplaire. Fuyez ceux dont la conduite est décriée, dans l'intérêt des mœurs d'abord, et par respect pour l'opinion. Dans votre train de maison, cherchez la décence plutôt que l'éclat ou la richesse.... Point de bijoux ni de soie, cela ne convient pas à des gens de votre sorte; mais des livres et des antiques, un domestique décent et peu nombreux. Recevez, plutôt que d'être reçu chez les autres; qu'on ne voie à votre table que des mets simples et communs. Faites de l'exercice : dans votre état, l'infirmité arrive bien vite quand on ne sait pas la prévenir..... Une habitude que je vous recommande surtout, c'est de vous lever de bonne heure : cela fait du bien d'abord à la santé; puis cela est nécessaire dans votre profession, où vous êtes obligé d'assister à l'office, de vous livrer à l'étude, de donner audience, etc. Autre conseil que je vous donne : le soir, en vous couchant, rappelez-vous le travail du lendemain; c'est le meilleur moyen de n'être pas pris au dépourvu. »

Quelques jours après avoir écrit cette lettre, que Fabroni appelle avec raison le chant du cygne, Laurent rendit le dernier soupir.

Un moment il avait cru que Dieu lui permettrait de quitter les affaires, et, loin de Florence, de vivre quelques années encore, dans l'une de ses villas, au milieu de tout ce qu'il chérissait le plus sur cette terre, ses enfants, ses amis et ses livres. Mais son heure était arrivée : à quarante-quatre ans il se mettait au lit pour quitter à jamais ce monde dont il était la gloire. Une fièvre dont Politien a décrit le funèbre caractère ne lui laissa plus de repos. Les médecins accoururent : d'abord, Leoni de Spolète, qui essaya vainement les remèdes ordinaires ; puis Lazare le Tessinois, dont la renommée était grande, et qui, dans un mélange de substances minérales et végétales, crut avoir trouvé une héroïque formule ; mais sa science devait être impuissante. Dès qu'il sentit les approches de la mort, le Magnifique voulut se réconcilier avec Dieu. Il fit appeler son confesseur, le vieux Bosso, qui ne le quitta plus. Le lendemain, autour d'une petite table recouverte d'une nappe blanche, et sur laquelle s'élevait, entre des chandeliers d'argent, l'image du Christ, ses serviteurs à genoux attendaient l'heure où le prêtre apporterait au malade le corps de Jésus-Christ. Quand il parut, tenant dans ses mains la sainte hostie, Laurent se leva sur son séant et, les mains jointes, murmura ces mots de tendre piété : « Non, je ne souffrirai jamais que celui qui me créa, qui me racheta de son sang, vienne à moi ; c'est à moi d'aller à lui : levez-moi, je vous en prie, que j'aille à mon Sauveur. » Le prêtre et les assistants prièrent longtemps, après quoi le prince reçut le viatique. Pendant cette suprême cérémonie, les lèvres du moribond ne cessaient de s'ouvrir pour prier : « Mon Dieu, disait-il, ayez pitié de moi, pauvre pécheur ; que le sang que vous avez offert à votre père sur l'autel du sacrifice, pour la rédemption des hommes, me compte dans l'éternité. » Quand il eut rempli ses devoirs de chrétien, il voulut entretenir son fils en particulier : les assistants s'éloignèrent. Laurent resta seul avec Pierre, auquel il fit ses dernières recommandations. L'enfant écoutait en silence ; il promit d'obéir aux ordres du mourant. Laurent étendit ses mains défaillantes sur la tête de son héritier et le bénit.

Un moment après, on annonça Politien, qui, à la vue de ce corps passé en quelques heures à l'état de cadavre, ne put réprimer un mouvement d'effroi, et tourna la tête pour pleurer. « C'est toi, Angiolo, dit le moribond à son ami en tâchant de sourire; approche donc. » Et il agitait convulsivement la main pour l'attirer à lui : Politien la prit et la baisa dévotement, puis la posa sur le lit, et passa dans l'antichambre afin de donner un libre cours à ses sanglots. Il revint bientôt.

Laurent, d'un œil inquiet, cherchait dans l'appartement une figure dont l'absence lui faisait mal. « Où donc est Pic? murmura-t-il avec un profond soupir; est-ce qu'il n'est pas là? — Il a craint d'importuner votre seigneurie, répondit Politien. — Oh! qu'il vienne, reprit le duc, je veux le voir. » Pic, averti, vint bien vite, et se précipita sur la main que lui tendit l'auguste malade, pendant que Politien, courbé sur le lit, étreignait de ses bras les genoux du prince. Laurent interrompit cette scène muette en s'adressant à Pic : « Mon ami, lui dit-il d'une voix défaillante, j'ai voulu vous voir pour la dernière fois; je mourrai content maintenant. » Et changeant aussitôt de conversation : « J'aurais bien voulu que Dieu m'eût laissé vivre jusqu'au jour où j'aurais pu compléter votre bibliothèque... » En ce moment parut Savonarole.

— Monseigneur, dit le dominicain, je viens pour vous exhorter à demeurer ferme dans la foi catholique.

— C'est bien ma résolution, dit le prince.

— Promettez-moi de mener une vie toute chrétienne, si Dieu vous rend la santé.

— Oh! je vous le promets, dit le Magnifique.

— Et de supporter la mort avec courage, s'il veut que vous mouriez.

— Que sa volonté soit faite! dit Laurent. Comme le moine s'éloignait, le prince le rappela. — Mon frère, lui dit-il, je vous pardonne, donnez-moi votre bénédiction.

Savonarole le bénit. C'est Politien qui nous a donné tous ces détails. Son récit diffère de celui où quelques historiens nous représentent le moine de Saint-Marc s'éloignant sans vouloir absoudre le malade qui refuse de rendre la liberté à Florence. Si cette scène, comme on l'a dit, s'est passée sans autres témoins que le prêtre et le pénitent, que penser de Savonarole qui divulgue les secrets de la confession ? Heureusement pour la mémoire de frère Jérôme, la narration de Jean-François Pic, neveu du glorieux Pic, n'est qu'une fable.

La dernière heure du Magnifique approchait : il perdit l'usage de la parole ; ses lèvres s'ouvraient pour prier, mais aucun son n'arrivait à l'oreille des assistants. Sur un signe qu'il fit de l'œil, on approcha de sa bouche un crucifix qu'il embrassa tendrement, puis il pencha la tête et rendit le dernier soupir.

Jamais, dit Machiavel, à Florence, ni même en Italie, n'était mort un prince aussi sage et qui fût plus digne de regrets. Ce trépas, qui devait être la source de tant de calamités, fut marqué dans le ciel par des signes merveilleux.

Machiavel fait allusion à ces prodiges physiques, dont parlent les contemporains : la chute du tonnerre sur le temple de Santa-Reparata, les feux nocturnes qui illuminèrent la villa Careggi, la lutte d'ombres d'une grandeur extraordinaire, les voix qu'on entendit dans l'espace, les éclairs à travers une atmosphère lucide, et le suicide du médecin Pierre Leoni, qui se jeta dans un puits.

Le corps fut transporté de Careggi à Florence, et enseveli dans l'église de Saint-Laurent. Jamais trépas n'avait fait couler autant de larmes : le peuple faisait à haute voix l'oraison funèbre du prince; les poëtes récitaient les vers les plus connus de son Ambra; les philosophes disaient sa joie quand Jérôme Roscio lui donna la première effigie de Platon;

les sculpteurs parlaient de ces beaux jardins auprès de Saint-Marc, où il avait rassemblé des marbres antiques, *studio* où Michel-Ange allait chaque matin s'inspirer; les peintres célébraient son amitié pour Ghirlandajo et les élèves de ce maître, François Granacci et Torrigiano; les humanistes rappelaient le souvenir de cette table modeste où, à l'heure des repas, venaient s'asseoir tous ceux qui avaient un nom dans les lettres et dans les arts, et où ses fils, arrivés les derniers, n'avaient d'autre place que celle qu'ils pouvaient y trouver; les savants vantaient ses soins à rassembler des manuscrits antiques pour en doter la bibliothèque qu'il voulait fonder avant de mourir; les mères citaient les scènes intérieures de famille où il s'amusait à jouer au bouchon avec ses fils, ou à promener sur le dos ses jeunes filles, amusements que la gravité de Machiavel a eu tort de blâmer; l'un retraçait le talent du prince à conter, sa conversation grave et sévère, et, quand le sujet l'exigeait, toute pleine de sel, mais de ce sel dont était imprégné le flot d'où Vénus était sortie; un autre citait les soupers du prince chez Ugolin Verino; les chanoines du Dôme rappelaient sa piété, sa foi vive et tendre, les tombeaux qu'il avait fait élever aux hommes qui avaient rendu des services à l'Etat; les courtisans vantaient son affabilité; ses serviteurs, sa bonté. Au milieu de ce doux concert s'élevaient à peine quelques voix sévères pour blâmer son goût pour le spectacle, son penchant aux plaisirs, le paganisme qu'il avait introduit dans l'art, ces fêtes de carnaval où il ne se contentait pas d'assister, mais qu'il avait chantées dans des vers que la morale ne pouvait toujours approuver : louanges et blâmes que l'histoire doit recueillir sous peine de manquer à sa mission, mais dont elle a droit d'apprécier la valeur. Les louanges décernées en ce moment au mort qui, la tête découverte, traverse les rues de Florence, étaient l'élan spontané d'affections populaires ; le blâme était une protestation dictée moins par le sentiment religieux, trop souvent offensé par le prince, que par l'esprit de parti. Il y avait à Florence des âmes qui méditaient la chute des Médicis, en expiation des maux qu'elles prétendaient que cette famille avait faits à leur patrie ; ces âmes, exaltées par la prédication de Savonarole, et, pour la plupart, entretenues aux dépens du Magnifique, calomniaient les morts, en attendant qu'elles pussent chasser les vivants. Du moins, pas une de ces natures ingrates n'appartenait au parti des lettrés. La poésie fut admirable à cette heure ; elle se ressouvint que Laurent lui avait donné en abondance de l'ombre, des bois, du soleil, des livres ; elle le paya en beaux vers : c'était son or, à elle ! Le plus généreusement récompensé par le prince, Politien fut aussi celui qui chanta le plus haut les vertus ducales. Car, pendant qu'on menait le corps à sa dernière demeure, il disait : « Qui pourra prêter à mes yeux une source intarissable de larmes, afin que je pleure la nuit, que je pleure le jour ? Ainsi se lamente le ramier séparé de sa colombe, et le cygne qui va mourir, et le rossignol. »

Lorsque le peuple, excité par Savonarole, chassera ses maîtres, il ne respectera, dans son aveugle colère, ni la colombe, ni le rossignol, ni le cygne du poëte : on enlèvera à Politien jusqu'à ses livres.

CHAPITRE V.

L'ITALIE A LA MORT DE LAURENT. — 1492.

ITALIE POLITIQUE. Milan et ses ducs. — Louis Sforce appelle Charles VIII en Italie. — Venise, Gênes, Florence au moment de l'invasion. — Pierre de Médicis incapable d'arrêter le mouvement révolutionnaire dont est menacée la Toscane.

ITALIE POLITIQUE.

Il nous faut étudier l'état politique et intellectuel de l'Italie en 1492, pour comprendre ce que peut coûter au monde la mort d'un grand homme.

L'Italie compte trois sortes de gouvernements : à Naples, une monarchie héréditaire; à Rome, une royauté élective; dans les autres Etats, des républiques où le peuple ne joue qu'un rôle secondaire, et où dominent quelques familles, qui tantôt se sont enrichies dans le commerce, comme à Florence; tantôt se sont fait un nom dans les armes, comme à Milan; tantôt exercent sur les lettres un patronage héréditaire, comme à Ferrare.

Giacomuzzo Attendolo, las des mauvais traitements qu'il recevait dans la boutique d'un cordonnier, se fait un beau jour laboureur. Il travaillait aux champs, quand le son d'une musique militaire vient frapper son oreille : il regarde, et voit venir à lui une troupe de condottieri, qui parcouraient la campagne, prêts à vendre leur service au premier manant ou bourgeois qui voudrait l'acheter à deniers comptants. Giacomuzzo est saisi d'une fièvre guerrière ; mais il faut que la voix de Dieu parle : si la hache qu'il tient en main, et qu'il lance de toute sa force, atteint l'arbre voisin, il sera soldat ; si elle s'arrête en chemin, il restera laboureur. La hache frappe le but, le voilà condottiere, sur la grande route, dans le camp de Visconti, bon et preux soldat, dépensant gaîment son argent et son sang. On le proclame le fort, et c'est sous le nom de Sforza qu'il acquiert bientôt la réputation du premier partisan du royaume napolitain. Il mourut, en 1447, comme il avait vécu, bravement. Son fils François hérita de sa hache, de ses titres et de sa valeur. Seulement, au lieu de débuter dans l'échoppe d'un cordonnier, il épousa Blanche Visconti, fille naturelle de Philippe-Marie Visconti, duc de Milan. François s'apprêtait à faire valoir ses titres d'héritier au duché, que quatre compétiteurs lui disputaient en même temps : le duc de Savoie, le roi de Naples, la république de Venise, et Charles d'Orléans, petit-fils du duc Jean-Galéas Visconti, quand les Milanais, irrités des folies sanglantes de leur dernier maître, s'insurgent et proclament leur liberté. François Sforce se fiait sur l'inconstance du Milanais, et il avait raison. Cette fièvre d'indépendance passa bien vite. Le peuple révolté finit par demander un maître, et choisit Sforce. Pendant seize ans, le fils du cordonnier Attendolo gouverna Milan en politique habile : il mourut grand-duc, après avoir donné une de ses filles au fils du roi de Naples, et Marie-Galéas, son fils, à la sœur de la reine de France, femme de Louis XI.

Galéas hérita d'une belle couronne ; car c'en était une que ce duché de Milan, qui comprenait les provinces de Milan, de Crémone, de Parme, de Pavie, de Côme, de Lodi, de Plaisance, de Novare, d'Alexandrie, de Tortone, de Bobbio, de Savone, d'Albingano, de Vintimille, de Gênes ; des montagnes, des plaines, des fleuves, et une mer de plus de trente lieues de long. Malheureusement il vivait à Milan comme un soldat, faisant sa proie de toute jeune fille qui excitait sa convoitise. Quelques jeunes nobles dont il avait déshonoré les familles s'armèrent un jour et vinrent dans la cathédrale prendre son sang, en invoquant saint Ambroise et saint Étienne. Colas de' Montani, son professeur, s'était enrôlé parmi les assassins. Le peuple, qui rarement demande compte à ses maîtres de leurs mauvaises mœurs, si ces mœurs ne le privent ni de son pain ni de sa liberté, vengea l'assassinat du prince en tuant les conjurés. Jean-Galéas, fils de l'impudique, fut proclamé duc aux acclamations de la multitude : le peuple et les assassins ont trouvé des apologistes. Galéas avait huit ans : on lui donna pour tuteur son oncle Louis le More (Ludovic), âme ambitieuse, qui, maître une fois du pouvoir, ne recula, pour le garder, ni devant le cri de sa conscience, ni devant les clameurs de l'opinion, et n'eut peur ni de Dieu ni des hommes. On le vit employer les revenus de l'Etat, c'est-à-dire plus de 600,000 ducats annuels, pour gagner des soldats et corrompre des chefs, et, comme si l'or n'eût pas suffi, livrer à Charles VIII son pays, afin de garder quelques jours de plus l'hermine ducale. Galéas, en attendant, grandissait ; il avait épousé Isabelle, fille d'Alphonse, duc d'Aragon : « femme courageuse, dit Comines, qui eust volontiers donné crédit à son mari si elle eust pu ; mais il n'estoit guères sage, et révéloit ce qu'elle lui disoit. » A peine si l'un et l'autre osaient murmurer contre le More, qui ne leur donnait pas même de quoi vivre. Sommé par le roi de Naples de restituer l'autorité souveraine à Galéas, Louis Sforce avait répondu à Ferdinand Ier en dépêchant Belgiojoso à la cour de France, pour inviter Charles VIII à descendre en Italie, afin d'y soutenir, comme héritier de la maison d'Anjou, ses droits à la souveraineté du royaume de

Naples, en même temps qu'il contractait une alliance offensive et défensive avec le pape et la république de Venise. Ainsi, Charles VIII en Italie, Ferdinand ne pouvait inquiéter Louis Sforce, qui n'avait rien à craindre non plus de Charles; car, pour le mettre à la raison, il avait Venise et le pape : cela était habilement combiné, comme le remarque Machiavel.

Du reste, ce Ferdinand si zélé pour les intérêts de Galéas régnait à Naples en vertu d'une légitimité fort douteuse : Mainfroi, son aïeul, était usurpateur de haute lignée; mais il avait pour lui un protecteur puissant, le pape, qui s'était prononcé en faveur de la maison d'Aragon. Toutefois, en France, l'autorité pontificale n'était pas aussi grande qu'au delà des monts. Une maison qui, pendant quelque temps, avait gouverné le royaume, subsistait encore. René, duc d'Anjou et de Provence, obligé de quitter l'Italie, n'avait emporté de ses conquêtes que le titre de roi de Naples, que lui avait conféré le pape Eugène IV. A la cour de Ferdinand, son parti se composait d'une foule de mécontents. En France, Louis XI n'avait pas abandonné des prétentions que le testament de René semblait justifier. Fief de l'Eglise sous Calixte III, sa vassale sous Pie II, héritage contesté de deux grandes maisons, patrimoine à cette heure d'un prince qui plus d'une fois avait mécontenté ses sujets, Naples, avec sa position magnifique sur la Méditerranée, son double rang de montagnes abruptes, ses citadelles que l'art pouvait rendre imprenables, ses salines, ses poissons et son soleil, était une proie qui devait exciter la convoitise de ses voisins et de l'étranger.

Jugez si Venise ne devait pas jeter un œil d'envie sur tous ces trésors, elle, à cette heure, qui donnait à ses filles, suivant l'expression de lord Byron, la dépouille des nations, et recevait dans son sein, en pluie étincelante, les perles de l'Orient. Il n'y avait pas un siècle que, sous le dogat de François Foscari, elle avait réuni à son territoire Brescia, Bergame, Crème et Ravenne : tout récemment, c'est-à-dire en 1490, elle s'était emparée de l'île de Chypre, dont la reine envoyait de si beaux manuscrits au cardinal Piccolomini, et, par caresses ou par menaces, avait fait signer à Mahomet II un traité où le sultan jurait par les quarante-cinq prophètes, par son épée, par sa barbe, de respecter les comptoirs de la seigneurie. Mais Venise, trop confiante dans sa flotte, trop fière de ses richesses, avait voulu plus d'une fois humilier ses rivales; si donc Dieu donne jamais à ces républiques, vaincues ou abaissées par elle, l'occasion de se venger, il est sûr qu'elles se hâteront de secouer le joug de la Rome des mers. On les voit qui épient le moment où elles pourront s'enrichir à ses dépens, mettre un frein à son ambition, et un terme à ses conquêtes. Saint-Marc, trop certain d'avoir toujours le vent en poupe, ne s'était pas fait faute de ruiner ses alliés ou ses ennemis :

> San Marco, impetuoso ed importuno,
> Credendosi aver sempre il vento in poppa,
> Non si curò di rovinare ognuno.

Le vent est inconstant; les républiques italiennes ont l'œil levé sur la mer.

Le temps était passé où Gênes aurait pu disputer l'empire à Venise, sa rivale. Autrefois elle ne regardait pas au sang qu'elle répandait : le portefaix se battait à côté du noble, et qui avait reçu une plus large blessure avait le mieux mérité de la patrie. Ses vaisseaux rentrés dans le port, alors une vie nouvelle commençait pour Gênes : son peuple si brave, si loyal, si généreux le jour du combat, l'heure des élections venue, se vend sans rougir à celui qui veut acheter son suffrage : ce suffrage donnait le pouvoir dans cet État démocratique; or on pense bien que les acheteurs ne manquaient pas. Trois grandes familles, depuis des siècles, se disputaient les voix avec des chances plus ou moins heureuses, suivant que l'or était plus ou moins abondant dans leurs coffres-forts : c'étaient les Fregosi, les Adorni et les Fieschi. La lutte ne finissait pas avec le triomphe ; à la famille vaincue restait une grande ressource : l'étranger, auquel elle donnait ou vendait Gênes. C'est ce qui arrive en 1396, où la ville se réveille un matin avec un maître de plus : Charles VI, pauvre fou qui se repose, pour faire valoir ses droits, sur l'épée de Boucicaut, l'un de ses maréchaux. Cette épée, dans les mains d'un pareil soldat, fit des merveilles ; mais quelques patriotes surent la briser, et Gênes reprit son indépendance. Elle ne sut pas garder sa conquête : un condottiere, Carmagnola, qui savait aussi bien manier l'épée que Boucicaut, assiége la ville, qu'il soumet à Philippe-Marie Visconti, duc de Milan. Pendant deux siècles, Gênes offre un triste spectacle : vous la voyez qui se couche génoise, se réveille milanaise, fait sa sieste française, et se rendort napolitaine, jusqu'à ce qu'en 1490, après s'être prêtée, vendue, livrée à une foule de maîtres divers, elle, la superbe, est déclarée fief de la couronne de France, sous la garde du duc de Milan, vassal de Charles VIII.

Florence avait ressemblé longtemps à Gênes. Son poëte, assis à sa place accoutumée, sur l'un des bancs de pierre extérieurs de la cathédrale, versait des larmes au souvenir de ces folles nouveautés auxquelles courait sans cesse sa ville bien-aimée. Il lui disait :

« Que de fois je t'ai vue changer tes lois, tes monnaies, ton gouvernement! Si tu as bon souvenir et que ton œil s'ouvre à la lumière, tu verras que tu ressembles au pauvre malade qui change de place dans son lit de plume pour tromper sa douleur. »

Après divers essais de gouvernement heureux ou sanglants, Florence finit par se réfugier dans la monarchie : car c'en était une, moins le nom peut-être, que l'administration des Médicis. Machiavel remarque que, dans les combats des partis qui l'ont agitée, jamais elle ne mérita le titre de république. Elle était lasse des luttes de ces familles aristocratiques qui troublaient chaque matin ses rues; elle aspirait au repos, peut-être même à une servitude tempérée qui rendît impossible le retour des anciennes factions qui l'avaient si souvent déchirée; à force de malheurs domestiques, elle était arrivée à préférer la tyrannie d'un maître à la tyrannie du grand nombre. Elle voulait de la servitude, « parce que, » dit Machiavel, « tout le temps qu'elle avait été dans la dépendance, elle n'avait pas songé un seul instant à s'en tirer. »

Les Médicis lui donnèrent, pendant près d'un siècle, un rang honorable parmi les autres États de l'Italie, un commerce intérieur florissant, une organisation militaire admirable, des alliances avec les républiques voisines et les princes étrangers, un sénat populaire, un conseil admirablement organisé pour lutter contre l'aristocratie, un dictateur qui pouvait prendre des mesures de salut public extraordinaires, si la noblesse levait la tête, si quelque grande conspiration menaçait le repos de l'Etat, si l'ennemi extérieur, enfin, mettait en péril l'indépendance nationale. Que pouvait-elle désirer de plus ? Ses maîtres s'étudiaient à flatter sa vanité : Cosme abaissait les impôts, dépensait l'or à pleines mains pour embellir la ville, cherchait à Florence des partis pour ses enfants, refusait les alliances que lui proposaient des têtes couronnées, et mourait emportant dans la tombe le titre de Père de la patrie. Laurent continuait l'œuvre de son aïeul : il élevait des palais qui rivalisaient de splendeur avec ceux de Gênes, des citadelles pour contenir l'étranger, des jardins où il rassemblait des marbres antiques, une bibliothèque qu'il remplissait de manuscrits en toutes langues, un musée qu'il dotait de chefs-d'œuvre de peinture, une académie où Marsile Ficin expliquait Platon, des chaires de grec et de latin où professaient Chalcondyle et Politien. Frédéric III, l'empereur, le consultait; Jean II, roi de Portugal, entretenait avec lui un commerce épistolaire; Louis XI lui envoyait des ambassades; le sultan de Constantinople lui faisait fréquemment des présents.

A un peuple comme le Florentin il fallait un maître tel que Laurent : mais, cet homme mort, le peuple revenait à sa nature inconstante. Pour lui, vivre c'est changer. Même sous Laurent, il allait, tourmenté d'un besoin de nouveautés, écouter Jérôme Savonarole, son grand orateur, son prêtre, son tribun, son poëte. Les rôles étaient changés : le malade dont Dante nous parlait tout à l'heure se tournait sur son lit pour chercher quelque diversion à ce repos mortel pour ses sens où il était plongé depuis près d'un demi-siècle. Malheur donc à Florence, si sous le successeur de Laurent le peuple ne trouve pas un aliment à son inquiète activité. Il a besoin de fêtes, d'émotions de toutes sortes, matérielles et intellectuelles; de spectacles hors de la vie réelle, s'il n'en a pas sur la scène ordinaire de la république, c'est-à-dire la place publique, les tribunaux, la maison du gonfalonier, le palais du prince. Malheureusement Pierre ne saura pas occuper le peuple : on doit donc s'attendre au réveil des factions. En passant devant le Palazzo-Vecchio, l'aristocratie florentine peut encore apercevoir la trace du sang des Pazzi. Laurent n'avait pas eu besoin de laver la muraille : ce sang n'avait pas une seule fois crié durant l'administration du Magnifique; personne, du reste, n'en eût écouté la voix. Il n'en est pas ainsi aujourd'hui. Qu'un lansquenet attaché au service des Français soit aperçu du côté de Pise; que quelque république voisine laisse échapper contre Florence une parole insolente; que la voix de Savonarole tonne dans la cathédrale plus haut que de coutume ; que ces Médicis, par la mort d'Innocent VIII, perdent un de leurs plus solides appuis, alors la noblesse humiliée relèvera la tête, les gonfaloniers et les prieurs redemanderont leur ancienne autorité, le conseil voudra ressaisir ses vieux priviléges, et le peuple, dans la main des grands, sera le premier instrument dont l'aristocratie se servira pour renverser la famille régnante : plus le peuple doit aux Médicis, plus il se montrera ingrat.

Ce n'étaient pas là de vaines terreurs, car un de ces événements s'accomplissait déjà : Innocent VIII venait de mourir. Comme prince temporel, point de vue sous lequel nous devons le considérer ici, Innocent n'était pas sans reproche : toutefois on ne saurait sans injustice lui contester de belles qualités. Il essaya de tenir en respect les factions qui s'agitaient hors de Rome ; il aima la paix, il cultiva la justice, il veilla assidûment sur le bonheur matériel du peuple romain, et sut préserver ses États de ces disettes fréquentes qui tuaient le corps, et jetaient souvent l'âme dans le désespoir.

Sur la fin de son pontificat, quand Innocent allait succomber aux maux de toute nature, dont l'art ne pouvait triompher, parce qu'ils affectaient encore plus l'esprit que le corps, la Romagne commençait à être infestée de bandes armées, et jusque dans les rues de Rome les chefs de familles illustres vidaient leurs querelles dans le sang. Qui lui succéderait ? on ne savait. Mais, sans être doué du don de divination, il était aisé de pressentir à combien de périls la malheureuse Italie allait être livrée, si ses princes ne restaient unis. Or cette union était impossible, à cette heure que Florence était veuve de son grand citoyen. Laurent était l'arbitre que toutes les républiques eussent choisi en cas de division : il n'y avait que lui qu'elles pussent opposer, avec des chances de succès, à l'étranger qui se serait hasardé à traverser les Alpes pour troubler leur repos. A la voix de son maître bien-aimé, Florence aurait fourni de nombreux soldats : marchand toujours heureux dans ses spéculations, Laurent aurait trouvé en Orient plus d'un riche négociant qui eût cautionné sa signature ; la papauté pouvait compter sur lui, si les États de l'Église étaient menacés. En cas de danger, le peuple qui donne son sang, les grands qui fournissent leur or, les lettrés qui chantent les dévoûments et les font passer à la postérité, n'auraient formé qu'un seul homme. Le *De profundis* chanté sur les restes de Laurent, dans l'église de son patron à Florence, était comme l'oraison funèbre de l'Italie.

Voyons ce que cette mort devait coûter aux lettres.

CHAPITRE VI.

RETOUR A FLORENCE. — 1492-1493.

Affliction que la mort de Laurent cause à Rome. —Lettres du cardinal à son frère Pierre. — Etat des esprits à Florence. — Le cardinal retrouve ses anciens amis à Florence. — Témoignage de sa reconnaissance envers les professeurs. — Roderic Borgia est nommé pape et prend le nom d'Alexandre VI. — Comment le peuple romain accueille cette nomination.

La mort inattendue de Laurent causa dans Rome autant de surprise que de douleur : Innocent VIII versa des larmes comme s'il eût perdu l'un des siens. Les membres du sacré collége vinrent, dans cette triste journée, témoigner au cardinal leurs regrets et leur admiration pour l'homme que venait de perdre l'Italie ; les artistes se montrèrent inconsolables, presque tous mêlant à l'expression de leur chagrin de funestes présages pour l'avenir de Florence.

A la première nouvelle du cruel événement qui venait de le frapper au cœur, le cardinal s'était hâté d'écrire à Pierre son frère; il lui disait :

« Je n'ai que des larmes ; cette mort m'empêche de parler, et ne me permet que de pleurer : c'est un père que nous perdons, et quel père ! Jamais on n'en trouvera qui aimât si tendrement ses enfants !... Mais quelque chose me console, c'est de trouver en vous un second père. C'est à vous désormais de commander, à moi de recevoir vos ordres. Mon cher Pierre, je vous en conjure, soyez envers tous, et surtout envers les vôtres, libéral, affable, doux; c'est le moyen de gagner les cœurs et de les garder. Je vous fais ces recommandations, non pas que je doute de vous, mais pour obéir au titre sacré de frère; c'est mon devoir. Au milieu de mes angoisses, je trouve quelque adoucissement à ma douleur dans l'empressement des Romains qui, les yeux pleins de larmes, viennent me visiter, dans toutes ces figures où se peint la tristesse, dans le deuil de la cité, dans ces démonstrations unanimes d'intérêt, et par-dessus tout dans la pensée que vous me restez, vous sur qui je me repose avec une confiance que je ne saurais vous exprimer. »

Peu de jours après, l'image de Florence apparaît au cardinal, qui essuie ses larmes et écrit à son frère : « C'est assez de pleurs, montrez-vous homme, et levez les yeux vers Laurent, qui vous regarde du haut des cieux. »

Il lui tardait de revoir Florence; il emportait de Rome, avec les sympathies populaires, des témoignages éclatants de la bienveillance du souverain pontife. Innocent VIII le nommait légat du saint-siége apostolique en Romagne, et plus tard en Étrurie. Il récompensait ainsi dans le fils les services que le père avait rendus à la papauté. Peut-être aussi que, lisant dans l'avenir, il voyait approcher le jour où Florence retomberait dans sa maladie héréditaire, l'inconstance : Jean annonçait une nature virile capable de mettre un peuple remuant à la raison.

Délivrés de leur maître, les Florentins commençaient à bouger. N'osant point encore se rassembler sur la place publique, où les images de Cosme et de Laurent semblaient les effrayer, ils se réunissaient dans l'église où prêchait Savonarole. La parole du dominicain devenait d'heure en heure plus hardie ; il ridiculisait les Médicis quand il ne les flagellait pas jusqu'au sang ; plein de ce qu'on nommait son dieu, il annonçait des tempêtes prochaines, l'apparition imminente des bandes françaises en Italie, le châtiment exemplaire de l'Étrurie. Il appelait Rome une ville de péché que Dieu s'apprêtait à punir ; et, pour détourner la vengeance céleste qu'il était chargé d'annoncer, il demandait des prières. Au cloître, il faisait ce qu'il recommandait en chaire : il ne buvait que de l'eau, ne mangeait que du pain noir, passait les nuits dans l'oraison, et fustigeait sa chair. Sa figure portait les traces de ses jeûnes ardents ; elle était pâle, décharnée ; son œil bleu roulait dans deux orbites osseuses ; sa tête n'avait presque plus de cheveux. Les dominicains parlaient de ses visions, de ses extases, des miracles qu'il opérait ; le peuple se découvrait en le voyant ; quelques humanistes même étaient séduits, Benivieni, entre autres, l'ami de Pic et de Politien. Un parti nombreux, formé d'âmes exaltées, impressionnables, amoureuses du merveilleux, et connu sous le nom de Frateschi, ne dissimulait ni sa haine contre les Médicis, ni ses espérances révolutionnaires, ni son enthousiasme pour le prophète que Dieu venait de susciter. Parmi les Frateschi, il y avait des rêveurs, des républicains, des prêtres, des nobles et des marchands.

Pour neutraliser ces éléments de trouble, Florence aurait

eu besoin d'un autre homme que Pierre de Médicis. Longtemps avant sa mort, Laurent, dans ses entretiens avec ses amis, parlait hautement de ses craintes sur l'intelligence de son fils, auquel il reprochait deux grands défauts, l'imprudence et la fatuité. Le père voyait mieux que le professeur, qui donnait à son élève jusqu'aux vertus du grand Cosme ! Pierre concevait vivement ; malheureusement sa première idée était toujours fausse, et il s'en infatuait comme s'il eût été éclairé d'une illumination céleste. Le Florentin lui était absolument inconnu : au lieu de l'étudier dans la nature vivante, il l'avait cherché dans l'histoire. Il croyait le peuple qu'il allait gouverner, semblable à celui que Cosme maîtrisait si facilement il y avait cinquante ans : mais dans cet intervalle une grande révolution s'était accomplie ; un pauvre ouvrier de Mayence avait trouvé l'imprimerie, et plus d'idées nouvelles avaient été remuées en Italie par la seule apparition d'un livre de Platon, que les couvents n'en avaient suscité dans les disputes de tout un siècle. L'examen, fruit de la diffusion des livres, avait fait naître le doute ; du doute à la révolte, en politique comme en religion, il n'y a qu'un pas, et Savonarole allait le premier le franchir. Pierre ne semblait pas comprendre la puissance de ce moine sur des masses qui commençaient à lire. Il croyait que sa mission, à lui, était d'amuser le peuple par des spectacles, de l'étourdir à force de fêtes, de continuer son père et son aïeul, d'aimer comme eux les chevaux, d'être galant auprès des femmes, et libéral jusqu'à la prodigalité, jetant l'or à ses courtisans, certain qu'en cas de danger il n'aurait besoin que d'appeler à son secours tous ceux qu'il aurait comblés de bienfaits : pauvre enfant qui avait le malheur de croire à la reconnaissance !

Quand quelques sombres pensées venaient le tourmenter, il regardait sur la façade des maisons les belles statues élevées aux princes de sa famille, et se mettait à rêver l'éternité de la dynastie des Médicis. A cette heure, il y avait à Florence un jeune homme du nom de Machiavel qui aurait pu le détromper ; mais il n'avait garde de le consulter.

Le cardinal, en arrivant à Florence, retrouva la plupart des anciens habitués du palais de la Via Larga : tous étaient restés fidèles à la mémoire du Magnifique ; quelques-uns même achevaient, en l'honneur du défunt, des vers que la douleur n'avait pas encore permis de terminer. Ils avaient raison de pleurer leur bienfaiteur ; Pierre les oubliait ou les négligeait. Un moment plus tard, et la petite lampe de Marsile Ficin allait mourir faute d'huile. Jean de Médicis se hâta de se démettre, en faveur de son professeur, du canonicat qu'il possédait à Santa-Maria del Fiore. Ficin, reconnaissant, disait à son élève : Vous ne voulez donc pas que je regrette Laurent? Le néoplatonicien avait toujours conservé sa fraîche imagination ; il aimait encore à se laisser emporter à travers l'espace sur les ailes de ses étoiles chéries ; seulement il n'y restait pas aussi longtemps. Redescendu sur la terre, il s'occupait d'enseigner, dans sa « Triple vie, » à prolonger l'existence : le médecin avait remplacé le poëte. Le temps avait changé la couleur de ses rêves, ainsi que celle de ses cheveux. Platon était bien encore un dieu pour lui, mais un dieu dont il permettait que l'on contestât l'immortalité : l'âge le ramenait à celui dont le soleil n'est que l'ombre, comme il l'écrivait à ses amis.

Politien, tout en conservant son goût pour les fleurs, avait quitté la villa Careggi, et, de retour à Florence, ne pouvait, quelque effort qu'il fît, se consoler de la perte de son noble ami. On lui faisait expier les faveurs ducales, sa fortune passée, sa gloire, ses triomphes, en attaquant ses mœurs, sa foi et la source de ses inspirations. L'arrivée du cardinal vint un moment faire trêve à la douleur d'Angelo, qui se remit à chanter; mais l'inspiration ne revenait pas, sa muse n'était plus là.

Nous nous rappelons Chalcondyle, qui pendant quelque temps avait donné des leçons de grec au fils de Laurent : le professeur, malade et infirme, avait perdu presque tous ses écoliers, qui s'étaient attachés à Politien. Père de nombreux enfants, c'est à peine s'il pouvait les nourrir. Tout le temps que vécut Laurent, il ne s'inquiétait pas plus que l'oiseau ne s'inquiète pour ses petits : Laurent, c'était sa providence, bonne mère qui prenait soin de tous les exilés byzantins. La mort de son protecteur bien-aimé l'avait laissé dans un dénûment complet. Dieu veillait sur le professeur : au moment où il allait se désespérer, Jean, son élève, revint. Chalcondyle avait des dettes, Jean les acquitta; des filles qu'il chérissait tendrement, Jean les maria et les dota; une maison assez lourde, Jean l'entretint à ses frais. Maintenant vienne la dernière heure du vieil exilé, nous sommes assurés qu'il ne mourra pas de faim.

Il y avait à Florence un grand nombre de Grecs, pensionnaires du Magnifique. Rien ne leur manquait autrefois, ni le pain matériel, ni le bois en hiver, ni les vêtements, ni les livres. Laurent était généreux, et payait les lettrés en grand prince. A cette heure, presque tous étaient tombés dans la misère; quelques-uns même avaient été obligés pour vivre de vendre jusqu'à leur poëte divin, Homère, qu'ils ne quittaient pas même à table. Ce fut un heureux événement pour eux que l'arrivée du cardinal; ils reprirent leur vie accoutumée, insouciante et folle.

Pic de la Mirandole, à l'abri du besoin, n'avait rien à demander à son ancien élève; mais il souffrait dans son âme, et cherchait des consolations. Le bruit des propositions affichées par notre philologue sur les murailles de Rome n'était point encore apaisé; Pic se tourmentait de cette accusation d'hérésie dont on voulait le flétrir; la parole même d'Innocent VIII, toute-puissante qu'elle était, n'avait pu le guérir entièrement de ses terreurs. C'est qu'il n'avait pas encore appris au pied du crucifix à mépriser les jugements des hommes. Pour échapper à la calomnie, il se proposait de s'exiler de nouveau, c'est-à-dire de s'étourdir dans ce bruit, et de se cacher dans cette poussière des grandes routes où sa vie s'était presque consumée. Il devait donc voyager encore; mais, sur le point de reprendre son bâton de pèlerin, il alla presser la main de son élève : c'était son dernier adieu avant de quitter cette terre. Au retour, en passant devant l'église de Santa-Maria del Fiore, l'envie lui prit d'entrer pour prier, ne se doutant point que Dieu l'attendait là; qu'au pied de l'autel où il s'était agenouillé, il devait trouver la paix de l'âme, le calme des sens, le vrai bonheur! Pauvre jeune homme, qui possédait vingt-deux langues et ne connaissait pas celle que l'ignorant parle si bien à Dieu! Du moins emportait-il avec lui une bien douce joie : aucun de ses amis ne lui avait été infidèle. Si le ciel, comme il le croyait alors, appelait un jour Jean de Médicis sur la chaire de Saint-Pierre, il était bien sûr que la robe blanche du pontife l'abriterait contre les attaques de ses ennemis, comme la robe rouge du cardinal le faisait en ce moment contre les vaines terreurs qui l'obsédaient.

Le protecteur de Pic de la Mirandole, Innocent VIII, était malade; à la nouvelle des dangers qui menaçaient les jours du pontife, le cardinal partit pour Rome accompagné de Paul des Ursins : il apprit en route la mort du pape.

C'est un des pontifes qui ont eu le plus à se plaindre de l'ingratitude des hommes : vivant, on lui reprochait d'être trop faible; mort, on l'accusa d'énormités qu'il n'avait jamais commises; et parce qu'il s'est trouvé je ne sais quel juif qui, à l'aide du sang tout chaud d'un enfant, voulait ranimer les forces éteintes du moribond, crime que le pape avait ordonné de punir, on n'a pas craint de faire d'Innocent VIII un homicide : accusation odieuse, imaginée comme tant d'autres par la méchanceté de quelque pamphlétaire. Heureusement l'histoire, pour juger un homme, ne va pas fouiller dans un journal écrit sous des préventions déplorables ; elle consulte le peuple. Le peuple a répondu en montrant tout ce qu'avait fait pour lui Innocent VIII : en le nourrissant dans les temps de disette, qui revenaient si souvent alors ; en fondant de nombreux asiles où il pouvait se loger, pauvre et malade. Rome, disons-le de nouveau, lui doit de beaux établissements de charité : sous son règne, ces prisons infectes où souvent le prévenu trouvait la mort avant le jugement furent assainies et aérées ; l'âme y fut soignée comme le corps ; la justice pontificale était prompte autant qu'impartiale ; le pauvre cessa de se plaindre des lenteurs des tribunaux ordinaires, et, innocent ou coupable, le prévenu vit son sort décidé dans quelques semaines. Malheureusement trop souvent malade et souffrant, Innocent VIII ne put protéger efficacement son peuple contre les brigandages des grandes familles.

Les obsèques du pape furent célébrées, avec la pompe accoutumée, le 9 du mois d'août ; le lendemain les cardinaux entraient au conclave, et Rome était, comme à chaque interrègne de cette époque, le théâtre de vols et de meurtres ; ses rues retentissaient de bruits de stylet ; la demeure de chaque prince de l'Église était transformée en véritable citadelle, armée de mousqueterie et de canons, de peur d'attaques nocturnes. Le pape nommé, le nouveau gouverneur faisait pendre quelques bandits, et la ville respirait.

Les cardinaux étaient peu nombreux, vingt environ. Un moment le choix paraissait douteux : quelques cardinaux portaient Ascagne Sforce, prélat d'une haute naissance, allié aux grandes familles de l'Italie, mais d'un caractère pusillanime et mou; le plus grand nombre paraissait incliner pour Roderic Borgia, que son oncle Calixte III avait revêtu de la pourpre. Il leur semblait que, dans les circonstances difficiles où l'Italie se trouvait, le monde avait besoin d'une âme fortement trempée, n'ayant peur ni de l'étranger qui menaçait l'indépendance ultramontaine, ni des grands qui ensanglantaient de leurs querelles la Romagne et la ville sainte elle-même, ni du mauvais vouloir de tous ces princes qui portaient couronne ducale, alliés douteux du saint-siége, qu'ils étaient prêts à soutenir ou à combattre suivant leurs intérêts. Ils croyaient que, le salut du pouvoir temporel de la papauté pouvant être compromis dans la lutte qui allait s'agiter en deçà des Alpes, il fallait une tête plus forte que celle qui venait de quitter la tiare; ils se décidèrent pour Borgia, qui prit le nom d'Alexandre VI. Jean de Médicis, au bœuf dont parle Corio, devenu lion après son exaltation, aurait préféré un agneau; mais ce lion, si l'on s'en rapporte au témoignage d'un historien qui n'a jamais passé pour prodiguer la louange, entrait aux affaires alliant la prudence à la sagacité, la pénétration à l'art de persuader, la persévérance à l'activité. Dans ces temps difficiles, un homme du caractère d'Alexandre dut être regardé comme un instrument providentiel; son élection n'a donc rien que de naturel. Le peuple lui-même sanctionna le choix du conclave; dans l'une des inscriptions qu'il avait improvisées, il comparait les deux princes qui sous le même nom avaient régné dans le monde romain, n'accordant à l'un, à César, que l'humanité; de l'autre, faisant un dieu.

> Cæsare magna fuit, nunc Roma est maxima : Sextus
> Regnat Alexander ; ille vir, iste deus.

Dans un autre transparent, il disait : « Honneur et gloire à Alexandre le magnifique, le sage, le grand. »

Alexandro sapientissimo, Alexandro magnificentissimo, Alexandro in omnibus maximo.

Ces cris du peuple à l'exaltation du pontife, c'est aussi de l'histoire. Si le cardinal Roderic eût ressemblé tout à fait au Borgia de Burchard, il nous semble que le peuple aurait eu la pudeur de se taire ; du moins il n'aurait pas fait un dieu d'un homme de scandale ; il n'aurait pas appelé du nom de très-saint un prêtre renommé par ses débauches : ou bien alors scandales et débauches étaient des mystères cachés à tous les regards ; et comment Roderic a-t-il pu se dérober à l'œil de celui qui lit à travers les murailles, et qui devine ce qu'il n'a pas vu ? ceci est un phénomène dont l'historien a droit de demander la raison.

Nous comprenons, si nous avons bien étudié Alexandre VI, la joie que le peuple fait éclater en ce moment. Opprimé par l'aristocratie romaine, il appelle un libérateur, et il donne d'avance le nom de dieu à celui qui le délivrera de la tyrannie des vassaux de l'Eglise.

Quelquefois il arrivait qu'un de ces grands seigneurs descendait tout armé dans la boutique d'un pauvre ouvrier, dont il emportait les outils ou l'épargne, souvent même la fille. Le malheureux demandait justice au pape, mais le brigand avait une excellente monture, et il échappait. Le peuple, quand la tiare fut donnée à Borgia, respira comme le malade qui voit arriver le médecin. Avec Borgia, plus de châteaux imprenables, plus de repaires inaccessibles, plus de cotte de mailles introuvable : voilà l'homme dont le peuple avait besoin ; il trouvait que le bourreau s'était trop longtemps reposé.

— « Suis-je pape, vicaire de Jésus-Christ ? » demanda le cardinal Roderic quand on vint lui annoncer le résultat du scrutin.

— « Oui, très-saint père, répondit le cardinal de Sforce,

et nous espérons que cette élection donnera gloire à Dieu, repos à l'Église, allégresse à la chrétienté. »

— « Et nous, reprit Sa Sainteté, nous espérons dans le secours d'en haut; le fardeau dont nous voilà chargé est bien pesant, mais Dieu nous accordera, comme autrefois à saint Pierre, quand il mit dans la main de l'apôtre les clefs des cieux, la force de le porter : sans l'assistance divine, qui donc oserait s'en charger? mais Dieu est avec nous, il nous a promis son esprit. Vous, mes frères, nous ne doutons pas de votre soumission envers le chef de l'Eglise; vous lui obéirez comme le troupeau du Christ obéit au premier pasteur. »

Le 11 du mois d'août 1492, le pape fut conduit en grande pompe dans l'église de Saint-Pierre : la chaleur était étouffante. Pendant les cérémonies d'intronisation, Alexandre pâlit plusieurs fois : il souffrait, et sa tête reposait presque constamment sur l'épaule d'un de ses cardinaux. Parmi ceux qui assistaient à cette grande fête, était le camaldule Delfini, l'un des maîtres de Jean de Médicis, qui vit le spasme du pape, et ne put s'empêcher de faire à son élève les réflexions philosophiques que lui inspirait ce spectacle! Assurément il n'aurait pas voulu, pour son enfant, de la tiare, au prix d'une seule de ces gouttes d'eau qui tombaient de la figure du pontife.

A peine le pape avait-il béni le peuple, que les cardinaux qui s'étaient opposés à son élection se hâtaient de quitter Rome. Jean Colonne gagnait la Sicile; Julien de la Rovère, Ostie, dont il était évêque et gouverneur, et qu'il changeait en véritable place de guerre; et Jean de Médicis, Florence.

L'Italie était dans l'attente de grands événements : elle croyait à une invasion prochaine des Français, mais elle ne s'effrayait pas. Le bruit courait au delà des monts que Charles VIII ne devait traverser l'Italie que pour s'embarquer à

Naples, et porter de là la guerre chez les Turcs. Ficin lui-même, comme nous le verrons, partageait cette erreur populaire.

En chaire, Savonarole fixait le jour où l'étranger passerait les Alpes, et faisait consigner sa prophétie dans les archives de la république. Dans les vues de la Providence, l'étranger, disait-il, avait une double mission à remplir : le châtiment des tyrans, et la réforme de l'Eglise ; et, au nom du ciel, il défendait sous peine de péché de s'opposer à la marche du conquérant, cet homme de Dieu, à qui rien ne pouvait résister.

CHAPITRE VII.

CHUTE DES MÉDICIS. — 1494-1495.

Les princes italiens favorisent l'expédition de Charles VIII. — Alexandre VI fait de vains efforts pour arrêter le monarque français. — L'armée française se met en marche, arrive à Lyon, à Turin, à Pise. — Pierre de Médicis va traiter avec le roi. — Irritation des esprits à Florence en apprenant la convention signée par Laurent. — Retour de Pierre à Florence. — Insurrection. — Le cardinal essaye en vain d'apaiser le peuple. — Il est obligé de fuir. — Le couvent de St-Marc lui ferme ses portes.—Pillage du palais des Médicis.— Entrée de Charles VIII à Florence. — Pierre à Bologne. — Le cardinal à Castello.

C'est un triste spectacle qu'offrent, à la veille de l'invasion française, les princes qui règnent en Italie sous le nom de monarques ou de ducs ; au lieu de s'unir contre l'ennemi commun, ils cherchent à le gagner sourdement : ils avaient à la limite de la Péninsule un magnifique boulevard de rocs, de neige et de glace, où ils pouvaient attendre de pied ferme

Charles VIII; mais ils préfèrent rester dans leurs palais. Pas un qui mette sa confiance en Dieu ou dans l'épée que Dieu lui donna; c'est la peur, la jalousie ou l'ambition qui les mène. Sforce, le duc de Milan, est prêt à reconnaître les droits de Charles VIII sur le royaume de Naples, si le monarque lui laisse l'hermine ducale qu'il a dérobée à son neveu Galéas, et qu'il voudrait emporter dans la tombe; le roi de Naples redoute l'ascendant de la puissance papale; s'il pouvait sans trop de honte acheter le repos au prix d'une alliance avec le roi de France, il la signerait demain; Gênes a de vieilles rancunes contre Venise, sa rivale, et, par vengeance, elle prépare dans les palais Spinola et Doria des logements magnifiques pour la suite du roi; le duc de Ferrare, Hercule, par haine pour Alexandre VI, s'apprête à saluer la première bannière française qu'il verra flotter en deçà des monts; Laurent et Jean de Médicis, fils de Pierre-François de Médicis et petit-fils de Laurent l'ancien, frère de Cosme, jaloux de l'autorité de Pierre, leur cousin, ont promis au monarque une forte somme d'argent s'il vient en Italie. La trahison était si manifeste, que Pierre fut obligé de les faire arrêter : ce crime devait être lavé dans le sang; le tribunal condamna les deux frères à tenir les arrêts. Nulle garde pour les surveiller; aussi se sauvèrent-ils en France, où l'un d'eux était maître d'hôtel de Sa Majesté. Quelques cardinaux, de la Rovère entre autres; un évêque, Gentile d'Arezzo; un noble florentin, Pierre Soderini, garantissaient au monarque, quand il aurait mis le pied en Italie, de prompts secours d'hommes et d'argent. Ainsi tout poussait à cette funeste expédition le malheureux Charles, son âge, sa vanité, ses courtisans, ses ennemis eux-mêmes; comment résister? On lui faisait lire des signes dans le ciel, et maître Guilloche de Bordeaux, prophète et poëte, écrivait d'avance la glorieuse odyssée du prince qui subjuguerait les Italiens, passerait les mers, relèverait le royaume de la Grèce, et entrerait en triomphateur à Jérusalem.

Jean Michel avait des visions prophétiques que Dieu lui envoyait la nuit, et où le roi de France conquérait le tombeau du Christ, et réformait l'Église et le christianisme.

Au delà des monts, Jean-Baptiste Spagnuoli, le rival de Virgile, rappelait dans ses vers la prophétie de Saint-Ange, ce carme qui, au treizième siècle, avait annoncé la délivrance du monde par l'épée d'un monarque français.

Un seul homme, dans ces grandes circonstances, sut remplir son devoir : ce fut Alexandre VI, qui comprit la pensée de Charles, et tenta, mais vainement, d'empêcher l'invasion de l'Italie. Il faut compter à ce pontife tout ce qu'il a fait de bien. Il essaye d'abord la prière, les représentations, les conseils de l'amitié; on ne l'écoute pas. Il parle plus haut, et, dans un bref apostolique, il fait valoir les droits du saint-siége au gouvernement temporel du pays ; on s'apprête à marcher. Enfin il a recours à la menace; Charles répond que « dès longtemps il a fait un vœu à Monsieur saint Pierre de Rome, et que nécessairement il fallait qu'il l'accomplît au péril de sa vie. »

Avant d'entreprendre ce voyage « vrai mystère de Dieu, » suivant l'expression d'un historien contemporain, Charles VIII demanda des prières à ses sujets. Ces prières, qu'on récitait jusque dans les campagnes, étaient ardentes; ceux qui les adressaient au ciel croyaient fermement que le prince allait combattre les infidèles. On mettait sous la protection de la Vierge et des anges cette nouvelle croisade, qui, semblable à celle du saint roi Louis, remuait profondément les esprits. Le prince se mit en marche; l'armée qu'il commandait était nombreuse et brillante ; on n'en avait pas encore vu de plus belle. Elle offrait à l'œil un mélange curieux d'armes, de vêtements, d'armures et de bannières. La Suisse avait fourni son contingent : c'étaient des soldats sortis, en partie, des montagnes de l'Uri et de l'Unterwald, qu'on reconnaissait à leurs hallebardes étincelantes au soleil, vieilles armes dont ils s'étaient si bien servis à Morat; à leurs jupons collants, de deux couleurs, comme ceux qu'on voit de nos jours aux hallebardiers qui gardent le Vatican. Ils portaient un chapeau relevé sur le front et orné de plumes ondoyantes. La Gascogne avait levé six mille arbalétriers lestes, pimpants, et dont le costume théâtral, les mouvements vifs et précipités, l'allure toute militaire et la figure basanée, frappaient qui les voyait pour la première fois d'une sorte d'admiration respectueuse. La noblesse était magnifique à voir; elle était parée de sayons de drap de soie, d'armets empanachés et de chaînes d'or. Les chevaux, fournis en partie par les provinces qui avoisinent la capitale, n'avaient pas l'encolure des chevaux napolitains, mais ils marchaient au soleil et à la poussière sans peine ni fatigue; ceux que montaient les chefs se distinguaient à leurs housses dorées, à leurs étriers polis comme de l'acier, au drap de couleur qui leur couvrait à demi le corps. Les guerres contre les Anglais nous avaient enlevés la plus belle fleur de nos soldats. Placés à l'avant-garde, les nobles, il faut leur rendre cette justice, avaient reçu les coups les plus furieux; beaucoup d'entre eux avaient laissé leurs os sur les champs de bataille, ou étaient demeurés estropiés. Dans cette aventureuse expédition, il fallait à Charles des capitaines déterminés; il les avait cherchés, sans distinction de rang, parmi ses plus braves soldats. On trouvait donc dans son armée des chefs de milice qui n'avaient d'autres titres que ceux que le sang de nos ennemis avait écrits sur leur hallebarde ou sur leur écusson. Le roi comptait sur leur bravoure presque autant que sur l'effet de ces grosses pièces d'artillerie qu'il traînait à sa suite, « instruments plus diaboliques qu'humains, » comme dit l'historien Guichardin. « Partout où se présentait le canon, nous dit le poëte, chaque édifice se hâtait de faire la révérence. »

Partout où la lance de bois de nos soldats s'abaissait, elle faisait un trou, comme le corps de Winkelried à Sempach.

L'argent seul manqua d'abord au monarque français, qui en emprunta à la première banque venue, à celle des Sauli de Gênes, « mais à gros intérêts pour cent, » remarque notre historien Comines, « et de foire en foire. » Les banquiers italiens ressemblaient à ces Fugger d'Augsbourg, dont s'est si souvent moqué Luther, et qui prêtaient également aux catholiques et aux réformés, moyennant bonne et valable caution.

Lyon avait préparé pour le roi des fêtes magnifiques. Il fut là « parmi les princes et les gentilshommes, menant joyeuse vie à faire joustes et tournois chaque jour, et, au soir, dancer et baller avec les dames du lieu, qui sont volontiers belles et de bonne grâce. »

Ce fut à Lyon que le duc de Savoie offrit à Charles un jeune page nommé Bayard, « qui saultoit, luttoit, jettoit la barre, et, entre autres choses, chevauchoit ung cheval le possible. » Le roi l'accepta, en s'écriant : « Par la foi de mon corps, il est impossible qu'il ne soit homme de bien ! » Puis, se retournant vers l'un de ses jeunes favoris : « Cousin de Ligny, ajouta-t-il, je vous baille le page en garde. »

Quelques jours après, le page vint prendre à genoux congé du roi, qui lui dit : « Picquet, mon ami, Dieu veuille continuer en vous ce que j'y ai veu de commencement ; vous serez prudhomme. Vous allez dans un pays où il y a de belles dames ; faictes tant que vous acquerez leur grâce ; et adieu, mon amy. »

L'argent reçu, il ne manquait rien à l'armée d'expédition, pas même l'astrologue de convention, qui se nommait Antoine du Hamelet, et qui, pour lire dans les astres, ne recevait que cent vingt livres par an, c'est-à-dire six fois moins qu'un apothicaire. C'était moins une marche militaire qu'une véritable fête. On laissait à Charles VIII le temps de se reposer de ses fatigues, d'assister aux bals, de danser, de faire sa cour aux belles dames, de donner audience sous des arcs de triomphe, d'écouter les louanges des poëtes, et d'envoyer des fromages à la reine sa femme.

A Grenoble, les rues étaient tendues et parées de tapisseries, « et devant, histoires et beaux mystères parfaitement démontrés, désignant l'excellent honneur et louange du roi et de la reine. »

Le roi quitta la France le 1ᵉʳ septembre. Il était attendu à Turin avec impatience. La régente de Savoie avait, pour le recevoir, pris ses plus beaux atours : « Elle estoit habillée d'un fin drap d'or frizé, travaillé à l'antique, bordé de gros saphirs, diamans, rubis, et autres pierres fort riches et précieuses. Elle portoit sur son chef un gros tas d'affiquets subrunis de fin or, remplis d'escarboucles, de balais et hyacinthes, avec des houpes dorées, gros fanons et bouquets d'orfévrerie mignardement travaillés. Elle avoit à son col des colliers à grands roquets, garnis de grosses perles orientales, des bracelets de même en ses bras, et autres parures fort rares; et ainsi richement vestue, elle estoit montée sur une haquenée, laquelle estoit conduite par six laquais de pied, bien accoutrés de fin drap d'or broché. Elle avoit à sa suite une bande de damoiselles ordonnées et équipées de si bonne manière, qu'enfin il n'y avoit rien à dire. » Le même témoin ne manque pas d'ajouter que « toutes les rues estoient tendues de fin drap d'or et de soie et d'autres riches paremens, et garnies de grands échafauds remplis de mystères tant de la loi de nature que de la loi écrite, gestes poétiques et histoires tant du Viel que du Nouveau Testament; ce qui estoit ainsi continué depuis l'entrée des faux-bourgs de ladite ville jusques au chasteau, auquel le Roy entra pour y loger en très grand triomphe, au son de la mélodieuse harmonie des trompettes et des clairons.

» Il ne faut pas obmettre que dans ladite ville furent ce jour faits, en quantité d'endroits, plusieurs repeuës franches, où il fut abondamment donné à manger et à boire à tous passans et repassans. »

A Gênes, sept magnifiques vaisseaux armés de grosse artillerie attendaient l'arrivée de d'Urfé : le duc d'Orléans devait bientôt en prendre le commandement. Le poëte Cariteo, en véritable Tyrtée, prenait sa lyre pour exciter l'Italie à repousser l'étranger ; c'est en vain qu'il criait à ses compatriotes :

« Nobles esprits, Italie bien-aimée, quel vertige vous pousse à jeter le sang latin à d'odieuses nations? »

On ne l'écoutait pas, on le laissait chanter ; c'était à qui se précipiterait le plus vite dans la servitude : les villes tombaient comme de véritables châteaux de cartes devant quelques compagnies de frondeurs ou d'arbalétriers. On conçoit la terreur qui les saisissait à la vue de ces soldats, « la plupart gens de sac et de corde ; méchants garniments échappés de justice, et surtout fort marqués de la fleur de lys sur l'épaule ; essorillés, et qui cachaient cette mutilation de leurs oreilles, à dire vrai, par de longs cheveux hérissés, barbes horribles, tant pour cette raison que pour se rendre effroyables à leurs ennemis : d'ailleurs, habillés à la pendarde, portant chemises longues qui leur duraient plus de trois mois sans changer ; montrant poitrine velue, pelue, et, à travers leurs chausses bigarrées et déchiquetées, la chair de leurs cuisses. »

Notre artillerie valait nos hommes ; Paul Jove n'en parle qu'avec effroi.

Le 13 septembre le roi entrait à Gênes, le 10 octobre à

Plaisance, le 8 novembre à Lucques, le 10 à Pise. Fivizzano, ayant refusé d'ouvrir ses portes, fut attaquée à coups de canon, battue en brèche, prise et saccagée ; le bruit des traitements indignes que le vainqueur avait fait subir à la garnison ainsi qu'aux habitants jeta l'épouvante dans Florence. Sarzanella, fortifiée par Laurent de Médicis, ne fut point effrayée de la chute de Fivizzano ; elle avait pour défenseurs quelques patriotes qui paraissaient décidés à s'ensevelir sous ses ruines ; on les somma de se rendre, ils répondirent à coups de canon aux menaces des Français : malheureusement la garnison était trop peu nombreuse pour résister longtemps, elle dut se rendre.

Le sort de l'expédition était en ce moment dans les mains du Magnifique : il fallait au monarque des succès prompts, décisifs ; autrement les peuples italiens revenant de leur surprise, et ne voyant plus dans Charles l'homme envoyé de Dieu pour délivrer la terre sainte, l'ange exterminateur prédit par Savonarole, pouvaient songer à l'arrêter dans sa marche et à lui demander compte de ses projets. Le sang qui avait coulé à Fivizzano et Rapallo criait déjà bien haut ; encore quelques gouttes, et sa voix allait être entendue. A la place de Pierre, Laurent aurait appelé aux armes Florence, les faubourgs et les environs, et, sans attaquer l'armée française, se serait contenté de prendre position sur ses derrières, d'embarrasser sa marche, d'enlever ses convois, de lui dresser des embûches, de l'affamer, de lui faire une guerre de partisan ; mais Laurent avait l'affection du peuple, trésor que son héritier dépensait de jour en jour : Pierre, sang ardent comme son père, aimait le plaisir, et ne savait pas le goûter dans l'ombre ; il avait pour ennemis un grand nombre de maris trompés appartenant en général aux riches familles de Florence.

Il avait fait deux fautes qui devaient lui porter malheur :

il avait imploré la pitié des juges en faveur de ses deux cousins qu'on avait surpris en flagrant délit de conspiration contre l'État, et il n'avait pas osé faire taire Savonarole. Echappés de leur prison, ses cousins se retirèrent en France à la cour de Charles VIII, épiant du camp ennemi le moment favorable pour renverser le Magnifique, leur parent, qui n'avait pas su demander leur sang; ils comptaient, non pas sur leur épée, qu'ils n'auraient pas eu le courage de dégaîner, mais sur la parole d'un moine; le moine en chaire valait des bataillons.

Un moment Pierre eut la volonté de se défendre; il avait fait réparer les fortifications de Pise, de Sarzanella; il avait restauré celles de Florence, creusé des fossés autour de la ville, relevé quelques murailles tombées de vétusté, garni l'arsenal, acheté des armes. Qui payera ces dépenses? les riches sans doute; mais ou ils refusèrent de contribuer à la défense de la cité, ou ils acquittèrent leurs taxes en se répandant en murmures contre le Magnifique. La plupart de ces hommes opulents devaient leur fortune aux Médicis : c'étaient des marchands qui, grâce à Laurent, avaient fait d'excellentes affaires avec l'Orient, et qui, retirés du commerce, menaient une vie de plaisir, et refusaient insolemment de soutenir le fils de l'homme qui les avait enrichis. Que leur importait que Florence tombât dans les mains de Charles VIII? Vraisemblablement le monarque aurait besoin d'argent pour continuer son expédition; ils étaient prêts à lui en prêter aux conditions des Sauli de Gênes, c'est-à-dire à cinquante pour cent.

Savonarole, avec sa grande voix, disait au peuple :

« Un homme viendra qui envahira l'Italie en quelques semaines sans tirer l'épée. Il passera les monts comme autrefois Cyrus : *Hæc dicit Dominus Christo meo Cyro*, et les rochers et les forts tomberont devant lui. »

Le peuple, qui voyait la prophétie du dominicain s'accomplir, riait des vains efforts tentés par Pierre pour arrêter le vainqueur.

Pierre, dans ces circonstances, se rappela l'une des maximes que Laurent recommandait à ses enfants : d'exécuter sans délai un projet conçu.

Mais il oubliait un autre précepte paternel : de consulter, avant tout, des hommes de jugement et de prudence.

Il résolut d'aller trouver Charles VIII : c'était une faute; son frère le cardinal lui recommandait de ne pas quitter Florence, où, pendant son absence, ses ennemis auraient le temps d'ameuter les mauvaises passions. Une détermination comme celle qu'il prenait était pleine de périls : dans tous les cas il devait s'assurer, à son retour, de forces intérieures assez puissantes pour déjouer les projets de ses adversaires; c'est ce qu'il ne fit pas Il se fiait aux services que sa famille avait rendus à l'Etat, ignorant que rien ne s'oublie si vite qu'un service; et parce qu'il avait vu tout un peuple accompagnant, les larmes aux yeux, le corps de Laurent à l'église, il croyait que l'ombre du père protégerait le fils : c'était une erreur. Au lieu de passer les heures du soir à relire Virgile, s'il avait feuilleté ces poëtes qu'on nomme historiens, il aurait vu que le peuple change souvent de maître pour le plaisir seulement d'en changer, surtout quand le maître est absent.

Avant de se rendre dans le camp du roi, Pierre écrivit d'Empoli, le 26 octobre 1494, aux magistrats de la cité, une lettre pleine d'affectueux sentiments. Il conjure les magnifiques seigneurs, au nom des ossements de l'homme qu'ils aimaient d'une si vive tendresse, de prier pour son fils qui les aime de toute son âme. Il leur recommande son frère, et ses pauvres petits enfants, qu'il confie à leur affection, dans le cas où Dieu ne permettrait pas qu'il revoie Florence : c'est son testament de mort qu'il leur lègue, car il est prêt à sacrifier sa vie pour le bonheur de sa cité bien-aimée.

Il semble qu'une lettre où l'on ne sait ce qu'il faut admirer le plus, du père, du prince ou du citoyen, devait protéger la destinée de Pierre.

La lettre écrite, il quitte Empoli, traverse Pise, et se présente, avec Paul des Ursins, à l'avant-poste de l'armée française. De Pienne et Briçonnet, deux officiers français, furent chargés, au nom du roi, de traiter avec le Magnifique.

Pierre tenait de sa race ; il ne manquait ni de courage ni d'habileté : malheureusement il était sous l'influence de funestes préoccupations. Il savait que la résistance de la garnison de Sarzanella avait irrité Charles VIII, qui pouvait faire expier cruellement le sang français versé devant cette place, en pillant Florence, ou en confisquant les marchandises que cette ville avait en dépôt à Lyon et dans d'autres cités du royaume. Une chose certaine, c'est que les marchands de laine florentins, nobles ou roturiers, craignaient pour leurs ballots, et qu'ils n'étaient pas disposés à résister aux armes du monarque ; la lutte eût été trop inégale, quand Sienne, Lucques et Pise étaient décidées à ouvrir leurs portes à la première sommation. Il faut bien croire aussi qu'en traitant avec le roi de France, Pierre comptait sur la protection de nos armes, si ses ennemis intérieurs voulaient le déposséder de sa magistrature.

C'est sous l'empire de ce double sentiment de terreur et d'espérance que Pierre entra en pourparler avec les officiers du prince. « Ceux qui traictèrent avec le duc m'ont compté, » dit Comines, « en se raillant et se mocquant de luy, qu'ils estoient ébahis comme il leur accorda si grande chose à quoi ils ne s'attendoient pas. » Il est permis de penser que des négociateurs aussi rusés s'étaient bien aperçus du rôle que jouait forcément le Florentin. Ils se montrèrent exigeants, parce qu'ils savaient qu'il ne pouvait rien leur refuser. Ils demandaient qu'on leur livrât Sarzanella, Pietra-Santa, Livourne, Pise : Pierre consentit à toutes les conditions qu'on voulut lui imposer.

Quand on apprit dans Florence le traité signé par Médicis, ce fut un cri de réprobation universelle. Les marchands de la rue des Calzajoli paraissaient émus jusqu'aux larmes, mais pas un d'eux ne parlait de déchirer la convention : il était aisé de voir qu'ils étaient indignés qu'un acte semblable eût été signé sans que le chef de l'État les eût consultés; ils étaient irrités qu'on eût méconnu leur souveraineté, et ils avaient raison. Sur-le-champ la seigneurie dépêcha cinq citoyens au camp royal, Savonarole entre autres, avec ordre de tâcher d'obtenir que le prince modérât la rigueur des conditions imposées à la république.

Le moine de Saint-Marc avait une autre mission à remplir; c'était d'implorer pour sa chère Florence la pitié du vainqueur.

On l'introduisit, avec les deux frères qu'il avait voulus pour compagnons de route, dans l'appartement du monarque : Jérôme n'eut pas peur; il croyait qu'il n'y avait au monde qu'un monarque, le Dieu du ciel.

« Venez, dit-il à Charles, venez avec confiance, venez joyeux, car vous êtes l'envoyé de celui qui triompha, pour le salut de l'humanité, sur l'arbre de la croix. Ecoutez-moi, prince : de par la très-sainte Trinité, Dieu le Père, Dieu le Fils, Dieu le Saint-Esprit, et de par toute la cour céleste, je vous somme de faire miséricorde, à l'exemple de notre divin Maître, à cette Florence où, malgré de nombreux péchés, Dieu conserve des cœurs fidèles. Le serviteur de Dieu qui vous parle vous exhorte à défendre les veuves, les orphelins, les pauvres, et surtout la pudeur des épouses du Christ. Rappelez-vous votre Sauveur, qui, sur le gibet, pardonne à ses bourreaux; et Dieu étendra votre royaume, ô roi, et il vous donnera la victoire. »

C'était la seconde fois que Charles VIII entendait le langage de la franchise.

A Paris, au moment de se mettre en route, les Parisiens, inquiets, lui disaient : « Contemplez, sire, au besoing que vostre république a de vous; advisez vostre aage et peu de santé. Pensez que fortune peult aussi bien estre contraire qu'elle fut au roi Alphonse en la guerre contre les Genevois et duc de Milan. »

Le roi avait répondu brièvement aux Parisiens :

« Ny la charité du pays ni la dévotion de service vers vostre roy vous esmeut à causer cette harangue devant moy, qui ne demande ou prétend demander aucun conseil de vous en cette affaire. »

A Poggibonzi, sa réponse fut plus courte encore : il tourna le dos à Savonarole, soit qu'il ne le comprît pas, soit plutôt que le « gentil enfant, bénin de sa nature, » comme dit Comines, n'eût pas la moindre envie de faire du mal à Florence.

A peine la députation avait quitté la ville pour se rendre au camp du roi, que des groupes se formaient sur les places publiques et devant les églises. Le nom de Pierre était dans toutes les bouches. Les frati l'accusaient de libertinage et citaient le nom des femmes qu'il avait déshonorées; les marchands se lamentaient sur le sort de tous ces beaux produits de l'Orient, compromis par son imprudence; les nobles montraient les vingt-quatre gardes dont il se faisait sans cesse accompagner, cortége inutile qui trahissait de coupables défiances contre les Florentins, et qu'on avait donnés à son père, après la conspiration des Pazzi, pour le préserver du poignard des assassins, mais que le fils aurait dû dissoudre, quand rien ne menaçait son existence; les ouvriers lui reprochaient ses vêtements faits d'étoffes de soie, et sa négligence à paraître aux assemblées ordinaires. Ailleurs, un conciliabule se tenait, formé d'hommes importants, où François Valori, ardent républicain, proposait la déchéance de Pierre, motivée sur son incapacité notoire, et sur les périls que courait la liberté de Florence, abandonnée à des mains inhabiles. Il parlait de débauches secrètes, de rapts nocturnes, de trahison, de tyrannie. Pas une voix n'essaya de défendre le malheureux citoyen, ou d'invoquer pour lui le souvenir de Cosme et de Laurent.

Pierre connaissait les dispositions de Florence : il n'avait pas de temps à perdre, s'il voulait éviter une émeute. Il partit donc, en se faisant suivre d'assez loin par un corps de troupes que commandait des Ursins.

Il était environ trois heures du soir, quand il entra, le dimanche 9 novembre 1494, dans Florence. Son premier mouvement fut d'aller au palais de la seigneurie, pour rendre compte vraisemblablement de son entrevue avec le roi de France ; mais il en trouva la grande porte fermée. Il demande les clefs ; on lui signifie qu'il ne peut entrer que par la petite porte, seul et sans armes. Il insiste, on le repousse ; il cherche alors, pour pénétrer dans la salle du conseil, une communication dérobée : peine inutile, tout est gardé. Il revient sur ses pas, et trouve cette fois, en sentinelles devant la grande porte, Luc Corsini, Jacques Nerli et Filippozo Gualterotti. Pierre veut entrer à toute force, il prie et menace : les trois citoyens lui barrent le passage, en l'accablant d'injures. Le peuple, à ce bruit de voix d'hommes, commençait à se rassembler sur la grande place : à la vue de Pierre, il se mit à pousser des cris de fureur; les enfants ramassaient des cailloux et les jetaient au Magnifique, qui prit le parti de se retirer. Chemin faisant, il trouva Pierre Antoine dell' Aquila, le gardien des prisons, qui venait lui offrir le secours de quelques amis dévoués. Mais la foule s'amassait, alimentée, ce jour de repos, par des ouvriers qui sortaient de l'office. Elle assaillit le bargello, désarma les gardes, et força le geôlier, au milieu des huées et des cris de vengeance, à ouvrir les prisons : soixante détenus en sortirent, qui vinrent grossir le noyau des mécontents. Enhardis par ces manifestations populaires, les membres de la seigneurie sortirent un à un de leur logis, et vinrent en armes sur la grande place. En ce moment, les cloches de toutes les églises retentirent à la fois : c'était le signal de l'insurrection.

Pierre gagna la Via Larga, où il donna l'ordre à des Ursins de marcher avec des soldats sur la place, foyer des mouvements. Son frère devait le précéder en soutane rouge. Le cardinal obéit : arrivé à l'église de San-Bartolommeo, le peuple lui barre le chemin. Jean de Médicis, se rappelant l'acclamation que, le jour de la conspiration des Pazzi, toutes les voix poussaient à l'envi, crie : *Palle! palle!* Le peuple reste muet : le cardinal veut parler, on crie : A bas les traîtres ! Il essaye de faire quelques pas en avant, des piques s'abaissent pour l'arrêter. En ce moment parut le Magnifique : la rue des Calzajoli était toute pleine de révoltés qui, armés de projectiles, le menaçaient de la voix et du geste : il était mort s'il eût tiré l'épée; il préféra, pour l'apaiser, jeter au peuple quelques pièces de monnaie, mais personne ne se baissa pour les ramasser. Alors il parut comprendre que son rôle était fini, et quitta Florence, emmenant avec lui son frère Julien : tous deux prirent le chemin de Bologne.

L'histoire a dû chercher les causes de cette chute si soudaine de Pierre de Médicis, et elle est obligée de confesser qu'elle n'en peut trouver aucune. Comme tous les châtiments que les peuples infligent dans un moment de caprice, celui qui frappa l'héritier de Laurent fut souverainement injuste. Nardi, qui, dans ses Annales, écrit que le salut des libertés de Florence fut la conquête de soixante malfaiteurs dont la multitude brisa les fers, pense que Pierre n'aurait pas perdu sa couronne ducale, si, lors de son retour du camp royal, il avait pris le chemin de la Via Larga, au lieu de prendre celui du Palazzo Vecchio. A quoi donc tiennent les destinées d'un trône, si le pavé que des enfants jettent à la tête de leur roi, qui s'est fatalement trompé de route, devient un arrêt irrévocable de déchéance? Il est vrai que Nestor ajoute « que souventes fois Pierre s'amusoit à la chasse, à la vollerie, à faire l'amour çà et là, ne se donnant beaucoup de peine de ce que faisoient les magistrats, allant peu souvent au palais, et ne voulant donner audience aux citoyens qui le demandoient. »

Mais, dans l'histoire de Florence, il n'est pas un gonfalonier, républicain austère, auquel on ne pût faire de plus graves reproches.

La fuite de Pierre fut le signal de vengeances horribles. Le peuple se porte d'abord sur la maison de Guidi, notaire et chancelier des Réformes, et sur celle de Bernard Miniati, provéditeur du Mont, tous deux connus par leur attachement à la famille déchue : on les accusait d'avoir fait hausser le prix du sel. Leur habitation est saccagée de fond en comble. Partout où le peuple, sur son passage, rencontre les armes des Médicis, il les abat au milieu de cris de fureur. Il efface les images de la famille, peintes en 1433 sur le palais du podestat, et sur la porte de la douane en 1478 : il les avait saluées autrefois de ses acclamations, il les poursuit aujourd'hui de ses anathèmes ; autrefois il appelait ceux dont elles retraçaient les traits les pères de la patrie, il leur donne aujourd'hui le nom de traîtres et de tyrans.

Cosme avait fait construire, dans la Via Larga, une maison magnifique qui faisait l'admiration des étrangers, « vrai théâtre, dit un historien, de gentillesse, de vertus et de lettres. » Le peuple en boucha les portes, comme il eût fait à une maison de pestiférés ; une seule fut ouverte pour laisser passer les huissiers et les crieurs chargés de la vente des trésors que cette superbe habitation renfermait. Les acheteurs accoururent.

« Là se voyoit, continue Nestor, un nombre infini de tapis d'or et de soie et plusieurs aultres rehaulsez de mesme estoffe, oultre des vaisseauls d'or et d'argent, un monde de statues élabourées à l'antique et composez de cuilvre et d'arain.

» Chose qui finalement fict mal au cœur à plusieurs, specialement quand on se mit à fourrager la bibliothecque, laquelle premièrement le seigneur Cosme, puis son fils Pierre, et récemment Laurent, avoient amplement fournie de bons livres rares, hebrieux, grecs et latins, et à l'augmentation de laquelle tant de bons esprits avoient travaillé, et tant d'hommes peregriné, que la Grèce en estoit presque deméurée vuide…. Le seigneur de Balassart arrive à Florence pour faire le logis du roi en la maison du seigneur Pierre, se met le premier à prendre quand il sceut la fuite de son hoste, disant que la banque que les Médicis avoient à Lyon lui debvoit grande somme de deniers. Entre aultres choses, prit une liasse entière montant à la valeur de six ou sept mille ducats, et deux grandes pièces d'une aultre. Les aultres firent comme lui en une maison en laquelle Pierre avoit serré la plus part de son vaillant. Le peuple pilla tout. La seigneurie eut une partie des plus riches bagues et quelques vingt mille ducats lors trouvés en son banc, sans une infinité de pots d'agathe, de camaïeux taillés en perfection, et bien trois mille médailles d'or et d'argent. »

Les voilà donc perdus à jamais ces beaux livres rassemblés avac tant d'amour par Ficin, Politien, Pic de la Mirandole, et dont Laurent ne pouvait détacher ses regards mourants! Quand un de ces trésors de sagesse, de poésie, d'éloquence, après avoir heureusement traversé les mers, tombait de Constantinople à Florence, quelle joie parmi nos lettrés! que de douces heures ils passaient à le contempler! Ils annonçaient cette heureuse nouvelle, comme de nos jours nous annonçons quelque événement qui doit changer ou remuer le monde. C'est que, dans ces pages grecques ou latines, les destinées de l'intelligence humaine étaient enfermées! Et la main d'un enfant livre aux flammes et aux vents les inspirations de Platon, d'Aristote, de Démosthène, de Virgile, de Chrysostôme, de nos Pères des deux Eglises, c'est-à-dire toute la substance éthérée dont l'esprit de l'homme peut se repaître, et qu'un pauvre moine nous avait conservée!

Laurent reposait heureusement dans son tombeau. S'il eût vécu, il serait mort de douleur à la vue de ces profanations, lui, le père des doctes, le docte parmi les doctes, ainsi que le nommait Hutten.

Le peuple n'est pas satisfait : le voilà qui se porte dans le quartier Saint-Antoine, sur la maison du cardinal, dont il pille et brûle les meubles, les livres, les vêtements, les tableaux, les statues, et qu'il démolit ensuite de fond en comble; puis sur les beaux jardins de la place Saint-Marc, ce musée où vinrent étudier Fr. Rusticci, Lorenzo di Credi, Jul. Bugiardini, Baccio da Monte Lupo, And. Contucci et Michel-Ange; il est sans pitié pour les sculptures qu'il renferme, pour les arbres et les fleurs qui leur servent de parure ou d'abri.

Quand sa fureur fut assouvie, c'est-à-dire quand il ne resta dans Florence aucune image des Médicis, aucune des statues qu'ils avaient si chèrement payées, aucun des manuscrits qu'ils avaient fait venir à si grands frais de l'Orient, aucun des arbres qu'ils avaient plantés; que la vente des objets précieux qui leur appartenaient fut close; que les magistrats se furent fait adjuger les joyaux de famille qu'ils convoitaient; qu'il n'y eut plus rien du patrimoine ducal à dévaster, à briser, à brûler, à voler; alors la seigneurie fit publier un bando où elle menaçait d'un châtiment exemplaire quiconque troublerait le repos des citoyens par le meurtre ou le pillage; et la statue de Judith, œuvre de Donatello, fut solennellement placée devant le palais, comme une leçon ou une menace de la justice populaire.

Pendant ces scènes de dévastation, où donc était Savonarole? Nous aurions voulu le voir monter en chaire pour flétrir ces attentats sacriléges.

La seigneurie n'inquiéta pas les hommes de l'émeute; pour les amuser sans doute, elle imagina de réhabiliter la mémoire des conspirateurs de 1478. Désormais on put s'appeler Pazzi, et réclamer le sang dont étaient rougies les dalles de Santa-Reparata comme un glorieux blason. Elle rappela Laurent et Jean, fils de Pierre-François de Médicis, qui changèrent leurs armoiries, répudièrent leur nom et prirent celui de *Popolani*: double lâcheté que les historiens de tous les partis ont eu raison de flétrir; comme si un front humain eût pu rougir de porter les insignes de Cosme et de Laurent!

Cela fait, Florence dut se préparer à recevoir Charles VIII.

Il y fit son entrée le 17 novembre 1494. Un riche baldaquin, porté par des jeunes gens de noble famille, attendait à la porte de San-Friano le monarque français, qui montait un cheval magnifiquement harnaché.

Le roi traversa le bourg de Saint-Jacques sur l'Arno, le Vieux-Pont, la Vaccheria, la place de la Seigneurie, et, arrivé devant l'église de Santa-Maria del Fiore, descendit de cheval, et fut reçu par le clergé. Ficin était chargé de complimenter le prince.

La harangue du néoplatonicien ne manque pas d'adresse. Ficin feint de croire que l'Italie n'est qu'une terre de passage que traverse l'armée française pour aller conquérir la Terre-Sainte.

« Voici, dit-il au roi, le jour que le Seigneur a fait, réjouissons-nous. Prince, vous avez entrepris un merveilleux voyage : vous allez restituer au Sauveur des hommes cette sainte Jérusalem que les Barbares tiennent en leur pouvoir..... Vous voici dans votre Florence, que vous édifierez de votre piété ; Florence, la ville des fleurs, toute pleine aujourd'hui de lis. »

Chanoine par la grâce du cardinal, peut-être que Ficin aurait pu laisser tomber quelques mots de pitié sur la grande infortune de son bienfaiteur : c'eût été un acte de courage dont l'histoire lui aurait tenu compte ; mais, à son âge, on peut avoir peur du peuple.

La harangue achevée, le prince entra dans l'église, et alla faire sa prière sur les marches du grand autel, pendant que le peuple, suivant la coutume, s'amusait à mettre en pièces le dais sous lequel avait marché sa majesté. Charles VIII remonta bientôt à cheval, et prit le chemin du palais des Médicis, que la seigneurie s'occupait, depuis deux jours, à réparer.

Pierre était à Bologne avec ses deux frères Jean et Julien. Bentivoglio, qui gouvernait la ville, avait de grandes obligations à Laurent de Médicis ; il les oublia, et reçut froidement ses héritiers, en homme qui avait peur de se brouiller avec la république.

« Monseigneur, » disait-il à Pierre, en lui montrant le palais de Bologne garni de canons, « avouez que vous ne seriez pas là, si vous en aviez eu de semblables. » La plaisanterie était cruelle.

Pierre y répondit en homme d'esprit : « Monseigneur, si vous aviez vu derrière vous un escadron armé comme celui que je voyais déjà venir de San-Pier Scarreggi, vous auriez fait comme moi. »

Bentivoglio était impitoyable pour l'exilé : il ne voulait pas même lui permettre de rêver une restauration.

« Vous cherchez à franchir un mur qui croulera sous

vous, » lui disait-il, quand Pierre parlait de rentrer dans sa patrie.

Pierre prit son parti, et, suivi de quelques serviteurs, quitta Bologne et gagna Venise. Là, son premier soin, avant de se rendre au sénat, fut de demander à un ancien agent de sa famille cent ducats pour acheter des vêtements; l'homme d'affaires voulait une caution : le malheureux, qui n'avait que sa parole à donner, ne put rien obtenir. Le sénat fit à Pierre le don gratuit d'un vêtement : c'est une belle page dans son livre d'or.

Pour échapper aux révoltés, le cardinal avait été obligé de quitter sa soutane rouge et de prendre la robe de franciscain. Caché sous le capuchon monacal, il alla frapper à la porte du couvent des dominicains pour demander l'hospitalité : le frère portier le reconnut et refusa d'ouvrir au petit-fils de Cosme, le bienfaiteur du monastère. Le cardinal s'éloignait tristement, quand, au coin de la rue del Giglio, il aperçut le secrétaire de Laurent : « Que fais-tu là, Bernard ? » lui demanda le cardinal. — « Je cherchais votre éminence, » dit le jeune homme. Et tous deux prirent le chemin de l'exil. Quelques jours après, ils trouvaient à Castello un asile chez les Vitelli.

CHAPITRE VIII.

SAVONAROLE. — 1494-1497.

Enfance de Savonarole. — Il entre et prêche au couvent de Saint-Marc. — Il commente l'Apocalypse en chaire. — Belles images qu'il en tire. — Ses rapports avec Laurent de Médicis. — Passe pour prophète. — Sa visite à Charles VIII. — Ascendant qu'il prend sur les esprits à Florence. — Rédige un projet de constitution pour la république. — Merveilles qu'il opère par ses prédications. — Sa guerre au paganisme. — Comment il en triomphe. — Idées esthétiques du moine.

Le jour où Charles VIII quittait Florence, le 17 novembre 1494, pour poursuivre sa grande expédition, mourait Jean Pic de la Mirandole, assez heureux du moins pour ne pas avoir été témoin des outrages prodigués à ses bienfaiteurs. Pic, depuis longtemps, comme nous l'avons dit, ne cherchait plus la vérité dans le vide des grandes routes ; il l'avait trouvée dans une église, au pied d'une croix. Ce n'était plus le savant orgueilleux qui jetait, de Rome, ses fastueux défis aux intelligences de tous les pays ; il disait aujourd'hui, comme Tritheim, « aimer c'est savoir, » et il aimait vivement.

A cette triste nouvelle, Savonarole, le moine du couvent des dominicains, monte en chaire pour rassurer ses auditeurs sur le sort de cette âme qui avait fait tant de bruit en ce monde.

« Je veux vous révéler, leur dit-il, un secret céleste que je n'ai voulu dire encore à personne, parce que je n'étais pas sûr de ce qui m'était annoncé comme je le suis à cette heure. Vous connaissiez tous le comte Jean Pic de la Mirandole, qui demeurait parmi vous à Florence, et qui vient de mourir. Je vous annonce que son âme, grâce aux prières de nos frères et à quelques bonnes œuvres que Pic fit sur cette terre, est en purgatoire : priez pour sa délivrance. »

Benivieni, le chanoine de Santa-Maria del Fiore, croit au salut de son docte ami, sur la parole de Savonarole. « Dieu, dit-il, a dû le révéler en songe à son grand serviteur frère Hieronimo. »

Le merveilleux philologue repose à côté du poëte, dans la même tombe, à Santa-Maria Novella. Jamais deux âmes ne s'étaient si tendrement aimées.

Nous allons étudier un homme dont l'influence sur les destinées de la maison de Médicis fut immense. Savonarole est leur mauvais génie. Depuis la mort de Laurent, il n'est pas de jour où le dominicain, du haut de l'une des chaires de Florence, n'ait excité les esprits contre Pierre, leur héritier. Pierre, tant que Savonarole vivra, tentera vainement de ressaisir le pouvoir; toujours il rencontrera le moine à son poste, veillant comme l'ange à la porte du temple, et prêt à frapper de verges le nouvel Héliodore qui tenterait d'y pénétrer de force. Longtemps Florence n'aura pas d'autre roi que le dominicain : sa robe blanche apaise ou soulève le peuple; à l'église, on monte jusque sur l'autel pour l'écouter; dans les rues, il a pour cortége des enfants, qui annoncent par leurs cris de joie la venue de leur père bien-aimé; à la seigneurie, ses volontés sont des ordres; au couvent, on se lève la nuit pour voir si sa cellule n'est pas éclairée de quelque lumière surnaturelle; les femmes malades touchent les franges de sa robe de bure, et se disent guéries; les poëtes eux-mêmes, gens de peu de foi au moyen-âge, sont séduits et croient à ses visions. Il n'est pas dans l'histoire de problème plus mystérieux : Savonarole a fait de véritables passions; il a des ennemis et des apologistes fanatiques; pour les uns c'est un bienheureux, pour les autres un factieux. Mais tous confessent que ce fut une des plus grandes lumières de son siècle; que jamais parole humaine ne fut plus séduisante; que jamais moine n'eut, aux yeux du monde, de plus admirables vertus; que jamais prédicateur ne fit couler autant de larmes; que jamais martyr, au milieu des flammes, n'eut une figure plus radieuse.

Jérôme Savonarole naquit à Ferrare le 21 septembre 1452. Enfant, il aimait l'étude et la prière, les couvents, et surtout la blanche soutane des dominicains, les grands prédicateurs de l'époque. Quand l'un d'eux montait en chaire, on était sûr de trouver Jérôme debout en face de l'orateur, dont il suivait tous les mouvements. Un jour qu'il assistait au sermon que prêchait un frère, il se sentit troublé jusqu'au fond du cœur par les paroles de l'orateur, et résolut d'abandonner le monde et de s'ensevelir dans la solitude d'un monastère : il avait alors vingt-deux ans. Sans rien dire à ses parents, il quitte Ferrare le 24 avril, prend la route de Bologne, et vient frapper à la porte du couvent de Saint-Dominique. Quelque temps après il recevait l'habit clérical, et écrivait à son père : « M'aimez-vous ou non? Si vous m'aimez, comme j'en suis convaincu, vous savez bien qu'il y a en moi deux substances, l'âme et le corps. Préférez-vous le corps à l'âme? Vous direz non, parce que, sans cela, vous ne m'aimeriez pas réellement; vous aimeriez en moi la plus vile partie de moi-même : mais, si vous préférez en moi l'âme au corps, vous approuverez le parti que j'ai dû prendre. »

Ses supérieurs comptaient en faire un professeur, car il avait la parole facile, le geste magnifique, l'œil d'une rare beauté. Savonarole enseigna donc la métaphysique à Ferrare; mais il s'ennuya bientôt de la langue qu'il était obligé de parler : Aristote le fatiguait par sa sécheresse. Pour trouver un aliment à son imagination rêveuse, il se mit à étudier l'Écriture. La parole de Dieu le charma : il n'eut plus qu'un livre, qu'il lisait la nuit et le jour, l'Ancien et le Nouveau Testament. Ferrare, pressée par les Vénitiens, fut obligée de faire évacuer le couvent des dominicains ; Savonarole, regardé comme une bouche inutile, prit le chemin de Florence.

A Florence, au couvent de Saint-Marc, il partagea son temps entre la confession et la prédication : par goût, il quitta bientôt le tribunal de la pénitence pour la chaire ; il comprenait sa vocation.

C'est dans l'intérieur du cloître qu'il annonça d'abord la parole divine. Le site était admirablement choisi : pour temple, un jardin tout plein de beaux rosiers de Damas ; pour pavillon, le ciel ; pour auditeurs, des frères aux robes blanches : comment l'orateur n'aurait-il pas été inspiré ?

Des jardins de Saint-Marc il passa d'abord à Santa-Maria Novella, cette église que Michel-Ange appelait son épouse ; puis à Santa-Maria del Fiore, le chef-d'œuvre de Brunellesco. Il aimait à commenter l'Apocalypse, parce qu'il trouvait dans le livre de l'Apôtre des images toutes matérielles, telles que le cheval blanc, la coupe de vin empoisonnée, la clef de l'abîme, dont il se servait pour effrayer ses auditeurs. Ce qu'il cherchait surtout, c'était à réveiller de leur sommeil toutes ces âmes de chair réunies autour de lui. On voit qu'il connaissait admirablement son auditoire. A des hommes comme Florence en offrait alors, commerçants enrichis par la fraude, usuriers qui spéculent sur la faim, jeunes seigneurs qui courent les tabagies, le jeu et les femmes ; à des courtisanes qui affichent publiquement leurs désordres ; à des artistes qui cherchent leurs inspirations dans l'Olympe païen ; à des âmes amollies par le luxe, la bonne chère et la débauche ; à des philosophes qui préfèrent à l'Évangile le Criton de Platon, il fallait des épouvantements tout charnels, des menaces sensuelles, des images prises dans le monde visible. L'orateur avait raison de s'armer d'une lanière, d'une épée, d'une coupe empoisonnée : le Christ ne faisait pas autrement sur le perron de ce temple d'où son fouet chassait les vendeurs.

La voix sourde et caverneuse du prédicateur, sa figure où, de chaque côté, deux os en saillie semblaient percer la peau, son teint blême, ses doigts décharnés à travers lesquels pouvait passer la lumière, ses yeux azurés surmontés de longs sourcils roux, étaient autant d'instruments de terreur. Souvent, en descendant de chaire, on le voyait essuyer son front tout humide de sueur. Rentré dans son couvent, il se jetait à genoux pour prier. Bientôt on entendait frapper à la porte du monastère : c'était une Madeleine, enveloppée de sa mantille noire, qui demandait à se confesser ; un vieillard qui venait livrer, pour qu'on la brûlât, une peinture lascive ; un usurier dont les poches étaient pleines d'or qu'il offrait de restituer ; des paralytiques qui demandaient à toucher la ceinture du dominicain. On affirmait que sa robe avait plus d'une fois rendu la vie à des moribonds. Cosme l'orfévre et le noble Strozzi avaient voulu s'en revêtir, mais on la leur avait refusée.

Le soir Savonarole retournait à l'église pour prêcher. Il montait en chaire et continuait son commentaire sur l'Apocalypse : c'étaient d'autres images tout aussi saisissantes que celles dont il effrayait son auditoire du matin. Quand, après trois siècles, nous lisons les discours du moine, nous comprenons l'enthousiasme de la multitude : nous aurions fait comme elle ; nous aurions accompagné notre père jusqu'à l'église, nous aurions essayé de toucher un pan de sa robe, de baiser la poussière de ses pieds ; peut-être même que nous aurions cru tout ce qu'on racontait de lui, ses visions nocturnes, le don qu'il avait reçu de guérir les malades par un simple attouchement, son intuition de l'avenir, et son commerce avec les anges. A dire vrai, quelque chose de réellement merveilleux nous aurait attirés vers lui : c'était sa parole, soit qu'il reproche aux Florentins de boire dans la coupe des réprouvés, c'est-à-dire aux eaux corrompues de l'antiquité païenne; soit qu'il menace tous ces savants qui crient : Vive la voie de Bersabé, c'est-à-dire le chemin qui n'est éclairé par d'autre lumière que celle de la raison; soit qu'il s'indigne que les Florentins, comme autrefois les Juifs, préfèrent à la manne du désert les poissons d'Égypte, c'est-à-dire à l'or de la parole divine le plomb vil du rhéteur; soit qu'arrachant à l'artiste un pinceau tout trempé de couleurs païennes, il lui dise : Je ne reconnais plus ma vierge de Bethléem dans cette jeune fille vêtue comme une courtisane, ma vierge qui ne paraissait jamais en public que sous les habits d'une pauvre petite qui cache jusqu'à son visage; soit que, frappant sur la poitrine de tous ces philosophes amoureux jusqu'à l'idolâtrie de l'antiquité, il la trouve dure comme de la pierre; soit qu'il se lamente sur l'ingratitude de Florence, et, prêt à pleurer sur elle dans le désert comme les filles de Sion, il s'écrie douloureusement : « Florence ! tu ne détruiras pas mon œuvre, car c'est l'œuvre du Christ. Que je meure ou que je vive, la semence que j'ai jetée dans les cœurs n'en portera pas moins ses fruits. Si tes ennemis sont assez puissants pour me chasser de tes murs, je n'en serai point affligé : car je trouverai bien un désert où je pourrai me réfugier avec ma Bible. »

N'est-ce pas là de la véritable éloquence, ce doux reflet des rayons de l'éternelle lumière ?

Quand le cœur de l'auditeur résiste, Savonarole a des paroles qui le remuent bien vite et lui arrachent des larmes, comme le samedi de la seconde semaine de carême, à Santa-Maria del Fiore.

L'orateur n'avait pas obtenu son succès ordinaire ; de sa chaire il n'avait entendu aucun sanglot : il lui fallait des pleurs.

Il reste un moment silencieux; puis, se tournant vers l'autel: « Je n'en puis plus, s'écrie-t-il, les forces me manquent. Seigneur, ne dors plus sur la croix, exauce mes prières, *respice in faciem Christi tui*. O glorieuse Vierge ! ô saints bienheureux du paradis ! ô anges ! ô archanges ! ô céleste milice ! priez le Seigneur qu'il ne tarde pas plus longtemps à nous écouter. Ne vois-tu pas, ô mon Dieu, que les méchants se réjouissent, qu'ils se moquent de nous! Ici chacun nous tourne en dérision, nous sommes devenus l'opprobre du monde. Nous avons prié; que de larmes nous avons répandues, que de soupirs ! Qu'est donc devenue ta providence? qu'est devenue ta bonté? que sont devenues tes promesses ? Seigneur, *respice in faciem Christi tui*. Ah! ne tarde pas, afin que le peuple infidèle ne dise pas : Où est leur Dieu? où est le Dieu de ceux qui ont fait pénitence et jeûné? Tu vois que les méchants deviennent pires de jour en jour, et qu'ils semblent désormais incorrigibles ; étends ta main, et montre ta puissance. Je ne sais plus que dire, je n'ai plus que des larmes : qu'elles éclatent dans cette chaire. Je ne dis pas, Seigneur, que tu nous entendes à cause de nos mérites, mais par l'amour que tu portes à ton Fils : *respice in faciem Christi tui*. Prends pitié de ton pauvre troupeau ; ne vois-tu pas son affliction, ses souffrances? Ne l'aimes-tu plus, mon Dieu! ne t'es-tu pas incarné pour lui? n'as-tu pas été crucifié, n'es-tu pas mort pour lui? Si ma prière n'est pas écoutée, ôte-moi la vie, Seigneur. Que t'a fait ton troupeau ? il ne t'a rien fait ; il n'y a que moi de pécheur. Mais, Seigneur, ne regarde pas à mes iniquités ; regarde plutôt à ton amour, regarde à ton cœur, regarde à tes entrailles, regarde à ta miséricorde : miséricorde, ô mon Dieu ! »

Il fallait bien que les larmes éclatassent.

Maintenant comprend-on qu'un moine qui avait visité l'Italie ait osé dire, en face du soleil, que personne avant lui ne savait ce qu'était l'Évangile, ce qu'était le Christ, ce qu'était la rémission des péchés ? Mais les sermons de Savonarole étaient imprimés depuis longtemps, quand Luther proférait ces étranges paroles ! Toutes ces belles images de salut, de rémission, de rédemption, de résurrection dès cette vie, que le dominicain trouvait en chaire, c'était la Bible qui les lui fournissait. Dans ses sermons, rien n'a la voix haute et ne parle librement comme le sang du Christ. Si, par intervalles, son cerveau semble s'épuiser, comme sa voix s'éteindre, c'est dans les bras de la croix, au pied d'un autel, que notre moine va les rafraîchir et les raviver !

Cette parole qui allait saisir toutes les supériorités intellectuelles ou sociales, auxquelles le peuple ne pardonna jamais, les magistrats dans la chambre du conseil, les juges au prétoire, les marchands d'argent au milieu de leurs coffres-forts, les grandes dames dans leurs boudoirs, les artistes dans leurs ateliers, valait à l'orateur d'ardentes sympathies. Malheureusement trop souvent le prêtre s'effaçait devant le tribun ; trop souvent Gracchus se cachait sous la robe du dominicain. Dans un État républicain, on peut pardonner au prieur ses emportements contre la tyrannie ; mais dénoncer Laurent de Médicis comme un tyran, c'était outrager l'Esprit-Saint, qui de ses ailes couvrait la chaire du prédicateur. Nous lisons, dans une histoire manuscrite, que Laurent fit un jour prier le père, par cinq des principaux citoyens, de modérer son langage : le prêtre répondit fièrement qu'il continuerait de parler. Le Magnifique le laissa dire. Et quelques jours après, c'était en 1490, le dominicain annonça, en termes couverts, la mort prochaine du Magnifique. Laurent laissa prophétiser le moine.

Savonarole en voulait aux Médicis, dont l'or, disait-il, avait corrompu la population florentine.

Lorsqu'il eut été élu prieur de Saint-Marc, on lui conseilla d'aller remercier le Magnifique.

« Et pourquoi ? » demanda le père : « qui m'a nommé prieur ? Dieu ou Laurent ? Dieu, n'est-il pas vrai ?.... Je n'irai pas au palais. »

Laurent prit le parti de venir au couvent. « Père, » dit un frère à Savonarole, « c'est une personne de distinction qui se présente au monastère.

— Son nom ?

— Père, c'est Laurent de Médicis.

— Et qui vient pour prier ? Laissez-lui faire ses dévotions : je ne veux pas qu'on l'interrompe. »

« Il faut que je le voie cependant, » disait Laurent à Politien, « et que je lui parle. » Il imagina de faire déposer par son secrétaire un grand nombre de pièces d'or dans le tronc du couvent. Le frère, en l'ouvrant, jette un cri de surprise et de joie, et court raconter sa trouvaille au prieur. Il n'y avait qu'un prince, et un prince comme le Magnifique, qui pût faire des dons semblables. Laurent disait : « Le prieur sera forcé de venir me remercier. » Il se trompait : Jérôme, en prenant une à une ces belles pièces, disait : « Ceci pour les besoins de notre couvent, ceci pour les pauvres de Saint-Martin, ceci pour faire dire des messes pour le salut du donateur. » Ce fut là tout ; il ne prononça pas même le nom de Laurent.

On risquerait de méconnaître Savonarole, si l'on ne voyait en lui qu'un des plus merveilleux artistes en parole qui jamais aient existé : son éloquence n'expliquerait pas suffisamment l'ascendant qu'il exerça si longtemps sur le peuple de Florence. Machiavel a dit qu'il fut un homme de science, d'habileté, de courage, qualités dont l'orateur pourrait au besoin se passer, mais que doit posséder quiconque veut gouverner l'opinion. Savonarole aurait pu choisir toute autre condition que celle du cloître : il eût manié le ciseau aussi bien que la plume, le pinceau aussi bien que la parole; s'il l'avait voulu, il aurait été plus grand philosophe que Ficin, rhéteur plus habile que Politien, et poëte plus admirable que Sannazar. En lisant ses sermons, on voit qu'il a sondé toutes les sources littéraires connues de son époque ; qu'il s'est inspiré du Christ, de Moïse, d'Homère, de Platon, d'Aristote; qu'il connaît ce qu'on nommait alors la doctrine d'Alexandrie; qu'il a étudié l'astronomie, la physique, la mécanique et les sciences naturelles, et surtout qu'il a médité longtemps sur les lois et les constitutions de la Grèce et de l'Italie antiques.

C'est à l'aide de ces lumières toutes naturelles que, plus d'une fois, Jérôme lut dans l'avenir comme dans un livre ouvert : l'étude lui révélait ce que le peuple croyait que l'Esprit-Saint lui soufflait à l'oreille. Longtemps avant l'invasion des Français, il avait annoncé ou prédit, si l'on veut croire au récit de ses panégyristes, la venue de Charles, la chute des citadelles italiennes, et le trot du cheval royal du nom de Savoie, que Dieu devait conduire par la bride jusqu'à Naples. Dès que le Florentin, avec son imagination amoureuse du merveilleux, vit l'armée française franchir les Apennins, il salua du nom de prophète le moine de Saint-Marc. Et vraiment il pouvait croire que Dieu se communiquait à cette créature d'élite, véritable ascète de la Thébaïde, qui prie la nuit et le jour; à cet ange de pureté, qui n'a jamais levé les yeux sur une femme ; à ce docteur évangélique qui pratique si bien tout ce qu'il prêche. A mesure que l'armée royale s'avançait, il semblait que l'illumination céleste devînt pour Savonarole plus abondante; son langage était aussi plus transparent. Il disait aux Florentins : « N'essayez pas de résister, vos murailles vont tomber; » et en ce moment les forteresses de l'État ouvraient leurs portes au conquérant. Quelques âmes moins enthousiastes que celles qui se pressaient dans l'église de Santa-Maria del Fiore pensaient avoir le secret de l'accomplissement de ces prédictions : c'étaient notre historien Comines, qui connaissait les relations intimes du moine avec les membres de la seigneurie; J. Burchard, qui savait que les frères de Saint-Marc, ces grands confesseurs de l'époque, venaient raconter au prieur certaines confidences qu'ils avaient reçues de leurs pénitents, en dehors du saint tribunal; et les cousins de Pierre de Médicis, qui, chassés de Florence, s'étaient réfugiés à la cour de Charles VIII, dont ils faisaient connaître les projets à Savonarole. Mais le peuple s'obstinait à voir un prophète dans le grand prédicateur.

Avouons qu'il en avait le courage. Quand il se trouvait en face des rois, il leur parlait un langage qu'ils n'étaient point accoutumés à entendre, et les rois devenaient peuple et se laissaient subjuguer.

Il y a dans la vie manuscrite du frère une magnifique scène dont la peinture aurait pu s'emparer; mais il faudrait, pour la retracer, le pinceau de Salvator-Rosa.

Charles VIII avait imposé Florence à cent mille écus d'or, dont il avait besoin pour marcher en avant. Il avait donné vingt-quatre heures pour qu'on lui comptât cette somme; les vingt-quatre heures expirées sans que la ville eût payé sa rançon, il menaçait de la mettre à feu et à sang. Les heures s'écoulaient, et les marchands de la rue de' Banchi ne voulaient ni prêter ni donner. Le peuple, répandu dans les rues, criait : *Misericordia! misericordia!*

Alors une voix se fit entendre du milieu de la foule :

« Allez, disait-elle, allez à fra Girolamo. » Ce fut une inspiration céleste.

On va frapper à la porte du moine : « J'irai trouver le prince, » dit Savonarole au messager. Suivi de deux de ses frères, il se présente en effet à la demeure du roi, mais les officiers refusent de le laisser passer. Le prieur se retire, entre dans l'église de Santa-Maria Novella, prie longtemps, et, prenant à la sacristie un crucifix qu'il cache sous sa robe, suit, mais seul, le chemin de la Via Larga.

Cette fois on le laisse entrer, on lui permet de parler à Charles VIII. Le moine et le roi sont en présence. Savonarole, entr'ouvrant sa robe, saisit le christ qui reposait sur sa poitrine, et le promenant lentement devant l'œil du prince : « Sire, lui dit-il, connais-tu cette image? C'est l'image du Christ mort pour toi, mort pour moi, mort pour nous sur la croix, et qui en mourant pardonnait à ses bourreaux. Si tu ne m'écoutes pas, tu écouteras du moins celui qui parle par ma bouche et qui créa le ciel et la terre, le Roi des rois, qui donne la victoire aux princes ses bien-aimés, mais qui punit ses ennemis et renverse les impies. Il t'humiliera dans la poussière, toi et les tiens, si tu ne renonces à tes projets homicides; si tu veux, comme tu l'as dit, réduire en cendres cette malheureuse cité, où il y a tant de serviteurs de Dieu, tant de pauvres innocents qui crient et pleurent devant sa face la nuit et le jour. Ces larmes désarmeront la majesté de mon Dieu; elles seront plus puissantes que toi et tous tes canons. Qu'importe au Seigneur le nombre et la force? Connais-tu l'histoire de Sennachérib? Sais-tu que Moïse et Josué n'avaient besoin pour triompher que de quelques mots de prière? Nous prierons si tu ne pardonnes : veux-tu pardonner? »

En achevant, le dominicain agitait devant la figure de Charles VIII l'image du Christ.

Le prince, comme si cette image eût été de feu, essayait de tourner la tête, mais il était vaincu ; il fit signe qu'il pardonnait. Et, au sortir du palais, Savonarole annonçait au peuple réuni le succès de son ambassade, et criait aux riches : « Apportez-moi des grains, du vin, des vêtements, pour ce pauvre peuple qui souffre de la faim, de la soif et du froid. »

Tout est prodigieux dans l'histoire du moine. Les Médicis chassés, Florence a besoin d'un autre maître ; car, comme nous l'a dit déjà Machiavel, de république Florence n'a pas même l'idée. Un peuple fou de spectacles, de musique, de chevaux, de carnavals, veut à toute force qu'on satisfasse ses goûts : il lui faut donc un roi. Mais comment empêcher ce maître de tomber dans la tyrannie ? C'est le problème que cherchait Florence en ce moment, et que devait résoudre le frère de Saint-Marc. Ce n'est pas, du reste, la première fois qu'on frappe à la porte d'un cloître, et qu'on demande à qui l'habite l'aumône d'une charte pour protéger le peuple contre les mauvaises passions d'un despote.

Savonarole renonça pour quelques jours à la chaire, se mit à l'œuvre, et improvisa pour Florence une constitution.

La ville, jusqu'à présent, avait été gouvernée par des conseils formés d'éléments divers : le peuple avait le sien, la commune aussi. Laurent de Médicis, en 1482, avait créé le conseil des Soixante-Dix, véritable sénat à vie, où il avait fait entrer ses partisans, et dont la chute de Pierre devait amener la dissolution.

Savonarole avait pris Venise pour modèle. Il proposait un grand conseil général qui posséderait l'autorité souveraine, mais dont ne pouvait faire partie que le *bénéficié*, c'est-à-dire celui de qui l'aïeul, le grand-père et le père avaient été admis aux charges de l'État. Comme il était difficile que le grand conseil, formé de mille citoyens, pût s'assembler et fonctionner incessamment, Savonarole imaginait un second conseil appelé des Quatre-Vingts, et pris dans le grand conseil.

« Les Quatre-Vingts ou *richiesti*, âgés de quarante ans au moins, « dit ici l'auteur d'une histoire récente de Florence, » étaient élus de six mois en six mois. Les seigneurs, les collèges, les Huit de garde et balie, les Dix de guerre, les capitaines du parti guelfe et quelques autres magistratures devaient en faire partie.

» A ce conseil appartenaient l'approbation des lois (qui devaient aller ensuite au grand conseil), l'élection des commissaires généraux, des ambassadeurs, la décision de la guerre et de la paix, les jugements sur la conduite des capitaines et condottieri, et les affaires les plus importantes de l'Etat. Le grand conseil n'adoptait ou ne perfectionnait les lois et ne recevait les pétitions privées qu'après qu'elles avaient été approuvées du conseil des Quatre-Vingts. »

Notons cette belle mesure d'ordre public que Savonarole fit passer comme une loi d'Etat : « Que tout citoyen qui aurait été condamné pour délit politique pourrait en appeler au grand conseil. »

Cette charte fut lue par le dominicain, à la cathédrale, devant le peuple et les magistrats.

Savonarole, comme il est aisé de le voir dans son projet de constitution, dont les dispositions principales furent adoptées par la commune, est républicain et non pas démagogue. C'était la bourgeoisie, ce qu'on nommait à Florence le *grosso popolo*, et non la populace, *minuto popolo*, qui avait renversé les Médicis ; aussi est-ce la bourgeoisie qu'il introduit surtout dans les conseils de la république. Le mode d'élection qu'il adopte est en tout favorable à la propriété. Ce qu'il cherche, c'est une sage liberté s'appuyant, comme il le dit, sur l'ordre, la probité, la religion, l'intelligence, véritables éléments de conversation et de progrès.

Pierre est tombé sous les coups du *grosso popolo*; Savonarole tombera sous ceux du *minuto popolo*.

Dès ce moment, le rôle de Savonarole grandit : le frère de Saint-Marc est prêtre, magistrat, juge et législateur. On le consulte à la seigneurie comme au confessionnal; c'est l'homme de tous. Il faut le dire à sa louange, il est vraiment digne d'admiration. Si vous l'entendiez en chaire demander à son Dieu de prendre pitié de ce peuple florentin qui refuse de se convertir, vous vous sentiriez ému jusqu'au fond du cœur. Écoutez-le donc un moment :

« O Italie! ô princes de l'Italie! ô prélats de l'Église d'Italie! je voudrais que Dieu vous eût tous rassemblés ici; je vous montrerais qu'il n'est d'autre remède à vos maux qu'une conversion sincère. Et toi, Florence! ne te souviens-tu plus que jadis je t'annonçais que tes grandes citadelles tomberaient, que tes grands murs s'écrouleraient, et que Dieu prendrait le cheval du vainqueur par la bride et le mènerait ici? Crois-moi, crois-moi; je te dis qu'il ne te servirait de rien de t'appuyer sur tes grands rocs et sur tes hautes murailles; je te dis, Italie, que tu n'as d'autre moyen de salut que de te convertir au Seigneur... Et toi, Florence! tu devrais bien croire en moi, et tu n'y crois pas. Fais pénitence, je t'en conjure; autrement, gare à toi! gare à toi, Florence! »

Mais Florence résistait encore. Ville de plaisirs sensuels, de joies mondaines, de spectacles bruyants, où vous la voyez étaler les robes de ses courtisanes, les chevaux espagnols de ses nobles, les bijoux émaillés de ses orfévres, la soie de ses marchands; elle ne veut ni jeûner ni faire pénitence : elle restera païenne. Mais le frère ne perd pas courage : il recommence ses prières, ses adjurations, ses menaces. Il se jette aux pieds de ce crucifix où toujours il trouve de nouvelles consolations et quelquefois des inspirations poétiques, qu'il confie à la marge du premier volume que le hasard place à ses côtés. Il a de nouveau recours à ses lamentables images, et, pour attendrir, il se met en scène, comme le fera plus tard notre Bossuet.

« O ingrate Florence! ô peuple ingrat, ingrat envers ton Dieu! J'ai fait pour toi ce que je n'aurais pas voulu faire pour mes frères charnels. Pour eux je n'aurais pas daigné parler à un seul de ces princes qui m'en priaient dans des lettres que je conserve au monastère. Pour toi, je suis allé à la rencontre du roi de France, et, quand je me trouvai au milieu de ses soldats, je crus être tombé dans les profondeurs de l'enfer; et je lui dis des choses que tu n'aurais pas osé lui dire, et il s'apaisa. Et je lui dis des choses, à lui grand prince, que je n'aurais pas osé te dire à toi, et il m'écouta sans colère. Et ce que j'ai fait pour toi, Florence, m'a valu la haine des religieux et des séculiers..... Mais que m'importe? Convertis-toi, Florence..... Fais ce que je t'ai dit : crucifie-moi, lapide-moi, mais fais ce que je t'ai dit : tue-moi, je mourrai content. J'ai tout fait pour toi, parce que je t'aime à la folie, parce que je suis fou de toi. O mon Dieu! ô mon Jésus crucifié! oui, je suis fou de ce peuple : pardonne-le-moi, Seigneur. »

Florence était entraînée : c'est que cette fois, comme le disait l'orateur dans sa langue pittoresque, « le prédicateur était le cheval du Christ. »

Et alors une révolution s'accomplit, qu'on ne peut humainement expliquer. Florence finit par écouter la voix de son père : elle fait pénitence dans les larmes; on dirait d'une ville aux purs temps du christianisme, où tout ce qui frappe l'œil ou l'oreille exalte la foi et nourrit la piété. Le soir, quand la journée du travail est achevée, vous voyez de longues files d'ouvriers s'acheminer vers l'église, chantant sur le chemin, de peur de distraction, des cantiques dont le moine a retouché les paroles et la musique. Les paroles anciennes étaient trop mondaines, la mélodie trop profane; toutes deux parlaient trop vivement à l'imagination. Savonarole aimait avec passion nos vieux airs, comme celui du *Pange lingua*, de l'*Ave maris stella*, du *Veni creator*; il préférait le plain-chant aux accords trop souvent passionnés de la musique d'église. Toutes ces jeunes âmes peuvent prier maintenant au pied de l'autel, sans crainte que leur regard soit souillé par ces nudités qu'étalait hier encore le temple chrétien. Jérôme est sans pitié pour ces peintures de Vierge, faites trop souvent à l'image de quelques jeunes femmes de Florence renommées par leur beauté : il lui faut, à lui, un peintre qui prie avant de commencer son œuvre, et qui cherche au ciel son idéal. « Car, disait le père, il n'y a pas de beauté sans lumière, et de lumière sans Dieu. » Le soir, avant de se coucher, on récitait le rosaire dans chaque famille. Jérôme avait la plus tendre dévotion à la sainte Vierge, qu'il appelait de toutes sortes de doux noms.

C'est dans la jeunesse que Savonarole trouva l'instrument le plus actif de sa propagande réformatrice. Il avait conçu l'idée d'une congrégation formée de jeunes gens appartenant aux diverses classes de la société. Qui voulait en faire partie devait observer les commandements de Dieu et de l'Église, se confesser une fois chaque mois et communier; assister, les dimanches et les fêtes, à la sainte messe, aux vêpres, au sermon; fuir les mauvaises compagnies, les jeux, les spectacles, les feux d'artifice, les mascarades; porter des vêtements sans poches de côté, de petits chapeaux rabattus sur l'oreille; ne pas lire de romans; ne jamais se montrer aux concerts, ni sur les places publiques aux exercices des acrobates.

Sa république chrétienne était admirablement organisée.

A chaque quartier appartenait un *capo* ou magistrat suprême, qui exerçait ses fonctions sous la surveillance de quatre conseillers. Il y avait, dans la confrérie, des *pacieri*, chargés de maintenir la paix dans les familles; des *ordinatori*, qui réglaient l'ordre et la marche des processions; des *correttori*, qui réprimandaient les pécheurs; des *lemosinieri*, qui, l'escarcelle en main, demandaient l'aumône, qu'ils versaient ensuite dans le tronc des pauvres honteux; des *lavoranti*, qui, la semaine de carnaval, devaient construire sur la voie publique des chapelles ornées de fleurs et de lumières, où le passant s'arrêterait pour recommander à Dieu les âmes folles qui l'offensaient en se masquant. On leur recommandait bien d'empêcher qu'on n'élevât dans les rues des *stili* et des *capannucci*. Les *stili* étaient des poutres qui traversaient une rue dans toute sa largeur, et sous lesquelles une dame ne pouvait passer sans donner quelque pièce de monnaie qu'on allait ensuite dépenser au cabaret. Les *capannucci* étaient de grands arbres dont le pied était entouré d'étoupes, qu'on enflammait le soir, aux cris de milliers de spectateurs qui souvent en venaient aux mains. Les *lustratori* étaient occupés, le soir, à chercher dans les immondices des rues quelques perles précieuses qu'on y perd souvent, c'est-à-dire des croix, des reliques, des images saintes, qu'ils devaient religieusement rapporter au couvent de Saint-Marc. Mais la dignité la plus importante, dans cette association religieuse, était celle des *inquisitori*.

L'inquisiteur, pendant toute l'année, le dimanche, parcourait les rues, après vêpres, pour confisquer les cartes, les dés et tous les jeux qu'il pouvait trouver : au besoin, il réclamait l'intervention d'un commissaire nommé spécialement pour l'aider dans son ministère. Chemin faisant, l'inquisiteur rencontrait-il une jeune fille vêtue avec trop de coquetterie, il l'arrêtait et lui disait : « Au nom du Christ, roi de cette ville, au nom de la Vierge Marie, sa mère ; au nom des saints anges, quittez ces beaux habits, ou vous vous attirerez la colère du ciel. » La pauvre enfant ordinairement ne soufflait mot, et, toute honteuse, retournait au logis pour changer de robe. L'inquisiteur allait frapper à la porte des riches, des usuriers, des banquiers, des marchands, en disant : « Me voici : donnez-moi vos *anathèmes*, c'est-à-dire vos cartes, vos tables de jeu, vos harpes, vos partitions de musique profane, vos sachets, vos poudres odorantes, vos miroirs, vos nattes et vos frisons, au nom de Dieu et de la sainte Vierge Marie. » Si la maîtresse de la maison apportait aussitôt ces trésors de vanité mondaine, l'inquisiteur lui disait : « Soyez bénie. » Si elle refusait, l'inquisiteur lui disait : « Dieu vous maudira. » Mais rarement il avait besoin d'appeler à son aide la colère du ciel : les femmes donnaient souvent jusqu'à leurs bijoux. Un moment le couvent de Saint-Marc fut transformé en bazar oriental, où l'on voyait rassemblées toutes les futilités de la mode : des essences de Naples, des parfums de Florence, des miroirs de Venise, des poudres de Chypre, et jusqu'à des faux tours en cheveux.

Savonarole voulait offrir en holocauste à son Dieu toutes ces frivolités d'un monde sensuel.

Un jour il fit élever sur la place de' Signori un *capannuccio* ou mât de trente brasses de hauteur, autour duquel étaient disposées huit pyramides, divisées chacune en quatorze étages, dont le plus large occupait la base inférieure.

La première pyramide contenait, sur divers gradins, des modes étrangères offensant la pudeur ;

La deuxième, les portraits des belles Florentines, œuvres de peintres de la renaissance païenne : la Bencina, la Morella, la Maria de' Lanzi ;

La troisième, des instruments de jeux, comme cartes, dés, triomphes, osselets ;

La quatrième, des partitions de musique profane, des

harpes, des luths, des guitares, des cymbales, des violes, des cornets ;

La cinquième, des pommades, des cosmétiques, des parfums, des poudres de Chypre, des miroirs, des nattes, des tours ;

La sixième, les œuvres de poëtes érotiques anciens et modernes, tels que Tibulle, Catulle, Properce, Pétrarque, Boccace ;

La septième, des travestissements, des barbes postiches, des masques.

Sur le sommet du *capannuccio* était assise la figure grimaçante du Carnaval.

A dix heures du matin, on vit s'avancer, à travers les rues de Florence, deux lignes d'enfants vêtus de blanc, la tête couronnée de guirlandes d'olivier, tenant à la main des croix peintes en rouge, et chantant des hymnes et des laudes de la composition de Savonarole. Les fenêtres étaient tendues de tapisseries, les pavés cachés sous des fleurs. Les fronts se découvraient à la vue d'un petit Jésus, œuvre admirable de Donatello, qui reposait couché sur un lit d'or, et d'une main bénissait la multitude, et de l'autre montrait les instruments de son supplice, la croix, la couronne d'épines et les clous. La procession se rendit d'abord à l'église de Saint-Marc, ensuite à la cathédrale, où l'on distribua aux pauvres les aumônes recueillies par les *lemosinieri*. Puis la foule fit silence, et un frère entonna une hymne pleine de sainte colère contre le carnaval, et toutes les voix crièrent à la fois : « Vive Jésus ! » C'était comme le prélude des vengeances que les *Frati* allaient exercer contre la monstrueuse image arborée sur le *capannuccio*. Les chants finis, la procession se dirigea vers la place de' Signori, où devait avoir lieu le supplice du Carnaval. Tout autour du mât on avait amassé des sarments, de la poudre et des étoupes. Quatre *capi* vinrent, au signal donné, mettre le feu à toutes ces matières. L'arbre s'enflamma et s'écroula bientôt, emportant dans sa chute toutes les pyramides d'*anathèmes*, au son des fanfares, du canon, des trompettes, et de la voix joyeuse du peuple, qui dominait tous ces bruits divers.

Le paganisme était vaincu, et frère Jérôme allait s'agenouiller au pied des autels pour rendre grâces à Dieu.

Cherchez dans l'histoire du christianisme une scène plus merveilleuse !

L'art seul protestait en restant dans les voies du paganisme. Il est vrai que Savonarole avait des idées exagérées en esthétique. Il défendait au peintre et au statuaire d'étudier la nature humaine sur la forme vivante, ou sur l'image sans voile que nous avait léguée l'antiquité. L'artiste devait ressembler à Fr. Angelico da Fiesole, qui priait avant de prendre ses pinceaux, et trouvait ses modèles dans les visions que Dieu lui envoyait pendant le sommeil. Un seul peintre se convertit aux théories du dominicain; ce fut Baccio della Porta, si connu sous le nom de Fra Bartholommeo di San-Marco.

CHAPITRE IX.

SAVONAROLE. — 1498.

Chute du crédit de Savonarole. — Il est dénoncé au pape Alexandre, qui refuse d'abord de lui interdire la chaire. — Partis nombreux que le dominicain suscite à Florence. — Pierre, à l'aide de ces divisions, tente de rentrer dans sa patrie, et échoue devant la vigilance du moine de St-Marc. — Arrestation et supplice de cinq citoyens accusés de conspiration en faveur de Pierre, et qui en appellent au peuple. — Refus de Savonarole de porter l'appel au grand Conseil. — Les haines éclatent. — Savonarole est de nouveau dénoncé à Alexandre, qui le cite à Rome. — Le moine refuse d'obéir à Sa Sainteté. — Savonarole, excommunié, continue à prêcher. — Dominique de Pescia propose le jugement du feu pour prouver la vérité de la doctrine de Savonarole. — Le défi est accepté par Fr. de la Pouille. — Conduite des deux champions. — Le peuple se soulève contre Savonarole et attaque le couvent de Saint-Marc. — Jugement et mort de Savonarole. — Quelle opinion on doit se former du moine.

Les joies de Savonarole allaient être bientôt cruellement atteintes. Sa parole commençait à effrayer de graves esprits, entre autres l'archevêque de Florence ; non pas qu'elle eût jusqu'à ce jour offensé le dogme catholique, mais parce qu'elle prenait contre Rome des libertés que messer Violli, qui les recueillit, et que frère Luca Bettini, qui plus tard les fit imprimer, n'ont pas même pris soin d'adoucir ou de voiler. Déjà plus d'une fois Alexandre VI s'était plaint du moine, et avec raison ; car, quand il montait dans sa chaire, pour lui véritable trépied sibyllin, Savonarole répandait ses colères sur toutes les têtes, sans en excepter celle du pontife romain. Trop souvent il soulevait, comme la fille de Loth, le pan de la robe de son père spirituel, pour découvrir aux yeux de ses auditeurs les nudités qu'elle cachait. Des moines noirs, qui assistaient au sermon du frère, avaient, en l'écoutant, retenu des propositions qui, isolées de leur encadrement, paraissaient blâmables aux théologiens. C'est ainsi qu'on pourrait trouver le germe de l'étrange doctrine de Luther sur l'œuvre, dans ce passage de l'un des discours du prieur de Saint-Marc :

« Confessons donc qu'en cette vie nous n'avons jamais pu opérer le bien : tout acte humain est un péché, parce que toute bonne œuvre qui nous semble produite par l'homme n'est, à dire vrai, produite que de Dieu. Et comme le marteau ne peut se glorifier aux dépens du forgeron, en disant : C'est moi qui ai fait ce clou, parce que ce n'est pas l'ouvrage du marteau, mais bien du maître ; ainsi ne peux-tu te glorifier aux dépens de Dieu, en disant : J'ai fait de bonnes œuvres, parce que ce n'est pas toi qui les as faites, mais Dieu par toi. »

En 1494, ses supérieurs, justement alarmés de la hardiesse de son langage, avaient cru prudent de lui retirer la permission de prêcher le carême, qu'il avait obtenue d'Alexandre VI ; ce pape, dit ici Violli, qui protégeait si vivement ceux qui se distinguaient dans la chaire catholique. Plus tard, un moine d'un beau nom, qui longtemps avait étudié à Florence la parole de Savonarole, fra Mariano da Genazzano, de l'ordre des augustins, dans un sermon qu'il prêchait à Rome devant le sacré collége, s'était tourné vers le pape en s'écriant : « *Abscinde, abscinde hoc monstrum ab Ecclesiâ Dei;* » mais le pape n'avait point écouté les conseils de l'orateur.

Mais le grand reproche qu'on lui faisait, c'était de transformer trop souvent cette chaire, où il était si beau quand il ne s'occupait que d'annoncer la parole de Dieu, en tribune où il frappait de ses anathèmes ceux qui ne partageaient pas ses idées politiques. Homme d'État plus encore que prêtre, il cherchait à mettre ses opinions sous la sauvegarde de celui qui n'a cessé de dire que son règne n'est pas de ce monde. « Plusieurs citoyens honorables, dit un contemporain, le reprindrent pour ce que desvoiant de la religion contemplative, il vaquoit trop ambitieusement aux affaires de la république. » Quand je le vois, au sortir de cette cellule où longtemps il est resté en prière, monter en chaire, sa voix pénètre jusqu'au fond de mon cœur, parce qu'entre l'orateur et moi qui l'écoute il n'y a de place que pour une image, celle de Dieu même; mais quand de la seigneurie il s'en vient à l'église, alors ses accents, quelque beaux qu'ils soient, n'arrivent pas à mon âme, parce qu'entre le prédicateur et moi qui l'écoute je ne vois plus qu'une figure tout humaine, armée de pied en cap, et qui se nomme Valori, un des tenants du frère dans son duel avec Pierre de Médicis le prétendant. A Dieu ne plaise que nous voulions amoindrir le rôle que le prêtre peut jouer dans la société; mais à l'homme d'État écrivant, avec la plume de Machiavel, un projet de constitution, il nous est bien permis de préférer l'humble ermite commentant Amos ou Ézéchiel sous ses rosiers de Damas.

Il est certain que Savonarole était l'âme des *frateschi*, parti puissant dans le gouvernement de Florence, et auquel appartenaient des hommes de foi, de cœur et d'intelligence. Fr. Valori et P.-Ant. Soderini, qui passaient pour en être les chefs visibles, ne prenaient aucune mesure d'ordre public sans avoir consulté le dominicain. Les frateschi étaient des républicains qui avaient pris la place, aux divers conseils, des créatures des Médicis. Après la chute de Pierre, de nombreux partis s'étaient formés dans le sein de la république. Les *Arrabiati* ou enragés, que frère Jérôme a mal définis en les désignant sous le nom de « aboyeurs dont les jappements finiront par amuser jusqu'aux petits enfants, » étaient en général des jeunes gens de famille, amoureux des plaisirs, gais compagnons, *Compagnacci*, comme on les appelait, dépensant assez follement leur santé et leur or à table, au jeu et chez les femmes, et réduits trop souvent, pour vivre, à recourir aux usuriers, qui ne leur prêtaient qu'à de gros intérêts. Les *Bigi* ou les gris, qu'on nommait ainsi à cause de la couleur de leurs armes, rêvaient dans l'ombre aux moyens de rappeler les Médicis, dont ils étaient les partisans. Les *six-fèves* ou les Vingt, auxquels était remise la création des seigneurs, des gonfaloniers, des compagnies du peuple, et contre qui Savonarole invoquait l'emploi du bâton, étaient des hommes de l'ancien régime qui penchaient pour la forme monarchique et se moquaient des révélations du moine de Saint-Marc. Julien Salviati, un des Vingt, abdiqua le premier sa magistrature; les autres finirent par suivre son exemple.

Savonarole, quelle que fût sa puissance, n'était pas assez fort pour étouffer tous ces partis, expression de passions souvent matérielles, et que la populace, du reste, prenait sous sa protection comme un contre-poids à la menaçante théocratie du moine, et comme une garantie contre la tyrannie des frateschi. Il était impossible que ces diverses factions, presque chaque jour en présence, ne donnassent pas quelques-uns de ces spectacles tristes ou ridicules dont la liberté a trop souvent à gémir.

Les enfants mêmes étaient divisés et se battaient à coups de pierres dans la rue du Cocomero. Parfois des hommes graves, des docteurs, des magistrats, venaient prendre part à ces folles querelles. Un jour on vit Baptiste Ridolfi, un des sages de l'époque, sortir des Lorini le baudrier sur l'épaule, criant : *Viva Cristo!* et frappant comme un furieux, du bout de sa lance, sur le dos des fuyards, qui jetaient leurs armes en criant de leur côté : *Pazzo! Pazzo!*

Les enfants avaient raison en vérité : mais les frateschi se faisaient gloire de ce titre de *fous* que leur donnaient les arrabiati imberbes; et Benivieni, le chanoine du Dôme, ne craignait pas d'entrer en lice avec ces adversaires au berceau, et disait gravement :

« Devenir fou par amour de Jésus, c'est un bonheur ineffable. Allons! criez comme moi : Toujours fou, fou, fou! »

Pierre de Médicis, de Rome où il était alors, épiait ces luttes intestines, dont il allait profiter pour tenter de reprendre le pouvoir.

On était au mois de février 1496. Bernard del Nero venait d'être nommé gonfalonier. C'était un homme de probité, qui ne cachait pas ses sympathies pour l'exilé, et qui avait pour amis quelques jeunes arrabiati dévoués aux Médicis. L'occasion était favorable; mais tout dépendait d'une prompte détermination : il fallait se présenter avec une force suffisante aux portes de Florence, que le gonfalonier aurait ouvertes. Malheureusement Pierre perdit un temps précieux : on devina ses projets; on sut que Nero avait rassemblé secrètement des armes dans sa maison, et l'on se tint sur ses gardes. A Nero succéda, l'année suivante, comme gonfalonier, Pierre degli Alberti, fratesque fanatique.

Pierre résolut de tenter la fortune. Au mois d'avril 1497, un an trop tard, il se mettait en marche pour Florence, emmenant avec lui quelques centaines de cavaliers dont il avait remis le commandement à d'Alviane. Arrivé près des Tavernelle, à seize milles de la ville, il fut surpris par une pluie d'orage qui l'obligea de faire mettre pied à terre à ses hommes d'armes. Pendant cette halte, un paysan gagnait Florence à travers des sentiers détournés, et venait donner l'éveil à la seigneurie.

Benivieni avait épousé, avec toute l'ardeur d'une âme poétique, les intérêts des frateschi. Au bruit qui se répand à

Florence de l'apparition du proscrit, il se hâte d'aller trouver Savonarole.

Le frère était en prière. « Qu'y a-t-il ? » demande-t-il à Benivieni.

— « Pierre est aux portes de Florence, » répond le chanoine effrayé.

— « Eh bien ! reprend Jérôme, *modicæ fidei*, *quid dubitasti* ? Dites de ma part à la seigneurie que je vais prier Dieu pour la ville, et que Pierre s'avancera jusqu'aux portes et n'ira pas plus loin. »

L'historien ajoute : « L'événement justifia la prophétie. »

Il est permis de croire qu'en ce moment Savonarole était illuminé de lumières toutes naturelles; qu'il connaissait les projets du prétendant, dont Rome entière parlait, et qu'avec ses amis il avait tout disposé pour les déjouer.

En effet, Pierre, après être remonté à cheval avec sa suite, était à deux heures du matin au monastère de San-Gaggio, puis s'était avancé jusqu'à la porte de San-Pier Gattolini, qu'il avait trouvée fermée et garnie d'artillerie, grâce aux soins de Paul Vitelli, général des troupes florentines, arrivé la veille au soir.

Pierre n'avait plus à prendre d'autre parti que de s'éloigner : il s'enfuit à Sienne.

La comédie devait finir en véritable drame, c'est-à-dire dans le sang.

Deux mois après la folle tentative du « grand rebelle, » Lambert dell' Antella, exilé florentin dont on avait remarqué les fréquents voyages de Rome à Sienne et de Sienne à Rome, est saisi et mis en prison. Le gonfalonier réunit la *pratica* pour l'interroger. Lambert a peur des tourments, et révèle les noms des conspirateurs. Aussitôt on arrête Bernard del Nero, Nicolas Ridolfi, Laurent Tornabuoni, Jean Cambi,

Giannozo Pucci. La justice va vite : interrogatoire, torture, condamnation à mort, c'est l'affaire de quelques jours. Une ressource restait aux malheureux, l'appel au conseil général, *consilio grande*, en vertu d'une disposition de la loi que Savonarole avait fait adopter en 1494. Mais Valori eut la triste gloire, dans une harangue à la seigneurie, d'étouffer la voix des condamnés, sous prétexte que la voix du salut public criait encore plus fort. Ce *consilio grande* était l'œuvre du moine de Saint-Marc, qui mettait, il y a peu de temps, sur le compte des anges, la prodigieuse rapidité avec laquelle la salle où bientôt on devait se rassembler avait été construite. En vain les parents des condamnés se jetèrent aux genoux de Savonarole et de Valori, pour demander l'appel au peuple : le frate et le magistrat furent inexorables. Et le soir même on décapita dans les prisons les cinq conspirateurs, dont les corps, le lendemain, furent exposés aux regards des passants ; mais le sang, en coulant, laissa sur la soutane du dominicain une tache que trois siècles n'ont point effacée. L'histoire a flétri, par la bouche de Guichardin, cette « monstrueuse iniquité d'un prêtre violant une loi par lui faite peu d'années auparavant, comme fort salutaire et presque nécessaire pour le salut de la liberté. » Pour nous, nous voudrions, au prix de tous ces prodiges d'éloquence, de piété et de conversion qu'il opéra dans Florence, au prix même d'un de ses plus beaux titres de gloire chrétienne, son *Triumphus crucis*, que nous pussions arracher cette page de la biographie de Savonarole ! Pauvre del Nero, vieillard de 75 ans ! pauvre Tornabuoni, helléniste dont Politien a vanté les belles qualités ! pauvres jeunes gens à la fleur de l'âge, qui ne peuvent trouver grâce devant leurs juges terrestres ! Sans doute, quand il repoussait cette mère qui venait implorer la justice humaine, celle qu'il avait faite, lui le législateur de Florence, Savonarole fermait l'oreille à la voix de ces anges « qui s'étaient faits maçons, » *in luogo di muratori*, pour édifier plus vite sa grande salle du conseil.

Ne nous étonnons pas que l'aspect de ces cinq corps fixés sur des pieux, comme à Constantinople ; que cette transgression de lois protectrices de la société; que cette insensibilité pour les larmes de femmes demandant la grâce de leurs enfants, aient soulevé les esprits, et irrité la justice divine. Machiavel a fait un chapitre tout exprès pour blâmer Savonarole.

Et voyez comme la violation des lois de la logique est bientôt suivie d'une chute encore plus éclatante. Savonarole vient de se désobéir à lui-même, il va désobéir à celui qui, aux yeux de tout catholique, est le représentant de Dieu sur cette terre, qu'il s'appelle Alexandre VI, Nicolas V ou Innocent VIII, car le chiffre ne fait rien ici, pas plus que le nom.

Cette fois ce ne sont pas des usuriers, des banquiers, des vendeurs d'or et d'argent, des marchands de laine, des *compagnacci* enfin, qui se plaignent de Savonarole ; c'est l'archevêque de Florence, ce sont ses grands vicaires, c'est le clergé, ce sont tous les ordres religieux de la ville. On l'accuse de jouer le rôle de prophète en chaire, de parler de ses visions, de se vanter de révélations célestes.

On lui reproche, dans ses invectives contre Rome, d'offenser à la fois et la pudeur et la vérité : on dit même qu'il enseigne des erreurs contre la foi catholique, et c'est de toutes les accusations, il faut l'avouer, celle que le frère repousse avec le plus d'indignation.

Des plaintes nombreuses arrivent de tous côtés au pape. Le pape veut faire taire le moine : il le cite à comparaître à Rome.

Nous nous rappelons la conduite que tint autrefois Pic de la Mirandole, ce beau jeune homme de vingt-quatre ans, qui avait reçu du ciel les dons les plus merveilleux. Lui aussi était accusé, et il part sans murmurer pour aller se justifier.

Savonarole n'imita pas son ami. A la lettre d'Alexandre il répondit par un refus, mais poli.

Il disait au pape : « J'ai reçu votre lettre avec tout le respect qu'elle mérite ; elle témoigne du zèle dont Votre Sainteté est animée pour l'Eglise et le salut des âmes... Mais je suis malade, infirme, et vraiment je ne pourrais sans danger de mort me mettre en route. »

Et Savonarole reste en chaire. Le pape le somme encore une fois de comparaître à Rome ou devant le vicaire général de Bologne : le moine refuse en invoquant les mêmes raisons pour colorer sa désobéissance. Alexandre VI lui défend alors de prêcher. Savonarole obéit d'abord ; mais il s'aperçoit bientôt que la chaire, c'est pour lui l'air, la parole, la vie, et que sans la chaire il meurt, et avec lui son œuvre, et le voilà qui remonte sur son trépied.

Le pape alors l'excommunie ; le 18 juin 1497, la sentence est lue dans six églises, il Duomo, Santo-Spirito, Santa-Maria Novella, la Badia, Santa-Nunziata, San-Francesco al Monte. Au Dôme, la lecture a lieu au son des cloches, l'autel tout illuminé, en présence du clergé, des frères de Santa-Croce, de Santa-Maria Novella, de Santo-Spirito, de la Badia, et d'Ognissanti.

Il faut voir Savonarole, sous le coup des foudres du Vatican, entrer en lutte avec le pontife romain. Il a des insolences à lui qui ne ressemblent à celles d'aucun autre ; il rapetisse cette grande image papale devant laquelle tous s'inclinent, et s'amuse à jouer avec elle comme avec une figure monacale. Écoutez bien :

« Il y avait à Brescia un singulier podestat. Un créancier venait à lui avec son débiteur, en disant : « Seigneur, cet homme me doit, et refuse de me payer. » Et le podestat de se tourner vers le débiteur : « Allons, paye, et tout de suite. » Le débiteur répondait : « Mais, seigneur, je ne dois rien. » Et le podestat de se tourner vers le créancier : « Mais que me dis-tu donc? il ne doit rien. » Le créancier répliquait : « Seigneur, je vous jure qu'il me doit. » Et le podestat de se tourner vers le débiteur : « Veux-tu bien payer, maraud ! » Et le débiteur répétait : « Je vous jure que je ne dois rien. » Et le podestat de se tourner vers le créancier : « Il dit qu'il ne doit rien. » Ainsi fait le pape, donnant toujours raison à qui lui parle le dernier. »

Du reste, il traite l'excommunication tout comme il a traité le pontife.

« Quoi donc! dit-il ailleurs, un mauvais pape à son gré pourra bouleverser l'Église, et ses excommunications injustes vaudront quelque chose? On sait le prix qu'elles valent aujourd'hui à Rome, où, pour quatre livres, vous pouvez vous donner le plaisir d'excommunier qui bon vous semble ; on trouve à ce prix-là de ces excommunications tant qu'on en a besoin. »

En vérité, cela est aussi faux qu'insolent. Pourquoi n'être pas juste, même envers Alexandre VI? De tous les papes, c'est celui qui certainement a fait le moins usage de l'excommunication.

Ailleurs il veut excuser sa désobéissance au pape, et il imagine entre l'Église et l'homme qui gouverne l'Église une distinction dont un janséniste eût été jaloux au dix-septième siècle.

« Une parole maintenant à l'Église romaine, à l'Église catholique. Je parle ainsi : *Tu es Petrus, et super hanc petram ædificabo Ecclesiam meam*, etc. Par là j'entends que l'Église catholique est gouvernée par l'Esprit-Saint, et que l'Esprit-Saint ne lui manquera pas jusqu'au jour du jugement. Mais quelle est cette Église catholique? Les théologiens ont là-dessus diverses opinions (*son tra teologi diverse opinioni*). Mais laissons-les débrouiller ces querelles, et disons, nous, que l'Église catholique se compose proprement de tous les chrétiens qui vivent bien et qui ont la grâce de Dieu. Cette Église-là ne faillira pas jusqu'au jour du jugement. Mais quelle est cette Église catholique? Je m'en rapporte, pour le savoir, au Christ et à l'Église romaine.... Donc, tout ce que j'ai prêché, je le soumets à la censure de l'Église romaine. Je l'ai dit à Rome : Si j'ai jamais écrit ou prêché quelque chose d'hétérodoxe, et qu'on me le montre, je suis prêt à m'amender ici publiquement; mais comme on n'a rien trouvé, on ne m'a rien répondu..... Je me soumets à tous les commandements de l'Église romaine, et je soutiens qu'il est damné celui qui n'obéit pas à l'Église romaine. Tu diras : « Comment, frère, n'as-tu pas prêché contre le commandement du pape? » Moi, je te dis que je n'ai reçu aucun commandement. Oh! comment? Mais non : s'il en est un, ce n'est pas à moi qu'il s'adresse; tu t'es trompé, c'est à un autre portant le même nom que moi ; — à celui-là, est-il dit, qui a semé la zizanie et le trouble, enseigné des hérésies et affligé la société. Or, moi je n'ai rien fait de tout cela : que la bulle aille à son adresse, elle ne me regarde pas. Donc, comme je te l'ai dit, je suis prêt à obéir à l'Église romaine, quand pourtant elle ne me commandera pas quelque chose contre Dieu ou la charité. Je ne crois pas qu'elle le fasse jamais ; mais si elle le faisait, oh ! alors je lui dirais : Tu n'es pas l'Église romaine, tu es un homme, tu n'es pas le pasteur..... Ainsi je me soumets à tout ce que pourrait me commander l'Église romaine, excepté à ce qu'elle pourrait me commander contre Dieu ou la charité, chose que ne peut pas faire l'Église romaine, mais bien un homme de l'Église romaine. Sais-tu bien que je ne suis pas obligé d'obéir au pape, s'il me commande quelque chose de contraire à ma profession ; *verbi gratiá*, si le pape m'ordonnait de posséder des terres, je ne serais pas tenu de lui obéir, ayant fait vœu de pauvreté. Sais-tu bien que s'il voulait pour cela me donner des dispenses, je ne serais pas forcé de les accepter, parce qu'il ne peut pas m'en donner si je n'en veux pas. De même, si mon évêque me commandait quelque chose de contraire à nos règles, je ne serais pas tenu de lui obéir. Ainsi disent tous les docteurs. Je suis donc prêt à déférer à l'Eglise romaine : soyez-en tous témoins.

» Assez parlé à l'Eglise romaine ; un mot au pape maintenant, qui en est la tête.

» On a écrit à Rome que je parlais mal de Sa Sainteté : cela est faux. Il est dit : *Principi populi tui non maledices*. O toi qui as écrit cela à Rome, ajoute ces mots de ma part : Le moine dit qu'un fléau terrible menace Rome, que celui qui fuira une épée en rencontrera une autre, et que le pape seul peut éloigner le fléau par ses prières et ses bons exemples. »

Mais le dominicain n'attaque pas seulement Alexandre VI ; il lui faut d'autres victimes, et, dans un autre sermon, il ne rougit pas de mettre en scène le diable et Boniface VIII : le diable qui dit à Boniface : « Je veux que tu détruises l'ordre des prédicateurs, » et le pape qui l'essaye et meurt comme un chien.

Il y a ici une allusion dont le sens, caché à celui qui lit ce sermon après trois siècles, était facilement saisi par les frateschi. Ils savaient qu'Alexandre venait tout récemment d'incorporer la congrégation des frères dominicains de Florence à la congrégation des frères de la Lombardie, qui ne devaient plus former qu'un ordre sous la conduite du père Turriani de Rome, que le pape élevait à la dignité de général de l'ordre.

Maintenant on comprendra l'émotion que la parole de Savonarole jetait dans les esprits; les larmes de l'archevêque, qui voyait son troupeau divisé; les emportements des moines noirs, les menaces du Vatican et la peur de la seigneurie. Pierre Delfini, ce camaldule d'une vie si pure, jadis enthousiaste de Savonarole, disait à Guid. Antonio, religieux augustin de Florence : « Vraiment! comment, quand on se dit éclairé de l'esprit de Dieu, désobéir au vicaire de Jésus-Christ? Ah! quand je rencontrerai frère Jérôme, je ne lui dirai plus *Ave.* »

Il se trouva qu'un pauvre moine, à Florence, voulut être plus puissant que le pape, et faire taire celui qu'Alexandre n'avait pu réduire au silence. Ce moine, de l'ordre des franciscains, s'appelait Fr. de la Pouille. Un jour qu'il prêchait à Sainte-Croix, il dit à ses auditeurs : « La doctrine que vous annonce frère Jérôme est une doctrine mortelle pour l'âme : au nom de Dieu, je vous dis que Jérôme ment et vous trompe. Frère Dominique de Pescia a dit en chaire que, pour prouver la vérité des enseignements de frère Jérôme, il était prêt à entrer dans le feu : eh bien! moi aussi je suis prêt à y entrer, mais avec Savonarole. »

Deux jours après, Dominique de Pescia montait en chaire à son tour, à Saint-Marc, et disait à ses auditeurs : « Frère Fr. de la Pouille veut en appeler au jugement de Dieu : Amen, *ecco io.* » Alors, malgré la sainteté du lieu, le peuple cria d'une seule voix : « Amen! *ecco io;* » et le soir, les dominicains, au nombre de trois cents, des hommes, des femmes, des enfants, des jeunes filles, des prêtres et des moines, allaient frapper à la porte du prieur, réclamant l'honneur de monter sur le bûcher.

Savonarole mettait une condition à ce duel en plein feu : c'est que ses adversaires, ceux de Rome surtout, déclareraient prendre pour second le franciscain ou tout autre moine. La condition acceptée, il était prêt à tenter l'expérience, à s'asseoir dans la fournaise ardente comme Sidrac, Misach et Abdenago, certain qu'il en sortirait vivant sous le bouclier, non pas de ses mérites, mais de la Providence divine.

Du reste, il indiquait un autre moyen pour discerner le véritable serviteur de Dieu : c'était de ressusciter un mort. Le comte de la Mirandole, certain qu'une tombe allait s'ouvrir, demandait sérieusement à Savonarole de dire à Jean Pic, décédé quelque temps auparavant : « Lève-toi et marche. »

Le feu fut préféré. Dominique de Pescia tenait à jouer le premier rôle dans ce drame funèbre : Savonarole dut céder. Fr. de la Pouille, qui n'acceptait pour second que le prieur, retira sa parole et fut remplacé par André Rondinelli. Qu'on ne s'inquiète pas : André était une âme d'un merveilleux courage, car il savait le sort qui l'attendait. « Je brûlerai, disait-il ; mais qu'importe, si je sauve les âmes qu'a séduites la parole du dominicain ? »

Voici quelles étaient les thèses posées par Savonarole, et dont la flamme devait prouver la vérité ou le mensonge :

L'Église de Dieu a besoin de réforme.

Elle sera fustigée.

Elle sera renouvelée.

Florence sera fustigée et renouvelée.

Les infidèles se convertiront.

La conversion approche.

L'excommunication de Jérôme est nulle.

Le peuple, qui se faisait un jeu d'assister à un jugement de Dieu, car c'était Dieu lui-même qu'on mettait en cause, n'avait qu'une peur, c'était que la seigneurie refusât l'épreuve ; mais elle l'accepta, et nomma quatre commissaires pour la représenter à l'expérience : Jacques Salviati et Alex. Acciaiuoli, du parti de Savonarole ; Pierre Alberti et Benoît Nerli, du parti de Rondinelli. La seigneurie consentait à l'épreuve pour se débarrasser de Savonarole, si le dominicain mourait dans les flammes, ou pour avoir raison du pape et pour crier au miracle, si la flamme l'épargnait. Lors de cette judaïque décision, dit Burlamacchi, Savonarole aperçut le démon au palais de la seigneurie. Le 7 avril fut choisi pour le jour de l'épreuve, le place du Palais pour le lieu du sacrifice, et Rondinelli le franciscain et Dominique de Pescia le dominicain pour champions. Des deux côtés, dans les couvents de Saint-Marc et de Saint-François, les pauvres frères, à genoux matin et soir, demandaient à Dieu de changer en douce rosée ces flammes qu'un de leurs frères allait défier.

Mais, pour Florence la païenne, c'était un spectacle qui lui donnerait des émotions nouvelles, que cette vaste fournaise où s'apprêtaient à descendre des moines noirs et des moines blancs. Avant l'épreuve, il est certain que ses sympathies étaient pour la robe des dominicains. Donc le peuple, jeunes et vieux, femmes et enfants, était avant l'aube du jour à son poste, c'est-à-dire juché sur les toits, grimpé sur les cheminées, suspendu sur la plate-forme des fenêtres, collé à quelques colonnes, afin de ne perdre aucun incident de cette tragédie qui devait finir par un peu de cendres ; car il comptait bien sur la combustion au moins de l'un des deux rivaux.

Les ouvriers travaillaient depuis deux jours au théâtre funèbre : par ordre de la seigneurie, ils avaient construit sur la place du palais une plate-forme haute de quatre brasses, large de six, longue de quarante, qu'ils avaient pavée en briques et recouverte de matières enduites de poix, de soufre, d'huile et de résine. En avant du bûcher étaient deux loges, l'une pour les frères, l'autre pour la seigneurie, communiquant de l'une à l'autre par un couloir. A l'heure convenue, le frère Rondinelli vint avec un de ses compagnons s'asseoir sur le tabouret qui leur avait été désigné, puis on vit descendre du palais les seigneurs, juges du tournoi, qui prirent place dans la loge réservée. Bientôt on entendit le bruit de voix d'hommes blancs chantant en chœur le psaume *Exsurgat Dominus*, magnifique insulte qu'ils jetaient en passant aux Arrabiati. Le cortége s'avançait lentement, précédé de Dominique de Pescia, qui portait un crucifix à la main, et de Jérôme Savonarole, qui tenait une boîte d'argent où reposait la sainte eucharistie. Il y eut en ce moment parmi les spectateurs un silence d'angoisse inexprimable.

André Rondinelli se leva, et s'adressant à la seigneurie : « Magnifiques seigneurs, dit-il, me voici prêt, comme je l'ai promis, à entrer dans les flammes qui me dévoreront, pécheur que je suis ; mais je vous en prie, quand mon corps aura brûlé, que frère Dominique ne chante pas victoire, mais qu'il entre aussi dans la fournaise. Si le feu l'épargne, qu'il soit proclamé vainqueur : *aliàs non*. »

Les juges se consultèrent, et répondirent à Rondinelli qu'il serait fait comme il le demandait.

Mais comme quelques-uns des magistrats craignaient que sous la robe des moines on n'eût pu cacher quelque charme qui les préservât des flammes, on apporta deux robes dont devaient se revêtir les frères.

Le franciscain ne fit aucune difficulté de changer de vêtement ; le dominicain tenait à conserver le sien.

« Qu'à cela ne tienne, » dit Rondinelli à Dominique en souriant : « votre robe est de bure, elle brûlera comme le corps. »

Le dominicain gardait dans sa main le crucifix : on voulut qu'il le quittât ; il s'y refusa.

Les juges se consultèrent.

« Qu'il le garde, » dit le franciscain impatient ; « il est de bois, il brûlera comme la robe. »

Dominique prit alors des mains de Savonarole la boîte d'argent.

Mais André l'arrêta en disant que la combustion de la sainte hostie pourrait scandaliser les faibles.

La seigneurie tout entière et ce qui se trouvait là de prêtres et de dignitaires de l'Eglise criaient : « Il y aurait scandale, profanation ; point d'hostie. » Savonarole résistait, et déclarait que Dominique n'entrerait point dans le feu sans les divines espèces.

Le peuple impatient commençait à murmurer ; des groupes se rompirent, et vinrent heurter le banc de la seigneurie : gestes, paroles, figure, tout exprimait la menace. Alors Salviati, tirant son épée et traçant un cercle autour de Savonarole, jura de tuer quiconque oserait toucher au moine ; la foule s'arrêta en grondant. Heureusement Dieu fit son miracle : par un temps clair et serein, un orage épouvantable, accompagné d'éclairs et de tonnerre, éclata sur Florence, et la flamme du bûcher s'éteignit sous une pluie abondante.

Le ciel n'avait pas voulu que l'homme lui fît violence.

Arrêtons-nous ici un moment pour saluer Rondinelli. L'historien, qui ne doit faire acception pas plus de couleur que de personne, avoue que frère André, ce jour-là, fut digne de la robe qu'il portait.

Désormais la cause de Savonarole était perdue ; il ne pouvait plus compter sur les sympathies du peuple florentin, qui, au lieu de ces prodiges qu'on lui promettait depuis si longtemps, n'avait été témoin que d'une misérable comédie dont quelques gouttes de pluie avaient mis en fuite les acteurs. Il faut avouer que la déception était grande.

Ce qu'il lui faut à ce peuple, c'est un drame, et il l'aura le lendemain dimanche, où tous les moines sont au cloître à prier. Le trouble commencera à la cathédrale, après vêpres.

« Aux armes ! crie le peuple, à Saint-Marc ! » Les magistrats, émus de pitié, et se rappelant tout ce que Florence devait à Savonarole, voulurent l'arracher à la fureur populaire en le forçant de quitter le couvent ; mais la foule entourait le monastère, demandant qu'on lui livrât le prieur mort ou vivant. Pendant que la voix du peuple grondait ainsi, Savonarole, impassible, les saintes reliques en main, faisait processionnellement le tour de l'intérieur du cloître, et venait ensuite s'agenouiller au pied des autels. En ce moment la cloche de Saint-Marc sonna pour appeler du secours ; cet appel fut entendu.

Un grand nombre d'hommes courageux, entre autres Valori, s'introduisirent dans le couvent pour prêter secours aux frères, quand un ordre de la seigneurie enjoignit aux séculiers d'en sortir sur-le-champ. Valori obéit ; il gagnait son habitation, lorsqu'il fut reconnu par quelques parents ou amis de Tornabuoni : Luc Pitti et Vincent Ridolphi, qui se mirent à crier : A l'assassin ! en dégaînant l'épée, et Valori tomba mort sur les marches extérieures de l'église de San-Brocolo (Procolo). Les apologistes de Savonarole ont raison de déplorer l'assassinat de Valori, noble et pieux vieillard, victime de son dévoûment héroïque ; mais pourquoi restent-ils froids ou muets quand la mère du malheureux jeune homme vient se jeter aux pieds de Valori, non pas pour implorer un pardon, mais pour demander que la voix de son enfant soit, comme le veut la loi, entendue au conseil général, et que Valori la repousse sans pitié ? Sang pour sang, telle est la loi monstrueuse des partis. C'était un jeune homme de cœur que Tornabuoni, qui lui aussi était resté fidèle au malheur, qu'il avait appris à vénérer à l'école de Politien, son ami et presque son maître.

Le sang est de la nature du vin, il porte au cerveau. Aux assassins de Valori il fallait d'autres têtes, ils étaient retournés en chercher au couvent. Les portes du monastère furent bientôt attaquées et brûlées; le peuple, à l'aide d'échelles, escalada les murs. Les frères, abandonnés, prirent le parti de se défendre; mais ils ne savaient pas aussi bien manier l'épée que la prière. S'ils eussent suivi les conseils de Savonarole, ils seraient morts à leur poste, c'est-à-dire au pied de quelque crucifix, d'une image de la Vierge ou du grand saint patron du monastère; mais Dominique de Pescia, à ses frères accourus pour lui demander s'il fallait qu'on fît usage des armes, avait répondu : « Défendez-vous. » Dominique regardait les assaillants comme des assassins, et il avait raison : on se battit pendant plusieurs heures.

Parmi ceux qui avaient répondu à la cloche d'alarme de Saint-Marc pour voler au secours de Savonarole, était un jeune artiste, peintre de son état, qui s'appelait Baccio della Porta, parce qu'il travaillait dans un atelier situé près de la porte San-Pier-Gattolini. Il était armé de toutes pièces comme un véritable chevalier, prêt à donner son sang pour le frère Jérôme, qu'il révérait comme un saint; mais, quand il entendit le bruit des détonations, il eut peur, s'agenouilla, et fit vœu, si Dieu lui conservait la vie, de prendre l'habit de dominicain. Le ciel l'entendit et l'exauça, et Baccio della Porta revêtit bientôt la robe blanche, et devint le premier coloriste de son siècle.

Cependant Savonarole, la tête couverte de son capuchon, les mains jointes, priait avec Dominique de Pescia dans la salle de la bibliothèque, où ils s'étaient réfugiés quand la porte s'ouvrit. Trois commissaires délégués par la seigneurie venaient leur intimer l'ordre de les suivre.

Ils obéirent. A la porte extérieure du couvent étaient deux compagnies armées de piques et de lances qui devaient les conduire au palais et les protéger contre les insultes de la populace.

Ils avaient besoin de cette protection armée, car le peuple faisait entendre sur leur passage des cris de mort; les deux prisonniers continuaient de prier.

A dix heures du soir le silence le plus complet régnait dans le couvent; les frères avaient balayé le sang qui souillait les dalles intérieures, et, après s'être recommandés à Dieu, étaient allés se coucher. Le père Sylvestre Maruffi s'était caché pendant l'attaque du monastère. Quand il sortit de sa cachette et qu'il apprit que Savonarole n'était plus au monastère : « Et moi aussi, dit-il, je veux être de la fête; » et il alla se constituer prisonnier : âme candide, qui croyait à Savonarole comme à un saint, et voulait monter au ciel avec lui; car c'était le martyre qu'il cherchait.

Le lundi saint 1498 commença l'interrogatoire des accusés, en présence de douze examinateurs. On dit qu'au premier tour de corde Savonarole sentit son courage faiblir, et qu'il fit les plus complets aveux, qu'on recueillit soigneusement pour montrer aux incrédules que Florence avait été le jouet d'un faux prophète. Ambroise Catharin, dominicain, et depuis évêque, dit avoir vu de ses yeux cette confession signée de la main même du frère; il donne jusqu'à la formule dont le prisonnier s'était servi. Ce n'est pas la première fois, du reste, qu'une âme qui accepterait sans sourciller le feu ou l'épée comme juges de la vérité de sa doctrine, aurait pâli devant quelques liens destinés à lui briser les membres.

On n'a rien dit de plus beau contre la torture que les trois mots de l'évêque Scanarolo : *Torquere est extorquere*.

Les commissaires avaient été pris dans les divers pouvoirs du gouvernement : dans les gonfaloniers de la compagnie du peuple, on citait Charles Canigiani et Gianozzo Manetti; parmi les douze *buoni uomini*, Jean-Ant. Canacci et Bernard Brunetti; parmi les dix *nuovi di libertà e pace*, Pierre degli Alberti et Ben. di Tanai de' Nerli; parmi les huit *nuovi*,

Dosso d'Agnolo Spini. Il y avait deux chanoines de la cathédrale, Simon Rucellai et Th. Arnoldi. De ces juges, quelques-uns étaient des hommes de probité, comme les deux chanoines; d'autres des hommes de désordre, comme Bernardo Brunetti; d'autres des ennemis jurés du frère, comme Tanai de' Nerli.

Le 19 avril, l'instruction terminée, les accusés comparurent, pour entendre la lecture du procès, devant une assemblée formée des juges, des vicaires généraux de l'archevêque de Florence, de plusieurs chanoines de la cathédrale, des principaux citoyens de la cité et de six religieux de Saint-Marc. La lecture achevée, Cioni, notaire public, demanda à Savonarole si tout ce qu'il venait d'entendre était vrai : « Ce que j'ai écrit, répondit le frère, est vrai. » On ne put en obtenir d'autre réponse. Les six religieux de Saint-Marc signèrent le procès-verbal. On reconduisit les accusés en prison, et le soir même la sentence fut rendue. Les trois frères étaient condamnés à mort : sentence inique, s'il faut en croire les apologistes de Savonarole; sentence rigoureuse mais juste, s'il faut ajouter foi au témoignage de ses adversaires. Et parmi ceux qui condamnent ou absolvent sa mémoire, il est des noms chers à la religion.

On vint annoncer aux condamnés qu'ils eussent à se préparer à mourir : la veille de l'Ascension était fixée pour le jour du supplice. Dès ce moment ils appartenaient aux membres de la compagnie du temple, qui ne devaient plus les quitter.

Savonarole et ses compagnons, qu'on avait séparés, implorèrent l'assistance d'un prêtre, qui leur fut accordée.

Leur confession achevée, Jérôme demanda, comme une grâce, qu'il lui fût permis de passer quelques instants avec ses deux amis.

Le prêtre s'en vint à la seigneurie porter la prière du prisonnier.

— « Que vous en semble ? » lui dit-on.

— « Seigneurs, répondit le confesseur, les condamnés, avec les fers aux pieds et les mains liées, n'ont aucun moyen d'échapper. Je crois que, par pitié, vous pouvez leur accorder la triste consolation qu'ils réclament. »

— « Eh bien donc! dirent les seigneurs, faites ce que la prudence vous dictera. »

Le geôlier alla chercher frère Dominique, frère Sylvestre et frère Jérôme, qu'il conduisit dans une petite salle à peine éclairée.

Tous trois restèrent un moment sans pouvoir parler : Savonarole rompit le silence.

« Frère, dit-il à Dominique de Pescia, il m'a été révélé que vous désiriez mourir dans les flammes pour souffrir plus longtemps. Vous ne savez donc pas qu'il n'est pas permis de se choisir son genre de mort : il faut recevoir avec soumission et joie celui que Dieu nous prépare. »

Dominique baissa la tête.

« Et vous, frère Sylvestre, continua Savonarole, il m'a été révélé que vous vouliez parler au peuple, et lui crier que vous mourez injustement. Gardez-vous-en bien : vous pécheriez grièvement; Jésus-Christ sur la croix n'a pas voulu proclamer son innocence. »

Sylvestre baissa la tête.

Et tous deux se jetèrent aux genoux du père, lui demandant sa bénédiction. On les sépara après qu'ils se furent donné le baiser d'adieu.

Alors Savonarole eut soif et demanda à boire : le geôlier lui apporta un verre qui n'était pas nettoyé et que le frère repoussa du coude : un cittadino le prit, alla le laver, et l'offrit au prisonnier plein jusqu'aux bords d'une eau fraîche. Savonarole le but d'un seul trait, et remercia l'âme compatissante de la voix et de l'œil. Pas un historien n'a pu nous dire le nom de ce bon chrétien : que ce nom soit à jamais béni dans cette vie, car, dans l'autre, Dieu n'aura pas laissé sans récompense ce verre d'eau pure !

Ces gouttes d'eau firent sur le corps brisé du pauvre moine l'effet de l'opium ; elles l'endormirent. Pendant quelques moments il sommeilla, après qu'il en eut obtenu la permission, sur les genoux de son confesseur. Celui-là nous savons son nom : il s'appelait Jacques Niccolini. En se réveillant, Savonarole se tourna tendrement vers son confesseur : « Merci, mon Jacopo, dit-il ; cela m'a fait du bien. »

Le lendemain, les prisonniers entraient dans la chapelle du palais, pour assister encore une fois au saint sacrifice avant de mourir. Tous trois communièrent. Savonarole avait obtenu la grâce de prendre dans ses mains le pain de vie qu'il avait si souvent administré aux autres. Au moment où ses doigts touchèrent la sainte hostie, une prière d'ineffable parfum s'exhala de ses lèvres ; il y avait dans cette oraison tout ce qui peut sauver une âme : la foi, l'espérance, la charité. Quand il eut fini, il se tourna vers les assistants et leur dit : « Je vous demande pardon à tous ; priez Dieu qu'il me fasse miséricorde aussi, qu'il m'accorde la force nécessaire au dernier moment, afin que l'ennemi du genre humain n'ait aucune puissance sur mon âme. »

Alors, les yeux noyés de larmes, il approcha ses lèvres de la sainte hostie et communia. Le chef de garde lui dit qu'il fallait partir.

Comme il descendait les degrés du palais, il rencontra Sébastien Buontempi, prieur de Santa-Maria Novella, des conventicules, qui l'arrêta en lui disant : « Par ordre du père général, je dois vous dépouiller de votre scapulaire. — Le voici, dit Savonarole. O saint vêtement que j'ai conservé pur de toute souillure jusqu'à cette heure, adieu, puisqu'on veut que je me sépare de toi ! Adieu ! »

L'agonie des patients n'était pas finie. Avant de mourir, ils devaient paraître devant trois tribunaux dressés sur la place de' Signori : le premier, près de la porte du palais, et où siégeait Mgr l'évêque de..... Benoît de Pagagnoti ; le second, au milieu de la colonnade, où se trouvaient Mgr Fr. Romolino, clerc espagnol, et qui depuis fut cardinal de Sorrente, et Joachim Turriani, général des dominicains ; le troisième, à côté du Lion d'or, occupé par les huit magistrats dits de garde, vêtus d'écarlate.

La dégradation sacerdotale devait avoir lieu sur la dernière marche du premier tribunal : un prêtre les revêtit d'habits ecclésiastiques, dont il les dépouilla pendant que l'évêque, tenant par la main Savonarole, prononçait la formule : « Sois retranché de l'Église de Dieu, militante et triomphante. »

Jérôme leva la tête, et regardant fixement son juge : « Militante, oui, révérendissime seigneur ; mais triomphante, non ; vous n'en avez pas le droit. »

Ils montèrent les marches du second tribunal, où Romolino dit aux patients : « Il a plu à Sa Sainteté Alexandre VI de vous libérer des peines du purgatoire et de vous accorder pleine et entière rémission de vos péchés : l'acceptez-vous ? »

Tous trois inclinèrent la tête et dirent : Oui.

Alors on les conduisit au tribunal des Huit, où le secrétaire fit lecture de la sentence de mort : l'agonie était terminée ; le bourreau parut.

La veille, le bourreau de la ville, assisté de ses valets, de femmes, d'enfants du peuple, qui voulaient l'aider, et de frateschi même, qu'on arrêtait quand ils passaient sur la place, avait dressé un bûcher, formé de couches diverses de combustibles jusqu'à la hauteur des loges. Au milieu s'élevait, semblable à nos mâts de vaisseau, une énorme pièce de bois que surmontait, en forme de croix, une poutre où les corps des trois condamnés pouvaient être accrochés sans se toucher. Derrière se dressaient trois escabeaux liés l'un à l'autre par une large planche où devait se promener le bourreau. En face s'allongeait un escalier à jour, où quelques enfants du peuple parvinrent à se loger, armés de pointes de bois effilées au couteau, dont ils s'amusaient à percer la jambe des patients. Le père Maruffi monta le premier, l'œil humide de larmes qu'il ne pouvait ni réprimer ni cacher; le père Dominique gravit le second l'échelle, le front haut, l'œil serein, la figure impassible.

Au moment où le père Savonarole mit le pied sur le premier échelon, une voix cria : « Savonarole, c'est le moment de faire un miracle. » Jérôme, pendant qu'on lui attachait le collier de fer, récitait le *Credo*. On entendit un craquement, c'était le pied du bourreau qui poussait le corps du pendu dans les flammes; puis les râlements d'une voix étouffée qui murmurait *Giesù! Giesù!* c'était celle de Savonarole, qui vivait encore quand il tomba dans le brasier.

La veille du supplice, Dominique de Pescia, prieur des dominicains de Fiesole, écrivait à ses frères : « Mes bien-aimés dans les entrailles du Christ, comme la volonté de Dieu est que nous mourions, vous qui nous survivez, priez pour nous. N'oubliez pas nos recommandations : vivez dans l'humilité, dans l'amour, occupés sans cesse à de pieux exercices; priez pour nous dans les jours de solennité, surtout quand vous serez tous réunis au chœur. Vous ensevelirez mon corps non pas dans l'église, mais à la porte. Vous célébrerez pour nous la messe..... Embrassez nos frères de Saint-Marc, et, pour moi particulièrement, nos frères de Fiesole, nos chers frères, dont les noms sont gravés dans mon cœur. Adieu. Prenez les sermons de frère Jérôme, qui sont dans ma cellule; faites-les relier : un exemplaire restera dans notre bibliothèque, l'autre au réfectoire, où vous le lirez pendant le repas. »

La seigneurie, qui connaissait la dévotion superstitieuse d'un grand nombre de citoyens à Savonarole, donna l'ordre de jeter dans l'Arno tout ce que le feu n'aurait pu dévorer du corps des trois suppliciés. Pic de la Mirandole, le neveu du polyglotte, se promenait sur les bords du fleuve, prêt à recueillir les restes qui pourraient échapper aux fureurs sacriléges de la populace. Le flot apporta quelque chose qu'il prit pour le cœur du martyr, car il croyait à l'innocence de son glorieux ami ; à l'entendre, l'Esprit-Saint, sous la forme d'une colombe, était venu plus d'une fois se poser sur l'épaule du prisonnier. Benivieni, le poëte néoplatonicien, rassemblait pendant le supplice tous les prodiges attribués à Savonarole, qu'il jetait plus tard dans le monde incrédule de Florence, en disant à son livre : « Va, pauvre petit, affronter les rires, les morsures et les sifflets. »

Tel est le résumé, décoloré sans doute, mais impartial, de l'histoire de Savonarole. La vie du moine a deux époques remarquables à divers titres : l'une qui se passe au couvent, l'autre à la seigneurie. Quand Jérôme évangélise ses frères sous les rosiers de Saint-Marc, qu'il monte en chaire pour s'attaquer au paganisme ; quand, de retour de ses prédications, il écrit en face du crucifix quelques-unes des pages de son *Triumphus Crucis*, il est d'une angélique beauté, et nous concevons l'enthousiasme qu'il excite alors, et qui dure encore après trois siècles écoulés. Mais quand il dit un éternel adieu à ces roses de Damas dont sa parole a presque le parfum, qu'il descend sur cette terre, qu'il se mêle parmi les hommes de la seigneurie, que de prêtre il devient homme d'État, tribun peut-être ; alors il a beau faire du bruit, ce bruit ne vaut pas le doux silence où il cherchait et trouvait le Seigneur; on ne pleure plus en l'écoutant; on l'admire encore, mais on n'est plus attendri. Le voilà législateur, splendide encore dans ses misères, mais par la parole seulement : sa chute ne tarde pas à venir. Il fait des lois qu'il viole sans remords ; il répudie la logique pour écouter je ne sais quelle voix qu'on nomme nécessité, et qui n'est en vérité que ce *fatum* du paganisme qu'il a si glorieusement vaincu. La ville, la chaire, les consciences, l'Église, il trouble tout. Son maître après Dieu, Dieu plutôt dans son vicaire sur la terre, veut lui imposer silence, il lui désobéit ; on l'excommunie, il rit de la foudre. Voilà de grandes taches qu'il n'est permis à personne de laver ; lui seul en avait le pouvoir, et c'est ce qu'il a fait du haut de son bûcher. Que des âmes prévenues ou passionnées posent sur sa tête une couronne, nous y consentons, pourvu que ce ne soit pas celle du martyre. Il a dit *oui* quand on lui demanda s'il acceptait l'absolution du pape ; ce oui tout catholique l'a réconcilié avec notre amour et notre admiration.

CHAPITRE X.

MORT DE PIERRE DE MÉDICIS. — 1498-1503.

Deuxième tentative de Pierre de Médicis.— Il échoue. — Le cardinal à la cour d'Urbin. — Il voyage en différentes parties de l'Europe. — Il retourne en Italie, et retrouve Julien de la Rovère à Savone. — Il arrive à Rome, et s'occupe d'arts et de lettres. — Ses réunions. — Troisième tentative de Pierre de Médicis, qui est trahi par César Borgia. — Il s'engage dans l'armée française, et meurt devant Gaëte.

La mort de Savonarole délivrait les Médicis d'un implacable ennemi. Tant que le moine aurait régné dans Florence, « le grand rebelle » de Machiavel n'avait aucune chance de retour au pouvoir. Le moine de Saint-Marc était un de ces hommes qui ne regardent pas à une tête de plus ou de moins ; si cette tête les embarrasse, ils la font tomber, sauf à invoquer pour se justifier la nécessité, cette loi suprême du peuple. Pierre, s'il eût été pris lors de sa tentative contre Florence, serait mort à cette heure, comme ses partisans Tornabuoni, Ridolfi, et le gonfalonier del Nero. Il semble que contre un homme de cette trempe toutes les armes eussent été bonnes pour les Médicis : il faut reconnaître toutefois qu'ils ne trempèrent pas dans le complot, s'il y en eut un, des Compagnacci contre le religieux ; innocent ou coupable, le sang de Savonarole ne saurait retomber sur les proscrits.

L'exilé qui soupire après une patrie dont il fut injustement privé aime à se repaître d'illusions ; il mourrait s'il devait cesser d'espérer. Cette espérance, qui ne l'abandonne jamais, il la met, pauvre malade, jusque dans les astres : c'est que, comme Pierre le disait poétiquement, « pour un banni il n'est pas de nid plus doux que celui où il naquit. »

Les Médicis croyaient l'heure venue de leur retour à Florence. Qui pouvait désormais leur en fermer l'entrée ? Le moine qui veillait à la porte de la ville était mort, et ses cendres avaient été jetées dans l'Arno par la main du bourreau. La ville était en proie à la faim, à la misère, aux haines domestiques. Charles VIII, obligé de quitter cette Italie dont Savonarole, au nom de Dieu, lui décernait l'empire, venait de rentrer en France et d'y mourir. Pendant qu'au Château-Neuf, à Naples, il s'amusait à jouer Alexandre VI et ses alliés dans des comédies qu'il achetait de quelque poëte affamé, le pape signait avec Maximilien, l'empereur d'Allemagne ; Ferdinand et Isabelle, le roi et la reine d'Aragon et de Castille ; la république de Venise et le duc de Milan, une ligue offensive et défensive contre la France. Son cousin, le roi Louis XII, n'était point encore en état de repasser les monts. Venise, où la tête d'un proscrit était sûre de trouver un lit de repos, avait à venger les traitements que Paul Vitelli, général florentin, avait fait subir tout récemment aux canonniers qui défendaient le château de Buti, et auxquels il avait fait couper les poings. Ces tristes trophées enterrés pour cacher sa cruauté, Vitelli s'était acheminé vers Pise la rebelle, dont il pressait le siége.

C'est dans ce moment que les trois frères Médicis vinrent demander à Venise de faire rentrer Florence sous leur obéissance. La proposition fut acceptée. Deux corps expéditionnaires devaient attaquer la ville, après avoir soumis les places qu'ils rencontreraient sur leur passage : l'un allait longer l'Apennin et descendre dans la plaine d'Arezzo et de Cortone ; l'autre prenait le chemin de Marradi. Les chefs des deux corps étaient des condottieri renommés : on citait surtout le vieux Guidubald, Baglioni, Paul des Ursins et Barth. d'Alviane.

Marradi fut emporté, au mois de septembre 1498, presque sans coup férir ; mais le château résista.

Il était défendu par un homme de cœur, Donato Cocchi, qui ne voulut écouter aucune proposition. On essaya le canon; l'artillerie ne fut pas plus heureuse que la séduction. Alors l'armée vénitienne prit le parti d'attendre l'arme au bras, certaine que la garnison, qui manquait d'eau fraîche, finirait par capituler ; mais une pluie d'orage, comme celle que nous avons vue tomber quand Pierre apercevait déjà la coupole du Dôme, vint déjouer les calculs des assiégeants : il fallut lever le siége.

Alors les confédérés se répandent par pelotons, les uns dans le pays de Faenza, les autres à travers le territoire de Forli, pillant, brûlant sur leur passage les propriétés des alliés de Florence. Vitelli en ce moment faisait une guerre de partisan aux soldats des Médicis, les harcelait, leur coupait les vivres, enlevait leurs caissons, tuait leurs traînards ; de sorte que, refoulés à Bibbiena, qui les avait reçus avec enthousiasme, ils furent trop heureux de trouver dans le général ennemi un soldat généreux qui leur permît de se retirer après avoir mis bas les armes. L'épée de Vitelli faisait l'effet de la parole de Savonarole. Quelques mois plus tard, le vainqueur était arrêté à Cascina, conduit à Florence, jugé et décapité pour avoir laissé échapper Pierre de Médicis. C'est ainsi que Florence payait la gloire.

Pierre s'éloigna sans se laisser abattre par ce nouveau coup du sort. Il savait maintenant qu'il pouvait compter sur des amis dévoués ; qu'à Florence les préventions contre la maison de Médicis s'affaiblissaient chaque jour ; que l'exil ne serait pas perdu pour ses deux frères Jean et Julien ; c'était une école de malheur où tous deux faisaient l'apprentissage de vertus qui honoreraient la pourpre. Tout ce qui portait une âme d'artiste à Florence regrettait les bannis ; Politien était mort du chagrin que lui avait causé la chute de ses bienfaiteurs. Élève de Ficin, il restait à Pierre des consolations que personne, Savonarole lui-même, s'il eût vécu, n'aurait pu lui ravir. Il revint aux muses pour apaiser ses chagrins ; il leur disait, en jetant un dernier regard sur cet horizon où semblait flotter l'image de sa ville bien-aimée : « Me voici loin de mon beau jardin ; mais une douce voix vient murmurer à mon oreille : A qui n'est pas mort le chemin du retour n'est jamais fermé. »

Pour échapper aux noires idées qui l'obsédaient, le cardinal résolut de quitter l'Italie et, sur la terre étrangère, d'aller, en oubliant l'ingratitude de ses concitoyens, étudier les mœurs, les institutions, la culture intellectuelle des autres peuples. Il se rappelait Pic de la Mirandole, dont l'âme s'était formée dans les voyages ; Érasme, dont le nom commençait à retentir en Italie, et qui, pour féconder son imagination, parcourait la France, l'Angleterre et l'Allemagne ; Rodolphe Agricola, qu'il avait vu souvent aux leçons de Politien et de Ficin : il résolut d'imiter ces belles intelligences.

C'est à Urbin, où il s'était un moment retiré, que Jean conçut le projet de son voyage littéraire. A cette époque, Urbin ressemblait à la petite ville de Weimar sur la fin du dernier siècle, où tout ce qui brillait alors dans les lettres allemandes, Herder, Gœthe, Schiller, Wieland, ambitionnait de passer quelques heures. Sur le sol granitique où s'élève Urbin, le duc Frédéric avait fait construire un palais, ou plutôt une ville, où il avait réuni avec un goût exquis tout ce qui pouvait réjouir l'artiste ou l'humaniste : des statues de marbre et de bronze, des tableaux de l'école ombrienne, des instruments de musique, et surtout des manuscrits grecs, latins, hébreux, qu'il avaient fermés, comme de véritables reliques, dans des couvertures d'or et de nacre ; beaux trésors au milieu desquels il s'éteignit doucement à l'âge de soixante-dix ans. Le soin amoureux des livres avait gagné jusqu'aux écoliers, qui employaient l'argent qu'ils recevaient de leurs parents pour étudier à Bologne ou à Paris, à faire rehausser de lettres d'or quelque curiosité bibliographique. Le fils de Frédéric, Guidubald, enrichit l'héritage paternel de merveilles nouvelles qu'on venait visiter, en pèlerinage, de tous les points de l'Italie. Pendant six ans, c'est-à-dire de 1498 à 1505, Urbin fut le rendez-vous et comme l'hôtellerie de toutes les gloires du monde latin. Un écrivain allemand, M. Passavant, dans son Histoire de Raphaël, a mis fort habilement en scène ces figures diverses qui viennent passer tour à tour dans les salons du prince : André Doria, le Génois célèbre, qui reçut du duc, en qualité de feudataire, le château de Sascorbaro ; Octavien Frégose, homme de guerre aussi habile qu'audacieux ; Frédéric Frégose, son frère, que Jules II fit archevêque de Salerne, et que Paul III décora de la pourpre romaine ; le comte Louis de Canosse, d'abord évêque de Tricarico, puis de Bayonne sous François Ier ; le comte Balth. Castiglione, l'auteur du *Libro del Corteggiano*, œuvre qui, sous le rapport littéraire, vivra tant que la langue italienne sera parlée; Pierre Bembo, qui faisait les vers comme Pétrarque, philosophait comme Platon, écrivait en latin comme Cicéron, et qui a tracé un ravissant tableau de la cour dont il faisait l'ornement ; Bernard Bibbiena, ce beau jeune homme, fou de gaîté, qui, dans sa *Calandra*, rappelle la manière de Plaute, et qui aurait été le premier auteur comique du siècle, si Léon X n'eût jeté sur les épaules du poëte la robe rouge de cardinal ; César Gonzague de Mantoue, qui commentait Polybe ; Alexandre Trivulce, un des meilleurs capitaines de son siècle, et qui mourut en héros sous les murs de Reggio ; Jean Cristofano Romano, qui posait le ciseau du sculpteur pour prendre la plume et prouver que le groupe du Laocoon n'est pas d'un seul bloc ; Bernard Accolti, surnommé *l'Unico*, à cause de son talent d'improvisation ; l'Allemand Fries, qui, selon Bembo, écrivait en italien comme un Siennois; Emilia Pia, sœur d'Hercule Pio, seigneur de Carpi, femme du comte Antoine de Montefeltro, et dont le savoir égalait la beauté ; Eléonore Gonzague, ange de grâce et d'esprit, attirant à elle tous les cœurs. Séjour charmant que cette ville d'Urbin, où le temps se passait à disserter sur le néoplatonisme, sur la peinture, la sculpture, la musique et l'histoire.

Le cardinal ne s'arrêta que quelques semaines à Urbin, assez de temps toutefois pour y gagner l'amitié des hôtes illustres qui s'y trouvaient alors. Les compagnons de voyage dont il avait fait choix étaient tous connus par leur dévoûment à la maison de Médicis : on pense bien qu'il ne pouvait oublier le secrétaire de Laurent et de Pierre, Dovizi Bibbiena. Avant de partir, le cardinal dressa le plan de son itinéraire scientifique. La caravane se proposait de visiter l'Allemagne, les Pays-Bas, la Hollande, l'Angleterre, la France, et peut-être l'Espagne, si l'étoile à la lueur de laquelle elle comptait marcher ne l'abandonnait pas. Ils voyageaient de conserve, comme des vaisseaux qui vont à la recherche de terres lointaines : point de marques extérieures de dignités, point de préséance de rang, de fortune ou d'âge; c'était une république nomade, où chacun tour à tour exerçait les fonctions de chef, c'est-à-dire de guide. Aujourd'hui qu'on s'embarque avec un sac de nuit seulement pour faire le tour du monde, nous sommes tentés de rire de cette charte fastueuse de voyage improvisée par le cardinal : mais nous avons la vapeur, les chemins de fer, la poste, trois modes de locomotion inconnus au seizième siècle, où le pèlerin n'avait pour cheminer qu'un mulet de montagne qui posait le pied sans trembler sur les angles des rochers, mais qui devait se coucher longtemps avant le soleil, dormir douze heures, et se reposer au moins deux jours entiers par semaine.

Il fallait avoir quelque maladie dans le cerveau, quelque vœu pieux à remplir, quelque amour désordonné du grand air ou de la science, pour entreprendre une excursion lointaine. La grande route voyait tout et ne disait jamais rien. Ici c'était un reître galopant à cheval pour détrousser, au nom de Dieu, le voyageur; plus loin un condottiere qui, n'ayant rien trouvé dans son chemin, se dédommageait de sa mauvaise fortune sur la défroque d'un pauvre pèlerin; ailleurs, des bandes de bohêmes qui faisaient métier de dire l'avenir, dont le passant était obligé de se faire découvrir un voile au prix de sa bourse tout entière; plus loin, des barons qui épiaient l'étranger du haut d'une tour, tendaient des chaînes de fer jusque sur le sentier, et demandaient pour péage les meilleures hardes du voyageur. Hutten, Beatus Rhenanus, Rodolphe Agricola, nous ont raconté les mille tribulations que devait subir celui qui ne se contentait pas de l'horizon de son clocher. Malheur au voyageur qui, comme Erasme, aime un bon gîte, un vin vieux, une mule au pas mesuré, une chaude couche quand l'heure du repos est venue : il faudra que, semblable au Batave, il dorme sur la paille ou dans des draps de toutes les couleurs, qu'il boive d'un vin qui fait sauter la cervelle, qu'il enfourche une monture boiteuse, qu'il enfonce dans la poussière, qu'il soit brûlé du soleil, dévoré par les insectes voltigeant autour de lui, qu'il descende dans une auberge ou plutôt dans un hypocauste où il risquera de périr asphyxié, et, si sa monture meurt sous lui, qu'il loue à grands frais une mauvaise charrette qui mettra deux jours et deux nuits à faire le trajet d'Amiens à Paris. De Douvres, traverse-t-il le détroit, il tombera dans les mains de douaniers qui allégeront sa bourse, bien légère déjà, de toute monnaie au coin du souverain étranger, sous prétexte que l'édit du prince prescrit qu'elle ne peut contenir qu'un certain nombre d'angelots à la figure du monarque dont le voyageur vient de quitter les Etats.

La caravane prit le chemin de Venise, traversa les montagnes du Tyrol, visita les villes, les églises, les bibliothèques, les monuments de l'art qu'elle trouvait sur sa route. Le nom des Médicis était connu dans toute l'Allemagne, où leurs malheurs récents avaient excité les plus vives sympathies. Dès qu'on connut à Augsbourg l'arrivée du cardinal, le peuple vint en foule aux portes de la ville pour le saluer. A Ulm, le soldat de garde ayant avisé cette escouade aux vêtements italiens, conçut quelques craintes, lui barra le chemin, et refusa de la laisser passer outre. Le gouverneur, n'osant relâcher les voyageurs, prit le parti de les faire conduire sous escorte jusqu'à Inspruck, où se trouvait l'empereur. Maximilien Ier était un prince qui portait glorieusement son épée d'or, et attirait à sa cour les lettrés allemands ; c'est lui qui devait donner à Ulrich de Hutten, pour un poëme, 400 ducats et une couronne d'olivier; au poëte toscan Inghirami, le titre de comte palatin, et l'aigle d'Autriche pour armes. Il reçut nos voyageurs avec toutes sortes d'égards et de distinctions, le cardinal surtout, dont il admirait le courage. Il connaissait les malheurs de Pierre, il en parla le cœur ému; au moment de se séparer, il remit au prélat un passe-port revêtu du sceau impérial, et une lettre de recommandation pour Philippe, gouverneur des Pays-Bas.

Philippe eut pour ses hôtes les bons soins qu'avait eus son père. Après quelque temps de séjour dans l'abbaye de St-Bertin, à St-Omer, où l'abbé les reçut gracieusement, ils résolurent de passer en Angleterre; mais, la mer étant grosse, ils eurent peur des flots et partirent pour la France. Arrivés à Rouen, ils inspirèrent quelques craintes au gouverneur de la ville, qui les fit enfermer dans la citadelle, malgré les protestations du cardinal. Qu'étaient devenus ces beaux rêves que Jean de Médicis formait avant de quitter Venise? Son odyssée ne ressemblait guère à celle que lui avait si souvent contée Pic de la Mirandole. Prisonnier dans une forteresse où, pour tromper les ennuis de la captivité, il n'avait pas même la ressource de la lecture, car les livres ne faisaient que de naître, il dut attendre une lettre de Pierre son frère, pour recouvrer sa liberté. Cette lettre fut longtemps en chemin : elle arriva enfin du camp des Français, où le grand-duc se trouvait avec Louis XII, et le cardinal put reprendre cette vie des champs qu'il semblait aimer si vivement. Il visita le long espace qui s'étend de Rouen à Marseille, s'arrêtant de préférence dans ces cités provençales où il retrouvait l'air, les mœurs, les costumes et presque le langage de son Italie. Il semblait que le ciel prit à tâche d'éprouver la constance des voyageurs : ils avaient à peine quitté la rade de Marseille, qu'ils furent assaillis par une violente tempête et obligés de relâcher à Savone.

Nous nous rappelons le cardinal de la Rovère, qui, le jour de l'élection d'Alexandre VI, quitte Rome et va se jeter dans Ostie, tant il a peur du pontife. Depuis il n'a cessé d'errer en Italie. Il ne peut trouver sur son chemin une image, un souvenir, une ombre de Borgia, qu'il ne se hâte de fuir. Ce n'est pas du reste la colère, mais les ruses d'Alexandre VI qu'il redoute. Jamais deux hommes nés sous un ciel ardent n'eurent moins de ressemblance. Le cardinal de la Rovère est brusque, impétueux, irascible, mais franc comme un soldat. Ses emportements sont de la nature de l'éclair, ils ne laissent pas de traces; c'est Michel-Ange en robe rouge. Il ne cherche que la nature tourmentée, que les grands blocs de marbre, que les couleurs chaudes et transparentes. Aussi le trouvez-vous presque toujours dans un arsenal, au milieu des canons, en pleine mer sur un vaisseau, caracolant sur la rampe d'une montagne, et, dans ses voyages, portant une cotte de mailles sur la poitrine: belle figure toute rayonnante de lumière et qu'eût aimée Rembrandt. Julien de la Rovère reçut splendidement Jean de Médicis : ni l'un ni l'autre ne se doutaient alors que le sort réunissait à la même table trois exilés qui ceindraient un jour la tiare : la Rovère, sous le nom de Jules II; Jean de Médicis, sous le nom de Léon X; Julien de Médicis, sous le nom de Clément VII.

Le cardinal, après un court séjour à Gênes, qu'habitait sa sœur, Madeleine de Médicis, femme de François Cibo, prit le chemin de Rome.

La ville éternelle avait changé d'aspect. La main de fer d'Alexandre VI s'était appesantie sur ces brigands titrés qui faisaient des rues désertes de certains quartiers autant de repaires d'où vous les voyiez fondre en plein jour sur les marchés publics, pour rançonner, piller ou tuer vendeurs et acheteurs, et quelquefois même sur les palais des cardinaux, qu'ils dévalisaient en toute liberté. Alexandre avait été sans pitié; les galères, la corde ou le couteau avaient fait prompte justice de ces bandits. Les rues étaient presque aussi tranquilles la nuit que le jour. Les marchés étaient libres, les greniers abondants; on ne redoutait plus la famine, et l'herbe avait cessé de croître sur les places publiques. Par ordre du pontife, des rues avaient été percées, l'université agrandie, les écoles multipliées, des hospices richement dotés, d'anciens aqueducs restaurés, quelques glorieux restes d'antiquité relevés. Si la paix avait régné en Italie, il est certain qu'Alexandre aurait le premier produit une partie des merveilles qui signalèrent les règnes de Jules II et de Léon X.

Castiglione, Bembo, l'Arioste, ont célébré la protection que ce pape accordait aux lettres. Inghirami, envoyé comme nonce en 1494 à la cour de Maximilien, empereur d'Allemagne, avait été nommé chanoine de Saint-Pierre par le pontife, et décoré du titre de prélat. Thomas Inghirami, qui devait sa fortune littéraire à Laurent de Médicis, accueillit avec empressement le fils de son bienfaiteur, et contribua sans doute à effacer de l'esprit d'Alexandre VI les préventions que le pape avait conçues contre Jean de Médicis. De son côté, le cardinal évita soigneusement de se compromettre, et réussit à se faire oublier en se mettant à l'étude de l'antiquité avec une ferveur toute juvénile. Amoureux du vieux monde latin, il se levait le matin avec le soleil, et, après avoir entendu la messe, venait frapper à la porte de son secrétaire endormi, qu'il réveillait au bruit de ces vers d'Ausone :

> Mane jam clarum reserat fenestras,
> Jam strepit nidis vigilax hirundo :
> Tu, velut primam, mediamque noctem,
> Parmeno, dormis.

Et tous deux s'acheminaient vers quelques-unes de ces vignes qu'on fouillait alors, attentifs à toutes les bonnes fortunes que la pioche réservait aux explorateurs. La statuette qui reparaissait à la lumière était saluée par un double cri de joie et célébrée souvent, le soir, par le cardinal et son secrétaire. Après l'avoir généreusement payée, ils la lavaient soigneusement de ses souillures séculaires, et la transportaient comme une relique dans le cabinet du prélat, où bientôt arrivaient, avertis, une foule d'archéologues, d'humanistes, de sculpteurs, de savants, qui cherchaient son nom, le trouvaient quelquefois, lui en donnaient un le plus souvent, et chantaient sa résurrection en vers grecs ou latins. Douces jouissances qui ne pouvaient inquiéter Alexandre VI ! Le pape avait fini par s'attacher au cardinal : il avait raison, car l'adolescent était un modèle de vertus.

Nous avons dit comment, à l'expulsion des Médicis, la belle bibliothèque formée dans le palais de la Via Larga, par Laurent le Magnifique, fut dévastée ou dispersée. Bernard Ruccellai, témoin oculaire, a pleuré la perte de tous ces beaux trésors comme celle d'une personne bien-aimée. Quelques manuscrits, échappés par une sorte de miracle à la fureur du peuple, furent transportés au couvent de Saint-Marc. Mais, en 1496, la république eut besoin d'argent et les mit en vente. Les moines les rachetèrent au prix de cinq mille ducats ; c'est une bonne action : mais les livres avaient encore d'autres dangers à courir. Savonarole, à chaque grande colère d'Alexandre, en choisissait un des plus beaux dont il faisait présent au favori de Sa Sainteté ; la colère revenait, et les manuscrits s'en allaient de Florence. Alors quelques jeunes gens de famille se constituèrent gardiens de la bibliothèque, et prirent le parti de transporter les livres au palais de la seigneurie, pour les mettre à l'abri de l'envie et de l'insulte. Après la mort de Savonarole, ils rentrèrent au couvent de Saint-Marc. Quand les dominicains, pressés par le besoin, résolurent de s'en défaire, le cardinal, pour ne pas effrayer le gonfalonier, les racheta, mais un à un : Soderini eût pu les voir passer sous ses fenêtres ; il fermait les yeux.

Le cardinal eut donc sa bibliothèque, peu nombreuse mais bien choisie, et qu'il enrichit de toutes les belles éditions d'auteurs grecs et latins publiés en Italie depuis l'invention de l'imprimerie. Bibbiena en fut nommé conservateur : il fallait bien récompenser la fidélité de ce bon jeune homme, qui depuis dix ans servait au cardinal de compagnon de route, de secrétaire, de copiste, de lecteur, de camérier ; qui se connaissait en peinture, improvisait, sténographiait, faisait des sonnets et des odes, et, au besoin, remplissait la charge de chef d'office quand son maître donnait à dîner.

Médicis eut bientôt sa petite cour à Rome, formée d'âmes d'élite, ne vivant et ne parlant que de ruines, d'antiquités, d'arts et de lettres.

Pendant qu'il assiste aux fouilles du Campo Vaccino ; qu'il rassemble dans son musée, avec un amour d'artiste, ses conquêtes archéologiques de chaque jour ; que le soir, fatigué de ses longues courses à travers les ruines de Rome, il relit, pour se délasser, quelques-uns de ces poëtes latins que ses précepteurs lui apprirent à vénérer ; qu'il écoute dans une douce extase les vers d'Inghirami, il rêve au rétablissement de sa maison. Il n'a qu'une pensée, c'est de rentrer dans le palais de la Via Larga, construit par Michelozzi. Jamais enfant n'aima son père avec une plus ardente tendresse : comme il serait heureux le jour où il pourrait entendre crier dans la Via Larga : *Palle! Palle!* Pierre, son frère, est tourmenté du même désir. Il a beau chanter, et quelquefois même en grand poëte, l'image de sa chère Florence est toujours là qui l'excite, le presse, et le pousse à tenter de nouveau la fortune. Cette fois il a su mettre dans ses intérêts le plus grand capitaine de l'époque, César Borgia. Pauvre fou qui ose se fier à un homme tel que le Valentinois ! César, au commencement de 1500, s'avançait donc vers Florence pour y rétablir les Médicis. Il était à la tête de 7,000 hommes d'infanterie et de 1,000 chevaux environ. A Barberino, Bentivoglio l'attendait avec 200 hommes d'armes et 2,000 fantassins. Mais, au lieu d'attaquer la ville, qu'il aurait pu facilement emporter, il se mit à négocier. Pierre Soderini comprit que César voulait se faire acheter : il lui donna de l'or, et César s'éloigna.

Mais, l'argent dépensé, César reparut (1502) avec une armée plus nombreuse que la première, où tout ce qui savait manier la lance en Italie s'était empressé de s'enrôler. Chaque jour amenait sous les drapeaux de Borgia des capitaines renommés : c'étaient Vitellozzo Vitelli, François des Ursins, Pandolfe Petrucci, Jean-Paul Baglioni, Oliverotto da Fermo. Ces chefs de condottieri éblouissaient les regards, tant leurs vêtements étaient brillants ; ils montaient des chevaux napolitains qui fendaient l'air, et leurs épées étaient d'un acier trempé à Damas même. On eût dit qu'ils allaient à quelque partie de plaisir ; et c'en était une pour eux que de voir les villes, à leur approche, empressées de se soumettre. Cortone, Anghiari, Borgo San Sepolcro, Arezzo, n'osèrent pas même se défendre. Jamais Florence n'avait couru de si grands dangers. Pierre pouvait espérer d'être enterré près de son père dans l'église de Saint-Laurent.

Mais Soderini veillait. Tout récemment Louis XII avait

promis sa protection à la république : le moment était venu de rappeler au monarque ses engagements, et Soderini se chargea de cette mission. Il devait réussir, car, si Borgia s'emparait de Florence, le sort de l'expédition de Louis XII était compromis. Supposez que, comme Charles VIII, il soit obligé d'abandonner l'Italie, le Valentinois, avec ses condottieri, pouvait lui barrer le chemin des Alpes. Le roi, qui se trouvait à Milan, détache sur-le-champ un corps de troupes qui reçoit l'ordre d'attaquer Borgia s'il refuse de quitter la Toscane. Le Valentinois, cette fois, ne demande pas qu'on lui fasse un pont d'or pour s'éloigner, une simple menace du monarque suffit. Alors Florence, dans l'ivresse du double succès obtenu par Soderini, lui décerne le titre de gonfalonier à vie, c'est-à-dire qu'elle se donne de plein gré un autocrate.

Soderini représentait le parti de la laine, c'est-à-dire la bourgeoisie; c'était un homme modéré, qui aimait les lettres sans les cultiver, et qui habitait alors une petite chambre toute modeste près du pont Alla Carraja. On lui donna pour représenter la république cent écus d'or par mois, environ douze cents francs de notre monnaie.

Quelques mois après, Alexandre VI mourait. N'interrompons pas notre récit pour quelques pages qui restent à l'histoire de Pierre de Médicis.

Par pitié, qu'on nous dise le parti que doit prendre le malheureux banni? Tornabuoni, del Nero, ont péri d'une mort ignominieuse pour avoir conspiré en sa faveur; Vitelli a payé de son sang un mouvement de compassion pour le proscrit; le ciel a par deux fois arrêté aux portes de Florence le prétendant que Borgia vient de trahir indignement. Du moins, s'il est malheureux, il a montré dans sa mauvaise fortune du courage et de la constance. Il n'y a plus que la mort qui puisse le délivrer; il la veut, mais une mort de soldat. Il s'engage donc, le 29 décembre 1503, dans l'armée française, où pendant quelque temps sa place est aux avant-postes. Sur les bords du Garigliano, Alviane était venu attaquer La Trémoille; l'action fut chaude et longtemps disputée, mais les Français durent céder.

Enveloppé dans la fuite de La Trémoille, Pierre frète une galère qui va le transporter avec quatre pièces d'artillerie à Gaëte, qu'il veut empêcher à tout prix de tomber dans les mains de Gonsalve, général espagnol, quand le bâtiment sombre et s'abîme dans les flots. Le lendemain la mer jeta sur le rivage le corps du malheureux prince, que quelques moines déposèrent dans une tombe solitaire, où rien ne rappellera le souvenir du fils de Laurent, pas même la devise que Politien, en des jours plus heureux, avait composée pour son élève et son ami :

In viridi teneras exurit flamma medullas.

Ainsi finit misérablement, en face du château de Gaëte, Pierre de Médicis, que Valeriano (Bolzani) a bien eu raison de placer parmi les lettrés malheureux. S'il fût mort dans le palais de ses ancêtres, au milieu de ces beaux livres qu'il aimait et lisait, entre les bras de quelques humanistes, comme son père, l'histoire aurait été moins sévère envers lui : elle flatte ceux qui meurent sur le trône, et n'a pas même de pitié pour qui finit obscurément dans l'exil.

CHAPITRE XI.

JULES II. — 1503-1512.

Élection de Jules II.—Son portrait.—Il s'empare de César Borgia et le force à restituer les forteresses du Saint-Siége.—Le cardinal gagne l'amitié du neveu de Jules II. — Sa conduite à Rome. — Dangers que court la royauté temporelle du pape. — Quelques cardinaux se détachent de l'autorité, et convoquent un conciliabule à Pise. — Soderini favorise les prélats rebelles. — Jules II nomme le cardinal de Médicis son légat à Bologne. — Le cardinal part pour réduire cette ville qui vient de se révolter. — Il est obligé d'en lever le siége. — Gaston de Foix attaque et prend Brescia. — L'armée du pape se retire et vient se poster près du Rancone. — Bataille de Ravenne. —Mort de Gaston de Foix.—Le cardinal tombe dans les mains des Français.

Alexandre VI venait de mourir. La mort de ce pape dut réveiller un moment les factions que sa main de fer avait su comprimer. Le peuple ne comprit la perte qu'il avait faite que lorsqu'il se vit de nouveau menacé par cette foule de barons qui profitaient de l'interrègne pour ravager les campagnes de Rome. Alors il fallut bien reconnaître que Borgia était, par-dessus tout, l'homme du peuple. Un pape de race italienne n'aurait jamais osé ce que l'Espagnol tenta si hardiment, en arrachant le domaine de l'Église à des feudataires plus puissants que le pontife même. Tout en nous inclinant devant les hautes vertus de Pie III, nous ne pouvons nous dissimuler que dans ces temps difficiles il fallait, pour régir le double monde que la Providence livrait au pape, une autre tête que celle du neveu d'Æneas Sylvius, et surtout un autre bras.

Jules II, élu le 31 octobre 1503, à l'unanimité des suffrages, pour succéder à Pie III, devait être le Moïse de l'Italie. Nous ne connaissons pas dans l'histoire un homme prédestiné à porter une couronne qui réunisse en lui, comme Jules II, toutes les qualités qui font les grands rois. Trouvez dans sa vie un instant où vous puissiez lire sur sa figure la passion qui agite son âme. Il est impénétrable à l'œil comme à l'oreille, et cependant étranger à la dissimulation; hardi à concevoir un projet, et jamais imprudent quand il s'agit de l'exécuter; sa détermination est prompte et toujours calculée. Il est patient dans l'infortune, courageux dans le danger, miséricordieux dans la victoire. Vous pouvez rêver pour lui toutes sortes de grandeurs, il remplira toujours dignement les vues de la Providence. Si vous en faites un condottiere, à l'exemple de Sixte IV, son oncle, quand il lui donna le commandement des troupes pontificales contre les révoltés de l'Ombrie, il se battra valeureusement, et sera le père de ses soldats; si vous lui mettez dans la main le ciseau du sculpteur, il fera jaillir du marbre quelque figure ressemblant au David de Michel-Ange; si vous l'élevez à la royauté, il fera tout ce que, plus tard, Napoléon fit de merveilleux. Seulement, n'essayez pas de lui donner une chaire de professeur, car, lorsqu'il voudra parler, sa langue s'embarrassera; il cherchera le mot, comme un écolier tremblant, et le corrigera souvent trois fois, et toujours malheureusement, ainsi que le rapporte Paris des Grassis.

Voilà pourtant celui qui ne sait pas dire un mot en face d'une robe rouge sans se reprendre, que nous allons voir d'abord aux prises avec César Borgia, l'homme de Machiavel.

Les Vénitiens s'étaient jetés dans la Romagne, avaient surpris Faenza, et menaçaient les autres places de la province. Il fallait les chasser des États de l'Église. « Délivrez-nous,

Seigneur, des barbares ! » s'était écrié Jules II, quand on vint lui dire qu'il était pape ; et par barbares il entendait d'abord l'étranger, puis tous ceux qui retenaient quelque parcelle du patrimoine de Saint-Pierre. Jules envoie des ambassadeurs à Venise, qui plaident vainement devant le sénat la cause du saint-siége : on ne les écoute pas. Il se rappelle alors qu'il tient entre ses mains un capitaine auquel la plupart des villes de la Romagne sont restées fidèles, parce qu'il les a délivrées des bandits qui les pillaient, et qu'il maintient par le sang et les supplices la sûreté des rues et l'administration de la justice. Jules fait arrêter Borgia. César, étonné de ce grand coup de foudre, en demande le motif : on lui répond qu'il sera libre dès qu'il aura restitué ou fait rendre au pape, comme il l'a du reste promis, toutes les places fortes de la Romagne ; en d'autres termes, quand il aura chassé jusqu'au dernier Vénitien des terres de l'Église. On peut juger de la colère du Valentinois, qui se vantait d'avoir fait donner la tiare à Jules II, et qui, pour prix de son dévoûment aux Rovère, avait reçu le titre de gonfalonier de la sainte Église. La liberté, pour César, c'était plus que la vie : les forteresses seront restituées. Voici un blanc seing qu'il donne pour gage de son obéissance ; mais ses lieutenants refusent de le reconnaître ; l'un d'eux même, don Diégo Ramiro, qui tient Césène, fait pendre aux créneaux de la citadelle Oviédo, porteur des ordres du prince. A ce sang méchamment versé le pape répond en confinant le duc dans un château qui, depuis, en souvenir du prisonnier, a porté le nom de tour de Borgia. Pour la première fois de sa vie, César avait trouvé son maître : il fallait qu'il restituât, ou qu'il languît peut-être toute sa vie entre quatre murailles ; son choix ne pouvait être douteux. Cette fois il comprend que la ruse a fait son temps ; des ordres sérieux sont donnés aux commandants des forteresses occupées par ses partisans. Presque tous obéissent, et dans quelques mois le pape recouvre, sans effusion de sang, des châteaux forts où César comptait se maintenir, et le duc, dirigé sur Ostie sous la conduite de Carvajal, cardinal de Sainte-Croix, s'embarque bientôt à Nettuno pour Naples. Il allait quitter cette ville, quand, au mépris d'un sauf-conduit que lui avait délivré Gonsalve de Cordoue, il est arrêté par Nugno Campijo, qui le déclare prisonnier du roi son maître. Et Sannazar, sans pitié pour une si grande infortune, lui le poëte du malheur cependant, se met à chanter :

Omnia vincebas, sperabas omnia, Cæsar;
Omnia deficiunt, incipis esse nihil.

Le coup qui frappait si soudainement Borgia dut être sensible au cardinal de Médicis ; car l'Espagnol avait plus d'une fois montré quelque intérêt à la famille déchue. D'un autre côté, des mots échappés au pape, son affection connue pour Soderini, le gonfalonier de Florence, son amitié pour Machiavel, l'un et l'autre ennemis déclarés des Médicis, ne laissaient au cardinal que peu d'espoir dans une restauration contre laquelle tout jusqu'alors semblait avoir conspiré, le ciel lui-même avec ses tempêtes. Un autre, à la vue de cette alliance des éléments et des hommes contre sa famille, aurait désespéré de la cause des exilés et serait rentré dans le repos. Mais il avait appris que l'homme, ainsi que les éléments, peut être vaincu par une inébranlable volonté, et il l'avait, cette volonté. Il se rappelait Pic de la Mirandole luttant seul avec son innocence contre les théologiens qui l'accusaient à Rome d'hérésie, et finissant par triompher de tous ses ennemis qu'on disait si puissants : il imita le savant.

Ce qu'il devait éviter en ce moment, c'était d'agir, de travailler ouvertement en faveur des bannis, heurtant ainsi la politique ou les préventions d'un maître qu'il avait intérêt à ménager. Il continua donc ce genre de vie tout littéraire qu'il avait mené dans les derniers temps du pontificat d'Alexandre VI, tenant salon ouvert aux artistes de Rome et de l'étranger ; fouillant le Campo-Vaccino ou les vignes voisines pour y chercher quelque belle statue décrite par Pline ; relevant, à la façon de Pomponio Leto, des inscriptions lapidaires, ou collationnant, en compagnie de Bibbiena et de G. Cortese, le texte d'un manuscrit d'Horace ou d'Homère. Parfois il allait surprendre Sadolet dans son habitation du Quirinal, pour lui demander l'explication d'une phrase obscure de Cicéron. Le soir, au coucher du soleil, il dessinait une ruine antique, ou bien encore il se délassait à faire de la musique, attendant avec confiance que la Providence lui envoyât quelque bon ange pour rétablir sa maison.

L'ange vint sous les traits d'un jeune homme dont Rome admirait les grâces, les mœurs, la bonté et le savoir. Son vieil oncle, le pape Jules II, qui l'aimait vivement, l'avait fait d'abord cardinal, puis vice-chancelier du saint-siége : il s'appelait Galeotto de la Rovère, et était fils d'une sœur du saint-père.

Poëtes et prosateurs, tous ceux qui parlent de Galeotto vantent les admirables qualités du cœur et de l'esprit dont le ciel avait doué ce jeune homme. Il avait les mêmes goûts que le cardinal : il aimait la poésie, la peinture, la sculpture, la musique, et surtout les livres. Son bonheur était de feuilleter les beaux manuscrits qui faisaient autrefois partie de la bibliothèque de Laurent de Médicis, et que le peuple avait dispersés, mais que Soderini, quand on en découvrait, laissait restituer au cardinal : car il faut rendre justice au gonfalonier ; s'il faisait la guerre aux Médicis, il épargnait leurs livres.

Quelquefois, dans une de ces causeries du soir entre le

cardinal et les humanistes romains, Galeotto prenait la parole pour prédire l'avenir. Il croyait que l'exil avait usé son vieil oncle, qu'il aimait beaucoup du reste ; il le voyait succomber sous le poids de l'âge, des infirmités et des affaires ; Rome avait perdu son pontife, le collége des cardinaux s'assemblait, et Jean de Médicis était nommé pape par acclamation. Il n'est pas besoin de dire qu'il donnait sa voix à son ami, et que tous les prélats présents la lui donnaient aussi. La prophétie de Galeotto s'accomplit ; un seul des électeurs ne vota pas au scrutin : c'était justement notre prophète, que le ciel ravit trop tôt à l'amour des Romains. Jean ne cacha pas son chagrin ; il versa d'abondantes larmes sur ce trépas subit, et longtemps il ne put entendre parler sans pleurer de son noble ami. « Les pleurs recommençoient, nous dit Paul Jove, sitost que l'occasion ramenoit quelque propos d'une personne qui luy avoit esté si chère, et qui avoit à son égard rempli tous les devoirs d'une parfaite amitié et d'une charité chrestienne. »

Ces devoirs d'une charité chrétienne, c'étaient les doux propos que Galeotto échangeait avec son oncle touchant le cardinal, si bien que le pape se mit à aimer de toute son âme Jean de Médicis, qui ne parlait, de son côté, qu'avec admiration du pape ; car il avait compris tout ce qu'il y avait dans ce pontife de grandeur d'âme, de profondeur d'esprit, d'intelligence d'artiste et de souverain.

Il ne perdait pas de vue, du reste, les intérêts de sa famille. Il n'avait qu'une pensée, le rétablissement des Médicis. Le temps le servait admirablement, comme il sert toujours quiconque a la patience d'attendre. Lucrèce, sa sœur, travaillait efficacement à Florence à cette œuvre toute filiale. C'était une femme de mœurs exemplaires, d'un beau courage, qui parlait aussi bien qu'elle se conduisait. On lui doit plus d'une conversion. La plus éclatante fut, sans doute, celle de Jacques Salviati, son mari, un des citoyens les plus puissants de la république, patriote enthousiaste, admirateur fanatique de Savonarole, et qui avait fini, grâce à Lucrèce, par ne plus comprendre comment on avait chassé de Florence les descendants de Cosme, et pris pour maître Soderini. Le gonfalonier de Florence était un honnête homme, mais qui manquait d'adresse, comme le remarque Machiavel. Il aurait pu, sinon vaincre, du moins affaiblir ses ennemis en feignant de servir les Médicis. « Il croyait, ajoute le même historien, imposer avec le temps silence à ses ennemis par son affabilité, ou leur échapper par sa bonne étoile. Comme il était jeune encore, il cherchait à triompher de la jalousie de ses rivaux sans brusquerie, sans violence et sans trouble : il ignorait que la fortune est changeante, et l'envie implacable. »

Il voulait être populaire, et s'aliénait par conséquent la noblesse, qui le poursuivait, dans le conseil, de ses soupçons et de ses moqueries : mais il avait reçu du ciel un caractère impassible ; s'il n'avait pas le courage de punir l'injure, il avait la force de la supporter. Mais au moindre choc ces natures tombent pour ne plus se relever ; c'était au cardinal à choisir le moment pour renverser le gonfalonier. En attendant, sa conduite était habile : personne n'eût pu se douter qu'il était intéressé dans les affaires de Florence. Ses amis étaient presque tous des peintres, des sculpteurs, des musiciens, des artistes, gens qui d'ordinaire n'excitent pas de soupçons. La politique était bannie de ses salons ; on y discutait, comme à la cour du duc d'Urbin, la prééminence de la peinture sur la sculpture, la nature du beau, les règles du coloris et du dessin. Mario Maffei et Thomas Inghirami, tous deux de Volterre, étaient les orateurs qui le plus souvent en venaient aux prises. Le cardinal aimait à leur jeter comme défi la solution de quelque problème philologique, parce que, les raisons manquant aux deux rivaux, ils y suppléaient par des moqueries et des facéties, des saillies et des concetti qui excitaient les applaudissements ou le rire des auditeurs. Souvent le même orateur soutenait deux thèses opposées. On remarquait l'art avec lequel le maître de la maison savait écouter, sa facilité à résumer les débats, son choix heureux de paroles, les grâces de son esprit, la solidité de son jugement. Quelquefois il mettait en présence deux professeurs de droit, et alors la lutte était vive et docte; le cardinal montrait qu'il n'avait point oublié les leçons de ses maîtres de Pise. Il parlait à son tour, et on l'écoutait dans le ravissement ; car autant sa phrase, quand il traitait de poésie, était harmonieuse, autant elle était grave quand il dissertait sur le droit civil ou canonique. Mais, fidèle à ses instincts, il savait, quand l'entretien s'épuisait, revenir adroitement à ce qu'il nommait ses amours. Un jour qu'on avait trouvé dans les ruines transtibérines une statue de Lucrèce, quelqu'un demanda des vers sur cette heureuse découverte. Le cardinal était poëte, il fit parler la pierre.

S'il accueillait avec prévenance ses partisans, il n'avait pour ses adversaires avoués aucune parole amère ; tout au plus se permettait-il à leur égard quelqu'une de ces plaisanteries qu'il savait si bien dire, véritables coups d'épingle qui égratignaient sans déchirer. Quand il venait à parler de Laurent, il était éloquent d'inspiration filiale. Alors il rappelait, dans un magnifique tableau, tous ces beaux génies antiques que son père avait fait connaître au monde italien ; cette meute de flaireurs de manuscrits qu'il entretenait à si grands frais en Orient ; le petit berceau de chèvrefeuille sous lequel Politien avait écrit ses Sylves ; la rampe verdoyante de Fiesole, que chaque soir Laurent gravissait avec Ficin ; la petite table paternelle, où tout artiste pouvait s'asseoir deux fois la semaine ; le beau jardin de Saint-Marc, rempli de statues antiques, et où Michel-Ange venait s'essayer à la sculpture ; et la riche bibliothèque de la Via Larga, où plus d'une fois Savonarole avait puisé quelque image magnifique contre les Médicis. Quand, par hasard, la conversation s'établissait sur Pierre, le malheureux proscrit, des larmes roulaient dans les yeux du cardinal, et, d'une voix interrompue par les sanglots, il disait tout ce qu'il est d'affreux sur la terre de l'exil pour une âme patriote ; alors il récitait des vers de Dante, et les auditeurs émus se pressaient autour de lui, et montraient par des signes muets combien ils s'associaient à sa douleur fraternelle.

Une ou deux fois la semaine il invitait à sa table les principaux lettrés de Rome. Pendant le repas, un de ses secrétaires, ordinairement Bibbiena, lisait une épître d'Horace, une satire de Juvénal, ou bien quelques scènes d'une comédie de Plaute. Le repas achevé, les convives se rassemblaient dans le salon du cardinal, et alors commençaient les disputes philologiques. On n'avait pas alors, comme de nos jours, de doctes commentaires sur les textes anciens : le vieux monde romain était à peine connu ; pour l'expliquer, presque pas de pierres ou de marbres, enfouis qu'ils sont profondément dans le sein de la terre ; les rois de la glose n'étaient pas nés. Il fallait donc s'en rapporter à l'intelligence lexicologique de l'humaniste, qui souvent avait le don de la divination, comme on peut le voir dans les Miscellanea de Politien. Sous le rapport du tact et du goût, de la notion du mot et de la pensée, personne ne pouvait le disputer à l'élève de Marsile Ficin.

Il tenait à Rome une maison splendide, prêtait à tous ceux de ses partisans qui se trouvaient dans le besoin, et jamais ne leur demandait le payement même d'une vieille dette : cette prodigalité de grand seigneur était chez lui une maladie héréditaire. Heureusement il avait des amis nombreux qui croyaient à son étoile, et qui venaient à son secours quand sa bourse s'épuisait; il empruntait du reste comme il prêtait, de la meilleure grâce du monde. Plus d'une fois il fut obligé de vendre sa vaisselle, mais jamais on ne le vit toucher à ses livres, à ses tableaux ou à ses statues, dont l'aspect le consolait dans l'adversité. « Sa grande âme, dit Paul Jove, loin de succomber sous le chagrin de quelques incommodités passagères, savait si bien cacher ses peines secrètes, qu'on eût dit, à voir son visage égal et tranquille, qu'il avait au ciel d'infaillibles ressources. » Il disait à l'un de ses amis qui lui faisait peur de l'avenir : Un grand homme étant l'ouvrage du ciel ne peut jamais manquer de rien, quand il ne manque pas de courage. Il avait une vive foi en Dieu, et regardait comme une lâcheté de douter de la Providence; et vraiment il aurait eu tort de ne pas y croire, car cette Providence veillait sur lui comme sur son enfant chéri. Il se montrait digne d'elle par une pureté de mœurs que tous les historiens, même protestants, ont reconnue. Cette époque est le règne de la satire; quand un auteur est prêt à publier ses pensées, il regarde tristement son livre, auquel il dit, comme Benivieni : « Va, mon enfant, à la garde de Dieu, attends-toi aux morsures des serpents. » L'homme mordait alors comme le serpent : il épargna Jean de Médicis.

En ce moment la royauté temporelle du pape et la nationalité de l'Italie couraient de véritables dangers : Rome fut heureuse d'avoir Jules II pour pontife.

Louis XII avait passé les Alpes pour venger la défaite de Charles VIII : c'était toujours la même idée folle qui troublait l'intelligence du monarque français; il lui fallait en Italie une position militaire, grande ou petite, à Naples ou à Milan. Avec l'Italie il avait la Méditerranée, avec la Méditerranée l'Orient, avec l'Orient la Terre-Sainte. Tout réussissait à Louis XII; il avait chassé de Milan Louis Sforce, qui venait d'entrer prisonnier à Lyon, dompté les Vénitiens, et menaçait la Romagne. L'Italie allait être une province française, si Jules II fût resté dans le repos; il en sortit. A peine est-il délivré de César Borgia, qu'à la tête de vingt-quatre cardinaux et de quatre cents gens d'armes, il marche sur Pérouse pour en chasser le tyran qui l'opprime. Délaissé par tous ceux qui l'entouraient au moment du danger, Baglioni n'a pas d'autre ressource que de venir implorer la clémence de son souverain, qui lui pardonne. Dès ce moment, Pérouse rentre sous la domination de l'Eglise, et recouvre son collége de républicains et ses vieilles franchises municipales.

Bentivoglio régnait à Bologne comme Baglioni à Pérouse, par la terreur et le sang; il veut se soumettre, mais il fait ses conditions. Jules lui répond de Césène, le 10 octobre 1506, par une bulle qui le déclare rebelle lui et les siens, livre leurs biens au pillage, leurs personnes à l'esclavage, et le lendemain il entre l'épée au poing dans Bologne, dont il rétablit les anciennes libertés.

Un moment Jules occupe toute la scène, on n'aperçoit que lui : on le voit étouffer ses ressentiments contre Venise, qui refusait aux sujets du pape la liberté de commerce et de navigation sur l'Adriatique; lever l'interdit jeté sur la république, en recevoir les ambassadeurs à la porte de Saint-Pierre; obtenir de Ferdinand d'Espagne Fabrice Colonne, un des plus braves capitaines de l'époque, avec quatre cents lances; lever des Suisses sur les bords du lac de Côme; équiper une flotte que douze galères vénitiennes vont rejoindre, sous la conduite de Gritto Contarini, et donner pour auxiliaire à l'armée de mer Marc-Antoine Colonne, qui vient de lever dans le pays de Lucques une cavalerie et une infanterie redoutables.

Il voulait chasser l'étranger. La lutte n'était pas égale : Maximilien, en infanterie, avait dix-huit mille lansquenets allemands, six mille fantassins espagnols, six mille partisans, deux mille fantassins à la solde du duc de Ferrare, plus de six mille hommes de cavalerie, cent six pièces de canon de siége, et six bombardes si grandes qu'on ne pouvait les placer sur des affûts. L'armée du roi de France était encore plus formidable.

D'abord le succès ne répondit pas aux espérances du pape ; ses troupes furent battues. Alors quelques cardinaux se détachent du saint-siége, et convoquent à Pise un concile, où ils ont l'insolence de citer le pape pour rétablir, disaient-ils, l'ordre et la discipline ecclésiastiques. C'était un attentat contre l'autorité du chef spirituel de la chrétienté, que la révolte de Carvajal, de Saint-Séverin, des cardinaux de Saint-Malo, de Bajosa et de Cosenza ; ajoutons, une lâcheté envers un prince malheureux. Ils croyaient le lion mort ; mais le lion, que la fièvre tenait couché dans son lit, se réveilla bientôt : il n'était qu'endormi. Il se lève tout souffrant, le corps brisé, mais l'âme sans atteintes ; va faire sa prière à l'autel des Saints-Apôtres, et se rend à l'armée qui bloquait en ce moment la Mirandole. On était au mois de décembre (1511) ; la neige tombait en abondance, mêlée d'une grêle de balles que les assiégés dirigeaient de leur camp. Jules, à cheval, après avoir arrêté les dispositions du siége, commande lui-même le feu. La brèche est ouverte, et le pape, à travers la mitraille, l'épée en avant, entre dans la ville, qui obtient son pardon. Grand et beau caractère, comme le remarque Ranke, qui s'apaise aussi vite qu'il s'irrite.

Les cardinaux avaient décrété un conciliabule ; Jules convoque un concile à Latran, et les rebelles sont sifflés par le monde catholique quand on apprend qu'ils n'ont donné que quatre mois aux prélats étrangers pour se rendre à Pise. Il paraît qu'ils ne connaissaient pas mieux leur géographie que leur devoir de chrétien.

Soderini fit une faute en cédant Pise aux cardinaux révoltés pour y tenir leur conciliabule : c'était de sa part un acte d'hostilité contre le saint-siége, et une manifestation imprudente en faveur des Français. Avec le caractère de Jules, on pouvait s'attendre à quelque grand éclat. Le pape fut noble et prudent : il fit avertir le gonfalonier de se tenir sur ses gardes, de ne plus travailler au succès des armes françaises, d'éloigner d'une ville encore toute en désordre des cardinaux félons. Mais Soderini, ébloui par les victoires de Louis XII, peut-être par l'éloquence de Carvajal, ou cédant aux sollicitations de son frère, le cardinal Soderini, refusa d'écouter les sages avis du pontife.

On ne comprend pas que des hommes qui avaient appris à connaître, dans la bonne comme dans la mauvaise fortune, le caractère de Jules, aient pu se flatter un instant de triompher du pape, rêver un autre concile de Bâle pour y déposer comme indigne un souverain élu par acclamation, et former le dessein de placer la tiare sur le front d'un ambitieux comme Carvajal. Mais Dieu, qui veillait sur son Eglise, n'aurait pas permis une semblable iniquité.

Jules II avait fait son devoir de père en avertissant Soderini ; comme prince, il en avait un autre à remplir. Pour déjouer les trames de son ennemi, il nomma le cardinal de Médicis légat à Bologne ; ce choix était significatif. Revêtu d'une charge aussi importante, le cardinal pouvait travailler à la chute du gonfalonier et au rétablissement des Médicis ; c'était un nouvel adversaire pour Soderini, qui en comptait déjà de nombreux jusque dans les conseils. Soderini crut avoir écarté le danger qui le menaçait personnellement en transportant le concile à Florence, afin de faire peur au pape, et de s'attacher plus étroitement Louis XII ; mais la noblesse s'opposa fortement au séjour des cardinaux à Florence, et Soderini fut obligé de céder. Le peuple, dans la crainte d'un interdit, fit cause commune avec l'aristocratie. L'autorité du gonfalonier reçut ainsi une double atteinte dont il était difficile qu'elle se relevât. Chassés par les Pisans, consignés à la porte des églises, honnis sur le grand chemin, repoussés de Florence, ces pères, qui croyaient représenter le monde chrétien, n'eurent que le temps de se sauver à Milan, où, le courage leur étant revenu, ils s'amusèrent, cachés derrière l'ombre royale de Louis XII, à fulminer des foudres contre cette grande majesté qui siégeait au Vatican, et qui laissa pour le moment le soin de sa vengeance aux poëtes italiens. Les pères furent mis en chanson.

Au commencement de décembre 1511, le cardinal résolut de réduire à la raison Bologne, où le peuple venait de renverser la statue du pape, chef-d'œuvre de Michel-Ange; il l'avait traînée dans les rues, couverte de boue, mise en pièces, et il en avait envoyé les débris au duc de Ferrare, qui bientôt en fit faire un canon qu'il baptisa du nom de Jules II. Mais la véritable image du pontife restait intacte, cette tête que la populace n'avait osé frapper, soit par admiration pour le sculpteur florentin, soit par peur de cet œil de pape que l'artiste avait su rendre si menaçant.

Le cardinal avait ordre, non pas de punir l'insolence de mutins prêts à inaugurer une autre statue quand les Français auraient quitté Bologne, mais de reprendre une place importante qu'on regardait comme la clef de la Romagne. Le légat conduisait sous Raimond de Cardonne huit cents cavaliers et huit mille fantassins, commandés par Marc-Antoine Colonne, Jean de Vitelli, Malatesta de' Baglioni et Raphaël de' Pazzi.

A Rome, le cardinal, quelques jours avant son départ, reçut de l'Arioste une lettre qui lui fut remise par le prieur de Sainte-Agathe. Le poëte, en habile courtisan, félicitait d'abord le légat sur la dignité dont il venait d'être revêtu, et finissait en le suppliant de lui accorder la dispense des *tria incompatibilia*, c'est-à-dire qu'il voulait conserver des bénéfices ecclésiastiques sans entrer pour le moment dans les ordres. On reconnaît dans cette épître, à quelques exagérations poétiques, le chantre futur du *Furioso*. L'Arioste demande non-seulement une dispense en règle, mais une dispense qui ne passe pas par les bureaux de la chancellerie romaine, qui ne lui coûte rien en un mot, et il s'excuse de ce qu'il appelle ses extravagances, en rappelant au légat l'amour qu'il porta toujours au cardinal, dont il a reçu bien d'autres promesses. Or notre poëte était justement l'hôte du duc de Ferrare, qui avait fait un si insolent usage du bronze de Michel-Ange; le commensal de la duchesse, qui n'aimait guère le pape; l'heureux possesseur, grâce aux libéralités de son souverain, d'un petit jardin où plus d'une fois il avait écrit des vers mordants contre Jules II. Mieux qu'un autre, le légat savait dans quels péchés contre le saint-siége le poëte était tombé, et pourtant l'Arioste obtint ce qu'il demandait.

Bologne sommée refusa de se rendre. Elle était défendue par des hommes de cœur, tels que Lautrec, Ives d'Allègre, Visconti, surnommé le grand diable, et Spinaccio. Le peuple montrait contre le pape une incroyable animosité, et comptait, pour se soustraire aux justes ressentiments de Sa Sainteté, sur l'épaisseur des murailles de la ville, sur la valeur des Français, et sur l'arrivée prochaine de Gaston de Foix, duc de Nemours, qui était à vingt-quatre ans le premier capitaine de l'époque. Le cardinal, inquiet des mouvements de Gaston, demandait qu'on pressât le siége, qu'on risquât un coup de main hardi contre la place; il répondait de lui comme de ses soldats. On voit qu'il avait reçu des leçons de Jules II. Malheureusement il avait affaire à des officiers espagnols qui voulaient employer contre la place, d'abord la famine, puis la flamme; on essaya donc de la flamme quand on vit que la faim était impuissante. Marc-Antoine Colonne pointa contre un des bastions une coulevrine énorme dont les projectiles couvrirent les fossés de cadavres, pendant que Pierre de Navarre conduisait une mine, dans la rue de Castiglione, sous la chapelle de la Vierge dite *del Baracane*, dont la chute devait ouvrir une large brèche aux assiégeants. Une explosion terrible eut lieu, dont les feux illuminèrent tout à coup l'intérieur de la place; la chapelle ébranlée s'agita sur sa base, parut se rompre en deux, et finit par se rasseoir sur le sol, comme dans un tremblement de terre. A ce spectacle, les Espagnols, au moment de monter à l'assaut, s'arrêtent immobiles d'admiration et d'effroi, croyant que la Vierge combat contre eux, pendant que les assiégés remercient Marie de sa protection miraculeuse et jurent de mourir pour la gloire de son nom.

Cependant Gaston s'avançait à marches forcées au secours de la place. Bientôt du haut des bastions on aperçut dans la plaine, à travers des tourbillons de neige, un cavalier monté sur un cheval blanc, et portant un heaume à la bourguignonne, tel que Vasari l'a peint dans un de ses tableaux, tout bardé de fer, la mine haute et fière, le casque surmonté d'un panache rouge, que le vent et le pas de la monture agitaient de mouvements divers. C'était le beau Gaston, qui bientôt fit son entrée dans la place au son des tambours et des clairons, au bruit des canons, des acclamations des assiégés et des vivat de la populace. Il amenait avec lui treize cents lances, six mille lansquenets et huit mille soldats à la solde de la France.

L'armée alliée avait perdu tout espoir de forcer Bologne; elle en leva le siége, et fit sa retraite en bon ordre et sans être inquiétée par la garnison.

Gaston, après avoir laissé quelques milliers d'hommes dans Bologne, s'était dirigé vers Brescia, faisant faire jusqu'à cinquante milles par jour à sa cavalerie, sans débrider. En chemin il rencontre deux corps ennemis, l'un sous le commandement de Jean-Paul Baglioni, près d'Isola della Scala; l'autre sous celui du comte Guido Rangone, qu'il attaque, culbute et disperse. Arrivé devant Brescia, il somme la ville de se rendre; le gouverneur, le provéditeur André Gritti, jure de s'ensevelir sous les ruines de la place. Le 19 février 1512, au matin, la garnison de la citadelle, que les Vénitiens, en s'emparant de Brescia, n'avaient pu forcer, se jette, sur un signal, dans la ville que Gaston attaque de tous côtés; on se bat dans les rues, sur les places publiques, dans les églises et les monastères, sur le toit des édifices. Les chevaliers français combattent pieds nus, afin de ne pas glisser sur un terrain trempé d'eau. Gaston est partout; on le reconnaît moins encore à son panache rouge qu'aux rudes coups qu'il porte. Avogrado, l'un des commandants vénitiens, n'a que le temps de s'échapper par la porte de Saint-Nazaire; mais, atteint dans sa fuite, il est pris et pendu avec ses deux fils comme traître et rebelle. André Gritti est obligé de remettre cette vieille épée qu'il teignit si souvent du sang français; les autres officiers meurent en combattant; le vainqueur marche sur des cadavres. Huit mille morts sont les trophées de cette horrible journée. Bayard, qui le premier était monté à l'assaut, refusa la rançon que lui offrirent les deux jeunes filles de la maison où il alla prendre son logement, et Gaston fit pendre en sa présence quelques soldats qui avaient osé forcer un monastère de jeunes filles.

Pendant que Gaston enlevait ainsi d'assaut Brescia, le cardinal, campé à Budrio, se disposait à passer le Pô pour secourir la place : malheureusement ses lieutenants mettaient plus de temps à prendre une délibération que Nemours à s'emparer d'une citadelle. Il n'y avait que le vieux Jules II capable de lutter d'activité avec un jeune homme de 24 ans. A peine a-t-il connu, par les dépêches de son légat, la marche merveilleuse de Gaston, qu'il distribue des commissions à Troïle Sabelli, à Gentile Baglioni, pour recruter de la cavalerie; à Capochio, gentilhomme romain, pour former de nouveaux cadres d'infanterie: l'Espagne et Venise, réveillées par ses remontrances, équipent dix mille fantassins suisses; Mathieu Schinner, qu'il a décoré de la pourpre romaine, traverse le pays des Grisons pour presser la levée de six mille montagnards; et Maximilien, alarmé des succès du capitaine français, rompt, moyennant une somme de 50,000 florins, avec Louis XII, et se ligue avec les Vénitiens, pendant qu'excité par le légat, Henri VIII consent à envahir la Normandie et la Bretagne.

Gaston n'était pas seulement un capitaine d'une prodigieuse activité, un soldat d'une bravoure fabuleuse; c'était un homme doué d'une haute pénétration; il avait deviné son ennemi. Sans crainte de dégarnir Brescia, il va présenter la bataille aux Espagnols. F. Colonne et de Navarre occupaient sur une hauteur une position formidable où leur artillerie, bien servie, devait avoir raison de la furie française; ils attendaient. Mais, à la vue des bannières ennemies, un mouvement électrique remue toutes ces masses immobiles comme un mur; les soldats rompent leurs rangs, courent vers la tente du cardinal, se jettent à genoux, inclinent la tête, et demandent la bénédiction que le légat leur donne avec la croix d'argent que le pape avait bénie. On put voir du camp français ce spectacle pieux. Gaston voulait se battre; mais Ives d'Allègre, en homme prudent, contient l'impétuosité de son jeune ami: du doigt il lui montre ces masses de soldats agenouillés, ces vieilles barbes espagnoles blanchies dans le combat, et ce terrain déclive si propre à l'artillerie. Gaston l'écoute, et, après quelques insignifiantes escarmouches de cavalerie, lève son camp et va se poster sur la gauche d'Imola, dans l'intention de surprendre Ravenne, ou de livrer bataille aux confédérés, qui ne manqueront pas d'accourir au secours de la place.

Mais le cardinal, pour prévenir les desseins de Gaston, se hâte d'envoyer à Ravenne Marc-Antoine Colonne, avec quelques escadrons de cavalerie. Gaston, à peine arrivé devant la place, dresse les échelles et ordonne l'assaut. Les assiégés firent vaillamment leur devoir ; artillerie, mousqueterie, pierres, grenades, poutres, ils faisaient usage de toutes sortes d'armes : de part et d'autre le sang payait le sang.

Pendant quatre heures on se battit sur les remparts. Cette journée, qui coûta la vie à 1,500 hommes, fut glorieuse pour Marc-Antoine Colonne, qui, du haut des murailles où il resta constamment comme un simple soldat, vit les assaillants rentrer dans leurs lignes.

Gaston avait réussi toutefois à ébranler ces lourdes masses d'Espagnols qui venaient, mais lentement, au secours de Ravenne. Après avoir laissé un corps considérable devant la place, afin de n'être point attaqué sur ses derrières, il prit la résolution d'aller offrir le combat aux confédérés.

Les Espagnols avaient fait halte au pont de Ronco, nommé Viti sous les Romains. Là, Pierre de Navarre avait fait creuser sur le bord de la rivière un fossé profond derrière lequel il avait posté son infanterie, que protégeait une véritable montagne de chariots, de fascines et de claies ; le long de la digue, sur un terrain en pente, vingt pièces de canon et deux cents hacquebuttes, placées sur des chariots armés de spontons, et servies par d'habiles artilleurs, devaient répondre au feu de l'ennemi. Les Italiens avaient pour chef Fabrice Colonne ; la cavalerie légère était conduite par le marquis de Pescaire ; l'armée alliée tout entière était sous les ordres du cardinal, chef de la ligue sainte. Médicis n'avait ni épée ni cotte de mailles; son costume était celui de sa dignité, une robe rouge, une croix sur la poitrine, une espèce de bonnet carré sur la tête. Monté sur un cheval turc, il allait d'une arme à l'autre, des rangs espagnols aux lignes italiennes, saluant de la main les officiers, encourageant les soldats, exhortant les uns et les autres à faire leur devoir, au nom de Jules II, leur maître spirituel; au nom de cette Italie, leur mère, ou leur patrie d'adoption.

Si vous jetez les regards dans les rangs de l'armée française, vous trouverez à l'arrière-garde, commandée par La Palice, un autre cardinal, Frédéric Saint-Séverin, marchant à la tête des troupes, armé de pied en cap, le casque en tête, l'épée au côté, le baudrier sur l'épaule. On le reconnaît à sa haute stature, à sa barbe épaisse, et aux insignes de légat qu'il porte devant lui; car il représente, dans le camp français, les cinq pères du concile de Pise : homme d'énergie qui a la tête de Jules II sans en posséder le cœur, qui tirerait l'épée au besoin, peut-être entrerait par une brèche à la Mirandole, mais ne pardonnerait pas aux habitants vaincus.

Cependant l'armée française arrivait par détachements sur la rive gauche du Ronco, où elle formait tranquillement ses lignes. Si l'on eût suivi l'avis de Fabrice Colonne, les alliés auraient traversé la rivière et fait un mauvais parti aux divisions ennemies, isolées les unes des autres à d'assez longs intervalles; mais Pierre de Navarre refusa de bouger : les Espagnols restèrent donc dans leurs retranchements, et épaulés par les digues du Ronco. Au dire des maîtres de l'art, cette immobilité systématique fut une faute.

La bataille s'engagea d'abord à coups de canon : l'artillerie joua, de l'une et de l'autre rive, pendant près de deux heures, mais avec un avantage marqué pour les alliés, dont les boulets faisaient de larges trouées dans les rangs de la gendarmerie française. C'était un combat en règle que voulait Gaston, mais l'ennemi s'obstinait dans ses positions : il résolut d'aller l'y trouver. Il fait donc jeter sur le Ronco un pont de bateaux que ses Allemands passent au pas de course sous le feu de la mitraille, pendant que les Gascons et les Picards traversent la rivière vers un gué favorable. C'était le moment pour Navarre de se porter avec son infanterie à la rencontre de ces corps détachés, qu'il eût infailliblement écrasés ; les prières de Fabrice Colonne furent encore inutiles. Alors ce capitaine tire son épée en s'écriant : « A moi, mes amis ! ne périssons pas par la faute d'un mécréant (moro) ; » et il marche droit à l'artillerie d'Ives d'Allègre. Mais son mouvement est aperçu par Alphonse d'Este, duc de Ferrare, qui s'ébranle à son tour ; et bientôt Fabrice, entouré de toutes parts, se voit compromis et perdu. Il essaye de se défendre, quand une voix lui crie : « Romain, ne te fais pas tuer ; rends-toi, la journée est finie. — Qui es-tu ? demande Fabrice. — Je suis Alphonse d'Este, répond la voix, ne crains rien. — Je me rends, dit Fabrice, mais sous condition que tu ne me livreras pas aux Français. » Le marquis de la Padule, embarrassé dans les buissons dont le terrain est semé, ne peut mener que des escadrons rompus, et éprouve la fortune de Fabrice ; Pescaire va se heurter contre une aile des Français, et, reçu l'arme au poing, est obligé de se replier, abandonnant au vainqueur son artillerie, ses étendards et ses équipages, pendant que Cardonne, étourdi par le feu de l'artillerie, se débarrasse des insignes de son commandement, et opère sa retraite, suivi par Carvajal et Antoine de Leva.

Mais la bataille n'était pas finie ; restait cette terrible infanterie espagnole qui n'avait pas encore donné, et dont les soldats, couchés à plat ventre pour éviter le boulet ennemi, se relèvent tout à coup au signal de leur chef, et marchent au pas de charge contre les Allemands, que bat en flanc l'artillerie placée le long des fossés, et dont pas une pièce n'a été prise. Il y eut un moment d'hésitation dans les rangs des lansquenets. Emser, leur capitaine, et M. de Molart, pour montrer le cas qu'il faut faire des tireurs italiens, dressent une table du premier morceau de planche qu'ils trouvent sous la main, demandent du vin à un goujat, et boivent au succès des Français, quand un boulet emporte la table, les verres et les deux buveurs.

Le choc des Espagnols fut terrible, comme serait celui d'un rocher qui se détacherait d'une haute montagne. Les lansquenets portaient des piques de 16 à 18 pieds de long, un énorme corselet de fer, mais point de boucliers; les Espagnols avaient une courte épée, un poignard, un bouclier, une armure complète qui leur garantissait la tête, les jambes et le corps. On eût dit qu'ils avaient lu la veille le récit d'une affaire des Suisses avec les Bourguignons de Charles le Téméraire. Ils glissaient, s'allongeaient, rampaient sur le terrain à la manière du serpent, et s'entortillaient autour de la jambe des lansquenets. Les Allemands essayaient, mais en vain, de se servir de leur lance, qui ne frappait que dans le vide. Aussi l'affaire eût-elle été promptement terminée, si d'Allègre d'abord, puis Gaston, ne fussent venus avec leurs gendarmes pour délivrer les Allemands. Pris ainsi par devant, en flanc et par derrière, les Espagnols ne purent résister; ils firent retraite, mais au pas et dans un ordre parfait, serrés autour de leurs enseignes, qu'ils ne perdaient pas un moment de vue, et faisant expier dans le sang la témérité des chefs ennemis qui cherchaient à les entamer. Gaston, pour venger la mort d'Ives d'Allègre, percé d'un coup de pique, s'était jeté tête baissée avec quelques cavaliers dans un gros d'Espagnols, quand un soldat le blesse en le désarçonnant. Lautrec crie au soldat : « Ne le tue pas, c'est le frère de votre reine; » mais l'Espagnol impitoyable lui traverse la gorge de son épée, tandis que Lautrec tombe frappé de vingt coups de dague, et que, par un mouvement subit, la gendarmerie française s'arrête d'admiration ou de fatigue, laissant ces vieilles bandes espagnoles, mutilées et saignantes, opérer en repos leur retraite.

Les Français étaient vainqueurs, mais jamais triomphe n'avait été si chèrement acheté. Ils laissèrent sur le champ de bataille dix mille cinq cents hommes et la fleur de leur noblesse. Gaston de Nemours seul valait une armée. « Chacun bientôt fut adverty de la mort de ce vertueux et noble prince, le gentil duc de Nemours, dont un deuil commença au camp des François, si merveilleux, que je ne cuide point, s'il fût arrivé 2,000 hommes de pied frais et 200 gens d'armes, qu'ils n'eussent tout défait. »

L'Arioste attribue le succès de cette journée au duc Alphonse : « Ce grand capitaine, dit-il, eut la gloire de vaincre dans les champs de la Romagne Jules II et les Espagnols. »

Voilà bien le poëte qui a deux plumes d'or à son service : l'une pour demander au légat du saint-siége une bulle gratuite de dispense, l'autre pour chanter l'ennemi de son bienfaiteur. S'il s'était fait raconter les détails de cette affaire, une scène l'aurait heureusement inspiré. A côté d'Alphonse, qui se bat vaillamment sans doute, et qui n'attache la lance à son cheval que lorsqu'il n'a plus d'ennemis à vaincre, était une figure sacerdotale à peindre, celle du cardinal au moment où, s'arrachant du champ de bataille couvert de mourants qui implorent sa suprême bénédiction de la main et du regard, il les réconcilie avec Dieu, les absout et leur ouvre les portes du ciel. La scène est belle assurément, et l'Arioste l'aurait dignement célébrée. Pendant qu'il accomplit ainsi, au risque de la vie, ses devoirs de prêtre, le cardinal ne prend pas garde aux rires moqueurs d'un cavalier épirote qui le raille sous son chapeau rouge et sa croix d'or, et tombe sous un coup de javelot que lui porte un Bolonais ; d'autres cavaliers épirotes accourent, la dague au poing, pour tuer le légat, quand Frédéric Gonzague de Bozzolo survient pour le dégager : le cardinal était prisonnier.

Frédéric l'envoya sur-le-champ au cardinal de Saint-Séverin. Il faut le dire à la louange de ce père du conciliabule de Pise, il eut pitié du légat, qu'il traita courtoisement, en galant chevalier. De son propre mouvement il fit donner à Jules de Médicis un sauf-conduit pour venir au camp des Français adoucir les regrets de son cousin : qu'il soit loué de sa généreuse commisération ! Deux jours après, Jules prenait le chemin de Rome, porteur de dépêches dans lesquelles le cardinal rendait compte au pape de la bataille.

Il aurait fallu voir Rome au moment où arrivait la nouvelle de cette terrible journée de Ravenne ; on eût dit qu'Attila, comme autrefois, frappait à la porte du Peuple ; les cardinaux, les mains jointes, suppliaient Sa Sainteté de faire la paix avec les vainqueurs, d'équiper des galères, de fuir loin de Rome. Jules ressemblait alors au Moïse de Michel-Ange ; on aurait pu mettre la main sur sa poitrine, on n'eût pas surpris une pulsation de plus dans le cœur du noble vieillard. Son œuvre n'était pas accomplie ; s'il avait eu peur, il n'aurait pas sauvé la nationalité italienne.

Jamais prisonnier n'avait été l'objet de prévenances semblables à celles dont on entourait le légat : c'est qu'il représentait cette papauté vénérée de ceux même qui faisaient la guerre à son chef visible. On renversait la statue de Jules II ; mais, quand le pape passait, on s'inclinait pour lui demander sa bénédiction. A Bologne, les Bentivogli, à force de doux soins, parvinrent à faire oublier au cardinal la perte de sa liberté.

Sur sa route, quand par ordre de Louis XII on le conduisait à Milan, une noble dame de Modène, Blanche Rangone, vendit ses joyaux pour secourir le légat : charité tout évangélique qui ne tarda pas à être récompensée ; le cardinal n'oubliait que les injures.

A Milan, il vit venir à lui le cardinal Saint-Séverin, les Trivulce, les Visconti, les Pallavicini, tout ce que la ville renfermait d'illustres citoyens ; c'était là que le conciliabule avait transporté ses assises. Chaque matin un crieur public, placé devant la porte de la cathédrale, sommait le pape de comparaître en personne, pour répondre de sa conduite, devant ces fils ingrats que le peuple de Milan sifflait, comme avait fait celui de Pise. Les enfants se pressaient sur les pas de Carvajal, qu'ils saluaient du sobriquet de *Papa*, vraisemblablement parce que ce cardinal, Jules II déposé, se voyait déjà les clefs de Saint-Pierre dans les mains ; malheureux qui les eût bientôt laissées choir, trop lourdes qu'elles étaient pour ses mains débiles ! Le temps n'était pas loin où les cardinaux dissidents allaient tomber sous les coups de cette impitoyable divinité qu'on nomme le ridicule. A Rome venait de s'ouvrir le concile de Latran, le péristyle du concile de Trente. Le 3 du mois de mai 1512, on vit descendre du Vatican un vieillard dont les cheveux avaient blanchi dans les souffrances de l'âme et du corps ; c'était Jules II qui se rendait à la basilique de Latran, assisté de tous ses cardinaux, de quatre-vingt-trois évêques, de prélats, de députés, de grands dignitaires nationaux et étrangers. A sa vue, le peuple fléchissait le genou. L'empereur Maximilien, Henri VIII d'Angleterre, le roi d'Aragon, la république de Venise, étaient représentés dans le cortége pontifical par leurs ambassadeurs.

Pendant que Rome assistait à cette glorieuse cérémonie, un autre spectacle, qui avait bien aussi sa grandeur, se passait à Milan. Le légat prisonnier absolvait, au nom du pape, ceux qui par obéissance aux ordres de leur souverain avaient pris les armes contre le saint-siége. La foule était grande autour du cardinal : gendarmes français, lansquenets allemands, cavaliers albanais, montagnards suisses, qui, à Ravenne, à Brescia, avaient porté de si furieux coups aux soldats de la sainte ligue, s'inclinaient pieusement pour recevoir le pardon du légat.

CHAPITRE XII.

DÉLIVRANCE DU LÉGAT DE JULES II. — 1512.

Les princes amis des Français se rallient à la politique de Jules II. — Les Suisses accourent au secours du pape. — La sainte ligue est partout victorieuse. — Résultats de l'expédition de Louis XII en Italie. — Le cardinal, prisonnier des Français, est délivré à Cairo. — Bologne est obligé de capituler. — Alphonse d'Este vient implorer son pardon à Rome. — L'Arioste à la cour de Jules II.

Jules II avait raison de ne pas désespérer de l'avenir. Pendant qu'effrayés de la défaite de Ravenne, les cardinaux romains conseillaient au pape de s'embarquer à Ostie, Jules de Médicis, admis dans le consistoire, y lisait les dépêches du légat ; le cardinal y racontait tout ce qu'il avait vu, la déroute des alliés ; mais aussi les pertes énormes en hommes, en chevaux, en canons, qu'avaient essuyées les vainqueurs, qui n'avaient plus de chef depuis la mort de Gaston de Foix. A Ravenne, l'Italie avait appris à connaître l'infanterie espagnole, que l'artillerie française avait écharpée, mais non pas anéantie, et qui avait opéré sa retraite sous le feu des boulets, avec autant d'ordre que de courage. A Bologne, à Brescia, les populations, domptées et décimées par la famine et le feu, commençaient à se lasser de l'étranger. Le supplice de Louis Avogrado et de ses deux fils avait jeté la consternation dans Venise, qui s'apprêtait à venger son capitaine. La plupart des officiers allemands à la solde de Louis XII, gorgés de butin, aspiraient au repos, et n'attendaient que le moment propice pour quitter l'armée française et regagner leur patrie. Les pères du concile de Milan n'avaient aucun ascendant sur les soldats ; ce n'était plus au bruit des rires, mais à coups de pierres qu'on les poursuivait dans les rues de Milan.

Jules de Médicis confirma tous les renseignements donnés par le légat.

Alors le courage revint aux membres du sacré collége, et Jules II put, sans être inquiété par des clameurs pusillanimes, poursuivre la délivrance du continent italien. Les princes et les peuples se ralliaient à sa politique. Le roi d'Espagne, inquiet pour l'Aragon, comprenait enfin qu'il fallait s'opposer aux envahissements de l'étranger, et promettait au pape les meilleurs officiers de son armée. Maximilien d'Autriche, qui convoitait Milan et peut-être le duché de Bourgogne, cette belle province qu'il regardait comme un fief de l'Empire, négociait secrètement avec les Vénitiens, et témoignait le désir d'entrer dans la sainte ligue. Le cardinal de Sion, ce Guelfe ardent, qu'avait si bien compris Jules II, faisait retentir dans les montagnes de la Suisse le cornet des trois libérateurs. Les paysans des Waldstetten traversaient les Alpes dans l'espoir d'un riche butin que leur promettait le cardinal. Pour eux, délivrer l'Italie, c'était la pressurer, la piller, la dévorer ; malheureux pays où vainqueurs et vaincus, ennemis et alliés, se jetaient comme autant d'oiseaux de proie, attirés par la richesse de son sol, ses belles moissons, ses grasses prairies, ses draps fins et ses sequins ! On peut suivre, comme dans l'expédition de Cecina décrite par Tacite, la marche de ces bandes mercenaires, au sang et aux ruines dont elles marquent leur passage. Le peuple italien, accoutumé à changer de maître souvent plusieurs fois dans la journée, avait fini par ne plus croire qu'à la force brutale, et saluait de ses murailles tout clairon qui sonnait la victoire, sauf à le poursuivre à coups de pierres quand il sonnait la retraite.

Les événements vont vite : chaque jour Jules II se rend à Saint-Pierre pour remercier la Providence d'un nouveau bonheur. Bergame vient de se révolter ; Gênes a fait sa révolution, chassé le gouverneur français, proclamé Frégose pour doge, et s'est engagée à payer 12,000 ducats au cardinal Schinner ; Parme et Plaisance ont ouvert leurs portes aux troupes de l'Église ; les Grisons, alliés du saint-siége, se sont emparés de Chiavenne et de la Valteline ; Maximilien Sforce, fils du duc Louis, a été reconnu comme duc de Milan.

Il fallait voir avec quels transports les Italiens recevaient les Suisses arrivant de Coire au secours de la sainte ligue : soldats fabuleux, moitié hommes, moitié animaux, ayant la tête couverte d'un casque de cuivre, la poitrine d'une peau d'ours ou de buffle, et brandissant dans les mains une pique haute de dix-huit pieds, sous laquelle, en cas de défaite, ils s'abritaient comme le hérisson sous ses aiguillons. Malheur aux Français qu'on trouve isolés ; leur sang paye bien vite celui qu'ils versèrent à Ravenne, à Brescia, à Bologne. Les Suisses rassemblés à Coire s'étaient avancés, par le pays de Trente et par le Véronais, jusqu'à Villafranca, où les pontificaux les attendaient avec quatre cents hommes d'armes, huit cents chevau-légers, six mille fantassins et quinze à vingt pièces de canon. La lutte recommença ; mais cette fois les forces n'étaient plus égales. C'est à peine si La Palice pouvait opposer aux trente mille hommes des alliés sept cents lances, quatre cents lansquenets et deux mille fantassins. C'eût été de la folie que d'essayer de tenir la campagne avec des forces semblables. Il se retira donc sous les murs de Pontevico. La place était forte, et la position bien choisie : de là il pouvait se porter au secours de Milan, de Bergame, de Brescia, qu'occupaient des garnisons françaises.

Maximilien, qui voulait pouvoir se vanter auprès de ses nouveaux alliés d'avoir contribué à l'expulsion des Français, les trahit en donnant l'ordre à ses Tyroliens de déserter, avec armes et bagages, les rangs de La Palice, et de regagner les montagnes d'Inspruck. Il fut obéi. La Palice eut un moment l'intention de tenter la fortune à Pavie ; mais, entouré de toutes parts, menacé de voir sa retraite coupée, il quitta la ville et vint s'enfermer dans Asti : l'Italie était délivrée.

Milan n'a pas plutôt appris la fuite de La Palice, qu'il se révolte et fait sa révolution, une révolution comme on en faisait à cette époque, à l'aide du couteau. Un matin la populace se porte chez les négociants français, les massacre, jette leurs corps par les fenêtres, pille leurs caisses, leurs caves, leurs magasins, et, repue de vin, de viande et de sang, parcourt les rues en criant : *Mort aux Français!* qui n'étaient plus que des cadavres. Les paysans, devenus soldats, attendent les convois des fugitifs sur le chemin du Simplon, et, cachés derrière quelque rocher ou quelque bouquet de pins, tuent et dépouillent les traînards.

Voilà comment se termina l'expédition de Louis XII en Italie : ce ne fut ni le couteau du Milanais, ni le tocsin des églises, ni le fusil du paysan, ni le canon de Pierre de Navarre, ni la lance de 18 pieds des montagnards suisses, qui chassèrent les Français de la Romagne et de la Lombardie, mais le cri poussé par le pape : *Seigneur, délivrez-nous des barbares.* Sans Jules II, notre étoile n'eût pas pâli de longtemps en Italie, et Louis XII eût peut-être été maître de Rome. Parmi tous ces princes, nos alliés ou nos adversaires, il n'en est pas un qui agisse franchement. Donnez le Milanais à Maximilien, qui dans son livre rouge tient note chaque jour de tous les chagrins qu'il reçoit des Français, et il ne vous retirera pas ses Tyroliens; assurez au roi d'Aragon la dîme du clergé de ses Etats, et il équipera pour vous douze belles galères; au duc de Ferrare livrez la Mirandole et Concordia, et il vous fera présent de ses meilleurs canons; promettez à Soderini qu'il mourra gonfalonier dans son palais de Lungo-l'Arno, et Pietra-Santa vous appartiendra en toute propriété; ajoutez aux possessions du roi d'Espagne quelques places en Italie, et son grand capitaine, Gonsalve de Cordoue, est à vous pour toujours. Pas un de ces souverains, nationaux ou étrangers, ne songe sérieusement aux intérêts du saint-siége, à l'intégrité de la Romagne, à la délivrance de l'Italie, à la gloire du catholicisme, au salut des arts et des lettres. Jules II domine toutes ces têtes couronnées, comme la coupole de Saint-Pierre la flèche des autres églises. Il a un but, lui, un plan, une idée : c'est l'affranchissement de son pays qu'on envahit et qu'il veut sauver. Ne nous parlez pas de son ambition; n'est-elle pas sanctifiée par le but qu'il a devant lui, et où il arrivera malgré la fièvre qui le retient au lit, comme après la proclamation du conciliabule de Pise; malgré les mouvements insurrectionnels du peuple romain, comme le jour où Pompée Colonne, évêque de Rieti, et Antoine Savelli, parlent de monter au Capitole pour proclamer la république; malgré le serment que Louis XII a fait graver à Milan sur une monnaie d'or, où le destin de Rome est écrit en trois mots : *Perdam Babylonis nomen;* malgré les pleurs de ses cardinaux, qui lui montrent, après la journée de Ravenne, les galères préparées à Ostie pour emmener le pontife vaincu. Est-ce que le pape seul aurait le privilége de ne pouvoir se défendre? Qu'on nous dise que Jules aimait trop le casque et la cuirasse; qu'il maniait trop bien l'épée; qu'il restait trop longtemps à cheval : cela est possible ; cela est écrit non-seulement dans l'histoire, mais sur la pierre, sur l'airain, sur la toile. Mais avouons que l'œuvre la plus belle qu'un monarque tentera jamais dans l'intérêt d'un peuple, le salut de sa nationalité, n'aurait pas été accomplie par une de ces natures froides et tièdes, sans défauts comme sans vertus.

Pour comprendre les grands résultats de la politique de Jules II, placez-vous à la porte de Milan, sur la route du Simplon, en ce moment où l'armée française opère sa retraite. De cette glorieuse armée que Louis XII a formée avec tant de peine, il ne reste plus qu'un petit nombre de soldats mutilés dans les cent batailles que leur livra leur implacable adversaire, et n'emportant de tout cet or qu'ils ont trouvé dans le sac des villes que deux ou trois florins que les paysans armés s'apprêtent à leur voler. Leurs canons les embarrassaient pour traverser les montagnes, ils les ont encloués, jetés dans la rivière, abandonnés à l'ennemi ; presque tous leurs chefs sont morts glorieusement sur le champ de bataille, ou sont couverts de blessures que le temps sera long à guérir. De toutes leurs conquêtes les Français n'ont sauvé que quatre à cinq cardinaux, prélats sans importance qui ont voulu se commettre avec un homme de la taille de la Rovère, et qui, confondus à la queue de l'armée avec les goujats et les vivandiers, parlent sérieusement de refaire en France leur synode de Pise, où ils n'avaient pour spectateurs que des enfants. Notre beau trophée, c'est un cardinal resté fidèle à son Dieu comme à son prince, le cardinal Jean de Médicis. Qu'un soldat tombe mourant sur le chemin, c'est la bénédiction et le pardon du légat qu'il implore.

Le cardinal, emmenant avec lui l'abbé Bengallo, son aumônier, était parti de Milan sous l'escorte de cinquante archers. Arrivé à Cairo, où l'on traverse le Pô sur un bac, le cardinal se sentit fatigué, et demanda au chef de l'escouade à passer la nuit dans le village, ce qui lui fut accordé. Pendant que les soldats étaient occupés à chercher une auberge pour le légat, la foule s'assemblait autour des prisonniers. Le bon abbé Bengallo se mit alors à narrer longuement les infortunes de son maître ; comment il avait été fait prisonnier à Ravenne, les tourments qu'il avait essuyés depuis sa captivité, ceux qu'on lui préparait en France, où probablement il finirait bientôt ses tristes jours. « Et tout cela, disait l'aumônier, quand les Français sont chassés de l'Italie ; que l'Europe tout entière s'arme contre eux ; qu'il ne faudrait qu'un homme de cœur pour délivrer un des plus fermes soutiens de l'Église, que le pape aime si tendrement, et qui n'a pour escorte qu'une poignée de soldats. En voilà un qui rendrait service à l'Italie, à son prince, à Sa Sainteté, au monde entier ! Et puis, comme il serait généreusement récompensé, et par la cour de Rome, et par la famille des Médicis, et par tant d'autres seigneurs ! comme il serait riche tout d'un coup ! »

A ce beau discours de l'abbé Bengallo assistait un certain Zazzo, qui avait fait la guerre, et qui sembla touché du triste sort du légat, autant qu'ému de la pathétique narration de l'aumônier. Sur-le-champ il fait signe au prisonnier, et va trouver Octavien Isimbardi, le seigneur de l'endroit. Octavien s'attendrit au récit du vieux soldat, et promet de l'aider à délivrer le cardinal. Il a bientôt trouvé dans le village des hommes déterminés, et le projet d'enlèvement est aussitôt arrêté. Le cardinal, au lever du soleil, demande quelques heures encore pour se reposer de ses fatigues. Les soldats de garde montent dans le bac en attendant le légat, qui gagne au pas le rivage, quand des hommes déguisés, l'épée à la main, se jettent sur le bateau, le détachent et le poussent dans le courant.

Le cardinal passa la journée à Cairo, caché en lieu sûr, et le lendemain traversa le fleuve, et, conduit par Isimbardi, alla frapper à la porte d'un château dont le propriétaire, Bernard Malaspina, lui ouvrit les portes. C'était un parent d'Isimbardi, mais attaché de cœur à la cause française. Toutes les prières d'Isimbardi furent inutiles ; les domestiques conduisirent le cardinal dans un donjon, qu'il ne devait quitter que pour retomber dans les mains de son ennemi. Trivulce avait été averti par Malaspina de la capture du légat. Voici ce qu'on raconte : Trivulce, d'origine italienne, homme de cœur, ne voulut pas tremper dans cette violation des droits de l'hospitalité. Il fit répondre au messager secret de Malaspina qu'il n'avait pas besoin du légat ; qu'une robe rouge de plus ou de moins dans les mains des Français ne rétablirait pas leurs affaires ; qu'il rendait la liberté au prisonnier. Malaspina déconcerté fit ouvrir au légat les portes du donjon, et publia le lendemain que ses serviteurs infidèles ou négligents avaient laissé échapper le captif. Ægidius de Viterbe voit dans cette délivrance un véritable miracle. « Un si bon guelfe, ajoute Pâris de Grassi, méritait bien l'assistance du ciel. » Cette fois le cardinal n'a plus de péril à courir ; partout sur son chemin il trouve des chevaux qui l'emportent comme le vent, des visages amis et des hôtes bienveillants. Sa belle conduite sur le champ de bataille de Ravenne, son humanité envers les soldats, son courage et sa présence d'esprit dans le danger, son dévoûment à Jules II, lui avaient gagné tous les cœurs. Son entrée à Plaisance fut une véritable ovation. A Mantoue, François Gonzague, qui en était le souverain, le reçut avec des marques de respect et d'admiration, et le conduisit à la villa d'Andes, la patrie de Virgile, où la pureté de l'air, le repos et les soins dont il fut entouré eurent bientôt rétabli sa santé, altérée par tant de travaux et d'infortunes.

Ce fut une bienheureuse nouvelle pour le saint-père que la délivrance de son légat ; il aimait maintenant le cardinal comme un père pourrait aimer son fils. Il l'avait tiré de la foule et lui avait donné la croix d'or ; il en était fier. Il n'est pas rare de voir des natures âpres, mais riches, succomber comme à leur insu aux séductions d'âmes aimantes. C'est ainsi qu'au rapport de Condivi, Michel-Ange s'amusait avec des enfants, après avoir dessiné quelque figure fantastique de géant.

Tous les bonheurs venaient à la fois au pape : aujourd'hui c'était une ville importante, demain une place forte, une autre fois une province tout entière, qui se soumettaient au saint-siége. Parme et Plaisance, ces deux bras de l'exarchat de Ravenne, comme les nommait Jules II, reconnurent son autorité aux acclamations des habitants, qui choisirent, pour leur servir d'interprète auprès du pontife, Jacques Bajardo, un des citoyens les plus distingués de Parme. Les poëtes mêlaient leurs hymnes aux accents de joie des populations, et chantaient dans Jules II le libérateur de l'Italie.

L'altière Bologne, après la retraite des Bentivogli, fut obligée de capituler le 10 juin. Jules avait lieu d'être irrité contre les habitants de cette cité ; il parlait de la raser, de la ruiner, de l'abattre à coups de canon. Mais la colère passa rapidement : une heure de sommeil avait le pouvoir de calmer le vieillard. Dieu eut pitié de la ville coupable : il lui envoya un ange gardien, le cardinal de Médicis, qui prit en main les intérêts de la cité dont il avait été nommé gouverneur, plaida noblement la cause des vaincus, et les réconcilia bientôt avec le pape. Par ses soins, les portes de Bologne s'ouvrirent aux exilés que leur attachement au saint-siége avait forcés de s'expatrier. Avec des hommes tels que le légat, les haines s'apaisent bien vite. Il est certain que le peuple révolté n'aurait plus mis en pièces la statue de Jules II.

Après les villes et les citadelles, les hommes vinrent faire leur soumission au saint-siége. Le duc Alphonse d'Este songea un des premiers à se réconcilier avec Jules II. Pendant tout le temps de la domination française en Italie, il s'était montré l'un des plus obstinés ennemis du pontife. Ce n'était pas seulement un courtisan accompli, un bon soldat, mais un capitaine savant dans la manœuvre du canon. Nous avons vu de quelle utilité l'artillerie de ce prince avait été à la sanglante journée de Ravenne. La bataille allait finir, quand Fabrice Colonne tomba dans les mains d'Alphonse. Louis XII réclama plus d'une fois ce prisonnier, qu'il voulait faire conduire en France : mais le duc résista ; les Français ayant été expulsés, il donna la liberté au captif, mais probablement avec l'intention secrète de se servir de Colonne pour faire la paix avec Jules II. Fabrice consentit à jouer le rôle de négociateur, et il fut plus heureux à la cour du Vatican que sur le champ de bataille : mais Jules II exigeait que la réparation fût aussi éclatante que l'avait été l'offense. Au mois de juin 1512, le duc, muni d'un sauf-conduit, quitta ses États et partit pour Rome.

Admis devant le pontife, la couronne ducale sur la tête, il s'agenouilla, et, avec les marques du repentir le plus profond, prononça ces paroles de soumission :

« Père très-saint et très-clément, je reconnais et je confesse avoir péché plus d'une fois contre la divine majesté, contre la personne sacrée de votre béatitude, vicaire du Christ sur cette terre, et contre le saint-siége, dont mes frères, mes ancêtres, et nous surtout, avions reçu tant de bienfaits. »

Les sanglots lui coupèrent un moment la parole ; il continua :

« Je viens donc, agenouillé devant la face de Votre Majesté, embrasser vos genoux, et implorer humblement mon pardon. »

Il inclina la tête en silence.

Alors le pontife s'approchant du suppliant : « Duc, vous dites vrai ; vous avez péché, et grièvement et souvent, contre le saint-siége apostolique. Et voyez ce que j'ai fait pour vous ! Vous alliez être la proie des Vénitiens, je vous délivrai de leurs mains, et vous me trahîtes ! J'avais chassé de Bologne les Bentivogli qui se disposaient à faire leur paix avec moi, quand vous les encourageâtes dans leur félonie, en les prenant sous votre protection. J'aurais pu confisquer vos États, je n'en fis rien. En ce moment le roi de France menaçait d'envahir Ferrare, je vous nommai gonfalonier de la sainte Église, et, pour vous aider à résister au monarque, je vous envoyai des troupes et des subsides. Louis XII voulait avoir à vil prix le sel de vos salines, je vous engageai à résister à ses prétentions ; je vous envoyai de nouvelles troupes, des subsides nouveaux ! Et à tant de bienfaits vous répondîtes plus tard en vous liguant avec mes ennemis ; alors je vous dépouillai de votre duché. Vous vous vengeâtes par le meurtre, la rapine, les ruines, la profanation des églises et le schisme ; car vous avez pactisé avec les schismatiques. Mais Dieu ne pouvait souffrir des énormités semblables ; il chassa miraculeusement les Français de l'Italie. Privé de l'appui de Louis XII, et voyant les Suisses accourir de leurs montagnes au secours du saint-siége, vous vous repentîtes ; mais ce repentir ne vient pas du cœur, c'est la nécessité qui l'a produit. Vous voilà implorant votre pardon : à l'exemple du Christ notre maître, je ne puis ni ne dois vous le refuser : soyez donc absous. »

Le duc se releva.

Le pape voulait réunir Ferrare aux États de l'Église : il fit offrir au prince en échange la ville d'Asti. L'offre fut repoussée, et le duc apprit bientôt que ses États avaient été envahis par les troupes pontificales. A l'aide de Marc-Antoine

Colonne, il put s'échapper de Rome. Il se cacha d'abord dans la forteresse de Marino, puis parcourut l'Italie, déguisé en moine, en soldat, en chasseur, en valet, pour échapper aux émissaires du pape. Quand il crut le moment propice, c'est-à-dire la colère du pontife apaisée, il rentra dans sa capitale aux acclamations des habitants.

Mais cette terrible image de Jules, qu'il avait vue devant lui pendant si longtemps, ne lui laissait plus de repos; les beaux vers de son poëte n'avaient pas même le pouvoir de chasser les funèbres visions qui le tourmentaient le jour et la nuit. Pour les dissiper, il résolut d'envoyer à Rome une ambassade solennelle; mais il ne trouva pas d'ambassadeur, la peur glaçait toutes les âmes. A la fin, un jeune homme s'enhardit et promit d'intercéder auprès de Sa Sainteté: c'était l'Arioste. Le poëte partit, demanda et obtint une audience. L'Arioste, en sa qualité de poëte, crut devoir parler au pontife le langage de ces fiers paladins qu'il s'apprêtait à mettre en scène; mais Jules II l'interrompit en le menaçant de le faire jeter dans la mer, s'il ne se montrait plus respectueux. Le poëte fit comme son maître, eut peur et s'enfuit en s'écriant:

« Jamais il ne m'arrivera d'aller à Rome pour calmer la grande ire de Jules II. »

Cette colère était trop vive pour durer longtemps. Le poëte et le soldat, un moment inquiétés dans leur retraite, se défendirent avec courage, laissèrent le pape tranquille, et finirent par rentrer dans les bonnes grâces du saint-siége, sous Adrien d'Utrecht, ce pape allemand qui eut trois passions dans sa vie : la paix, l'étude et les pauvres.

En ce moment, un autre poëte s'y prenait autrement que l'Arioste pour donner quelques heureux conseils à Jules II. Augurello disait au pape :

« Ne méprisez pas le pauvre petit présent que vous apporte

le poëte. Celui que vous représentez sur cette terre, le créateur de toutes choses, laissait venir à lui les enfants. »

Il est fâcheux que l'Arioste n'ait pas adressé une supplique à Jules II ; le pape aimait les beaux vers.

CHAPITRE XIII.

JULES II, PROTECTEUR DES ARTS ET DES LETTRES.

Enfance de Jules II, qui apprend à connaître Michel-Ange à Florence, et le fait appeler à Rome. — Entrevue du pape et de l'artiste. — Tombeau de Jules II. — Michel-Ange se brouille avec Sa Sainteté, et retourne à Florence. — Effroi de Soderini, qui tâche d'apaiser son compatriote. — Michel-Ange se réconcilie avec le saint-père. — Il est chargé de faire la statue de Jules II, puis des travaux de la chapelle Sixtine. — Bramante commence l'église de Saint-Pierre et meurt. — Caractère de cet artiste. — Protection que Jules II accorde aux arts. — Rome sous ce pontife.

Arbizuola est une maison de campagne délicieusement située dans l'État de Savone, moitié sur le penchant d'une colline, moitié dans une plaine, l'une et l'autre diversement fertiles. Sur le penchant de la colline s'étendaient autrefois des vignes, remplacées aujourd'hui par des oliviers ; dans la plaine étaient des arbres fruitiers, des plantes légumineuses, toutes sortes de beaux végétaux. C'est de cette ferme, habitée au XVe siècle par de riches cultivateurs, que partait deux fois la semaine, au lever du soleil, un pauvre enfant qui conduisait au marché voisin, et souvent jusqu'à Gênes, un batelet chargé de provisions. Quand la monture du fermier ne pouvait porter jusqu'à la mer la récolte de la journée, l'enfant prêtait docilement ses épaules. Souple, obéissant, jamais il ne faisait entendre un seul murmure : tout son bonheur était de revenir de Gênes les poches pleines de testoni, qu'il remettait fidèlement à ses maîtres. Ce jour-là on souriait à l'enfant ; à dîner, après la soupe, il avait un peu de légumes, quelquefois du pain blanc, un sourire de la maîtresse, et des paroles d'encouragement du fermier. Si par hasard il n'avait pas vendu sa charge, alors il trouvait des figures chagrines ; trop heureux quand on ne lui faisait pas expier par de rudes châtiments les torts d'un acheteur que rien n'avait attendri, ni les prières, ni la douce voix, ni les pleurs peut-être du petit messager.

Érasme, d'après un historien qui prétend avoir étudié sur des documents inédits les premières années de Julien, nous le représente, au retour du marché, faisant le métier de rameur sur une barque pour gagner sa nourriture quotidienne.

Cet enfant, c'est notre Jules II. On voit que la Providence ne l'a pas traité comme Médicis. A Julien du pain noir, un sommeil interrompu, de la paille pour dormir, pour maître un véritable geôlier, point de joie d'intérieur, point de doux regards paternels, point de mère pour lui sourire. Jean de Médicis, au contraire, a tout le bonheur que l'enfant peut rêver en cette vie : un père qui l'aime avec passion, une mère qui l'embrasse et le caresse sur ses genoux, des livres pour hochets, un palais bâti par Michelozzi pour berceau, un jardin plein de fleurs pour école. Dans cette répartition inégale de ses dons, la Providence avait ses vues sur l'avenir de ces deux enfants. Julien avait besoin d'être mené rudement, parce qu'il avait de grandes tribulations à supporter. S'il n'eût pas appris à souffrir, jamais il n'aurait pu tenir tête aux Français. A des soldats qui n'ont peur ni des neiges, ni des glaces, ni des fleuves, ni des montagnes, il fallait pour adversaire un pontife qui eût couché sur la pierre, qui se fût accoutumé à se lever à toute heure de la nuit, qui ne reculât ni devant le bruit du canon ni devant l'odeur de la poudre ; qui, en face d'une coalition contre le saint-siége, formée de presque toutes les puissances du monde chrétien : de la France, de l'Espagne, de l'Allemagne, de Naples, de Venise, de Ferrare, de Bologne, de Florence, ne désespérât jamais de la Providence, et qui fût toujours prêt à verser son sang pour le triomphe de l'Église. Car, ne nous y trompons pas, c'est pour cette Église, qu'il appelle son épouse, que Jules II luttera toute sa vie ; c'est pour la parer d'or et de diamants, comme il le dit, qu'il s'est fait soldat. Son patriotisme prend sa source dans la religion ; voilà pourquoi Jules est grand jusque dans ses faiblesses, car il ne pouvait point échapper à la loi commune de l'humanité. C'est de l'Italie que la lumière doit se répandre en Europe ; il importe donc que l'Italie vive, car l'esclavage c'est la mort. Qu'elle soit libre, et nous verrons alors cette semence intellectuelle, déposée dans les esprits par les Grecs de Constantinople et les Médicis de Florence, se développer sous Léon X. Il fallait deux choses à l'Italie : un bras et une tête ; le bras pour préparer le sol, la tête pour le féconder. Or Jules eut l'un et l'autre. Dans toutes nos histoires, c'est toujours le cavalier de la Mirandole qu'on nous montre : Jules cependant fut plus qu'un guerrier.

Au moment où le sacré collége décerne par acclamation au cardinal de Saint-Pierre-ès-Liens la plus belle couronne que puisse ceindre une tête humaine, la première image qui se présente au pontife, ce n'est pas les rayons dont elle est entourée, mais la poussière même dont elle est formée. Quand Rome se prosterne à ses pieds, il rêve à ses obsèques; il mourra bientôt, il lui faut donc un tombeau.

Il se rappelle alors que, pendant son séjour à Florence, il voyait quelquefois un artiste qui semblait avoir été abandonné de la Providence; qui avait lutté contre les préjugés de sa famille et les mauvais traitements de son père, et qui seul, à l'aide d'un peu de mortier ramassé dans les jardins du grand-duc Laurent, était devenu l'égal des plus habiles sculpteurs de l'Italie. A Michel-Ange il n'a pas fallu de maîtres, non plus qu'à Jules II de livres pour trouver, l'un les proportions anatomiques de l'homme, l'autre l'art de mener son siècle. Souvent, à Florence, de la Rovère s'est arrêté dans l'atelier du sculpteur, admirant avec quelle fougue l'enfant traite le marbre, sur lequel il ne s'amuse pas, à l'imitation des ouvriers vulgaires, à tracer des lignes et des contours que le ciseau suivra docilement, mais qu'il attaque, qu'il fouille et fait voler en éclats, et qui, dans moins de quelques heures, va prendre des traits, une figure, un corps, se mouvoir, vivre et respirer. Il s'est exilé de Rome, et sa patrie, cette Italie qu'il aime avec passion, est envahie, mutilée, déchirée par les factions; la dalle des rues de Florence retentit du bruit des pas de chevaux flamands, espagnols, allemands et français. Que Dieu l'appelle un jour à la papauté, il traitera l'étranger, qu'il eut le tort de favoriser d'abord, comme Michel-Ange traite la pierre; pour délivrer son pays, il ne s'amusera pas à faire de la finesse, à recourir à la ruse, à se servir des armes ordinaires à la diplomatie; il marchera droit à l'ennemi, il ceindra le baudrier, il endossera la cuirasse, il prendra l'épée, il fera jouer le canon, et le pays sera sauvé.

Il n'y avait en ce moment qu'un jeune Florentin qui pût comprendre Jules II, c'était Michel-Ange Buonarotti, justement celui sur lequel le pape avait jeté les yeux : Jules II venait de l'appeler à Rome.

L'artiste partit de Florence après avoir pris congé de son protecteur le gonfalonier Soderini, qui lui recommanda bien de ne pas brouiller la république avec Sa Sainteté. Soderini connaissait son compatriote, qui n'était pas disposé à se courber même devant la tiare; dont le cœur était aussi bon que la tête était mauvaise, et qui était fier de son ciseau autant que Pierre de Navarre de son artillerie.

Michel-Ange n'avait pas des goûts de grand seigneur, comme Raphaël; au lieu de se présenter au Vatican escorté d'une foule de pages, il vint dans un accoutrement modeste, seul comme un pauvre ouvrier qui débuterait en sculpture. Au palais pontifical, personne ne se détourna pour le voir passer; et, quand l'huissier annonça Michel-Ange, aucun murmure de surprise ne se fit entendre : probablement pas un des solliciteurs assis dans la pièce d'attente ne se doutait que cet étranger aux formes un peu rustiques était l'auteur de cette statue de David qui avait à Florence inspiré tant d'hymnes en prose et en vers, et que, dans son enthousiasme irréfléchi, Vasari devait mettre au-dessus de toutes les statues antiques.

Cette première entrevue entre le pape et le sculpteur fut ce qu'elle devait être, courte et vive. Jules, après avoir relevé l'artiste qui s'était agenouillé, lui dit le motif pour lequel il l'appelait à Rome.

« Je te connais, ajouta Jules, car il tutoyait ceux qu'il aimait; c'est pourquoi je t'ai fait venir ici : je veux que tu fasses mon tombeau.

— Je m'en charge, dit fièrement Michel-Ange.

— Un magnifique tombeau, reprit le pape.

— Il coûtera cher, dit en souriant Buonarotti.

— Et combien?

— Cent mille scudi.

— Je t'en donnerai deux cent mille. »

Il n'y avait rien à répondre : l'artiste se contenta de se jeter à genoux, de baisser la tête, et de recevoir la bénédiction du pape.

« Deux cent mille scudi ! » avait dit le pape à haute voix. Ces mots avaient été entendus dans la salle d'attente, en sorte que, lorsque l'artiste sortit de la chambre pontificale, les solliciteurs, les officiers, les prélats, se rangèrent sur deux lignes pour laisser passer le Florentin à qui Sa Sainteté jetait ainsi l'or à pleines mains.

Michel-Ange, en allant au Vatican, était instruit déjà, à ce qu'il paraît, du projet de Sa Sainteté, et d'avance il avait arrangé le plan du mausolée : ce plan était grandiose, et, sans Vasari, le croquis même, tracé de la main de l'artiste, ne nous en eût donné qu'une incomplète idée.

« Le monument devait avoir pour base un massif parallélogramme de dix-huit brasses de longueur sur douze de largeur. L'extérieur aurait été orné de niches séparées par des termes drapés supportant l'entablement. Chacune de ces figures aurait tenu en chaîne un captif. Ces prisonniers représentaient les provinces conquises par le pape Jules II, et réduites à l'obéissance des Etats de l'Église. Outre les emblèmes d'art, l'entablement aurait supporté quatre statues colossales : la Vie active, la Vie contemplative, saint Paul et Moïse, entre lesquelles se serait élevé le sarcophage, surmonté de deux statues, l'une représentant le Ciel qui reçoit l'âme de Jules II, l'autre la Terre qui pleure sa mort. En somme, le monument aurait été composé de quarante statues, sans compter les figurines et les ornements. »

De ces quarante statues, l'artiste n'en a terminé que trois : les deux Esclaves qui sont maintenant au Louvre à Paris, et dont il avait fait don à Robert Sforce, et le Moïse qu'on admire à Saint-Pierre-ès-Liens à Rome ; magnifique création qui, suivant Cicognara, n'a de modèle chez aucune nation de l'antiquité.

« C'est bien là Moïse, dit le poëte Zappi, quand il descend de la montagne le visage resplendissant d'une lumière céleste, quand il apaise les flots mugissants, que la mer à sa voix referme ses abîmes et engloutit les ennemis du Dieu d'Israël. »

Il est aisé de s'apercevoir, quand on connaît la figure de Jules II, que l'artiste florentin a voulu représenter le pape sous les traits du législateur des Hébreux : c'est le même œil creusé profondément dans une orbite osseuse, la même barbe qui tombe en flots épais sur la poitrine, le même front, haut et lumineux, et largement plissé par l'exercice continu de la pensée.

Michel-Ange s'était mis au travail avec son ardeur ordinaire : il voulait se montrer digne de la confiance du pontife, faire bien et aller vite. Jules II aimait ce jeune homme, qui dédaignait de se ployer aux exigences de l'étiquette romaine, qui ne demandait jamais d'audience, et se contentait, quand il venait au Vatican, de jeter son nom aux maîtres des cérémonies. Il riait de tout ce qu'on lui racontait des boutades vaniteuses, de l'humeur guerroyante, des scènes burlesques de son sculpteur, dans le cabaret de la rue des Banchi, plus tard le théâtre des exploits de Benvenuto Cellini, et où la garde pontificale avait dû plus d'une fois descendre pour rétablir la paix compromise par les saillies, les bons mots, les concetti et les satires des convives. A cette époque, la terre fouillée enfantait presque à chaque heure de la journée quelque statue nouvelle. Jules II se plaisait à consulter Buonarotti sur le mérite de l'œuvre. Ce sculpteur était une nature merveilleuse : non-seulement il savait travailler le marbre, mais il connaissait l'anatomie comme un médecin, peignait en maître, et au besoin composait en italien aussi bien que Laurent de Médicis.

Un jour donc, c'était au mois de janvier, en 1506, des ouvriers qui travaillaient à la vigne de Felice des Fredis, sous l'inspection du propriétaire, au-dessus des Thermes de Titus, trouvèrent un bloc de marbre engagé profondément dans une niche, et enveloppé d'une couche de terre, suaire de plus de quinze siècles. A mesure qu'on dégage le marbre, l'œil ravi reconnaît une tête d'homme dont le regard tourné vers le ciel exprime la souffrance ; deux enfants sans voix comme sans mouvement, et des serpents s'enroulant autour des membres nus de ces trois corps qu'ils déchirent de leurs morsures et souillent de leur bave. Un des spectateurs s'émeut à cette scène de douleur muette, sans qu'il en connaisse les acteurs, et se hâte d'aller chercher Sadolet, qui arrive et reconnaît le Laocoon tel que Pline l'a décrit. Bientôt, avertis par Sa Sainteté, accourent Julien de San-Gallo, Jean-Christ. Romano et Michel-Ange. — C'est le Laocoon, s'écrie Julien, le Laocoon dont parle Pline ; mais Buonarotti refuse de reconnaître le groupe original, qui n'était formé que d'un seul bloc, tandis que la copie porte les signes habilement dissimulés de sutures et de raccords, et son opinion semble avoir prévalu dans le monde savant.

Quoi qu'il en soit, le groupe qu'on venait de découvrir était un véritable chef-d'œuvre : le sculpteur avait vaincu le poëte ; en effet, son drame est plus beau que le drame décrit par Virgile. La douleur de Laocoon, remarque M. de Bonald, est toute chrétienne. Il ne jette pas, comme dans l'Énéide, d'épouvantables cris, *clamores horrendos*. Sa bouche reste fermée ; son œil seul parle en regardant le ciel, et ce langage paternel déchire le cœur et fait couler les larmes. Schelling, à ce sujet, fait une observation bien juste : c'est que l'art ne doit pas exprimer complétement la passion, autrement l'imagination du spectateur serait condamnée à rester oisive ; tandis que, devant toute représentation matérielle, elle doit conserver son activité, et pouvoir s'élancer hors de la sphère où s'est placé l'artiste.

Ne nous étonnons donc pas de tout ce bruit mélodieux que fit naître la découverte du Laocoon : les poëtes, en le célébrant dans de beaux vers comme ceux de Sadolet, ne tombaient pas cette fois dans le culte grossier de la matière. Il y a là plus que du marbre travaillé de main de maître ; il y a une douleur ineffable de père, une résignation sublime, une beauté calme qu'aucun sculpteur n'a jamais pu reproduire, un idéal enfin que l'esprit seul peut comprendre. Aussi personne ne s'étonna quand le pape, pour récompenser des Fredis d'une semblable bonne fortune, lui donna une partie du revenu des droits de gabelle imposés aux marchandises qui entraient à Rome par la porte de Saint-Jean de Latran. Le présent était magnifique, mais il ne valait pas celui que donnait à des Fredis dans sa tombe la voix des âmes artistes : l'immortalité.

Michel-Ange était une de ces natures fécondes, mais mobiles, qui se passionnent pour une œuvre qu'elles délaissent aussitôt que le germe en est créé. Le premier coup de ciseau donné au bloc d'où devait jaillir le sarcophage du pape, Buonarotti parut avoir oublié son marbre et sa promesse. Condivi, témoin un peu suspect, affirme que Bramante, parent de Raphaël, mit à profit l'insouciance paresseuse du sculpteur pour le perdre dans l'esprit de Jules II. Il y avait un moyen infaillible d'irriter Michel-Ange : c'était de lui refuser les scudi qu'on lui avait si libéralement offerts. Sur la foi de la parole du pape, le sculpteur avait fait venir de Carrare des marbres qu'on débarquait à Ripetta, sur le Tibre, et qu'on transportait ensuite à Saint-Pierre. La place en était à moitié remplie : il y en avait le long de l'église de Sainte-Catherine, et jusque dans les corridors du Vatican.

Les ouvriers attendaient leur salaire. Michel-Ange monte au Vatican : le pape n'est pas visible. L'artiste rentre à son logis, cherche, fouille, trouve quelques scudi qu'il a rapportés de Florence, et paye ses manœuvres, certain que le lendemain Sa Sainteté le fera rembourser de ce qu'il a dépensé. Le lendemain, il se présente de nouveau, et demande à parler à Jules II. « Pardon, dit un huissier, je ne puis pas vous laisser entrer. — Tu ne connais donc pas cet homme-là? dit un prélat à l'huissier. — Si bien, monseigneur, mais j'obéis aux ordres que j'ai reçus. — En ce cas, dit l'artiste, tu diras à ton maître que s'il veut me parler, il me cherche ailleurs. » Et il s'éloigne, descend précipitamment l'escalier du palais, rentre chez lui, charge ses domestiques de vendre ses meubles à des juifs, fait louer trois chevaux de poste, part à toute bride pour Florence, et arrive de nuit à Poggibonzi, château de la république, à dix-huit milles de Rome. C'est là qu'il s'arrête pour prendre du repos et dormir jusqu'au lendemain.

Il est plus aisé d'imaginer que d'exprimer la colère de Jules II. Cette belle barbe blanche qu'aimait tant Michel-Ange s'épanouissait sur une poitrine juvénile. A peine l'artiste entrait à Poggibonzi, que cinq sbires descendaient de cheval, pénétraient dans l'appartement du sculpteur, auquel ils enjoignaient de retourner à Rome.

Ils parlaient haut et insolemment ; mais Buonarotti, jeune, robuste, plein de courage, avait à ses côtés une bonne épée, à son service deux domestiques dévoués, et au besoin, pour le soutenir, les gens de l'auberge. Il menaça les sbires de les jeter par la fenêtre s'ils usaient envers lui de violence ; les sbires se radoucirent, et le prièrent poliment de prendre connaissance de la lettre dont ils étaient porteurs.

Jules II l'avait écrite à la hâte ; elle ne contenait qu'une ligne : « Reviens, ou je te chasse. »

Michel-Ange s'assit, prit de l'encre, et répondit au saint-père, en quatre lignes, « qu'il ne retournerait point à Rome ; que, serviteur fidèle et dévoué, il n'avait pas mérité d'être chassé du palais de Sa Sainteté comme un malotru. »

Les gens du pape reprirent le chemin de Rome, et Michel-Ange, le lendemain, se mit en route pour Florence.

Nous connaissons assez Soderini pour nous figurer la frayeur dont il fut saisi, quand Michel-Ange lui raconta la scène de Poggibonzi ; le gonfalonier était aussi peureux qu'Érasme. Chaque jour c'était un nouveau courrier apportant des dépêches de Rome ; une lettre en suivait une autre : le pape voulait absolument qu'on lui rendît son artiste ; mais son langage, bien loin, comme on le prétend, d'être empreint de colère, était plein de douceur et de modération.

« Michel-Ange, disait-il dans une dépêche adressée aux prieurs de la liberté et au gonfalonier, a peur de revenir ; il a tort, nous ne lui en voulons pas, car nous connaissons les artistes. Promettez-lui en notre nom, s'il revient, l'oubli du passé et nos bonnes grâces apostoliques d'autrefois. »

Soderini fit appeler Michel-Ange : « Sais-tu bien, lui dit-il en lui montrant la dernière lettre de Sa Sainteté, que tu as fait au pape une insulte que le roi de France lui-même n'aurait pas osé se permettre. Il ne s'agit plus de te faire prier. A Rome ! mon enfant ; car pour toi je ne veux pas me mettre le pape sur les bras, et compromettre la république : à Rome ! »

L'artiste, qui ne voulait pas contrarier son protecteur, ne répondit rien ; mais le lendemain, sans bruit, il fit ses préparatifs de départ. Il allait en Orient, où le Grand Seigneur l'appelait pour jeter un pont qui devait réunir Constantinople à Péra.

Ce jour-là, Soderini pressait affectueusement la main de l'artiste, et lui disait : « Mais tu n'y penses pas ! En Orient, au service du Grand Turc ! J'aimerais mieux trouver la mort en retournant à Rome, que d'aller à Constantinople. Le pape n'est pas méchant; s'il te rappelle, ce n'est pas pour te punir; c'est qu'il t'aime et qu'il a besoin de toi; et puis tu partiras avec le titre d'ambassadeur : voilà qui doit te rassurer. » Michel-Ange se sentait ébranlé.

Sur ces entrefaites, Bologne se soulève et secoue l'autorité du pape, et Jules II part de Rome pour mettre à la raison la ville ingrate, qui devait ses franchises, ses splendeurs, ses libertés au saint-siége, et que le pape vainqueur allait exonérer de cet impôt immoral connu sous le nom de *datio delle corticelle*, en vertu duquel on prélevait 2 1/2 pour 0/0 sur la dot de la mariée, et 16 soldi sur l'épargne du mari, si la jeune fille n'apportait aucun douaire.

— La conquête de Bologne, pensait Michel-Ange, plus encore que le temps, doit avoir calmé le saint-père : il partit pour Bologne.

Un matin qu'il entendait, suivant la coutume de la plupart des artistes, la messe à San-Petronio, il fut reconnu par les palefreniers de service, qui, moitié par force, moitié par persuasion, le conduisirent au palais des Seize, où le pape était à table en ce moment. A la vue de l'artiste, la figure de Jules se couvrit d'une rougeur subite. « Te voilà donc, lui dit-il; au lieu de venir nous trouver, c'est nous qui venons te chercher. » Michel-Ange était à genoux, demandant humblement pardon à Sa Sainteté. Le pape, la tête baissée, regardait de côté le suppliant sans mot dire, quand un prélat, à l'instigation du cardinal Soderini, le frère du gonfalonier, s'approcha, et haussant l'épaule : « Très-saint-père, dit-il, il faut lui pardonner; ces gens-là n'en savent pas davantage. » Le pontife releva la tête, et, d'un air de pitié, s'adressant au maladroit personnage : « Fi donc! dit-il, vous lui dites là une sottise que je ne lui aurais pas adressée, moi; allez-vous-en. »

Il fallait une victime au pape; elle venait fort heureusement de s'offrir en sacrifice. Le pape content bénit l'artiste, et la paix fut faite entre les deux puissances.

Pour sceller la réconciliation, le pape voulut que Michel-Ange élevât au vainqueur des Bolonais une statue en bronze, qui serait placée en face du palais des Seize. Quelques semaines s'étaient à peine écoulées, que le sculpteur présentait au pontife le modèle en terre cuite de la statue. Il avait besoin de consulter Sa Sainteté. La main droite du pontife s'étendait pour bénir : « Mais que fera la main gauche, très-saint-père? demandait l'artiste à Jules; que mettre dans cette main?.... un livre? — Un livre! à moi!.... Je ne suis pas un écolier. Je veux une épée, répond Jules II, qui se rappelait sans doute cette antique mosaïque de Saint-Jean de Florence, où le Sauveur, le jour du jugement dernier, de la main droite semble dire aux justes : « Venez, les bénis de mon père; » et aux réprouvés, de la main gauche : « Allez, maudits, au feu éternel. » On connaît le sort de cette statue, que l'épée dont l'avait armée le grand artiste ne put préserver des insultes de la populace, qui la mit en pièces au mois de mai 1511, lors du retour des Bentivogli à Bologne.

Michel-Ange, après l'inauguration de la statue, à la fin de décembre 1507, prit le chemin de Rome, où le pape l'avait précédé. Quelques mois plus tard, en 1508, Raphaël, appelé par Jules II, entrait dans la capitale du monde chrétien, qu'il devait orner de tant de chefs-d'œuvre.

Nous essayerons de les décrire en racontant la vie du peintre sous Léon X.

Le nombre des étrangers qui se rendaient à Rome chaque année aux cérémonies de la semaine sainte croissait incessamment; la chapelle qu'avait fait construire Nicolas V était insuffisante pour les recevoir. Sixte IV eut l'idée d'en faire un sanctuaire que la peinture et la sculpture devaient orner à l'envi ; il voulait une œuvre magnifique. Baccio Pintelli, architecte florentin, fut chargé d'exécuter les travaux de cette chapelle, qui prit dès lors le nom même du fondateur, qu'elle a conservé de nos jours. Baccio Pintelli appela, pour la décorer, les plus grands peintres de l'époque : Sandro Botticelli, Dom. Ghirlandajo, Cosimo Roselli, Luca Signorelli. Derrière l'autel, sur ce vaste espace où se déroule la scène du Jugement dernier, le Pérugin avait peint à fresque, avec son admirable talent, la Naissance de Jésus, celle de Moïse, et l'Assomption de Marie.

Jules II n'était pas content ; il voulait une œuvre d'une seule main, grandiose, toute chrétienne, qui couvrît la voûte du sanctuaire. Michel-Ange était là.

Or, c'est à peine si notre Florentin connaissait la méthode de peindre à fresque. Aussi, après quelques jours de réflexion, se hâta-t-il de se présenter au Vatican pour supplier Sa Sainteté de jeter les yeux sur un autre artiste. Jules II fut sans pitié ; il lui fallait des fresques de Michel-Ange.

L'artiste prend son parti, écrit à Florence, et bientôt voit arriver à Rome, dans son atelier, quelques peintres qui se mettent aussitôt à l'œuvre : pauvres ouvriers que Buonarotti renvoie bien vite, et dont il efface avec la brosse les malheureux essais ! Il travaillera seul ; le voilà qui dresse les échafauds, qui gratte les murs, qui fait tomber les anciennes peintures, qui prépare sa palette, qui prend son pinceau et commence quelques figures dont il paraît assez content ; mais, en se confondant, les couleurs s'écaillent et se détachent. Qu'on juge de sa douleur et de la joie de ses ennemis !

Alors, le désespoir dans l'âme, il retourne au Vatican ; mais le pape est plus que jamais inflexible. Heureusement Julien de San-Gallo vient au secours de Buonarotti, en lui donnant un procédé pour prévenir la formation de ces bulles qui tantôt restaient sur le mur comme autant d'ombres disgracieuses, tantôt, en se brisant, formaient comme autant de taches sur la muraille. Maître de ce secret, Michel-Ange se remet à l'œuvre, sûr cette fois de lui-même.

Quelquefois le pape impatient voulait connaître les progrès de l'œuvre du Florentin ; il arrivait sans se faire annoncer, posait le pied sur l'échelle, et en gravissait les marches soutenu par la main de Michel-Ange. Debout sur l'échafaud, il restait quelques minutes en contemplation devant des peintures dont aucune école n'avait encore offert le modèle. Créations exagérées, fantasques, désordonnées, mais pleines de flamme, et comme Jules II en aurait produit si Dieu l'avait fait peintre. On eût dit que le pape craignait de mourir avant l'achèvement de cette œuvre colossale. Un jour que du bas de l'échelle il disait à l'artiste : « Quand finiras-tu donc ? » Michel-Ange, sans quitter son pinceau, répondit froidement : « Quand je pourrai. —Quand je pourrai, reprit le pape ; tu veux donc que je te fasse jeter en bas de ton échafaud ? » Le peintre continua son travail sans s'inquiéter de la menace du souverain pontife ; et il avait raison, car à peine Jules s'était-il touché le front de l'anneau du pêcheur, que sa colère s'apaisait, et qu'il se mettait à sourire comme un doux enfant : tout était oublié. Il est vrai qu'il ne s'agissait pas cette fois de celle qu'il nommait son épouse. Vous pouvez l'offenser personnellement, comme ont fait Borgia, Maximilien, Baglioni ; dites qu'il s'enivre, ainsi que Louis XII le raconte, il sourira, et montrera la carafe d'eau pure qu'il vide deux fois dans un de ses repas qui durent le temps de dire un *Pater* et un *Ave*. Mais n'imitez pas Carvajal qui s'est révolté contre l'Église, car il attendrait l'heure de votre repentir pour vous pardonner.

Si Jules II obéissait aux sympathies de sa nature en attirant à lui Michel-Ange, il n'oubliait pas les artistes dont l'Italie s'enorgueillissait à si juste titre à cette époque. Presque tous, en apprenant l'exaltation du cardinal de la Rovère, avaient deviné que le pape nouveau, une fois sa grande mission accomplie, la délivrance de l'Italie, voudrait illustrer son règne par de merveilleux monuments. Ils arrivaient donc en foule à Rome, où tous trouvaient du travail et de la gloire.

Raphaël, chargé de peindre les chambres du Vatican, avait montré, dans la dispute du Saint-Sacrement, que, sans rival comme coloriste, il pouvait disputer à Michel-Ange la palme du dessin.

Bramante avait reçu du souverain pontife l'ordre de démolir l'ancienne basilique de Saint-Pierre et d'édifier à la place un temple qui devait effacer en splendeur celui que Salomon avait autrefois bâti au Seigneur. Saint-Pierre de Rome est l'œuvre de Jules II. Il en conçut l'idée, il en rêva les proportions gigantesques, malgré, dit un historien contemporain, l'opposition de presque tous les cardinaux, qui ne pouvaient sans douleur voir tomber cette vieille église de Constantin, sanctifiée par les ossements de tant de bienheureux, vénérée dans toute la chrétienté, et le siége de si hauts faits catholiques.

A gauche de l'antique basilique s'élevait jadis une colline qu'on nommait la colline des Devins, parce que le peuple, après l'expulsion des Étrusques, était venu, dit-on, y consulter l'oracle sur les destins de Rome. C'est près de là qu'étaient le cirque de Néron, les temples d'Apollon et de Mars, la voie Aurélienne, le pont triomphal, orné de statues, de trophées et d'insignes militaires. Le pont que seul pouvait traverser celui qui avait eu les honneurs d'une victoire sur l'ennemi, fut livré au peuple lorsque Constantin transféra le siège de l'empire à Constantinople, et détruit à l'invasion de Rome par les Goths sous Totila.

La basilique constantinienne avait reçu toutes sortes de beaux noms. Léon le Grand la nommait la couche glorieuse de la principauté de Saint-Pierre ; Grégoire IX, l'astre de cette terre; Nicolas III, la tête de l'Église catholique. Bramante fut sans pitié pour l'œuvre impériale; tout tomba sous les coups de son marteau : colonnes d'albâtre, bas-reliefs rehaussés d'or, statues de marbre, mosaïques grecques. Des peintures de Giotto une seule fut conservée.

Après trois ans de travaux préparatoires, on posa la première pierre du nouveau temple. Une messe solennelle fut célébrée; trente cardinaux y assistèrent. Jules II, en habits pontificaux, descendit dans les fondements de l'un des piliers de la coupole, de celui où se trouve la statue de sainte Véronique, et bénit un bloc de marbre sur lequel était gravée cette inscription :

†

Ædem principis apostolorum
In Vaticano vetustate et situ
Squalentem a fundamentis
Restituit Julius Ligur.
Pont. Max. An. MDVI.

Bramante était alors âgé de soixante-deux ans. Il avait achevé les quatre piliers de la coupole, et cintré les arcades qui les lient entre eux; il se préparait à commencer l'entablement circulaire qui sépare le tambour de la coupole des arcades sur lesquelles il porte, et allait terminer la branche occidentale de la croix, quand il mourut et fut inhumé dans l'église même de Saint-Pierre. Il est malheureux qu'aucune inscription ne rappelle la place où sont ensevelis les restes du grand architecte. Il emportait avec lui le secret de son plan, car c'étaient de simples maçons qu'il avait pris pour l'aider dans des travaux dont il ne voulait partager la gloire avec personne. En mourant, il désigna pour le remplacer Raphaël d'Urbin, auquel furent adjoints Julien de San-Gallo et frère Joconde. A peine les nouveaux architectes eurent-ils jeté un coup d'œil sur l'œuvre de Bramante, qu'ils signalèrent des disproportions évidentes entre la coupole et les piliers destinés à la supporter. La coupole, qui égalait en volume le Panthéon d'Agrippa, était surchargée de colonnes et couronnée d'une lanterne; les piliers travaillaient et menaçaient de s'ouvrir; il fallut modifier le plan de Bramante.

C'est Bramante qui, à l'inspiration de Jules II, éleva la grande chancellerie et l'église succursale de Saint-Laurent in Damaso, les deux corridors qui unissent les jardins du Belvédère au palais pontifical, la *logia* ou galerie de douze cents pieds de longueur, et qui, dans le principe, devait s'harmonier avec d'immenses édifices dont il avait jeté les fondements, et que la mort ne lui permit pas d'achever.

Bramante était une de ces natures vigoureuses formées sur le type de Michel-Ange et de Benvenuto Cellini. Parfois vous le voyez qui laisse le ciseau pour monter à cheval, couvert d'acier de la tête aux pieds, et pour suivre à la guerre son maître Jules II. Au camp, lorsqu'il ne se bat pas, il s'amuse à faire des sonnets. L'expédition terminée, il retourne à Rome avec son protecteur, se remet à l'ouvrage, peint, sculpte et construit.

Jules II voulait que Rome n'eût pas de rivale dans le monde. Il fallait donc lui donner ce qui manquait alors à toutes les villes, de l'air. Il fit détruire des édifices, élargir des places et tracer des rues. C'est à lui que Rome doit la rue qui porte le nom du pontife, *strada Giulia*, qui s'ouvrait devant le pont des Triomphes, qu'il avait le dessein de réédifier.

La rue des Banchi, en face du pont Saint-Ange, fut construite sous son règne.

On lui doit le canal souterrain qui, de S.-Antonino, conduit l'eau, à plus de cinquante palmes de profondeur, au jardin du Vatican, le long du Vignato, au Belvédère, au Forno, au Cortile de San-Damaso; la restauration de l'aqueduc *dell'*

Acqua Vergine; la Monnaie, rue des Banchi, où fut frappé, en 1508, le premier giulio; l'agrandissement du musée du Vatican, où il fit placer le Laocoon, l'Apollon, le torse d'Hercule, l'Ariadne endormie, l'Hercule Commode, la Sallustia Balbia Orbiana, femme d'Alexandre Sévère, sous la figure de Vénus; diverses chapelles à saint Pierre ès liens, aux douze saints apôtres, à sainte Agnès, hors des murs, dans la Santa Casa de Lorette; la citadelle de Civita-Vecchia, sur les dessins de Michel-Ange, et celle d'Ostie. Il protégea Balth. Peruzzi, Raphaël, Jean Razzi (Soddoma), Jules Romain. Il établit au Vatican une imprimerie d'où sortirent, sous son règne, un grand nombre de belles éditions d'auteurs classiques.

Quand Thomas Inghirami, en face du sacré collége, en racontant la vie de Jules II, s'écria : « Cette ville, naguère si pauvre et si mesquine, il en a fait quelque chose de grand, de magnifique, de splendide, digne en tout du nom qu'elle porte; » un murmure approbateur circula parmi les cardinaux.

Th. Inghirami était conservateur de la Vaticane. Jules II lui avait donné cette place si justement enviée, pour le récompenser de tous les beaux manuscrits qu'il avait découverts, en 1493, dans la bibliothèque du monastère de Saint-Colomban, à Bobbio. C'est là que Carlo Fea soupçonne qu'existait la République de Cicéron, que le cardinal Maï trouva dans des palimpsestes, où notre conservateur ne l'aurait pas cherchée sans doute. Inghirami avait d'autres titres à la faveur d'un pape que l'art de rassembler ou de découvrir des manuscrits. Il logeait dans son cerveau ce qui manquait à une bibliothèque. On peut en dire autant de monseigneur Maï.

Le monde avait alors les yeux sur Rome. A la lueur de cette lumière qu'elle a fait lever, les peuples étrangers commencent à se mettre en route pour visiter l'Italie. C'est l'Allemand qui le premier entreprend ce docte pèlerinage. Mais à peine a-t-il franchi les Alpes, qu'il se met à regretter son pays. Ce sont d'autres mœurs, d'autres habitudes, une autre langue, auxquelles il s'accoutume avec peine. La nature nouvelle qu'il a devant les yeux ne dit rien à son cœur. Où sont ses chênes séculaires, ses ombreuses forêts, ses cascades qui tombent de mille pieds de haut, ses neiges, ses précipices? Il n'aperçoit plus sa petite violette croissant au pied d'un glacier, ni son rhododendron que le vent agite sur la cime d'un rocher. Fleurs, verdure, végétation, tout vient, passe et meurt vite en Italie. Sa vue s'égare à travers l'espace sans trouver où se reposer. Le jour, la chaleur est étouffante; la nuit, l'air humide et froid. S'il descend dans une auberge, le vin que l'hôtelier lui sert monte à la tête, et, quand il se remet en route, il faut engager une longue dispute avec l'aubergiste qui veut le rançonner. A-t-il soif en chemin, il ne trouve pas, comme dans son pays natal, des fontaines rustiques improvisées à l'aide d'une branche d'arbre; le soleil a verdi l'eau qu'il puise dans le creux de la main pour la porter à ses lèvres. Qu'est devenue cette petite vierge, taillée grossièrement par le pâtre, placée à l'angle du chemin dans un buisson d'églantiers, et devant laquelle il s'agenouillait quand il était fatigué? S'il entre dans une église, il voit l'or et le marbre étinceler de toutes parts; mais plus de verre coloré qui porte sur la dalle cette douce lumière si propice à la méditation. Voilà les plaintes qu'exhale notre Allemand, et que Luther n'a cessé de reproduire. Mais l'homme du Nord est injuste; parce qu'il ne comprend pas la nature méridionale, il la calomnie. C'est bien autre chose quand il arrive à Rome. Il cherche autour de lui; ses yeux se mouillent de pleurs, et il s'écrie douloureusement : « Voyez donc, parmi les prélats et les cardinaux, pas une figure allemande ; il n'y a des Allemands que parmi les valets d'écurie, les porteurs d'eau et les muletiers. » Alors le mal du pays le prend ; il quitte Rome, mécontent, irrité, Rome qu'il n'a vue qu'à travers un oculaire infidèle ; et, de retour dans sa Teutonie, il jette aux ultramontains ces insolentes paroles : « Oui, le jour luira bientôt où nous ferons expier aux Italiens leurs grossiers dédains, où nous leur apprendrons si nous sommes des barbares, des ignorants, des muets ; notre pays se latinisera, et deviendra latin plus que le Latium lui-même. » Voyons si nous trouverons dans un autre enfant de la Germanie inférieure, qui vient visiter à son tour l'Italie, plus de calme et de raison.

CHAPITRE XIV.

RÉTABLISSEMENT DES MÉDICIS. — MORT DE JULES II. — 1513.

Jules II veut punir Soderini. — Portrait du gonfalonier. — Don Raimond de Cardonne, après le congrès de Mantoue, est envoyé pour réduire Florence. — Soderini veut se défendre, mais manque d'adresse. — Cardonne s'empare de Prato. — Soderini est déposé et exilé. — Restauration des Médicis. — Le cardinal rentre à Florence. — Comment il s'y conduit. — Julien est nommé chef de la république. — Conspiration de Boscoli. — Machiavel est mis à la torture. — Mort de Jules II. — Jugement sur ce pontife. — Lettre qu'il écrit à son frère.

Il était un homme que Jules II voulait punir plus sévèrement encore que le duc Alphonse d'Este : c'était Soderini. Le pape, sans contredit, eût préféré trouver sur son chemin ou un serpent ou un lion, et Soderini n'était ni l'un ni l'autre ;

non pas toutefois qu'il manquât de courage ou d'adresse, mais il ne savait se servir à propos ni de l'un ni de l'autre. Son courage était comme une lueur phosphorescente, qui ne brillait qu'un moment; son adresse était petite, mesquine, et toujours transparente. Il se disait politique parce qu'il taquinait son ennemi. Il crut avoir percé Jules II au cœur quand il eut ouvert Pise aux cardinaux rebelles, et s'est montré plus ardent gibelin que Dante en vendant des vivres à l'armée française, après la bataille de Ravenne. Pour se perpétuer au pouvoir, il avait soin de caresser tous les partis; il refusait de rappeler les Médicis, mais il les laissait correspondre avec leurs partisans intérieurs, et conspirer en plein jour. Cet homme a du reste des vertus réelles; il est sobre à table, modeste dans ses vêtements, simple dans ses goûts, chaste dans ses mœurs, constant dans ses amitiés; c'est un bon père de famille, mais qui n'a pas ce qu'on demande au premier magistrat d'une grande cité; quand il faut punir, il hésite, et l'intérêt de son existence ne le fait pas même sortir d'une apathie plus réelle encore que calculée. Bernard Rucellai, de retour à Florence après un exil volontaire de plusieurs années, réunit chaque jour dans ses beaux jardins près du Prato une foule de jeunes gens qui s'amusent tout haut aux dépens du chef de l'Etat, et leurs épigrammes courent les rues, arrivent jusqu'au gonfalonier, qui les répète à ses amis, et souvent invite à sa table ceux qui les ont composées. Au grand conseil, sa parole est douce, timide et souvent embarrassée; il faut l'étudier comme on étudie une énigme : non pas que Soderini soit dissimulé de son naturel, mais il aime les phrases où chacun peut trouver ce qu'il pense; c'est l'orateur aux demi-teintes, le politique aux ambages. Luther l'aurait appelé du nom qu'il donnait à Erasme, le grand *Amphibole*. Soderini se croit fin parce que jusqu'à ce jour il a réussi à se faire oublier; heureux, parce qu'il ne fait aucun bruit dans

Florence; habile, parce qu'il a servi tous les partis; républicain, parce qu'il s'habille comme un homme du peuple; grand seigneur, parce qu'il aime les arts : il ne s'aperçoit pas qu'au jour du danger personne n'accourra à son secours, justement parce qu'il n'a su dans sa vie amasser ni colères ni sympathies ardentes. Sa sentence est dans l'Ecriture : il périra par où il a péché, par la tiédeur.

Depuis quelque temps se tenait à Mantoue un congrès qui devait terminer diplomatiquement l'œuvre que les armes des alliés n'avaient pas encore achevée. Maximilien y était représenté par Mathieu Lang, cardinal de Gurck, homme rusé qui avait su conserver les bonnes grâces de l'empereur et du pape; Jules II, par Bernard de Bibbiena, véritable homme d'Etat; et la maison déchue de Florence, par Julien, frère du cardinal.

Dès la première séance, Julien y fit entendre des plaintes amères contre l'administration de Soderini; il accusait le gonfalonier de mauvais vouloir envers le saint-siége et de connivence avec Louis XII, deux crimes ou deux fautes qu'il devait expier par son expulsion de Florence. Le cardinal Soderini, ambassadeur de la république, défendait mollement son frère. Paul Jove lui reproche de n'avoir pas employé le seul argument qui pouvait sauver le gonfalonier, l'or répandu à pleines mains. Roscoë dit avec raison qu'il est permis de douter que le moyen indiqué par l'historien eût réussi : le renvoi de Soderini était arrêté dans les conseils du pape et de l'empereur.

Florence fut donc mise au ban de la ligue, et don Raimond de Cardonne se mit en route pour conquérir la Toscane et rétablir la maison de Médicis. Il passa l'Apennin le 9 août 1512; le cardinal le suivit en qualité de légat du saint-siége. Cependant Florence, pour détourner l'orage, avait envoyé à Cardonne des ambassadeurs chargés de plaider les intérêts de la république.

Quand il avait devant lui des Français, don Raimond de Cardonne marchait à l'ennemi en véritable Espagnol, c'est-à-dire lentement, de jour seulement, de peur d'embûches, se creusant le soir un lit dans la terre, pour être à l'abri de la bombe ennemie; faisant fouiller chaque hallier, chaque buisson, chaque monticule, où quelque lance gasconne aurait pu se cacher. Mais maintenant qu'il s'agit d'un ennemi faible et désarmé, il ne marche pas, il court. Ses vedettes ne sont plus qu'à quelques milles de Florence, et son canon menace déjà Prato. Ces pauvres ambassadeurs de la noble république n'ont trouvé dans le vice-roi qu'un adversaire intraitable qui a parlé haut et brièvement : il faut aux alliés, pour la sûreté de l'Italie, deux choses : d'abord la déposition de Soderini, ensuite le rétablissement des Médicis.

Soderini, dans cette extrémité, convoque le grand conseil. La parole du gonfalonier, comme celle d'un moribond, jeta quelques éclairs, surtout quand il montra les exilés rentrant dans Florence, après avoir mangé le pain de l'étranger, et tout pleins des souvenirs de leur chute et des rigueurs du peuple, dont ils voudraient se venger sans doute en confisquant les libertés nationales. L'assemblée s'émut, et les marchands de la rue des Calzajoli jurèrent de verser jusqu'à la dernière goutte de leur sang pour l'indépendance de la patrie. Rien n'est beau en ce moment comme le peuple florentin : ne rions donc ni de ces lances que le gonfalonier envoie, sous la conduite de Luca Savelli, au secours de Prato ; ni de ces misérables recrues battues par l'armée alliée sur les confins de la Lombardie, et qu'il rassemble à la hâte pour barrer le chemin aux Espagnols. Il croyait à l'expérience comme à l'habileté de Savelli, vieux condottiere blanchi dans les camps, et il espérait que ses miliciens débandés se changeraient en Spartiates : il se trompa, mais non pas aussi grossièrement que le croient certains historiens. La preuve, c'est que le général espagnol s'arrêta tout court, et cessa d'insister sur l'exil du gonfalonier. Ce qu'il demandait était moins encore le rappel des Médicis qu'une somme de trente mille ducats, et des vivres pour ses soldats qui mouraient de faim. Un autre que le gonfalonier aurait envoyé au camp ennemi l'or dont Cardonne avait le plus pressant besoin, puis les vivres dont manquaient ses soldats. Il hésita, et demanda aux pouvoirs de la république des conseils qu'il n'aurait dû prendre que de la nécessité : ce fut une faute irréparable.

Rien n'égale la fureur avec laquelle Cardonne attaque sur-le-champ Prato (30 août). Au premier coup de canon tiré sur la place, une pierre se détache de la muraille et tombe; la brèche est ouverte. Le soldat, excité par la faim et la vengeance, s'y précipite, franchit les fossés, pénètre dans la ville, massacrant hommes, femmes et enfants qu'il trouve sur son passage : c'est une boucherie horrible. Le sanctuaire lui-même allait être violé, livré aux flammes peut-être, avec ce troupeau de jeunes filles et de saintes femmes qui s'y étaient réfugiées afin d'échapper à la fureur des Espagnols, quand une robe rouge vint se placer à la porte de la cathédrale pour en défendre l'entrée aux vainqueurs : c'était celle du cardinal.

Il fallait un autre homme que Soderini pour sauver Florence. Au lieu de rassembler le peuple, de le pousser vers Prato, et, les armes à la main, de mourir en soldat, il reste tranquille dans sa maison, attendant que le ciel fasse un miracle pour un magistrat qui s'endort dans sa chaise curule. Il est bientôt réveillé de sa léthargie en entendant frapper violemment à sa porte. Ce sont des jeunes gens de famille, partisans des Médicis, et guidés par Antoine-François Albizzi et Paul Vettori, qui, l'épée à la main, se jettent sur le gonfalonier et lui crient : « La démission ou la mort ! » Soderini ne fit aucun geste de menace, ne proféra aucune parole d'indignation, ne fit entendre aucun murmure de douleur, mais baissa la tête en signe d'assentiment, et se soumit en véritable martyr à son triste sort. La victime a pu se taire par faiblesse ou par résignation; mais l'historien doit flétrir l'attentat d'Albizzi et de Vettori aux lois du pays dans la personne du gonfalonier. Soderini a droit à notre pitié : pendant sa longue administration, il ne fit verser ni une larme ni une goutte de de sang. C'est pour cela peut-être que Machiavel le place dans les limbes avec les enfants.

Les conjurés ne perdent pas de temps; ils assemblent les magistrats, font déposer Soderini et traitent avec le vice-roi. Le soir même, quelques groupes de cavaliers prenaient la route de Sienne, emmenant avec eux leur prisonnier, qui s'embarquait, quelques semaines après, dans le port d'Ancône, et faisait voile pour Raguse, moins heureux que Pierre de Médicis, dont il avait pris la place, car il n'avait pas les Muses pour compagnes d'exil.

Le 31 août fut un beau jour pour le cardinal. Après dix-huit ans, le proscrit revoyait sa chère Florence, et rentrait dans ce « doux nid » que son frère nommait la patrie. Il revoyait ce vieux dôme de Santa-Maria del Fiore, sous lequel il s'était si souvent agenouillé pour faire sa prière ; le baptistère de Ghiberti, qu'il prenait dans son enfance tant de plaisir à contempler ; la pierre où son grand poëte Dante s'asseyait pour méditer ; la Via Larga, où l'on avait relevé les bustes de Cosme et de Laurent. Voilà les deux petites chapelles claustrales où Savonarole prêchait l'Evangile ; voilà la porte du couvent de Saint-Marc, qu'un frère ferma impitoyablement au proscrit que la populace poursuivait à coups de pierres ; voilà la rue où seul, délaissé comme un malfaiteur, il rencontra Dovizi Bibbiena, désormais son compagnon d'infortune. Que de changements à Florence depuis que le peuple en chassa les Médicis ! Où sont Pic de la Mirandole, Chalcondyle, Politien, et tant d'hôtes illustres du palais de Laurent le Magnifique? Il ne les reverra plus; mais il lui reste encore de chauds amis à Florence : d'abord, ces jeunes gens du jardin de Ruccelai, qui travaillaient en plein jour au retour des bannis; puis les humanistes, qui mêlent leurs acclamations à celles du peuple, et crient *Palle! Palle!* et toutes ces saintes âmes qui n'avaient pas oublié le cardinal, qui le recommandaient à Dieu dans leurs prières, qui cherchaient à le consoler en lui adressant quelqu'un de ces manuscrits qu'elles avaient sauvés des mains de la populace.

Soyez béni entre tous, pieux camaldule, Pierre Delfini, qui vous montrâtes toujours si fidèle au cardinal votre élève; qui, dans les jours de prospérité, lui parliez un langage sévère; qui l'encouragiez dans le malheur, le recommandiez à la Providence, et qui reparaissez aujourd'hui pour lui donner des conseils de charité! Vous ne les aviez pas épargnés à Savonarole, ces paternels avertissements, mais il ne voulut pas vous écouter; Jean sera plus docile.

Le bon frère écrivait donc au légat : « Je vous recommande vos concitoyens, je vous recommande Florence et son peuple, je vous recommande surtout ceux qui purent autrefois vous offenser, s'il en existe; vous qui êtes si doux de cœur, si bon, si généreux, vous les recevrez tous dans vos bras, vous rendrez à tous le bien pour le mal. Votre nature est d'aimer et d'obliger; tous le savent, tous apprendront bientôt combien le salut de la cité vous est cher. »

Pierre Delfini ne parle pas ici en courtisan, il connaît le cœur du légat. Jamais aussi restauration ne coûta moins de larmes que celle des Médicis. Florence retrouvait dans le cardinal un ami, un protecteur, un père, un citoyen dévoué. Il est des tentations auxquelles il aurait pu sans doute succomber, et l'historien les aurait facilement excusées : il pouvait exiger la restitution de tous les biens dont sa famille avait été dépouillée au mépris du droit des gens; il demanda seulement la faculté de les racheter de ses deniers, en payant les améliorations qui pouvaient en avoir accru la valeur. Ceux qui avaient acheté à vil prix les manuscrits que Laurent avait payés si cher purent les garder comme un héritage de famille. Au palais de la Via Larga étaient autrefois des bronzes de Corinthe, des statuettes de maîtres grecs, des tableaux de vieux peintres ombriens, des bijoux émaillés d'orfévres florentins ; on savait ceux qui les possédaient, on ne leur dit rien. Quelques-uns d'eux voulurent restituer des trésors qui ne leur avaient même pas coûté le prix de la matière : le cardinal consentit à les racheter, et refusa de les reprendre.

Le lendemain de son entrée à Florence, il se leva de bonne heure, entendit la messe à Saint-Laurent, et pria longtemps sur le tombeau de son père. On lui montra une vieille bible dont le Magnifique avait fait présent au clergé de cette église ; il la prit, la baisa pieusement et la couvrit de larmes. Le cardinal était heureux ; il répétait avec son frère Pierre : « Mes cendres reposeront donc à côté de mon père, dans cette patrie qu'il avait faite si belle et si glorieuse ! »

Cette douceur de caractère que Delfini loue avec tant d'expansion, fit commettre au cardinal une grave faute : il affecta de se tenir à l'écart, quand on agita la question de la réorganisation des pouvoirs. Comme il ne voulait point entraver l'action populaire, le *consilio grande*, où dominaient des influences hostiles à la maison de Médicis, il fut maintenu dans ses attributions et conserva le droit d'élire les magistratures principales de la république. On décida, par une loi proposée et acceptée le 7 septembre au grand conseil, que le gonfalonier serait élu annuellement, et qu'on adjoindrait aux quatre-vingts citoyens revêtus de dignités éminentes les gonfaloniers des dix, les ambassadeurs et les commissaires de guerre : les quatre-vingts devaient choisir les dix de guerre et les huit de garde, qu'élisait le grand conseil. J.-B.

Ridolfi fut élu gonfalonier : c'était un partisan fanatique de Savonarole, qui probablement n'eût attendu qu'une occasion favorable, l'éloignement des troupes espagnoles de Florence, pour chasser les Médicis. Dans une cité travaillée par les factions, il fallait bien se garder de ranimer le parti des Frateschi ; le légat comprit trop tard qu'il avait eu tort de se tenir en dehors des délibérations, et que la forme de gouvernement existant en 1494 pouvait seule protéger l'existence politique des Médicis. Ses amis demandaient un coup d'État, en d'autres termes, la violation de la constitution nouvelle, reconnue par Julien lui-même, le frère du cardinal. Pressé par ses conseillers, le cardinal y consentit. Au jour convenu, le palais où le conseil tenait ses séances est envahi par des hommes armés qui chassent les magistrats, improvisent un conseil où l'on fait entrer les partisans de l'ancienne maison, déposent Ridolfi et proclament Julien comme chef de la république. Le peuple ne fit pas même attention à ce coup d'Etat, et continua, quand il vit passer le cardinal, de crier *Palle*, et de demander à s'enrôler dans l'un des trois ordres créés par les Médicis pour l'amuser : l'ordre du Diamant, imaginé par Laurent le Magnifique ; l'ordre de la Tige du lis, inventé par Laurent, fils de Pierre de Médicis, et l'ordre du Joug, créé par le cardinal.

Si tous les citoyens de Florence avaient ressemblé au secrétaire d'État Nicolas Machiavel, les Médicis seraient rentrés plus difficilement dans Florence. Il n'avait que vingt-neuf ans quand il fut d'abord élu chancelier de la seigneurie, puis nommé secrétaire de l'office des dix magistrats de liberté et de paix, charge importante qu'il occupait depuis longtemps. A la première nouvelle de l'approche du cardinal, il avait parcouru le territoire de la république pour organiser une conspiration contre ces Médicis qu'il regardait comme les oppresseurs de son pays ; mais partout il avait trouvé des âmes indifférentes qui n'avaient pas voulu répondre à son appel. Il revint donc à Florence, prêt à saisir une occasion favorable pour les chasser de nouveau. Elle se présenta bientôt.

Parmi les jeunes gens qui s'étaient cachés le jour où les Médicis avaient recouvré le pouvoir, il n'en était aucun dont l'âme fût froissée comme celle de Pierre-Paul Boscoli. Les historiens contemporains nous le représentent alimentant dans la lecture des anciens son enthousiasme pour la liberté : le poignard de Brutus l'empêchait de dormir ; il résolut de s'en servir pour frapper les tyrans de Florence. Il lui fallait un Cassius ; il le trouva dans Augustin Capponi. Ces deux hommes et d'autres encore se furent bientôt entendus : on résolut de se défaire à tout prix des Médicis. Il paraît que Machiavel entra dans la conjuration. Malheureusement pour les républicains, Capponi laissa tomber par mégarde, dans la maison de Pucci, la liste des conjurés ; les magistrats avertis firent arrêter Boscoli, Capponi et Machiavel, qu'on mit à la torture. Le crime était patent : Boscoli et Capponi payèrent de leur sang le sang qu'ils voulaient verser ; Machiavel, protégé par l'éclat des services qu'il avait rendus à la république, dut attendre en prison la clémence de ses nouveaux maîtres.

En 1500, il était ambassadeur à la cour de Louis XII ; en 1502, auprès de César Borgia ; puis tour à tour en France, à Sienne, à Piombino, à Pérouse ; enfin auprès de Maximilien, empereur d'Allemagne. De semblables têtes ne tombent pas ; on les achète, cela fait moins de bruit, et Machiavel était disposé à faire bon marché de la sienne.

Quelque temps après la conspiration de Boscoli, Jules II mourut ; c'était un événement que cette mort, qui arriva le 21 février 1513. François Ier disait de ce pape, en s'adressant à Léon X : « Nous n'avons pas eu d'ennemi plus acharné, nous n'avons pas connu de guerrier plus terrible sur le champ de bataille, de capitaine plus prudent. En vérité, sa place était à la tête d'une armée plutôt que de l'Église. »

C'est un jugement que nous n'acceptons pas : Jules II fut encore plus grand pape que grand homme de guerre. Si, pour être pape, il faut savoir protéger les droits de l'autorité menacée par quelques cardinaux schismatiques, défendre dans un concile les enseignements apostoliques, n'appeler dans ses conseils que des hommes de science et de piété, donner au monde l'exemple d'une chasteté de mœurs irréprochable, veiller sans cesse à l'administration de la justice, garder la foi jurée, pardonner à ses ennemis, se confier en Dieu dans l'infortune, faire l'aumône, aimer les pauvres, épargner le trésor public, n'en distraire pas un denier pour les siens, puis mourir en bon chrétien, Jules II était digne de la tiare.

Nous avons de la peine à nous séparer de ce pontife-roi. Écoutons-le encore un moment ; voici ce qu'il écrivait de son lit de mort à son frère :

« Mon cher frère, » c'est au cardinal Sixte Gaza de la Rovère qu'il s'adresse, « vous ne comprenez pas pourquoi je me fatigue ainsi au déclin de la vie. A l'Italie, notre mère commune, je voudrais un seul maître : ce maître, ce serait le pape. Mais je me tourmente inutilement ; quelque chose me dit que l'âge m'empêchera d'accomplir ce projet. Non ! il ne me sera pas donné de faire pour la gloire de l'Italie tout ce que mon cœur m'inspire. Oh ! si j'avais vingt ans de moins ! si je pouvais vivre au delà du terme ordinaire, seulement assez pour réaliser mes desseins ! Mais j'ai bien peur que toutes mes fatigues ne soient dépensées en vain ! »

N'est-ce pas un beau rêve que l'idée de cette monarchie italienne sous le sceptre d'un pape tel que de la Rovère ? Que n'eût pas été Rome sous un prince qui se levait à quatre heures du matin, ne dormait qu'une ou deux heures, à table ne mangeait qu'un œuf et un peu de pain, et qui, après avoir dompté les Baglioni, les Bentivogli, les Vénitiens, les Français, assiégé la Mirandole, réduit Bologne, enlevé aux ennemis du saint-siége trente places fortes, doté sa capitale de rues nouvelles, de places magnifiques, d'aqueducs grandioses, mourut en laissant plusieurs millions? C'est alors que Jules aurait pu mettre en pratique cette maxime qu'il aimait à répéter : Les belles-lettres sont de l'argent pour le peuple, de l'or pour les nobles, du diamant pour les princes.

CHAPITRE XV.

LÉON X, PAPE. — 1513.

Modes usités pour l'élection du pape, compromis, adoration, accessit. — Le conclave. — Comment on y vote.— Le cardinal de Médicis part de Florence pour Rome, afin de prendre part à l'élection.— Comme le plus jeune, il recueille les suffrages. —Il est élu pape, et prend le nom de Léon X. — Ancien mode d'intronisation. — Couronnement du pape. — Léon X prend possession de Saint-Jean de Latran. — Description de cette prise de possession. — Joie que Rome fait éclater à la nomination de Léon X.

Le compromis, l'adoration, le scrutin, l'accessit ou l'accès, étaient autrefois les quatre modes usités pour l'élection d'un pape.

Les cardinaux, faute de s'entendre, donnaient pouvoir à l'un d'eux d'élire le souverain pontife ; c'est ce qu'on nommait le *compromis*.

Si les deux tiers des membres du sacré collége avaient réuni leurs voix sur l'un d'eux, ils allaient comme par inspiration le reconnaître pour chef de l'Eglise. Voilà l'adoration ou l'inspiration.

Quelquefois il ne manquait au scrutin qu'une ou deux voix pour que l'élection fût valide; alors les cardinaux allaient à l'accès, c'est-à-dire que, séance tenante, on suppléait ces voix par des billets qui portaient *accedo ad idem :* c'est l'accessit ou l'accès.

Grégoire XV, par une bulle expresse, décida que le scrutin serait désormais le seul mode d'élection.

C'est à Rome, dans le palais du Vatican, que les cardinaux se réunissent pour élire le pape : c'est là que s'assemble le *conclave.*

Dix jours après la mort du pontife, le lendemain même de ses obsèques (*novendiale esequie*), une messe du Saint-Esprit est solennellement chantée dans le chœur des chanoines de Saint-Pierre. La messe finie, un prélat, un évêque ordinairement, monte en chaire, et, dans un discours latin, résume la vie du pontife défunt, et exhorte les cardinaux à lui donner un successeur selon le cœur de Dieu : c'est le moment où les cardinaux entrent processionnellement au conclave. Ce jour-là seulement il leur est permis de dîner à leur palais, pourvu qu'ils rentrent le soir au conclave.

A peine le pape est-il mort, que les ouvriers travaillent au Vatican à construire autant de cellules que Rome compte de cardinaux; chacune de ces cellules est faite en bois de sapin, tendue de serge verte, et assez vaste pour loger deux conclavistes, l'un d'épée, l'autre d'église. Ces conclavistes sont chargés d'aller prendre dans un tour les vivres du cardinal qu'ils servent à table; ils sont vêtus d'une robe de chambre violette. Près de ce tour, plusieurs prélats veillent incessamment, afin d'empêcher qu'on ne glisse dans les mets destinés au cardinal quelques lettres ou billets, car toute correspondance lui est sévèrement interdite; autour du conclave, une garde nombreuse est distribuée pour défendre toute communication avec les cardinaux. Pendant les jours d'élection, chaque église de Rome fait alternativement une procession autour du Vatican, chantant le *Veni Creator*, pour attirer les lumières divines sur les électeurs. A six heures du matin et à dix heures du soir, le maître des cérémonies parcourt l'intérieur du conclave en agitant une sonnette et répétant : *Ad capellam Domini*. « A la chapelle du Seigneur. » Deux fois par jour, à ce signal, le matin à sept heures, le soir à trois heures, les cardinaux sortent de leurs cellules, accompagnés de leurs conclavistes, et se rendent à la chapelle Sixtine. Au milieu de cette chapelle est une petite table entourée de trois scrutateurs tirés au sort; d'un côté est un calice où chaque cardinal doit déposer son bulletin, de l'autre la formule du serment qu'il prête avant de voter : *Testor Christum Dominum qui me judicaturus est eligere quem secundùm Deum judico eligere debere, et quòd idem in accessu præstabo.* « Au nom du Christ mon Seigneur, qui doit me juger, je promets d'élire celui que je crois selon Dieu devoir être élu, soit au scrutin, soit à l'accessit. » C'est le conclaviste qui prépare les billets. « On plie une grande feuille de papier, que l'on coupe au pli du milieu ; on prend ensuite un des deux côtés plié de la largeur d'un doigt, et, après avoir roulé le reste du papier jusqu'à l'endroit qui est plié, on le coupe au huitième pli. Ce papier étant ainsi disposé, le cardinal écrit son nom à l'extrémité, par-dessous, et en cette forme : *Bartholomeus cardinalis...* Cela étant fait, le conclaviste roule encore le bout du papier jusqu'à ce qu'il ait atteint l'autre. » On met ensuite sur ce troisième pli un peu de cire d'Espagne sur laquelle on imprime deux cachets différents faits exprès, car le cardinal ne doit pas se servir de ses armes ordinaires. Sur les deux autres plis restés vides par le haut, le cardinal fait écrire par son conclaviste le nom du personnage auquel il donne son suffrage : *Ego eligo in summum pontificem reverendissimum et emi-*

nentissimum dominum meum cardinalem ***. « J'élis pour souverain pontife le révérend et très-éminent monseigneur le cardinal ***. » Le cardinal n'écrit pas de sa main ce vote, à moins qu'il ne sache déguiser son écriture. On plie le bulletin, et sur la suscription le cardinal fait mettre une devise. A mesure qu'un bulletin est écrit, le conclaviste le dépose dans le calice dont nous avons parlé. Les infirmiers vont recueillir dans les cellules les bulletins des cardinaux malades. De retour à la chapelle, on ouvre en présence des scrutateurs la petite cassette étroitement fermée où le cardinal malade a déposé son vote, et les bulletins sont jetés dans le calice. Alors un des cardinaux chef d'ordre renverse le calice sur la table; le scrutateur prend le billet, l'ouvre et lit le nom qui y est inscrit. Si le cardinal proposé a réuni les deux tiers des suffrages, il est élu canoniquement; dans le cas contraire, on brûle les bulletins à la cheminée d'un appartement voisin de la chapelle. Le peuple répandu autour du Vatican a les yeux fixés sur cette cheminée. Si, à l'heure où l'élection doit être consommée, il aperçoit de légers flocons de fumée s'échapper dans les airs, il se retire inquiet, silencieux : c'est que le scrutin n'a pas donné de résultat ; mais s'il ne s'élève aucune fumée, c'est que l'élection est terminée. Alors le peuple se répand dans les rues, attendant avec impatience qu'on proclame le nom du pontife nouveau.

Le 4 mars 1513, les cardinaux s'étaient réunis dans la chapelle de Saint-André. L'archevêque de Strigonie (Hongrie) célébra la messe du Saint-Esprit. La messe achevée, l'évêque de Castella prononça le discours *de eligendo pontifice;* puis, au bruit de l'hymne du *Veni Creator*, les cardinaux allèrent s'enfermer dans leurs cellules. Ils étaient au nombre de vingt-cinq.

Le cardinal de Médicis quitta Florence le 3 du mois de mars; souffrant d'un abcès, et obligé de voyager en litière, il n'arriva que le 6 à Rome. Il avait choisi pour conclaviste son compagnon d'exil, le jeune homme qui l'avait accompagné en France, en Allemagne, en Italie, et qui ne l'avait presque pas quitté depuis dix ans : il devait à Bibbiena cette marque de reconnaissance.

Le scrutin dura sept jours; c'était Jean de Médicis qui, comme premier cardinal-diacre, recueillait les votes. Le septième jour, son nom sortit du calice; il avait obtenu le nombre de voix voulu: tous les jeunes cardinaux lui avaient donné leur suffrage. Médicis, quand il eut compté les votes, ne fit paraître aucune émotion. Les cardinaux vinrent alors lui rendre leurs hommages ; il les embrassa tendrement. On lui demanda le nom qu'il choisissait, il répondit : Le nom qu'il vous plaira. Interrogé de nouveau, il dit qu'il avait songé quelquefois que, s'il montait jamais sur le trône pontifical, il prendrait le nom de Léon X, pourvu que le sacré collége le trouvât convenable. Les cardinaux inclinèrent la tête. Tous les papes qui avaient porté le nom de Léon avaient laissé de beaux souvenirs : c'était Léon le Grand, le restaurateur de l'église de Saint-Pierre; Léon III, mort martyr dans Saint-Sylvestre *in Capite*; Léon IV, à qui Rome, envahie par les Sarrasins, dut l'oubli de ses malheurs; Léon IX, un ange de chasteté. Alors le cardinal Alexandre Farnèse, précédé du maître des cérémonies, brisa l'une des fenêtres du conclave et dit au peuple :

« Je vous annonce une heureuse nouvelle : nous avons pour pape le révérendissime seigneur Jean de Médicis, cardinal-diacre de Sainte-Marie *in Domenica*, qui a pris le nom de Léon X. »

La foule répandue sur la place de Saint-Pierre cria : Vive le saint-père! *Palle! Palle!* et le pape, accompagné de tous les cardinaux et du clergé de Rome, se rendit à l'église de Saint-Pierre pour être intronisé. Il voulut y aller à pied.

Le père Mabillon, dans ses Commentaires des Ordres romains, a cherché quel était le mode d'intronisation en usage dans les premiers siècles de l'Église : il nous montre Etienne III, porté triomphalement de Sainte-Marie *in Præsepe*, où il fut élu pape, à la basilique de Saint-Jean de Latran, où, d'après Anastase le Bibliothécaire, le pape fut intronisé suivant la coutume. Ainsi donc, dans l'Eglise romaine, la cérémonie a quelquefois la vieillesse du dogme, et remonte jusqu'aux Apôtres. Quand Valentin fut proclamé pape, en 827, le sénat romain vint lui baiser les pieds, c'est-à-dire le saluer, suivant Anastase, *juxta morem antiquum.* « En ce temps-là, dit notre savant bénédictin, la consécration du pape avait lieu à Saint-Pierre, puis on le plaçait sur son trône, dans la même basilique ; ensuite il y célébrait la messe. De là on le conduisait au palais de Latran, où se donnait un grand repas. Le pape faisait des largesses au sénat et au peuple ; c'est ce qu'on appelait les *Presbyteria.* » C'était à peu près le programme usité au seizième siècle.

Au douzième siècle, le pape, après avoir admis au baiser les évêques et les cardinaux dans l'église de Latran, était conduit au portique du temple. Là était un siége de marbre sur lequel il devait s'asseoir, pendant que le clergé chantait l'antienne : C'est Dieu qui de la poussière tire les indigents, et du fumier le pauvre : *Suscitat de terrâ inopem, et de stercore erigit pauperem.* Magnifique image de notre néant à tous, pape, empereur, peuple, et que le protestantisme a voulu souiller en faisant de cette pierre je ne sais quel siége ignoble où il ne craint pas d'asseoir une prétendue papesse qui n'a jamais existé ; il le reconnaît lui-même aujourd'hui.

Selon le cérémonial romain, écrit sous le pontificat de Grégoire X, au treizième siècle, si le pape élu n'est pas dans les ordres majeurs, il doit y être promu d'après le rite ordinaire ; s'il n'est que sous-diacre, il est en amict, en aube, ceint d'un cordon et le manipule au bras ; s'il est diacre, il a l'étole transversale, le pluvial rejeté derrière le cou, la tête couverte d'une mitre. Pendant qu'il reçoit la prêtrise, un cardinal le sert et lui ouvre le livre à l'autel durant la messe.

Le lendemain de son ordination, le pape est consacré ; si la consécration épiscopale n'a pas lieu ce jour-là, le pape ne peut dire la messe ni en public ni en particulier, jusqu'à ce qu'il ait été promu à l'épiscopat.

Le pape, avant d'être sacré, est revêtu de tous ses ornements, à l'exception du pallium ; il s'avance vers l'autel, précédé de la croix pontificale qu'accompagnent sept flambeaux, et entouré de tous les cardinaux, évêques, prêtres, diacres et sous-diacres. L'évêque consécrateur, revêtu des ornements pontificaux, sans bâton pastoral, se dépouille de ses insignes après le sacre épiscopal du pape, et, mettant un surplis et une chape, sert le souverain pontife à l'autel.

Léon X n'était que diacre quand il parvint à la papauté. Le 15 mars il reçut la prêtrise, le 17 la consécration épiscopale, et le 19 la couronne. Le couronnement est une cérémonie profane pour les souverains séculiers, et toute religieuse pour le pape. L'origine en est fort ancienne, et remonte à Léon III, qui régnait en 795. Autrefois le couronnement avait toujours lieu le dimanche ou un jour de fête. Citons une coutume observée dans les temps anciens : un coq placé sur une colonne rappelait au pontife combien est fragile la nature humaine, pendant qu'un clerc chantait : *Non videbis annos Petri* : la misère de notre nature à côté de la brièveté de notre vie, deux éloquentes images.

Le 17 mars au matin, on avait élevé dans l'église de Saint-Pierre un vaste échafaud soutenu par des colonnes, orné de corniches et d'un entablement sur lequel était écrite en lettres d'or cette inscription : *Leoni X, pont. max., litterarum præsidio ac bonitatis fautori.* Le pape, conduit dans la chapelle de Saint-André, fut revêtu des habits sacrés, le pluvial blanc, la mitre lamée d'or, et de là conduit au maître-autel ; il était précédé du maître des cérémonies, qui tenait un roseau d'argent au bout duquel était un flocon d'étoupe à laquelle un clerc mit le feu, pendant que l'officier de Sa Sainteté chantait : *Pater sancte, sic transit gloria mundi.* Le pape, arrivé au pied de l'autel, se prosterna, fit une courte prière et commença la messe. Le saint sacrifice terminé, le pape fut conduit sur les marches de l'église, où le cardinal Farnèse et le cardinal d'Aragon lui posèrent la tiare sur la tête ; puis il bénit le peuple et retourna au palais des saints Apôtres.

Saint-Jean de Latran n'est pas seulement la cathédrale de Rome ; c'est encore la patriarcale de toutes les églises du monde, et, comme dit le vers,

... templum, caput urbis et orbis.

Il est d'usage immémorial qu'après son couronnement le pape prenne possession de cette basilique. Cette cérémonie eut lieu le 11 août, fête de Léon le Grand, anniversaire de cette journée où le cardinal de Médicis avait été fait prisonnier par les Français. Léon X voulut monter le cheval blanc qui le portait à la bataille de Ravenne. C'était un vieux serviteur dont le pape prenait un soin particulier.

Rome s'attendait à quelque spectacle magnifique : jamais en effet on ne déploya plus de pompe que dans cette prise de possession. J.-J. Penni, médecin de Florence, a décrit cette fête en véritable chroniqueur.

Le cortége était arrivé à l'église de Saint-Jean de Latran. Devant le portail de la basilique était cette chaise de marbre dont parle Mabillon, et sur laquelle le pape s'assit pendant que le clergé chantait le verset du psaume : *Suscitat de terrâ inopem*. Puis Léon alla se prosterner devant le maître-autel; après une longue prière, il fut conduit dans la chapelle de Saint-Sylvestre, où la noblesse romaine vint lui baiser les pieds. Chaque cardinal assistant reçut de la main de Sa Sainteté deux médailles en argent et une médaille en or; chaque évêque eut une médaille en argent.

On avait reconstruit à la hâte le palais de Constantin aux frais de la chambre pontificale, et sous l'inspection du cardinal Farnèse, archiprêtre de la basilique de Latran. C'est là que se rendit le pape, accompagné de tout son cortége, pour prendre possession de ses États comme prince temporel. Il y passa le reste du jour. Le soir il reprit le chemin du Vatican, où nous allons le suivre.

CHAPITRE XVI.

PREMIERS ACTES DE LÉON X. — 1513.

Lettres de Delfini et d'Érasme à Léon X. — Le pape demande et obtient la grâce de Machiavel. — Rappel de Soderini. — Le pape travaille à réconcilier entre eux les princes chrétiens. — Avances qu'il fait à Henri VIII, roi d'Angleterre, à Louis XII, roi de France. — Guichardin est chargé par la république de Florence de complimenter Sa Sainteté. — Le repos de l'Italie est de nouveau menacé. — Ligue de Louis XII et des Vénitiens. — Conseil que le pape adresse inutilement au roi de France. — La ligue franco-vénitienne est défaite. — Bataille de Novare. — Admirable conduite de Léon X après la victoire des alliés du saint-siége.

Pierre Delfini, qui avait écrit une si belle lettre au cardinal quand Soderini fut obligé de s'exiler de Florence, n'était plus à Fontebuona. Il avait été nommé supérieur de l'ordre des camaldules, et vivait à Venise au milieu de manuscrits dont il avait enrichi son couvent. En mourant il laissa un recueil de lettres que Jac. Brixianus, Bresciani, fit imprimer à Venise en 1524. Or, un moment, ce volume devint si rare, qu'on ne pouvait se le procurer, même en donnant de l'or à pleines mains, et qu'à Paris un exemplaire se vendit mille livres, comme nous l'apprennent les bénédictins Edmond Martène et Ursin Durand, qui l'ont fait entrer dans leur collection des Monuments historiques. Elles méritaient bien cette place glorieuse, ces lettres dictées par le cœur, et où comme dans un miroir se reflètent la piété, le savoir, la charité et toutes les vertus de Delfini. Un religieux camaldule nous dit que son général avait les cheveux blancs, la figure majestueuse, la parole douce et modeste.

A Florence, les maîtres n'avaient pas manqué au fils de Laurent le Magnifique. Delfini, choisi pour lui enseigner les premiers éléments de la langue latine, et sans doute pour aider les autres professeurs, n'avait cessé de prophétiser que l'enfant attirerait un jour les regards. Avec quel soin le bon frère veillait à ce que le poison de la flatterie ne vînt pas corrompre les dons qu'il admirait dans son élève! On a pu voir que Delfini, comme un ange gardien, vient à tout moment offrir son assistance à son disciple bien-aimé. Si le sort exile le cardinal, Delfini est là qui apprend au proscrit à supporter chrétiennement ce châtiment providentiel. Quand le ciel s'apaise, et que les Médicis, éprouvés par le malheur, rentrent à Florence, une voix se fait entendre à l'oreille du légat de Jules II ; voix chrétienne qui ne ressemble guère à cette musique de paroles adulatrices dont on cherche à l'étourdir : c'est celle de notre camaldule. Dieu vient d'élever à la papauté le cardinal de Médicis, qui a pris le nom de Léon ; on peut être sûr que Delfini n'est pas loin : le voilà qui écrit au souverain pontife :

« Quoique plusieurs de vos ancêtres aient été de vrais lions en sagesse et en doctrine, je ne sais quel présage m'annonce que ce nom de *Leo* vous vient directement de Dieu. Vous l'avez pris, ainsi qu'il est écrit, comme un signe de sagesse et de terreur : de sagesse pour l'âme obéissante, de terreur pour l'âme rebelle ; il sera l'objet des respects et de la vénération de tout ce qui porte un nom chrétien.

» Soyez béni, car vous avez été fidèle aux exemples de la vieille race des Médicis : vos oreilles se sont ouvertes aux cris du pauvre et de l'indigent. Vous vous rappeliez sans doute les mots de l'apôtre : Soyez hospitalier ; c'est par l'hospitalité accordée aux anges que plusieurs ont trouvé grâce devant le Seigneur. »

Voilà ce que le bon frère disait à Léon X, pendant qu'Erasme, qui venait de quitter l'Italie, écrivait d'Angleterre au pape nouvellement élu :

« Léon X, vous nous rendrez le gouvernement heureux de Léon Ier ; la piété érudite et le goût musical de Léon II ; l'éloquence féconde et l'âme de Léon III, qui n'a ployé ni devant la bonne ni devant la mauvaise fortune ; la simplicité et la prudence, vantée par le Christ, de Léon IV ; la sainte tolérance de Léon V ; l'amour pour la paix de Léon VI ; la vie toute céleste de Léon VII ; l'intégrité de Léon VIII ; la bonté de Léon IX : voilà ce que vous nous rendrez ; nous en avons pour garants et ces noms sacrés qui sont autant d'oracles, et le passé, et l'avenir ! »

Combien le langage du moine est préférable à celui du philosophe ! Le Batave ne fait que répéter les hymnes que l'adulation vient d'écrire sur le fronton de tous ces temples, sur la corniche de tous ces arcs de triomphe, sur le socle de toutes ces statues de pierre, de bois, de carton, érigés en l'honneur de Léon X, et que Penni nous a si complaisamment décrits. C'est de la flatterie mise en belle prose, et dont Érasme attend une récompense ; il ne prête pas même ses louanges, il les vend. Mais le moine, c'est une leçon indirecte qu'il donne au pape, son ancien élève, car il n'a pas voulu perdre ses droits de professeur. Quoique vivant dans la solitude, il sait ce qui se passe dans le monde. Avant d'entrer au couvent, il avait beaucoup pleuré. Il aime ceux qui pleurent, et il voudrait que le pape essuyât leurs larmes. Au delà des mers est un exilé, Soderini, qui mourra si Léon X ne le rappelle. Dans les prisons de Florence gémit l'ancien secrétaire de la république, Machiavel, qui s'est laissé entraîner dans la conspiration de Boscoli contre les Médicis : il faut que le pape lui pardonne, s'il veut accomplir le précepte de l'Apôtre, et plaire à son vieux camaldule.

Si le cardinal n'avait pas revu plus tôt cette chère Florence d'où l'avaient chassé les factions, c'est que toujours Soderini lui en avait barré le chemin. A son tour le gonfalonier avait éprouvé combien est fragile cette royauté que le peuple ôte ou rend dans un moment de mauvaise ou de bonne humeur.

Heureusement Léon X savait combien est dur le pain que l'exilé mange sur une terre étrangère, et deux jours après son couronnement il rappelait le gonfalonier. Plus Soderini avait été malheureux, plus le bref du pape devait être affectueux ; on dirait que Delfini l'a dicté :

..... « Nous conjurons votre seigneurie, dit Léon X, aussitôt qu'elle aura reçu et notre lettre et notre bénédiction, de se mettre en route, et sans délai de venir nous trouver ; plus vous mettrez de diligence dans vos préparatifs de départ et dans votre voyage, plus nous serons heureux. »

Quel exilé aurait pu résister à de si tendres avances ? aussi le gonfalonier se met-il en chemin comme le pontife le veut, sur-le-champ, et sans songer à revoir cette Florence qu'il a gouvernée pendant dix ans environ. Il arrive d'un trait à Rome, tombe aux genoux du pape, qui le relève et l'embrasse tendrement. Désormais il n'y a plus de Florence pour le proscrit : sa patrie c'est Rome, où Léon X le traite en véritable souverain. Il a conservé le titre que le peuple lui conféra ; on dit à Rome : le gonfalonier Soderini. Logé sur le mont Citorio, il voit à ses pieds cette autre reine déchue qui, après sa chute, a comme lui gardé son vieux nom. Semblable à la ville éternelle, Soderini a des courtisans nombreux, devant lesquels il joue toujours le rôle de dictateur. Un jour, un de ses hôtes s'avise de rappeler au proscrit le temps où il exerçait la première magistrature en Toscane. Le vieillard relève fièrement la tête, et demande depuis quand Soderini a cessé d'être gonfalonier de Florence.

Du moins, sur la terre étrangère, Soderini était libre et voyait la lumière ; mais Nicolas Machiavel, plus malheureux, plongé dans un cachot, attendait avec ses complices l'heure du jugement. Il passait pour démocrate : sa haine contre ces marchands de laine qui, sous le nom de Médicis, s'étaient faits rois de Florence, éclatait à chaque instant, et l'on disait que, pour chasser les tyrans, il se serait servi de la plume et du poignard. Léon X réclama et obtint la liberté de l'écrivain, de Nicolas Valori et de Jean Folchi. Boscoli et Capponi auraient dû la vie à l'intercession du pape, si la justice, qui n'était guère patiente à Florence, ne se fût hâtée de demander et de verser le sang des deux conspirateurs.

A peine Machiavel était-il sorti de prison, qu'il s'était hâté d'écrire à François Vettori, son protecteur, alors ambassadeur de Florence près de la cour de Rome.

« Me voilà donc libre, lui disait-il ; j'espère bien ne plus rentrer en prison, je serai plus prudent désormais ; les temps deviendront meilleurs, et les hommes moins soupçonneux.

» Vous savez la triste position de Messer Toto, je vous le recommande ; il voudrait, ainsi que moi, entrer au service de Sa Sainteté. Rappelez-moi, je vous prie, au souvenir de notre seigneur : qu'il tâche de m'employer, lui ou les siens. Je vous ferais honneur, j'en suis sûr. »

François Vettori répond sur-le-champ à son ami :

« A peine le cardinal de Médicis était-il élu pape, que je lui demandai votre liberté ; c'est la seule grâce que je sollicitai de Sa Sainteté ; et combien je suis heureux d'apprendre que vous êtes libre ! A présent, cher compère, je n'ai qu'une recommandation à vous faire, c'est de montrer du courage. Quand la fortune des Médicis se sera raffermie, vous ne resterez pas à terre. »

Machiavel n'avait pas été compris par François Vettori : ce n'était pas des consolations qu'il demandait à son ami ; à tout prix il voulait rentrer dans les affaires.

« Oui, répond-il à l'ambassadeur, tout ce que j'ai de vie, je le dois au magnifique Julien ; et, s'il plaît à mes maîtres de ne pas me laisser à terre, j'en aurai une grande joie, et je pense que je me conduirai si bien qu'ils auront lieu d'être contents de mes services. »

Au moment où Léon X rendait la liberté à Machiavel, le prisonnier travaillait à son livre du Prince, déification du fatum des anciens, ou de ce que la politique a nommé de nos jours nécessité. Il l'écrivait afin que ces Médicis qu'il avait voulu chasser de Florence, voyant combien était grande sa science politique, ne le laissassent pas languir plus longtemps dans la misère : car le gibelin ne pouvait pas supporter la pauvreté, qu'il regardait comme une chose infâme. Que Julien ou Léon X lui donne un emploi, même parmi ses familiers, le républicain ne se fera pas violence pour l'accepter. Il est prêt à rentrer au service de maîtres qu'hier encore il consentait à poignarder. Les Médicis eurent peur, et le laissèrent « à terre. »

A Florence, où l'avénement de Léon X à la papauté fut fêté comme à Rome, un marchand avait inscrit sur un arc de triomphe :

> Au restaurateur de la religion, de la paix et des arts.

Ce marchand avait compris et deviné Léon X. C'est bien à ces trois grandes œuvres qu'il songeait à se vouer en montant sur le trône. Le protestantisme a méconnu ce pontife : il n'en fait qu'un artiste auquel il veut bien accorder quelques louanges. Léon X fut un grand pape et un grand souverain. C'est dans cette triple vie de pape, de souverain, d'artiste, que nous l'étudierons. Jusqu'à son dernier soupir, nous le verrons travailler au triomphe de la paix et des lettres. Au lecteur catholique aveuglé peut-être par de funestes préventions puisées dans les écrits d'écrivains dissidents, nous ne demandons qu'une chose, c'est de n'ajouter foi qu'aux faits; les faits sont la poésie de l'historien.

Le rappel de Soderini, le pardon accordé aux conspirateurs florentins, et d'autres actes de générosité toute royale, causèrent dans Rome une joie inexprimable; cette fois le peuple fit comme les poëtes, il se mit à chanter dans des sonnets le successeur de Jules II. Léon X, dès qu'il paraissait en public, était accueilli par des cris d'admiration et de reconnaissance. Rome, après tant de luttes sanglantes, allait donc jouir du repos. Dieu semblait avoir suscité Léon X pour relever tout ce que le passé avait si fatalement renversé, pour apaiser les haines, réconcilier les esprits, ramener les cœurs égarés, réunir dans un même amour envers le saint-siège tous les souverains nationaux et étrangers.

Tout est à étudier dans un prince qui débute sur le trône ; on ne doit pas le perdre un moment de vue ; il faut s'attacher à ses pas, le suivre dans son palais, l'accompagner hors de sa cour, et chercher surtout dans sa correspondance à surprendre les secrets de son âme. Voyons ce que gagnera Léon X à cette appréciation intime.

Il existait à Florence de pauvres religieuses qui avaient souffert dans les guerres civiles dont cette ville avait été le théâtre. L'image de ces saintes filles, sincèrement attachées aux Médicis, se présente bien vite au nouveau pape, qui leur envoie deux cents écus d'or en signe de reconnaissance, leur demandant, pour ce petit présent, de recommander dans leurs prières, à Dieu et à la bienheureuse Vierge, celui qui n'a rien fait encore qui lui méritât le titre de vicaire de Jésus-Christ sur cette terre.

Dans toutes les lettres qu'il écrit immédiatement avant et après son couronnement, ce qu'il demande avec le plus d'insistance, ce sont des prières pour le repos de la chrétienté. Trop de sang et trop de larmes ont été répandus. Un moment, sous Jules II, le canon a cessé de gronder, et, dans ce court intervalle de repos, quelque chose de merveilleux s'est passé à Rome. On a vu accourir de toutes les provinces vers la capitale du monde chrétien les artistes les plus éminents. San-Gallo, Bramante, Fr. Giocondo, Michel-Ange, Raphaël d'Urbin, Peruzzi, Soddoma, sont venus visiter la ville sainte. C'est la papauté qui leur en fait les honneurs. La place de Saint-Pierre est un vaste atelier où l'on remue et où l'on travaille le marbre la nuit et le jour, et les collines qui l'environnent sont un vaste cimetière qu'on fouille incessamment pour en exhumer les statues antiques qui là dorment ensevelies depuis des siècles. A chacune de ces résurrections se trouve un poëte qui chante la relique en latin ou en italien. Que la paix dure encore quelques années, et la Rome d'Auguste va renaître ; Léon X le Florentin veut y attirer toutes les gloires. Aussi comme il s'inquiète, en chrétien d'abord, puis en artiste, des dissensions qui menacent, même de loin, le repos des nations! Sigismond, roi de Pologne, nourrissait contre Albert, marquis de Brandebourg, une vieille haine qui ne demandait pour éclater qu'une occasion favorable. Il fallait empêcher un conflit entre les deux princes. Alors la voix de la papauté était toute-puissante : on l'écoutait comme un écho de la voix même de Dieu. Le pape lui écrit : « Au nom de l'intérêt et de l'amour paternel que je vous porte, modérez les transports de colère qui vous animent; attendez l'arrivée du légat que je vous envoie, et qui écoutera vos plaintes et vos doléances respectives. Si vous le préférez, prenez pour arbitres les pères du concile de Latran, qui peuvent bien terminer les différends qui surviennent entre des rois, des ducs ou des princes. »

Albert dut à cette intervention du saint-siége la conservation de ses États, que Sigismond s'apprêtait à envahir; mais il oublia bien vite le service que la papauté lui avait si généreusement rendu; et lorsque, quelques années plus tard, un moine augustin vint prêcher la révolte contre Rome, un des premiers il renia la foi de ses pères. Il est vrai de dire que l'apostasie lui valut une couronne usurpée, les biens de l'ordre teutonique dont il était le grand maître, les revenus du clergé catholique, les pierreries des autels, et jusqu'aux celliers des couvents : la fidélité au saint-siége ne lui aurait donné que la paix de l'âme.

Un autre prince catholique devait trahir plus cruellement encore le saint-siége et son bienfaiteur : c'était Henri d'Angleterre.

On pourrait douter, en contemplant le portrait du monarque, peint par Holbein, que cette figure si pure, cette bouche si rosée, ce front si lisse, cet œil si doux, appartinssent au meurtrier d'Anne de Boleyn. Henri, à l'âge où l'âme insouciante ne rêve que plaisirs, s'occupait de choses sérieuses. S'il aimait à monter un cheval fougueux, à rompre une lance dans un tournoi, à danser dans un bal pour montrer les grâces de sa personne, il cherchait aussi la solitude pour étudier. Ses livres habituels étaient des livres de théologie ; saint Thomas d'Aquin était son auteur favori. Dans ses moments de loisir, il composait en musique des messes d'église.

Ses ambassadeurs auprès des puissances étrangères étaient en général des aristotéliciens renforcés. Son légat à la cour de Rome, l'évêque de Worcester, s'était fait estimer de Jules II par sa prudence, sa probité, ses mœurs et sa science. Le cardinal de Médicis l'aimait d'une affection particulière, comme il le disait à tout le monde. L'évêque le voyait souvent, et la conversation roulait presque toujours sur le jeune Henri, qui promettait au monde un monarque accompli.

Il fallait, par de douces paroles, attacher au saint-siége plus étroitement encore, s'il était possible, une âme si merveilleusement organisée. Celles que le pape lui adressa étaient faites pour charmer l'oreille d'un écolier qui se piquait de beau latin, et le cœur d'un prince qui se faisait gloire du titre d'enfant soumis de l'Église. Le pape s'attachait à relever en termes magnifiques les belles qualités du légat de Henri ; la piété, l'attachement au saint-siége du monarque anglais, les dons heureux que le ciel lui avait accordés, « et qui germeront bientôt, disait-il, et produiront des fruits abondants pour la république chrétienne. » En lisant ces lettres, vous retrouvez l'élève de Politien, amoureux comme son maître de l'épithète. C'est Bembo qui les écrivait le plus souvent, mais sous la dictée du pape, car la formule païenne ne s'y montre que rarement.

De nos jours, le pape n'écrirait pas autrement. Le moindre des billets de Léon renferme quelques élans de dévotion à la Divinité ou à la Vierge Marie, aux saints apôtres, ou au patron de l'Italie; son langage est partout digne et chrétien; à chaque ligne c'est un parfum nouveau de charité : pour le pape, aimer est un besoin. Il dit à tout le monde. Je vous aime; à Sigismond, au roi d'Angleterre, aux religieuses de Florence, à Raimond de Cardonne, vice-roi de Naples, au roi de France lui-même, Louis XII, qui avait souffert qu'on mît Jules II sur la scène.

« Je suis heureux, écrit-il à son frère Julien, que mon élévation au trône pontifical ait été accueillie avec joie par le roi de France. Oui, je suis de votre avis, il faut chercher à faire la paix avec ce monarque; les raisons que vous alléguez me plaisent infiniment. Vous le savez bien, le plus ardent de mes désirs est de voir les cœurs de tous les princes chrétiens unis par les liens d'une sainte et mutuelle amitié. Si je souhaitai la paix quand la fortune m'était moins propice, quels vœux ne dois-je pas former pour l'obtenir, aujourd'hui que je suis vicaire du Christ, source et auteur de toute charité? Je sais les marques d'affection que le roi vous prodigua quand vous fûtes forcé, dans des temps de troubles domestiques, de chercher un refuge en France! Je connais l'intérêt que les monarques français ont toujours porté à Florence notre patrie, ainsi qu'à notre famille. Je n'ai point oublié non plus les services qu'ils ont rendus au saint-siége; j'ai des dettes à payer, et je les acquitterai toutes, s'il n'y met obstacle. Qu'il le sache bien : je veux que vous lui disiez que je ne négligerai rien pour qu'il ne se repente jamais de s'être montré joyeux de mon avénement, surtout s'il me propose des conditions de paix justes, raisonnables, et n'engageant en rien l'honneur de ma couronne. »

Maintenant, si de nouveau l'Italie est exposée au fléau de

la guerre, au moins la papauté n'aura pas de reproche à se faire; elle parle en ce moment un langage tout évangélique. Léon X ne songe pas à venger l'injure que la France fit à Jules II, de si glorieuse mémoire. A Paris et à Lyon, on a vu la déposition du pape affichée sur les murs des églises. Son successeur oublie cet outrage; c'est lui qui vient le premier demander et offrir la paix à Louis XII. C'est qu'il sent bien que la paix seule peut l'aider à exécuter les vastes projets dont il a conçu l'idée. Si les puissances le lui permettent, il rendra Rome l'asile de la piété, des sciences et des lettres; il achèvera ce saint édifice que son prédécesseur a commencé; et à la construction du temple dédié au prince des apôtres il convoquera tous les arts, il en fera quelque chose de merveilleux. Dans Rome il percera de nouvelles rues, il agrandira la bibliothèque du Vatican, et l'enrichira de manuscrits nouveaux; il fera fouiller l'antique Forum et les vignes qui s'étendent autour de la ville, pour y chercher les œuvres des statuaires grecs et romains. Rome aura bientôt un gymnase où liront les professeurs les plus habiles qu'il pourra trouver en Italie. Il veut relever le culte de cette belle langue grecque qu'on parle à Florence, et qui servira non-seulement à l'initiation des âmes à la philosophie antique, mais encore à l'étude des Pères de l'Orient, gloire impérissable de notre Église. La muse latine, qu'il aima dès son enfance, aura son collége et son académie dans la capitale du monde chrétien.

Réveillez-vous, belle langue de Dante! vous venez de trouver dans Léon X un ardent protecteur; il ne pouvait vous oublier, vous que son père cultiva si glorieusement. Le pape sait par cœur la plupart des poëmes de Laurent le Magnifique, et, pour prouver que l'idiome italien peut lutter avec la langue de Virgile, il se plaît souvent à répéter la belle description de la Jalousie, que Laurent improvisait à sa villa Careggi.

Florence, pour féliciter Léon lors de son avénement à la papauté, jeta les yeux sur Bernard Ruccelaï, historien latin, qui, à la manière de Salluste, son modèle, affecte d'enfermer tout un tableau dans une phrase ; mais Ruccelaï refusa l'insigne honneur de haranguer le nouveau pape. Alors la ville fit choix de Guichardin, qui, bien loin de répudier l'idiome de Pétrarque, songeait à décrire en langue vulgaire les événements militaires dont l'Italie venait d'être le théâtre. C'est en italien qu'il voulut parler au pape, c'est en italien que le pape lui répondit : lutte ingénieuse où l'un comme l'autre apporte ce qui le distingue particulièrement : l'orateur de la république sa phrase ample et sonore, le pape son expression élégante et facile ; tous deux s'étudiant, sous l'œil de Bibbiena et de Sadolet, qui assistent à cette entrevue, à donner à leur harangue une forme toute romaine. Le pape ne ressemble pas à son prédécesseur Jules II, qui, l'épée à la main, après être entré en vrai soldat à Mirandole à travers une pluie de feu, se troublait en face d'un pauvre petit envoyé d'une pauvre petite république, et cherchait péniblement une expression sans pouvoir la trouver. Léon X est un orateur disert, à qui jamais le mot propre ne fait défaut, et qui, mis à l'improviste sur une question religieuse, politique ou littéraire, répond toujours pertinemment.

Au mois d'avril 1513, un religieux de l'ordre de Saint-François quittait Venise, et s'acheminait vers la capitale du monde chrétien pour féliciter Léon X, auquel il avait donné pendant quelque temps des leçons de grec. C'était Valeriano Bolzani de Bellune, qui avait parcouru à pied la Grèce, la Syrie, la Palestine, l'Égypte, l'Arabie, et qui, pour la première fois, afin d'aller plus vite, se servait d'un cheval pour traverser le défilé pierreux d'Assise. C'était un glorieux représentant de la Grèce, dont il enseignait la langue : afin d'en faciliter l'étude, il avait composé une grammaire où les règles de l'idiome étaient tracées dans un latin qui ne manquait ni d'élégance ni de précision. Le premier ouvrage qu'Érasme, en arrivant à Venise, avait voulu se procurer, c'était le Rudiment de Bolzani, publié au mois de janvier 1497, chez Alde Manuce; mais il était épuisé. Quand ses leçons, qui ressemblaient un peu à celles qu'on donne chez nos frères des écoles chrétiennes, étaient terminées, Bolzani prenait le chemin de l'imprimerie d'Alde, son ami, et se mettait à la casse comme un ouvrier. Il avait soixante-trois ans quand il vint, seul, par des chemins difficiles, pour baiser la main de son élève devenu pape. Le professeur s'était obstiné dans sa pauvreté. L'écolier fit tout son possible pour retenir son vieux maître; il employa pour le séduire cette belle langue grecque qu'ils avaient apprise ensemble; mais Valeriano Bolzani fut inflexible. Il refusa tous les honneurs que le pape lui offrit, demandant pour toute grâce au souverain la permission de quitter Rome, de retourner à Venise, où, à défaut d'épreuves qu'il ne pouvait plus lire, car le travail lui avait usé les yeux, il avait les beaux arbres de son couvent à émonder. Léon X le rendit à ses jardins. Bolzani allait succomber encore à la tentation des voyages, et, pèlerin septuagénaire, chercher des mondes inconnus, quand il tomba d'une échelle sur laquelle il était monté pour tailler un arbre, se cassa la cuisse, et dut renoncer à sa vie des grandes routes.

Au moment où Rome et Florence célébraient l'élection de Léon X, le repos de l'Italie était de nouveau menacé. Louis XII, qui ne pouvait renoncer au duché de Milan, venait de détacher Venise du Saint-Siége. Venise, cette vieille rivale de Rome, abandonnait des alliés qui l'avaient sauvée, et signait, le 15 mars 1513, avec le roi de France, un traité où elle garantissait au monarque le duché de Milan, en échange de Crémone et de la Ghioradadda, que le prince abandonnait à la république. Pendant que Louis, au mois de mai, envahirait la Lombardie, les Vénitiens devaient, avec huit cents gens d'armes, quinze cents chevaux et dix mille fantassins, attaquer le Milanais.

Au mois de mai, Louis de la Trémoille amenait à Suse douze cents hommes de cavalerie légère; Robert de la Mark, surnommé le Sanglier des Ardennes, huit mille lansquenets; et de Fleuranges et de Jamet, huit à dix mille Français recrutés de toutes parts. Les Vénitiens étaient à San-Bonifacio; Barth. d'Alviane, à qui Louis XII avait rendu la liberté, commandait les troupes de la république. En face de forces si imposantes, Raimond de Cardonne abandonna Tortone et Alexandrie, et se retira sur la Trebbia. Les Suisses se replièrent sur Novare.

La ligue franco-vénitienne fut heureuse : Alexandrie et Asti tombèrent au pouvoir des Français, dont la bannière flotta bientôt sur les clochers de Milan. Valeggio, Peschiera, Crémone, reconnurent l'autorité de Venise, et Antoniotto Adorno fut chassé de Gênes, et remplacé par Octavien Frégose, l'ami des Français. L'œuvre de Jules II était compromise : la Lombardie appartenait à l'étranger.

A la première nouvelle du traité de Blois, Léon X s'était hâté d'écrire à Louis XII. La lettre du souverain pontife restera comme un modèle de douceur évangélique. Le pape engage son cher fils, au nom de Dieu, à renoncer à cette funeste expédition qui ne peut que causer de nouvelles douleurs à l'Italie : « Nous avons vu de nos yeux, lui dit-il, et ce souvenir nous déchire le cœur, des villes incendiées ou ruinées, des églises violées et ensanglantées, des jeunes filles déshonorées, de saintes femmes immolées. N'est-il pas temps que l'Italie respire? Si la guerre doit éclater de nouveau, qu'elle épargne au moins ce malheureux pays. Au nom du Dieu des miséricordes, nous vous en prions, songez au beau nom que vous portez ; rappelez-vous votre ancienne tendresse pour le saint-siége. Si vos droits sont fondés, ayez recours aux négociations et non point aux armes. Nous sommes prêt à vous aider, à vous servir de toute notre bienveillance, de tout notre amour ; nous n'avons qu'un seul désir, c'est que la paix règne dans toute la chrétienté. »

Ces conseils ne furent point entendus.

Alors Léon X, se rappelant l'exemple de Jules II, prend ses mesures pour préserver et sauver l'Italie. En moins de quelques semaines, il conclut avec Henri VIII d'Angleterre, l'empereur Maximilien et le roi d'Espagne, une ligue qui est signée à Malines le 5 avril 1513. Le pape comptait sur les Suisses. Mathieu Schinner, dont la haine contre les Français n'avait pas même besoin d'être réveillée, alla dans les montagnes d'Uri, d'Unterwald et de Zug, recruter de nouveaux soldats. C'est quelque chose de merveilleux que le dévoûment au saint-siége de ces cantons alpestres. Un pâtre, sur la cime d'un rocher, fait retentir un cor : à ce son, tous les habitants des villages se rassemblent autour de l'église paroissiale ; un moine annonce en chaire la croisade nouvelle, et quelques jours après, souvent même le lendemain, ils partent pour le rendez-vous assigné, précédés d'une bannière où on lit en lettres d'or : *Domitores principum. Amatores justitiæ. Defensores sanctæ romanæ Ecclesiæ.*

Trivulce s'était vanté de prendre les Suisses comme on prend du plomb fondu dans une cuiller. Ces Suisses étaient enfermés dans Novare. La brèche fut ouverte en quelques heures. Bien loin d'être effrayés, les assiégés firent dire au général français qu'il pouvait garder sa poudre pour l'assaut, et qu'ils étaient prêts à élargir la brèche. Cependant les recrues de Schwytz, d'Unterwald et d'Uri, arrivaient par le Simplon, le Saint-Gothard et le Vogelberg. Le Sanglier des Ardennes voulait qu'on allât sur-le-champ leur offrir la bataille ; Trivulce fut d'un avis contraire, la Trémoille fut de l'opinion du général italien. On décida qu'on lèverait le camp, et qu'on irait l'asseoir à quelque distance de Novare. Mais les Suisses, qui avaient reçu de nombreux renforts, résolurent d'engager l'action. Le 6 juin, ils s'ébranlaient en colonnes serrées, sous le canon ennemi qui leur emportait des files de cinquante hommes, abordaient les Français, les prenaient corps à corps, et se servaient pour les tuer de hallebardes et de dagues : c'était un duel plutôt qu'une mêlée. Après cinq heures d'une lutte acharnée, les Suisses se jetèrent à genoux pour entonner un vieux cantique montagnard en l'honneur de Marie : ils étaient vainqueurs ; huit mille cadavres français, un poignard dans le ventre, jonchaient le champ de bataille.

La papauté a maintenant de grands devoirs à remplir ; voyons comment elle s'en acquittera.

Marie Maximilien Sforce, chassé de Milan par ceux qui l'avaient reçu sous des arcs de triomphe, rentrait dans sa capitale, irrité contre ses sujets ; le sang allait couler peut-être : Léon écrit au prince :

« Rendez grâce à Dieu qui vient de vous donner la victoire, et montrez-vous digne de sa protection, en ne vous laissant pas succomber aux enivrements du succès. Non, ceux qui vous ont offensé ne voulaient pas votre ruine. Je vous en prie, je vous en conjure, au nom de l'amour que je vous porte, vengez-vous de vos ennemis, non pas par le châtiment, mais par la clémence... Encore une fois, je vous en prie, usez avec modération de votre victoire. »

Et Maximilien se laisse fléchir.

Raimond de Cardonne, vice-roi de Naples, avait contribué à la victoire des Suisses ; Léon lui écrit : « Je viens d'apprendre la victoire des Suisses et le retour de Maximilien à Milan. Combien je déplore la mort de tant de braves soldats, de tant d'illustres capitaines qui auraient pu rendre de si grands services à la cause chrétienne ! Ce que nous devons désirer, ce n'est pas la guerre, mais la paix ; ce n'est pas du sang, mais de la pitié.... Vous avez, je le sais, une grande influence sur l'esprit de Maximilien : servez-vous-en pour lui prouver qu'il n'est rien qui sied à un prince comme la douceur, la bonté, la clémence. Qu'il oublie les injures, qu'il pardonne, qu'il s'étudie à gagner non pas la fortune, mais le cœur de ses sujets. »

Et le vieux général entend la voix du pontife et intercède efficacement pour des sujets révoltés.

Le marquis de Montferrat avait livré passage aux Français qui marchaient sur Milan ; il allait être puni sévèrement, quand Léon intervient en sa faveur :

« Le prince était trop faible, écrit le pape au duc de Milan, pour s'opposer de vive force au passage des Français ; il vous aurait ouvert ses États si vous aviez voulu envahir la France. Pitié donc pour le marquis ! Si vous pratiquez la clémence, Dieu vous récompensera dès cette vie. »

Et Maximilien écoute encore une fois la voix de Léon X.

Henri VIII, à l'instigation du saint-siége, au moment où Louis XII signait avec les Vénitiens le traité de Blois, passait à Calais avec un corps de troupes considérable. Le comte de Shrewsbury assiégeait Térouane ; le duc de Longueville, accouru pour secourir la place, avait livré bataille aux Anglais et avait été défait à Guinegate, dans cette terrible affaire connue sous le nom de la journée des Éperons. Cependant Louis XII sentait la nécessité de se réconcilier avec le saint-siége ; des propositions avaient été faites au pape. Léon X écrit à Henri VIII : « On vient de m'apprendre vos victoires ; j'ai fléchi le genou, levé les mains au ciel et remercié Dieu. Ce n'est pas vous qui avez vaincu, c'est le Seigneur qui vous a donné la victoire : humiliez-vous, ce sera vous montrer digne de votre triomphe. Maintenant, qu'une seule pensée vous occupe : il n'est plus qu'un ennemi que vous deviez poursuivre, le Turc dont il faut dompter l'orgueil. Votre légat, l'évêque de Worcester, vous entretiendra plus longuement à ce sujet. »

Et Henri VIII rappelle ses armées, quitte Lille le 17 octobre, et arrive le 24 à son palais de Richmond.

Ce sont là des choses qu'on raconte simplement : les louer, ce serait les gâter.

CHAPITRE XVII.

SADOLET. — BEMBO. — BIBBIENA.

Sadolet étudie à Ferrare, s'attache à Virgile, puis à saint Paul. — Il part pour Rome; entre d'abord chez le cardinal Caraffa, et, à la mort de ce prélat, chez le cardinal Frégose. — Caractère de Sadolet. — Sa lettre à Mélanchthon. — *Bembo* se lie à Ferrare avec Sadolet; part pour la Sicile et apprend le grec sous Constantin Lascaris; retourne à Florence, où il fait connaissance de Lucrèce Borgia. — Bembo à la cour d'Urbin. — Il compose les Asolani. — Idées esthétiques de Bembo. — Sa théorie sur l'imitation. — Services qu'il rend à la numismatique. — Il protége Pomponace. — *Bibbiena*. — Idée de son caractère. — Étudie Plaute, et le prend pour modèle en écrivant la Calandra. — Ses idées artistiques. — Sadolet, Bembo et Bibbiena, trois symboles de la vie intellectuelle que Léon X réunit auprès de sa personne.

I. SADOLET.

Les deux hommes qui contre-signaient de si belles lettres étaient Sadolet et Bembo, que Léon X avait choisis pour secrétaires intimes. Celui qui avait pris une part active aux négociations auprès des cours alliées du saint-siége était

Bernard Bibbiena, que le pape avait nommé son légat, et qu'il devait bientôt décorer de la pourpre.

Le Quirinal est borné, au nord du Pincio, par un vallon où s'étendaient autrefois les jardins de Salluste; à l'est du Viminal, par la vallée de Quirin. La pointe du Quirinal se recourbe par une inflexion légère au-dessous de l'église des saints Dominique et Sixte. Trois coteaux s'étendaient jusque sur le Quirinal : le Latiaire, le Mutiel et le Salutaire. Le premier, au sud, où sont les monastères et l'église des saints Dominique et Sixte; le second où se trouvent les palais Rospigliosi et Pallavicini et la villa Aldobrandini ; le troisième où l'on a édifié le palais pontifical.

C'est sur la pente du Quirinal qu'habitait Sadolet, avant que Raphaël eût construit pour l'humaniste cette élégante maison qu'on admire encore à l'extrémité du Borgo-Nuovo.

C'est là que Sadolet passait presque chacune de ses soirées; c'est là le salon en plein vent où il aimait à recevoir ses amis. Il nous dit, dans une de ses lettres adressées à Colocci, les noms de tous ceux qui venaient lui faire la cour, à lui l'un des rois de la pensée de cette époque. Les visiteurs étaient nombreux.

Sadolet (Jacques), né à Modène le 14 juillet 1477, est une de ces organisations robustes, au front large, au teint coloré, aux muscles saillants, à la stature athlétique, telles que les pays de montagnes en produisent ordinairement, et comme Jules Romain en a introduit dans sa Bataille de Constantin contre Maxence. Avancé en âge, Sadolet devait ressembler à l'un de ces vieillards que Rubens a placés dans sa Déposition de croix à la cathédrale d'Anvers. Ainsi que Jules II, il avait adopté l'usage de la barbe : la sienne était longue, touffue, coupée en pointe et surmontée de deux moustaches en demi-cercle. Sans son habit ecclésiastique, il eût été bien difficile de deviner que cette figure hérissée de poils appartînt à un humaniste. On eût dit un de ces hommes d'armes au gantelet de fer, dont sa famille avait le glorieux privilége de fournir le monde.

Jean, son père, médecin habile, le destinait au droit. A Ferrare professait Nicolas Leoniceno, juriste renommé qui, après sa leçon, réunissait dans son logis quelques écoliers, auxquels il récitait des vers latins de sa composition. Il n'est pas rare alors de trouver des jurisconsultes qui cultivent les muses, témoin Alciati de Milan. Sadolet et Bembo faisaient toujours partie de ces réunions. Il ne paraît pas que ni l'un ni l'autre aient fait de grands progrès dans la science du droit : un penchant impérieux les entraînait tous deux vers les lettres. Sadolet avait adopté Virgile pour son poëte. Sur les bancs de l'école il s'amusait à versifier : son poëme *de Caio Curtio et Curtio lacu* renferme de véritables beautés. L'enfant excelle à décrire la nature physique ; mais ce qu'il y a de remarquable, c'est que dans les trois cents vers de cette muse de seize ans, rarement vous surprendrez le jet aventureux, l'expression figurée, l'image colorée qu'affectionne un écolier : Sadolet est raisonnable jusque dans ses vers.

A dix-huit ans il délaissa Virgile pour Aristote. Quand toutes les belles imaginations de la renaissance se passionnent pour Platon, la prédilection de Sadolet pour l'austère philosophe est un phénomène psychologique curieux à noter : c'est qu'avant tout le Modénais est logicien, et qu'il prise beaucoup plus la raison que l'imagination. Sa devise d'écolier, qu'il inscrira plus tard sur ses livres, c'est une âme tranquille dans un corps chaste : *sedatus animus, spectati mores*. Or cette quiétude intellectuelle, ce repos des sens, cette chasteté de termes, il les trouve dans Aristote. Mais il est un philosophe qu'il lui préfère encore : c'est saint Paul ; et dès sa jeunesse il s'est appliqué à chercher dans le grand docteur l'explication de mystères intimes dont la révélation seule, du reste, pouvait lui donner la solution complète. Si Dieu avait fait naître Sadolet dans un couvent, nous l'aurions surpris, comme Savonarole, méditant la nuit au pied d'un autel, car il était porté de sa nature au mysticisme : mais il est probable qu'il n'aurait pas fait le bruit que fit le frère dominicain, parce qu'il aimait la paix intérieure, et ce doux silence que l'âme qui veut s'approcher de Dieu doit par-dessus tout chercher. Nous sommes contents que son père ne l'ait point envoyé, pour terminer ses études, à Florence, ville païenne où le souffle du naturalisme aurait peut-être gâté ce qu'il y avait de virginal dans cette candide nature. Il préféra Rome, et il eut raison. La Providence, qui avait ses vues sur l'enfant, le prit par la main dans ce voyage, et vint avec lui frapper à la porte du cardinal Caraffa.

Archevêque de Naples, et décoré par Pie II de la pourpre romaine, Caraffa était vraiment un chrétien des anciens temps, dont la chaste demeure, *casta domus*, était l'asile du silence, de la prière, des bonnes œuvres, et des vertus domestiques. Sadolet n'eût pas mieux trouvé dans un couvent. Le prélat, pour lequel il avait une lettre de recommandation, le reçut avec une charité tout évangélique; enivré, dit un historien contemporain, de la modestie répandue, comme une douce odeur, dans les regards, la figure, le maintien et la parole de l'adolescent. Temps heureux vraiment que cette époque de la renaissance, où le maître de la maison regarde dans la sacoche d'un solliciteur, qu'il accueille avec empressement s'il y trouve un auteur latin ! Celle de Sadolet, et jusqu'aux poches de ses vêtements, étaient pleines d'exemplaires de Virgile, de Démosthènes, de Plaute, sortis récemment des presses vénitiennes, et qu'il s'amusait à feuilleter, assis au coin d'un arbre, quand la route l'avait fatigué. A partir de ce jour, il appartint au cardinal. Le prélat voulut en faire un prêtre. Sadolet, qui se sentait une vocation décidée pour le sacerdoce, se mit à étudier la théologie dans les Pères grecs et latins, et surtout dans saint Thomas. Quelques années après, il prononça ses vœux; vœux d'obéissance, d'amour et de dévoûment pour une Église qu'il devait glorifier moins encore par ses talents que par ses vertus.

La mort vint rompre trop tôt les liens qui attachaient Sadolet à son bienfaiteur.

Mais il ne resta pas longtemps seul : un autre prélat, l'évêque de Gubio, Mgr Frédéric Frégose, lui offrit un asile dans son palais. Or ce palais, véritable demeure des Muses, renfermait ce qu'après Dieu et son prochain, Sadolet aimait le mieux au monde : des manuscrits en toutes langues et de tous les âges, des chefs-d'œuvre de l'imprimerie des Alde, de la prose, des vers, des statues, des tableaux, des médailles, et par-dessus tout un beau jardin bien touffu, et où l'on pouvait se promener et méditer sans être vu; ajoutez à cela que le maître illustre de la maison entendait le grec, le latin et l'hébreu, si bien que Sante Pagnini lui a dédié sa grammaire hébraïque : voilà pour le savant. Quant à l'homme, Bembo en fait une peinture ravissante. Il dit que l'évêque était doux, affectueux, enjoué, et que quand il parlait l'oreille était charmée autant que le cœur. Pour comble de bonheur, l'humaniste aimait l'Écriture sainte, et saint Paul surtout, qu'il se proposait de commenter. Il ne faut pas croire, comme on l'a souvent répété, que l'exégèse fût une science inconnue avant la réforme. Elle était cultivée en Italie avec succès dans le xve siècle; seulement le mot à racine grecque n'était pas encore trouvé. Qu'importe! la plante, pour exister, n'a pas besoin d'avoir reçu le baptême du botaniste!

Disciple, protégé, ami du cardinal Frégose; au milieu de tous ces morts illustres, Démosthènes, Cicéron, Virgile, Horace, dont il feuilletait les écrits ; en relation avec les artistes qui fréquentaient le palais du cardinal, Sansovino, Fra Giocondo, Soddoma, Bramante, Michel-Ange, Peruzzi ; à table, ayant pour commensal Bembo ; le matin, après la messe qu'il célébrait chaque jour, allant au Campo-Vaccino assister aux fouilles ordonnées par Jules II ; l'après-midi dans la rue Longhara, où Raphaël travaille avec ses disciples au palais de Chigi ; le soir, sous ses beaux pommiers du Quirinal : quelle félicité nouvelle pouvait rêver Sadolet !

Un jour, il était alors évêque, il écrivit à Mélanchthon une lettre si pleine de termes affectueux, si douce, si caressante, que le professeur de Wittemberg, émerveillé de tant d'abandon, montra l'épître à tous ses amis. Et voilà Luther qui se met, à table, à faire l'éloge d'une robe violette, pour la première fois de sa vie ; et les Wittembergeois qui croient avoir gagné un évêque ; et l'Allemagne protestante qui copie la lettre pour la répandre ; et les vieux Teutons restés fidèles à la foi de leurs ancêtres, qui sont sur le point de déplorer une nouvelle apostasie. Jean Faber, alors évêque de Vienne, une de ces belles natures qui ne pactisent à aucun prix avec l'erreur, et qui ressemblent à ce Delfini, général de l'ordre des camaldules, que nous avons vu refusant de saluer Savonarôle quand le frère eut osé désobéir au pontife romain ; Faber s'émeut, prend une plume, celle-là peut-être dont il s'était servi tant de fois pour répondre aux hérétiques, et il écrit à Sadolet :

« Mon ami, je vous l'avoue franchement, ce langage si doux, si mielleux que vous parlez à Mélanchthon, a réjoui plus d'un luthérien et contristé plus d'un catholique. Vous avez cru peut-être que la lettre resterait secrète ; voyez combien vous avez été dupe de votre bon cœur : la voilà cette lettre qu'on se garde bien de cacher, mais qu'on montre à tout le monde, et qu'on accompagne, en la lisant, de commentaires injurieux pour votre dignité. Mon ami, vous vous êtes cru sans doute plus prudent que saint Paul, qui, de retour du troisième ciel, recommandait à Tite d'éviter l'hérétique. »

C'était le langage de l'amitié, un peu sévère peut-être, mais plein de franchise. Si Sadolet a péché, qui donc oserait ne pas lui pardonner, en lisant sa réponse à Faber?

« Si j'ai écrit à Mélanchthon, ce n'est pas pour m'en faire un ami, mais parce que j'espérais qu'un langage affectueux le gagnerait à nous, et qu'ensuite il nous serait plus facile de ramener nos frères égarés.

» Oui, cela n'est que trop vrai, j'ai pu oublier le sentiment de ma dignité en écrivant à Mélanchthon; je l'oubliais parce qu'il s'agissait de la gloire de Dieu, du salut de mes frères, et de la paix de l'Église. J'ai eu tort, je le confesse; j'ai péché, comme vous le dites, parce que je ne connaissais pas assez bien l'homme à qui je m'adressais : mais n'accusez pas mon intention; je voulais par la douceur, en bon chrétien, ramener au bercail du pasteur commun un de nos frères égarés. Si j'ai loué dans Mélanchthon l'homme de lettres, l'écrivain élégant, le professeur habile, je n'ai jamais voulu prendre la défense de l'erreur qu'il soutient : me serait-il défendu de lui écrire? Les Israélites n'avaient-ils pas commerce avec les publicains? »

II. BEMBO.

Un jour, en 1506, dans cette chaste maison dont nous avons parlé, Sadolet reçut une lettre charmante de Venise; elle était de Bembo, avec lequel il était en correspondance depuis trois ans. Lors de la découverte du Laocoon dans la vigne de des Fredis, Sadolet publia un poëme qui excita l'admiration des lettrés. On en avait retenu quelques passages qu'on répétait, comme de nos jours on répéterait le motif d'un opéra de Rossini. Sadolet voulut connaître l'opinion d'un poëte; il adressa son œuvre à Bembo, qui lui répondit sur-le-champ : « J'ai lu cent fois votre Laocoon, merveilleux enchanteur ! ce n'est pas seulement l'image paternelle que vous faites revivre dans vos vers, c'est la statue que vous montrez à nos regards. Je suis de l'opinion de Béroalde; je n'ai pas besoin d'aller en ce moment à Rome pour voir le Laocoon, j'ai devant moi vos vers. »

L'amitié de Sadolet pour Bembo datait de l'enfance : tous deux s'étaient rencontrés sur les bancs de l'école de droit à Ferrare, et s'étaient sentis attirés l'un vers l'autre par les mêmes goûts, les mêmes instincts, le même amour de la science. Ils se séparèrent, leurs études finies, Sadolet, comme nous l'avons dit, pour aller à Rome, et Bembo pour courir le monde.

Fils d'un patricien vénitien qui, à Ravenne, avait relevé le tombeau de Dante, Pierre Bembo avait appris le latin sous Alexandre Urticio. Son professeur était un habile humaniste, fou de l'antiquité classique, dont, selon lui, tout était à adorer, mœurs, institutions, théogonie, idiome. Il inspira sans doute à son élève ce culte fanatique pour le paganisme, auquel Bembo, devenu cardinal, ne put entièrement se soustraire. Au moment où l'écolier se prépare à faire voile pour la Sicile, on est étonné de le voir se recommander à la protection des dieux.

Nous pardonnerions difficilement à l'enfant son invocation païenne, si dans sa lettre il ne se montrait pas aussi reconnaissant envers le vieil Urticio. L'écolier ne peut se consoler de n'avoir pas embrassé son maître avant de partir pour la Sicile. Sur les flots de cette mer qu'il va traverser, il lui manquera quelque chose, la bénédiction de son professeur : cette piété filiale vaut mieux que le paganisme de Bembo.

La Méditerranée lui fut hostile : il souffrit pendant la traversée, et plus encore, à chaque débarquement, dans les mauvaises auberges où il était obligé de s'arrêter. Enfin il atteignit Messine, et descendit chez Constantin Lascaris, qui le reçut affectueusement. Il ne faut pas le confondre avec Jean Lascaris, « homme de cabinet, » dit l'auteur de la Vie du cardinal d'Amboise, « qui avait vieilli sur les livres, qui savait le latin aussi bien que le grec, mais qui n'avait qu'une teinture fort légère des affaires du monde ; savant de petite mine, d'une avarice sordide, qui affectait dans sa table, dans ses meubles, dans ses habits une pauvreté étudiée. » Bembo fait un autre portrait de Constantin, qui le reçut avec autant de cordialité que de générosité.

Bembo se livra sous ce maître habile à l'étude de la langue hellénique avec une véritable passion ; et trois ans ne s'étaient pas écoulés qu'il écrivait en grec avec une pureté de style tout attique. Ce n'était pas seulement des signes graphiques qu'il était venu demander à Lascaris : d'une famille riche, il allait à la recherche des manuscrits anciens, des vieux tableaux byzantins, des statuettes ou des médailles de l'ancienne Grèce, et chaque jour il augmentait ses trésors. Les courtiers d'antiquités, à cette époque, étaient ordinairement des Israélites, qui faisaient métier d'écheter à vil prix et de revendre fort cher ces fantaisies dont l'humaniste était lui-même si curieux. Quand il dit adieu à Lascaris, Bembo embarqua dans son vaisseau un véritable musée d'antiquités.

Il avait alors environ vingt-six ans, et passait pour un des premiers hellénistes de l'époque. A vingt-huit ans il revint à Ferrare, où le duc Alphonse et la duchesse Lucrèce, sa femme, le reçurent avec empressement. Lucrèce Borgia, qu'on a chargée de crimes que n'ouït peut-être jamais l'oreille d'un casuiste, était alors dans toute la fleur de l'âge. Ce n'était pas seulement, si l'on en croit Bembo, « une des étoiles du ciel italien, » un modèle de grâces, une beauté qui l'emportait sur Hélène, mais une jeune femme qui à tous les dons de la nature avait voulu joindre ceux de l'âme : Florentine par son doux langage, poëte dont les neuf Muses auraient avoué les chants; une autre Lucrèce, ajoute l'Arioste.

Bembo lui dédia ses *Asolani*. Dans la dédicace de cet ouvrage, l'auteur célèbre avec enthousiasme les charmes, l'esprit, le savoir et les vertus de la duchesse. On se demande comment un jeune homme tel que Bembo, riche, de noble race, connu déjà dans le monde littéraire, aurait osé, à la face de l'Italie, chanter une femme qui eût ressemblé au portrait qu'en ont tracé Sannazar et Pontano. Si ce que Burchard en a dit est vrai, c'était quelque chose d'abominable ! Lisez : voilà Giraldi qui la regarde comme une femme accomplie; l'austère Serassi qui la doue de toutes les vertus; l'Arioste qui, dans son épithalame, la compare, sous le rapport des charmes et des mœurs, aux femmes des temps modernes ou anciens, célébrées par l'histoire et la fable; Antoine Cornazzi qui lui dédie son poëme en terza rima sur le Christ et la Vierge; comment ne pas douter? Quelqu'un qui s'aviserait de recueillir les témoignages contemporains favorables à Lucrèce formerait un livre d'hymnes comme on n'en composa jamais à la louange d'une femme.

Si l'on veut que ce problème historique soit insoluble, il sera bien difficile de ne pas reconnaître la protection et les services qu'elle rendit aux savants. Sa cour était l'asile des lettrés : un humaniste est-il atteint par la pauvreté, s'il a le courage de l'avouer à Lucrèce, il est bien vite secouru. A-t-il une autre grâce à demander; cherche-t-il une femme qui l'écoute; Lucrèce est là, jeune, belle, parée, qui fait réciter au lettré ses vers ou sa prose, le soir le présente à la cour, le lendemain l'introduit dans le beau monde, et ne le laisse pas partir sans lui donner des marques d'une munificence toute royale.

C'est sous l'inspiration de cette muse que Bembo commença ses *Asolani*, qu'il vint achever au sommet d'une montagne, dans le château d'Asolo.

Les Asolani obtinrent un grand succès ; on dit que Bembo s'était proposé d'imiter les Tusculanes : assurément ni le sujet ni le ton de ces deux ouvrages ne se ressemblent.

Si vous avez vu le tableau de Winterhalter, vous pouvez vous faire une idée de la scène des Asolani. C'est le soir, comme dans le Décaméron du peintre ; une foule de jeunes filles et de jeunes hommes assis sur la mousse, au bord d'une claire fontaine, devisent de choses et d'autres. Les héros de cette pastorale sont : Gismondo, Lavinello, Bérénice.

Voici comment un de nos plus anciens écrivains, Jean Martin, secrétaire du cardinal Lenoncourt, a décrit le jardin enchanté où Bembo a rassemblé ses personnages :

« Il estoit my parti en quarré par une belle treille de uignes large et ombrageuse, qui seruoit d'allée de toutes pars et faisoit tout le circuit de la muraille, estoffée de pierre uiue, espoisse et de longue estendue, où n'y auoit qu'une seule ouuerture respondante sous l'un des bouts de la treille, au deuant de laquelle se trouuoit une haye de grenadiers druz et serrez surpassant en hauteur la poitrine d'un homme ; et au demeurant fort délectable à regarder pour sa continuelle égalité si bien proportionnée qu'il n'y auoit que redire ; de l'autre costé, tout au long du logis de la royne y auoit un beau rang de lauriers feuilliez qui faisoient un demi-arc sur l'allée, tant mignonnement appropriez par le jardinier qu'il sembloit qu'aucune des feuilles n'osast passer leur ordre commandé. »

Bembo ressemblait à Pic de la Mirandole, que le grand air inspirait. Il voulut connaître la cour d'Urbin, le rendez-vous de tout ce qui s'était fait un nom dans les lettres ou dans les arts. Le duc d'Urbin connaissait ses auteurs classiques comme un écolier de l'université de Padoue, parlait avec une rare pureté le florentin, expliquait Homère à livre ouvert, s'entendait en peinture, en sculpture, et savait assez de philosophie platonicienne pour disputer avec ses hôtes illustres. Élisabeth, sa femme, elle aussi, avait étudié Platon, non pas en pédante, mais en poëte : elle lisait les vers avec une voix qui allait à l'âme.

Castiglione, dans son livre du Courtisan, *il libro del Cortegiano*, a recueilli quelques-unes de ces causeries philosophiques qui avaient lieu dans le salon du prince. On y faisait parfois de l'esthétique, et il est curieux de connaître certaines théories de notre écrivain sur la nature du beau. L'opinion de Bembo différait peu de celle de Savonarole, c'est-à-dire de Thomas d'Aquin, que le moine de Saint-Marc avait si bien étudié. Il disait que le beau n'habite qu'en Dieu, que pour l'obtenir il fallait prier; il ajoutait que le beau renferme nécessairement le bon; il faisait du beau un cercle dont le bon est toujours le centre. Et comme une sphère ne saurait exister sans un centre, continuait-il, le beau paraît inséparable du bon; d'où il suit que rarement une âme méchante habite un beau corps. Pour prouver sa théorie, il disait à ses auditeurs : Regardez au ciel; tous ces astres qui nous envoient la lumière remplissent cette double condition : ils brillent et ils servent. Abaissez vos regards sur la terre; les arbres qui se couvrent des plus belles fleurs sont aussi ceux qui produisent les plus beaux fruits. Puis il montrait le vaisseau près de prendre la mer, et faisait remarquer combien le mât, la proue, les voiles, la coque charment l'œil, non-seulement du marin, mais de tout homme étranger à l'art nautique. Et se laissant entraîner à sa nature poétique : « Ciel, terre, mer, fleuves, campagne, arbres, » disait-il, « tout chante cette essence divine en qui la beauté s'unit toujours à la bonté. Peintres, poëtes, orateurs, sculpteurs, philosophes, voulez-vous arriver à la beauté, allez à Dieu : la beauté est le triomphe de l'âme sur le corps. »

Bembo ne croyait rester à la cour d'Urbin que peu de temps, mais il y trouva tant de séductions, que pour lui les mois, puis les années, s'écoulèrent sans qu'il s'en aperçût. Le palais du duc était comme un caravansérail où s'arrêtaient à chaque instant des capitaines, des courtisans, des peintres, des humanistes et des savants. C'est là qu'il se lia avec Castiglione, avec Raphaël, avec Julien et Jean de Médicis. Le spectacle des montagnes dont Urbin est entouré avait développé dans le Vénitien les germes de poésie qu'il apportait en naissant. On le vit abandonner un instant la langue latine pour écrire en italien. Il avait promis de réhabiliter le toscan, et il tint parole. Il prit pour modèle Pétrarque, dont il rappelle souvent la grâce, et plus souvent encore la mignardise : la langue qu'il parle est claire, limpide, harmonieuse. Après plus de trois siècles, on répète encore dans l'Ombrie quelques-uns de ses sonnets. Mais il n'abandonnait pas la langue latine : il y revenait quand il avait à célébrer quelque chose de grand, comme les vertus de ses bienfaiteurs, le duc et la duchesse, qu'il pleura dans une oraison funèbre où le cœur est encore plus éloquent que le style de l'écrivain.

Bembo était en quelque sorte la personnification du paganisme, à l'aide duquel il voulait opérer la rédemption intellectuelle du nouveau monde. Bembo, et avec lui beaucoup de nobles esprits, croyait que les lettres ne pouvaient revivre qu'au moyen d'une formule toute latine qu'il avait trouvée dans Cicéron : c'est par Cicéron qu'il pensait racheter l'homme de ces ténèbres où la scolastique le tenait captif. L'homme, c'est là sa théorie esthétique, ne peut plus créer, il est condamné à imiter qu'il calque donc, et dans sa reproduction plastique il trouvera et le mot et l'idée; mais c'est par le signe matériel qu'il arrivera à l'esprit. On voit qu'il est loin de cette doctrine spiritualiste qu'il enseignait, lorsqu'il était plus jeune, à la cour d'Urbin.

La théorie littéraire qu'il a développée dans une lettre sur l'Imitation, adressée à l'un de ses amis, a quelque chose de spécieux. Au moment où les lettrés étudiaient avec une passion si fervente les beaux écrivains de Rome, il s'était demandé quelle gloire littéraire, parmi toutes les gloires, il fallait faire revivre, et il avait choisi Cicéron; bien différent en cela de quelques humanistes qu'il avait combattus, et qui voulaient que le style latin moderne fût omnicolore.

Bembo exigeait donc qu'on s'attachât de préférence à un écrivain antique, mais du beau siècle, et qu'après une contemplation calme, une étude patiente, une lutte obstinée, on essayât de lui dérober le secret de son style, comme on prend à force de travail la manière d'un peintre. Il disait, après Lazare Buonamici, qu'il eût mieux aimé parler comme Cicéron que d'être pape, et qu'une Tusculane valait un royaume. On sent, en lisant ses lettres latines, combien il a dû souffrir pour arriver à ce procédé qui reproduit la phrase du maître avec ses inversions, ses incises et son rhythme; travail malheureux où l'écolier dépensait toutes les nobles facultés qu'il avait reçues du ciel pour rester éternellement écolier. Bembo ressemblait alors au pauvre ouvrier en mosaïque, qui passe sa journée à souder une pierre à une autre pierre de même couleur, et croit avoir reproduit, après trente ans de labeur, le saint Jérôme du Dominiquin, ou la Transfiguration de Raphaël. « Il rongeait, dit pittoresquement Eichhorn, la coque d'une amande, sans arriver jamais jusqu'au noyau. » A quoi bon tant de peine inutile, puisque Bembo lui-même eut la gloire de proclamer l'avénement de l'italien, et l'insuffisance d'une langue morte pour exprimer des idées modernes?

Heureusement pour sa gloire qu'il eut le temps de chanter dans l'idiome de Pétrarque. Ses poésies, que nous n'avons à considérer ici que sous le point de vue de l'inspiration, ont mérité les louanges des écrivains les plus habiles. Elles vivront tant que vivra la langue italienne elle-même.

Il fut un des premiers humanistes qui, à l'époque de la renaissance, conçurent l'idée de rassembler, comme documents historiques, les images gravées des empereurs ou des consuls de l'ancienne Rome; il s'attachait surtout à découvrir celles de son auteur favori. Quand on lui apportait une médaille inédite de Cicéron, il la couvrait de baisers et versait des larmes de joie; il était heureux, et parlait de son bonheur à tous ses amis. C'était entre eux un concert d'exclamations, et Bembo posait sa conquête dans un casier d'ébène qu'un habile ouvrier allemand avait longtemps travaillé. Quelquefois il arrivait qu'on essayait de tromper l'amateur enthousiaste, mais c'était peine inutile. Bembo était si bien au fait du style numismatique; il avait si bien gravée dans la tête l'image des figures antiques; il connaissait si bien les procédés mécaniques de l'art, qu'il n'y avait aucun moyen de le tromper.

Un jour Jules II reçut de la Dacie un manuscrit latin tellement chargé d'abréviations, que personne parmi les plus doctes de l'Académie romaine ne pouvait le déchiffrer. Le pape aurait envoyé une ambassade au bout du monde pour avoir l'explication de ces figures hiéroglyphiques. Quelqu'un nomma Bembo comme le seul qui pût les traduire. Sa Sainteté mande en toute hâte le Vénitien, qui se rend au palais, ouvre le volume, et se met à lire couramment comme il eût pu le faire dans un livre ordinaire. L'ouvrage, du reste, ne contenait rien de merveilleux; ces signes, interrompus à dessein, étaient formés par un sténographe de l'époque ; et qui possédait la clef de quelques abréviations pouvait bientôt deviner le reste. Peu de temps après, Bembo recevait de Sa Sainteté le titre de commandeur de Saint-Jean de Jérusalem à Bologne. C'est assez parler du savant, il faut faire connaître l'homme.

Pomponace (Pomponazzi), professeur à Bologne, était un hardi penseur qui, dans son livre *de Immortalitate animæ*, faisait enseigner à Aristote des propositions que ce philosophe n'a jamais énoncées. Le livre fut brûlé à Venise, après qu'il eut été doctement combattu par Augustin Niphus (Nifo) et Gaspard Contarini, et doctement aussi défendu par Chrysostôme de Casale (Chrys. Javelli, en latin Canapicius). A l'époque de l'élection de Léon X, Pomponace eut la bonne idée d'envoyer son livre à Bembo, qui le lut, et, n'y trouvant aucune proposition hérétique, le soumit au maître du sacré palais, qui, n'y voyant rien non plus de condamnable, dut en appeler à Sa Sainteté. Léon X, après l'avoir examiné, défendit de tourmenter désormais Pomponace, qui conserva sa chaire. En lui donnant cette heureuse nouvelle, Bembo avait eu soin de faire passer au professeur quelques trimestres d'une pension qu'on avait négligé d'acquitter pendant la longue guerre qu'il avait soutenue contre un grand nombre de théologiens.

III. BIBBIENA.

Si vous voulez connaître, non pas le cœur, nous savons tout ce qu'il vaut, mais la figure de Bibbiena, regardez au Vatican dans la camera di Torre Borgia ; Raphael l'a placé à côté de Léon X ; le peintre en a fait un jeune homme d'une singulière beauté.

Le cardinal, plus d'une fois, remercia la Providence du

compagnon d'exil qu'elle lui avait amené. Bibbiena avait un fonds de gaîté inépuisable : il riait de tout, des fatigues de la route, des ardeurs du soleil, de ces hôtelleries dont Érasme et Bembo se sont si spirituellement moqués ; caravansérails placés à des intervalles immenses, et où le voyageur était à peu près sûr de ne trouver ni un bon lit ni une bonne table. Ses amis appelaient cette disposition à la moquerie de la folie, et disaient qu'il eût passé pour fou parmi les fous. Sa propension au rire s'explique : à Florence, il avait vu représenter une comédie où l'homme jouait un bien triste rôle. Hier, le peuple n'avait pas assez de larmes pour pleurer le premier magistrat de la cité qu'une mort inopinée venait de ravir à l'amour du peuple ; pas assez de chants pour célébrer l'avénement au pouvoir de Pierre, fils du Magnifique ; pas assez de couronnes pour tous ces hommes de science qui faisaient de lointains voyages afin d'enrichir la bibliothèque du grand-duc de chefs-d'œuvre littéraires. Aujourd'hui, ce peuple inconstant, après avoir chassé son maître à coups de pierres, brûle les beaux livres venus de l'Orient et rassemblés dans le palais bâti par Michelozzi, puis brise des statues qui faisaient l'admiration des étrangers, parce que tout cela appartenait au fils de Laurent. Folie ! disait Bibbiena. Il est venu souvent prier dans ce couvent des dominicains, que les Médicis ont enrichi ; et aujourd'hui qu'un descendant de cette noble famille, poursuivi par la populace, vient demander au nom du Christ qu'on lui laisse passer la nuit dans le dortoir du monastère, un frère le repousse et lui dit : « Va-t'en ! » Folie ! murmurait Bibbiena. Une autre fois, c'est un religieux de Saint-Marc, du nom de frère Jérôme, qui le vendredi est regardé comme un saint à Florence, et le lundi suivant est pendu et brûlé comme un imposteur. Folie ! répétait Bibbiena. Bien jeune il s'était promené près du Prato, dans ces beaux jardins de Ruccelaï, où, à l'ombre d'arbres toujours verts, des hommes pleins de la lecture des anciens rêvaient une république modelée sur celle de Platon ; et dans tous ces républicains il avait trouvé, plus tard, de petites vanités, de petites ambitions, de petites colères. Folie! disait-il encore ; et il riait. En route avec le cardinal Jean, dans ses longs voyages à travers l'Italie, la France, la Germanie, la Flandre, partout il avait trouvé à exercer sa verve satirique : c'était un autre Rabelais qui prenait le monde pour un théâtre, les hommes pour des acteurs, la vie pour une comédie : seulement l'âge le convertit. Quand il eut vu avec quelle force d'âme son compagnon supportait l'exil, la douceur qu'il montrait envers les faiblesses humaines, la charité dont il brûlait même pour ses ennemis, sa confiance dans la Providence, son courage dans l'adversité, sa piété filiale, son zèle évangélique ; alors il finit par avouer que la sagesse pouvait habiter sur cette terre.

Avec ces penchants au rire, il n'est pas étonnant que, dans ses études classiques, Dovizi se fût attaché surtout aux écrivains comiques de l'antiquité. Son auteur favori, c'était Plaute, qu'il portait constamment en voyage, qu'il relisait à chaque instant de loisir, et qu'il savait par cœur. Si jamais il veut mettre en relief une de ces innombrables sottises que le monde promène autour de lui, c'est de Plaute qu'il s'inspirera ; c'est sur la scène qu'il la jouera, et alors vous le verrez reproduire jusqu'aux crudités de langage de son poëte favori, par une sorte de folie aussi : pour être antique. De sorte que, lorsqu'on voudra connaître Bibbiena, il faudra bien se garder de le juger d'après son œuvre littéraire. Il sera hardi dans la Calandra jusqu'à la licence, parce qu'à ses yeux la chasteté des termes n'est que de la pruderie.

Si la Calandra, cette comédie que Bibbiena composa fort jeune, et longtemps avant qu'il fût entré dans les ordres, ne peut trouver grâce aux yeux du moraliste, elle a, sous le rapport du style, obtenu les applaudissements de l'Italie tout entière. C'est une des plus heureuses, trop heureuses imitations sans doute, qu'on ait faites de la manière de Plaute. Hâtons-nous de dire que les mœurs de Bibbiena ne ressemblaient nullement à celles qu'il a mises en scène.

Si Bibbiena, adolescent, n'avait pas une grande estime pour l'humanité, il savait comprendre en artiste les œuvres qu'elle produit. Il se dédommageait en quelque sorte de ses dédains pour la nature vivante, par son culte pour la matière. Sans être peintre ou sculpteur, il appréciait avec un tact exquis les beautés d'une statue ou d'un tableau. Au premier coup d'œil il disait si la statue était antique, si le tableau était d'un bon maître. Il n'est presque pas besoin de remarquer que Bibbiena, comme Bembo, aimait le paganisme; qu'adorateur de ce que Lessing appelle l'enveloppe visible, il allait chercher dans la mythologie ses admirations. La poésie chrétienne des artistes ombriens lui était presque inconnue; il passait devant une œuvre de Giotto sans éprouver d'émotion, parce qu'il prisait avant tout la vie matérielle avec ses fraîches carnations, ses chaudes et brillantes couleurs, ce qui tombe sous les sens; en un mot, il aurait adoré Rubens.

S'il aima Raphaël, c'est moins quand le peintre s'exerçait à représenter des madones que quand il peignait sur les murs de la Farnésine les fables d'Apulée.

Bibbiena était un homme de cour accompli. Aussi le cardinal Jean de Médicis l'avait-il employé souvent, et avec succès, pour représenter les Médicis exilés. A Mantoue, lors du congrès tenu dans cette ville pour traiter de la pacification de l'Italie, Bibbiena, qui avait su s'attirer la confiance de Jules II, dont il était le plénipotentiaire, obtint un véritable succès.

Léon X l'avait choisi, comme nous l'avons vu, pour son conclaviste. Suivant la coutume, le pape lui fit don de tous les meubles qui garnissaient la maison qu'il occupait sur la place de Navone pendant qu'il était cardinal. Le 23 septembre 1513, il conféra le cardinalat à Jules de Médicis, son cousin ; à Laurent Pucci, nommé dataire par Jules II ; à Innocent Cibo, petit-fils d'Innocent VIII, et à Bernard Bibbiena, qui avait pris les ordres, et qui était alors diacre. Léon X écrivit à Ferdinand d'Espagne une lettre où il vantait la prudence, l'intégrité, les talents, et les vertus de son conclaviste.

Voilà donc les trois symboles de la vie intellectuelle que Léon X réunit auprès de sa personne lorsqu'il eut ceint la tiare. Bembo représente l'élément littéraire païen, Bibbiena l'élément artiste païen, Sadolet l'élément chrétien. Bembo veut opérer le réveil de l'esprit à l'aide de Cicéron. A force de chercher le style, il finira par n'adorer que le signe, et il ira, par un étrange anachronisme, jusqu'à mettre au service d'idées toutes chrétiennes des formules toutes mythologiques. Ce culte pour le mot, poussé jusqu'à l'idolâtrie, contribuera toutefois au progrès de l'intelligence en l'attirant vers ces deux mondes romain et grec qu'elle avait délaissés trop longtemps, et où reposaient les véritables sources du beau. Combien il est à regretter qu'il n'ait pas appliqué au christianisme cette théorie esthétique qu'il développait à la cour du duc d'Urbin ! Bibbiena suivra Bembo dans cette voie du naturalisme. Comme aux yeux de Bembo, Cicéron c'est tout le style; aux yeux de Bibbiena, Scopas ou Praxitèle c'est toute la statuaire. Dans la statue, ce n'est pas l'idée, mais la ligne seule qui le frappe; et comme il ne trouve cette ligne que dans l'œuvre des Grecs, il méprise toute image taillée par un ciseau chrétien. Ne lui parlez pas de l'expression qu'Orcagna a su rendre si merveilleusement, si la pierre n'a pas été traitée anatomiquement par le statuaire. Sous un point de vue il a raison, car la beauté en sculpture ne saurait exister qu'à la condition de l'alliance de l'expression et du dessin ; mais la ligne le préoccupe trop. Cependant on ne saurait nier, en blâmant ses tendances trop sensualistes, qu'il n'ait rendu de véritables services à l'art en propageant l'étude de la réalité ou du dessin. Entre ces deux hommes aux idées trop exclusives, vient se placer Sadolet, âme calme et réfléchie, dont l'amour pour l'antiquité ne va pas jusqu'au fanatisme ; qui ne s'est pas contenté d'étudier Cicéron et Démosthène, mais qui a médité saint Paul, qui a lu la Bible, qui connaît les Pères. Il est spiritualiste autant qu'on peut l'être à cette époque. Son artiste modèle, c'est Raphaël ; non pas toutefois dans les œuvres qu'il a produites au sortir de l'école du Pérugin, mais dans celles qu'il a créées tout récemment, et où l'on trouve l'expression du peintre de l'Ombrie et les contours des maîtres florentins. Nous sommes sûrs que, tant qu'il restera près de Léon X, l'art ne s'abîmera pas dans le paganisme ; que la théorie sur l'imitation de Bembo ne triomphera pas complétement, et que si la littérature profane a dans le Vénitien un brillant représentant, lui, Modénais, saura favoriser l'étude des saintes lettres, en donnant l'exemple d'une grande chasteté de style, d'un amour éclairé pour le christianisme, et d'une sainte admiration pour la parole révélée. Voilà les trois auxiliaires principaux qu'en montant sur le trône Léon X s'est adjoints afin de travailler à la gloire de la religion, des lettres et des arts. Tous trois sont des hommes de paix et de charité.

CHAPITRE XVIII.

CONCILE DE LATRAN. — 1513 et suiv.

Ouverture du concile de Latran par Léon X. — Carvajal et Saint-Severin y comparaissent, souscrivent une formule de rétractation et sont solennellement absous. — Léon X fait grâce à Ferreri, secrétaire du conciliabule de Pise. — Réformes entreprises par Léon X. — Réforme du haut clergé, réforme des prêtres et des moines. — Décret du concile sur l'éducation cléricale et sur les prédicateurs. — Combien sont peu fondées les plaintes que l'Allemagne fit entendre contre Rome, par l'organe de Hutten. — Idée sommaire des principaux actes du concile de Latran, et nécessité de les étudier pour répondre aux accusations du protestantisme.

Nous nous rappelons qu'au moment où Jules II travaillait à l'accomplissement des glorieux projets qu'il avait conçus en ceignant la tiare, quelques prélats ne rougirent pas de se révolter contre le saint-siége, de mettre au ban de la chrétienté le courageux pontife, de l'accuser de simonie, et de provoquer son interdiction dans le conciliabule de Pise. A cette comédie sacrilége, jouée par quelques cardinaux indignes de la robe rouge qu'ils portaient, le pape répondit en convoquant le concile de Latran, où bientôt se réunirent, à la voix de leur pasteur, les évêques des diverses parties du monde. Le schisme, sans asile en Italie, fut obligé de se transporter en France, hué en chemin par les populations catholiques, et sifflé même par les enfants. Jules II mourut, comme il avait vécu, sans peur et sans reproche, et, sur le lit où il allait rendre sa belle âme à Dieu, il pardonna à ceux qui avaient trahi le vicaire du Christ, mais en exigeant qu'ils se réconciliassent avec l'Église, mère de miséricorde, mais aussi mère de justice.

Léon X, à son avénement au pontificat, donna l'ordre qu'on lui préparât des appartements dans le palais de Latran, afin qu'il pût assister en tout temps aux délibérations de l'assemblée. Le 6 avril 1513, il ouvrit en personne la sixième session du concile. Après qu'on eut chanté le *Veni Creator*, le pape, se levant, adressa aux Pères du concile une allocution touchante. Il les conjurait au nom de Dieu, de sa mère, des saints apôtres, et de toute la milice céleste, de travailler sans relâche au rétablissement de la paix entre les princes chrétiens, et leur déclarait sa ferme intention de les tenir réunis jusqu'à ce que cette belle œuvre fût terminée. Les princes un moment dissidents s'étaient empressés d'adhérer au concile de Latran : Louis XII venait de le reconnaître. L'Église était ramenée à l'union.

On sait qu'après l'ascension de Jésus au ciel, les apôtres se rassemblèrent à Jérusalem, et qu'à la suite de leurs délibérations ils formulèrent un décret conçu en ces termes : *Il a semblé bon au Saint-Esprit et à nous*. C'est là l'origine de ces grandes assises où, sous la présidence du successeur de Pierre ou de ses légats, l'Eglise veille sur le dogme et règle la discipline chrétienne.

Le concile se forme en congrégations particulières, en congrégations générales, en sessions générales. Dans les congrégations particulières, les Pères sont en soutane et en manteau violet; dans les congrégations générales, en rochet et en camail ; dans les sessions générales, en chape et en mitre.

Ce sont les congrégations qui rédigent les décrets que doit publier le concile. L'ouverture du concile a quelque chose de solennel. On voit les Pères en chape et en mitre s'avancer processionnellement vers l'église où doit se tenir le concile. Le président marche le dernier. Au pied de l'autel il ôte sa chape, prend la chasuble, et commence la messe. Au moment de la communion, les Pères vont deux à deux à l'autel, et communient aussitôt après le célébrant. La messe achevée, après la prière pour l'Église et le pape, le célébrant bénit le concile. La session commence. Les Pères sont assis ; un secrétaire monte en chaire et lit le décret d'ouverture du concile. Les suffrages sont recueillis, et on déclare le concile ouvert. La cérémonie se termine par la profession de foi, la prestation du serment de chaque Père et la bénédiction pontificale. Dans les congrégations générales, au centre de la salle est un trône sur lequel repose le livre des Evangiles.

Deux hommes manquèrent à l'ouverture du concile présidé par Léon X : c'étaient les cardinaux Carvajal et Saint-Severin, qui, munis d'un sauf-conduit de Sa Sainteté, étaient partis pour Rome, afin de se réconcilier avec l'Église. Leur repentir était aussi sincère que leur schisme avait été éclatant. Ils venaient, en suppliants, demander pardon au chef de la chrétienté du scandale qu'ils avaient donné récemment au monde, et se soumettre, en enfants dociles, à toutes les peines canoniques que voudrait leur infliger le successeur du grand pontife qu'ils avaient si méchamment contristé. Le cardinal de Sion, Mathieu Schinner, qui depuis six ans, à la tête de ses montagnards suisses, cherchait, sans la trouver, l'occasion de mourir pour l'Église, eût voulu qu'on fermât les portes de la sainte cité à des prélats qui avaient trahi le Christ et son vicaire. Il rappelait à Léon X les paroles de Jules II étendu sur son lit de mort, et qui comme chrétien avait pardonné aux cardinaux schismatiques, mais comme prince avait demandé qu'on les repoussât, s'ils s'en approchaient jamais, d'une ville qu'ils ne devaient plus souiller de leur présence. Mais Léon X avait ouvert ses bras à ces exilés qu'un « zéphyr céleste, disait-il, ramenait au repentir. » Toutefois il voulait une expiation : « En ce jour, ajoutait-il, la miséricorde embrassera sa sœur la justice. » Il choisit donc la salle du concile pour théâtre de la réconciliation des pécheurs avec leur sainte mère, et de leur châtiment exemplaire.

Dépouillés par le maître des cérémonies des marques de leurs dignités, de cette barrette que Saint-Severin étalait à tous les regards à la bataille de Ravenne, devant les rangs français ; de cette robe rouge que Carvajal portait si orgueilleusement lorsqu'à Pise et à Lyon il insultait aux cheveux blancs de Jules II ; les deux coupables, introduits dans la salle du concile par Pâris de Grassi, fléchirent le genou, courbèrent respectueusement la tête, et, après quelques instants passés dans cette attitude, se relevèrent tous deux. Alors Carvajal s'adressant à Sa Sainteté : — Très-saint-père, lui dit-il, pardonnez-nous nos offenses ; ayez pitié de nous, de nos larmes, de notre repentir ; n'ayez pas égard à la multitude de nos iniquités, qui surpassent en nombre les grains de sable de la mer.

Il se fit un moment de silence : tous les yeux étaient fixés sur les suppliants.

— L'Église est une bonne mère, dit le pape en laissant tomber un doux regard sur les deux prélats ; elle pardonne à ceux qui reviennent à elle : mais l'Église ne voudrait pas, par une charité coupable, exciter le pécheur à faillir de nouveau. Afin donc que vous ne puissiez vous glorifier de vos iniquités, j'ai voulu vous châtier.

Alors, au milieu d'un silence lugubre, chaque spectateur retenant son haleine pour entendre la sentence, le pape procéda par une série d'interrogations que nos deux pécheurs étaient obligés d'écouter sans mot dire, car il n'y avait pas pour eux de réponse possible.

— N'avez-vous pas, demandait le pape d'un ton de voix

sévère, contristé par votre ingratitude votre maître, votre bienfaiteur, votre père, votre juge, Jules II de glorieuse mémoire ?

— N'avez-vous pas osé, à Pise, méchants que vous étiez, exciter le peuple à désobéir à votre sainte mère l'Église apostolique ?

— N'avez-vous pas affiché sur les murs de la maison de Dieu une sentence de déchéance contre le vicaire du Christ ? Répondez, et prononcez vous-mêmes votre sentence.

Les coupables, confus, baissaient la tête.

— Eh bien ! reprit le pape, voici une cédule que vous allez signer ; si vous promettez de la souscrire, vous obtiendrez miséricorde du saint-siége apostolique. Tenez, lisez.

Carvajal prit la formule, la lut rapidement à voix basse, et fit signe, en portant la main à son cœur, qu'il adhérait pleinement à ce qu'elle renfermait.

— Lisez tout haut, dit le pape.

— Très-saint-père, je ne puis, parce que je suis enroué, reprit Carvajal.

— Vous ne pouvez pas, ajouta le pape avec un léger sourire, parce que vous avez un mauvais estomac. Il ne faut pas d'hésitation ; vous êtes libres : si vous voulez souscrire franchement cette formule, dites-le ; sinon vous pourrez en liberté retourner à Florence, d'où vous êtes venus munis de notre sauf-conduit.

Saint-Severin prit alors la confession des mains de son complice, et la lut en vrai capitaine, comme une proclamation qu'il aurait adressée aux soldats qu'il guidait à Ravenne. Elle renfermait le désaveu complet de tous les actes dont ils s'étaient rendus l'un et l'autre coupables envers l'autorité du saint-siége. Cela fait, ils prirent une plume, signèrent la formule, se jetèrent à genoux, et reçurent l'absolution du pape.

Léon descendit de son trône; ce n'était plus un juge, mais un père. Il s'approcha de Carvajal, et lui prenant les mains :
— Maintenant, vous êtes mon frère et mon père, lui dit-il, puisque vous avez fait ma volonté ; vous êtes la brebis perdue de l'Évangile, qui a été retrouvée : réjouissons-nous dans le Seigneur.

Il accueillit avec les mêmes paroles de douceur, le même serrement de main, le cardinal Saint-Severin : et les deux coupables, avec les insignes de leur dignité, leur place désignée au concile, retrouvèrent la paix de la conscience, l'amitié du pontife et l'estime des membres du sacré collége ; une seule pénitence canonique leur était imposée, c'était de jeûner au moins une fois par mois pendant toute leur vie. Deux prélats qui avaient opiné pour des mesures de rigueur contre les schismatiques ne voulurent point assister à cette scène de réconciliation. L'un, le cardinal d'York, obéissait probablement aux ordres de son maître, Henri d'Angleterre, qui ne comprenait pas alors une révolte contre le saint-siége ; l'autre, le cardinal de Sion, en voulait surtout aux rebelles pour avoir fait cause commune avec les Français, qu'il haïssait comme les montagnards d'Uri haïssaient autrefois les soldats de Gessler.

Il y avait bien encore d'autres coupables, mais obscurs, si vous les comparez aux cardinaux : c'était, entre autres, Zacharie Ferreri, qui avait servi de secrétaire aux Pères du conciliabule, et quelquefois même de domestique, en affichant furtivement leurs décisions sur les murs d'une église. Ferreri, poëte, pleura sa faute et demanda pardon à Léon X en prose et en vers. Le pape lui rendit jusqu'au nom de docteur dont il s'était servi dans l'intérêt du schisme, et qu'il avait placé en grosses lettres sur le titre de quelques écrits morts en naissant.

Jamais souverain ne sut moins que Léon X garder le

secret d'une belle action dont il n'était pas l'auteur. A peine les cardinaux avaient-ils obtenu leur pardon, qu'il se hâtait d'annoncer à l'empereur le repentir des coupables dans une lettre que nous ne chercherons pas à traduire ; car le sentiment est comme la grâce, intraduisible.

En attendant, le concile poursuivait ses travaux sous la suprême inspiration de Léon X.

Le temps va venir où l'Allemagne brisera violemment le lien spirituel qui l'unit à Rome depuis tant de siècles. Nous l'entendrons, pour justifier sa révolte, alléguer je ne sais quelles ténèbres où languissait le clergé italien. Elle parlera d'une dégradation intellectuelle et morale qu'elle exagérera singulièrement, et qui fournira à son poëte lauréat Ulrich de Hutten des images plus poétiques que fidèles. Ulrich cependant était en Italie en 1514 ; il devait connaître les tentatives de la papauté pour l'amélioration des mœurs et de l'intelligence du clergé. Depuis bien des années Rome poursuit une réforme sacerdotale ; ce mot ne lui fait pas peur : elle l'a prononcé sous Nicolas V, sous Sixte IV, sous Innocent VIII, sous Jules II. Mais réformer ce n'est pas briser, c'est au contraire créer une seconde fois. Est-ce que Léon X ne vient pas de proclamer en plein concile la nécessité d'une réforme qui non-seulement atteindra l'Italie, mais la république chrétienne tout entière ? Au sein du concile un comité de réforme a été nommé qui doit chercher les moyens non pas seulement d'améliorer les mœurs du clergé, mais de les ramener à la pureté des vieux temps et de l'âge des apôtres. Ulrich de Hutten ne connaît donc pas les actes du concile de Latran ?

Au milieu de toutes les tempêtes qui menaçaient à la fois la double souveraineté du pape, Jules II ne cessait de s'occuper des besoins de l'Église. Si Dieu l'eût laissé vivre, il aurait entrepris, ainsi qu'il le disait, la réforme du clergé : son successeur n'avait garde de laisser périr une aussi sainte pensée.

A l'exemple d'Alexandre III, Léon veut désormais qu'on n'élève au sacerdoce que des hommes d'un âge mûr, de mœurs exemplaires, et qui aient étudié longtemps sur les bancs de l'école.

Il défend qu'on agite, comme c'était la coutume à Florence, de vaines questions sur la nature de l'âme : l'âme est immortelle. Il défend d'enseigner qu'il n'y a qu'une âme répandue dans le monde, ainsi qu'on le faisait dans quelques universités d'Italie : à chaque homme, quand il naît, Dieu donne une âme qui ne peut jamais périr. Cette science qu'il aime à glorifier, et qu'on appelle la maîtresse des sciences, la théologie, a trop été négligée jusqu'à ce jour : il faut qu'elle refleurisse. Bannie soit cette philosophie platonicienne qui l'a séduit lui-même! Désormais qui voudra se livrer au ministère des autels devra connaître les Pères et les canons. Encore cette science, toute belle qu'elle est, ne lui suffirait-elle pas pour mériter d'entrer dans les ordres sacrés, si sa vie n'est exemplaire. Il faut qu'une fois dans le saint ministère le prêtre vive dans la chasteté et la piété ; il faut non-seulement qu'il s'abstienne de faire le mal, mais qu'on ne puisse le soupçonner de pouvoir le commettre ; il faut qu'il soit comme une lampe allumée devant les hommes et qu'il honore Dieu par ses œuvres.

Voilà pour le prêtre : mais, s'il s'agit d'un dignitaire de l'Église, combien le pape est plus exigeant !

Il veut que la demeure du cardinal soit comme un port, un hospice ouvert à tous les gens de bien, à tous les hommes doctes, à tous les nobles indigents, à toute personne de bonne vie.

La table du prélat doit être simple, frugale, modeste ; dans sa maison ne régneront ni le luxe ni l'avarice ; ses domestiques seront peu nombreux ; il aura toujours l'œil levé sur eux ; il punira leurs déréglements, il récompensera leur bonne conduite.

S'il a des prêtres à son service, ces prêtres seront traités comme des hôtes honorables.

Vient-on frapper à sa porte, il regardera le client, et refusera, s'il vient solliciter des places et des honneurs, d'être son avocat à la cour ; s'il demande justice, au contraire, il intercédera pour lui. Il faut qu'il soit toujours prêt à plaider la cause du pauvre et de l'orphelin.

S'il a des parents dans le besoin, la justice exige qu'il vienne à leur secours, mais jamais aux dépens de l'Église.

L'évêque doit résider dans son diocèse, et, s'il en a commis l'administration temporaire à des hommes d'une conduite éprouvée, le visiter au moins une fois chaque année, afin d'étudier les besoins de son Église et les mœurs de son clergé.

En mourant il n'oubliera jamais que sa fille bien-aimée, l'Église qu'il administrait, a droit aux témoignages de sa reconnaissance.

Pas de vaine pompe à son enterrement : le bien qu'il laisse appartient aux pauvres ; ses héritiers ne pourront dépenser au delà de 1,500 florins pour la cérémonie funèbre.

Il faut lire chaque ligne de ce décret pontifical sur le cardinalat, pour voir avec quel soin Léon X descend jusqu'aux moindres détails qui touchent à la vie intime des prélats dans leurs palais, avec leurs domestiques, avec leurs parents, avec leurs clients, à l'église, dans leur diocèse, à table même.

Ainsi donc ce n'était pas une réforme qui n'atteignît que le pauvre prêtre dans son église que demandait le concile, mais une réforme qui s'étendît jusqu'au prêtre en robe rouge ou violette : « Le champ du Seigneur, disait-il en 1514, a besoin d'être remué de fond en comble, pour porter de nouveaux fruits. »

Il faut l'entendre joignant sa voix à celle de l'Allemagne et de la France, et confessant que chaque jour des plaintes arrivent de toutes les parties du monde chrétien sur les extorsions de la chancellerie romaine : Hutten est plus amer, mais non pas plus explicite. Ce que le pape demande en ce jour, ce qu'il demande bien haut, afin qu'on l'entende au delà des Alpes, des Pyrénées, par delà les mers, c'est que désormais le fisc s'amende, qu'il cesse de pressurer ceux qui ont recours à lui, qu'il redevienne ce qu'il était dans les premiers temps de l'Église.

Mais, pour arriver à cette pureté des temps anciens, il faut que le néophyte qu'on destine aux autels reçoive une éducation sévère, chaste et religieuse.

A Florence, à Rome et dans toute l'Italie, on croyait, à la renaissance, avoir assez fait pour la culture de l'intelligence, quand on avait appris à un écolier à lire Virgile ou Théocrite, à connaître les dieux d'Ovide, à traduire les songes de Platon. Léon X ne veut pas que l'âme se contente désormais de cette nourriture toute sensuelle. Il faut qu'elle sache qu'elle a été créée de Dieu pour l'aimer et le servir; qu'elle pratique la loi du Christ, qu'elle chante à l'église nos saintes hymnes, qu'elle psalmodie à vêpres nos psaumes du prophète-roi, que chaque soir elle lise les faits et gestes de ces héros chrétiens que l'Église inscrivit parmi ses docteurs, ses martyrs et ses anachorètes. Il veut que l'enfant sache par cœur le Décalogue, les commandements de Dieu, les articles du symbole, son catéchisme enfin ; et que, sous la conduite de leurs maîtres, les élèves, laïques ou clercs, entendent la messe, les vêpres, le sermon, et emploient le dimanche et les jours de fête à célébrer le Seigneur.

On n'a pas assez étudié les actes du concile de Latran. Qu'on ouvre le beau livre où Raynaldi les a reproduits, et l'on verra combien les plaintes de Hutten étaient injustes! Il disait à Wittemberg, en 1518, que la papauté refusait d'écouter les gémissements de l'Eglise d'Allemagne ; il nous trompait. Voyez-la donc cette papauté représentée par Léon X ; quel zèle elle fait éclater au palais de Latran pour la gloire du catholicisme! Ici, c'est le pape qui demande que les votes des Pères soient secrets, afin qu'ils puissent en toute liberté exposer leurs griefs, formuler leurs plaintes, proposer leurs réformes; ailleurs, c'est l'abolition des taxes trop onéreuses de la chancellerie romaine qu'il provoque spontanément; plus loin, c'est l'envoi de légats aux princes étrangers, hérauts de paix, qu'il arrête avec le concile. Voici une page de ce grand livre où le pape exige que les cardinaux et les abbés rétablissent à leurs frais les autels que la guerre civile a renversés. En voici une autre où chaque prélat est imposé suivant ses revenus, pour subvenir aux frais de cette glorieuse croisade que le saint-siége prêche depuis plus d'un siècle contre les Turcs. Lisez donc ces belles lignes : « Princes, donnez-vous le baiser de paix ; vous n'avez qu'un ennemi à combattre, l'Ottoman qui menace la chrétienté. » Prêtres du Seigneur, ceci s'adresse à vous ; écoutez bien : « Désormais personne n'entrera dans le saint ministère s'il n'a fait un cours de théologie. » Tournez la page ; Érasme ne se moquera plus, s'il revient en Italie, de l'ignorance des moines mendiants : aucun d'eux ne pourra prêcher la parole divine s'il ne remplit ces conditions, dont le juge ecclésiastique doit répondre sur le salut de son âme : âge mûr, probité, doctrine, prudence, mœurs exemplaires. — Ces sages règlements s'adressent à l'Église tout entière : il faut que les évêques des provinces chrétiennes veillent à l'exécution des décrets de Latran, et que, réunis en conciles provinciaux ou en synodes au moins tous les trois ans, ils s'occupent de l'amélioration des mœurs de leurs diocésains, et de la décision des cas de conscience controversés. Mais qu'ils n'oublient pas ces belles paroles de l'Écriture : Employez pour guérir les plaies des pécheurs l'huile et le vin, à l'instar du Samaritain, afin qu'on ne vous dise pas avec Jérémie : Est-ce qu'il n'y a plus de résine en Galaad ? est-ce qu'il n'y a plus ailleurs de médecin ?

A l'époque de la renaissance, quand la philosophie de Platon passa de la Grèce en Italie, presque tous les esprits étudièrent l'astrologie : l'école de Florence, représentée par Benivieni, Marsile Ficin et d'autres prêtres de Santa-Maria del Fiore, l'enseignait publiquement dans ses vers; le prédicateur la prêchait même en expliquant dans la chaire l'évangile du dimanche. A Rome, le moine prédisait la fin du monde, qu'il lisait dans les astres. Léon X, au nom de la religion, proteste contre ces superstitions, et défend d'effrayer l'imagination des fidèles par des peintures tirées d'un monde imaginaire. Machiavel avait dit en parlant des Florentins : Ce ne sont pas des enfants, et ils croient pourtant aux prédictions de Savonarolé. Le pape ne voulut pas que le prêtre répétât en chaire le rôle du dominicain. Il avait vu quel parti l'incrédulité pouvait tirer de ces révélations surnaturelles que certaines âmes voulaient s'attribuer, et il défendit de toute l'autorité de sa parole, confirmée encore par l'assentiment du sacré concile, à quiconque enseignait en chaire, dans un cloître ou dans un livre, de prédire des événements dont Dieu seul s'était réservé le secret. L'autorité suprême avait besoin de protester contre des superstitions qui étaient protégées comme autant de vérités, non-seulement dans quelques universités italiennes, mais jusque dans les couvents de l'Allemagne. C'est ainsi qu'à Spanheim, sur les bords du Rhin, l'abbé dont l'orthodoxie n'était pas plus douteuse que la science, Tritheim, vénéré de Jules II, avait publié le secret de se mettre, à l'aide des esprits célestes, en communication avec une personne absente. Non pas que le pape nie que Dieu ne puisse se révéler à des créatures privilégiées, et que ces créatures ne puissent prédire l'avenir ; il l'a dit, il le croit, et le déclare formellement ; mais il veut qu'on éprouve ces âmes qui annoncent les futurs contingents, et que les révélations que l'Esprit-Saint peut leur communiquer soient soumises à celui à qui Dieu dit par la bouche de son Christ : « Vous êtes Pierre, etc. »

Nous avons vu ailleurs que, dans son noble enthousiasme pour cette littérature païenne dont les humanistes de la renaissance poursuivaient la glorification, le savant avait renoncé trop souvent à la langue de nos Écritures, en parlant de notre Dieu, du Christ, de sa mère, des anges : il lui semblait que, lorsqu'il avait appliqué au Sauveur des hommes une épithète tirée d'Homère ou de Virgile, la puissance céleste devait apparaître aux regards dans un limbe plus lumineux. Malheureux travers dont le théologien lui-même ne sut pas toujours se préserver ! Il fallait une leçon à ces adorateurs fanatiques de l'antiquité ; elle leur fut donnée par le concile de Latran. C'est la langue de l'Évangile qu'il parle constamment ; c'est à la source de nos livres saints qu'il va s'inspirer ; les images qu'il emploie sont tirées de l'Ancien et du Nouveau Testament. Une seule fois, à la dixième session, un vieillard au beau langage, l'archevêque de Patras, délaissa l'humble prose pour chanter en vers la reine des anges ; mais sa poétique invocation ne renferme aucune expression que le casuiste le plus sévère oserait blâmer. Il s'excuse si candidement, lui pauvre septuagénaire « dont le luth ne rend plus que des sons plaintifs, » de son appel aux Muses pour célébrer Marie, qu'il serait bien difficile de ne pas lui pardonner.

Un moine augustin, dont nous dirons bientôt le voyage en Italie, de retour en Allemagne, raconte des prodiges qu'il n'a pas vus et qu'il ne pouvait voir assurément. Nous ne parlons pas du haut clergé romain, magnifiquement représenté à l'époque où Luther voyageait, et dont il dénigre l'intelligence, aux grands éclats de rire de ses disciples buveurs de bière, qui croient à l'ignorance de cardinaux tels que Caraffa, Frégose, Piccolomini. Nous ne dirons rien de ces 6,000 crânes d'enfants nouveau-nés, qu'il a trouvés dans le cimetière d'un cloître dont il n'a pas donné le nom. Il ne s'agit ici que de ce Christ qu'il a la prétention d'avoir révélé au monde chrétien, qui l'avait oublié depuis longtemps. Mais Luther ne connaît donc pas les actes de ce concile de Latran où à chaque page le sang de l'Homme-Dieu est glorifié, invoqué, adoré? Ouvrez-les, et vous verrez le pape, les archevêques, les évêques, les prélats, les abbés, s'incliner à ce nom, et répéter ces belles paroles de l'apôtre : « Il n'est d'autre fondement que celui qui a été posé, et ce fondement c'est Jésus-Christ. » 1 Cor., ch. III, v. XI. Il a visité l'Italie tout récemment, et il n'a pas vu les symboles nombreux de la foi romaine au Christ rédempteur, sculptés ou peints sur les murailles des églises : ces calices suspendus sur presque toutes les chaires de prédicateur; ces croix élevées à presque chaque coin de rue; ces bons pasteurs placés sur la façade des maisons, et emportant sur leurs épaules les brebis égarées; tous ces hymnes en pierre, en marbre, en bois, qui chantent le sang du Golgotha! Raphaël venait de peindre le miracle de Bolsena, et Luther ne l'a pas vu! Qui donc lui a dit qu'on ne croyait pas à Rome au sang du Christ? Une épigramme peut-être qu'il emporte dans son bréviaire.

A Naples et à Florence il est une secte poétique qui des anciens écrivains n'a étudié que les satiriques. Elle formule, quand elle parle latin, un arrêt historique en deux ïambes. Ce n'est pas à des têtes obscures qu'elle s'attaque, mais à tout ce qui a fait du bruit dans ce monde : tiare, diadème, toge, hermine. Elle se prend avec une sorte de volupté à tout ce qui se distingue du vulgaire par la naissance, la réputation, la fortune ou les dignités. A cette époque, chaque jour se produit une gloire nouvelle; nulle ne veut aider à l'autre à faire son chemin; un succès littéraire est une offense pour qui ne l'a point obtenu, et une épigramme le châtiment infligé ordinairement au coupable. Ce qu'il y a de malheureux, c'est que l'histoire, quand elle a voulu citer à son tribunal quelque royauté intellectuelle ou mondaine, est allée puiser dans cette urne de calomnies pour formuler son jugement. Il y a des poëtes, comme Pontano, qui font l'épitaphe d'une femme vingt ans avant qu'elle soit descendue dans la tombe. Il y a des historiens qui ramassent l'anachronisme et s'en servent pour frapper cette femme. Vous en verrez d'autres accuser un chanoine tel que Politien, qui a prêché un carême dans l'église de Santa-Maria del Fiore, « de n'avoir jamais lu l'Écriture; » et des hommes graves à l'instar de Mélanchthon enregistreront cette facétie comme une vérité révélée. Reuchlin, Ulrich de Hutten, Luther, Erasme, R. Agricola, en traversant l'Italie, recueillaient ces épigrammes, et, de retour dans leur patrie, les répétaient à leurs amis et les reproduisaient dans leurs écrits. Un jour on était tout étonné de voir l'épigramme encadrée dans un tableau de la société italienne : le peuple prenait le livre, jurait sur la parole écrite, et l'épigramme devenait de l'histoire.

La papauté devait empêcher les désordres de la presse; et c'est ce qu'elle fit, comme nous le verrons bientôt.

Cette parole dont elle voulait, avec raison, enchaîner la licence, ne s'attaquait qu'à l'intelligence, tandis que l'usure tarissait dans sa source la vie matérielle du peuple; c'était une plaie sociale, entretenue par les guerres civiles, que Léon X voulait fermer. L'ouvrier, réduit à la misère, était obligé de recourir au juif, le lombard de ce temps-là, dont la pitié homicide tuait lentement le pauvre qui venait l'implorer. L'établissement des monts-de-piété est une pensée toute catholique, que Léon fit adopter au concile de Latran.

CHAPITRE XIX.

LE CONCILE DE LATRAN. — LES MONTS-DE-PIÉTÉ. — 1513 et suiv.

L'usure, au moyen-âge, est exercée par les juifs. — Le frère Barnabé, moine récollet, a la première idée des monts-de-piété. — Il est secondé plus tard par un religieux du même ordre, Bernardin de Feltre. — Succès des prédications du moine, qui meurt en odeur de sainteté. — Cajetan, dominicain, attaque les monts comme usuraires; vive polémique qu'il excite. — Léon X y met fin en approuvant ces établissements.

L'usure est reine au moyen-âge. En vain Dante place-t-il aux enfers, dans le même sépulcre de feu, l'habitant de Gomorrhe et l'habitant de Cahours, c'est-à-dire l'impudique et l'usurier; l'usurier rit de la sentence du poëte, et continue son infâme trafic. La voix de l'Église est impuissante comme celle du Florentin. L'Italie reste donc en proie à la rapacité des juifs, qui prêtent à d'énormes intérêts, et en plein soleil font le métier que certains hommes d'armes en Allemagne pratiquaient à l'entrée d'une forêt, lorsque la nuit était venue.

Un pauvre moine récollet, nommé Barnabé, sentit son cœur ému à la vue de ces populations pressurées par les Israélites, et il résolut de venir au secours de ses frères. Il monte donc en chaire, à Pérouse, vers le milieu du quinzième siècle, et, après avoir jeté ses saintes colères à la face des lombards, des cahoursins, des juifs, tous ces mots étaient synonymes, il propose de faire dans la ville une quête générale dont le produit serait employé à fonder une banque qui viendrait en aide aux indigents. Sans doute que Dieu mit ce jour-là dans la voix du moine quelque chose d'entraînant; car il était à peine descendu de chaire, que la ville répondait à l'appel de l'orateur, apportait des bijoux, des pierres précieuses, de l'or, de l'argent en abondance pour former les premiers fonds de cette philanthropique institution, dont une robe de bure avait eu l'heureuse idée.

Alors l'ouvrier ne fut plus obligé de s'adresser au juif dans un moment de détresse; quand il n'avait pas de quoi se nourrir ou nourrir sa famille, il venait avec ce qu'il trouvait de plus précieux dans son ménage, son gobelet d'argent, son anneau des fiançailles, ses vêtements du dimanche, et il recevait en échange une somme d'argent qu'il était obligé de rendre dans un court délai, mais sans autre intérêt qu'une somme minime, quelques liards au plus, pour les frais de l'administration. On donna à cette banque le nom de mont-de-piété, c'est-à-dire de masse, parce que les fonds de la banque ne consistaient pas toujours en argent, mais souvent en grains, en épices, en denrées de diverses sortes.

Bientôt d'autres villes d'Italie suivirent l'exemple de Pérouse; Savone, une des premières, eut son mont-de-piété. Le saint-siége encourageait dans ses bulles l'institution du frère Barnabé. Il fallait organiser ces établissements de charité : on n'a que des notions imparfaites sur les éléments constitutifs des premières banques de providence en Italie. A Mantoue, le mont-de-piété était administré par douze directeurs, quatre religieux, deux nobles, deux jurisconsultes ou médecins, deux marchands et deux bourgeois. Ainsi l'élément populaire prédominait dans une fondation créée en faveur du prolétaire. Comme l'idée en appartenait au cloître, les moines presque partout étaient nommés directeurs à vie de l'établissement, tandis que les laïques n'en faisaient partie que pendant deux ans.

La chaire chrétienne ne cessait d'exciter le zèle des populations en faveur des monts. Les récollets opéraient de véritables miracles; on eût dit le temps des croisades revenu : les dames se dépouillaient de leur parure pour fonder de nouvelles banques; l'or des Israélites dormait intact dans leurs coffres-forts. La charité, aussi ingénieuse qu'ardente, s'était constituée banquière des ouvriers; elle prêtait aux malheureux travailleurs, et presque toujours sans intérêt. Les juifs, maudits par toutes les classes de la société, quittaient l'Italie et allaient porter ailleurs leur industrie ruineuse. Dans cette ligue contre les Israélites, un récollet du nom de Bernardin Thomitano, né à Feltre en 1433, se distingua surtout par ses succès. Le peuple le suivait en foule, et écoutait dans le ravissement ses imprécations contre des hommes qu'il appelait des vendeurs de larmes. Partout où le moine mettait le pied, un mont-de-piété s'organisait. Il en fonda à Parme, à Montefiore, à Assise, à Rimini, à Montagnana, à Chietri, à Narni, à Lucques. S'il trouvait, comme à Campo-San-Pietro, un juif qui refusât de faire l'aumône aux chrétiens, il le chassait de la ville.

« Toutes les entreprises, toutes les occupations du peuple israélite étaient l'objet des poursuites du moine, dit M. Depping. Les habitants de Sienne avaient fait venir depuis quelque temps un médecin juif dont la réputation était probablement bien établie; ils lui avaient assigné un salaire pour qu'il eût soin de leur santé. Bernardin de Feltre ne cessa de décrier le médecin : il prêchait que c'était une impiété que d'avoir recours à l'art des juifs; il rappelait tous les contes répandus chez le peuple sur la haine que les juifs portaient aux chrétiens; il racontait qu'un médecin juif d'Avignon, étant sur le point de mourir, s'était souvenu avec délices d'avoir fait mourir par des drogues des milliers de chrétiens. »

Le moine avait dessein de parcourir les villes d'Italie : en vain les juifs, pour arrêter la marche de ce rédempteur populaire, essayaient-ils de soulever des orages sur son passage; le frère marchait, dédaignant les menaces et les avances des lombards. Au moment où il allait entrer triomphalement à Aquila, une députation de juifs se présente la prière à la bouche, demandant au missionnaire, comme une grâce dont on conserverait à jamais le souvenir, de ne pas monter en chaire ou de ne pas prêcher contre les usuriers; mais le moine pousse la porte de l'église, s'agenouille au pied des autels, prie, puis, du haut de la chaire, appelle la colère des habitants sur ces âmes vendues au démon de l'usure, et qui font métier de pressurer le peuple du Seigneur. Le soir Aquila avait son mont-de-piété, et l'Israélite était obligé de fuir une ville où il aurait été lapidé.

Il est vrai que ces usuriers étaient sans pitié pour les chrétiens. A Parme, ils tenaient vingt-deux bureaux où ils prêtaient à 20 p. 0/0; le succès de la parole du moine s'explique donc facilement. En passant à Padoue, Bernardin de Feltre renversa toutes ces maisons de prêt, entretenues à l'aide des larmes du peuple, et la ville vit bientôt s'élever, grâce à la pitié de quelques hommes riches, une banque où le pauvre put venir emprunter, sur nantissement, au taux de 2 p. 0/0.

L'usure eut un moment de répit à la mort du frère Bernardin, en 1494. Jamais religieux ne fut aussi amèrement pleuré; le peuple le regardait comme un envoyé céleste. Trois mille enfants vêtus de robes blanches, symbole de cette vie si pure que le frère avait menée sur cette terre, assistaient à ses funérailles, portant chacun un gonfanon où étaient brodés le nom de Jésus et l'image d'un mont-de-piété. C'est au nom de Jésus, que le frère invoquait au commencement et à la fin de ses sermons (il en prêcha trois mille six cents), qu'il dut ces grands triomphes oratoires dont son ordre est à juste titre si fier. Et pourtant Dieu ne lui avait accordé aucun de ces dons extérieurs qui séduisent la multitude; il était si petit, qu'à peine son buste dépassait d'un pied le banc de la chaire évangélique; mais ce corpuscule ressemblait, comme dit le poëte, à ces petits jardins tout remplis de pommiers aux doux fruits.

Nul jusqu'alors n'avait su faire parler avec tant d'éloquence la misère populaire, porter à Dieu avec des accents plus déchirants les larmes du pauvre, faire gémir plus sympathiquement la voix de la veuve ou de l'orphelin. Et puis ce grand prédicateur menait la vie d'un ascète : il couchait sur la paille ou sur la pierre, jeûnait plusieurs fois la semaine, ne buvait que de l'eau, et restait quelquefois pendant plus d'une heure plongé dans les extases de la prière. A peine était-il décédé, que le peuple l'invoquait comme un saint, et que Dieu par divers miracles signalait à la reconnaissance des hommes les vertus de son serviteur. Le philosophe peut expliquer naturellement, nier, s'il le veut, les cures opérées par le simple attouchement de cette robe de bure que le frère avait si glorieusement portée : il accordera sans doute à Bernardin le titre de bienfaiteur de l'humanité, et, sans rougir, saluera cette image du mont-de-piété que les enfants portaient aux funérailles du moine : glorieux symbole auquel ses frères préfèrent avec raison l'auréole dont son front reluit au ciel, « comme un arc lumineux qui se détache à travers ces nuages de gloire mondaine dont on voulut l'entourer sur cette terre. »

A peu près à cette époque, un moine se présenta pour renverser l'œuvre de Bernardin, et les juifs durent se réjouir du secours inespéré que l'éloquence venait leur apporter ; il appartenait à cet ordre des dominicains qui, suivant l'expression de Mélanchthon, s'était volontairement emprisonné dans la discipline de la primitive Eglise. Cajetan était à la fois un subtil argumentateur, un théologien rompu aux disputes de l'école, un casuiste érudit, un écrivain chaleureux, surtout un prêtre de vive foi et de mœurs exemplaires.

Cajetan ne cherchait pas, comme on le pense bien, à venir en aide aux usuriers ; c'est l'usure au contraire qu'il poursuivait dans l'institution des monts-de-piété. Rigide thomiste, il désapprouvait le prêt à intérêt, quelque forme qu'il revêtît, et accusait formellement les fondateurs de ces banques de désobéissance aux commandements de Dieu et de l'Eglise. Au fond, les deux moines plaidaient la même cause, celle du pauvre : l'un en attaquant comme usuraire, l'autre en défendant comme charitable la banque populaire. La querelle dura longtemps. Les ordres s'en mêlèrent : celui de Saint-Dominique se signala par sa polémique toute théologique ; celui des capucins ou des frères mineurs, par une notion plus profonde des besoins de la société. Dans cet antagonisme des couvents, l'attitude de la papauté resta ce qu'elle devait être : la papauté se tut et écouta. Cependant Sixte IV, en 1484, à Savone, et, vingt-deux ans plus tard, Jules II, s'étaient formellement prononcés en faveur des monts-de-piété. Dans sa sagesse infinie, la papauté, si le dogme eût été mis en cause, aurait imposé silence à qui l'aurait attaqué ; mais elle ne voyait dans cette institution qu'une œuvre humaine dont il était permis à un simple religieux de contester l'efficacité, même quand Rome l'avait prise sous sa protection. C'est, nous le pensons, un bel exemple de tolérance politique que Jules II nous donne en laissant attaquer, brutalement quelquefois, les monts qu'un moine dominicain appelle ironiquement des monts d'impiété, et que Sixte IV, Innocent VIII, Alexandre VI ont approuvés et protégés. Celui qui se distingua dans cette polémique est justement l'un des orateurs de Jules II, Cajetan, qui, au sortir de la chapelle pontificale où il a prouvé si éloquemment l'immortalité de l'âme, va bientôt, en véritable aristotélicien, accabler de ses arguments, pris dans la Bible, une institution que le pape a voulu lui-même fonder à Bologne, afin, dit la bulle, « que la charité des fidèles qui formaient ces pieux établissements pût procurer aux pauvres des secours abondants, et prévenir les maux qui provenaient des usures dont les juifs fatiguaient les Bolonais. »

Ce qui ne nous surprend pas davantage, c'est que la plupart des arguments qu'un économiste moderne, M. Arthur Beugnot, a résumés contre les monts-de-piété, se trouvent dans l'écrit du dominicain. Au point de vue purement moral, le père niait que les monts fussent une institution de bienfaisance.

La papauté résolut de terminer des disputes qui troublaient les consciences : les questions sur le prêt, en divisant les ordres religieux, jetaient dans les couvents des germes d'inquiétude qui menaçaient le repos de ces saintes retraites. Léon X voulait la paix ; le concile de Latran s'occupa donc, à la demande du pape, des monts-de-piété. Les Pères auxquels la question avait été déférée étaient connus par leur savoir et leur charité. L'examen fut lent, patient et profond : les livres nombreux des adversaires et des apologistes de ces maisons de prêt furent étudiés et comparés, et quand il ne resta plus aucune objection sérieuse à résoudre, l'autorité parla.

Léon X, après une brève exposition de la dispute, reconnaît qu'un vif amour de la justice, un zèle éclairé pour la vérité, une charité ardente envers le prochain, ont animé ceux qui soutenaient ou combattaient les monts-de-piété ; mais il déclare qu'il est temps, dans l'intérêt de la religion, de mettre fin à des débats qui compromettent la paix du monde chrétien. Celui à qui le Christ commit le soin des âmes, le gardien des intérêts du pauvre, le consolateur de tout ce qui souffre, défend de poursuivre comme usuraires des établissements institués et approuvés par l'autorité du saint-siége apostolique, où l'on perçoit de l'emprunteur une somme modique pour couvrir des dépenses indispensables à leur gestion. Il les approuve comme de véritables institutions de charité qu'il est utile de protéger et de répandre.

Après qu'on eut fait lecture du décret, le pape se tourna, suivant la coutume, vers les Pères du concile, pour leur demander s'ils approuvaient « ce qui était contenu dans la cédule. » Un seul des Pères se leva et refusa son approbation, parce qu'il savait par expérience, disait-il, que les monts sont plus nuisibles qu'utiles. C'était Jérémie, archevêque de Trani. Sa protestation fut enregistrée dans les actes du concile.

Alors tout ce bruit de paroles qui, du couvent et de la chaire, avait passé dans l'école et jusque dans l'intérieur de la famille, s'éteignit comme par enchantement : la papauté avait parlé. Cajetan se tut, et avec lui tous ceux qui s'étaient ligués évangéliquement contre les monts-de-piété. Mais l'autorité souveraine ne condamnait pas leurs livres, qui continuèrent d'être réimprimés et de circuler jusque dans les Etats du saint-siége. On imposait silence à la parole vivante, mais on laissait subsister la lettre muette, quand cette lettre ne s'attaquait pas au dogme. La papauté n'a jamais fait la guerre aux idées, à moins cependant, comme nous allons le voir, que l'idée, en se reproduisant par la presse, ne compromît la société.

CHAPITRE XX.

LE CONCILE DE LATRAN. — LA PRESSE.

Les manuscrits au moyen-âge. — Difficultés de la science. — Susceptibilité et orgueil de l'humaniste. — Quelques exemples de querelles littéraires de la renaissance. — Politien et Mabile, Galeotto et Merula. — La presse ne respecte rien ; elle attaque jusqu'à la royauté, que Pontano joue dans un de ses dialogues. — Réflexions sur cette polémique. — On ne saurait nier les services rendus à l'imprimerie par la papauté. — Ce que de' Bussi fit à Rome pour les ouvriers typographes. — Plaintes élevées de toutes parts contre les abus de la presse. — Dangers dont elle menace la société. — Le concile de Latran prend des mesures pour que le repos de la chrétienté ne soit pas troublé ; mesures religieuses et sociales. — Décret de Léon X.

C'est un rude métier, au moyen-âge, que celui des lettres ; l'apprentissage en est aussi long que difficile. L'imprimerie, qui vient de naître en Allemagne, ne reproduit que lentement encore les chefs-d'œuvre de l'antiquité ; il faut donc chercher dans les manuscrits les procédés syntactiques des langues anciennes. Or, c'est déjà une étude fastidieuse que d'apprendre à déchiffrer cette écriture monacale, hérissée de signes dont le religieux avait emporté le secret ; puis ces manuscrits sont aussi rares que coûteux.

En 1300, la bibliothèque d'Oxford était enfermée tout entière dans un coffre que le chapitre de l'église de Sainte-Marie tenait sous clef ; celle de Paris, au commencement du xive siècle, ne possédait que trois écrivains classiques : Cicéron, Ovide et Lucain. Louis, électeur palatin, en 1421, léguait comme un trésor à l'université de Heidelberg sa bibliothèque, composée de cent cinquante-deux volumes, dont trente-neuf sur la théologie, douze sur le droit canon, quarante-cinq sur la médecine, et six sur la philosophie.

On comprend le haut prix qu'on devait mettre aux manuscrits. Beccatelli de Palerme, pour acheter un Tite-Live de la main de Poggio, fut obligé de vendre une terre patrimoniale. Jean Manzini se moque d'un savant nommé Andreolo de Ochis, qui, pour accroître ses richesses bibliographiques, disait sérieusement qu'il vendrait sa maison et sa femme. Richard de Bary, chancelier d'Angleterre sous Édouard III, donna à l'abbé de Saint-Alban cinquante livres d'argent pour trente à quarante volumes.

Jugez de la douleur d'un pauvre enfant qui voit passer dans les mains d'un banquier des livres dont ses épargnes d'une année ne payeraient pas un feuillet ! Les Fugger d'Augsbourg, dont Luther a plus d'une fois maudit l'opulence, possédaient une bibliothèque où, suivant Wolf, les manuscrits brillaient en aussi grand nombre que les étoiles au ciel. Malheureusement ils les prêtaient comme leur argent, à gros intérêts : il fallait être un prince de la science pour pénétrer dans leur bibliothèque, et au moins un duc pour entrer dans leur comptoir. Ils enfermaient sous clef le pain des intelligences ! En vain on frapperait à leur porte, ils n'en donneraient pas une miette. Quelquefois il arrive qu'une âme qui a scandalisé le monde par ses débordements a besoin de ferventes prières ; alors, au moment de mourir, elle fait don à quelque abbaye d'un manuscrit orné de lettres d'or. L'héritier se présente à la grille du monastère, le trésor du défunt à la main : les pères, au son des cloches, viennent recevoir le manuscrit comme ils recevraient un monarque, et l'emportent processionnellement dans leur bibliothèque. Sans ces moines, dont la réforme s'est si souvent moquée, le monde serait resté plongé bien longtemps encore dans les ténèbres, et peut-être que Luther lui-même, qui les immola si cruellement à la risée publique dans ses *Propos de table*, n'aurait pas trouvé cette Bible latine dont la vue remplit ses yeux de larmes.

Mais les Fugger allemands et italiens se sont laissé attendrir, et ont eu pitié du pauvre Lazare qui, assis dans leur bibliothèque, en dévore de l'œil tous les trésors; les frères du couvent, plus charitables encore, ont fait copier pour lui des pages entières d'un *codex* inédit de l'Iliade. Ne croyez pas que l'épreuve à laquelle est soumise toute intelligence qui veut entrer en communion avec l'antiquité soit terminée : la science ressemble au paradis de Dante, pour y arriver il faut traverser plusieurs cercles. D'abord les dictionnaires existent à peine; qu'on juge du désespoir, de la souffrance de cet enfant qui, à force d'étude, est parvenu à déchiffrer les signes et peut-être le sens d'une page du divin poëme, et qui se voit arrêté tout à coup par un vocable dont la racine est une énigme pour lui ! S'il habite Florence, il ira consulter sans doute quelques-uns des doctes chanoines de la cathédrale qui ont traversé heureusement tous ces limbes où il se trouve emprisonné ; mais demain, en tournant le second feuillet de son manuscrit, il retombera dans les mêmes ténèbres, et il aura besoin pour en sortir du même ange libérateur. Que de mots ainsi, dans un long poëme, dont il lui faudra, par des travaux de jour et de nuit, conquérir le sens caché ! Ce n'est pas seulement l'intelligence qui sera chez lui tourmentée : esprit et matière souffriront également; trop heureux s'il ne laisse pas son âme et son corps à cet autre sphinx qu'on nomme la science. Combien nous sommes heureux aujourd'hui ! Qu'un mot arrête un écolier du XIXe siècle; assis sur son banc, il trouve à ses côtés un maître muet, mais docile, complaisant, jamais embarrassé ni colère, qui lui donne non-seulement les mille acceptions d'une expression, mais souvent le sens d'une phrase tout entière.

Presque pas de grammaires non plus où l'élève autrefois pût étudier les règles d'une langue. Otez le rudiment et le lexique, auxiliaires indispensables de quiconque veut connaître les secrets d'un idiome mort ou perdu, qui donc aujourd'hui serait assez courageux pour en affronter les insurmontables difficultés? L'écolier, au moyen-âge, ressemble assez au voyageur qui s'essayerait sans guide sur les glaciers de la Suisse. Et cependant l'enfant ne perd pas courage : comme le poëte d'Ausone, il n'attend pas que l'hirondelle vienne frapper aux vitres de sa chambrette ; il se lève avec le soleil, et, le poëme antique sous les yeux, il compare, il note, il assemble, il sépare ; et un beau jour, après des labeurs inouïs, il parvient à se rendre maître de son auteur. Il sait la valeur de tous les mots enfermés dans un chant du Rapsode, et ce chant, c'est Homère tout entier. Entendre une langue, à cette époque, ce n'est pas en lire couramment les signes ; c'est, au besoin, les reproduire. Et voilà le lauréat qui, lui aussi, se met à chanter en grec et en latin. Ainsi faisaient Ficin, Pic de la Mirandole, Benivieni, Politien, Pontano, Sadolet, Bembo. Mais tout n'est pas fini.

Pour être quelque chose dans le monde de l'humaniste, il faut y représenter une triple vie, comme on dit alors; c'est-à-dire penser, converser, écrire en grec, en latin et en hébreu, et à ces trois langues ajouter des notions sur la physique d'Aristote, la philosophie de Platon, la cabale judaïque, la scolastique et les livres saints.

Et, maintenant, ne pardonnerons-nous pas un peu de gloriole à ce laborieux ouvrier qui, comme la fourmi, a formé grain à grain ses provisions de toute la vie? S'il est riche à son tour, il ne doit rien à personne ; sa fortune est bien acquise, et il a droit d'en être fier : malheur donc à qui oserait y toucher! Tout ce qu'il acquiert devient or : qu'on n'essaye pas de dénigrer ou de ravir ses trésors, il ne souffre pas plus la médisance que le vol. Il a l'épigramme, le dialogue, l'épître, pour châtier ses adversaires ou ses spoliateurs, qu'ils portent tiare, diadème, hermine ou épée. Dante plongeait ses ennemis dans les flammes éternelles ; le savant de la renaissance n'attend pas l'autre vie pour les tourmenter.

Nous connaissons Politien, cet écrivain aux mœurs élégantes de la cour du Magnifique. Il semble qu'un poëte qui cherche pour s'inspirer les solitudes de Careggi; dont l'habitation rurale à Fiesole est enlacée dans des haies de chèvrefeuille et d'aubépine; qui, au retour des champs, apporte dans sa demeure de Florence toutes sortes de fleurs odorantes; si parfois il lui arrive de se fâcher, n'aura que de belles colères. Nous allons voir.

Sa gloire, et peut-être plus encore l'amitié que lui portait Laurent le Magnifique, blessait au cœur une foule de rivaux qui, voulant à tout prix faire du scandale, se jetaient sur lui comme autant de frelons. Le plus acharné de ces insectes se nomme Mabile, Mabilius. D'abord Angiolo ne veut pas démentir le nom qu'il porte ; il souffre en silence : sa patience est prise pour de la peur ; les bourdonnements continuent et les morsures aussi. Alors l'ange du ciel devient un véritable démon. Luther lui-même, nous le confessons sincèrement, avec son prodigieux talent pour la caricature, n'a jamais fait un moine semblable à l'être créé par Politien, et nous doutons que Dieu ait lui-même réuni dans un seul individu les difformités physiques imaginées par le rhéteur. « Ses cheveux crasseux distillent l'oing ; sa tête est la demeure de vers cadavériques; sa barbe est rongée par les teignes et d'autres insectes qui y prennent leurs ébats ; ses narines sont couvertes d'une forêt de poils qui étendent sur le menton du malheureux leurs filaments polypeux... » Nous n'avons pas la prétention de reproduire dans tous ses détails la peinture de Politien.

Nous voudrions, pour l'honneur du rhéteur, que l'épigramme fût restée inédite ; mais il s'en fait gloire comme de l'une de ses plus belles sylves, et la montre à tous ceux qui se rassemblent chez son protecteur. Laurent en rit comme tous les autres.

Nous pensions que Mabile allait se cacher : il se montre et cherche à se venger, non point en calomniant cette belle figure que le ciel avait donnée à Politien, mais en le transformant en geai qui vole les plumes du paon, en plagiaire éhonté qui s'approprie la version latine d'Hérodien composée par Tiphernas. Sa fiction, au reste, valait peut-être mieux que celle de son rival, car elle obtint un grand crédit dans le monde littéraire.

Après l'image physique vient le portrait moral de Mabile, et ici Politien parle une langue qu'on n'aurait point osé employer aux soupers de Trimalcion. Si Boileau avait lu l'épigramme, il aurait compris que le latin lui-même peut offenser l'oreille. Nous ne savons pas si Mabile continua sa polémique avec Politien : de nos jours, ce n'est pas avec de l'encre que se laveraient de semblables outrages.

Et ce qu'il y a de plus douloureux, c'est que la calomnie ne se tait pas même quand l'humaniste n'est plus ; elle est là, assistant aux derniers moments du moribond, le suivant à l'église, au cimetière, et mêlant ses invectives obscènes aux chants des prêtres, aux prières des fidèles, aux pleurs de toute une ville ; puis, quand une pelletée de terre a été jetée sur la bière du défunt, elle cherche et trouve un imprimeur qui consent à salir un blanc papier de Venise de cette boue fétide. Arrive la postérité, qui, feuilletant le livre, juge le mort d'après l'arrêt posthume qu'a formulé une colère sacrilége.

Encore si ces haines entre lettrés avaient été provoquées par quelque grave offense! Mais, à cette époque de vanités fiévreuses, un mot suffit pour allumer une guerre qui coûte aux deux adversaires des flots d'une encre corrosive. Filelfe reprend son élève d'avoir imprimé *Turcos* au lieu de *Turcas;* l'élève s'emporte, et se met à écrire contre son maître deux sanglantes épîtres.

Galeotto Marzio avait publié, en 1468, un traité *de Homine*, œuvre de moraliste et de médecin. Merula, professeur à Milan, lit le livre, et se permet de discuter certaines doctrines de l'auteur. Galeotto veut défendre son ouvrage, et prodigue à son critique toutes ces épithètes dont un portefaix napolitain s'amuse, dans un moment de mauvaise humeur, à gratifier un voyageur qui l'a mal payé. Galeotto voudrait que le zoïle, pour l'honneur des lettres, expirât sous le bâton.

Ce n'est pas seulement l'humaniste qui est immolé ainsi impitoyablement aux railleries de la foule : chacun son tour; après le lettré, le roi.

A Naples existait une académie célèbre, dont Gioviano Pontano était le directeur. C'était un esprit distingué que Pontano, qui ressemblait sous plus d'un rapport à Politien. Grammairien, philosophe, historien, orateur et poëte, il était infatué de ses talents divers, et d'humeur guerroyante. On connaissait son penchant à batailler, et rarement on essayait de l'attaquer en face : seulement on disait tout bas, car à Naples comme à Florence on aimait à mentir, qu'il avait dérobé au mont Cassin quelques ouvrages de Cicéron, dont il s'était approprié le style et les idées; mais personne n'eût osé signer de son nom une semblable calomnie. Pontano gardait sa colère et ses vers jusqu'au moment où l'envie prendrait un corps et une âme. Enfin nous ne savons plus quel malheureux Gaulois eut le courage de crier au plagiat.

19*

Nous nous attendions à quelque virulente épigramme; mais cette fois Pontano laisse l'individu pour attaquer la nation. Sait-on ce qu'il fait des Français dans son dialogue intitulé *Charon?*—Des gargotiers, des gâte-sauces, des ménétriers, des ivrognes. Pyrichalcus, un des personnages du dialogue, demande à Mercure si l'on ne ferait pas bien de leur planter un clou dans la tête; à quoi Mercure répond : Le Gaulois n'a pas de cervelle.

Lors des querelles de Naples avec le saint-siége, notre gallophobe avait rendu à Ferdinand Ier des services dont il s'exagérait l'importance; Ferdinand l'en récompensa magnifiquement en le choisissant pour secrétaire. Pontano n'était pas satisfait : on dit qu'il sollicitait un titre de baron, ce qui nous paraît d'autant plus probable qu'il s'était toujours moqué de la noblesse; ou, suivant un autre historien, une pension sa vie durant, ce que nous croirions volontiers, car dans ses écrits il avait fait constamment profession d'un fier dédain pour l'argent. Comme il ne voyait venir ni le parchemin ni les florins, il se mit en colère et résolut de se venger.

Pontano excelle dans ces petits drames connus sous le nom de dialogues, et que la réforme, qui n'a rien trouvé, n'inventa pas dans ses querelles avec Rome, mais dont elle prit à l'Italie l'idée et souvent même l'expression. Evidemment Ulrich de Hutten s'est inspiré de Pontano dans cette comédie à deux ou trois personnages qu'il écrivit pour décrier Jules II. Si l'on voulait bien, on trouverait dans le lauréat de Maximilien plus d'une plaisanterie sur la luxure des moines et la gourmandise des cardinaux, que Pontano se permettait pour rire, et qu'Ulrich imprimait sérieusement.

Pontano, donc, imagine une allégorie qu'il appelle l'*Ane*, où figurent un voyageur, un courrier et un aubergiste, trois hommes des grandes routes qui se mettent l'un après l'autre à célébrer les douceurs de la paix (1484) que le monde italien doit aux talents de l'écrivain.

Il faut entendre les bruyantes exclamations de l'aubergiste, qui voit déjà les routes de Naples peuplées d'une foule de pèlerins et de pèlerines d'une vertu plus que douteuse, s'arrêtant dans la salle à manger de son hôtellerie pour y dépenser leur argent !

Mais où est donc Pontano? Dans son écurie, où il s'amuse, à soixante ans, à panser, à étriller, à caresser son âne. Le voilà qui paraît, et entame avec son jardinier, lui favori des Muses, une dissertation sur l'art de la greffe; puis arrive le héros de la comédie satirique, accoutré comme le coursier du *calesso* napolitain un jour de fête : la fleur à l'oreille, sur le dos une couverture de soie, à la bouche un frein doré, le long de l'épine dorsale des rênes dorées également.

Alors commence le drame, où Pontano joue le rôle d'un palefrenier. Il s'agit d'étriller l'animal : le pauvre poëte s'y prend comme à l'ordinaire, par la queue d'abord, qu'il est obligé de lâcher, parce que son âne ne respecte rien, pas même l'odorat du poëte; il lui tient la tête, l'animal veut le mordre; il essaye de passer la main sur le dos de la monture, qui se met à ruer. Alors vient la morale : Bien fou qui veut laver la tête d'un âne, car il y perdra et sa peine et son savon. L'âne, c'est Ferdinand.

Telle est la fable trouvée par Pontano : elle ne brille pas par l'invention, et, sans quelques détails qui rappellent le trait caustique d'Aristophane, elle serait oubliée depuis longtemps. Après l'avoir lue, on est tenté de s'apitoyer sur le sort du diplomate, sauveur de son pays, et dont les services ont été si mal récompensés. Malheureusement pour la mémoire de l'écrivain, l'histoire est là qui raconte tout ce que la noble maison d'Aragon fit pour Pontano. Or l'ingrat, c'est le poëte, qui, au lieu de fuir avec ses maîtres lors de la conquête de Naples par les Français, va saluer Charles VIII du titre de libérateur. Quand les Français ont été chassés du royaume, le poëte reparaît pour se venger de sa trahison, en représentant les vaincus, dans son dialogue de Charon, comme des hommes sans cervelle ni courage.

Ce Charon est un dialogue où Pontano a semé l'esprit à pleines mains; malheureusement il a dû l'écrire dans quelque lupanar napolitain. On trouve dans cette satire une scène où des ombres d'évêques, de cardinaux, de prêtres, de moines, viennent se confesser à Charon avec une effronterie de termes qui fait monter la rougeur au front. Il est probable que Luther aura connu, lors de son séjour à Rome, quelques fragments de ce dialogue. Le moine a pris au sérieux tout le dévergondage du Napolitain, et la réforme a fait comme Luther, sans prendre garde que Pontano n'est là qu'un artiste qui cherche jusque dans son expression à calquer l'antique. Ainsi l'ont fait Bibbiena dans sa Calandra, et Machiavel dans sa Clizia.

Qui ne voit que c'est le monde païen que le poëte met en scène? Horace avec Lalagé, Anacréon avec Bathylle, Martial avec la Rome des Césars. C'est une étude, et non point un tableau de mœurs, qu'il veut donner, et dont il a raison de tirer vanité, parce qu'alors la forme est toute l'œuvre. Ne nous montrent-ils pas à chaque page de leurs écrits, ces idolâtres de l'antiquité, que leurs invectives ne sont qu'un jeu d'esprit renouvelé des anciens? Politien, par exemple, avant ses querelles avec Merula, trace du professeur un portrait séduisant; à l'entendre, c'est un homme docte dont les leçons serviront à polir les mœurs de la cité, et qui doit par ses livres immortaliser le nom de celui qui la gouverne. Et, quelques jours après, Merula, qui s'avise de douter de la latinité de quelques expressions de Politien, n'est plus qu'un ignorant cherchant à faire du bruit par de honteux penchants.

Pontano, qui s'amusait à loger la sottise sous le capuchon monacal, métamorphose, dans son dialogue de Charon, chaque frère en aristotélicien capable, quand il argumente, de changer Charon en âne. Voilà un moine qui ne ressemble pas à celui d'Ulrich de Hutten. Est-ce que ce cardinal chassant son maître d'hôtel, qui n'a pas osé donner soixante écus d'or d'un poisson, ne descend pas en droite ligne de Lucullus?

Vers la fin du xv° siècle, un mal que Fracastor a chanté dans un beau poëme exerçait d'affreux ravages en Italie. Hutten, qui croyait échapper aux atteintes de l'affection à l'aide du bois de gaïac, alla bientôt mourir dans une petite île de la Suisse, victime d'un remède dont il avait trop célébré les vertus. D'où venait ce mal? de Naples, de la France ou de l'Amérique? C'est ce qu'il est difficile de dire, même aujourd'hui. Quoi qu'il en soit, il arriva fort à propos pour fournir de nouvelles images au satirique, qui n'en trouvait plus malheureusement dans les hôpitaux des Grecs ou des Romains. Un poëte comme Molza meurt-il d'une fièvre lente, la fièvre prend le nom de la lèpre hideuse, et bien longtemps après qu'il a cessé de chanter et de vivre, on voit un écrivain de quelque talent imaginer un drame où il introduit Colomb, Fernand Cortez, Magellan, Vasco de Gama, Améric Vespuce, qui se vantent chacun d'avoir découvert quelque portion du Nouveau-Monde, et demandent qu'Apollon les couronne. Le chancelier du dieu s'apprête à minuter pour chacun d'eux un brevet d'immortalité, quand survient Molza, « la tête pelée, le menton rasé, le nez déchiré, le visage purulent, qui, s'adressant aux juges du tribunal (c'étaient des femmes), s'écrie : « Point de couronne! Voilà les glorieux trophées du monde dont ils se disputent la découverte. »

Voyez le danger qu'il y aurait à juger les mœurs d'un

homme d'après une épigramme même aussi ingénieusement encadrée que celle de Boccalini ! Un jour l'évêque de Fossombrone, Giov. Guidiccione, inquiet de Molza, écrit à son ami Tolomei : « Donnez-moi donc des nouvelles de Molza, j'en suis en peine; on me dit qu'il est malade d'une fièvre aiguë : voudrait-il nous faire tort de son âme pour en enrichir le ciel ? » Ce n'est pas le seul éloge des vertus de ce prétendu lépreux que vous trouverez dans les historiens contemporains. Comment croire que Laurent le Magnifique, ce prince de mœurs élégantes, donnât chaque soir le bras, pour aller à l'une de ses maisons de campagne, à Politien, s'il eût ressemblé au poëte inventé par Dati ? que le duc de Milan Sforce invitât à sa table un professeur qui aurait représenté tous les vices décrits par le rhéteur florentin? Non! le lettré du xve siècle ne doit pas être jugé d'après de folles épigrammes : l'épigramme a pu servir des vengeances ; mais la vengeance est aveugle et menteuse. Blâmons toutefois ce rire dont on accueillait, à la table de Laurent, des facéties obscènes qu'on a voulu depuis faire passer pour des peintures du monde italien. Laurent donnait un mauvais exemple en les écoutant. Quand Léon X, un des hôtes de cette table ducale, cardinal d'abord, fut élu pape, il comprit qu'il lui fallait imposer silence à des poëtes qui remuaient les « boues de toutes les voluptés. » Si la papauté ne songea pas plus tôt à réprimer les égarements de la presse, c'est que l'imprimerie était à ses yeux une seconde lumière descendue du ciel, et qu'elle n'osait toucher à rien de ce qui venait de Dieu.

Etudions en passant ce qu'elle avait fait en faveur de la presse.

En 1466, deux Allemands qui connaissaient le secret de Gutenberg, Conrad Sweinheim et Arnold Pannartz, transportèrent à Rome leur imprimerie de Subiaco, où tout récemment ils avaient donné une édition de *Lactance*.

Paul II régnait alors. Jean-André de' Bussi, évêque d'Aleria, se déclara leur protecteur. Conrad et Arnold établirent leurs ateliers dans la maison des frères Pierre et François de Maximis, à l'aide des secours que leur fit obtenir de' Bussi. Leurs presses furent bientôt en état de fonctionner ; mais il leur manquait un correcteur habile : l'évêque s'offrit et fut accepté. A partir de 1466 jusqu'en 1472, nos Allemands publièrent un assez grand nombre d'ouvrages latins : d'abord la Grammaire de Donat, puis les Épîtres familières de Cicéron. L'évêque préparait la copie, revoyait les épreuves, faisait l'office de prote, et attachait à chaque ouvrage une préface ou bien une épître dédicatoire de beau style latin, qu'il faut lire parce qu'on y trouve quelques détails curieux. Dans la dédicace des Lettres de saint Jérôme à Paul II, l'évêque remercie Sa Sainteté de la protection qu'elle a bien voulu accorder à ce bel art de l'imprimerie, « qui, en multipliant les chefs-d'œuvre de l'antique littérature, en a tellement abaissé les prix, qu'un ouvrage qui coûtait autrefois cent écus d'or en vaut à peine vingt, et bien imprimé encore, et purgé de ces fautes grossières qui le déshonoraient quand il était à l'état de manuscrit. »

Ailleurs il nous apprend qu'il a mis neuf ans à revoir l'édition de l'Histoire naturelle de Pline (1472) ; et il en faudrait, ajoute-t-il avec une bonhomie charmante, au moins quatre-vingt-dix.

Ses protégés n'étaient pas heureux ! Leurs livres, dont on vantait la correction, ne se vendaient guère, et leurs vastes magasins s'emplissaient de jour en jour de rames de papier. Conrad et Arnold eurent recours à ce bon évêque, qui se mit à leur rédiger une supplique qu'il se chargea de mettre, au mois de mars 1472, sous les yeux de Sixte IV, car Paul II était mort.

« Très-saint-père, disaient les malheureux typographes,

nous avons imprimé, pendant notre séjour à Rome, un grand nombre d'ouvrages dont nous allons vous rappeler les titres dans l'ordre de leur publication : Donat, notre premier livre, à l'usage de l'enfance, tiré à 300 exemplaires; Lactance, tiré à 825; les Épîtres familières de Cicéron, tirées à 550, etc. Désormais il nous est impossible de subvenir aux dépenses énormes de notre établissement, si les acheteurs nous manquent; notre maison, bien vaste pourtant, est encombrée de piles de ballots, c'est la meilleure preuve que nous ne vendons pas. Que votre inépuisable charité vienne à notre aide, afin que nous puissions vivre et faire vivre les nôtres. »

N'est-il pas admirable, ce de' Bussi qui, après avoir étudié sous Victorin de Feltre, vient à Rome et tombe dans une si affreuse indigence qu'il n'a pas de quoi se faire faire la barbe? Nommé évêque d'Aleria (en Corse) par Paul II, il aime tant les livres, que, pour les répandre, il fait le métier de prote. « Malheureux métier, qui consiste, dit-il, non pas à chercher des perles dans le fumier, mais du fumier parmi les perles. » Quand il a passé tout un jour à user ses yeux à ces révisions de textes en diverses langues, il écrit la nuit une longue préface pour chacun des ouvrages dont il est l'éditeur; une préface en latin de Cicéron, un véritable livre quelquefois; puis, avant de se mettre au lit, il rédige un placet, qu'il adressera, dans l'intérêt de ses enfants, c'est le nom qu'il donne à ses ouvriers et aux deux maîtres, Sweinheim et Pannartz, tantôt au pape, quand il saura que Sa Sainteté est en fonds, tantôt à quelque riche cardinal, si les pauvres ont tari l'épargne pontificale. En France comme ailleurs, nous avons donné de belles couronnes à l'inventeur de l'imprimerie, pas assez belles encore; mais nous avons trop souvent oublié les protecteurs de la typographie naissante, bienfaiteurs aussi de l'humanité. Gloire donc à de' Bussi, ce savant d'une patience angélique, qui passa neuf ans à préparer une édition de Pline l'Ancien, autant de temps peut-être que l'écrivain en avait mis à composer son ouvrage!

Sixte IV lut l'épître de l'évêque, son bibliothécaire à cette époque, et vint au secours des Allemands : mais la papauté était bien pauvre ; elle ne pouvait donner que cent écus au traducteur du *de Animalibus* d'Aristote, Théodore Gaza, qui de dépit jetait l'argent dans le Tibre. De son côté, le siècle était bien indifférent à l'invention de Gntenberg. Les lettrés romains auraient tenu dans ce petit cabinet où de' Bussi corrigeait ses épreuves. Il fallut qu'Arnold et Conrad attendissent des temps plus heureux. Qui leur eût dit qu'un seul exemplaire de chaque ouvrage qu'ils avaient publié suffirait un jour pour acheter la plus belle maison de Rome, les aurait étrangement surpris.

Ces livres se répandaient, et avec eux la lumière, et, il faut le dire aussi, la satire à la manière de Martial, l'ode libertine, imitée de celle d'Horace, la peinture cynique qu'on devait retrouver dans Pétrone, le paganisme avec toutes ses licences. A toute force on voulait ressembler aux dieux d'Homère. La papauté n'était pas la seule à déplorer l'abus que la presse faisait du plus beau présent que l'homme ait reçu de Dieu. Vital de Thèbes, professeur de droit, se plaignait, en 1500, de l'audace de ces typographes qui, alléchés par l'appât d'un gain honteux, ne rougissaient pas de publier des ouvrages où « l'auteur parle une langue qu'on n'avait pas même entendue dans les lupercales antiques. » Et Gerson disait en chaire qu'il ne voudrait pas plus prier pour Jean de Mung que pour Judas, s'il n'était pas certain que l'auteur du roman de la Rose eût fait pénitence avant de mourir.

Barbaro Ermolao, dans une lettre à Merula, dénonçait comme un malheur ces publications frivoles, qui détournaient le public de la lecture des bons écrivains, et demandait qu'aucune page ne fût désormais publiée sans l'approbation de juges compétents.

Berthold, archevêque de Mayence, en 1486, avertissait les fidèles de se tenir en garde contre ces livres irréligieux et libertins, traduits du latin en allemand, et qu'on répandait parmi le peuple.

Alexandre VI, en 1501, signalait les pamphlets imprimés à Cologne, à Mayence, à Trèves, et défendait d'imprimer aucun écrit s'il n'avait été revêtu de l'approbation du supérieur ecclésiastique.

Léon X, à Florence, avait pu juger de la dangereuse puissance de la parole écrite ou imprimée, quand un scribe recueillait, pour soulever la multitude tantôt contre les Médicis, tantôt contre Alexandre VI, les improvisations de Savonarole. Si la loi religieuse eût obligé le moine de déférer toute espèce d'écrit qu'il voulait imprimer à son juge naturel, l'archevêque; qui sait? Jérôme ne serait peut-être pas monté sur le bûcher. Que de fois nous avons été attristés en découvrant des recueils formés de pensées diverses, des pamphlets sous forme de feuilles volantes, sans nom d'imprimeur, et qu'un sténographe infidèle a publiés sous le nom du grand orateur. N'est-il pas probable que l'autorité épiscopale, si elle avait été consultée, eût refusé de les approuver! Aurait-elle laissé circuler ces légendes plus ridicules que pieuses, où Jean-François Pic fait opérer de si grands miracles au frère Jérôme ?

Bossuet a dit que la véritable simplicité de la doctrine chrétienne consiste principalement et essentiellement à toujours se déterminer, en ce qui regarde la foi, par ce fait évident : Hier on croyait ainsi, donc encore aujourd'hui il faut croire de même. Il est certain que, dans les premiers temps de l'Église, tout chrétien était obligé de soumettre ses écrits à l'approbation du souverain pontife. Saint Augustin, saint Honorat, saint Julien, saint Césaire, grandes lumières du catholicisme, ont reconnu la loi et s'y sont soumis. Nicolas la consacra en ces termes dans le canon 5e des canons romains : « C'est par décret des pontifes de Rome que tout écrit est approuvé ou condamné. »

Telle fut la législation de l'Église jusqu'à l'époque de l'invention de l'imprimerie. Alors seulement on essaya de s'y soustraire : Léon X voulut la faire revivre. L'Église était rassemblée au concile de Latran, convoqué par Jules II. Le pape publia sur la presse ce décret célèbre que nous citerons en entier :

« § 1. Parmi les sollicitudes qui nous pressent, une des plus vives et des plus constantes est de pouvoir ramener dans la voie de la vérité ceux qui en sont éloignés, et de les gagner à Dieu, avec le secours de sa grâce. C'est là, sans contredit, l'objet de nos plus sincères désirs, de nos affections les plus tendres, de notre vigilance la plus empressée.

» Or nous avons appris, par des plaintes élevées de toutes parts, que l'art de l'imprimerie, dont l'invention s'est toujours perfectionnée de nos jours, grâce à la faveur divine, quoique très-propre, par le grand nombre de livres qu'il met, sans beaucoup de frais, à la disposition de tout le monde, à exercer les esprits dans les lettres et les sciences, et à former des érudits dans toutes sortes de langues, dont nous aimons à voir la sainte Église romaine abonder, parce qu'ils sont capables de convertir les infidèles, de les instruire et de les réunir par la doctrine chrétienne à l'assemblée des fidèles, devenait pourtant une source d'abus par la téméraire entreprise des maîtres de cet art ; que dans toutes les parties du monde ces maîtres ne craignent pas d'imprimer, traduits en latin, du grec, de l'hébreu, de l'arabe, du chaldéen, ou nouvellement composés en latin et en langue vulgaire, des livres contenant des erreurs même dans la foi, des dogmes pernicieux et contraires à la religion chrétienne, des attaques contre la réputation des personnes même les plus élevées en dignité, et que la lecture de tels livres, loin d'édifier, enfantait les plus grands égarements dans la foi et les mœurs, faisait naître une foule de scandales et menaçait le monde de plus grands encore.

» § 2. C'est pourquoi, afin qu'un art si heureusement inventé pour la gloire de Dieu, l'accroissement de la foi et la propagation des sciences utiles, ne soit pas perverti en un usage contraire et ne devienne pas un obstacle au salut pour les fidèles du Christ, nous avons jugé qu'il fallait tourner notre sollicitude du côté de l'impression des livres, pour qu'à l'avenir les épines ne croissent pas avec le bon grain, et que le poison ne vienne pas se mêler au remède. Voulant donc pourvoir à temps au mal, pour que l'art de l'imprimerie prospère avec d'autant plus de bonheur qu'on apportera dans la suite plus de vigilance et qu'on prendra plus de précaution; de l'avis du sacré collége, nous statuons et ordonnons que, dans la suite et dans tous les temps futurs, personne n'ose imprimer ou faire imprimer un livre quelconque dans notre ville, dans quelque cité ou diocèse que ce soit, qu'il n'ait été examiné avec soin, approuvé et signé, à Rome, par notre vicaire, et dans les diocèses par l'évêque ou tout autre délégué par lui, et ayant la science compétente des matières traitées dans l'ouvrage, sous peine d'excommunication. »

Le décret du concile de Latran est une grande mesure d'ordre, sociale et religieuse. Depuis vingt ans, le duché de Milan a passé sous la domination de maîtres divers; les grands vassaux du saint-siége, abattus un moment, se sont bientôt relevés; Venise a trahi chacun de ses alliés; la Suisse est divisée en deux camps, la plaine et la montagne : la plaine obéit à la France, et la montagne à l'Église ; Gênes a relevé et abattu cinq à six drapeaux; Naples a suivi ou délaissé Rome, l'Empire n'est jamais resté fidèle au même parti. Laissez la presse libre, et chacun de ces peuples s'en servira pour récriminer contre le passé, excuser sa politique, attaquer ses maîtres, ses vainqueurs ou ses alliés, et continuer dans des livres une lutte qu'on croyait finie faute de combattants. Alors la paix du continent italien et du monde chrétien sera de nouveau compromise.

En Italie, où tout sentiment devient une passion, si la presse reste libre, il faut s'attendre à voir se renouveler ces combats à la manière des héros de Pontano, où la parole humaine se traîne dans la fange. Fille de la lumière incréée, la papauté ne pouvait consentir à cette dégradation de l'intelligence. Au moment même où elle était obligée, dans l'intérêt de la famille chrétienne, de prendre des mesures de répression contre la licence de la presse, elle publiait, sous la direction de Béroalde, l'œuvre de l'un des plus grands historiens de l'antiquité, Tacite, dont la plume avait courageusement flétri les scandales de la vie impériale ; puis elle rassemblait les chefs-d'œuvre des littératures grecque et romaine dans le palais du Vatican, dont elle ouvrait la porte à tous les hommes de talent; enfin elle érigeait, car c'est une véritable création, ce collége de la Sapience, que toutes les universités allaient prendre pour modèle, et où elle appelait ce que l'Italie possédait de plus éminent dans les lettres et dans les sciences.

CHAPITRE XXI.

LA VATICANE. — TACITE. — MANUSCRITS. — 1514-1515.

La sacristie sert d'abord de bibliothèque à nos églises. — Premières bibliothèques catholiques. — Soins des papes pour la conservation des manuscrits. — Nicolas V est le créateur de la Vaticane. — Inghirami est nommé conservateur de cette bibliothèque par Jules II. — Béroalde lui succède sous Léon X. — Recherche des manuscrits. — Léon X achète des moines de Corbie quelques livres inédits de Tacite. — Il veut publier une édition des œuvres de cet historien, et en confie le soin à son bibliothécaire. — Un imprimeur de Milan veut contrefaire le Tacite. — Léon X charge un grand nombre d'humanistes d'aller à la découverte des livres anciens. — Ses libéralités envers les savants. — Musurus, Lascaris, Alde Manuce.

La sacristie servit d'abord de bibliothèque à nos églises. L'évêque pensait avec raison que les actes de notre foi ne pouvaient reposer plus sûrement qu'à côté des vases sacrés destinés à la célébration de nos saints mystères. Justinien appelle la sacristie le trésor de nos chartes. Le Skeuophylax ou Keimeliarque dont il parle gardait à la fois et les diptyques et les registres ou livres de l'évêque. Plus tard, on comprit la nécessité d'affecter un local particulier aux livres de notre culte. Au cinquième siècle, l'évêque Paulin, en bâtissant une église à Nola, réservait dans l'édifice une salle spécialement destinée aux archives chrétiennes. Quand le nombre des manuscrits se fut accru, alors vint l'idée toute naturelle d'en confier la garde à quelque personne de confiance : le conservateur catholique au sixième siècle porte le nom de *scrinarius* ou de *chartularius*. Au septième siècle, nous trouvons à Constantinople un chartophylax attaché au service du patriarche. Ce chartophylax n'est autre que le bibliothécaire du pape à Rome, qui dans les anciens temps est appelé tantôt *cancellarius*, tantôt *notarius*.

Toutefois la sacristie garda longtemps le dépôt des titres de notre vieille foi, dans des armoires de chêne dont un prêtre seul devait avoir la clef. A côté des manuscrits de nos Evangiles étaient placés des traités élémentaires destinés à l'instruction des jeunes lévites. En Italie, chaque jour après la grand'messe, un prêtre ouvrait l'armoire, en tirait une grammaire, et expliquait aux enfants de chœur rassemblés autour de lui les règles de la syntaxe latine.

La première notion certaine que nous ayons de l'existence de bibliothèques ecclésiastiques ayant quelque importance est tirée d'une lettre de Jérôme à Pammachius, en 394. Plus tard, nous voyons saint Augustin doter l'église d'Hippone d'une collection précieuse d'ouvrages. Mais, longtemps avant lui, le pape Antère (238) formait, au rapport d'Anastase, dans une des églises de Rome, une bibliothèque agiographique. A l'époque de saint Grégoire le Grand, Rome était si riche en livres, que les princes et les évêques de la chrétienté s'adressaient au pape pour obtenir des œuvres ascétiques ou littéraires.

Un moment les papes sont les commissionnaires littéraires du monde catholique. On écrit des Gaules à saint Grégoire : Très-saint-père, envoyez-nous les Gestes de saint Irénée, dont nous avons le plus grand besoin ; et d'Alexandrie : Expédiez-nous le Martyrologe d'Eusèbe. Saint Amand, évêque de Tongres, demande des livres à Martin Ier ; l'évêque de Saragosse a besoin des livres de morale de saint Grégoire ; Pépin s'adresse au souverain pontife pour solliciter quelques manuscrits grecs dont il veut faire don à l'abbaye de Saint-Denis ; l'abbé de Ferrière (Lupus) écrit à Benoît III pour lui demander les Commentaires de saint Jérôme sur

Jérémie, l'Orateur de Cicéron, les Commentaires de Donat sur Térence, en promettant, si Sa Sainteté obtempère à sa demande, de restituer fidèlement les ouvrages. Les papes prêtaient, mais il arriva que les églises oublièrent de renvoyer exactement les manuscrits; les papes alors ne laissèrent plus sortir un seul livre de Rome.

On pourrait regarder Nicolas V comme le créateur de la Vaticane. Vespasiano y comptait de son temps plus de cinq mille manuscrits grecs ou latins. Le pape avait nommé conservateur de cette bibliothèque Jean Tortelli, célèbre grammairien. On sait qu'il entretenait un grand nombre de savants dont l'unique occupation était de parcourir la France, l'Allemagne, la Grande-Bretagne, la Grèce, afin d'y chercher des manuscrits. Calixte III, Pie II et Paul II ajoutèrent de nouveaux trésors à ceux que Nicolas V avait si heureusement découverts. François Filelfe disait à Calixte III : « Si vous voulez vivre dans la mémoire des hommes, imitez l'exemple de votre prédécesseur, Nicolas V; aimez comme lui les livres et les savants. » Paul II, passionné pour les manuscrits, les prêtait trop facilement aux humanistes, et oubliait de les redemander, double tort que lui reproche un de ses contemporains.

On sait que Sixte IV eut le premier l'idée d'ouvrir la Vaticane au public romain. Il avait choisi pour son bibliothécaire Jean-André de' Bussi. A l'évêque d'Aleria, le protecteur de Sweinheim et de Pannartz, succéda Platina, puis Aristotile Manfredi, Cristoforo Persona et Jean Laurent le Vénitien, tous hommes de science. Alexandre VI confia cette charge d'abord à deux Espagnols, Jérôme et Jean Fonsalida, ensuite à Julien de Volterre, archevêque de Raguse, qui l'exerçait encore en 1510.

Inghirami venait de mourir, laissant vacante la place de bibliothécaire du Vatican, que lui avait conférée Jules II.

C'était un littérateur d'une grande aménité de caractère, versé dans les langues anciennes et connaissant surtout parfaitement le latin. Il n'eût tenu qu'à lui de faire plus de bruit; mais il préférait à la gloire le coin du feu en hiver; en été, une promenade aux jardins de Sadolet; le soir, après souper, une conversation avec quelques bons amis qu'il charmait par sa parole toujours douce et fleurie. Érasme le vit et l'aima, ravi, comme ceux qui avaient le bonheur de l'entendre, de tout ce qu'il jetait, en parlant, de traits inattendus, d'images pittoresques, de saillies spirituelles : causer était son talent. Il mourut jeune encore, d'une chute de cheval. Chose étonnante ! on l'épargna après sa mort, comme on l'avait épargné de son vivant. Seulement, à cette époque de dénigrement systématique, la satire, qui ne veut pas perdre ses droits, lui reproche une obésité que le sépulcre put à peine enfermer. Elle ajoute, il est vrai, qu'en mourant il partagea entre ses héritiers l'as qu'il laissa pour toute fortune : c'était finir honorablement.

Le vieux Béroalde écrivait, après avoir écouté parler Béroalde son neveu : « Vous verrez que de cette étincelle de science jaillira bientôt une lumière vive et radieuse; l'enfant donnera raison au proverbe : Il y a beaucoup d'écoliers qui valent mieux que leurs maîtres. »

Philippe Béroalde, que Léon X venait de nommer bibliothécaire de la Vaticane, était heureux comme un roi au milieu de tous ces beaux livres que les libéralités du pontife savaient y rassembler. A cette époque, il y avait des bibliophiles qui passaient leur vie à courir le monde pour découvrir des manuscrits : Politien les nommait des chasseurs de livres. Nul comme Sabeo (Fausto) ne flairait d'aussi loin un ouvrage inédit. Léon X, qui connaissait l'humaniste, l'avait employé d'abord à fouiller les abbayes, les monastères, les presbytères, les bibliothèques des princes ou des particuliers.

Le savant se mettait en route, parcourait, à pied le plus souvent, l'Italie, la France, l'Allemagne, la Grèce, supportant, comme il le raconte poétiquement, la faim, la soif, la pluie, le soleil, la poussière, pour délivrer de l'esclavage un écrivain antique qui, en recouvrant sa liberté, reprend l'usage de la parole, et vient remercier en beaux vers son libérateur. Ce que nous admirons chez ces hardis explorateurs est moins le bonheur que le désintéressement. Pas un qui, au retour de ses longues courses, garde pour lui un seul de ces volumes adorables qu'il a cependant si bien gagnés. Et que sa tentation doit être vive à la vue de manuscrits aux lettres rehaussées d'or, aux miniatures dont le temps n'a pu ternir les fraîches couleurs, aux mille fantaisies calligraphiques qui montent, descendent et s'enroulent sur de blanches marges, à la reliure chargée d'arabesques dont Jean d'Udine lui-même, à l'aide du pinceau, n'aurait pu reproduire les caprices divins! Aucun d'eux ne succombe; on les voit qui reviennent à Rome, et déposent fidèlement aux pieds de Sa Sainteté des trésors dont ils se séparent les larmes aux yeux. Si vous saviez ce qu'ils leur ont coûté! Quelquefois le possesseur connaît le prix de la relique séculaire qu'il tient enfermée sous clef; il faut alors que l'humaniste emploie la diplomatie, la ruse, l'éloquence; qu'il prie, qu'il s'attendrisse, qu'il fasse parler tour à tour le mort et le vivant : le mort, dont le Turc, demain, enlèvera l'œuvre inédite au maître de la maison, ou qu'un héritier ignorant laissera manger aux vers, ou qu'une servante vendra peut-être à l'épicier; le vivant, c'est-à-dire le pape Léon X, qui attend avec impatience le volume pour le placer dans le palais du Vatican, le vêtir d'or et de soie, si l'âge et la poussière ont usé ses vêtements, le soustraire à la dent du temps en l'enfermant dans du cèdre, et le montrer comme une merveille aux rois de la terre qui passent à Rome. Au besoin, le diplomate a l'ordre de promettre au maître heureux du livre des prières et des indulgences, et, si rien ne peut l'attendrir, de lui offrir de l'or à pleines mains.

Le manuscrit de Tacite que possédait l'abbaye de Corbie, en Allemagne, fut acquis par Léon X au prix de 500 sequins. C'est que ce manuscrit était bien précieux; tous ceux qu'on connaissait étaient incomplets. A celui dont s'était servi à Milan, en 1495, François Puteolano, pour imprimer les Annales, il manquait les cinq premiers livres de l'historien : on venait de les retrouver dans un monastère de Westphalie; et les moines, qui savaient le trésor qu'ils possédaient, n'avaient voulu s'en dessaisir qu'à prix d'or, même en faveur du pape : l'or avait été donné. Ajoutez que le Tacite de Milan était fautif, mal imprimé et sur mauvais papier. A cette époque où tant de morts ressuscitent, la joie de l'humaniste est souvent troublée en écoutant Horace ou Virgile sorti de la tombe parler une langue hérissée de solécismes. Un Milanais, typographe de son métier, mais artiste au suprême degré, va jusqu'à s'écrier que c'est un problème difficile à résoudre de savoir si l'invention de l'imprimerie a fait aux lettres plus de mal que de bien.

Léon X voulait que le Tacite parût dans toute la pureté du texte antique, comme si l'historien eût revu lui-même les épreuves de son ouvrage. Il confia la direction de l'entreprise à Béroalde, son bibliothécaire, et l'impression à un Allemand établi récemment à Rome, Étienne Guilleret, du diocèse de Toul en Lorraine. Afin que l'un et l'autre pussent être récompensés de leur travail, et eussent l'honneur et les bénéfices de cette réimpression, il menaça d'une amende de 200 ducats d'or quiconque contreferait l'édition publiée à Rome.

La bulle de Léon X, placée par l'éditeur en tête de l'ouvrage, renferme une magnifique glorification des lettres humaines, « le plus beau présent, dit le pape, après la connaissance de la vraie religion, que Dieu, dans sa bonté, ait fait aux hommes; leur gloire dans l'infortune, leur consolation dans l'adversité. »

Et le livre finit beaucoup mieux encore qu'il n'a commencé, par ces lignes qu'Érasme ne pouvait lire sans pleurer, et qui sont imprimées au-dessous des armes du pape :

« Au nom de Léon X, bonne récompense à quiconque apportera à Sa Sainteté de vieux livres encore inédits. »

L'annonce fit son effet : les volumes arrivaient de tous côtés, et la récompense était fidèlement donnée. Un moment, toutefois, Sa Sainteté fut sur le point de fulminer l'anathème dont elle avait menacé celui qui serait assez hardi pour réimprimer le Tacite, dont le privilége avait été concédé à Béroalde.

A Milan vivait un imprimeur qui non-seulement était un prote habile, un ouvrier plein de goût, mais un humaniste renommé : il s'appelait Minuziano, et avait étudié sous Georges Merula. Louis XII, en lui écrivant, mettait sur ses lettres : « A maître Alexandre Minutianus, professeur de rhétorique. » Il occupa longtemps, en effet, dans cette ville, la chaire d'éloquence et d'histoire. On lui devait quelques éditions d'auteurs anciens, qui passaient pour fort correctes, entre autres celle des œuvres complètes de Cicéron, en quatre volumes in-folio. En apprenant que Béroalde allait éditer un Tacite avec les cinq premiers livres des Annales, il conçut l'idée de faire concurrence au bibliothécaire de la Vaticane, et il gagna, dit-on, un ouvrier de l'imprimerie pontificale, qui lui faisait passer les feuilles imprimées.

Qu'on juge de l'indignation du pape ! Minuziano fut appelé à Rome pour rendre compte de sa conduite. Le pauvre imprimeur, qui ne connaissait pas Léon X, eut peur et se tint blotti dans son atelier, attendant que Dieu lui envoyât un ange : il vint, non pas du ciel, mais du sénat ; il s'appelait Ferretri. Le patricien, par amour du latin, promit d'aller à Rome, et d'intercéder auprès du pape en faveur du typographe. Béroalde joignit ses prières à celles du Milanais, et Léon X se laissa fléchir, mais à condition que le coupable s'excuserait dans une lettre autographe. La punition n'était pas bien sévère. Minuziano écrivit donc une épître bien tournée, où il mettait sur le compte de sa pauvreté son refus de faire le voyage de Rome, et implorait humblement son pardon. Il n'en fallait pas tant ; quelques jours après, notre imprimeur reçut un bref daté de Rome, et adressé par le secrétaire du pontife « à son cher fils Minuziano. » Et non-seulement le pape pardonnait au typographe, mais il lui permettait de continuer l'impression du Tacite, qui parut en 1417.

L'historien, s'il faut en croire Minuziano, qui l'affirme dans une spirituelle préface, quitta tout exprès l'Élysée, et vint à Milan pour dicter à l'imprimeur une lettre de remercîment à Ferretri. La lettre est écrite avec une recherche trop curieuse de mots pour qu'elle puisse être authentique. Tacite n'avait pas tant d'esprit. D'ailleurs Minuziano fait jouer au Romain un triste rôle : Tacite est métamorphosé en solliciteur, implorant la protection du sénateur milanais pour l'éditeur des Annales !

C'était un prélat, Ange Arcimbold, qui avait apporté au pape le manuscrit de Corbie. Dans cette chasse aux livres, des empereurs, des rois, des électeurs, des doges, étaient les pourvoyeurs de Léon X. Les commissaires ordinaires partaient de Rome munis de lettres de recommandation pour les princes dont ils devaient parcourir les États. Jean Heytmers de Zonvelben fut chargé de visiter l'Allemagne, le Danemark, l'île de Gothland. Le bruit courait à Rome qu'à Magdebourg, dans la bibliothèque des chanoines, se trouvait une partie des Décades de Tite-Live. Heytmers avait ordre d'en acheter à tout prix le manuscrit. Il devait être aidé dans cette négociation par l'électeur de Mayence, Albert, que Luther a depuis si fort maltraité. Le manuscrit était ailleurs. Heytmers avait également une lettre pour Christiern, roi de Danemark.

Augustin Beazzano, que Bembo avait fait connaître à Sa Sainteté, eut mission de parcourir les États de Venise : il emportait une lettre où le pape le recommandait à la bienveillance du doge Lorédan, qui lui fit ouvrir les bibliothèques de tous les couvents de Venise. Beazzano y trouva quelques beaux manuscrits grecs.

Au pape il ne fallait pas seulement des livres et des manuscrits, mais des hommes, et il n'épargnait aucune dépense pour s'en procurer : presque toujours il était heureux. Il faut avouer qu'il eût été bien difficile de lui résister : cela arrivait pourtant. Il écrit à Nicolas Leoniceno :

« Vous savez si je vous estime, si je vous ai toujours aimé, si j'ai toujours fait grand cas de votre savoir. Bembo, mon secrétaire, qui vous chérit tendrement, et qui à Ferrare, adolescent, eut le bonheur, comme il s'en vante, de tremper ses lèvres aux eaux de cette philosophie dont vous possédez la source, à force de me parler de vous, me fait penser à vous offrir de nouveaux témoignages de mon attachement à votre personne. Il faut que vous me permettiez de faire quelque chose pour vos beaux talents acquis par tant d'étude. Parlez : si mon amitié peut vous être utile, je vous l'offre de nouveau ; demandez, vous obtiendrez de moi tout ce que vous voudrez. »

Nous avons cherché longtemps dans la correspondance

des princes une lettre qui valût ce petit billet, sans pouvoir la trouver : il n'y a qu'un homme au monde qui ait jamais écrit de ce style, c'est Henri IV.

Mais peut-être y a-t-il quelque chose de plus admirable que l'épître du pape, c'est la modestie du savant qui, content de boire aux sources abondantes de la philosophie antique dont il détachait un *rivulet* pour ses deux élèves, Sadolet et Bembo, reste enseveli dans son obscurité, et refuse sans faste les offres brillantes de la papauté. Et ces beaux exemples de désintéressement ne sont pas rares à cette époque. Plus tard nous verrons un autre disciple de l'antique philosophie repousser toutes les avances que lui fera Léon X, et se complaire, comme un autre Diogène, dans son réduit, dont le soleil ne perce jamais l'obscurité.

Sait-on ce que l'un et l'autre refusaient ? De belles et riches abbayes, car Léon était prodigue envers l'humaniste qu'il aimait; une villa aux environs de Rome; tous les trésors bibliographiques de la Vaticane; et un logement dans l'habitation sur l'Esquilin, que le pape avait empruntée au cardinal de Sion absent, afin que, tout en étudiant, l'humaniste eût sous les yeux « de belles fabriques, de beaux jardins et de belles forêts. »

C'est sur ces hauteurs que J. Lascaris, appelé par Léon X, enseignait à de jeunes Grecs la langue hellénique. Quand notre expédition en Italie, si malheureuse du reste, ne nous aurait valu que la conquête de Lascaris, il faudrait s'en réjouir. C'est le plus beau trophée que Charles VIII remporta lorsqu'il descendit les Alpes. A Paris, Lascaris eut une chaire de grec comme à Florence; son premier, son plus noble écolier fut Budé. Le professeur, sous Louis XII, retourna en Italie, à Venise, où il enseigna le grec, de 1509 à 1513.

Les jeunes gens auxquels il donnait des leçons sur l'Esquilin avaient été conduits de la Morée à Rome par Marc Musurus (Musuro), qui n'entendait pas seulement admirablement la langue grecque, mais parlait, au dire d'Érasme, le latin aussi bien que Théodore Gaza et Lascaris.

Léon X lui écrivait, en 1513 :

« Comme j'ai le vif désir de faire revivre la langue et la littérature grecques, de nos jours presque éteintes, et d'encourager de tous mes efforts les belles-lettres; que je connais, du reste, votre savoir et votre goût, je vous prie de nous amener de la Grèce dix à douze jeunes gens doués d'heureuses dispositions, qui enseigneront à nos Latins les règles et la prononciation de la langue hellénique, et formeront comme un séminaire ouvert aux bonnes études. Lascaris, dont j'aime les vertus et la science, vous écrira à ce sujet plus amplement. Je compte, en cette occasion, sur votre dévoûment à ma personne. »

Musurus vint à Rome, apportant avec lui un exemplaire d'un Platon qu'Alde Manuce venait de publier, et dont il avait corrigé les épreuves; un poëme grec qu'il avait composé en l'honneur du pape, et une épître en prose de l'imprimeur à Sa Sainteté, mise en tête des œuvres du philosophe. Le Platon fut placé dans la bibliothèque de la Vaticane, Musurus bientôt récompensé par l'évêché de Malvoisie, et Alde Manuce honoré d'une bulle magnifique, où le pape rappelait les services que le typographe avait rendus aux lettres. Il lui accordait le privilége de vendre et de publier les livres grecs et latins qu'il avait imprimés, ou qu'il imprimerait plus tard, avec ces caractères italiques dont il était l'inventeur, et « qui reproduisent, dit le pape, toute l'élégance de l'écriture cursive. » Et afin que la cupidité ne vînt pas élever une concurrence nuisible, ruineuse peut-être pour l'imprimeur, le saint-père menaçait de l'excommunication quiconque violerait la défense du saint-siége. Seulement Léon X imposait une obligation à Manuce, c'était de vendre ses livres à bas prix ; il s'en rapportait du reste à la probité bien connue du typographe.

Alde Manuce n'en manquait pas. Dans cette préface dont nous parlions, où l'imprimeur loue si finement le pape, il se représente, nouveau Sisyphe, roulant un rocher qu'il ne peut, malgré ses efforts, conduire jusqu'au sommet de la montagne : ce rocher, c'est le Platon qu'il a mis en vente, et qui, malgré tous les efforts de ses protes, laisse encore à désirer sous le rapport de la correction. Alde, vieilli dans le métier, succombe à la peine, peine incessante, et de jour et de nuit. Il voudrait racheter au prix d'une pièce d'or chaque faute qui s'est glissée dans une de ses éditions : mal sans remède ; la faute est là qui le poursuit comme un spectre et l'empêche de dormir.

Léon X n'avait-il pas raison de vanter la probité du Vénitien ? Il voulut le récompenser, d'abord en lui concédant le privilége dont nous venons de parler, puis en prescrivant au collége romain, qu'il allait réorganiser, de ne se servir que des livres classiques publiés par le savant typographe.

CHAPITRE XXII.

LE GYMNASE ROMAIN. — 1515.

Services rendus par Nicolas V à l'enseignement. — Léon X forme le projet d'agrandir le gymnase romain. — Règlements anciens introduits dans les universités italiennes. — Le pape appelle à Rome des professeurs illustres. —Parrasio, Bottigella, Démétrius Chalcondyle, Favorino, Scipion Fortiguerra. — Encouragements de toute sorte qu'il prodigue aux maîtres du gymnase. — Ses libéralités à leur égard. — Chaire spéciale qu'il affecte à l'enseignement de la botanique appliquée à la médecine dans l'intérêt des pauvres.

Depuis un siècle, c'est-à-dire depuis le moment où les lettres commencèrent à donner quelque signe de vie en Italie, la papauté avait formé le projet de restituer à Rome ses colléges littéraires. Eugène IV fit jeter, au milieu de la ville, près de l'église de Saint-Jacques-l'Apôtre, les fondements d'un gymnase où des maîtres habiles devaient enseigner gratuitement les sciences humaines.

Nicolas V est une des gloires de son siècle. C'était aux lettres qu'il devait la tiare : il les honora magnifiquement. A Laurent Valla, qui lui avait offert sa traduction de Thucydide, il donna 500 écus d'or; à Giannozzo Manetti, pour des œuvres de théologie, une pension de 600 écus d'or : à Guarino, pour la traduction de Strabon, 1,500 écus d'or ; à François Filelfe, qui voulait mettre en vers latins l'Iliade et l'Odyssée d'Homère, il avait promis une belle maison à Rome, une ferme à la campagne, et 10,000 écus d'or qu'il avait déposés chez un banquier, et que le poëte devait toucher dès que sa version serait terminée. C'est à l'instigation de ce pontife que Diodore de Sicile, Xénophon, Polybe, Thucydide, Hérodote, Strabon, Aristote, Ptolémée, Platon, Théophraste et un grand nombre de Pères furent traduits en latin. Les lettres, sous le règne de ce prince, donnaient de la gloire et des richesses : aussi Rome était-elle remplie d'humanistes venus des quatre parties du monde. Quand on ouvre un livre écrit à cette époque, on est sûr d'y trouver le nom de Nicolas V. Poggio, Georges de Trébisonde, Léonard Bruni, Antoine Loschi, Barthélemy da Monte Pulciano, Jean Tortelli, Laurent Valla, Giannozzo Manetti, Nicolas Perotti, François Filelfe, Pierre-Candide Decembrio, Théodore Gaza, Jean Aurispa, ont célébré en vers et en prose la protection que ce grand homme accordait aux savants ; mais nul ne lui a décerné un plus brillant hommage que le protestant Isaac Casaubon, qui le représente « levant l'étendard de la science au moment où elle paraissait à jamais ensevelie sous les ruines de Byzance, chassant les ténèbres qui menaçaient le monde, et faisant luire à Rome la lumière des arts et des lettres. »

Sous le règne de Pie II, des professeurs illustres occupèrent les diverses chaires du gymnase romain. Sixte IV, qui n'avait que 100 écus à donner au traducteur d'Aristote, Théodore Gaza, ne put dépenser qu'une modique somme à l'entretien de cette belle école. Plus heureux, Alexandre VI, cet habile administrateur qui, pendant son pontificat, eut pour principe de payer exactement la pension des docteurs, la solde du soldat, le salaire des ouvriers, agrandit et dota splendidement le gymnase.

Jules II, au milieu de ses sollicitudes guerrières, n'oublia pas l'œuvre de ses prédécesseurs, et, bien loin de détourner, comme le dit Roscoë, les revenus affectés par Alexandre VI à l'entretien de l'université, il donna l'ordre, dans sa bulle de 1512, que certains revenus du Capitole fussent rigoureusement employés aux besoins du gymnase, et assigna 50 ducats d'or pour la célébration annuelle de la fête *dei Palilj*, ou de l'anniversaire de la fondation de Rome, le 21 avril.

Léon X voulut que l'université romaine égalât en splendeur celles que l'Italie citait avec le plus d'orgueil : Pavie, Milan, Bologne, et que Rome régnât sur le monde entier par les lettres comme elle régnait par les arts.

Middendorp, dans un livre savant, a donné quelques-uns des règlements que ce pape et ses prédécesseurs firent établir dans l'université romaine.

Le gymnase romain était sous le patronage de trois cardinaux, de l'ordre des évêques, de l'ordre des prêtres et de l'ordre des diacres. Il y avait des recteurs et des réformateurs qui, après avoir consulté le pape, étaient chargés du choix des professeurs. Les réformateurs visitaient les classes deux fois par semaine ; le recteur, une ou deux fois par mois, et toujours à des heures et à des jours inconnus.

Le recteur administrait les deniers et payait les professeurs et les *bidelli*.

Les bidelli (appariteurs) étaient des employés chargés de la police matérielle des classes ; ils affichaient à la porte du gymnase le nom des professeurs, l'heure et le jour des leçons. On ne pouvait lire, expliquer au collége aucun ouvrage dont le titre n'eût été préalablement affiché par le bidellus sur les murs de l'école.

Dès le XIIIe siècle, l'enseignement était libre et gratuit en Italie ; il était même permis aux élèves de faire des cours, et on leur donnait à cet effet une salle et une chaire. Afin d'attirer les étrangers, on offrait aux étudiants des franchises et des priviléges. D'abord, ils jouissaient de toute espèce de droits de cité ; ils n'étaient assujettis à aucune taxe et ne pouvaient être mis en prison. A Padoue, la ville était obligée de prêter de l'argent aux écoliers qui n'avaient pas de quoi étudier. Le professeur entretenu par la ville pouvait donner des leçons particulières; mais, s'il se faisait payer, il était sur-le-champ rayé du rôle de l'université. A Naples, au XIII° siècle, l'université avait des priviléges exorbitants : le maître et les écoliers ne pouvaient être jugés que par un tribunal spécial, formé d'un président et de trois assesseurs. Les papes se distinguent, à cette époque, par la protection qu'ils accordent à l'étude des lettres. Au concile général qui se tint à Lyon en 1245, Innocent IV veut que dans chaque cathédrale, dans chaque église possédant des revenus suffisants, l'évêque et le chapitre nomment un maître pour enseigner gratuitement la grammaire aux enfants pauvres, et qu'au maître soit concédée une prébende dont il jouira tout le temps qu'il exercera les fonctions de pédagogue. Renazzi a publié un document qui prouve qu'en 1319 les élèves en droit canon de l'université de Rome firent casser une élection et nommer le professeur qu'ils avaient choisi.

De même, dit un ancien programme universitaire, qu'il est dans la maison du Père céleste diverses demeures, *plurimæ mansiones*, ainsi dans chaque académie une hiérarchie scolaire : le docteur, le juriste, le professeur. Le docteur a le titre de *nobilissimus*, le juriste de *dominus*.

S'il est certain que contrister un docteur c'est contrister Dieu, il ne l'est pas moins, dit un autre écrivain, que le docteur qui remplit fidèlement les devoirs de sa charge brillera comme une étoile dans l'éternité.

La même gloire est promise au professeur qui fait régulièrement ses leçons; lui aussi a de graves obligations à remplir. Il ne faut pas qu'il se mêle de choses mondaines et que le marché public entende jamais prononcer son nom : c'est l'homme de la science, qu'il doit distribuer et ne jamais vendre. Sa leçon terminée, tout n'est pas fini pour lui ; il faut qu'il reste encore en chaire pour disputer, *causâ disputandi*; pour répondre aux questions que peut lui adresser un écolier qui, à défaut d'obscurités dans un texte, en trouve peut-être ailleurs dont il attend la solution. Le professeur qui, sans motifs raisonnables, négligera de faire sa leçon, outre la responsabilité qu'il encourt devant Dieu, sera puni d'une amende et verra son nom affiché sur les murs de l'école.

Le tableau de l'université de Rome, en 1544, existe encore aujourd'hui, écrit sur vélin, en beaux caractères, orné des armes du pape et de figures allégoriques. La Théologie y est représentée avec la double figure de Janus, comme Raphaël a peint la Prudence dans une des chambres du Vatican.

Léon X voulut qu'on enseignât, au collége romain, la théologie, le droit canon, le droit civil, la médecine, la philosophie, la botanique, la philosophie morale, la rhétorique, la grammaire, la langue grecque. Sur le tableau dont nous parlons, à côté du nom de chaque professeur est indiquée la somme qu'il reçoit annuellement. Maître Luca de Burgo a 120 florins pour enseigner les mathématiques; Varino, professeur de grec, 300 florins; maître Augustin de Sessa, professeur de philosophie, 300 florins. Ce sont les médecins qui sont les mieux rétribués. Maître Archangelo de Sienne a 530, et maître Scipion Lancelloti, 500 florins.

Nous savons, grâce à ce curieux document, qu'un professeur de grammaire, espèce d'instituteur primaire, gagnait 50 florins par an, et il y en avait treize, autant que Rome avait de quartiers. Le recteur touchait 100 ducats d'or; chacun des réformateurs, la même somme; le bidellus, 100 florins; enfin le sonneur, 25 florins.

C'est le 3 novembre que les cours et les écoles s'ouvraient. Il y avait des leçons le matin, *de mane*, et le soir, *de sero*, même les jours de fête. Pandolphe Volfgang, qui professait le droit à Padoue, avait fait un grand bruit en posant, dans une de ses leçons, cette question : « Est-il permis de lire, d'écrire, d'étudier les jours de fête? » et il l'avait affirmativement résolue. La question était restée indécise ; Léon, comme on voit, la trancha pour toujours.

Chaque science avait plusieurs maîtres ou lecteurs : la rhétorique était enseignée, le matin, par six professeurs ; le soir, par cinq ; les jours de fête, le matin, par trois ; le soir, par quatre. Il n'y avait pas moins de onze professeurs de droit canon, de vingt professeurs de droit civil, de quinze professeurs de médecine, de cinq professeurs de philosophie morale. Dans sa bulle du 19 décembre 1513, *Apostolici regiminis*, Léon X recommandait aux élèves de s'adonner désormais aux études sérieuses, et de renoncer à cette philosophie mensongère nommée le platonisme, et à cette folle poésie, qui n'étaient propres qu'à gâter l'âme. On voit si nous avions raison de vanter la sollicitude de ce pontife pour les saintes lettres.

Tous les professeurs choisis par Léon X étaient non-seulement des savants distingués, mais des hommes de vie exemplaire. Le pape, en les appelant à lui, leur disait qu'il en faisait des précepteurs de vertus et de bonnes mœurs plus encore que de belles-lettres, et qu'il leur remettait la charge d'enseigner et de défendre la vérité, c'est-à-dire la religion du Christ, les libertés de l'Église, l'autorité du saint-siége : grande et noble mission, à laquelle nul d'entre eux ne faillit.

Voyons si ces maîtres méritaient la confiance du prince.

Nous connaissons Inghirami, un des habitués des jardins de Sadolet. Nommé professeur de rhétorique, il n'occupa que peu de temps cette chaire ; Philippe Béroalde lui succéda.

Parrasio (Joannes Paulus Parisius), qui lisait le soir, attirait à Rome, comme autrefois à Milan, un grand nombre d'auditeurs : à Milan, Trivulce venait l'écouter, et s'en allait émerveillé de la belle prononciation du professeur.

Léon X, qui connaissait la réputation dont Parrasio jouissait en Italie, voulut l'attacher au gymnase, et lui offrit 200 ducats par an : « Venez le plus vite que vous pourrez, lui disait-il, je vous recevrai cordialement. » La lettre était écrite en beau style, et la phrase merveilleusement cadencée; car le pape savait qu'il fallait flatter d'abord l'oreille exigeante du docteur. Parrasio laissa son auditoire de Milan, son écolier de cinquante ans, et vint à Rome, où bientôt ses leçons sur les Sylves de Stace attirèrent une foule d'auditeurs. Il dut quitter une ville où il s'était fait d'implacables ennemis. Il paraît qu'il avait un penchant décidé pour la médisance, et qu'il maniait l'épigramme avec une grande habileté. On ne l'épargna pas non plus, et le brillant professeur se changea, sous la plume de ses ennemis, en âne d'Arcadie, en scarabée fétide, et même en vipère au dard acéré. Il est probable que l'apparition de Trivulce aux leçons de Parrasio fut le seul motif des injures adressées au professeur.

A Rome, du moins, l'humaniste n'eut pas à craindre ces quolibets de mauvais goût. Léon X exerçait une heureuse influence jusque sur les mœurs littéraires de sa cour : elle était habitée par tout ce qu'il y avait de plus poli au monde, et Bembo, Sadolet, Bibbiena, contribuaient, à l'école de leur maître, à relever l'état d'homme de lettres, qui jusqu'alors n'avait été trop souvent qu'un métier. Le pape voulait que les sciences fissent vivre honorablement ceux qui les cultivaient. Parrasio, un peu fastueux de sa nature, recevait par an 200 écus d'or. Il avait, comme les autres professeurs, ses entrées au Vatican, sa place dans toutes les grandes cérémonies, quelquefois la visite inattendue du pontife, des présents à certains anniversaires, puis l'usage de tous les livres de la bibliothèque pontificale.

Le professeur tomba malade, perdit la santé, et ne put plus monter en chaire. Mais qu'avait-il besoin de s'inquiéter de l'avenir? Léon, dans un *de motu proprio*, lui assigna une pension de vingt ducats d'or par mois, réversible sur Théodora, la fille de Démétrius Chalcondyle, que le professeur avait épousée. Le bref, écrit par Sadolet, est lui-même un titre de gloire pour Parrasio.

Bottigella (Jérôme), qui ne professa le droit que peu de temps, avait la réputation d'un habile juriste. Il sortait de Pavie, où sa mémoire était citée comme un prodige. Il savait par cœur le livre XII du Digeste, une partie du Codex, le IVe livre des Décrétales, les Églogues de Virgile, le VIe livre de l'Énéide, Ovide, Valère-Maxime, le VIe livre de l'Histoire Naturelle de Pline, et de sa chaire il jetait toutes sortes de superbes défis aux assistants, auxquels il était prêt à répondre, disait-il, sur le cycle entier des doctrines enfermées dans ces œuvres diverses. C'est assez dire qu'il était théologien, juriste, canoniste, philosophe, naturaliste, poëte, historien.

Camille Porzio, un des hôtes encore de Sadolet, professait la rhétorique, mais les jours de fête seulement, probablement à cause de cette fièvre qu'il avait gagnée au travail, et qui devait le conduire si vite au tombeau. Il s'était fait aimer de ses élèves, qui pleurèrent en le perdant un ami plutôt qu'un maître. Valeriano (Bolzani), dans cette belle élégie qui a pour titre: Des malheurs des lettrés, a jeté des fleurs sur la tombe de son ami, qui mérita les éloges de Bembo et de Sadolet.

Léon X avait compris que, sans l'étude des Pères de l'Orient, le mouvement qu'il voulait imprimer aux sciences théologiques languirait nécessairement. Le gymnase romain eut donc trois professeurs de grec: Augustin Valdo, Basile Chalcondyle et Varino Favorino; chacun d'eux recevait par an trois cents florins d'or. Démétrius Chalcondyle, le père de Basile, n'en avait que 40, en 1463, à l'université de Padoue ; et Musurus 140, en 1508. Augustin Valdo, ou Baldo de Padoue, ami de Bembo, parlait avec tant de pureté la langue grecque, que plus d'un Hellène, en l'écoutant, se trompait et croyait entendre un compatriote. Basile Chalcondyle promettait d'être une des gloires de la littérature grecque, quand la mort vint le surprendre au milieu de ses livres. Varino, ou Guarino, était élève de Politien, et passait pour l'un des plus grands humanistes de son siècle. En 1495, il enseignait à Florence les grammaires grecque et latine à soixante-cinq florins d'or par an.

En parcourant la liste des professeurs du gymnase romain, on est frappé des choix heureux de Léon X. Presque tous les maîtres ont fait leurs preuves dans les universités italiennes ; tous ont étudié sous des hommes habiles ; tous ont eu la passion des voyages ; tous ont vu, comme le héros d'Homère, beaucoup d'hommes et beaucoup de cités. Il faut donc les acheter chèrement ; car le pape ne marchande pas, il sait payer la gloire. S'ils résistent à ses offres, il a des tentations auxquelles ils succombent ordinairement ; il leur écrit, comme à Leoniceno, une lettre bien tendre, bien pressante, en quelques lignes où le même mot je vous aime est répété à satiété ; il faut bien que le professeur parte, et dise adieu à ses élèves, à sa patrie, à ses parents. S'obstine-t-il ; alors le pape s'adresse à Sadolet, qui a sa vengeance toute prête : quelques bons bénéfices dont il tient la feuille. S'il cède, des honneurs de toute sorte l'attendent à Rome.

Scipion Fortiguerra de Pistoie, si connu dans le monde lettré sous le nom de Carteromachus, est chargé de compléter l'éducation de Jules de Médicis, désigné par le pape pour remplir le siége vacant de Florence. Spagnuoli (le Mantouan), qui assistait au concile de Latran, va représenter dans divers

États la cour de Rome. Ce n'est pas la première fois qu'il aura pris fantaisie au pape d'habiller un poëte en diplomate; Valeriano a donc tort de se plaindre du sort des gens de lettres. Poëte lui aussi, il dut remplir par l'ordre du chef de l'Église diverses ambassades, et il s'en acquitta à la satisfaction de son maître. Favorino, dont nous parlions tout à l'heure, l'auteur du *Thesaurus Cornucopiæ, et Horti Adonidis*, recueil alphabétique de règles grammaticales auquel Manuce avait travaillé, reçut d'abord de Léon X le titre de bibliothécaire, puis celui d'évêque de Nocera, dont il avait été nommé archidiacre par Jules II. La mitre était une juste récompense décernée aux travaux et aux vertus de l'humaniste, qui gouverna dignement son église. Quand Favorino avait dit l'âge d'un manuscrit, Bembo s'inclinait respectueusement; quand il avait prononcé sur une question littéraire, Sadolet se taisait; quand il recommandait un sujet à la bienveillance du saint-siége, Léon X faisait expédier, le lendemain même, le bref sollicité. C'est ainsi que Jean-Marie Varani reçut la couronne ducale quelques jours après que Favorino l'eut demandée au pontife. Le savant, à son tour, professait pour le pape une sorte de culte. Dans la préface de sa traduction latine des apophthegmes grecs recueillis par Jean Stobeo, et qu'il dédia à Sa Sainteté, ce n'est pas seulement son livre, ses livres passés, ses livres à venir qu'il offre au pape, mais son corps et son âme.

Quand le prince ne peut donner des manuscrits, des statuettes, des tableaux, une mitre, un chapeau rouge, une couronne ducale, il fait cadeau à l'un de ses protégés, professeur à Rome, d'un terrain, où bientôt s'élève une maison élégante sur le fronton de laquelle on lit :

> Leonis X, Pont. Maxim. liberalitate,
> Jacobus Brixianus Chirurgus
> Ædificavit

Au gymnase romain étaient diverses chaires de médecine où montèrent des praticiens distingués, Barthélemi de Pisis et Jérôme Eugubio, qui, brouillés un moment et divisés sur quelques points de doctrine, en appelèrent au jugement du monde savant.

Attentif au mouvement de la science médicale, et suivant l'exemple de ses ancêtres, Léon X fit venir à Rome les grandes célébrités qui brillaient en Italie. C'est ainsi qu'il s'attacha Bernardino Speroni, lecteur extraordinaire à l'université de Padoue, et Jérôme Sessas, que Paul IV, plus tard, voulut inutilement décorer de la pourpre romaine, que le médecin refusa pour achever en paix son petit livre ascétique : Columba decora.

Dans le programme des cours du gymnase nous trouvons une chaire spécialement affectée à l'enseignement de la vertu des simples, ou de ce qu'on nommait la *medicina erbaria*. Côme Ier, grand-duc de Toscane, fut un des plus ardents protecteurs des sciences botaniques. Par ses ordres, des naturalistes parcoururent les montagnes de la Toscane, les campagnes de Rome, les collines de l'Etna et du Vésuve, cherchant partout à compléter la flore médicale de l'Étrurie. Non content de fonder pour la propagation des plantes sanitaires un jardin près du couvent de Saint-Marc, où plus d'une fois nous avons surpris en prières le frère Savonarole, il s'était mis à étudier le règne végétal avec tant de succès, qu'il consigna dans un livre écrit de sa main les propriétés de quelques-unes des plantes dont il avait expérimenté les vertus.

C'est une heureuse idée dont il faut remercier la papauté, que la fondation au collége de la Sapience d'une chaire de botanique appliquée à la médecine, la première dont s'honore l'Italie. Pendant que le professeur étudiait, dans l'intérêt de l'humanité, les vertus de ces plantes dont Dieu para nos champs, des officines s'élevaient à Rome, où le pauvre venait chercher des remèdes qu'on lui délivrait gratuitement. La papauté avait fait quelque chose de plus admirable encore dans le treizième siècle. Quand ces gantelets de fer, ces grands seigneurs feudataires du Saint-Empire, opprimaient leurs vassaux, Rome chrétienne ne se contentait pas de s'interposer entre le maître et l'esclave; après avoir sauvé la liberté humaine, l'âme, c'est-à-dire, elle cherchait à guérir le corps, et l'un de ses pontifes, Jean XXI, écrivait, sous le nom de *Trésor des Pauvres*, un petit livre où l'artisan, l'ouvrier, l'homme du peuple, apprenaient, à l'aide de quelques recettes simples, faciles et peu coûteuses, à se délivrer des maladies dont Dieu les visite dans cette vie.

CHAPITRE XXIII.

MARIGNAN. — MATH. SCHINNER. — 1515.

Dans la prévision d'une invasion nouvelle des Français en Italie, Léon X cherche à gagner Venise. — Bembo échoue dans sa mission. — Mort de Louis XII. — François Ier forme le projet de reconquérir le Milanais. — Budé, envoyé à Rome, ne peut réussir à rallier Léon X à la politique du nouveau roi. — Le pape, au premier bruit de la marche des Français, se hâte de former avec l'empereur d'Allemagne et le roi d'Espagne une ligue défensive et offensive. — Mathieu Schinner. — Ses premières années. — Sa vie au camp. — Il marche avec les Suisses à la rencontre des Français. — Bataille de Marignan. — Défaite des Suisses. — François Ier s'empare de Milan.

Au moment où Léon X travaillait ainsi aux progrès de la civilisation, en dotant Rome d'une université qui n'avait pas eu de modèle en Italie, la paix du monde allait être encore une fois troublée. Nous avons laissé les Français sur le revers des Alpes, après la bataille de Novare, gagnant les montagnes du Dauphiné, et essayant de se rallier dans les plaines du Lyonnais. L'Italie délivrée, le pape avait profité de la détresse de Maximilien, réduit à la dure nécessité de ne pouvoir payer ses soldats, et, moyennant 40,000 ducats d'or, il venait d'acheter de l'empereur la ville et l'État de Modène : heureuse acquisition que Jules II recommandait sur son lit de mort. Parme et Plaisance, réunies à Reggio et à Modène, devaient être données par Léon X en apanage à son frère Julien, pendant que Laurent, fils de Pierre de Médicis, aurait régné sur la Toscane. Les négociations avec l'empereur avaient été conduites si secrètement, qu'on ne les connut qu'après la signature du contrat. Désormais la Romagne était à l'abri d'un coup de main ; avant de s'en rendre maître, il aurait fallu s'emparer de Reggio, de Parme et de Plaisance. Au besoin, l'armée pontificale pouvait se porter de Modène sur Lucques, sur Pise, sur Florence, et couper ainsi les communications de l'ennemi avec Milan et la Lombardie. Grâce à Mathieu Schinner, dévoué de corps et d'âme au saint-siége, les Suisses étaient tout prêts à barrer le chemin des Alpes aux Français, s'ils avaient envie d'envahir l'Italie. En politique habile, et dans la prévision d'une nouvelle expédition contre Milan, le pape entretenait les dispositions hostiles du roi de Naples et de l'empereur Maximilien contre Louis XII; pourtant il ne rompait pas avec la France; seulement, à l'exemple de son bisaïeul Côme, il cherchait à tirer parti du maintien de l'équilibre européen au profit de sa puissance temporelle. La paix lui permettait de l'agrandir, de l'étendre, et de fonder l'indépendance du saint-siége. Un seul État en Italie s'obstinait à contrarier les combinaisons du pontife ; c'était Venise, qui non-seulement refusait de se réconcilier avec l'Empire et Naples, mais restait fidèle à la France : or Venise et la France réunies pouvaient être maîtresses du monde ; il importait donc à Léon X de rompre cette alliance, qui compromettait le salut des autres nations.

Jules II eût agi tout autrement que Léon X. Il aurait menacé de son courroux la république ; au besoin, il aurait pris cette épée qui allait si bien à ses mains, et Venise aurait eu peur, comme Mirandole, de la colère du pontife, et se serait décidée à se réconcilier avec les alliés de l'Eglise. Mais Léon X ne savait pas manier le glaive : la parole était l'arme dont il se servait dans ses négociations. Bembo fut donc chargé de porter à Venise les propositions de Sa Sainteté.

Nous connaissons déjà le secrétaire pontifical, orateur disert, qui s'est pris de passion pour Cicéron, qui cadence ses phrases en vrai poëte, qui n'a souci que de ne jamais offenser l'oreille par des sons inharmonieux, et qui croit avoir séduit celui qui l'écoute, quand il a pu lui faire entendre sa mélodie de périodes sonores. Dans son voyage de Rome à Venise, l'ambassadeur avait eu tout le temps de préparer la harangue qu'il se proposait de lire au sénat. Son thème officiel était l'avantage d'une alliance offensive et défensive de Venise avec le saint-siége. L'orateur broda sur cet argument de collége des phrases qui, dans l'enceinte du gymnase romain, où professait Béroalde le jeune, auraient été accueillies par des murmures d'admiration, car elles sentaient l'antique. Bembo dérobait à Cicéron ce que tout écolier aurait pu lui voler, la période ou la forme ; mais la pensée ou la vie, il n'avait garde d'y toucher, c'eût été pour lui peine inutile que de l'essayer.

La harangue fut admirée des humanistes nombreux de Venise, mais elle fit peu d'impression sur les sénateurs, qui nourrissaient contre Rome de vieux préjugés, apportés en partie de la Grèce par des Hellènes, ennemis de la suprématie du saint-siége. Nous nous rappelons Savonarole. Tous ces sermons éloquents mais passionnés qu'il prononçait en chaire contre la cour de Rome traversaient bien vite la Brenta, et, recueillis à Venise par quelque sénateur enthousiaste, étaient bientôt imprimés et jetés à profusion dans les universités italiennes. De sorte que si jamais l'envie vous prend de posséder les œuvres complètes du moine de Saint-Marc, c'est à Venise et non point à Florence qu'il faudra les chercher. Le sénateur vénitien de cette époque a beaucoup de traits de ressemblance avec notre parlementaire du dix-huitième siècle. Il a peur de l'ambition de la cour de Rome, et garde, dans un repos parfait de conscience, quelques places fortes que la république a volées à l'Église.

Le sénat ne répondit officiellement au discours de Bembo qu'au bout de quelques jours. Il s'épuisait dans sa réponse en protestations de dévoûment au saint-siége, mais il refusait de rompre avec le roi de France, auquel il communiquait la harangue de l'ambassadeur : déloyauté qu'il est bien difficile de justifier. Il est probable que, si la mort ne fût venue le surprendre, Louis XII eût rompu subitement avec le pape. On dirait que Bembo craignit de reparaître au Vatican ; car, au lieu de retourner auprès de Léon X, il chargea son ami Augustin Beazzano de porter à Rome la déclaration de la république vénitienne, pendant qu'il s'arrêtait à Pesaro, auprès d'Émilia Pia et d'Élisabeth, veuve de Guidubald de Montefeltro, duc d'Urbin, et qu'il oubliait dans la société de ces femmes sa malencontreuse ambassade. Nous sommes sûr que Jules II ne se serait pas contenté de l'excuse imaginée par le négociateur : il n'aurait pas cru vraisemblablement à la maladie de Bembo.

Pendant que l'humaniste essayait vainement de rallier Venise à la politique du saint-siége, survenait un de ces événements qui déjouent toutes les combinaisons. Louis XII mourait le premier janvier 1515, réconcilié avec Rome, après avoir reconnu solennellement le concile de Latran, déploré le schisme qu'il avait favorisé, et promis d'abolir la pragmatique-sanction, source de si graves désordres dans l'Église de France.

Le prince qui lui succédait, François d'Angoulême, était jeune, beau, bien fait, ami des lettres presque autant que des femmes, d'une vive imagination, d'un courage à toute épreuve, et avide de plaisirs et de gloire. On l'avait vu assister à Bourges aux leçons d'Alciati, écoutant attentivement les poétiques paroles que le professeur italien jetait jusque dans l'enseignement du droit, et, ravi comme tout l'auditoire, attacher sa chaîne d'or au cou du maître en signe d'admiration. De toutes les conquêtes de Charles VIII en Italie, il ne nous restait que quelques hommes, Lascaris entre autres, que le duc d'Angoulême, le roi futur, avait pris sous sa protection. En montant sur le trône, François Ier avait ajouté à tous ses titres celui de duc de Milan, que sa femme, madame Claude, comme héritière des droits de Louis XII, son père, lui avait transféré en échange du duché d'Anjou, que le monarque cédait à madame Renée, l'autre fille de Louis XII.

Les historiens de François Ier se plaisent à décrire la jeunesse de ce prince. On le voit prêter une oreille attentive aux exploits de nos soldats en Italie, aux récits du siège de Brescia, de la bataille de Ravenne, et pleurer quand Gaston de Foix meurt si glorieusement, regretté de ses ennemis eux-mêmes.

Le titre de duc de Milan, qu'il venait de prendre, indiquait assez qu'il se chargeait de venger Gaston. Aussi jeune que le duc de Nemours, il n'était ni moins brave ni moins chevaleresque, et il eût donné volontiers sa couronne pour mourir aussi noblement que ce héros.

La conquête du Milanais fut décidée; mais il fallait que François cachât ses desseins aux puissances chrétiennes. En même temps qu'il organisait les préparatifs d'une nouvelle expédition en Italie, il leur faisait faire des ouvertures pour le rétablissement et le maintien de la paix.

Il voulut connaître les dispositions de la cour de Rome; Budé fut choisi pour ambassadeur auprès du saint-siége. Budé avait tout ce qui pouvait plaire à Léon X : il parlait le latin comme Bembo, le grec comme Chalcondyle; il savait sa Rome antique comme Pomponio Leto, et en belles manières il aurait pu le disputer à Bibbiena lui-même. Tout récemment il avait imprimé un traité sur les monnaies du Latium, œuvre d'antiquaire qui devait répandre son nom en Italie; et il travaillait à des commentaires sur la langue grecque, un de ces livres d'érudition qui demanderaient, ce semble, pour être composés, plusieurs siècles passés dans un couvent.

Budé fut accueilli du pape avec une extrême bienveillance; il vit les humanistes de Rome; il fut fêté par Sadolet, mais ne put déterminer le saint-siége à s'allier ouvertement à François Ier. Le roi croyait au succès de son ambassadeur, et plus encore, peut-être, à la reconnaissance de Léon X, dont le cousin, le cardinal Jules, venait d'être récemment nommé archevêque de Narbonne. Il aimait les Médicis, et plus d'une fois il s'était montré disposé à servir les intérêts de cette maison. Il comprit, du reste, la politique du pape, qui refusait d'unir ses armes à celles de la France, et qui préférait, comme père commun des fidèles, garder le beau rôle de médiateur et d'arbitre dans les querelles qui pourraient survenir entre les puissances du continent. Comme prince temporel, Léon X avait aussi des devoirs à remplir. Si, dans la lutte qui se préparait, le vainqueur voulait s'emparer des villes de Parme et de Plaisance, que Jules II avait réunies aux États de l'Église ; rétablir les Bentivogli, qu'il avait chassés de Bologne ; restituer au duc de Ferrare Modène et Reggio, qu'il lui avait enlevés ; relever ces feudataires du saint-siége, qu'il avait abattus ; l'ombre du grand pontife serait sortie de son tombeau pour dire à Léon qu'il devait défendre le patrimoine de Saint Pierre en recourant aux armes. François Ier fut plus heureux en Angleterre et à la cour du prince Charles de Bourgogne, petit-fils de l'empereur Maximilien. A Venise, les vieux sénateurs, qui avaient à peine écouté l'envoyé du pape, se décidèrent à renouveler l'alliance conclue avec Louis XII. A Gênes, Octavien Frégose, qui devait la vie peut-être à l'intervention de Léon X, promit aide et secours au roi de France.

L'attitude de Léon X n'avait rien de menaçant pour François Ier, qui continuait ses préparatifs d'invasion en Italie. L'armée qu'il rassemblait dans le Dauphiné, et qu'il destinait à envahir le Milanais, était magnifique, bien plus belle que celle qu'avait conduite le roi Louis XII. Elle comptait 3,000 lances françaises, 26,000 lansquenets des Pays-Bas, 10,000 Gascons et Basques, 10,000 fantassins français, 1,500 hommes de cavalerie légère, 6 compagnies de reîtres italiens, et 72 pièces de canon de divers calibres. Les officiers avaient fait leurs preuves dans les dernières guerres. Nous connaissons déjà ce vieux Pierre de Navarre, immobile comme un roc au milieu des balles et des boulets dont il n'a guère été respecté, et qui, ne pouvant trouver la mort sur le champ de bataille, tomba prisonnier dans les mains des Français à Ravenne. A l'avénement du duc d'Angoulême à la couronne, Navarre appartenait encore à Longueville, qui l'avait reçu de Louis XII, et qui en demandait 20,000 écus d'or, destinés à payer une partie de la rançon à laquelle le duc avait été taxé lui-même en Angleterre. Le roi d'Espagne marchandait ;

François Iᵉʳ les offrit; mais le capitaine voulait donner la préférence à son maître. Le roi continuait de marchander; François compta la somme, et, quitte désormais envers son souverain, Pierre de Navarre tendit la main au roi de France, auquel il jura fidélité. Sa parole valait tout l'or que Christophe Colomb avait trouvé en Amérique, et son nom, plus que la rançon qu'on avait payée pour sa liberté. Ce nom était connu surtout parmi les Basques, qui, au premier appel de leur ancien chef, descendirent de leurs montagnes au nombre de près de 10,000, et vinrent se ranger sous son étendard. Les autres capitaines étaient tous des militaires renommés. Le duc Charles-Egmond de Gueldre commandait les lansquenets; Tavanes, cette terrible bande noire, la terreur de l'ennemi, auquel elle faisait rarement quartier; le duc de Suffolk, le comte de Wolf-Brandeck et Michel d'Oppenberg marchaient à l'avant-garde. La Trémoille et le maréchal de Lautrec étaient à la tête de la chevalerie; le duc d'Alençon conduisait l'arrière-garde. Infanterie, cavalerie, artillerie, se trouvèrent réunies à jour fixe à la lisière du Dauphiné, prêtes, au signal du prince, à s'ébranler pour envahir l'Italie, pendant qu'une flottille qui portait 400 hommes d'armes et 5,000 fantassins longerait les côtes de la Méditerranée et s'avancerait à pleines voiles sur Gênes.

Les moments étaient précieux. Mathieu Schinner, qui avait prêté sa maison de l'Esquilin à Léon X pour y loger les humanistes, était en ce moment en Suisse, occupé à surveiller les mouvements de l'armée française. Il avait conçu un projet hardi, dont il s'était hâté de faire part à l'empereur: c'était de se jeter en France avec tous ses montagnards, pourvu qu'il eût la promesse d'être soutenu dans cette fabuleuse irruption. Schinner était si sûr de lui et de ses Suisses, qu'il ne demandait que 3,000 chevaux pour appuyer son invasion. L'empereur les lui refusa.

Au premier bruit de la marche des Français, Léon X s'était empressé de conclure avec le roi d'Espagne et l'empereur d'Allemagne une ligue défensive et offensive. Les alliés faisaient de sérieux préparatifs de défense. Le péril était grand, pour le saint-siége surtout ; car, maître de Milan, François Ier voudrait nécessairement reprendre Parme et Plaisance, que Jules II avait enlevés aux Sforce. Il fallait sauver ces conquêtes. Léon X fut l'âme de la confédération italique, où le danger commun réunit bientôt, outre les monarques que nous venons de nommer, les ducs de Florence et de Milan. Le pape donna le commandement de ses troupes à Julien son frère, après avoir béni les drapeaux et le bâton du général. Julien partit pour Milan, accompagné de la noblesse des deux grandes maisons romaines si longtemps ennemies du saint-siége, mais réconciliées avec l'Eglise depuis l'avénement de Léon X au trône, et qui allaient gaîment verser leur sang pour un maître qu'elles avaient fait trembler autrefois.

La confédération ne fut pas heureuse. Au premier bruit de la marche des Français, Milan se souleva et chassa Maximilien, grand enfant sous la tutelle des Suisses, que, dans sa pénurie affreuse, il était obligé de payer en fausse monnaie qu'il faisait frapper exprès pour mettre un terme à des murmures qui l'étourdissaient. Octavien Frégose, sans avoir encore aperçu du môle de Gênes les voiles françaises, se dépouilla de son hermine dogale, prit le titre de gouverneur de la cité au nom du duc de Milan, François Ier, et ouvrit le port et les portes de la ville à Aymar de Prie, qui s'empara bientôt d'Alexandrie, de Tortone et d'Asti.

Prosper Colonne, le capitaine le plus expérimenté de son temps, qui s'était vanté de prendre comme au trébuchet ces beaux oiseaux qu'on nommait Français, tombait, au moment où il allait s'asseoir pour dîner, au pouvoir de ces oiseaux qui étaient de la nature des aigles.

Car ils avaient franchi les Alpes comme s'ils eussent eu des ailes. Les Suisses nous attendaient, l'arme au poing, sur la route de Grenoble à Suze. Les autres chemins n'étaient praticables que pour l'ours des montagnes, hérissés et coupés qu'ils étaient de rochers, de torrents, de précipices, de neiges et de glaces. En moins de huit jours, les rochers étaient abattus, les précipices comblés, les torrents mis à sec, les neiges fondues, les glaciers abaissés; et nos 72 pièces de canon, avec leurs affûts, portées à dos d'homme, traversaient des solitudes où jamais le pied d'un homme ne s'était posé. On croit lire un récit des *Mille et une Nuits*. Tout à coup, quand il n'y a plus qu'un pas à faire pour entrer en Italie, dont on aperçoit déjà le ciel lumineux, un roc de plusieurs centaines de pieds se dresse devant les Français. Navarre, l'Espagnol, se charge de le reconnaître. Il aperçoit dans les flancs de la montagne une ligne bleuâtre qui la traverse en zigzag; cette ligne est trouée, remplie de poudre, et le roc saute en l'air avec une explosion affreuse, et se partage en deux, laissant un libre passage aux assaillants : l'Italie était conquise.

Prosper Colonne restait tranquille à Carmagnole avec cinq cents hommes de toutes armes. Un détachement de l'armée française, après avoir traversé l'Argentière, longé la vallée de la Stura jusqu'à Rocca Sparviera, prend un sentier de mulets, entre dans la vallée de Grana, atteint Savigliano, et va se heurter contre Carmagnole. Colonne, averti par les coureurs du cardinal de Sion, se met en route pour rejoindre les Suisses à Pignerol. Entre lui et l'armée française est un fleuve qui nulle part n'est guéable : c'est le Pô. Il s'arrête donc un moment à Villefranche pour faire reposer ses soldats; là, après avoir posé des sentinelles aux portes de la ville, il se met à table avec ses officiers, quand tout à coup Bayard, La Palice, Imbercourt, d'Aubigny, qui avaient pénétré en Italie par Briançon et Sestrière, entrent dans la salle du festin et font prisonniers tous les convives. Le malheureux essaya de se justifier. « Que voulez-vous? » disait-il dans un mémoire qu'il publia; « j'en prends Dieu à témoin : le passage par où pouvaient pénétrer les Français était gardé par les Suisses; le seul fleuve qu'ils pouvaient traverser était gros de neiges récemment fondues : on prévient des hommes, on ne prévient pas des miracles. »

Quelque chose d'aussi merveilleux que cette expédition à la manière des oiseaux de proie, c'est la frayeur qui saisit chacun des alliés du saint-siége. Maximilien l'empereur laisse don Raimond de Cardonne se morfondre à Vérone, dans l'attente de secours d'hommes qu'on lui promettait hier encore et qu'il n'obtiendra pas; Ferdinand le Catholique, qui avait trouvé trop chère à vingt mille ducats la rançon du capitaine Pierre de Navarre, qui faisait sauter les rochers à la manière d'Annibal, garde prudemment l'argent qu'il a promis aux Suisses; Charles III, duc de Savoie, reçoit splendidement François Ier, et tâche de détacher les Suisses de la confédération; les Suisses, mal payés, commencent à prêter l'oreille aux propositions du prince; les contingents de Berne, de Biel, de Fribourg et de Soleure, se mutinent et gagnent Arona, pendant que le reste des cantons fidèles marche sur Gallerate. Le pape seul faisait noblement son devoir : ses conseillers, Bibbiena entre autres, le pressaient de se rapprocher de François Ier, et d'abandonner volontairement Bologne, où les Bentivogli allaient chercher à rentrer, pendant que le duc de Ferrare profiterait de la conquête du Milanais pour recouvrer Modène et Reggio. Ils prétendaient qu'une résistance inutile compromettrait la sûreté des Etats de l'Église. Mais Jules, alors légat du saint-siége à Bologne, n'eut pas de peine à triompher de ces conseils pusillanimes, en montrant au pape le sort dont étaient menacés tant d'hommes généreux qui s'étaient compromis pour soutenir les intérêts de l'Église, si l'on abandonnait cette place, un des plus beaux joyaux de la couronne pontificale. Le pape écouta cet avis, et résolut d'attendre l'événement, sans céder une seule parcelle de cette terre acquise si noblement par Jules II, à moins qu'il n'y fût contraint par la force. La lutte, d'ailleurs, n'était pas finie; les Suisses des petits cantons d'Uri, d'Unterwald, de Schwytz et de Glaris, s'avançaient à marches forcées sur Monza, pour couvrir Milan. Ils étaient au nombre de plus de trente mille, et avaient pour chef Mathieu Schinner, évêque de Sion, cardinal de la sainte Église et légat en Lombardie sous Jules II. Ce seul homme valait une armée.

Depuis Mézerai jusqu'à M. Sismonde Sismondi, les historiens qui ont raconté les expéditions des Français en Italie n'ont donné dans leurs récits qu'un rôle odieux à l'évêque de Sion, Mathieu Schinner : c'est dans les annales allemandes, italiennes et suisses, qu'il faut étudier une des plus belles figures de la renaissance. A Sion on chante, dans de vieilles ballades, les hauts faits de ce prélat, dont on montre le château en ruine, comme dans la vallée de l'Isère on arrête le voyageur pour lui faire voir l'habitation de Bayard. C'est des récits des historiens étrangers, de la correspondance de Pierre Martyr d'Anghieria, des légendes valaisanes, des manuscrits de l'abbaye de Saint-Maurice, que nous nous sommes aidé pour connaître le rôle que ce prélat joua dans les événements militaires du seizième siècle. Est-ce notre faute si notre appréciation ne ressemble pas à celle d'historiens qui, esclaves d'un faux patriotisme, ne peuvent se résoudre à rendre justice à un ennemi, surtout quand cet ennemi porte une robe rouge ou violette? Nous ne partageons ni leurs antipathies ni leurs préjugés.

Mathieu Schinner naquit à Muhlibach, petit village valaisan, dans le dizain de Conches, de pauvres gens qui cultivaient la terre. En Suisse, au moyen-âge, il y avait dans les grandes villes des écoles presque toujours tenues par des moines, où l'enfant pouvait aller apprendre à lire, et, s'il avait reçu du ciel d'heureuses dispositions, s'instruire dans les lettres humaines; mais la science ne lui était pas donnée gratuitement, comme en Italie. La leçon finie, l'écolier, en Saxe, allait chanter sous la fenêtre des riches; presque toujours la fenêtre s'ouvrait, et une femme paraissait qui jetait un groeschen au petit mendiant: le pain que ce liard l'aidait à acheter s'appelait le pain du bon Dieu, *panis propter Deum*. Je vois d'ici cette maison de bois d'Eisenach, vieille de plusieurs siècles, et qu'habitait Cotta quand Martin Luther, fils de Hans Luther de Mœhra, vint chanter son cantique de Noël pour demander l'aumône: les grands l'avaient repoussé, la pauvre veuve lui sourit, et lui donna quelques pièces de monnaie qu'il baisa dévotement. En Suisse, l'écolier chantait aussi, mais sur la place publique, quelque vieil air montagnard, puis il faisait le tour du cercle que sa voix avait formé, et, son bonnet à la main, mendiait sans rougir le pain du bon Dieu. Un jour, parmi les auditeurs de Mathieu de Muhlibach, se trouvait un vieillard qui, ravi de la figure de l'enfant, l'appela, l'interrogea, et se tournant vers les assistants, leur dit: « Cet écolier sera votre évêque. » Il disait évêque comme aujourd'hui nous dirions empereur ou roi; car en Suisse l'évêque était le roi de la science, et par conséquent le monarque des intelligences.

Mathieu apprit donc à lire à Sion. De Sion nous le voyons passer à Zurich, et de Zurich à Côme, où, sous Théodore Lucino, il étudie les lettres. L'enfant ne mendiait plus; il avait, à force de travail et de succès, conquis le droit de s'asseoir sur les bancs de l'école : à dix-sept ans il savait le grec, l'italien et l'allemand. On assure qu'il avait peu de goût pour les poëtes profanes de l'antiquité : il préférait Boëce à Virgile. Après l'Évangile, c'est le livre *de Consolatione* qu'il feuilletait le plus souvent. Il disait, dans un vague pressentiment d'avenir, qu'il aurait un jour plus besoin de philosophie que de poésie. C'était, du reste, une de ces âmes contemplatives, comme on en trouve dans les pays de montagnes, qui se plaisent sur les hauts lieux, auprès d'un torrent ou d'une avalanche, partout où la nature physique étale quelque horreur. Schinner, à peine entré dans les ordres, était appelé à desservir une petite cure dans un village, où sa piété, dit la chronique, jeta toutes sortes de bonnes odeurs. L'évêque de Sion voulut se l'attacher et le fit chanoine de la cathédrale. A Sion, la chronique encore nous le représente prêchant le matin et le soir la parole de Dieu, apaisant les discordes, priant, et vivant dans la chasteté, si bien que, l'évêque étant mort, il fut choisi par le peuple pour administrer le diocèse : Jules II confirma l'élection.

La prédiction du vieillard s'était accomplie.

Avec son coup d'œil d'aigle, le pape avait bien vite deviné le prêtre valaisan. Nous nous rappelons le cri que Jules II avait jeté quand le sacré collège, à l'unanimité, lui donna la tiare : « Seigneur, délivrez-nous des barbares. » Les barbares, c'étaient ces Français que Charles VIII avait amenés en Italie. L'évêque de Sion comprit le sens de cette prière, et se mit à l'œuvre pour aider Sa Sainteté à chasser les Français : œuvre, selon lui, toute catholique d'abord, car les Français en Italie, c'était la papauté captive ; œuvre patriotique ensuite, car, François Ier à Milan, la Suisse n'avait plus d'Alpes.

Or, comme chrétien et comme Suisse, Mathieu Schinner voulait la double indépendance de son pays et du saint-siége.

S'il eût vécu du temps de la domination autrichienne, il aurait prêté sur le Grutli le serment des trois libérateurs : il avait leur foi, leur courage, leur piété. Son Gessler, c'était François Ier. Pour en délivrer la Suisse, il aurait volontiers pris l'arc de Guillaume Tell. A défaut d'arbalète, il avait sous sa soutane un crucifix qu'il agitait au moment où le cor d'Uri sonnait la charge. Du haut du tertre où la balle ennemie pouvait facilement l'atteindre, il jugeait des coups de lance que ses montagnards portaient aux Français. Ses soldats l'aimaient et l'admiraient ; il savait les fasciner de la voix, de la parole et du regard. Il couchait sur la neige comme le dernier goujat ; il escaladait les pics de glace comme un chasseur de chamois, et vivait au camp comme un ascète, jeûnant plusieurs fois la semaine, ne mangeant jamais de viande, ne buvant que de l'eau, disant son bréviaire le matin et le soir, et restant en prière des heures entières la veille d'une bataille.

Les historiens disent que jamais, depuis saint Bernard, parole sacerdotale n'avait été entraînante comme celle de l'évêque de Sion. A sa voix, Uri, Unterwald, Zug, Schwytz, c'est-à-dire les cantons en qui vit le souvenir du Grutli, s'ébranlent pour porter secours à l'Église menacée, guidés par Schinner, qui n'a pas plus peur du canon que des balles. On le trouve aux avant-postes, au centre, à l'arrière-garde, partout où il y a une lance à affronter, l'âme d'un soldat mourant à recommander à Dieu, un fuyard à ramener, un rocher à rouler sur l'ennemi. Winkelried n'était pas plus audacieux, l'ermite Nicolas de Flue plus confiant en Dieu, le soldat de Morat plus amoureux du sol natal.

Jules II devait récompenser tant de zèle pour le saint-siége : il nomma l'évêque de Sion cardinal du titre de Sancta-Potentiana et légat en Lombardie.

C'était en 1512. Pâris de Grassi nous a donné quelques détails sur la cérémonie où l'évêque de Sion vint recevoir à Rome les insignes de légat.

Le pape était sur son trône. L'évêque, ayant à ses côtés deux cardinaux, s'avance, fléchit le genou et reçoit de la main du pontife une croix d'or.

« De par cette sainte croix, » dit le pape au légat, « marche, triomphe et règne : *in nomine Patris, et Filii, et Spiritûs sancti.* »

— « *Amen*, » répond l'évêque en baisant le pied, la main et la joue de Sa Sainteté. Et quelques jours après il marchait, et, revêtu du signe dont on l'avait armé, il triomphait des Français à Novare, puis rentrait dans son diocèse pour chanter un *Te Deum* en action de grâces, prêt à reparaître si ses ennemis repassaient les Alpes ; mais il avait eu soin de les garnir de lances et de canons, se reposant du reste, pour dormir tranquille, sur ces pics de neiges et de glaces, seul chemin par où, cette fois, les Français pouvaient pénétrer en Italie.

Il aurait dû savoir à quel ennemi il avait affaire : les Français escaladèrent ces rochers. Ils n'étaient plus qu'à quelques journées de Milan, quand les Suisses, au nombre d'environ douze mille, appartenant en partie aux cantons de Fribourg et de Soleure, de Watteville à leur tête, prennent peur et gagnent le chemin d'Arona pour retourner dans leurs montagnes. Le cardinal est accouru ; il compte sur cette parole miraculeuse que Dieu lui donna ; il se présente aux fuyards, les harangue, et en ramène un bon nombre, tambour battant, jusqu'à Milan, où ses paysans des Waldstetten saluent son arrivée de leurs acclamations. Aussitôt, au son du tambourin, il rassemble ses soldats sur la place du Château, et là, dit le maréchal de Fleuranges, « fait faire un rond, et lui au milieu en une chaise, comme un renard qui prêche des poules, leur adresse un discours. » Le renard était un vrai lion : nous allons voir ce qu'étaient les poules dont parle le maréchal.

C'était le 13 septembre (1515), au soir. Quelques heures de jour restaient encore. Les Suisses, au signal de Mathieu Schinner qui les précède en habits pontificaux, s'ébranlent et marchent sur San-Donato, qu'occupait l'armée française.

De la position des confédérés, une digue élevée traversait de riantes prairies et conduisait au camp français, qui était assis au couchant, sur trois lignes séparées entre elles par des terre-pleins où l'armée était échelonnée. Le camp était adossé aux ruines d'un temple païen élevé par l'empereur Julien. Le roi était au centre, le duc d'Alençon à l'arrière-garde, le connétable de Bourbon au pied des débris antiques. La plaine où se déployait l'armée française s'étendait jusqu'au Tessin, entre une double ligne de collines légèrement ondulées et couvertes de maisons de plaisance. A droite du camp coulait le Lambro, qui arrosait de ses eaux une partie de la plaine entrecoupée de bouquets de bois, d'arbres fruitiers et de plants de vignes que protégeaient des arbres séculaires ; çà et là quelques habitations rurales variaient le paysage. De larges fossés avaient été creusés par Pierre de Navarre le long de la droite du camp, et remplis par le Lambro ; soixante-quatorze pièces de gros calibre battaient toutes les avenues. Les boucliers des archers, placés sur le parapet dans toute la longueur du front, et fortement liés entre eux, défiaient toute espèce d'attaque.

Le bourgmestre Rust conduisait l'aile droite des Suisses, composée des gens de Zurich, de Schaffhouse et de Coire ; les bourgmestres de Lucerne et de Bâle menaient l'aile gauche. L'artillerie, composée de quatre coulevrines, était commandée par le capitaine Pontely, de Fribourg; l'arrière-garde obéissait à Werner Steiner de Zug.

Werner Steiner va se heurter comme un furieux contre les retranchements ennemis, où il est reçu à grands coups de canon; il hésite, fléchit, et, écharpé par des décharges d'artillerie, va lâcher pied, quand, la lance au poing, accourt notre évêque avec ses montagnards. Le combat recommence. Cette fois c'est la ligne ennemie qui se rompt; c'est l'artillerie de Pierre de Navarre dont le feu s'affaiblit; c'est le canon français, qui a traversé à bras d'homme les Alpes helvétiques, dont s'empare ce bataillon d'enfants perdus qu'on reconnaît aux plumes blanches flottant sur leurs têtes. Le moment était critique, et, si le roi ne fût accouru, prenant en flanc les Suisses, le renard aurait conduit ses poules dans l'église de San-Donato pour chanter un nouveau *Te Deum*. Animés par la voix du cardinal, qui au cri de France répond par le cri d'Uri, les montagnards résistent au choc, se servent de leurs courtes épées pour couper les jarrets de leurs adversaires, meurent et donnent la mort. Le carnage fut affreux : la nuit y mit fin. Les Français rentrèrent, sans être inquiétés, dans leurs retranchements; les Suisses couchèrent sur le champ de bataille, François Ier sur un affût de canon.

Mais la journée avait été belle pour les Suisses, qui s'étaient emparés d'une batterie française de huit pièces de canon qu'ils avaient aussitôt tournés contre l'ennemi; la première ligne, commandée par le connétable de Bourbon, avait été mise en déroute, et Bayard lui-même avait été obligé de reculer. Pendant toute l'action, Schinner n'avait pas un moment quitté les premiers rangs. La bataille finie, il s'était occupé d'envoyer des vivres et des munitions à ses montagnards; et, si on l'eût écouté, ses géants, c'est le nom qu'il donna cette nuit à ses soldats, seraient rentrés à Milan pour réparer leurs pertes; et peut-être qu'il eût triomphé de l'irrésolution des chefs, qu'il avait formés en conseil de guerre, si quelques boulets français, qui vinrent tomber sur le tertre où les Suisses délibéraient, n'eussent forcé le conseil à se séparer.

Au point du jour, les Suisses se réveillaient à la voix de Schinner, se jetaient à genoux pour faire à Dieu leur prière du matin, leur prière suprême peut-être, et écouter la harangue de leur chef. Guichardin, amoureux de l'antiquité, met dans la bouche de Schinner un discours dont la phrase se déploie et s'enroule comme celle de Tite-Live. Nous préférons le récit de Pierre Martyr d'Anghieria, qui, n'étant qu'à quelques lieues du champ de bataille, a pu recueillir des fuyards les paroles du cardinal. Sa harangue est courte, et sent Tacite ou Salluste, et beaucoup plus, il faut l'avouer, le soldat que le prêtre. « Compagnons, leur dit-il, rappelez-vous Novare. Là vous étiez un contre dix, et vous avez mis en fuite les Français, et vous les avez chassés de l'Italie! » Ils se relèvent en front de bandière, et, aux sons rauques du cor alpestre, marchent à l'ennemi tous à la fois, à travers les corps de leurs frères tués la veille, qui jonchaient le terrain. Le choc fut terrible. Rust, le Zurichois, donne tête baissée dans les rangs des lansquenets, qui, étourdis du coup, chancellent, se débandent, se rallient aussitôt, et de nouveau sont obligés de reculer. Les Suisses avancent, mais lentement, sous le feu d'une artillerie terrible qui les protége. Les lignes françaises, trouées de toutes parts, étaient gravement compromises, quand le roi en personne arrive à la tête de ses gendarmes, se jette au plus fort de la mêlée, et ranime le courage des lansquenets, qui reviennent à la charge. La lutte renaît avec des chances variées; on crie victoire dans les deux camps : la victoire est encore incertaine; Suisses et Français agitent des drapeaux enlevés à l'ennemi, en signe d'allégresse. Si l'artillerie du duc de Bourbon fait de larges brèches dans les rangs des montagnards, l'épée des hommes d'Uri, de Zug et d'Unterwald, est tachée glorieusement du sang français. Tout à coup, au plus fort de la mêlée, on entend crier : *San-Marco! San-Marco!* C'est d'Alviane qui arrive avec ses cavaliers, mais dont l'attaque est repoussée. Les deux ailes de l'armée française continuent le combat, mais mollement, et finissent par fléchir, laissant le centre aux prises avec l'ennemi, lorsque le gros de l'armée vénitienne survient pour prendre part à l'action : il y eut un moment d'hésitation parmi les Suisses. En ce moment, Trivulce fait rompre la digue du Lambro, dont les flots inondent le terrain occupé par les montagnards, qui ont deux ennemis à combattre : les Français dont le feu redouble d'activité, car l'instant est décisif; et le sol trempé, glissant, qui se dérobait sous leurs pieds. Il fallait céder. Les divers corps se réunissent, se rallient, et, par un mouvement combiné, se retirent, mais l'arme au bras, la mine fière, les rangs serrés, dans un silence lugubre, emportant avec eux leurs caissons, leurs canons, leurs bagages, leurs blessés, leurs prisonniers, et douze belles bannières de lansquenets, trophées de la journée. Une seule enseigne leur manquait, mais qu'ils avaient perdue et qui n'avait point été enlevée : le taureau d'Uri. Le roi ne veut pas qu'on les inquiète dans leur retraite; mais les lansquenets se précipitent pour reprendre leurs drapeaux : peine inutile. Rodolphe et Dietig Salis font chèrement payer leur désobéissance à ces bandes indisciplinées.

Tel est le récit incomplet, décoloré, de cette journée de Marignan, où périt la fleur de la noblesse française, et où 15,000 Suisses consentirent à mourir et non point à reculer. Les vaincus avaient pris le chemin de Milan. En route, la nuit, une des compagnies qui avaient le plus souffert s'arrêta, pour se reposer, dans une misérable grange. Le lendemain, la grange était cernée par les chevau-légers des Vénitiens, et les Suisses sommés de se rendre à discrétion. — Les Suisses ne se rendent jamais, dit le commandant. — En ce cas, on vous brûlera. — Brûlez-nous! Et on les brûla.

A Milan, les Suisses tinrent conseil et parlèrent de paix. Schinner, cet autre Annibal, aima mieux s'exiler que de traiter avec les Français. Il quitta donc Milan et se rendit à Inspruck.

A Rome, dans l'église de Santa-Maria della Pietà, nous avons vu la tombe où reposent les restes de Schinner: c'était le soir, au soleil couchant. Seul, dans cette demeure silencieuse, il nous sembla que le sépulcre s'ouvrait, et que le cardinal nous apparaissait, comme à Marignan, le glaive des évêques de Sion à la main, le front haut, le menton sillonné de rides noires et profondes, l'œil gauche à demi fermé, tel que nous le représentent les images répandues dans le Valais.

Reste dans ce tombeau, ombre illustre, sans crainte d'outrage de quiconque comprendra l'époque où tu vivais, et cette loi des temps féodaux qui te forçait, comme tant d'autres archevêques allemands, à revêtir le casque. Qu'importe que des historiens passionnés aient tenté d'outrager ta mémoire! n'as-tu pas, pour la protéger, les louanges de Jules II, de Léon X, d'Adrien VI, qui célébrèrent tes vertus? N'as-tu pas laissé parmi tes lettres ces lignes que t'adressait Érasme, qui ne flatta guère la pourpre : « Médicis est mort; je souhaite au saint-siége un homme qui vous ressemble; à dire vrai, en connaissez-vous un qui ressemble plus à Votre Éminence que Votre Éminence elle-même? » N'as-tu pas pour toi ces mots du roi-chevalier, qui disait à Paul Jove : « Rude homme que ce Schinner, dont la parole m'a fait plus de mal que toutes les lances de ses montagnards! »

Les historiens de tous les partis s'accordent à célébrer le

courage héroïque de François Ier dans cette terrible affaire. Pendant près de vingt-huit heures il ne mangea ni ne dormit. Deux fois le sort de l'armée était compromis, quand le prince, monté sur son cheval de bataille, sans crainte des boulets ennemis, arrive pour arrêter les Suisses. Il portait à Marignan une cotte d'armes d'azur semée de fleurs de lis d'or et un casque orné d'escarboucles, afin, disait-il, qu'on le vît de plus loin. La bataille gagnée, il voulut donner l'accolade à Bayard. « Certes, ma bonne épée, » s'écria le guerrier après qu'il eut été reçu chevalier par le roi, « vous serez moult bien gardée et sur toutes autres honorée, et ne vous porterai jamais si ce n'est contre Turcs, Maures ou Sarrasins. » Quand François aperçut le connétable de Bourbon, il lui dit en riant : « Tu ne t'es épargné dans cette affaire non plus qu'un sanglier. » Il porta la main à son casque en signe de respect et d'admiration, au moment où Trivulce venait pour le féliciter sur cette heureuse journée. Trivulce, qui s'était trouvé à dix-sept batailles rangées, disait que ce n'étaient que des jeux d'enfants auprès de celle de Marignan, vrai combat de géants.

Les lansquenets se battirent admirablement à Marignan ; « race barbare et corrompue, » dit un vieil historien, « dont le métier est de tailler, couper, voler, brûler, tuer, paillarder, blasphémer, faire des veuves et des orphelins ; garnements qui voleraient comme les mouches autour du diable, si le diable voulait les payer généreusement. »

Sur le champ de bataille de Marignan encore teint de sang, le roi donna l'ordre de célébrer trois messes solennelles, où les vainqueurs assistèrent sous les armes : l'une en signe de joie, pour remercier Dieu de la protection qu'il accordait à la France ; l'autre en signe de douleur, pour l'âme de tant de braves tombés si glorieusement ; la troisième en signe d'espérance, pour le rétablissement de la paix. Une petite chapelle, où l'on aurait recueilli les restes des chefs de l'armée française, devait porter aux siècles à venir le témoignage de la piété du prince envers celui qui donne et ôte les couronnes, et de sa reconnaissance pour les soldats morts à ses côtés.

Les Suisses, après le départ du cardinal de Sion, sortirent de Milan, enseignes déployées et tambour battant, et rentrèrent, sans être inquiétés, dans leurs foyers. Ceux qui défendaient le château, où s'était enfermé Maximilien, étaient résolus à tenir jusqu'à la dernière extrémité ; mais le prince, au premier bruit de l'artillerie de Pierre de Navarre, prit peur, et, malgré les représentations de son conseiller Morone, voulut entrer en pourparler avec le vainqueur. Les conditions furent bientôt réglées : Maximilien renonçait à la souveraineté de Milan, en échange d'une pension annuelle de quelques milliers de florins et du titre de maître d'hôtel de Sa Majesté le roi de France. C'était faire bon marché de l'héritage des Sforce : l'ombre de Louis le More dut tressaillir dans sa tombe. Les Suisses résistaient encore ; il fallut, pour les contraindre à céder le château, un ordre signé de Maximilien, qui leur déclarait que, « malgré leur opposition, il avait, par la force de sa volonté souveraine, disposé du château et de sa personne ducale en faveur du roi très-chrétien. »

L'entrée de François Ier dans Milan fut magnifique ; on le complimenta en vers et en prose : la prose ne valait pas les vers. Il est vrai que ces vers étaient de Jean-Baptiste Egnazio, un des plus doctes humanistes de l'époque, et que Venise avait choisi pour féliciter Sa Majesté. Ce poëme, où l'auteur célèbre les exploits des Français, fut imprimé plus tard, dédié au chancelier Duprat, et valut à l'auteur le médaillon en or du monarque.

Un moment ces chants de joie cessèrent : Alviane venait

de mourir à Ghedo le 1ᵉʳ octobre (1515). L'armée voulait transporter à Venise les restes de l'illustre capitaine; mais il aurait fallu que Marc-Antoine Colonne consentît à laisser passer le cadavre, et Théodore Trivulce, fils du maréchal de France, ne voulut pas qu'on demandât un libre passage pour le corps d'un homme qui, vivant, n'avait pas besoin de permission pour forcer les lignes ennemies. André Navagero fut chargé de l'oraison funèbre du général. Il en fait un vaillant homme d'armes, un soldat sans peur, quelque chose d'antique. Alviane se délassait, dans la culture des lettres, des travaux de la vie militaire. Il fonda à Pordenone une académie qui devint bientôt célèbre; il devina les talents poétiques de Jérôme Fracastor. L'Italie lui doit ce poëte, dont il protégea l'enfance : pour nous, Fracastor vaut mieux que ses plus belles victoires. Alviane eût pu facilement faire sa fortune dans les guerres d'Italie; il préféra mourir pauvre, et laisser à Venise le soin de donner du pain à la veuve et aux enfants d'un des plus célèbres capitaines de l'époque.

CHAPITRE XXIV.

ALLIANCE AVEC LA FRANCE. — 1515.

Situation où se trouve le pape après la bataille de Marignan. — Il est forcé par les événements de se rapprocher des Français. — Canosse est chargé de traiter avec le vainqueur. — Entrevue à Londres d'Érasme et de Canosse. — Les négociations sont entamées, et Léon X obligé de subir les conditions imposées par François Ier. — Léon X part de Rome pour avoir une entrevue avec le roi. — Fêtes qu'on fait au pontife à Florence. — Entrevue à Bologne des deux souverains. — Pâris de Grassi. — Le chancelier Duprat.

La victoire de Marignan, on ne saurait se le dissimuler, ouvrait à François Ier les portes de Florence et de Bologne, c'est-à-dire qu'elle menaçait Léon X à Rome dans sa souveraineté temporelle, à Florence dans ses intérêts de famille. On se rappelle que les Médicis devaient leur rétablissement aux efforts combinés de l'empereur d'Allemagne et du roi d'Espagne. L'un et l'autre étaient impuissants pour arrêter les progrès du vainqueur. Il n'eût tenu qu'à François Ier de réveiller en Toscane, contre d'anciens bannis, des ressentiments mal éteints que l'habileté de Julien n'avait pu entièrement assoupir. Savonarole conservait à Florence de nombreux partisans. Les Frateschi, qui s'appelaient en 1513 patriotes, rêvaient une république basée sur celle dont le dominicain avait formulé la constitution. Machiavel croyait que le temps viendrait tôt ou tard où l'on pourrait arracher Florence aux Médicis. Les Médicis, maîtres du pouvoir, avaient habilement pardonné au conspirateur, mais ils refusaient de l'employer. Machiavel, on ne le croirait pas s'il ne l'avait dit dans une lettre confidentielle, aurait consenti volontiers à remuer quelque chose dans l'Etat, ne fût-ce qu'une pierre, et il y en avait plus d'une à Florence ; mais Julien ne voulut pas que le secrétaire de Soderini y mît la main. Redoutait-il l'esprit remuant du Florentin, ou méconnaissait-il les talents de l'écrivain ? C'est ce qu'il est difficile de déterminer. L'oubli ou la défiance paraissait une égale offense à l'âme de Machiavel. Ce qu'il y a de certain, c'est que tout ce qui se décorait du titre de patriote aurait sans doute ouvert la porte de Prato aux Français, fait sonner les cloches du campanile de Giotto en signe d'allégresse, et battu des mains sur le passage de François Ier, tout comme avaient fait Marsile Ficin et Savonarole, quand Charles VIII fit son entrée dans Florence. On ne trouverait pas dans l'histoire un peuple aussi mobile que le peuple florentin : il ne sait ni se gouverner ni gouverner les autres ; il se dégoûte aussi vite de Michel Lando, le cardeur de laine, que de Côme de Médicis, le père de la patrie ; il chasse et rappelle plusieurs fois les mêmes maîtres, et finit par se donner à Jésus-Christ, qu'on lui propose pour roi, mais dont l'élection, soumise au grand conseil, ne passe qu'à une assez faible majorité.

La situation du pape n'était pas sans danger : recourir aux armes paraissait impossible ; Jules II lui-même ne l'aurait pas tenté. Restait la voie des négociations qu'il allait essayer. Le vainqueur était plein de déférence pour le saint-siége. Jeune autant que brave, nous l'avons vu, quand le soleil se couche, à Marignan, se jeter à genoux sur le champ de bataille, et remercier le ciel du succès de la journée. Il connaissait Léon X ; il savait que ce prince prodiguait des encouragements aux lettres, aux sciences et aux arts. De retour de son ambassade à Rome, Budé avait dit à son royal maître tout ce qu'il avait trouvé dans le nouveau pontife d'aménité, de douceur, de piété, de savoir. Naturellement donc le monarque français était disposé à traiter favorablement Sa Sainteté. Il comprenait du reste à merveille que, pour pénétrer plus avant en Italie, il devait se garder de rompre avec le saint-siége, comme l'avait fait trop malheureusement son prédécesseur. Quant au pape, il est probable qu'il eût voulu rester fidèle à la politique de Jules II. S'il abandonnait ses alliés, s'il consentait à se rapprocher de la France, c'est que la nécessité l'y contraignait. D'un moment à l'autre le vainqueur pouvait donner l'ordre de jeter un pont de bateaux sur le Pô, traverser le fleuve, s'emparer de vive force de Parme et de Plaisance, et faire payer bien cher aux États de l'Église l'opiniâtreté de leur chef temporel. Il était évident toutefois que le cœur n'était pour rien dans ce rapprochement forcé. Les alliés du pape, c'étaient ceux de Jules II : l'empereur Maximilien, le roi catholique, surtout les Suisses, qui avaient donné à l'Église de véritables preuves de dévoûment. Une alliance contractée sous le canon de Marignan ne pouvait être durable. Aux yeux de Jules II, la France était l'ennemie naturelle de l'indépendance italienne. Or Léon X était de l'école de cet homme d'État.

Quand viendra le moment où Léon X abandonnera François Iᵉʳ pour renouer des négociations avec ses anciens alliés, nos historiens crieront à la trahison, sans prendre garde que la papauté ne pouvait pas plus oublier une fidélité qui ne s'était jamais démentie depuis le commencement des hostilités, que sympathiser avec une puissance qui si souvent avait troublé le repos de l'Italie. Depuis vingt ans la France inquiétait le saint-siége. Sous Alexandre VI, elle avait protégé et assisté les barons romains, sujets rebelles de l'Église; sous Jules II, elle ne s'était pas contentée d'accueillir les cardinaux schismatiques, elle avait affiché sur les murs de ses églises la déchéance du pontife, et flétri du nom de *simoniaque* l'homme que le sacré collége avait élu à l'unanimité. Elle ne cessait de gravir et de descendre les Alpes, et, dans ses défaites comme dans ses triomphes, de susciter de nouveaux ennemis à l'Italie. Brescia, Novare, Bologne, Milan, Rome elle-même, étaient remplies de ruines qu'elle laissait partout où elle passait. Si l'Allemagne avait reparu avec ses lansquenets en Italie, c'est la France qui les y avait appelés. Voilà les plaintes que Jules II ne cessa de faire entendre pendant toute la durée de son pontificat. Ce qu'il est bien important de faire remarquer, c'est que les papes n'ont point été là cause des luttes qui ont ensanglanté l'Italie, et qu'ils en ont été les victimes : ils n'ont pas allumé la guerre, ils voulaient l'éloigner à tout prix, et nous devons nous rappeler les conseils d'abord, puis les menaces, les prophéties enfin qu'Alexandre VI fit entendre à Charles VIII. Faisons de l'histoire et non pas du sentiment, et demandons s'il n'est pas vrai que Louis XII ait fait frapper une médaille où il prophétisait la chute de Babylone, c'est-à-dire de Rome; si les parlements français n'avaient pas poussé le monarque à briser avec le saint-siége; si François Ier ne songeait pas à enlever de vive force, s'il était nécessaire, Parme et Plaisance, que Jules II avait réunies aux États de l'Église? Que si les temps changent, si le cor d'Uri appelle de nouveau les montagnards suisses sous les drapeaux de Schinner, pour défendre celle qu'ils appellent leur mère; si un grand capitaine comme Charles-Quint vient offrir un jour son épée au saint-siége, comment Rome refuserait-elle de pareilles avances et de semblables défenseurs? Avec les Français à Milan, le pape n'aurait pu rester maître à Rome, parce que de Milan ils pouvaient, comme Charles VIII, demander passage à travers le patrimoine de Saint Pierre, pour réclamer ou conquérir Naples, et envahir la Sicile. On voit d'un coup d'œil combien l'occupation de Milan était grosse de périls pour l'Italie. Elle avait donné à François Ier la Méditerranée jusqu'au golfe de la Spezia, l'Adriatique et Venise, la Savoie et le Piémont, et une partie de la Suisse.

Il fallait arrêter le vainqueur : Léon X eut recours aux négociations; le diplomate pouvait être plus heureux que le guerrier. Léon X avait en France les sympathies de tous les humanistes; c'est un humaniste qu'il chargea des intérêts du saint-siége auprès de François Ier.

Louis Canosse, d'une noble famille de Vérone, représentait, dans les négociations qui s'ouvrirent bientôt à Milan, Léon X, dont il était le légat. C'était un homme adroit, délié, qui savait admirablement tourner une difficulté, pardessus tout un causeur aimable; du reste, bon humaniste, et, au besoin, faisant d'excellents vers latins. Il avait su tromper l'œil si fin d'Erasme, ce qui annonçait un véritable talent de diplomate.

Quand Érasme était allé chercher en Angleterre des fêtes, et peut-être des florins, car il aimait assez l'argent, il avait fait connaissance à Londres d'André Ammonio de Lucques, qui lui-même cherchait fortune, et qui avait été assez heureux pour plaire à Henri VIII, dont il était le secrétaire latin. Or, en 1510, Louis Canosse descendit incognito chez Ammonio. On disait qu'il venait en Angleterre pour sonder les dispositions de Henri VIII, et peut-être pour le décider à traiter avec la France. Un jour que le philosophe dînait chez le secrétaire de Sa Majesté, il aperçut près d'une cheminée, causant avec son ami, un homme de tournure assez commune, vêtu d'un vieil habit, les cheveux retroussés, le chapeau râpé, et qu'il prit pour l'un des poëtes faméliques dont l'Angleterre abondait à cette époque, ou plutôt pour quelque importun qu'Ammonio saurait bien vite éconduire. Il causa sans prendre garde à l'étranger, car le philosophe aimait beaucoup les beaux vêtements : l'étranger ne dit mot et n'écouta pas même. On se met à table; l'inconnu s'assied à côté du maître de la maison. Erasme, étonné, demande en grec la condition de ce convive. Ammonio répond, dans la même langue, que c'est un riche marchand de la Cité ; à quoi notre philosophe dit en souriant qu'il en a toutes les allures. On continue de causer. « Est-il vrai, demande Erasme, très-curieux de son naturel, que Léon X ait envoyé secrètement un légat en Angleterre? — On le dit, répond Ammonio. — Le pape n'a pas besoin certainement de mes conseils, reprend Erasme; mais, s'il m'avait consulté, peut-être que je lui aurais donné un autre avis. — Ah! et lequel lui auriez-vous donné? ajouta Ammonio. — Lequel! reprend Erasme : au lieu d'une paix entre les deux puissances, qui ne peut pas se traiter si vitement, et qui, du reste, a de graves inconvénients pour la discipline militaire, car elle affaiblit et éteint le courage, j'aurais proposé une belle et bonne trêve de trois ans, par exemple. — Pas trop mal, ajoute Ammonio; mais, à vous dire vrai, je crois que le légat ne vient pas proposer autre chose. — Est-ce un cardinal, le légat? demande le philosophe. — Non, répond Ammonio en regardant Canosse, mais il en a l'esprit. — C'est déjà quelque chose, reprend Erasme en souriant. » Le marchand, qui n'avait rien dit jusqu'alors, hasarda d'abord quelques mots en italien, puis en latin. Erasme le regardait tout surpris. Mais quel fut son étonnement quand, se tournant de son côté, l'étranger lui dit en style tout cicéronien : « Vraiment je suis émerveillé qu'un homme comme vous consente à rester parmi des barbares, à moins que vous ne préfériez être seul ici plutôt que sans rival à Rome! » Erasme, flatté, fit le modeste, et bégaya quelques excuses qui n'eurent pas l'air de convaincre l'étranger. Le lendemain, il retournait chez Ammonio pour connaître le nom du personnage mystérieux. Ammonio le lui dit. Qu'on se peigne l'effroi du pauvre philosophe, qui tremblait en pensant qu'il aurait pu hasarder sur le ministre du pape et sur le pape lui-même quelque plaisanterie mordante, comme il aimait à en faire ; et alors que seraient devenus ses projets de dédicace à Sa Sainteté ?

Voilà le négociateur dont Léon X avait fait choix. Canosse, aidé de Charles III, duc de Savoie, soutint les intérêts du pape avec autant de persévérance que de bonheur. Et d'abord, il réussit à faire garantir aux Médicis l'autorité qu'ils exerçaient à Florence. C'était un véritable succès pour le diplomate, car les Médicis, dans la querelle de François Ier avec le duc de Milan, s'étaient franchement déclarés pour Maximilien Sforce. Le plus beau triomphe peut-être que le légat obtint, c'est que les Bentivogli, ces ardents adversaires de Jules II, ne rentreraient pas dans Bologne, qui appartiendrait définitivement au saint-siége.

Il fallait une compensation à François Ier, qui se montrait exigeant. On convint, après de longs débats, que le pape rappellerait les troupes de l'Eglise au service de l'empereur contre les Vénitiens, et remettrait à Sa Majesté très-chrétienne les villes de Parme et de Plaisance. Le vainqueur ne s'oubliait pas.

Ces deux conditions étaient sévères. La première exaltait l'orgueil des Vénitiens, la seconde détruisait en partie la belle œuvre de Jules II ; l'une affaiblissait les forces de l'allié du saint-siége, l'autre fixait les Français en Italie. Plus d'Alpes pour les étrangers !

Léon X refusa longtemps de ratifier le traité. La diète helvétique délibérait à Zurich sur la question de savoir si la Suisse ferait passer de nouveaux secours au duc de Milan déchu. Mathieu Schinner, à Inspruck, pressait de nouvelles levées ; l'empereur ne paraissait pas disposé à céder la Lombardie. On parlementa, on échangea des notes. A la fin, François, mécontent, menaça d'attaquer les Etats de l'Eglise et d'envahir la Toscane. Léon X céda.

En apportant à Rome le traité qu'il venait de conclure avec François Ier, Canosse n'oublia pas de raconter au pape la déférence, le respect, l'amour pour le saint-siége, que n'avait cessé de montrer le monarque dans tout le cours des négociations. Ce n'était pas un rôle que jouait le roi de France, car il aimait autant qu'il admirait le caractère de Léon X.

Le pape voulut remercier François Ier de ces témoignages de dévoûment au saint-siége, dans une lettre où il relève, avec un bonheur infini d'expressions, les belles qualités que le ciel avait départies au jeune prince. C'est de l'adresse, si l'on veut, mais qu'on ne saurait blâmer. S'il lui parle en termes indirects de la victoire de Marignan, c'est pour en attribuer la gloire à Dieu, et pour le conjurer d'utiliser ce triomphe au bonheur de la grande république chrétienne. La lettre finit par un souhait tout cordial : « Adieu ! aimez-nous! » Il y avait longtemps que les rois de France n'étaient accoutumés à un langage si plein d'affection : François Ier était bien fait pour le comprendre.

Ce prince avait plus d'une fois, pendant le cours des négociations, témoigné le désir de traiter directement avec Sa Sainteté. Léon X consentit avec joie à l'entrevue demandée. Depuis plus d'un siècle, Rome sollicitait l'abrogation de cette pragmatique-sanction qui livrait l'élection épiscopale à de capricieuses et funestes influences. Léon X espérait qu'il l'obtiendrait de François Ier.

Brantôme a mis en relief, avec sa verve accoutumée de style, les périls que faisait courir à l'Eglise de France cette forme d'élection toute populaire.

« Le pis étoit, dit-il, quand les chapitres ou les couvents

» ne pouvoient s'accorder en leur choix, le plus souvent
» s'entre-battoient, se gourmoient à coups de poing, ve-
» noient aux braquemarts, et s'entre-blessoient, voire s'en-
» tre-tuoient..... Ils élisoient, le plus souvent, celui qui étoit
» le meilleur compagnon, qui aimoit plus les... les chiens
» et les oiseaux, qui étoit le meilleur biberon ; bref, qui étoit
» le plus débauché.... Aucuns élisoient quelque simple bon-
» homme de moine, qui n'eust osé grouiller, ni comman-
» der, faire autre chose, sinon ce qui leur plaisoit, et le
» menaçoient s'il vouloit trop faire du galant et rogue supé-
» rieur. D'autres élisoient, par pitié, quelque pauvre hère de
» moine qui, en cachette, les déroboit, ou faisoit bourse à
» part, ou mourir de faim ses religieux. Certains évêques
» élevés et parvenus à ces grandes dignités, Dieu sait quelle
» vie ils menoient, une vie toute dissolue ; après chiens, oi-
» seaux, fêtes, banquets, confréries, noces et....., dont ils
» en faisoient........ »

Notre plume s'arrête, car les détails que donne ici l'historien sentent par trop le corps de garde : il dit tout ce qu'il sait, tout ce qui lui a été raconté, tout ce qu'il a vu peut-être.

Léon X, qui poursuivait dans le concile de Latran l'œuvre de la réformation sacerdotale commencée par Jules II, ne pouvait laisser subsister une forme d'élection qui livrait le sanctuaire à d'aussi graves désordres : l'Eglise est une mo_narchie, et non point une république.

L'entrevue devait avoir lieu à Bologne. François I⁽ᵉʳ⁾ n'aurait pas voulu de Rome, où le pontife eût effacé le monarque : le pape ne voulait pas de Florence, où le moindre trouble pouvait exposer la fidélité douteuse des républicains du jardin Ruccelaï.

C'est Pâris de Grassi (Paride de' Grassi), évêque de Pesaro, qui nous accompagnera dans ce voyage du pape de Rome à

Bologne. Il était maître des cérémonies sous Jules II, qui plus d'une fois se permit de rire de la gravité doctorale que l'évêque mettait dans l'exercice de ses fonctions, et qui plus d'une fois encore osa lui désobéir. Pâris de Grassi avait trouvé dans Léon X un pape beaucoup plus docile, qui se prêtait avec une complaisance attentive aux exigences de l'étiquette, et qui se serait bien gardé de se brouiller avec son bon serviteur. Aussi l'évêque avait-il pour son souverain une admiration, un amour, un culte, qu'il témoigne à chaque instant dans son *Diarium*. Ce diarium est un journal où Pâris enregistre les événements grands ou petits qui se produisent autour de lui. Il fait une amère peinture de son prédécesseur Burchard, auquel il avait bien promis de ne pas ressembler, et il a tenu fort heureusement parole. C'est une belle âme, qui croit difficilement au mal, qui n'invente jamais, qui ne se cache pas derrière un paravent pour surprendre une confidence dont on fera bientôt un véritable roman; à qui la médisance, la calomnie surtout, paraissent inconnues, et dont tout le rôle se borne à raconter ce qu'il a vu, jamais ce qu'on lui a dit; et ce qu'il a vu, à ses yeux revêt toujours une forme solennelle. C'est l'homme des petites choses, un autre Penni, qui, dans une cérémonie, son bâton à la main, met à ranger sur deux lignes mathématiques les membres du sacré collége toute la gravité que Jules II, son ancien maître, mettait à donner audience aux ambassadeurs de la république vénitienne; écrivain, du reste, de petit style et aux longues phrases; écolier de sixième fleurissant souvent sa narration de barbarismes et de solécismes; évêque d'une régularité de mœurs parfaite; favori qui n'employa jamais son crédit qu'à faire du bien.

Le pape quitta Rome, dont il nomma gouverneur ou légat le cardinal Soderini, frère du gonfalonier qu'il avait rappelé de l'exil. Il emmenait vingt cardinaux, plus de trente prélats, ses camériers, une partie de sa maison. Sienne, que devait traverser le cortége, eut peur de tout ce monde qu'il lui fallait héberger et nourrir, et dépêcha un courrier à Sa Sainteté pour la prier de prendre un autre chemin. Jules II aurait fort mal reçu sans doute un pareil message : Léon se contenta de changer de route. A Cortone, Jules Passerini traita magnifiquement le pape. Des députés florentins étaient venus pour lui présenter leurs hommages. Il arriva le 26 novembre à Marignolle, où il attendit, dans la maison de plaisance de Jacques Gianfiliazzi, que les préparatifs que Florence faisait pour recevoir le fils de Laurent le Magnifique, et qu'avaient interrompus les pluies, fussent entièrement achevés : heureuse visite, dont le propriétaire voulut éterniser le souvenir dans cette inscription latine, placée sur la chambre à coucher de Sa Sainteté :

> Dulcis et alta quies decimo pergrata Leoni
> Hic fuit; hinc sacrum jam reor esse locum.

Gianfiliazzi et ses fils, doctes latinistes, fêtaient dans Léon X l'humaniste beaucoup plus encore que le souverain.

Florence s'était mise en frais pour recevoir son glorieux enfant. Les architectes, les peintres, les sculpteurs, les poëtes s'étaient présentés en foule, jaloux de témoigner leur reconnaissance au prince éclairé qui régnait à Rome. Les architectes abattirent quelques pans d'anciennes murailles, afin que le cortége papal pût se déployer dans toute sa magnificence ; les humanistes imaginèrent toutes sortes de belles devises et d'inscriptions d'un style antique ; les poëtes improvisèrent des canzone en latin et en français, que des chœurs de jeunes filles et de jeunes garçons devaient chanter sur le passage de Sa Sainteté.

Jacques di Sandro et Baccio da Montelupo avaient sculpté

sur un arc de triomphe divers traits d'histoire; Julien del Tasso avait élevé sur la place Saint-Félix un autre arc que surmontait la statue de Laurent le Magnifique. San-Gallo, Baccio Bandinelli, François Granacci, se signalèrent par de beaux travaux. Jacques Sansovino avait fait le dessin d'un portail érigé devant Santa-Maria del Fiore, et sur lequel André del Sarto peignit en clair-obscur des sujets historiques. Depuis la mort de Savonarole, le paganisme a relevé la tête à Florence; il règne dans les lettres et dans les arts. Cette belle école mystique qui venait des montagnes de l'Ombrie, et que le dominicain voulait introduire dans sa ville bien-aimée, n'a duré que quelques jours et s'est éteinte au souffle du naturalisme. Fra Bartolommeo, qui peut-être eût retardé le triomphe du sensualisme, va bientôt mourir. André del Sarto parlait aux yeux, séduisait les sens, et, au lieu de vierges tout idéales et tombées du ciel, peignait, sous le nom de Marie, des femmes dont l'original, reconnaissable à la première vue, habitait l'atelier du peintre. Toutes ces divinités, que Penni nous a décrites en racontant les cérémonies du couronnement de Léon X, se retrouvent sur le chemin que le pape parcourt, depuis la porte de Saint-Pierre Gatolini jusqu'à l'église de Santa-Maria del Fiore. Nous avons, de plus que dans le premier triomphe, un Hercule colossal que Baccio Bandinelli a élevé près des Loges, et un Romulus que Julien del Tasso a placé près du pont de la Sainte-Trinité.

Léon X se montrait joyeux de ces témoignages ingénieux d'amour. Il s'arrêtait pour écouter les chants improvisés en son honneur, pour lire les inscriptions latines dont chaque arc triomphal était décoré, pour admirer les inspirations des peintres, des sculpteurs, des architectes; pour contempler ces colonnes et ces obélisques, ces statues et ces trophées que Florence avait élevés à chaque pas. Quand il aperçut la statue de son père Laurent, il inclina la tête en signe de respect, et l'on vit couler ses larmes. Ses yeux s'étaient arrêtés avec une émotion indicible sur ces mots que portait le piédestal de la statue : *Hic est filius meus dilectus.* Le peuple, répandu dans les rues, sur des balcons improvisés, et jusque sur les toits, criait : *Palle ! palle !* Le trésorier de Sa Sainteté jetait à la foule des pièces de monnaie. Le peuple aurait voulu, comme dans chaque grande cérémonie, saluer de salves d'artillerie le passage du cortége ; mais Pâris de Grassi avait sagement fait interdire ces bruyantes démonstrations de joie.

Dans le récit qu'il nous a laissé de l'entrée de Léon X à Florence, on le voit, plus occupé que le héros de la fête lui-même, demander à Sa Sainteté la solution d'une foule de questions relatives au cérémonial, et à chacune desquelles il paraît que le pape répond avec sa grâce accoutumée. On avait oublié à Rome l'ombrelle antique qu'on portait au-dessus du souverain pontife. — Faut-il en commander une nouvelle, très-saint-père ? Le pape incline la tête. « *Ita factum est,* » dit le maître des cérémonies. — Combien de torches devant le Saint-Sacrement, porté sous un baldaquin par les chanoines de la cathédrale ? Deux cents ? — Même signe. « *Et fuit contentus.* » Combien de valises en avant du cortége ? Cinquante au moins ? — Deux cents, dit le pape. — Faudra-t-il faire préparer pour le pape et les cardinaux une collation dans la seconde église où Sa Sainteté s'habillera ? — Léon X répond qu'il faudra consulter à cet égard les cardinaux. Le pauvre évêque de Pesaro fut un moment bien tourmenté. Le gonfalonier ne voulait pas céder le pas aux cardinaux ; le maître des cérémonies riait de cette prétention, que soutenaient énergiquement les prieurs. On fut obligé d'en appeler à Sa Sainteté, qui donna raison à de Grassi. Mais nos sénateurs s'obstinent et vont s'asseoir sur une estrade élevée à la porte de la cité, et, la toque sur la tête, regardent défiler les cardinaux qui vont au-devant du pontife. Le maître des cérémonies ne se déconcerte pas ; il a sa vengeance toute prête. En passant, les cardinaux avertis tiennent les yeux baissés, évitant soigneusement de regarder le balcon sénatorial ; et le gonfalonier et les prieurs, raconte orgueilleusement de Grassi, en furent pour leur vanité punie.

Cependant le cortége était arrivé sur la place de la Cathédrale. A l'entrée de l'église, on avait construit une estrade qui s'étendait jusqu'au maître-autel. Le pape s'agenouilla, pria longtemps, bénit les assistants, et se retira dans le monastère de Santa-Maria Novella. Le lendemain, après avoir prié dans l'église de l'Annonciade, il alla visiter le palais de ses pères et embrasser Julien son frère, qui n'avait plus que peu de temps à vivre. Il voulut, le premier dimanche de l'Avent, assister au saint sacrifice dans la chapelle des Médicis, dédiée à saint Laurent. L'office achevé, on le vit, les mains jointes, la tête baissée sur la poitrine, s'avancer silencieusement vers cette pierre qui recouvrait ce Laurent de Médicis, la gloire des lettres et de l'Italie, et pleurer au souvenir de ce père bien-aimé.

A Cortone, parmi les citoyens que Florence avait envoyés au-devant de Sa Sainteté, Léon X remarqua particulièrement un homme jeune encore, de belle mine, qu'il avait vu deux ans auparavant à Rome. Il se rappela que, sur le refus de Bernard Ruccelaï, qui n'avait pas voulu complimenter le pape sur son exaltation, Guichardin s'était chargé de cette mission dont il s'était acquitté en véritable orateur. Il voulut le revoir à Florence, mais pour lui annoncer qu'il le nommait son avocat consistorial. C'était une belle conquête pour la papauté.

Les tribulations du maître des cérémonies n'étaient pas finies. A Bologne, au lieu de ces figures de Florentins épanouies, Léon X ne trouva que des visages tristes. Point d'arcs de triomphe, de statues, de colonnes, d'inscriptions ; mais des rues nues et silencieuses. Si l'on entendait par de rares intervalles quelques cris, c'étaient les cris de : *Serra! serra!* que poussaient des enfants par allusion aux armes des Bentivogli. Pâris de Grassi s'était approché de Sa Sainteté, le visage renversé, et haussant les épaules en signe de tristesse : — Laissez donc, lui dit le pape, il faut les remercier, ils m'ont fait rire.

Le pape arriva le 8 décembre à Bologne, et François Ier trois jours après. Les cardinaux attendaient le roi à la porte de Saint-Félix, en robes rouges. Le cardinal de St-Georges, évêque d'Ostie, l'ami d'Érasme, la tête découverte, harangua Sa Majesté. Pâris de Grassi avait eu bien soin de lire ce discours, dont il vante le naturel et la simplicité. Le roi, également découvert, répondit en quelques mots remplis d'affection envers Sa Sainteté, dont il se disait le fils soumis ; envers le siége apostolique, qu'il aimait d'un amour filial ; envers les cardinaux, qu'il regardait comme des pères et des frères. Le discours achevé, les cardinaux vinrent l'un après l'autre donner au roi le baiser fraternel. Pâris de Grassi lui disait à voix basse le nom de chacun des prélats.

On entra dans Bologne, mais si confusément, que le maître des cérémonies en fut scandalisé : c'est à peine si on daignait l'écouter. Aussi, combien il se plaint des officiers de la suite de Sa Majesté et des princes eux-mêmes, qui marchaient à l'aventure ! Toutes les cloches de la ville étaient en branle ; les trompettes sonnaient des fanfares ; les cors, les tambourins mêlaient leurs bruits divers aux cris du peuple, que la pompe du cortége avait mis en joie. On avait préparé dans le palais un appartement magnifique pour Sa Majesté. Quatre cardinaux dînèrent à la table du roi. Le pape, revêtu de ses habits pontificaux, attendait le monarque dans la salle du consistoire, ce jour-là si pleine, qu'on craignit un moment qu'elle ne s'écroulât. Le roi marchait entre deux cardinaux, les plus anciens du sacré collége. La foule était si grande dans les appartements, qu'il resta longtemps comme emprisonné au milieu des flots mouvants des seigneurs italiens et français : il riait de sa mésaventure, tenant la main du maître des cérémonies, qu'il avait pris pour son introducteur. Pâris de Grassi, tout glorieux de cette marque royale de distinction, laisse échapper ici un mouvement de vanité bien pardonnable : « Le roi, dit-il, et *moi* montâmes les marches du trône où le pape était assis. » Le roi s'agenouilla, baisa la mule du pape, qui lui prit la main et lui présenta la joue. François Ier adressa au pape quelques chaleureuses paroles, auxquelles Léon X répondit dans un style dont il avait seul le secret, et qui, au témoignage de l'évêque de Pesaro, ce jour-là parut encore plus beau que de coutume. Au signe du maître des cérémonies, le roi prit place à la droite de Sa Sainteté, sur un siége magnifique; son chancelier Duprat s'approcha, et, la tête découverte, prononça le discours d'obédience.

A chaque formule d'hommage, l'évêque de Pesaro avait bien recommandé au roi de France de se découvrir, et le monarque se prêtait avec une docilité exemplaire aux prescriptions du cérémonial : le pape se montra moins exigeant que Pâris de Grassi, et pria François Ier de rester couvert.

Le discours du chancelier est un manifeste en l'honneur du saint-siége, dont l'orateur proclame les titres à l'amour non moins qu'à la reconnaissance du royaume de France. C'est en même temps une profession de foi du roi très-chrétien envers l'autorité du chef de l'Eglise. Il est beau d'entendre le vainqueur de Marignan s'écrier, par l'organe de son orateur officiel : « Très-saint-père, — l'armée du roi très-chrétien est à vous, disposez-en à votre gré; — les forces de la France sont à vous ; — ses étendards sont les vôtres. — Léon, voici devant vous votre fils soumis, *tuus è religione, tuus jure, tuus more majorum, tuus consuetudine, tuus fide, tuus voluntate.* » L'expression française ne rendrait qu'imparfaitement la valeur du mot latin. « Ce fils dévoué, ajoute-t-il, est prêt à défendre en toute occasion vos droits sacrés, et par la parole et par l'épée. » L'ombre de Jules II, qui sans doute assistait à cette entrevue, dut tressaillir de joie. Sadolet, lui, fut plus content du monarque que du chancelier, dont la parole manque souvent de cette belle simplicité qu'affectionnait le Modénais.

La harangue terminée, le roi s'inclina en signe d'assentiment, et Léon X lui répondit en termes pleins de bienveillance. Il n'avait pas pris pour modèle l'orateur français. Il fut simple, suivant sa coutume, doux, harmonieux, cherchant par un soin peut-être trop curieux à éviter la rencontre de voyelles qui, en se heurtant l'une contre l'autre, font un bruit dont l'oreille est péniblement affectée. Sa Sainteté prit ensuite par la main François Ier, qu'elle conduisit jusqu'à l'appartement où elle devait quitter ses vêtements pontificaux. Le roi s'approcha de la fenêtre, où Léon X vint bientôt le trouver. Pâris de Grassi ne perdait pas de vue les deux souverains : il connaissait Léon X, et il avait peur qu'il ne tombât innocemment dans quelque faute contre le cérémonial romain. Aussi, dans la crainte que le pape ne portât la main à son bonnet, comme l'avait fait Alexandre VI lors de son entrevue avec Charles VIII, il s'approcha tout doucement de Sa Sainteté, et lui dit à l'oreille de bien prendre garde que le vicaire de Jésus-Christ sur la terre ne devait aucune déférence, même à un empereur : « ce que Léon X observa fidèlement, ajoute l'évêque, du moins en ma présence. »

Le pape célébra le saint sacrifice en présence du roi, le

12 décembre, dans l'église de Sainte-Pétrone, où il se rendit processionnellement, précédé du monarque qui marchait au milieu de ses officiers. Quand le pape s'avança vers son trône pour revêtir les habits pontificaux, le roi voulut faire la fonction de caudataire, malgré la vive opposition du pape. Au moment où le pontife-prêtre montait les degrés du maître-autel pour commencer la messe, on vit le roi s'agenouiller et répondre tout bas aux prières du célébrant. Il avait refusé le fauteuil qu'on lui avait préparé. Il resta debout jusqu'à l'élévation, et prosterné, les mains jointes, jusqu'à la communion.

La communion du célébrant, du diacre et du sous-diacre terminée, le pape demanda au roi s'il désirait s'approcher de la sainte table. Le roi répondit qu'il n'était pas en état de grâce, mais que plusieurs de ses officiers souhaitaient vivement recevoir le corps de Jésus-Christ de la main de son vicaire sur la terre. Quarante d'entre eux s'avancèrent dévotement vers l'autel; et comme il n'y avait que trente hosties dans le saint ciboire, il fallut en rompre dix pour satisfaire la dévotion des assistants. « Cependant, dit la relation, ce n'était que la moindre partie des courtisans qui auraient voulu communier de la main de Sa Sainteté. » Le roi fut obligé d'écarter la foule et de ne laisser arriver à la sainte table que les plus illustres de ses officiers. Un d'eux, qui ne pouvait pénétrer jusqu'au célébrant, s'écria : « Très-saint-père, je serais bien heureux de communier de votre main; mais puisque ce bonheur m'est refusé, et que je ne puis lui dire à l'oreille les péchés que j'ai commis, je confesse tout haut que j'ai combattu et rudement Jules II, et que je ne me suis guère inquiété des censures fulminées par Sa Sainteté. — Et moi, dit le roi, j'ai péché comme lui. — Et nous aussi, dirent plusieurs seigneurs; pardon, très-saint-père. » Le pape leva la main et leur donna l'absolution. Le roi reprit la parole, et,

avec une franchise peut-être trop militaire, dit tout haut :
« Très-saint-père, ne soyez pas surpris que tous ces gens aient été ennemis du pape Jules; car c'était bien le plus grand de nos adversaires, et onc n'avons connu homme plus terrible dans les combats. A vrai dire, il eût été mieux capitaine d'une armée que pape de Rome. »

Le lendemain, le roi touchait un grand nombre de malades, après avoir communié dans l'église des Dominicains.

CHAPITRE XXV.

CONCORDAT. — 1516.

La pragmatique-sanction de Louis IX et de Charles VII. — Est modifiée dans un temps de schisme par les Pères de Bâle, et repoussée par le saint-siége. — Abus qu'elle produit en France. — Louis XI veut l'abolir. — Elle est un moment rétablie par Louis XII. — Concordat qui abroge la pragmatique. — Esprit de cette constitution disciplinaire qui éprouve en France de vives résistances. — Analyse de quelques-unes des dispositions du concordat. — Quel jugement on doit en porter. — Les deux monarques se séparent. — Retour à Rome de Léon X. — Mort de Julien de Médicis.

Léon X et François Ier, pendant trois jours, s'occupèrent d'affaires sérieuses : de la question de Naples, — de la question des feudataires du saint-siége, — de la question de la pragmatique-sanction.

Le roi de France, maître de Milan, voulait chasser les Espagnols de l'Italie et s'emparer du royaume de Naples. Comme il ne pouvait réussir ni dans l'un ni dans l'autre de ses projets sans l'assistance de Rome, il sollicitait l'intervention armée du pape. Le diplomate triompha du soldat. Pour

Léon X, c'était vaincre que de gagner du temps. Il disait que Ferdinand était vieux, infirme, malade; que la mort imminente de ce prince le délierait naturellement de ses engagements envers la maison d'Aragon, et qu'il aviserait alors si, dans l'intérêt de sa politique, il devait refuser ou accorder les secours dont la France avait besoin pour conquérir Naples. — Le roi comprit les raisons de Sa Sainteté, et la question fut réservée.

François Ier avait reçu des services du duc de Ferrare et du duc d'Urbin. Pour le duc de Ferrare, il demandait la restitution des places de Modène et de Reggio; pour le duc d'Urbin, le pardon du saint-siége.

Léon X, sans refuser positivement la restitution des deux places conquises par Jules II, exigeait qu'on lui remboursât les 40,000 ducats d'or qu'il avait donnés à l'empereur pour l'investiture de cette double souveraineté. Or, comme François Ier n'était pas en état de payer cette somme, c'était une question à traiter plus tard.

Le duc d'Urbin, neveu de Jules II, dont il avait commandé les armées, instrument docile des Français, sujet rebelle qui, après en avoir été requis, avait refusé de joindre ses troupes à celles de Sa Sainteté, semblait indigne d'intérêt comme de pitié. Le pape n'eut pas de peine à convaincre François Ier de la félonie du feudataire, qui dès lors fut abandonné.

Restait la question relative à la pragmatique-sanction, dont le roi de France, et le pape plus encore, demandaient l'abrogation.

En droit ecclésiastique, on nomme pragmatique-sanction un code ou recueil d'ordonnances qui règlent l'administration religieuse d'un royaume. En France, on connaissait deux pragmatiques, l'une de saint Louis, l'autre de Charles VII.

Avant d'entreprendre sa seconde croisade contre les infidèles, Louis IX voulut assurer pendant son absence le repos de l'Eglise gallicane. Dans une ordonnance célèbre, il régla les promotions, collations, provisions et dispositions des prélatures et des autres bénéfices et offices ecclésiastiques.

Quelques critiques doutent toutefois que la pragmatique qui porte le nom de Louis IX soit véritablement l'œuvre du monarque; il n'en est pas fait mention dans l'histoire des démêlés de Philippe le Bel avec Boniface VIII.

En 1438, au mois de janvier, les Pères du concile de Bâle députèrent à Tours des ambassadeurs pour se plaindre à Charles VII de la conduite d'Eugène IV, qu'ils venaient de déclarer suspens. Le prince avait écouté leurs plaintes, et promis de s'occuper incessamment des affaires de l'Eglise. A Bourges, la même année, dans l'assemblée qu'il provoqua, se trouvèrent, outre le dauphin et les princes du sang, vingt-cinq évêques, cinq archevêques, plusieurs abbés, et beaucoup de députés des chapitres et des universités du royaume. Le roi présida l'assemblée, dont les séances s'ouvrirent le 1er mai. Les nonces d'Eugène, l'archevêque de Crète et l'évêque de Digne, et un docteur, y dénoncèrent la conduite des Pères de Bâle comme attentatoire au saint-siége, et prièrent le roi de reconnaître le concile de Ferrare que le pape venait d'ouvrir, et de révoquer la sentence de suspense portée le 25 janvier, à la trente et unième session, contre le légitime successeur de saint Pierre.

Les députés bâlois, l'évêque de Saint-Pons de Tomières, l'abbé de Vézelay, le docteur Thomas de Courcelles, l'archidiacre de Metz, Guillaume Hugues, et un chanoine de Lyon nommé Jean de Manze, demandèrent que les décrets publiés par les Pères de Bâle fussent reçus et observés en France, que le concile de Bâle fût tenu pour légitime, que le décret de suspense porté contre Eugène IV eût force de loi dans tout le royaume, et que défense fût faite aux sujets de Sa Majesté de se rendre à Ferrare.

Dix docteurs et prélats furent choisis pour examiner les décrets du concile de Bâle : l'examen dura jusqu'au 7 juillet. Ce jour-là, le roi publia l'édit connu sous le nom de pragmatique-sanction, œuvre modifiée des Pères du concile, née par conséquent dans le schisme ; car les Pères avaient évidemment rompu l'unité. La pragmatique fut enregistrée au parlement de Paris le 13 juillet 1439.

Rome refusa constamment de l'approuver : le concile de Bâle n'en voulut pas non plus. « C'était, dit Pie II, une tache qui défigurait l'Eglise, un décret qu'aucun concile général n'avait porté, qu'aucun pape n'avait reçu ; un principe de désordre dans la hiérarchie ecclésiastique ; une confusion énorme des pouvoirs, où le laïque jugeait souverainement le prêtre, où la puissance spirituelle ne pouvait s'exercer que sous le bon plaisir de l'autorité séculière ; le parlement transformé en concile ; le pape devenu le vassal de quelques juristes. »

Pie II, qui s'exprimait ainsi à l'assemblée de Mantoue, en 1459, avait raison. Brantôme a raconté ce qu'était l'Eglise de France sous le régime de cette convention : un schisme était inévitable, si Louis XI ne l'eût prévenu en renversant l'œuvre de son père.

Dans une lettre au pape, en date du 27 novembre 1461, Louis XI disait au pape : — « Nous avons reconnu, très-saint-père, que la pragmatique-sanction est attentatoire à votre autorité, à celle du saint-siège ; que, née dans un temps de schisme et de sédition, elle finirait par amener le renversement de l'ordre et des lois, puisqu'elle vous empêche d'exercer la souveraine puissance que Dieu vous a déférée. C'est par la pragmatique que la subordination est détruite, que les prélats de notre royaume élèvent un édifice de licence, que l'unité qui doit lier tous les chefs chrétiens se trouve rompue. Nous vous reconnaissons, très-saint-père, pour le chef de l'Eglise, pour le grand prêtre, pour le pasteur du troupeau de Jésus-Christ, et nous voulons demeurer uni à votre personne et à la chaire de saint Pierre. Ainsi nous cassons dès à présent et nous détruisons la pragmatique-sanction dans tous les pays de notre domination; nous voulons que le bienheureux apôtre saint Pierre, qui nous a toujours assisté, et vous, qui êtes son successeur, ayez dans ce royaume la même autorité pour les provisions de bénéfices qu'ont eue vos prédécesseurs Martin V et Eugène IV. Nous vous la rendons cette autorité; vous pouvez désormais l'exercer tout entière. »

Rome fit éclater sa joie : tout n'était pas fini pourtant ; il fallait que l'abolition de la pragmatique fût revêtue des formes légales. Louis XI rendit une déclaration que de la Balue, évêque d'Angers, fut chargé de porter au parlement. Le parlement refusa de l'enregistrer. L'université avait encouragé la résistance des conseillers par un appel au concile général; les poëtes vinrent aussi, qui s'amusèrent à crier merci pour la pragmatique, dont ils n'avaient peut-être jamais lu une seule ligne. En 1479, Louis XI, qui croyait avoir à se plaindre de Rome, retira tout à coup la parole qu'il avait autrefois donnée au saint-siége, et voulut rétablir l'œuvre de Charles VII. A son avénement au trône, Louis XII confirma les dispositions principales de la pragmatique, dont plusieurs arrêts du parlement limitèrent l'autorité. Si ces disputes se fussent perpétuées, l'Eglise de France était menacée dans son repos, et le schisme introduit peut-être dans le sanctuaire.

Jules avait ouvert le concile de Latran, où de sa pleine autorité il voulut étouffer ces ferments de discorde sans cesse renaissants. Il fit donc lire dans la quatrième session, le 10 décembre 1512, les lettres de Louis XI pour la suppression de la pragmatique. L'avocat consistorial en requit en forme l'abolition ; un promoteur demanda que les fauteurs de cette constitution, rois ou sujets, pussent être cités au tribunal du concile dans le terme de soixante jours, pour faire entendre les raisons qu'ils avaient pour soutenir un acte si contraire à l'autorité apostolique du saint-siége. Les Pères firent droit au réquisitoire, et décidèrent que l'acte de monition serait affiché à Milan, à Asti, à Pavie. Les procédures allaient commencer ; le royaume de France avait été mis en interdit. Louis XII comprit le danger où il s'était jeté ; il songea sérieusement à se réconcilier avec le pape, en désavouant le conciliabule de Pise, et en promettant d'envoyer à Rome des prélats français pour prendre part aux actes du concile, et répondre sur le fait de la pragmatique. Seulement il demandait un délai, sous prétexte que les chemins n'étaient pas libres à cause de la guerre. « Il eût sans doute tenu parole à la paix, dit l'historien de François Ier, si la mort ne l'eût prévenu. »

Son successeur, François Ier, avait reçu la même sommation et avait répondu dans les mêmes termes; il voulait donner satisfaction au saint-siége. Le pape et le roi, avant même l'entrevue de Bologne, étaient d'accord sur la nécessité d'abolir la pragmatique. C'était une affaire trop grave pour être traitée dans le peu de jours qu'ils passèrent ensemble. En se séparant, ils laissèrent, le pape, les cardinaux d'Ancône et de Santi-Quatro ; le roi, le chancelier Duprat, munis de pleins pouvoirs pour terminer les différends qui trop longtemps avaient divisé l'Église et la France.

François Ier prit congé de Sa Sainteté le 15 décembre, emportant avec lui plusieurs grâces spirituelles et temporelles que lui accordait Léon X : la suppression des évêchés de Bourg et de Chambéry, nouveaux siéges élevés au détriment des églises de Lyon et de Grenoble; l'autorisation de lever une décime sur tous les biens de l'Église de France; l'abolition des censures que les prélats français avaient encourues sous Jules II ; le privilége de nommer, sa vie durant, aux évêchés et aux abbayes de la Bretagne, de la Provence et du Milanais. Le pape, en outre, fit présent au prince d'une croix enrichie de pierres précieuses, estimée 15,000 ducats, et contenant un fragment du bois de la vraie croix, « gros comme une noisette, dit la relation. »

Le chancelier Duprat travailla quelque temps, à Bologne, avec les commissaires du pape, à l'œuvre de discipline ecclésiastique qui parut sous le nom de *Concordat*, et fut publiée à Rome le 18 août 1517, avec l'approbation de Sa Sainteté.

Citons quelques-unes des dispositions les plus importantes de ce traité :

Les églises cathédrales et métropolitaines sont dépossédées, par les articles IV et X, du droit d'élection. En cas de vacance, et dans les six mois, le roi nomme un docteur, un licencié en droit ou en théologie, ayant toutes les qualités requises; le pape confirme l'élection.

Même disposition pour les abbayes et les prieurés conventuels.

Dans chaque cathédrale, une prébende sera dévolue à un docteur, ou licencié, ou bachelier en théologie, qui fera preuve de dix ans d'étude dans une université. Ce prébendier, qui recevra le nom de théologal, sera obligé de faire des leçons au moins une fois la semaine, et pourra s'absenter du chœur sans rien perdre des émoluments attachés à la résidence personnelle (art. X).

La troisième partie des bénéfices, quels qu'ils soient, appartiendra désormais à ceux qui auront pris des grades dans l'université (art. XI et XII).

Le concordat détermine le temps des études : dix ans pour les docteurs et licenciés en théologie ; sept ans pour les docteurs et licenciés en droit et en médecine ; cinq ans pour les maîtres et licenciés ès arts ; six ans pour les simples bacheliers en théologie ; cinq ans pour les simples bacheliers en droit (art. XIII, XIV et XV).

On choisira pour la collation d'un bénéfice le gradué le plus ancien ou le plus titré dans la même faculté, ou qui aura pris des degrés dans une faculté supérieure. Le docteur l'emportera sur le simple licencié, le licencié sur le bachelier ; la théologie l'emportera sur le droit, le droit sur la médecine ; et, pour honorer particulièrement les saintes études, les bacheliers en théologie seront préférés aux licenciés des facultés inférieures (art. XVII).

Les cures des villes et des faubourgs ne seront conférées qu'à des gradués ou à ceux qui auront étudié trois ans en théologie ou en droit, ou bien à des maîtres ès arts (art. XX et XXI).

Les clercs concubinaires seront punis par la soustraction de leurs bénéfices, et ensuite par la privation des bénéfices mêmes, et par l'inhabilité aux saints ordres (art. XXIX).

Telle est la substance de ce concordat auquel Léon X attacha son nom ; œuvre de sagesse dont la papauté a droit de se glorifier. Le pape disait, en parlant de la pragmatique, qu'elle abandonnait l'Église de France aux brigues, aux violences, à la simonie. Cette accusation était fondée. « C'est une vérité incontestable que les élections canoniques rétablies par le concile de Bâle n'étaient qu'un mensonge. Dans chaque province, les seigneurs se rendaient maîtres au moins des principales dignités ; ils avaient en quelque sorte des droits à la nomination, comme patrons des églises ou comme descendants des pieux fondateurs. »

On a eu tort de reprocher au concordat d'anéantir nos libertés. « Quelle part, dit ici un juge dont le témoignage ne saurait être suspect, quelle large part les souverains n'avaient-ils pas dans le système électoral? La pragmatique leur laissait la prière et les bons offices. Or les prières et les bons offices d'un roi sont de véritables ordres; et s'il arrivait qu'on refusât d'écouter les unes et les autres, de quels funestes effets pareil refus n'était-il pas suivi!... Si vous jugez l'ancien mode disciplinaire sous le point de vue romain, vous ne sauriez refuser de convenir que la pragmatique laissait au pape le droit de réformer les abus qu'elle pouvait faire naître : quelle source, par conséquent, de discussions, de démêlés, de désordres de tous genres!... Reconnaissons donc que le concordat de Léon X rétablit la paix dans l'Église de France, qu'il a fait plus de bien au royaume que la pragmatique. Ne nous étonnons pas qu'il ait essuyé, dès sa naissance, tant de querelles. Le clergé ne put voir tranquillement qu'on le privât de son plus beau droit, celui d'élire ses pasteurs : il sentit vivement cette perte; il en appela au futur concile. Un changement si subit dans le gouvernement des églises étonnait tous les esprits; le temps seul pouvait les calmer. »

Le temps est venu depuis que M. de Marca écrivait ces lignes si sages ; il a fait taire les plaintes du clergé, les doléances des parlements, les boutades des poëtes, car la poésie elle-même avait entrepris de donner tort à Léon X. Sans doute, c'est une belle et sainte coutume que l'élection des pasteurs par le clergé lui-même dans les temps de foi, de piété, de paix ; mais quand les mœurs se corrompent, que les saintes études sont abandonnées, que les esprits sont agités, alors le scandale s'introduit facilement dans le sanctuaire. Ce n'est pas le plus digne qui souvent est élu, mais le plus riche ; le pauvre qui a de la science et de la vertu se voit préférer l'homme opulent, qui n'a que des trésors souvent mal acquis. Qu'on jette les yeux sur l'Église gallicane, et qu'on nous dise si, depuis le concordat, elle n'a pas gagné en science, en moralité, en vertus et en lumières ! Un moment, il y a de cela un demi-siècle, l'Église gallicane, l'Église concordataire fut mise à de terribles épreuves ; ne triompha-t-elle pas de la prison et de l'échafaud ? A la même époque à peu près, une autre Église, celle d'Allemagne, où l'élection capitulaire avait été conservée, fut tentée par son prince, Joseph II. Comment se tira-t-elle de cette épreuve ? l'histoire le dit assez.

Et ce n'est pas seulement l'indépendance du clergé gallican que Rome préservait des atteintes signalées par tous les bons esprits, mais le prêtre qu'elle arrachait à cette ignorance où trop longtemps il était resté plongé, en exigeant qu'il étudiât trois ans en théologie pour obtenir une cure, dix ans pour gagner le doctorat, six ans pour être simple bachelier. Si ces conditions avaient été remplies par ceux que les chapitres décorèrent du titre d'évêque, nous n'aurions pas vu, à Bâle, le cardinal d'Arles se faire apporter les reliques de la ville pour les mettre sur le siége des évêques absents ; comme s'il n'eût pas dû savoir que J.-C. avait donné aux papes et aux évêques, et non à des châsses de saints, le pouvoir de terminer des questions de foi : c'est la réflexion du docte Berthier ; et sept évêques n'auraient pas consenti à déposer Eugène IV, quand les canons en demandent douze pour déposer un simple évêque, comme Nicolas de Cusa, un des nonces à la diète de Mayence, en 1444, l'observait justement.

Le grand reproche que le clergé gallican, l'université, les parlements, les lettrés, si l'on veut aussi, faisaient à Léon X, c'est que sa bulle détruisait une œuvre disciplinaire depuis longtemps en vigueur dans l'Église de France. En cela ils méconnaissaient évidemment les droits du saint-siége. N'est-il pas des circonstances où une dérogation aux règles communes devient une nécessité? Et qui décidera si ce temps est venu? Le prêtre, qui n'a pas la plénitude du sacerdoce, branche, dit Thomassin, de cet arbre divin dont l'évêque est le tronc? L'évêque, dont la juridiction, bien que divine, ne peut s'exercer que sur la matière assignée par le souverain pontife, qui peut l'étendre ou la diminuer, comme le cardinal de Lorraine le proclamait au concile de Trente? La primauté ayant été donnée à saint Pierre, afin d'ôter toute occasion de schisme, dit saint Jérôme, le pape seul a le droit de faire des lois qui obligent l'Église; mais ces lois, variables de leur nature, ne sauraient le lier au point qu'il ne puisse y déroger pour de justes raisons dont seul il est le juge.

Léon X, après son entrevue avec François Ier, avait quitté Bologne et repris le chemin de Florence. C'était toujours avec une joie nouvelle qu'il revoyait sa ville natale et cette belle église de Santa-Maria del Fiore, où reposaient les restes de tant de néoplatoniciens qu'enfant il avait si tendrement aimés. Là était enterré, sous une dalle obscure, Marsile Ficin, auquel Léon X avait transféré, en 1487, le canonicat qu'il possédait dans cette église. En vain aurait-on cherché du regard la tombe qui enfermait les restes du glorieux réformateur de la philosophie de Platon ; il dormait là comme un homme qui n'eût fait aucun bruit en ce monde, quand Florence, sur l'observation du pape, songea à réparer son oubli et son ingratitude. Quelques années plus tard, Marsile avait son monument funèbre dans une église où tant de gloires sont ensevelies. Léon X avait à payer une dette d'enfance à ce sanctuaire de sciences et de vertus. Il voulut que les chanoines eussent désormais le rang de protonotaires du saint-siége, et le droit d'en porter l'habit dans les cérémonies publiques.

Au moment où le pape entrait à Florence, les successeurs de Philippe Giunta, le grand imprimeur, préparaient une édition des œuvres de Jérôme Benivieni. Le chanoine de Santa-Maria del Fiore, après avoir favorisé le platonisme et chanté les miracles opérés par l'intercession du frère dominicain Savonarole, dont il s'était montré le fanatique admirateur, devait terminer sa triple vie de philosophe, de poëte et d'artiste, par des Laudes à Marie, qui l'inspira plus heureusement que le frère de Saint-Marc. Ce retour à la vérité catholique par l'intercession de la Vierge est un phénomène qui se reproduit souvent dans la vie des néoplatoniciens de Florence. Nous l'avons déjà signalé en parlant de Politien.

De retour à Rome, Léon X reçut des plaintes des habitants de Sienne contre Borghèse Petrucci, gouverneur de la ville : on l'accusait d'incapacité, de malversation, d'orgueil, de lâcheté. Borghèse servait mal les intérêts de l'Église ; on l'avait vu tout récemment, quand le saint-siège avait besoin d'une coopération active, déserter son poste et s'enfuir. Il fallait à Léon X une âme dévouée. Raphaël Petrucci, évêque de Grosseto et commandant du château Saint-Ange, était un homme capable, déterminé, et qui ne manquait pas de courage ; il avait donné à Léon X des gages d'une constance à toute épreuve et d'un véritable dévoûment. Léon X lui confia le gouvernement de Sienne. Petrucci se mit en marche avec deux cents lances et deux mille hommes d'infanterie. Borghèse comptait sur quelques-uns de ses partisans, mais il fut abandonné dans le danger ; il n'osa le braver, et, la nuit, s'enfuit vers Naples, laissant la ville ouverte à Raphaël Petrucci, qui s'en empara sans coup férir. L'évêque de Grosseto, au lieu de l'amitié qu'il lui eût été si facile d'obtenir, ne gagna que la haine des habitants : malheureusement cette haine était méritée.

A peine arrivé à Rome, le pape reçut d'heureuses nouvelles de Florence : son frère Julien se rétablissait de jour en jour ; les médecins n'avaient plus aucune crainte. Ce n'était pas la première fois que la science s'était flattée de triompher du mal. L'année précédente, Léon, qui croyait à un retour à la santé, écrivait à Julien :

« Vous savez bien que je n'ai rien au monde de plus cher que vous. Je vous en conjure donc, laissez là les affaires, et ne songez qu'à vous rétablir, et pour vous et pour moi. Persuadez-vous bien que je veille sur vos intérêts comme si vous étiez près de moi, toujours à mes côtés. Mon bon, mon tendre frère, si vous m'aimez, si vous croyez que je vous aime, courage ; ne pensez qu'à une seule chose, à votre guérison. »

Les douces espérances dont Vespuccio avait si souvent flatté Léon X s'évanouirent bien vite. Les médecins reparurent près du lit du malade, silencieux et mornes : leur art était désormais impuissant ; Julien ne pouvait être sauvé que par un miracle. Après de longues souffrances supportées avec un courage tout chrétien, Julien mourut, le 17 mars 1516, dans l'abbaye de Fiesole, n'ayant joui qu'un instant du bonheur que lui avait fait son frère bien-aimé, et emportant les regrets de Florence, qui pleura, à la mort de son premier magistrat, l'administrateur intègre, l'ami du peuple, le chrétien doux de cœur, le patriote passionné pour la gloire de son pays, le protecteur des lettres et des arts.

Sa vie avait été traversée par des souffrances et des chagrins de toutes sortes. Pour les adoucir, Dieu lui avait donné, comme à son père, un inépuisable trésor de philosophie. Quand la douleur était trop vive, il avait, après la religion, les Muses pour la calmer. Il chantait dans l'infortune, tout comme avait fait Pierre. Crescimbeni dit qu'il ne se laissa pas gâter par le mauvais goût du siècle, c'est-à-dire par le naturalisme païen. L'Arioste a célébré dans de beaux vers les vertus de Julien ; Bembo l'a placé comme interlocuteur dans ses Asolani, et Michel-Ange a voulu travailler au tombeau qu'on lui fit élever dans la sacristie de Saint-Laurent.

CHAPITRE XXVI.

EXPÉDITION DE MAXIMILIEN. — GUERRE D'URBIN. — 1516.

Schinner rallume les haines contre la France. — L'empereur Maximilien prépare une nouvelle expédition en faveur du duc de Milan. — Il est sur le point de prendre la ville, quand les Suisses se révoltent dans son camp. — Maximilien s'enfuit. — Belle conduite de Léon X lors de la prise d'armes de l'empereur. — Ses lettres à Schinner et à l'évêque Ennio. — Le pape garde fidèlement sa parole. — Révolte du duc d'Urbin. — Griefs du saint-siége contre ce prince. — Le pape lui fait la guerre et le dépouille de sa principauté. — Heureuses influences pour l'Italie de la conquête d'Urbin.

François Ier, après avoir licencié son armée, à l'exception de sept cents lances, de six mille lansquenets et de quatre mille Gascons et Biscayens, était parti pour la France, laissant le gouvernement du Milanais au connétable de Bourbon.

Schinner ne se décourageait pas : les revers, loin de l'abattre, le grandissaient. Après la funeste journée de Marignan, il avait quitté Milan, traversé les gorges du Tyrol et gagné la ville d'Inspruck, emmenant avec lui François Sforce. C'était le frère puîné du duc Maximilien qui venait de s'enfermer dans le château de Milan, son dernier asile, son dernier patrimoine, et qu'il avait si mal défendu. Si le sort livrait le malheureux Maximilien au vainqueur, François restait pour soutenir la querelle et sauver les droits de sa maison. Schinner avait assisté à une restauration qui semblait beaucoup plus difficile que celle des Sforce : les Médicis n'étaient-ils pas rentrés à Florence après vingt ans d'exil? C'était dans les mains de l'empereur d'Allemagne un puissant auxiliaire que cet enfant conduit au camp impérial par l'évêque de Sion. Ferdinand le Catholique venait de mourir. Ce prince, auquel il est impossible de refuser quelques-unes des qualités qui font les grands rois, peu de temps avant sa mort avait fait passer à Maximilien cent vingt mille florins pour l'aider à troubler la victoire des Français en Italie, pendant que Henri VIII, excité par Schinner, ému par les plaintes de François Sforce, envoyait dans le même but des subsides à l'empereur. Schinner, sous le titre de Philippique, avait imprimé depuis quelque temps à Londres un pamphlet où, tantôt s'inspirant de Démosthènes, et tantôt d'Aristophane, il disait au monarque de la Grande Bretagne : « Il ne s'agit pas de couper, mais d'arracher les ongles à ces coqs (les Français). » Henri VIII se laissait entraîner. Maximilien sembla secouer alors cette indolence que lui reprochent ses contemporains, et recouvrer l'ardeur qu'il montrait dans son jeune âge, quand, grimpé sur les rochers, il apercevait de loin le chamois que le brouillard de la montagne cachait à tous les regards, et qu'en véritable chasseur il marchait sur les pics comme sur un sol uni. Il comptait que Henri VIII ferait une irruption sur les côtes de France, comme il l'avait promis, tandis que les Impériaux attaqueraient le Milanais : le roi d'Angleterre faillit à sa parole.

Mais, grâce aux subsides de ses deux alliés, et peut-être plus encore à l'assistance du cardinal, l'empereur eut assez vite levé une belle armée ; elle était forte de cinq mille chevaux fournis par ses Etats héréditaires, de dix mille fantassins espagnols et italiens, et de quinze mille Suisses recrutés dans les cantons qui n'avaient pas voulu faire leur paix avec la France.

C'est à la tête de ces troupes que Maximilien, au printemps de 1516, entra par Trente en Italie. Maximilien eut tort de ne pas suivre les conseils de Schinner : cette soutane rouge en savait plus que le meilleur général de l'armée impériale. Le cardinal voulait que, sans s'arrêter en chemin, le prince marchât au pas de course sur Milan, dont il se serait infailliblement emparé, grâce à l'épouvante que cette apparition subite aurait jetée dans les esprits. L'empereur, en route, avait trouvé un petit château, Asola, qui voulut lui barrer le chemin. Le provéditeur Contarini, qui le défendait, répondit en homme de cœur à la sommation du prince, c'est-à-dire par le canon. Maximilien, pour châtier l'insolence du commandant vénitien, assiégea le château, mais inutilement : après quelques attaques infructueuses, il prit le parti de marcher sur Milan, poursuivant l'épée dans les reins Odet de Foix, seigneur de Lautrec, qui avait tenté avec quelques cavaliers de disputer le passage de l'Adda aux Impériaux.

L'épouvante était dans Milan, qui se crut un moment perdu. Heureusement le vainqueur allait lentement ; il s'amusait en chemin, et laissait ainsi le temps au connétable de Bourbon de mettre la ville en état de défense. Le capitaine bernois de Stein, ennemi du cardinal de Sion, arriva sur ces entrefaites avec six mille Suisses, et Milan passa bien vite du désespoir à la confiance. Mais sa joie fut de courte durée ; car, au moment d'en venir aux mains avec les Impériaux qui bloquaient la ville, les Suisses refusèrent de combattre, et partirent l'arme au bras, licenciés par le connétable, qui leur avait fait promettre de ne pas se battre contre les Français.

A la nouvelle de cette défection, Maximilien se crut maître de Milan, et fit sommer les habitants de lui ouvrir leurs portes dans trois jours, les menaçant, en cas de refus, de détruire la ville de fond en comble, et sur les ruines de semer du sel, ainsi que l'avait fait autrefois Frédéric Barberousse.

Le gouverneur ne se laissa point intimider, et le blocus de Milan devint plus rigoureux. Cependant les Suisses à la solde de Maximilien étaient mal payés et murmuraient hautement. Des murmures ils en vinrent aux menaces, et leur colonel Stapffer, un matin, alla trouver au lit l'empereur, réclamant avec une insolence soldatesque l'arriéré de la solde qui leur était dû. En cas de refus, il déclarait qu'il irait avec ses gens rejoindre le connétable. L'empereur eut recours aux prières et à la colère; mais le colonel fut inflexible : pour l'apaiser, il lui promit d'aller au quartier des Suisses, le soir, avec le cardinal de Sion.

Maximilien n'attend pas la nuit, et se hâte de remettre à Schinner seize mille écus, à compte d'une somme beaucoup plus forte qu'il va se procurer; puis il monte à cheval et part, avec une escorte de deux cents cavaliers, pour Trente, sans rien dire à son armée, qui se débande, lève le siége de Milan, et pille Lodi et Saint-Angelo, pour se payer de ce que leur devait l'empereur.

Quelques historiens cherchent à expliquer la fuite de Maximilien par l'apparition des ombres de Charles duc de Bourgogne et de Léopold d'Autriche, qui, la nuit, auraient réveillé l'empereur de son sommeil, pour l'avertir de se défier des Suisses.

Cette prise d'armes, tentée courageusement, on ne saurait en disconvenir, aurait demandé, pour réussir, une vigueur d'action dont Maximilien, malgré ses talents militaires, était incapable en ce moment. On a prétendu que le pape avait sourdement excité ce prince à descendre en Italie. L'histoire doit la vérité aux vivants comme aux morts. Le pape remplit toutes les conditions du traité qu'il avait conclu quelques mois auparavant avec François Ier. En cas d'attaque du Milanais, il avait offert à son allié cinq cents hommes d'armes et un corps de trois mille Suisses. Requis d'exécuter le traité, Léon X répondit qu'il n'était pas en état de fournir le contingent stipulé; mais, en compensation, il promit l'assistance d'un corps de troupes florentines qui se mit en marche pour Bologne, où il arriva quand l'empereur était en pleine déroute.

Il fit plus encore : au moment où les montagnards s'ébranlaient pour porter secours à l'Eglise, qui n'avait même pas besoin de les appeler à elle, Léon X écrivit à l'évêque de Sion une lettre que nous voudrions ne pas avoir trouvée dans le recueil de Bembo. A Dieu ne plaise que nous blâmions le pontife du respect qu'il montre pour la foi jurée, de ses généreux efforts pour conserver la paix, de son inébranlable obstination à garder un traité qu'il a signé, quelque dur qu'il soit pour la papauté; mais il nous semble qu'un serviteur comme Schinner a droit à de grands ménagements. Ce n'est pas assez de lui dire : « Aussitôt que vous aurez reçu ma lettre, renoncez à votre entreprise; demeurez tranquille, et ne cherchez pas à troubler la paix de vos montagnes; » le pape ajoute : « Il n'est rien qu'un homme sage et prudent doive plus éviter que de jeter le trouble dans une république où la paix va régner, et de pousser à la révolte un pays qui l'a vu naître; c'est mal servir les intérêts de la république chrétienne. » Un soldat tel que Schinner, qui s'estimerait heureux de mourir en défendant l'Eglise, si nous supposons qu'il ait failli par trop de zèle, méritait d'autres paroles que celles que lui adresse Léon X. Ne craignez rien pour Schinner : si le soldat a pu se sentir blessé jusqu'au cœur, le prêtre est là pour verser du vin sur la plaie. L'évêque se tait, obéit, jette son cor d'Uri, dit adieu à ses montagnards jusqu'à ce que le moment arrive, et il viendra, où Léon X aura besoin du guerrier. Schinner, dans son repos studieux à Rome, n'aura point oublié son ancien métier. Nous le reverrons, les yeux inondés de larmes, chanter comme le Siméon de nos livres saints : « Mon âme, loue le Seigneur. » C'est qu'avant de mourir il aura vu Parme et Plaisance rentrer dans le domaine de l'Eglise.

Nous avons lu dans Roscoë : « A cette époque, Léon X envoyait Ennio, évêque de Veruli, en qualité de légat près des cantons helvétiques, pour les engager à fournir des troupes aux ennemis de François Ier, qui ne l'ignorait pas. » Ainsi se vérifie ce mot profond du comte de Maistre : « Depuis trois siècles, l'histoire semble n'être qu'une grande conspiration contre la vérité. »

Or, sait-on ce que Léon X écrivait à Ennio? « Comme je vous l'ai dit aussitôt après mon traité de bonne amitié signé avec François Ier, prenez bien garde, dans vos relations avec les Suisses, d'offenser directement ou indirectement Sa Majesté; je m'en rapporte à votre prudence. Vous savez qu'à la cour de ce prince on n'est pas entièrement revenu sur votre compte; il est donc bien important pour vous de ne prendre aucune part à ces diètes qu'on annonce en Suisse; tenez-vous à l'écart, et montrez ainsi que vous n'avez pas même la pensée de rien faire qui puisse déplaire au roi de France. »

N'oublions pas que cette lettre fut écrite quelque temps avant l'expédition de Maximilien. Voilà, ce nous semble, un pape bien lavé du reproche de parjure. Qu'on écrive demain une nouvelle histoire de France, nous sommes sûrs d'y lire un chapitre qui aura pour titre : *Léon X fausse ses serments et trahit François Ier*.

Lors de l'invasion du Milanais, le pape, justement alarmé,

dut compter, pour arrêter les Français, sur l'assistance du duc d'Urbin, qu'il avait sommé de venir, comme feudataire du saint-siége, se rallier sous l'étendard de l'Eglise. François de la Rovère obéit, mais mollement.

Quand les deux monarques se rencontrèrent à Bologne, François Ier essaya d'intervenir en faveur du duc d'Urbin; mais la faute du feudataire avait eu de si funestes conséquences pour les confédérés, que le pape dut demeurer inflexible. Il invoquait la parole que le roi avait donnée de ne prendre sous sa protection aucun sujet du saint-siége apostolique. Ce n'était pas la première fois que le duc d'Urbin encourait le blâme de son souverain. Sous Jules II, il s'était montré partisan des Français; et, chargé par le pape du rétablissement des Médicis à Florence, il avait refusé formellement de s'associer aux projets du pontife. Après la bataille de Ravenne, on l'avait vu s'acharner à la poursuite des troupes pontificales; enfin, en pleine rue, il avait frappé d'un coup de stylet le cardinal de Pavie, François des Alidosi, assassinat dont il avait obtenu l'absolution, grâce à l'intervention du cardinal de Médicis.

Tels étaient les griefs du saint-siége contre le duc d'Urbin. Le souverain avait le droit de punir le vassal. Léon X, dans un monitoire où sont rappelées les plaintes de Rome contre le sujet désobéissant, le somma de comparaître devant le consistoire dans le terme de quelques semaines. Au lieu d'obéir, le duc eut recours à l'intervention de la duchesse Elisabeth, veuve du duc Guidubald, et dont Bembo a célébré les belles qualités. La duchesse eut plusieurs audiences du pape; mais ses prières furent inutiles. Pendant qu'elle implorait le pardon du coupable, que faisait le duc d'Urbin? Au lieu de se soumettre, il jetait dans la citadelle de Pesaro une garnison de trois mille hommes dont le commandement était confié à un officier d'une fidélité et d'un courage à toute épreuve. Si le prince se fût présenté volontairement à Rome, il aurait été pardonné sans doute. Au sujet qui persistait dans sa révolte Léon X devait un châtiment exemplaire : il l'excommunia, le déclara rebelle, et le priva de ses titres et dignités. En même temps, les troupes pontificales, sous la conduite de Laurent de Médicis, envahissaient les Etats du duc d'Urbin, s'emparaient de sa capitale, puis de ses places fortes, presque sans coup férir, et en donnaient l'investiture au commandant de l'expédition. Cet acte de vigueur et de justice, trop rigoureux peut-être, reçut l'approbation en plein consistoire des membres du sacré collége. Un seul d'entre eux, Grimani, évêque d'Urbin, refusa de signer une sentence qui privait de ses Etats un prince dont la cour avait toujours été ouverte aux proscrits. Il reprochait à Léon X d'oublier l'hospitalité que l'ancien duc Guidubald avait autrefois si généreusement exercée envers Julien de Médicis.

François de la Rovère supporta courageusement l'exil ; il avait à ses côtés une femme bien capable d'en adoucir les rigueurs, la fille d'Isabelle de Gonzague, qui rappelait au monde toutes les vertus dont sa mère était ornée.

Les temps changèrent; Laurent de Médicis, que les Urbinates avaient accueilli comme on accueille un prince nouveau, par amour du changement, s'en dégoûtèrent bien vite. François de la Rovère, qui ne tarda pas à connaître les dispositions des habitants, rêva la conquête d'Urbin. A cette époque, tout projet aventureux a des chances de fortune ; dès qu'il est connu, on est sûr de voir accourir une foule de soldats mercenaires que le repos fatigue, et qui troqueraient une année de vie contre quelques heures de pillage.

Au premier appel, le duc vit arriver 3,000 Italiens, 1,500 cavaliers, et un chef expérimenté, Frédéric de Gonzague, seigneur de Bozzolo, ennemi juré de Laurent de Médicis. La marche de François de la Rovère fut une suite de triomphes. Il passa le Savio, sous les murs de Césène, sans que Laurent essayât de l'arrêter. Urbin n'était gardé que par une faible garnison qui se rendit à la première sommation. Rosseto, le gouverneur, avait trahi.

Alors ce peuple qui avait fait éclater sa joie lors de l'occupation de la ville par les troupes du pape s'arme pour les chasser, et se met à pousser des *vivat* à la vue de son ancien maître. Il ne lui suffit pas d'insulter au vaincu, il veut l'humilier, et il frappe une médaille où d'un côté on voit la figure du pape régnant, avec l'exergue : *Leo, Pont. Max. An. IIII;* et de l'autre, un ballon gonflé d'air, avec la devise de Sa Sainteté : *Vi et virtute.*

Ce fut un revers et une leçon pour Léon X., que la capitulation d'Urbin. Le pape perdait un duché important, et il apprenait à ses dépens combien peu il devait compter sur le connétable de Bourbon, dont le lieutenant Lautrec avait autorisé Frédéric de Gonzague à s'enrôler sous les ordres de la Rovère. Le pape, justement alarmé, requit l'assistance des princes chrétiens contre un sujet rebelle qui trouvait un appui jusque dans le camp des alliés du saint-siége. Roscoë a raison de dire que les plaintes d'un souverain tel que Léon X ne pouvaient être dédaignées par les monarques étrangers. Si la paix régnait en Europe, on le devait certainement aux efforts du pontife : et d'ailleurs le pape, comme le remarque Voltaire, c'était l'opinion gouvernant le monde chrétien.

Chaque fois que la papauté craint quelque danger, c'est vers l'Angleterre qu'elle tourne les regards ; c'est de cette fille bien-aimée qu'elle attend, après Dieu, l'assistance la plus efficace. Entre le pape et le roi qui régnait alors sur la Grande-Bretagne il existait un perpétuel échange de témoignages de dévoûment. Léon X demande à Henri VIII la liberté de Polydore Virgile, et l'humaniste sort aussitôt de prison. Henri VIII recommande à Sa Sainteté Richard Névyl, qui ne tarde pas à obtenir le titre sollicité par son royal protecteur. Au premier bruit de la conquête d'Urbin par François de la Rovère, le pape écrivit à Henri VIII pour lui demander de prompts secours. Ce prince intervint sur-le-champ, par le ministère de ses ambassadeurs, auprès de ses alliés, qui eurent égard aux représentations du monarque. Le roi d'Espagne donna l'ordre au comte de Potenza de se mettre en marche à la tête de quelques milliers de soldats pour renforcer l'armée pontificale, et François Ier envoya de son côté trois cents lances à Sa Sainteté, et promit de la secourir envers et contre tout feudataire révolté. Il est vrai qu'il mit plus tard un bien haut prix à cette intervention armée : il exigea en échange la restitution de Modène et de Reggio au duc de Ferrare, et avec tant d'insistance, qu'il finit par l'obtenir.

Cependant le pape travaillait à former une armée assez puissante pour réduire le sujet révolté; elle se trouva forte bientôt de dix mille hommes d'armes, de quinze cents chevau-légers et de quinze mille fantassins. Le commandement en fut confié d'abord à Laurent de Médicis. Les deux armées se rencontrèrent, et les hostilités commencèrent au mois d'avril. Le château de S.-Costanza fut emporté par les troupes papales, qui vinrent camper sous les murs de Mondolfo, où Laurent reçut à la tête un coup de feu qui le mit hors de combat.

Il fut remplacé par le cardinal Bibbiena, qui arriva fort heureusement pour rétablir la discipline, que l'éloignement de Laurent avait gravement compromise. Si la Rovère eût surpris l'ennemi dans cette occasion, il en aurait eu bon marché ; mais il crut détourner le danger qui menaçait Urbin en faisant tuer au milieu de son camp, à coups de pique, quatre officiers qu'il accusait de vouloir le livrer aux

Médicis. Après cette odieuse exécution, il se jeta sur les terres de la Toscane, laissant ainsi ses États exposés aux ravages de l'ennemi. Bientôt il fut forcé de rebrousser chemin et de marcher sur Urbin. Il était trop tard; ce n'était plus seulement aux troupes pontificales qu'il avait affaire, mais aux rois d'Espagne et de France, qui n'étaient pas sans crainte sur leurs possessions en Italie. L'ordre fut donné aux troupes des deux nations de quitter l'armée de la Rovère et de regagner leurs garnisons. Le malheureux duc, ainsi abandonné, fut obligé de souscrire aux conditions que lui dicta son vainqueur. La plus dure de toutes fut l'abandon de ses domaines.

Le pape leva la sentence d'excommunication prononcée contre le duc et ses adhérents, défendit de rechercher aucun de ceux qui avaient aidé le prince dans sa révolte, laissa la jouissance de tous leurs biens à la duchesse sa femme et à la duchesse douairière, et permit enfin au vaincu d'emporter avec lui ses armes, ses effets mobiliers, et la belle bibliothèque formée par Frédéric son aïeul.

Ce fut un coup de fortune pour l'Italie que la conquête d'Urbin par les armes de Sa Sainteté. Désormais, tant que la papauté posséderait le duché, l'Italie n'avait plus à craindre d'être envahie par l'étranger. Si, comme autrefois sous Charles VIII, il voulait la traverser pour s'emparer de Naples, elle avait dans les places fortes de S.-Costanza, Mondolfo, Pesaro, Sinigaglia, San-Leo, Majuolo, autant de forteresses pour arrêter l'ennemi ou l'inquiéter dans sa retraite. Ce qui manquait à ce malheureux pays, c'était l'unité, dont la papauté seule, à partir de Jules II, comprit toute l'importance. Avec ses vingt ou trente maîtres, elle ne pouvait avoir de volonté; réunis au moment du danger dans une commune pensée de salut, tous ces souverains se détachaient un à un, à la première occasion, de la commune alliance, et l'indépendance nationale périssait faute d'un chef suprême. Avec Rome telle que l'a rêvée Jules II, telle que la veut Léon X, l'Italie n'a plus à trembler pour ses libertés. En cas d'invasion, elle vient s'abriter derrière la papauté, qui, pour défendre la nationalité menacée, a pour armes l'épée et la croix. On accuse d'ambition l'un et l'autre de ces pontifes; qu'importe, si l'œuvre à laquelle ils travaillaient était dans les intérêts du pays? Mieux valait un pape qu'un roi, même de France, parce que le pape est le chef naturel de la famille italienne; que la France en Italie, c'est une nation dans une nation. Un écrivain dont l'opinion n'est pas suspecte, M. Libri, avoue que l'asservissement de l'Italie devenait inévitable le jour où François Ier et Charles-Quint l'auraient choisie pour champ de bataille. Comment alors reprocher à la papauté ses généreux efforts pour en chasser l'étranger?

L'attention si puissamment excitée à Rome par la guerre d'Urbin fut un moment distraite par un complot auquel le pape échappa miraculeusement.

CHAPITRE XXVII.

CONSPIRATION DES CARDINAUX. — 1516-1517.

Alphonse Petrucci conspire contre Léon X, et pour quel motif. — Il met dans ses intérêts un chirurgien nommé Vercelli. — Les projets de Petrucci sont connus; appelé à Rome, il est pris et arrêté au château Saint-Ange. — L'instruction commence. — Complices de Petrucci : Raphaël Riario, Adrien de Corneto, Soderini, de Sauli. — Petrucci et Vercelli sont condamnés à mort et exécutés. — Adrien de Corneto, Soderini, Sauli et Riario obtiennent leur pardon.

« Le scandale a ses hontes, ses influences salutaires et ses résultats fâcheux ; c'est le coup de vent qui entraîne la branche morte et durcit la branche vivace. »

Il n'y a pas longtemps que nous entendions ces belles paroles, dont un professeur éloquent nous développait le mystère, dans une de ses leçons sur le sommeil de Jésus dans la barque de Pierre, au Xe siècle. Nous aurions pu les choisir pour épigraphe à ce chapitre, car nous avons à raconter un douloureux scandale; un coup de vent aussi, qui entraînera une branche morte, mais qui durcira la branche vivace. Dans le sacré collége nous allons trouver des homicides ; mais parmi les douze apôtres ne se trouva-t-il pas un traître qui vendit le sang du juste ?

Alphonse Petrucci, frère de Borghèse, chassé de Sienne, était un des jeunes cardinaux qui avaient contribué puissamment à l'élévation de Léon X au trône pontifical. Il descendait de la noble famille de cet Altomonte que le peuple, au Xe siècle, avait élu gouverneur de la ville. Pierre, le premier qui fut investi de cette magistrature, véritable souveraineté, était une espèce de nain qu'on désignait sous le nom de Petruccio (le petit Pierre), sobriquet que garda sa postérité; car ce nain, au témoignage de tous les historiens, dans un corps exigu enfermait une âme d'un courage tout viril.

Alphonse croyait hériter du gouvernement de Sienne. Il ne cacha pas sa colère quand il apprit que Léon X l'avait donné à Raphaël Petrucci, évêque de Grosseto. Le cardinal aimait l'or : la confiscation des biens de Borghèse fut une mesure qu'il ne put pardonner à Sa Sainteté, quand il se rappelait surtout les services que sa maison avait rendus pendant des siècles à celle des Médicis. Vaniteux, emporté, d'une extrême intempérance de paroles, il disait, à toute oreille qui voulait l'écouter, ses griefs contre Sa Sainteté, dont il n'épargnait pas plus le caractère que la personne. Il parlait tout haut d'assassiner le pape. Un moment, il eut le projet de le frapper d'un poignard, mais la vue de sa robe rouge de cardinal l'arrêta, ou peut-être, s'il faut en croire un historien contemporain, la peur de ne pas réussir.

Nous avons dit ailleurs qu'avec le cardinal Jean était entré au conclave un chirurgien, Jacques de Brescia, dont le scalpel avait été plus d'une fois nécessaire au prélat. Devenu pape, Léon X, pour témoigner sa reconnaissance à l'habile opérateur, lui donna 1,000 ducats d'or, dont il acheta, à l'angle des rues Sixtine et Alexandrine, un petit terrain, où nous avons vu qu'il fit bâtir une jolie maison. Jacques, au moment où nous parlons, était absent de Rome.

A Rome était un chirurgien d'une habileté consommée, nommé Baptiste Vercelli, à qui Petrucci s'adressa pour confier son homicide projet : le poison devait remplacer le poignard; un poison liquide qui, distillé adroitement sur les plaies du pontife, devait inévitablement le tuer. Par bonheur, le pape répugna à montrer à un autre qu'à son chirurgien habituel une infirmité qui pouvait le faire souffrir, mais qui n'avait rien de bien menaçant pour sa santé. Cette pudeur le sauva. Vercelli avait écouté l'horrible proposition du cardinal, et il avait en toxicologie une science telle, qu'il eût répondu de tuer en peu d'heures, à la manière de Locuste, l'auguste malade. Ce fut en vain que, pour décider Sa Sainteté, le camérier Jules le Blanc joignit ses prières à celles des cardinaux, Léon X fut inébranlable. Petrucci ne se décourageait pas : il réussit à présenter le chirurgien à Sa Sainteté. Vercelli n'était pas seulement un habile praticien, il passait à Rome pour un esprit délié ; toutes ses ruses expirèrent devant la répugnance obstinée du pontife.

Le cardinal, cependant, imprudent comme un enfant, se croyait sûr du succès, comptait les jours de son prince, en assignait le terme, et laissait échapper d'imprudentes paroles qu'à Florence on commençait à recueillir. Il avait besoin d'un complice, qu'il trouva dans Ninio, son secrétaire. Ninio devait, si Vercelli manquait de cœur, exciter l'empoisonneur par l'appât de grandes récompenses. A Rome, cependant, les hommes ne furent pas plus discrets que les murs ; ils parlèrent. Quelques-unes des lettres de Petrucci furent interceptées. Léon X averti ne put plus douter du complot.

Ninio, secrétaire du cardinal, est arrêté et mis à la question. On lui présente les lettres et l'alphabet en chiffres d'Alphonse : le malheureux, atterré, confesse la vérité.

Maintenant il s'agissait de s'emparer des coupables.

Vercelli était en ce moment à Florence, où il avait été subitement appelé pour traiter Goro de Pistoie, attaqué du mal napolitain. De peur qu'il ne quitte la ville, on l'amuse par de belles promesses d'argent, car il était avare. On veille sur lui du reste, il n'échappera pas.

Alphonse est mandé à Rome. La lettre qu'il reçoit au nom du pontife est conçue de façon à ne laisser dans l'esprit du cardinal aucun soupçon. On veut le consulter sur des affaires de famille, le rétablir peut-être dans son état primitif de fortune, lui rendre des biens confisqués. Qu'a-t-il à craindre? il ne partira que muni d'un sauf-conduit. En vain quelques amis d'Alphonse lui donnent le sage conseil de se tenir sur ses gardes : il méprise ces avis, et se met en route pour Rome. A peine a-t-il mis le pied dans le palais pontifical, qu'il est arrêté et conduit, avec le cardinal de Sauli, au château Saint-Ange. L'ambassadeur d'Espagne, qui avait engagé sa parole et répondu de Petrucci, réclame en vain contre cette insulte au roi d'Espagne dans la personne de son ambassadeur. On lui répond qu'un empoisonneur est hors du droit des gens ; que l'empoisonnement est un crime en horreur à Dieu et aux hommes.

Vercelli, arrêté à Florence, fut conduit à Rome sous bonne escorte. La procédure commença. Léon X avait fait choix, pour suivre l'affaire, de cardinaux renommés par leur haute sagesse : Remolini, Accolti et Farnèse. Mario Perusco, en qualité de procureur fiscal, fut chargé de l'interrogatoire des prévenus.

Le cardinal Alphonse fut mis à la question ; il se conduisit en lâche, et dénonça tous ses complices. Il avoua son crime, et confessa que son dessein était de délivrer Rome d'un tyran, et de donner la tiare au vieux cardinal Riario. Il désigna comme ayant trempé dans le complot les cardinaux Riario, François Soderini, Adrien Corneto et Bandinello de Sauli. On peut juger facilement de l'anxiété douloureuse de Sa Sainteté.

Raphaël Riario, qui était entré dans la conspiration des Pazzi contre les Médicis, était une créature de Sixte IV, qui l'avait nommé cardinal du titre de Saint-Georges. Il était riche et généreux. Pâris de Grassi lui donne de la prudence, du cœur, de l'élévation dans l'esprit.

Paul Jove ajoute que la maison de Riario était magnifique, sa table splendide et sa suite nombreuse ; il s'était cru un moment, au dernier conclave, sûr de la tiare. Quand il vit qu'on avait élu un homme jeune encore, il ne put dissimuler sa mauvaise humeur.

Soderini, cardinal de Volterre, frère du gonfalonier, passait pour un humaniste habile. On lui reprochait du penchant à l'avarice, une humeur inconstante, un naturel dissimulé, une âme vénale.

Adrien de Corneto, cardinal du titre de Saint-Chrysogone, cultivait les lettres, et avec succès ; c'était, au dire de Bâcon, un homme d'une vaste érudition, d'une prudence consommée dans les affaires, fin et délié, mais entaché de superstition. Un astrologue avait prédit qu'à Léon X succéderait un cardinal de basse extraction, né dans une ville obscure, arrivé aux honneurs par son seul mérite, et d'une vaste science. Adrien s'appliquait la prophétie : il était né à Corneto, petite ville de Toscane; ses parents étaient presque réduits à l'indigence; il avait réussi dans ses études, et, sans brigue ni intrigue, s'était vu décoré de la pourpre romaine. L'astrologue avait dit jusqu'au nom du pape futur, qui s'appellerait Adrien. Le Flamand Adrien remplissait toutes les conditions indiquées par le devin : c'est lui qui devait succéder à Léon X. Quelques historiens révoquent en doute la culpabilité d'Adrien de Corneto, qui aurait été victime d'une noire calomnie.

De Sauli, comme Adrien, avait consulté les astrologues, qui lui avaient promis la tiare. C'était un des cardinaux qui s'étaient montrés les plus zélés pour servir les intérêts du cardinal Jean. Devenu pape, Médicis n'oublia pas de Sauli, qu'il admit dans son intimité : c'étaient d'autres faveurs qu'ambitionnait le prélat. Quand il vit que Jules de Médicis avait obtenu l'évêché de Marseille, sur lequel il comptait, il se répandit en reproches contre Léon X ; il disait qu'il n'oublierait jamais une semblable injustice.

Lorsque le pape eut en main tous les fils de la conspiration, il résolut de tenir un consistoire et de révéler aux membres du sacré collége l'attentat auquel la Providence l'avait si miraculeusement arraché.

Le 22 mai 1517, tout était prêt, grâce aux soins de Pâris de Grassi, qui ne se doutait de rien. Les cardinaux arrivaient un à un, et prenaient place à leur siége ordinaire. Le pape fit appeler le cardinal d'Ancône, avec lequel il s'entretint plus d'une heure. Le maître des cérémonies, étonné d'une si longue entrevue, se baissa, regarda par la serrure, et aperçut dans la chambre de Sa Sainteté le capitaine du palais et deux gardes armés. En ce moment, entrèrent au consistoire le cardinal de Saint-Georges et le cardinal de Farnèse. Depuis quelques jours, on parlait d'une promotion nouvelle de cardinaux ; Pâris crut qu'ils venaient conférer à ce sujet avec Sa Sainteté. Mais à peine Riario a-t-il mis le pied dans l'appartement pontifical, que Léon X en sort précipitamment, ferme la porte, et ordonne brusquement au maître des cérémonies de faire évacuer le consistoire ; Pâris obéit. Il avait deviné que le cardinal de Saint-Georges était arrêté ; mais de quel méfait s'était-il rendu coupable ? Le pape lui apprit que les deux cardinaux Petrucci et de Sauli avaient fait des aveux qui compromettaient le cardinal de Saint-Georges. « Nous ne pouvions comprendre, dit Pâris de Grassi, que Riario, dont nous connaissions la sagesse, eût trempé dans un semblable complot, et que, s'il était coupable, il n'eût pas pris la fuite. » C'est sous l'empire de ce doute que les prélats présents obtinrent que le cardinal ne fût pas transféré au château Saint-Ange, qu'il gardât les arrêts au palais, et plus tard qu'il fût pardonné.

Tout n'était pas fini, d'autres coupables restaient à découvrir. Le 3 juin, le pape convoqua un second consistoire où, après avoir rappelé les bienfaits insignes dont il avait comblé les cardinaux, il se plaignit de la noire ingratitude de ces princes de l'Eglise. Alors, élevant la voix, il dit : — Il y a ici deux cardinaux félons. Il ajouta, en se découvrant : — Au nom de cette image du Christ, je leur promets le pardon s'ils veulent avouer leur crime ; et du regard il désignait Adrien et Soderini, mais les coupables gardaient le silence. Accolti et de Farnèse, pour mettre un terme à cette angoisse où les assistants étaient plongés, demandèrent que chaque cardinal interrogé confessât, sous la foi du serment et devant le Christ et son vicaire sur cette terre, s'il était ou non coupable : l'avis fut adopté. Soderini, quand vint son tour de jurer, hésita, balbutia ; mais, pressé plus vivement, il se jeta par terre, à genoux, et, les mains levées vers son juge, les yeux inondés de larmes, reconnut son crime et implora miséricorde. Léon X n'était pas satisfait : « Il en est encore un autre, dit-il ; au nom de Dieu, qu'il se nomme donc ! » Tous les yeux se portèrent à la fois sur Adrien de Corneto. Le cardinal, debout, regardait fièrement le pape ; mais cette assurance passa bien vite ; il pâlit à son tour, s'agenouilla comme son complice, et confessa son crime. Tous deux avaient eu connaissance du complot qu'ils n'avaient pas révélé.

Le pape garda la parole qu'il avait promise : les deux cardinaux Soderini et Adrien durent seulement payer au fisc une amende de vingt-cinq mille ducats. Les coupables satisfirent promptement à la sentence ; mais ni l'un ni l'autre n'eurent assez de confiance en Sa Sainteté pour rester à Rome : ils avaient appris cependant à connaître la magnanimité du pontife ; peut-être le remords les poussa-t-il à s'exiler. Le cardinal de Volterre se retira à Fondi, qu'il ne quitta qu'à la mort de Léon X. Adrien de Corneto, ne se fiant pas à la muse latine pour tromper les ennuis d'un exil volontaire, avait emporté des trésors qui tentèrent la cupidité de ses domestiques et causèrent sa mort. Collecteur des deniers du pape en Angleterre, il avait su captiver Henri VIII, qui lui conféra successivement les évêchés de Hertford et de Bath. Valeriano l'a placé dans cette poétique nécropole qu'il éleva aux illustrations littéraires.

Après la miséricorde, la justice. Le 20 juin, les cardinaux Petrucci, de Sauli et Riario furent solennellement dégradés. Le 22 juin, en présence du sacré collège, Bembo lut la sentence. Le consistoire dura treize heures, et fut orageux. La lecture de la procédure était à chaque instant interrompue par les cris des coupables, les reproches qu'ils se faisaient mutuellement, les plaintes qu'ils proféraient contre Léon X. La nuit suivante, Petrucci fut étranglé dans sa prison, et le lendemain Vercelli et son secrétaire promenés par la ville dans un tombereau, puis tenaillés et écartelés.

François Ier s'intéressait vivement à de Sauli. Le cardinal était originaire de Gênes, alors sous la protection de la France, et d'une famille que le roi estimait. Pendant l'instruction du procès, l'évêque de Bayeux, Canosse, intervint en faveur du prélat. La lettre qu'il écrivit à Jules de Médicis était pressante : il disait que la faute du malheureux prélat, quelque grande qu'elle pût être, ne l'était pas autant que la mansuétude de Sa Sainteté.

De Sauli, du reste, a trouvé des défenseurs d'une haute probité, Foglietta, Cabrera, Oldoini, qui croient à son innocence, et prétendent que son oreille fut seule coupable.

C'était assez de sang répandu : le cœur du pape souffrait ; la peine de Sauli fut commuée en une prison perpétuelle, et la prison en une amende. Rendu si miraculeusement à la liberté, de Sauli voulut en personne remercier Sa Sainteté. Le pape, qui portait sur sa figure les traces d'une douleur profonde, aux protestations de dévoûment du cardinal, répondit par des paroles amères. « Bien! lui dit-il en l'interrompant, fasse le ciel que vous ayez dans le cœur ce que vous avez sur les lèvres : si nous croyions à un repentir sincère, nous vous rendrions toutes nos bonnes grâces; mais nous avons bien peur que vous ne reveniez à votre premier vomissement. »

La réprimande était sévère : c'est qu'aussi le pape avait tant aimé de Sauli; c'est que de Sauli avait témoigné tant de respect filial à Sa Sainteté! Les hommes de cœur sont ainsi faits; ils peuvent être impunément offensés par un ennemi, par un être qui leur est indifférent; mais trahis par un ami, par un confident, et presque par un frère, c'est une ingratitude qu'ils ont de la peine à pardonner. Au moment où leur bouche va s'ouvrir pour murmurer une parole de réconciliation, que leurs bras sont prêts à étreindre le coupable, que leur poitrine bat violemment en signe d'émotion, leur œil craintif lit dans l'avenir une nouvelle trahison; et la chair, plus forte alors que l'esprit, murmure, comme elle fait chez Léon X : pourquoi s'en étonner?

Riario au moins ne devait rien au pape. A Florence, il s'était montré l'ardent ennemi des Médicis; c'était l'hôte habituel de la villa de Fiesole, où les Pazzi voulaient attirer Laurent le Magnifique pour le poignarder. Sa robe de cardinal fut presque souillée du sang du Magnifique. A Rome, au conclave, il fut jusqu'au dernier moment du parti de ces prélats qui avaient juré de ne donner la tiare qu'à des cheveux blancs. Et quand Alph. Petrucci vint crier au peuple, après l'élection : *Vivant, vigeantque juniores!* il inclina la tête en signe de tristesse. Léon X pouvait user de représailles et se montrer impitoyable envers un homicide; mais cette extrême justice eût passé pour une vengeance. Cinquante mille ducats, que Chigi, le riche marchand siennois dont Raphaël avait peint le palais de la rue Longara, promit de payer au fisc, parurent au pape une expiation suffisante; il commua la peine. Le fils traita le vieillard ainsi que le père avait traité le jeune homme :

> Quod fesso ætate senectæ
> Tu facis, hoc juveni fecerat ante pater.

Quelques jours après, le juge et le coupable se trouvèrent dans le lieu saint. Le juge, qui disait la messe, interrompit le saint sacrifice, vint au-devant du meurtrier, et lui dit :

« Révérendissime seigneur, afin que votre domination n'ait d'inquiétude ni dans le cœur ni sur la figure, je vous apporte et vous donne la paix en face du corps et du sang de Jésus. Au nom de Dieu, je vous remets toute espèce d'offenses dont vous auriez pu vous rendre coupable envers moi, et, pour prix, je vous demande, au nom de Notre-Seigneur, ici présent, de me remettre tout ressentiment que vous pourriez garder contre moi. » Et le pape, suffoqué de sanglots, tendait les bras à Raphaël et l'embrassait tendrement.

La branche morte est tombée; mais le tronc vit toujours : il va pousser de nouveaux rameaux.

CHAPITRE XXVIII.

NOMINATION DE CARDINAUX. — 1517.

Intention de Léon X en créant de nouveaux cardinaux. — *Egidius* de Viterbe. — Lettre que lui écrit Léon X. — Il refuse d'abord et est obligé d'accepter la pourpre. — *Adrien* d'Utrecht. — Ses premières années à Louvain. — Son amour pour les pauvres. — Vertus qu'il fait briller quand il monte sur la chaire de Saint-Pierre. — *Thomas de Vio* (Cajetan) entre dans l'ordre des Dominicains. — Succès qu'il obtient à l'université et en chaire. — Ses mérites divers. — *Ponzetti* cultive les sciences et les saintes lettres. — Paul-Émile *Cesio* se distingue par sa charité. — Quelques mots sur les autres cardinaux. — Luther à Wittemberg, jugeant Rome et l'Italie.

Depuis longtemps Léon X avait conçu le projet d'augmenter le nombre des membres du sacré collége. Il voulait que le cardinalat romain offrît au monde catholique la réunion de tout ce que les nations chrétiennes avaient de plus éminent dans les lettres. La sainteté des mœurs devait se trouver unie, dans l'élu, aux lumières, et le savoir à l'expérience des affaires. C'est le mérite et la vertu qu'il allait honorer. De pauvres religieux vont donc échanger leur robe de bure contre la soutane de cardinal. Il sait que dans le silence des couvents vivent cachées à tous les regards, aux siens exceptés, des intelligences qu'il faut tirer de leur obscurité volontaire, pour les produire au grand jour, et qu'il destine à servir l'Église par leurs talents, comme elles édifiaient le cloître par leurs vertus modestes. Dans l'histoire de Léon X, il n'est pas de page plus belle que celle où il doit inscrire de sa main le nom de trente et un personnages illustres à tant de titres, qu'il va faire passer de tous les rangs de la société religieuse à la dignité la plus enviée du siècle.

ÉGIDIUS DE VITERBE.

Dans le couvent des Augustins, à Viterbe, vivait un moine, né de pauvres cultivateurs, ancien élève de Mariano de Genazzano, qu'il devait surpasser en éloquence et en savoir. A cette époque, il n'est pas d'homme comme un pape pour découvrir le mérite, même quand il se cache dans la prison d'un cloître. Jules II tira notre moine, qui se nommait Egidius, de son monastère, et l'employa comme légat à Venise et à Naples. La chaire convenait mieux au moine que la cour. Il y monta donc pour remplir une œuvre toute catholique, pour prêcher une croisade contre ce Turc, qui ne pouvait laisser un seul jour de repos à la chrétienté. L'historien que nous avons sous les yeux compare la parole de l'orateur tantôt à un torrent qui entraîne l'auditeur, tantôt à une sirène qui séduit et endort les grands et le peuple, le docte et l'ignorant, l'homme et la femme, le vieillard et l'adolescent. Egidius était poëte, historien, philosophe, théologien, linguiste. Il savait l'hébreu, le chaldéen, le grec, le latin; et non-seulement il parlait admirablement dans une église, mais, dans un concile comme celui de Latran, il méritait que Sadolet le comparât à l'aurore. Ajoutez, pour connaître pleinement cette nature d'homme, qu'aussitôt sa tâche remplie, il allait bien vite se cacher dans sa solitude.

C'est dans ce couvent que le moine, alors général de son ordre, reçut de Rome une bien belle lettre.

« Je vois souvent ici Corneille Benigno, que j'aime beaucoup, et qui vous aime merveilleusement (mirabiliter); que vous aimez aussi, et avec raison; c'est un homme de mœurs et de lettres élégantes : je prends plaisir à l'écouter, car sa parole est grave, sage, toute romaine en un mot. Comme il m'a dit qu'il allait bientôt vous revoir, en me demandant mes ordres, j'ai songé à vous écrire, non pas en vérité par désœuvrement, je suis si peu souvent inoccupé, mais pour avoir le bonheur de lire une de vos lettres, comme vous m'en écrivez quelquefois. Ces lettres sentent la forêt, et l'ombre où elles sont écrites, et le charme des lieux que vous habitez. Je veux vous dire aujourd'hui que je me propose d'augmenter le nombre des membres de mon sénat : j'y ferai entrer quelques-uns de ceux que j'aime, d'autres que réclame l'état de l'Eglise : c'est une mesure que je vous soumets, et sur laquelle je vous demande votre avis. Le jour de la promotion n'est pas encore fixé ; quand il le sera, je vous le dirai. »

Cette belle lettre était signée du nom de Léon X. Tout autre que le bon augustin aurait deviné Sa Sainteté, qui s'expliquait si clairement du reste. Egidius ne la comprit pas. Il répondit en félicitant le pape sur la détermination qu'il venait de prendre.

Nouvelle lettre de Léon X. Mais cette fois le pape ne va pas chercher ces ombres qu'aimait tant le moine ; il lui dit :

« Je vous avais écrit pour savoir si vous consentiez à entrer dans le collége des cardinaux ; vous ne me répondez pas, peut-être par modestie, vous en avez tant ; peut-être parce que vous n'avez pas grande envie de la dignité ; pudeur chez vous ou défaut d'ambition, je vous félicite, quand tant de gens recherchent les honneurs avec un empressement qui va jusqu'à la folie. Votre silence n'a fait que me confirmer dans ma résolution. Il y a longtemps que je songe à vous faire cardinal, d'abord pour vous récompenser de trente années de travaux, ensuite afin que l'Etat mette à profit vos lumières. Du reste, je sais bien que vous honorerez le chapeau beaucoup plus qu'il ne vous honorera. Je veux donc aujourd'hui exécuter ce que j'ai arrêté depuis longtemps : vous serez cardinal aux calendes du mois d'août ; je vous dis le jour, afin que vous soyez à Rome, et que je puisse vous voir et vous embrasser. »

Il fallait se résigner et obéir au pape. Egidius quitta donc son couvent, mais en pleurant cette épaisse forêt où il aimait à se promener après le repas de midi ; ces bois pleins d'un silence si propice à la méditation ; cette verdoyante solitude, que l'oiseau seul égayait plutôt qu'il ne la troublait : Thébaïde toute littéraire dont le pape a pris soin de célébrer lui-même les charmes, dans un style à donner du regret au bon moine qui la quittait.

ADRIEN D'UTRECHT.

A Utrecht, un pauvre ouvrier nommé Florent, tisserand ou brasseur de son métier, avait un fils, Adrien, qui dès son enfance montrait de grandes dispositions pour l'étude ; un véritable Flamand, un peu lourd, un peu épais, apprenant assez difficilement, mais n'oubliant jamais ce qu'il savait une fois. Ses maîtres en étaient enchantés, et le citaient pour son amour du travail, pour son assiduité aux leçons et pour sa bonne humeur. Adrien ne perdait pas une heure de la journée. Quand il sortait de classe, il avait coutume d'entrer dans une église et de prier le bon Dieu. S'il rencontrait un pauvre en allant à l'école, il partageait avec lui le pain de son déjeuner.

Un prêtre se trouva qui prit en amitié l'écolier, et le fit entrer à Louvain au collége des *Portiens*, séminaire gratuit. Adrien faisait de rapides progrès ; il étudia la philosophie, les mathématiques, le droit pontifical qui régissait alors un double monde ; le latin, le grec et l'allemand.

Marguerite, la veuve de Charles le Hardi, comme on dit en Allemagne, le Téméraire suivant notre langage, gouvernait alors les Pays-Bas. C'était une femme qui aimait les lettres ; son bonheur était d'aller à la recherche des écoliers studieux, qu'elle savait découvrir, surtout quand ils s'emprisonnaient, comme Adrien, dans une chambrette qui touchait les toits, et froide et malsaine. Une fois, en traversant la ville de Louvain, au milieu d'une nuit d'hiver, elle aperçut un point lumineux à l'une des fenêtres de l'université. Elle demanda à son chambellan qui pouvait veiller si tard et par un froid si rigoureux ; on lui dit que c'était Floritz, ou le petit Florent, le fils du tisserand ; et, le lendemain, Adrien recevait d'une main inconnue du bois pour se chauffer, et 300 florins pour acheter des livres. Plus tard, elle obtint pour son protégé une cure, et enfin un canonicat.

Adrien bénissait le ciel et le nom de Marguerite, sa bienfaitrice. C'est à Louvain qu'il commença et acheva son docte livre *de Rebus Theologicis*, qu'un de ses amis lui vola et fit imprimer, sans que l'auteur, à ce qu'il paraît, eût pu revoir les épreuves.

La réputation d'Adrien était arrivée jusqu'à la cour de Maximilien Ier. Lorsque l'empereur voulut donner un précepteur à son enfant, il jeta les yeux sur le chanoine de l'église de Saint-Pierre à Louvain, lequel apprit à son élève les quatre langues du monde nouveau : l'italien, l'allemand, l'espagnol et le français. Charles-Quint n'oublia pas son professeur.

Adrien vivait à Louvain, à l'écart, dans un monde qu'il s'était fait à lui, et, comme il l'aimait, formé de quelques auteurs antiques, grecs et latins, mais en prose ; car toute sa vie, même étant écolier, il avait méprisé les poëtes. Ses convives, quand il ne dînait pas seul, étaient d'anciens camarades de collége, quelque humaniste étranger, voyageur de passage, ou quelque pauvre qu'il avait trouvé en rentrant au logis. Il n'avait ni prôneurs ni courtisans, parce que personne à Louvain, non plus qu'à Tolède plus tard, ne comprenait ce bon Flamand, qui n'avait jamais voulu quitter les modes du Brabant; qu'on voyait toujours seul à la promenade, un livre à la main; qui n'entendait rien aux arts, savait à peine le nom de Raphaël, et n'aurait pas donné une obole d'une statue de Phidias, à moins que ce ne fût pour la revendre, afin d'en distribuer le prix aux pauvres; et qui disait de Sadolet : Ce n'est qu'un poëte; et du Laocoon : Ce n'est qu'une idole.

Quand il avait trouvé une larme à sécher, il s'en revenait tout joyeux chez lui; il avait gagné sa journée. La mère de famille qui avait besoin d'un peu de bois en hiver pour se chauffer, d'une robe neuve pour sa fille qui devait faire sa première communion, ou d'un médecin pour son mari alité, n'était pas obligée de chercher longtemps : elle entrait dans la première église venue, et près du bénitier elle trouvait un pauvre auquel elle disait : Où demeure le docteur Florent? et le pauvre donnait l'adresse. La mère de famille montait un escalier de mince apparence, s'arrêtait à une toute petite porte de bois, tirait une petite ficelle qui traversait une planche de sapin enduite d'une couche de rouge; et Adrien, averti par le bruit de la sonnette, accourait et donnait ce qu'il avait, et, quand il n'avait plus rien, empruntait pour donner.

Ce fut un beau jour pour le monde catholique que celui où Florent fut décoré de la pourpre romaine. Déjà il avait été élu évêque de Tolède; et, en Espagne comme en Flandre, on l'avait surnommé le père des pauvres.

Dieu avait ses vues sur Adrien. Cet écolier flamand, qui étudiait toute la nuit, qui n'avait jamais vu de sa vie l'Italie, qui aurait passé et repassé devant une statue de Praxitèle sans lever les yeux, qui appelait les artistes les voleurs du bien des pauvres, fut choisi pour succéder à Léon X. Il faut que le schisme soit confondu ; il parlait hier du paganisme de la cour de Léon X : voilà un pape flamand qui, par un véritable miracle à cette époque, ne comprend rien à l'art, un phénomène vivant de science et de charité ; ses yeux s'ouvriront-ils ? Le schisme ne veut rien voir.

Florent prit le nom d'Adrien VI. Alors Erasme écrivit au pape :

« Au milieu des acclamations de tout un peuple, des mille voix des trompettes, du tonnerre des canons, est-ce que je ne pourrais pas espérer que ma petite voix arrivera jusqu'à vos oreilles, et que vous vous rappellerez votre Erasme, un des disciples les plus assidus à vos doctes leçons de théologie, l'admirateur de vos vertus, et aujourd'hui une des toutes petites brebis de votre grand troupeau ? »

Le maître de la sainte science à Louvain n'avait point oublié Érasme. Pendant plus de trois ans, ce ne sont, de la part du pontife pour son compatriote, que de douces paroles, des conseils de miel, de tendres épanchements. Adrien voudrait que le philosophe se levât comme le géant de l'Écriture pour combattre le sanglier qui ravage la vigne du Seigneur. Érasme a peur du sanglier ; et, pour en finir avec le pape, il se compare à l'écrevisse. Il demande des ailes, que la papauté ne peut lui accorder ; si bien qu'un jour le pauvre Adrien meurt de douleur de n'avoir pu donner la paix au monde chrétien. Que faut-il donc pour réconcilier des frères baptisés de la même eau, si Adrien a succombé dans cette tâche, après avoir mérité les éloges d'un moine qui dit du mal de tout ce qui porta la tiare ? Pontife aux splendides vertus, c'est l'expression de l'un de tes ennemis, tu meurs parce que tu n'as pu accomplir l'œuvre de paix que tu poursuivais jusque dans tes songes ; tu meurs parce que Luther et les âmes qu'il a séduites n'ont pas voulu t'écouter, toi dont la parole était un écho de la voix de Dieu ; tu meurs parce que les

Ordres de l'Allemagne ont repoussé tes conseils; tu meurs parce que ta fille bien-aimée, ton Église de Saxe, se débat dans l'impénitence! Mais, en t'envolant vers le tribunal du Père de toute charité, une consolation te reste ; c'est que tu n'as pas fait couler une larme, que tu n'as jamais su qu'aimer et pardonner. Jouis de ta gloire en voyant, à défaut d'artistes, ce cortége de paralytiques, de lépreux, d'aveugles, qui t'accompagne vers ce petit tombeau modeste comme tes vertus. Au dernier jour, quand ta poussière se ranimera et que tu revêtiras un corps glorieux, tu prendras ton vol vers les cieux, en tenant dans tes mains cette devise qu'un Allemand écrivit sur ta tombe : *Il n'est pas de plus grand malheur que de commander aux autres.*

THOMAS DE VIO (CAJETAN).

« L'Église sait que de généreux exemples ont un grand pouvoir sur les âmes ; que la force et le courage se prisent surtout dans l'union des esprits et des cœurs ; et l'Eglise, éclairée par les plus pures lumières de l'Evangile, inspirée par Dieu même, n'a pas reculé devant une pensée qui atterre et confond l'esprit humain : devant la pensée d'associer des hommes pour le sacrifice; devant la pensée d'établir, non pas des associations passagères et momentanées, mais des associations durables et permanentes dont l'appât des sacrifices serait la souveraine et l'unique loi. Elle a voulu opposer aux terribles maladies qui minent la société des remèdes efficaces, en ouvrant au milieu de nous des sources intarissables de dévoûment et d'amour ; elle a voulu que les âmes énervées, amollies par les joies de la terre, pussent venir se retremper dans ces fontaines sacrées ; en un mot, elle a institué les Ordres religieux pour donner au monde la leçon et l'exemple des plus angéliques vertus. »

Voilà de belles paroles ; et ce n'est point un prêtre qui les a écrites, mais un homme du monde, une des gloires de la science, M. Augustin Cauchy.

Thomas de Vio, auquel Léon X donnait la pourpre romaine, appartenait à l'ordre de Saint-Dominique.

Sur les bords de la mer Tyrrhénienne, où Virgile place le tombeau de la nourrice d'Énée, est un petit bourg du nom antique de Cajeta. C'est là que naquit, en 1469, Cajetano, de l'illustre famille de Vio. Son père le destinait au monde. L'enfant, pour échapper aux séductions de cette vie, embrassa volontairement l'ordre des frères Prêcheurs. Il fit sa théologie à Bologne. En 1491, il fut choisi à Padoue comme *lector artium*. Sa réputation s'étendit bientôt dans toute l'Italie. Le chapitre général de l'ordre s'était assemblé à Ferrare ; la province de Lombardie désigna Cajetan pour y soutenir, selon la coutume, une thèse de théologie. Il eut pour auditeurs, ce jour-là, le duc de Ferrare, le sénat et Jean Pic de la Mirandole.

Cajetan s'était pris d'une véritable passion pour saint Thomas d'Aquin, cet ange de l'école, trop peu connu de nos jours, qui a sondé, à la manière des Allemands, tous les mystères du moi, et qui, pour les expliquer, s'est heureusement inspiré de Dieu. Il le savait presque par cœur; aussi disait-on que si la Somme du théologien avait pu se perdre, elle se serait retrouvée dans le cerveau de son disciple. Il y a dans saint Thomas un enchaînement logique qui rappelle la méthode d'Aristote, et une imagination de poëte qui tient de Platon. Cajetan savait enchaîner un auditoire à l'aide de cette alliance des deux natures grecques; il parlait à la fois à la raison et au cœur. Ses succès aussi étaient immenses. Les cardinaux, les doyens d'églises, les séminaires, les universités, les grands et le peuple aimaient également à l'entendre. Cajetan fuyait toutes les gloires mondaines. La couronne qu'il demandait à Dieu était bien plus belle que celle que les hommes voulaient lui tresser. A Padoue, il se cacha pour échapper au triomphe qu'on allait lui décerner. Il avait vaincu ce jour-là Maurice et Trombetta devant un auditoire nombreux formé de maîtres et d'écoliers.

Alors, dit son biographe, c'était la coutume en Italie de disputer sur des matières toutes spirituelles, tournois où l'âme seule était appelée à combattre; tandis que dans l'antiquité païenne, c'était le corps qui entrait en lice. Cajetan parut dans d'autres luttes philosophiques, et toujours avec le même succès. Combien nous aimons mieux le voir dans la cathédrale de Pise, sans peur de la robe rouge que porte Carvajal, reprocher en pleine chaire aux cardinaux schismatiques leur désobéissance, les poursuivre de ses moqueries, les accabler sous les foudres de son éloquence, et les citer au tribunal de Dieu, s'ils ne se repentent et ne font pénitence! C'est à Pise qu'il composa son Traité célèbre de l'autorité du pape et du concile, où il a défendu victorieusement la suprématie monarchique du souverain pontife.

L'Eglise ne pouvait oublier dans ses récompenses un de ses fils les plus illustres. Le cardinal Caraffa voulut voir Thomas de Vio; il le chargea des intérêts de l'ordre de Saint-Dominique. La vie de Cajetan change alors : ce n'est plus une existence littéraire dont les muses remplissent les instants, mais une vie de cénobite occupée tout entière de soins religieux, et où le frère trouve moyen de faire admirer sa science, sa charité, son zèle évangélique, son amour pour la pauvreté. Des poëtes se rencontrent sur sa route, et se mettent à chanter ses vertus diverses :

> Non opibus, gemmis aut fulvo ditior auro,
> Sed modicis contentus erat fictilibus usus,

dit Flavio, qui en fait un Père de l'Eglise.

Un pape aussi allait se présenter sur le chemin du moine pour lui offrir la pourpre. Mais Jules II meurt trop tôt, et c'est Léon X, son successeur, qui se charge de ce grand acte de justice. Encore un mot : il y a une belle scène dans la vie de notre dominicain. Le connétable de Bourbon venait de s'emparer de Rome. Quand il ne resta plus un seul clou à arracher des murs du Colysée, ses soldats se répandirent dans la ville comme des furieux, dévalisant tous ceux qu'ils trouvaient sur leur chemin. Près du pont Saint-Ange ils avaient saisi Cajetan, qu'ils menaçaient de tuer s'il ne se rachetait à prix d'or. Mais voici le pape Clément VII qui crie aux meurtriers : « Arrêtez ! n'allez pas éteindre le flambeau de l'Eglise ! » Les soldats, frappés de terreur comme s'ils avaient entendu la voix de Dieu, ont pitié du malheureux, l'aident à se relever, le conduisent à son couvent, et lui laissent la liberté moyennant cinq mille ducats, que lui prêtèrent des âmes généreuses, et que Cajetan rendit en des temps plus heureux, sur les revenus de son évêché de Gaëte.

PONZETTI.

C'est un Florentin qui a conquis tous ses grades dans l'état ecclésiastique à force de travail et de talents : d'abord un des sept de la chancellerie romaine; puis clerc de la chambre apostolique, puis chanoine, puis évêque de Melfi ou Malfatta, petite ville de la Pouille; enfin cardinal du titre de Saint-Pancrace. En lui donnant la robe rouge, Léon X eut évidemment l'idée d'honorer la science philosophique, dont Ponzetti était une des gloires. Il était connu par des travaux importants et de diverses natures. Il avait dédié à Augustin Nifo ses trois livres sur les Poisons, écrit un Traité de physique, une Dissertation sur l'origine de l'âme. Dans son livre *de Physicâ*, il avait enseigné que l'âme ne peut comprendre sans le secours des sens : *Anima non intelligit sine sensibus*. On imprima que l'auteur niait la spiritualité de l'esprit. Ponzetti prit la plume, et donna sa profession de foi dans son livre *de Philosophiâ naturali*.

Comme Benivieni son compatriote, Ponzetti cherchait l'horoscope d'un homme dans les signes célestes qui avaient présidé à sa naissance. Il croyait à la puissance de certains chiffres ; le nombre 7 lui semblait réunir les perfections de tous les autres.

Sept, disait-il, est formé de 2 et de 5, ou de 4 et de 3. S'il vient de 1 qui est impair, et de 6 qui est pair, il ne saurait procéder que de la source de tous les nombres, car 6 est engendré et n'engendre pas.

S'il vient de 2 et de 5 ; 2, dualité, sera le premier nombre, parce que l'unité n'est pas nombre, mais principe ; et 5 représentera les cinq causes des choses : Dieu, l'esprit, l'âme du monde, le ciel, les quatre éléments.

Vient-il de 3 et 4 : 4 sort de 1 et 3 ; 1, unité ou principe; 3, origine du premier cube impair.

Peut-être nous est-il permis aujourd'hui de rire de problèmes qui occupaient alors de graves esprits. L'astrologie avait fait refleurir la science des nombres, mais elle ne l'avait point inventée : l'antiquité la pratiquait. On sait les propriétés mystérieuses que Pythagore attachait aux nombres. Ponzetti était un des admirateurs du philosophe ; l'un et l'autre regardaient l'unité comme principe, fontaine, origine, source de toutes choses ; mais Ponzetti ne trouvait pas dans le nombre 6 un nombre maudit. Cette croyance, du reste, à la puissance occulte de certains chiffres, ne doit en rien nous prévenir contre la foi de l'adepte. Qui ne sait que saint Augustin partagea sur ce sujet quelques idées du philosophe grec ?

PAUL-ÉMILE DE CÆSIS.

Paul-Emile de Cæsis (Cesio), que Léon X décora de la pourpre romaine, était un habile juriste. Professeur de droit, il avait eu souvent occasion de recevoir la visite de gens du peuple, et, dans ce contact obligé avec les pauvres, il s'était pris pour leurs souffrances d'une ardente sympathie ; c'était l'homme de l'orphelin, de la veuve, de l'opprimé, de tout ce qui souffrait dans l'âme ou dans le corps. On le voit, après la mort de Léon X, administrer un grand nombre d'églises où partout il institue des quêtes dont le produit est destiné à secourir les indigents. Quand les revenus de son diocèse ne suffisent pas pour les soulager, il fouille dans sa cassette, entame ses revenus patrimoniaux, et fait comme Sadolet, l'évêque de Carpentras. Dieu, souvent aussi, lui envoie, comme au Modénais, de bons anges qui emplissent son bûcher et ses poches vides. Il disait gaîment : « Mieux vaut manquer du nécessaire que d'en laisser manquer les autres : eh bien ! si nous ne pouvons mener un train de prince, nous vivrons dans la pauvreté; il faudra dire adieu à nos nombreuses robes, nous contenter de vêtements modestes, n'entretenir qu'une petite famille de serviteurs, et nous arranger de façon à ce que personne ne souffre. »

Il avait établi dans ses divers diocèses de sages règlements. Il voulait que les prêtres, à certaines heures, vinssent à l'église pour chanter des hymnes à Dieu; qu'ils les récitassent avec respect et gravité. Il défendait de parler dans le saint lieu.

Devenu vieux, il habitait au Quirinal une petite maison qu'il préférait au plus beau palais de Rome. Son plaisir était, quand venait le soir, d'aller se promener sur ces hauteurs où s'élève la tour de Néron; là, quand il voyait venir à lui un hôte ancien de la cour de Léon X, il l'arrêtait, le faisait asseoir à ses côtés, et commençait un long récit sur les vertus du pontife. Un soir que la pluie tombait à torrents, sans pouvoir interrompre ces hymnes de reconnaissance, les pieds du vieillard, malades depuis longtemps, furent atteints d'humidité. Cesio se mit au lit, saisi d'une fièvre qui le conduisit bientôt au tombeau. Il fut pleuré de tous ceux qu'il avait obligés, c'est-à-dire du monde romain tout entier.

Qu'on ne s'étonne pas de ces longues pages que nous consacrons à la biographie d'hommes dont le nom n'apparaîtra plus dans notre histoire ; ce n'est pas ce nom, quelque grand qu'il soit, que nous voulons glorifier, mais le pontife seulement qui le mit en lumière.

Nous devons le voir, c'est moins les lettres que Léon X veut honorer que les vertus. Presque tous ces nouveaux cardinaux ont des titres à l'admiration du chrétien. Louons-les avec effusion, sans crainte qu'on nous accuse de flatterie. C'est le reproche que mériterait Fabroni quand il nous vante la gravité, la sagesse, la prudence consommée du Romain André della Valle ; — la science profonde du droit unie à l'austérité des mœurs de l'évêque de Côme, Scaramouche Trivulce ; — le génie consommé des affaires du Génois Jean-Baptiste Pallavicini ; — le zèle pour l'avancement des saintes lettres de Boniface Ferreri de Verceil, qui fit élever à ses frais un collége à Bologne, où il était légat ; — la piété exemplaire de Guillaume Raymond de Vic, natif de Valence.

N'est-ce pas à Campeggi, dont Léon X récompensa magnifiquement la science, qu'Érasme écrivait, à propos d'une bague qu'il en avait reçue : « Le feu brillant de l'or sera l'éternel symbole de votre sagesse cardinaliste ; la lumière du diamant ne sera jamais qu'une pâle image de la gloire de votre nom. »

Citons encore d'autres savants, mais chrétiens surtout, que Léon X voulut récompenser.

C'est Nicolas Ridolfi, que Sadolet aimait, que Marc-Antoine Flaminio chanta dans ses vers, et auquel Bernard Rutilio dédia sa Vie des Jurisconsultes, qu'il terminait ainsi : *Vale sæculi decus.*

C'est Franciscus, Franciotto Orsini (des Ursins), que chérissait Laurent de Médicis, auquel Politien adressa ses lettres *de Ponderibus et Mensuris*, et qui, après la mort d'Adrien VI, fut un moment sur le point d'être élu pape, tant les cardinaux avaient de confiance dans ses lumières et sa piété !

Ne voyez-vous pas que, dans un vague pressentiment des luttes que l'Église soutiendra bientôt, et comme illuminé d'une lumière céleste, Léon X a cherché dans l'élu les mœurs unies à la science des lettres divines ? Ce sont de grands maîtres en théologie que Cajetan, l'auteur de *de Pontificatus institutione divinâ, de Invocatione sanctorum, de Potestate papæ et concilii;* Adrien d'Utrecht, professeur à Louvain, à qui nous devons les *Quæstiones* et le *Supra computum hominis agonizantis;* Alexandre Cesarino, célébré par Paul Manuce comme un des hommes les plus versés dans la science des livres saints ; et Jacobatio, qui dans les questions dogmatiques a toute l'autorité d'un apôtre, et dont le livre *de Concilio* obtint l'insigne honneur de faire partie des actes du concile de Latran.

Quelques jours après cette promotion de cardinaux que Rome accueillit avec de grands témoignages de joie, tous ces princes de l'Église se trouvaient rassemblés à la même table, dans une des salles du Vatican que Raphaël achevait de peindre.

Si vous quittez l'Italie, et qu'après avoir traversé le Rhin, vous fassiez route pour la Saxe, vous trouverez une autre table dressée dans une auberge de Wittemberg. Là quelques moines assis parlent de Rome. Celui que les convives écoutent en silence se nomme Martin Luther ; voici ce qu'il raconte à ses disciples :

En Italie comme en France, tous les diseurs de messes sont de véritables ânes qui n'entendent pas le latin, et, en Italie, pas même la langue maternelle qu'ils sont chargés d'enseigner aux autres. Les Italiens sont des gens sans Dieu.

Vous savez, mes amis, que je vis il n'y a pas longtemps la face du pape; maintenant c'est autre chose qu'il nous montre.

Je vous le dis : Tibère l'empereur, ce méchant garnement, était un ange comparé à tout ce qui fait partie de la cour de Rome.

Ecoutez-moi bien :

En ce temps-là il y avait un homme qui avait si grande envie d'être pape, qu'il se donna au diable pour obtenir la tiare. Il fit donc un pacte avec Satan, et dit au diable : Je me donne à toi, je t'appartiendrai, mais seulement quand j'aurai célébré la messe à Jérusalem. Or il fut nommé pape. Comme il célébrait la messe dans une chapelle qui se nommait Jérusalem, le diable parut qui dit au célébrant : Sais-tu comment s'appelle cette chapelle? La chapelle de Jérusalem. Et alors le pape se rappela le pacte qu'il avait fait avec le malin esprit, et quand il eut achevé la messe, il dit : Qu'on me coupe en morceaux; si les corbeaux emportent mes chairs et laissent mon cœur, c'est preuve que j'aurai là haut obtenu miséricorde. Et il arriva ce qu'il avait prévu : signe qu'il avait été, selon les papistes, pardonné, et que la mort était une expiation du pacte.

Or ce que nous traduisons ici le plus fidèlement possible était fort sérieusement raconté par Luther, qui dans son récit n'oublie qu'une chose, le nom du pape. Et les convives croyaient à la parole du docteur qui tenait en ce moment l'Allemagne sous sa main, et la poussait à la révolte, c'est-à-dire à la perdition de sa foi et de sa liberté, car l'une était enchaînée à l'autre.

C'est ici que nous devrions raconter la révolte du moine de Wittemberg contre l'Eglise. Mais nous avons pensé que nous pouvions sans scrupule intervertir l'ordre chronologique des faits, et tracer aussi complétement que notre cadre nous le permet le tableau du mouvement intellectuel qui va se produire sous Léon X. Luther viendra plus tard, quand rien ne pourra nous distraire du spectacle de cette lutte funeste qu'il doit engager avec l'autorité. Montrons, en attendant, que la vérité, pas plus que le soleil, n'a peur des ténèbres; que pour éclairer l'esprit la papauté appela tout ce qui peut séduire l'imagination, histoire, peinture, musique, sculpture, poésie. Les larmes arrivent toujours trop tôt : n'avons-nous pas le temps de pleurer sur le plus cruel événement de l'histoire moderne, la réformation, c'est-à-dire la guerre au foyer domestique entre le fils et sa mère !

CHAPITRE XXIX.

THÉOLOGIE. — LINGUISTIQUE.

C'est à tort qu'on reproche à Léon X d'avoir négligé les théologiens. — Professeurs qui enseignent la sainte science au Gymnase. — Mouvement imprimé par le pape à l'étude des langues.—Ambrogio travaille à sa grammaire polyglotte.— Il est chargé d'enseigner le chaldéen à Bologne. — Pagnini traduit le psautier de l'hébreu en latin. — Léon X protége les travaux de l'orientaliste. — Valeriano reçoit des encouragements du pape, et s'occupe d'un grand ouvrage sur les hiéroglyphes. — Travaux divers de ce savant. — Réformation du calendrier de Jules César entreprise par Léon X.

Nous ne concevons pas le reproche que Pallavicini fait à Léon X d'avoir négligé les théologiens : il nous semble que les faits parlent assez haut! Thomas de Vio, auquel il donna la pourpre romaine, était un des plus habiles thomistes de son époque ; Prierio, qu'il avait nommé maître du sacré palais, était, au témoignage d'un protestant, versé dans les matières ecclésiastiques ; Sadolet, son secrétaire et peut-être son ami, est un des plus illustres exégètes que compte l'école catholique, et Jacobatio, qu'il fit cardinal, n'avait pas son égal dans le droit canon. Il est probable que Pallavicini ne connaissait pas le *Ruolo* de l'archigymnase romain que l'abbé Gaetano Marini a publié d'après l'original qui existe à Rome. La théologie y tient sa place, la plus belle, la première, comme la nourrice et la maîtresse de toutes les sciences. Trois professeurs montent en chaire pour l'enseigner : le matin un religieux de l'ordre de Saint-Augustin, le soir maître

Nicolas de Luna, et les jours de fête Cyprien Beneti ou Benedetti.

Beneti, Espagnol de naissance, et de l'ordre des Prédicateurs, est auteur de divers traités d'une haute importance. Il avait été lecteur en logique au gymnase, sous Jules II et sous Alexandre VI; l'université de Paris le comptait au nombre de ses docteurs.

On ne prend pas garde, en répétant l'assertion de Pallavicini, que la théologie devait nécessairement s'associer au mouvement imprimé par ce pape à l'étude des langues. Si le poëte épique cherche à s'inspirer dans Homère, dont l'idiome avait une chaire au gymnase romain, le prêtre qui sort de l'école où professent Lascaris et Favorino, si jamais le dogme catholique est attaqué, ira, pour le défendre, puiser des arguments dans les Pères grecs, dont il entend la langue. Et d'où venaient donc la plupart de ces docteurs qui brillèrent au concile de Trente? N'est-ce pas des écoles instituées par Léon X?

C'est à Lascaris que Léon X avait confié la direction de cette imprimerie établie sous les auspices du pontife, et d'où sortirent des commentaires sur les tragédies de Sophocle, des scolies sur Homère, les opuscules de Porphyre, et quelques écrits destinés à éclairer le texte du prince des poëtes grecs.

Chigi, le fermier des mines d'alun du saint-siége, avait prévenu Léon X en montant à ses frais une imprimerie qu'il mit sous les ordres d'hellénistes célèbres. Corneille Benigno de Viterbe, l'éditeur du beau Ptolémée qui avait été publié à Rome en 1507, était un de ses protes. Son premier ouvrier se nommait Zacharie Calliergi, Crétois de naissance, qui à Venise, en 1499, avait surveillé l'impression du grand dictionnaire étymologique de la langue grecque. Au mois d'août 1515, Chigi, le fermier du pape, le protecteur de Raphaël, le banquier des cardinaux, dont il payait généreusement les dettes, et le protecteur de tout ce qui s'occupait de lettres ou d'art, annonçait au monde savant qu'il venait de publier les œuvres complètes de Pindare, in-4°, enrichies de notes et de notules. L'année suivante, il faisait paraître une magnifique édition des Idylles et des Épigrammes de Théocrite. Reiske, quand il voulut, deux siècles plus tard, publier un Théocrite, fut obligé de rendre hommage à la pureté du texte, au choix intelligent des leçons du Théocrite imprimé par le grand Lombard de Rome. Les éditions laissées par Chigi sont devenues très-rares ; il donnait ses livres.

Mais ce n'était pas seulement les lettres grecques que Léon favorisait dans l'intérêt des divines Écritures ; il voulut ouvrir aux théologiens les sources jusqu'alors cachées des idiomes de l'Orient.

Un des chanoines de l'église de Saint-Jean de Latran, Thésée Ambrogio, descendant de la famille des comtes d'Albonèse, parlait un grand nombre de langues mortes et vivantes ; à quinze ans il entendait, dit-on, le grec comme Musurus de Crète, et le latin comme Érasme. A l'exception du latin et du grec, il apprit seul toutes les autres langues, ainsi qu'il le dit lui-même. Il avait étudié les lettres à Milan, et le droit à Pavie, sous Étienne Ottone et And. Bassignana. Il se trouvait à Rome, en 1512, à l'ouverture du concile de Latran. Le monde chrétien avait répondu à l'appel de Jules II. La ville sainte était pleine de savants, venus pour prendre part aux travaux de l'assemblée. L'Inde y comptait divers missionnaires envoyés par le prêtre Jonas ou Jean ; la Syrie et la Chaldée étaient représentées par Joseph, prêtre, Moyse, moine diacre, et Élias, sous-diacre. Le cardinal de Sainte-Croix chargea le chanoine de traduire du chaldéen en latin la liturgie de l'Eglise orientale ; malheureusement il ne manquait à Ambrogio, pour remplir les ordres du cardinal, que la connaissance même de l'idiome, qu'il étudia et apprit en quelques mois. Puis il se mit à l'œuvre liturgique, qu'il acheva fort heureusement. Pendant qu'il s'occupait de ce travail, Ambrogio donnait au sous-diacre Élias des leçons de latin, et en retour en recevait de syriaque. Léon X, qui cherchait à répandre en Italie le goût des langues orientales, envoya le philologue enseigner le chaldéen à Bologne,

Ambrogio n'avait pas voulu de la pourpre que Léon X lui avait offerte. Il quitta Rome, emportant de beaux manuscrits chaldéens qu'il devait à la munificence du pape et de divers cardinaux. Après deux ans de professorat à Bologne, Ambrogio, que Schelhorn appelle le restaurateur du syriaque, revint à Rome, rappelé par Sa Sainteté, qui fournit au savant les types nécessaires pour l'impression du Psautier en chaldéen. Ambrogio allait le mettre sous presse quand survint la mort de son protecteur, puis le sac de Rome par le connétable de Bourbon. Il partit pour Pavie, abandonnant aux soldats du vainqueur ses trésors d'archéologie sacrée et le manuscrit de son Psautier, fruit de si longues veilles, et qui, perdu, fut retrouvé dix ans après, en 1534, dans la boutique d'un charcutier.

Cette perte, qui aurait jeté dans le désespoir tout autre qu'Ambrogio, n'interrompit qu'un moment ses doctes labeurs. Son dessein était de publier une grammaire polyglotte : chaldéenne, syriaque, arménienne; magnifique ouvrage que Mazzuchelli regarde comme le premier essai en ce genre qu'ait produit l'Italie. On n'a rapporté qu'imparfaitement le titre du livre d'Ambrogio. Comme un assez grand nombre d'érudits tels que Reuchlin et Pic de la Mirandole, il croyait à une science cabalistique dont l'homme pouvait se procurer la notion à l'aide de quelques formules magiques. Sur les rives rhénanes, l'abbé de Spanheim, Trithemius, évoquait les esprits de l'air, qui soudain accouraient, disait-il, et lui livraient des arcanes qu'il n'a pas publiés. On trouve dans la grammaire d'Ambrogio une conjuration ou *præceptum*, et la réponse du démon. Le bon chanoine les a données en toutes lettres, avec les caractères démoniaques qu'il a figurés exactement, et qu'il transmit à Postel.

Plaignons ces intelligences, et ne les blâmons pas trop sévèrement, ce serait de la cruauté. La science aussi porte au cerveau ; mais quand le monomane, délaissant l'espace et de retour sur cette terre, recouvre sa raison pour protester de sa soumission aux décisions de l'Eglise, pourquoi nous montrerions-nous plus sévères que Jules II ou Léon X? Laissons dire à Trithemius : « Tu me demandes comment j'ai connu les secrets enfermés dans ma stéganographie ; écoute : ce n'est pas l'homme qui me les a livrés, c'est Dieu lui-même ; » pourvu que ce savant soit tout prêt, comme un pauvre petit enfant, à écouter la voix du père, et Trithemius et Ambrogio déclarent que le père n'a qu'à parler.

Sante Pagnini (Santès Pagninus) ne donna pas, comme Ambrogio, dans les rêveries de la cabale. Un voyageur, le père Esprit Rotier, inquisiteur de la foi à Toulouse, qui passait à Lyon en 1541, au mois d'août, au moment où la ville éplorée célébrait les funérailles de l'illustre étranger, voulut savoir pourquoi les cloches de toutes les paroisses sonnaient à la fois ; pourquoi ces trois cents hommes vêtus de noir tenaient un flambeau à la main ; pourquoi tout ce peuple répandu dans les rues semblait si triste. On lui répondit que Lyon enterrait le bon religieux dont la voix, non moins que la piété, avait préservé la province du venin des nouveautés luthériennes. C'est à ses exhortations que la ville devait cette léproserie qui s'élevait sur les bords de la Saône, et qui avait été fondée en partie par les dons de riches marchands florentins. Pagnini pensait au corps et à l'âme.

Ce moine, de l'ordre de Saint-Dominique, était né à Lucques en 1470. Au couvent de Fiesole, près de Florence, il avait reçu des leçons de Savonarole. L'écolier avait pris à son maître tout ce qu'en bon chrétien il pouvait lui dérober. Symphorien Champier dit que le frère était doux quand il exhortait, véhément quand il reprenait, grave quand il prouvait, abondant quand il louait, et qu'il usait, pour réprimer les mauvais instincts populaires, tantôt du frein, tantôt de l'éperon.

Pagnini, savant orientaliste, l'homme trilingue, comme le nomme le poëte Voulté, avait conçu le projet de donner une version latine de la Bible d'après le texte hébreu. Il employa, comme il le dit, vingt-cinq ans à ce grand travail, conférant tous les manuscrits qu'il avait en son pouvoir. Quand sa version fut achevée, il vint à Rome. Il n'y avait qu'un souverain qui pût faire les frais d'une semblable publication, encore fallait-il que le prince comprît l'utilité de cette traduction. Pagnini trouva dans Léon X un protecteur et un juge. Il a raconté son entrevue avec le saint-père.

« Le pape, dit-il, qui savait que j'avais traduit en latin les deux Testaments, témoigna le désir de voir mon ouvrage. Quand il en eut parcouru quelques pages : — Je veux, dit-il, que le manuscrit soit recopié à mes frais, et à mes frais imprimé. »

Vous concevez la joie du savant. Quelques mois après, caractères, papier, ouvriers, tout était prêt; et l'année suivante paraissait le Psautier, accompagné de commentaires rabbiniques.

La mort de Léon X suspendit l'impression de la version

latine de Pagnini. Heureusement un cardinal se chargea de la dette du pontife, et l'œuvre du dominicain put enfin paraître, non point à Rome, qui méritait à tant de titres d'avoir les prémices de l'œuvre, mais à Lyon, cette cité gallo-italienne, qui avait conféré à Pagnini le titre de citoyen.

La version de Pagnini, quelle qu'en soit la valeur réelle, qu'elle mérite les éloges exagérés de Huet et de Touron, ou la critique amère de Richard Simon, n'en est pas moins un glorieux témoignage en faveur de l'écrivain qui s'applique à d'aussi graves études, puis de la papauté qui les encourage et les protége si noblement. Luther a dit que la papauté tenait la Bible sous clef. La réponse de la papauté est péremptoire : elle paye pour la répandre. Il est une version des livres saints que l'Église aime et vénère, c'est celle de saint Jérôme. Quand on nous dirait qu'un pape a refusé d'approuver une version dans une langue dont s'est servi l'immortel docteur, aurions-nous le droit d'en être surpris? Et pourtant voici un pauvre frère de l'ordre de Saint-Dominique qui veut entrer en lice avec le glorieux écrivain, et donner au monde une traduction nouvelle de la Bible, quand l'esprit, pendant tant de siècles, s'est nourri de la parole du vieux Père. Et il se trouve que trois papes, l'un après l'autre, et grands par des mérites divers, Léon X, Adrien VI et Clément VII, prennent sous leur patronage l'auteur et son livre! Remarquons bien, dans l'intérêt du saint-siége, que la version de Pagnini est en latin; écrite, c'est-à-dire, dans un idiome qui peut être compris en Italie, en Allemagne, en France, en Espagne, en Angleterre, dans tout le monde catholique.

Quand le latin aura fait son temps; quand le florentin, pour nous servir de l'expression de Bembo, sera devenu la langue de toutes les intelligences, alors la Bible paraîtra dans l'idiome vulgaire; seulement l'autorité voudra lire la version nouvelle avant d'en permettre l'impression, et elle aura bien raison. Attendez quelque temps; un Espagnol du nom de Servet voudra reproduire le travail du dominicain; mais en marge de son édition il ajoutera des notules où il répandra le venin de ses doctrines : et l'autorité ne s'alarmerait pas! Mais c'est un sacrilége que va commettre Servet. Qui donc lui a permis de compléter, d'éclaircir le vocable latin dont se sert Pagnini ? Le père de cette parole latine est mort, et il ne reviendra pas pour la défendre : et voilà ce qui enhardira Servet!

Le mouvement imprimé par Léon X à l'étude des langues se répandait dans toute l'Italie. C'est le moment où le cardinal Ximenès met sous presse les premières livraisons de sa Bible polyglotte; Guidacerio le Calabrois, sa grammaire hébraïque, beau travail qu'il devait refaire en 1539 à Paris, où il était professeur; et François Rosi de Ravenne, la philosophie mystique d'Aristote, traduite de l'arabe. Ces trois ouvrages portent en tête de la première page le nom de Léon X, à qui ils sont dédiés. Cette étude passionnée des langues mortes servait admirablement le progrès des sciences exactes. A Rome on s'occupait de traduire les Éléments d'Euclide, et des traités d'arithmétique qu'on devait à des Arabes; les mathématiques étaient en honneur dans les universités du continent italien.

Il est certain qu'avant Léon X le gymnase romain possédait déjà une chaire spéciale de mathématiques. Copernic les enseignait à Rome vers 1500; mais Léon X est le premier qui ait attaché d'honorables émoluments au titre de professeur de cette science, et qui ait porté le nombre des maîtres à deux, un pour le matin et l'autre pour le soir : le premier maître, Lucas de Burgo, de l'ordre des Frères mineurs, recevait annuellement 170 florins d'or; le second maître, Antoine de Fermo, 70.

Le professeur d'astrologie n'avait que 100 florins. C'était, à ce qu'il paraît, ce Pierre d'Arezzo, chanoine de sa ville natale, et que Léon X, le 3 septembre 1513, avait nommé notaire du palais de Latran et comte palatin. André Sansovino avait fait le dessin de la maison qu'habitait ce savant, que Vasari appelle un astrologue illustre. A cette époque, l'astrologie avait des chaires dans presque toutes les universités d'Italie, et à Rome comme ailleurs. A Padoue l'astrologie fut longtemps regardée comme la pierre angulaire de l'édifice universitaire. Léon X, dans son enfance, avait du goût pour les spéculations astrologiques; c'est une faiblesse d'esprit qu'il conserva longtemps, et que son historien Paul Jove blâme, mais sans amertume, parce qu'elle était dans ce siècle partagée par les hommes de la plus haute intelligence. Décriée par l'université de Paris, condamnée par le concile de Trente et proscrite par Sixte-Quint, l'astrologie fut bannie de l'Italie, toutefois après avoir rendu de véritables services à l'astronomie, et peut-être plus encore à la poésie. Tous ceux qui s'adonnent à l'étude des astres trouvent ordinairement, dans la magnifique contemplation des sphères célestes, quelque chose de divin qui ennoblit, inspire et remue leur âme. Marsile Ficin, Politien, Benivieni, ces grands astrologues, quittaient le ciel pour célébrer la Divinité. Du reste, cette alliance de la science et de la poésie n'est point un phénomène en ce siècle, mais bien comme une loi et une condition ordinaire du génie. Rucellai se sert, dans son poëme sur les Abeilles, de miroirs grossissants qui l'aident à faire des observations de physique; Varchi l'historien étudie la propriété des nombres en traduisant Euclide; Fracastor laisse un moment son beau poëme pour combattre les épicycles et aplanir la route au système de Copernic; Celio Calcagnini, après avoir écrit une ode latine, s'occupe de soutenir le mouvement de la terre et la fixité du soleil; Pierio Valeriano, qui a cherché aux soupers de Goritz l'explication d'un hiéroglyphe égyptien, retourne à son habitation en rêvant à des vers sur la rose; Machiavel se distrait de son travail sur l'art de la guerre en improvisant des satires; Sadolet rassemble les éléments d'un travail exégétique tout en célébrant le retour à la lumière de quelques statues antiques; Raphaël d'Urbin écrit des sonnets sur le verso de ses dessins; Michel-Ange quitte son ciseau et son pinceau pour prendre la plume et jeter sur la première feuille de papier de délicieuses fantaisies de poëte.

Ces poëtes philosophes, historiens, médecins, astronomes, étaient si nombreux les jours de réception au Vatican, que Valeriano s'est pris de pitié pour Léon X, dont il déplore l'infortune. Il nous montre cette tourbe de versificateurs s'abattant comme autant de mouches importunes, et venant troubler le saint-père à table, au lit, dans son palais, à la promenade, à l'église, la nuit et le jour.

Valeriano, qui se moque ainsi de ses confrères en Apollon, était poëte latin. Il cherchait à imiter dans ses vers Horace et Properce, dont il avait fait une heureuse étude. Il aimait le monde créé, et plus d'une fois il y trouva des images dont il se servit pour rappeler la brièveté de tout ce qui vit ici-bas. Sa délicieuse strophe sur Rosine a dû vraisemblablement inspirer Malherbe : tous deux usent de la même comparaison pour peindre la rapidité avec laquelle se fanent et la rose et la jeune fille qui en porte le nom.

Valeriano, né à Bellune en 1477, avait de bonne heure changé son nom de Gianpietro en celui de Pierio ou de Pierius. Il eut des maîtres renommés, Georges Valla, Jean Lascaris et Marc-Antoine Sabellico. Chassé de sa patrie, en 1509, par l'irruption des Impériaux, il alla chercher un asile à Rome. Nous n'avons pas besoin de dire que ce fut un prince de l'Église qui lui donna l'hospitalité; à cette époque, la maison des prélats romains est, suivant l'expression d'un humaniste, le port où abordent les lettres fugitives. Jean-François de la Rovère, archevêque de Turin, logea l'exilé dans le château Saint-Ange. Pour un poëte, c'était un séjour inspirateur que ce vieux môle d'Adrien, d'où l'œil pouvait errer sur les campagnes de Rome, voir le Soracte en hiver tout couvert de neige, la campagne verdoyante au printemps, les longs méandres du Tibre aux eaux jaunissantes, et le pont Saint-Ange incessamment traversé par des flots de peuple. Non loin de là était la demeure du cardinal Jean de Médicis, où Valeriano passait souvent la soirée. Le cardinal, devenu pape, n'oublia pas le neveu d'Urbain Bolzani, l'un de ses précepteurs : Pierio eut part aux libéralités du pontife, et fut choisi pour diriger les études d'Alexandre et d'Hippolyte de Médicis.

A Rome vivait un Allemand du nom de Jean Goritz, qui exerçait l'office de juge, et dont la maison était le rendez-vous de toutes les célébrités. A certains jours de l'année, à la fête de Sainte-Anne entre autres, il donnait un repas splendide auquel il invitait les artistes, les prélats, les étrangers de distinction. Le repas achevé, les convives se rassemblaient dans les jardins contigus à la maison, et alors commençaient, sous la présidence de Bembo ou de Sadolet, et quelquefois de Goritz lui-même, des lectures sur divers sujets littéraires. C'est à l'ombre des hêtres de ce beau jardin que Flaminio (Marc-Antoine) et Jérôme Vida aimaient à rêver ; c'est en présence de ces inscriptions antiques dont il était rempli, que Pierio Valeriano conçut l'idée de son grand ouvrage sur les Hiéroglyphes.

C'était la première fois que la science essayait d'expliquer ces énigmes gravées sur le granit depuis plusieurs milliers d'années. Valeriano crut avoir trouvé l'alphabet de cette écriture symbolique que nous ont léguée les Egyptiens : il s'est trompé sur la valeur des signes; mais qui oserait accuser de présomption vaniteuse un savant qui avait passé des années en contemplation devant des obélisques?

Du reste, il ne faut pas s'y tromper, ce n'est pas la valeur phonétique de chacun des signes attachés sur la pierre par les Egyptiens que Valeriano s'est proposé de déterminer; il n'a pas cherché à deviner la lettre, mais l'idée ou le symbole; et il n'a pas seulement poursuivi l'emblème chez l'Egyptien, mais chez les Grecs et les Romains.

Ne parlons pas de la patience monacale, de la sagacité toute gauloise, de la science linguistique qui brillent dans son œuvre. Quelque chose de plus merveilleux, c'est la connaissance que notre savant possède de tout ce qui touche à la civilisation des peuples anciens. On dirait qu'il est d'un autre monde, et qu'il habita, si le système de Pythagore n'était pas une chimère, quelque âme qui se promenait autrefois dans les catacombes de Memphis, ou sur la Via Sacra de Rome, car il sait aussi bien son Egypte que son Italie. Quand il se trompe, et cela lui arrive, c'est avec tant de candeur, qu'on l'admire encore. Léon X protégea les recherches de l'antiquaire, et ce n'est ni la faute de Valeriano, ni celle du pontife, si l'alphabet égyptien ne fut pas trouvé à cette époque; l'Egypte n'était pas ouverte, et c'était là seulement qu'on pouvait espérer de le déchiffrer.

Quand il avait cherché jusque dans le silence des nuits l'origine ou la signification d'une allégorie antique, travail fastidieux d'érudit, Valeriano s'occupait d'une physiologie du lettré. La thèse qu'il se proposait de développer est bien triste : il voulait prouver que quiconque ici-bas veut se livrer aux Muses est dévoué fatalement à l'infortune. Rien de plus douloureux à parcourir que les pages où il a rassemblé, avec la minutieuse patience d'un Allemand, tous les genres de malheur qui sont venus fondre de son temps sur les hommes illustres qu'il avait connus et aimés. Il semble qu'un livre comme celui de Valeriano ne devait pas être écrit à la cour d'un prince qui allait à la recherche d'un humaniste comme d'un trésor ; qui lui donnait des lettres de noblesse, un appartement au Vatican, un jardin, une maison, une prébende, un évêché, un chapeau de cardinal. Valeriano aurait pu se citer comme un exemple des faveurs qui attendaient, sous Léon X, tout homme qui courtisait les Muses. Mais Valeriano met parmi les infortunes dont le ciel afflige quiconque essaye d'écrire, les accidents nombreux de cette vie : la chute d'un cheval, la mort au milieu d'un repas, le naufrage en pleine mer, le coup de lance sur le champ de bataille, la fièvre, la phthisie ; et, sous ce rapport, on ne voit pas pourquoi l'homme de lettres échapperait à la loi commune.

Vraiment Valeriano est un ingrat ! « Mais, sans ces lettres que vous calomniez, mon noble ami, aurait pu lui dire Sadolet, où donc serais-je ? à Modène, dans l'officine de mon père le médecin. Et Bembo ? enterré dans un des fauteuils du sénat de Venise, patricien comme son père, et comme lui sans gloire ni renommée. Et vous-même vous n'assisteriez pas aux soupers de Goritz, vous ne nous expliqueriez pas à la lueur des flambeaux ce langage muet écrit sur la pierre en lettres dont vous seul avez le secret ; vous seriez encore au service de ces seigneurs de Venise dont vous étiez obligé de supporter la mauvaise humeur. »

Belle âme, du reste, plus encore que beau talent, Valeriano s'est peint dans chacun de ses ouvrages. C'est là qu'il faut l'étudier pour comprendre les louanges que ses contemporains lui ont décernées ; il n'avait pas d'ennemi. Ainsi que Sadolet, il avait conservé la longue barbe du siècle dernier, celle qui allait si bien à Jules II, formée de trois touffes s'amincissant à l'extrémité, comme le pape la porte dans le tableau peint par Raphaël, et qu'on admire au palais Corsini, à Rome. Valeriano, quand sous Léon X vint la mode des mentons rasés, ne voulut pas couper sa barbe ; et comme on riait quelquefois lorsqu'on le voyait passer, il crut faire taire les moqueries en prenant la défense de la barbe. Il soutient que la barbe est l'honneur du menton, comme les branches sont l'ornement de l'arbre. Cet ingénieux badinage ne parut qu'après la mort de Léon X. On croit que Valeriano s'occupa de la réformation du calendrier. Le calendrier, établi sous Jules César par Sosigènes, est fondé sur la révolution annuelle du soleil en trois cent soixante-cinq jours et six heures. Après quatre ans, ces six heures donnant un jour, il fut décidé qu'à la fin de cette période on compterait ce jour entier, et que l'année dès lors serait formée de trois cent soixante-six jours. Il y avait une erreur dans le calcul de l'astronome d'Alexandrie, une erreur de onze minutes sur la période entière des six heures ; de sorte que, dans l'espace de cent trente-quatre années, ces onze minutes formaient un jour de vingt-quatre heures. Il fallait une réforme : elle fut présentée au pape Jean XXIII, en 1412, par le cardinal d'Ailly, puis portée au concile de Constance en 1414, au concile de Bâle en 1436 et 1439. Nicolas V s'en occupa à son tour. Jean de Novare avait présenté à Jules II un projet de réformation. Le but du savant était de déterminer l'époque précise de la Pâque. La fête de la Résurrection de Jésus-Christ avait été fixée par le concile de Nicée au dimanche qui suivait le quatorzième jour de la lune de mars; mais les 1,257 années écoulées depuis 325, époque de la première réforme opérée par le concile, plaçaient l'équinoxe du printemps au 10 ou au 12 de mars, au lieu du 21 du même mois. Jules II comprit donc l'importance du travail de Jean de Novare. Léon X chargea les Pères du concile de Latran de s'occuper de la correction des tables alors en usage.

Il écrivit aux évêques et aux patriarches de la catholicité

de lui adresser dans un délai de quatre mois les observations des astrologues et des théologiens. Il fit la même prière au roi de la Grande-Bretagne, Henri VIII; les directeurs des académies de l'Italie devaient lui transmettre le résultat de leurs recherches. C'est alors que l'évêque de Fossombrone, Paul de Middlebourg, écrivit un traité en 23 livres, sous ce titre : *De rectâ Paschæ celebratione;* Basile Lapi, religieux de l'ordre des Augustins, son *de Ætatum computatione et dierum anticipatione*, et Antoine Dulciati son *de Calendarii correctione*. Ces trois ouvrages sont dédiés au souverain pontife, qui les remit à la commission nommée par le concile. Grégoire XIII devait terminer l'œuvre que la mort ne permit pas à Léon X d'achever. L'idée de la soustraction de dix jours de l'almanach en usage est due à Lilio. Pour prévenir une anticipation semblable à l'avenir, l'astronome calabrois voulut que les siècles dont le nombre ne serait pas divisible par 4 fussent des années communes ; elles étaient bissextiles dans le calendrier de Jules César.

CHAPITRE XXX.

L'HISTOIRE.

Etat de Florence à la mort de Julien de Médicis. — Léon X consulte Machiavel sur la forme de gouvernement à introduire à Florence. — Plan donné par le publiciste. — Léon X refuse de l'accepter, parce qu'il anéantirait les libertés de la cité. — Vie intérieure de Machiavel. — A quelles conditions il offre de rentrer au service des Médicis. — Son livre du Prince. — Machiavel historien. — *Paul Jove* entreprend d'écrire l'histoire générale de son époque. — Il fait le voyage de Rome pour lire quelques fragments de son ouvrage à Léon X. — Encouragements qu'il reçoit de Sa Sainteté. — Ce qu'il faut penser de la vénalité de Paul Jove. — L'historien dans sa villa du lac de Côme. — *Guichardin* a un véritable avantage sur ses rivaux pour écrire l'histoire. — Il est nommé avocat consistorial par Léon X. — Il veut brûler son histoire au moment de mourir. — Ses préjugés contre la cour de Rome. — Belles qualités de son livre.

MACHIAVEL.

Comment Valeriano n'a-t-il pas placé Léon X dans sa galerie des lettrés que le sort poursuivit de ses rigueurs? Il n'en est pas qui aient été plus cruellement éprouvés dans leurs affections. Après son père, c'est son frère qu'il perd ; il pleurait hier son frère Julien, aujourd'hui c'est Laurent son neveu que le ciel lui ravit.

A la mort de ce prince, Florence se trouva dans une périlleuse situation. Un moment on craignit que le parti des Frateschi ne se réveillât, et que l'autorité de la maison de Médicis ne fût ébranlée et peut-être anéantie. On conseillait à Léon X de s'emparer du pouvoir, d'imiter Jules II, et de réunir la Toscane aux Etats de l'Eglise. Un délégué du pape aurait, en qualité de légat, gouverné Florence. Des esprits plus généreux voulaient qu'il rendît à la république ses vieilles institutions populaires. L'un et l'autre de ces avis étaient dangereux. En confisquant la Toscane au profit du saint-siége, Léon X se brouillait avec la France, avec Venise, avec Naples et l'Empire, qui n'auraient pas souffert une semblable usurpation. A Florence, du reste, le poignard de Boscoli n'était pas perdu, mais seulement égaré. Comment restituer à la république ces antiques priviléges dont elle avait fait toujours un si funeste usage? Une ville comme Florence, où chaque riche citoyen, sous les yeux mêmes du peuple, élève impunément des palais qui ressemblent à des forteresses, n'est pas faite pour être libre. Jetez les yeux sur ces masses de pierres, qu'on dirait élevées les unes sur les autres par quelque Titan; vous reconnaîtrez la ville des nobles, la ville de la force individuelle, la ville de l'homme bardé de fer, mais jamais la ville de la liberté, qui ne se cache pas derrière des pierres. Entre ces murailles épaisses vous trouverez des bourgeois des sept arts majeurs, des juges et des notaires, des marchands de draps étrangers, des changeurs ou banquiers, des fabricants d'étoffe de laine, des médecins et des épiciers droguistes, des fabricants de soieries et des merciers, des fourreurs et des pelletiers, qui sont arrivés à la fortune, de la fortune au pouvoir, mais pas un véritable républicain. A Florence, remarque ici un publiciste distingué, le caractère fondamental de la liberté est l'élection; et pourvu que les habitants de la cité aient le droit d'élire les magistrats, et la faculté de parvenir, à leur tour, aux magistratures, ils ne s'embarrassent guère de tracer des limites à un pouvoir qu'eux-mêmes, d'un jour à l'autre, peuvent être appelés à exercer.

Après la conspiration de Boscoli, Machiavel, rentré dans

la vie civile, et négligé par les Médicis de Florence, s'occupait, dans son habitation de la Strada, près de Casciano, de son traité du Prince, et des Discours sur Tite-Live qui ne devaient voir le jour qu'après sa mort. Léon X savait que Machiavel, au camp, en ambassade, dans ses voyages, à Florence, partout où le sort l'avait conduit, s'appliquait à étudier les formes diverses des gouvernements, les mœurs des peuples, le génie des époques, comparant les institutions anciennes aux institutions modernes, cherchant les causes diverses de l'agrandissement et de la chute des vieilles et des nouvelles dynasties, et la raison apparente ou mystérieuse de la conduite de tout ce qui, sous le nom de pape, d'empereur, de roi, de duc, de capitaine, occupait la scène, en Italie, depuis l'expédition de Charles VIII. Il savait que Machiavel avait eu pour ami, pour confident, pour protecteur, Savonarole, César Borgia, Jules II. Plus d'une fois, comme nous l'avons vu, il avait eu recours à Vettori, l'ambassadeur de Florence, pour obtenir du secrétaire de Soderini des renseignements sur la conduite que le saint-siége devait tenir en quelques circonstances difficiles. L'ambassadeur, ami de Machiavel, ne dissimulait pas : il disait, avec toute la franchise permise à un diplomate, celui qui demandait les renseignements ; Machiavel savait fort bien le nom du personnage caché derrière Vettori. Or Léon X, en cette occasion, s'était servi du diplomate pour consulter le publiciste sur la forme de gouvernement à introduire à Florence. Machiavel dut, selon nous, être plus étonné de la confidence du pape que du pardon même qu'il en avait obtenu. C'est la première fois qu'un prince demande des conseils politiques à celui qui voulait le chasser, et le tuer peut-être. Avant de connaître la réponse de Machiavel, nous en faisons une mentalement. Il nous semblait que le complice de Boscoli devait dire à Sa Sainteté : Très-saint-père, Florence veut être libre, rendez-lui le gouvernement dont elle jouissait quand les marchandises du monde commerçant s'entassaient dans les boutiques de la rue Callimala; qu'elle n'ait d'autres maîtres que les maîtres de l'art de la laine; affranchissez-la, et votre nom sera béni. C'eût été le langage d'un républicain : Machiavel ne le tint pas. Il est probable que Léon X connaissait l'ancien secrétaire de Florence, homme de plaisir, amoureux de la table, où il restait beaucoup plus de temps qu'il ne convient à un Spartiate; impatient de cet état d'obscurité et de gêne où il était obligé de vivre, et disposé à faire le sacrifice de principes politiques qui l'empêchaient de rentrer dans l'administration du pays.

Il est certain que Sa Sainteté connaissait la correspondance de Vettori avec Machiavel. Une lettre de l'ancien secrétaire de la république avait dû la frapper vivement : c'est celle où l'écrivain, en retraçant quelques scènes de cette vie toute champêtre qu'il mène forcément à sa villa de la Strada, fait une profession de foi politique qui devait tôt ou tard amener une réconciliation entre les Médicis et le confident ou, si l'on veut, le complice de Boscoli. Qu'on nous permette d'en citer quelques fragments. C'est dans ces pages qu'un hasard providentiel livre au grand jour, pour le malheur du cœur humain, qu'il faut étudier Machiavel; là se trouve le meilleur commentaire qu'on ait fait de son traité du Prince.

« J'habite ma villa, et depuis mes derniers malheurs je ne suis pas allé vingt fois à Florence…. Jusqu'à ce moment, je m'étais amusé à dresser des piéges aux grives; je me levais avant le jour, je tendais des gluaux, et j'allais avec un paquet de cages sur le dos, ressemblant à Gito lorsqu'il revient du port chargé des vivres d'Amphitryon. Le moins que je prenais de grives était deux, le plus sept. C'est ainsi que j'ai passé tout le mois de septembre…. Maintenant, voici la vie que je mène : je me lève avec le soleil; je vais dans un de mes bois que je fais couper, j'y demeure deux heures à examiner l'ouvrage qu'on a fait la veille, et à m'entretenir avec les bûcherons, qui ont toujours à se plaindre de quelque malheur arrivé à eux ou à leurs voisins.... Lorsque je quitte le bois, je me rends auprès d'une fontaine, et de là à mes gluaux, avec un livre sur moi, soit Dante, soit Pétrarque, soit un des petits poëtes tels que Tibulle, Ovide, Catulle. Je lis leurs plaintes passionnées et leurs transports amoureux, et je me rappelle les miens, et je jouis un moment de ce doux souvenir. Je m'en vais ensuite à l'hôtellerie qui se trouve sur le grand chemin; je cause avec les passants, je leur demande des nouvelles de leur pays, j'apprends un grand nombre de choses, et je remarque la diversité qui existe entre les goûts et les esprits de la plupart des hommes. Sur ces entrefaites arrive l'heure du dîner; je mange avec ma famille le peu de mets que me fournissent ma pauvre petite villa et mon chétif patrimoine. Le repas fini, je retourne à l'hôtellerie; j'y trouve ordinairement l'hôte, ainsi qu'un boucher, un meunier et deux charbonniers. Je m'encanaille avec eux le reste de la journée, jouant au cricca, au cric-crac. Il s'élève mille disputes; à mille emportements se joignent des injures, et, le plus souvent, c'est pour un liard que nous nous échauffons et que le bruit de nos querelles se fait entendre jusqu'à Casciano.

» Le soir venu, je m'en retourne au logis et j'entre dans mon cabinet. Je me dépouille, dès la porte, de ces habits de paysan souillés de poussière et de boue; je me revêts d'habits de cour ou de mon costume, et, habillé d'une manière convenable, je pénètre dans l'antique sanctuaire des grands hommes des temps passés.... Je m'entretiens avec eux; je leur demande compte de leurs actions; ils me répondent, et pendant quatre heures j'échappe ainsi à l'ennui, aux chagrins, à la pauvreté.

Et comme Dante a dit : Il n'y a point de science si l'on ne retient ce que l'on a entendu, j'ai noté tout ce qui dans leurs conversations m'a paru de quelque importance, et j'en ai composé un opuscule *de Principatibus*, où je plonge autant que je puis dans les profondeurs de mon sujet, recherchant quelle est l'essence des pouvoirs, de combien de sortes il en existe, comment on les acquiert, comment on les maintient et comment on les perd. Mes services doivent convenir à un prince, et surtout à un prince nouveau ; voilà pourquoi je veux dédier mon livre à la magnificence de Julien.

» Je me consume et ne puis rester plus longtemps dans la même position sans que la pauvreté me rende l'objet de tous les mépris. Je voudrais que les seigneurs de Médicis commençassent à m'employer, dussent-ils d'abord ne me faire retourner que des pierres... Chacun devrait tenir à se servir d'un homme qui a déjà acquis aux dépens des autres l'expérience qu'il possède. On ne devrait pas non plus douter de ma fidélité.... » (M. Périès.)

Voilà l'homme qui, hier, armé du poignard de Brutus, en menaçait les oppresseurs de sa belle Florence. Il ne peut plus vivre dans l'obscurité ; la pauvreté lui pèse comme un insupportable fardeau. A tout prix, il faut qu'il rentre en grâce à la cour de « ses tyrans. » Ce qu'il leur demande, c'est un emploi dans la république, une place à leurs festins, un rang dans leur cortége, et, s'ils jugent tout cela trop beau, une pierre de leur palais à rouler en leur honneur. Comment tant d'obséquiosité, car envers un si beau génie nous n'oserions nous servir du mot propre, n'a-t-elle pu trouver grâce auprès de Léon X? Comment expliquer les refus humiliants que Machiavel essuie, le silence obstiné du pape? C'est que, dans sa villa de la Strada, dans les bois où il rêve de poésie, à la table de son aubergiste, et jusque dans ce cabinet où il évoque les ombres des sages anciens, Machiavel sert deux maîtres : le maître présent, c'est-à-dire le pape, tout-puissant à Florence ; le maître futur, c'est-à-dire le Boscoli qui, tôt ou tard, renversera la puissance des Médicis. Son cœur est républicain, sa plume est monarchique.

Ainsi donc le génie, pas plus que le laurier, ne préserve de la foudre. Machiavel tombe, tout comme son compatriote est tombé trois siècles auparavant. Dante, exilé, voudrait revoir sa patrie, mais les Guelfes veillent sous les armes pour défendre Florence. Alors le poëte, dont Dieu n'a pas daigné écouter les ardentes prières, lève les yeux sur l'empereur Henri VII, « baise, comme il le dit, la terre, » où se sont posés les pieds de son glorieux seigneur, de son très-puissant triomphateur, et il lui crie : « Pourquoi donc tardes-tu ?... Tu ignores donc que ce n'est pas dans les eaux du Pô ni dans les eaux du Tibre que se désaltère cette bête cruelle qu'on appelle Florence, mais dans les eaux de l'Arno qu'elle empoisonne ! C'est la vipère dans le ventre de sa mère !... Éventre la mère pour arracher et tuer la vipère.... »

Voyons donc le plan de constitution que le publiciste a tracé.

« Deux formes de gouvernement peuvent être introduites à Florence : la monarchie et la république. La monarchie est impossible dans tout État où règne l'égalité civile. Florence offre tous les éléments propres au développement du principe républicain. Pour fonder une république, il faut satisfaire trois classes d'individus : la noblesse, la bourgeoisie, le peuple. La chute du dernier gouvernement ne peut être attribuée qu'à la faute que le pouvoir commit en écartant des emplois des hommes qui, par leur naissance, leur fortune ou leurs talents, doivent briller au premier rang. » Dans la combinaison de Machiavel, les places importantes sont dévolues aux hommes de vieille race, et c'est Sa Sainteté qui dirige les choix. La bourgeoisie fait partie intégrante de l'État ; seulement Sa Sainteté a soin de se réserver la nomination des bourgeois comme membres du conseil des Deux-Cents. Puis vient le peuple. Il faut lui rendre, ou du moins promettre de lui rendre une partie de ses attributions : par exemple, rouvrir pour lui la salle des Mille ou des Six-Cents au moins, et lui laisser le droit de nommer à toutes les magistratures, excepté à celle des Soixante-Cinq, des Deux-Cents et du tribunal de la Balia, droit qui appartiendra exclusivement au pape. Et afin que Sa Sainteté soit sûre que ses partisans feront partie des conseils populaires, elle désignera huit *accoppiatori* ou scrutateurs qui dépouilleront les votes en secret, et pourront faire tomber le sort sur ceux qu'elle aura désignés.

Au fait, s'écrie Machiavel, content de son travail, dans le plan que j'ai l'honneur de soumettre à Sa Sainteté, tous les pouvoirs lui sont livrés. Elle fait la paix, elle fait la guerre; elle rend la justice, elle rédige les lois, elle nomme les chefs de l'État, elle dirige les élections.

On pourrait penser que cette constitution imaginée par Machiavel est un piège tendu à la papauté, si l'écrivain ne s'était réservé une place de secrétaire dans ce prodigieux gouvernement, où la vie et les libertés de tout un peuple sont abandonnées au bon plaisir d'un seul homme. Léon X fut plus libéral que Machiavel. Il comprit parfaitement que le secrétaire livrait Florence à l'anarchie; que, le pontife étant mort, pas un Médicis ne pourrait garder le pouvoir. Il laissa donc aux Florentins la constitution qu'il avait trouvée en vigueur lors de son retour de l'exil, mais tempérée par quelques règlements qui limitaient l'action populaire dans l'administration des affaires.

Le livre du Prince, qui devait populariser le nom du publiciste, était achevé depuis plusieurs années, mais ne parut que longtemps après la mort de Léon X. Dans cet ouvrage, où la politique est érigée pour la première fois en véritable science, il ne faut pas chercher autre chose qu'une suite de formules à l'usage des gouvernements, auxquelles Machiavel a voulu donner une valeur dogmatique. On explique de deux manières les prétendus mystères dont on dit que l'historien enveloppe sa pensée : — L'écrivain, dit-on, ressemble au Spartiate qui, pour dégoûter de l'ivrognerie, exposait aux regards un esclave ivre, et pousse à la liberté en montrant la tyrannie dans toute sa nudité ; — le républicain avancé donne aux maîtres momentanés de Florence des leçons qui, réduites en pratique, auront bientôt mis fin à la tyrannie qu'ils font peser sur sa patrie. L'apologiste du secrétaire florentin ne voit donc pas qu'il fait de Machiavel, tout à la fois, un rhéteur et un lâche. Il n'est ni l'un ni l'autre. Machiavel est l'homme de la force brutale, de la ruse, de la fraude, du mensonge, quand le pouvoir a besoin de mauvaises passions pour réussir ; de la clémence, de la générosité, de la liberté, de toutes les nobles inspirations, quand le pouvoir, pour vivre, a besoin de faire de la vertu : la nécessité c'est son dieu, l'homme à la tête du gouvernement ne doit pas en avoir d'autre. Règne-t-il de la veille seulement, il faut qu'il use de clémence, parce que la clémence rallie les partis. Quand il aura gouverné quelque temps, il pourra, s'il en est besoin, répandre le sang ; mais d'abord goutte à goutte. Vivre, voilà toute sa loi ; qu'il vive, n'importe à quel prix. Et la preuve que ce ne sont pas de vains jeux d'esprit ou un piége tendu aux Médicis, que les maximes du Prince, c'est que vous les retrouvez ailleurs aussi effrontément exprimées. Qu'on lise attentivement les chapitres 9, 14, 40 du Ier livre des Discours sur Tite-Live, on y verra toute la doctrine du Prince.

Le moraliste a flétri le chapitre 18, où Machiavel fait un précepte, en matière de gouvernement, de l'hypocrisie, du parjure et de la fraude.

Cette triple condition de vie qu'il impose à tout pouvoir, de quelque source qu'il émane, est indiquée dans le chapitre 13 du livre II des Discours sur Tite-Live.

Et qu'on ne nous dise pas que son catéchisme politique ne s'adresse qu'au monarque : le peuple doit en observer les enseignements, s'il veut se perpétuer au pouvoir ; car, comme dit l'écrivain, l'art de tromper n'est pas moins nécessaire au despote qu'au républicain, et Rome le mettait habilement en pratique, quand elle se vantait de se faire des alliés des peuples qu'elle réduisait en esclavage.

Il ne faudrait pas, pour justifier le traité du Prince, qu'on s'autorisât du privilége que Clément VII accorda à Blado pour l'impression des œuvres du publiciste. Clément VII, Florentin dans l'âme, voulait honorer, dans Machiavel, l'homme de génie. Du reste, il pensait que des livres qui pour être entendus ont besoin du silence et de la réflexion ne peuvent guère troubler la société. L'œuvre du Spinosa politique n'était pas alors comprise : peut-être que la papauté prenait pour un caprice d'artiste une pensée toute sérieuse.

C'est à ce pape lettré que Machiavel dédia son Histoire de Florence, un des beaux monuments de la langue italienne. Le secrétaire ne nous a pas trompés en nous disant, dans sa lettre à Vettori, qu'il évoque les grandes ombres de l'antiquité qui accourent à sa voix ; il a dû plus d'une fois, quand il composait son livre, réveiller Tacite. L'exposition de son histoire est digne du biographe d'Agricola. Comme Tacite, Machiavel est grave, solennel, sobre d'ornements ; et, s'il y eût songé, il aurait pu sans doute nous rendre les livres des Annales que le temps ou l'incurie des hommes a détruits. Personne mieux que lui n'aurait pu comprendre ou deviner les mystères de la vie impériale : et comme il les aurait décrits ! Voyez-le dans son traité qui a pour titre : *De l'art de la guerre*; ne diriez-vous pas qu'il a passé toute sa vie dans les camps ? Lorsqu'il fait de la stratégie, il semble écrire sous la dictée de d'Alviane ou de Pierre de Navarre. C'est lui qui fit comprendre aux Italiens toute l'importance de l'infanterie.

Il est probable que Bossuet, quand il conçut le plan de son Discours, avait sous les yeux le premier livre de l'Histoire de Florence, qui n'a pas de modèle dans toute l'antiquité. L'Italie a raison de s'enorgueillir d'un écrivain qui reste maître de chaque sujet qu'il traite; émule de Lucien dans l'*Asino d'Oro* et les *Capitoli*, supérieur, au témoignage de Voltaire, à Aristophane dans la Mandragore, rival de Plaute dans la Clitia, plus ingénieux que Berni dans les Decennali. Son style sait prendre tous les tons : concis, serré, grave dans ses œuvres de politique; abondant, pittoresque dans son histoire; vif, rapide dans sa vie de Castruccio Castracani; brillant, élégant dans ses comédies; facile, rempli de naturel dans sa correspondance amicale avec Vettori. C'est l'homme le plus complet qu'ait possédé l'Italie, et qui seul a mérité cet éloge gravé sur son tombeau de Santa-Croce :

Tanto nomini nullum par elogium.

PAUL JOVE.

Clément VII, cet autre grand protecteur des lettres, traita Paul Jove plus favorablement encore qu'il n'avait traité Machiavel, et lui conféra le riche évêché de Nocera.

On ne saurait disconvenir que l'expédition de Charles VIII en Italie n'ait été favorable au mouvement des études historiques. Avant cette époque, quelques essais ont été tentés, pour ressusciter cette science, par Paulin de Piero, Dino Compagni et Jean Villani, à Florence; par Dandolo, à Venise; par Æneas Sylvius, que ses talents firent élever à la papauté; par Poggio et Léonard d'Arezzo. Mais ces tentatives, louables sans doute, ne furent point heureuses. Sous la plume de ces écrivains, l'histoire est tantôt une légende, tantôt un journal, tantôt un simple résumé d'événements qu'ils enregistrent sans méthode, sans critique, sans inspiration. A l'apparition de Charles VIII, l'Italie est le champ de bataille où luttent les nations les plus puissantes du monde; le canon et l'épée ont cessé de décider seuls de la victoire : la parole, aidée quelquefois de l'éloquence des Grecs anciens, et, il faut le dire, de la duplicité des Hellènes modernes, est une autre puissance qui combat au moyen des protocoles, des manifestes, des instructions, et qui a ses chefs comme l'arme matérielle a les siens. Grâce aux lettres ressuscitées par les Médicis, l'humaniste n'est plus relégué dans un monde invisible; il peut se mêler à toutes les scènes qui se jouent autour de lui; il peut y prendre même une part active, à l'instar de Machiavel, sous Jules II; en étudier les causes, en faire connaître les acteurs comme Paul Jove et Guichardin.

Avouons que ces lettres ont de glorieux priviléges, puisqu'un pape comme Léon X vient demander une constitution politique au commensal d'un aubergiste de village, au compagnon d'un charbonnier. Il est vrai que cet homme s'appelait Machiavel.

Paul Jove donc avait entrepris d'écrire le récit de cette grande expédition de Charles VIII. Le premier livre de son histoire était à peine achevé, qu'il eut envie de faire le voyage de Rome, et d'en lire quelques fragments à Sa Sainteté. C'était un des élèves de P. Pomponace, un écolier d'imagination, de beaucoup de mémoire, et qui s'était occupé de grec et de latin, et même de médecine. Paul Jove venait à Rome sans aucune lettre de recommandation : il n'eut besoin que de décliner son nom, celui de son précepteur et le sujet de sa demande, pour obtenir une audience du pape. S'il eût été ambassadeur, le maître des cérémonies l'aurait fait attendre ; mais toutes les portes du Vatican s'ouvraient à ce qui se recommandait des Muses. Il eut donc son audience dans l'appartement de Sa Sainteté, ce jour-là rempli de lettrés. Paul Jove lut plusieurs pages de ses annales, et, la lecture finie, Léon X affirma qu'après Tite-Live aucun historien ne lui semblait plus éloquent que Paul Jove. L'écrivain ne tarda pas à recevoir, comme encouragement, le titre de chevalier, une pension, la chaire de philosophie au gymnase romain, en attendant d'autres récompenses qu'il eût obtenues si la mort n'était inopinément venue surprendre Léon X. Clément VII acquitta la dette de son cousin. Paul Jove obtint successivement un logement au Vatican, la dignité de chantre de l'église de Côme et l'évêché de Nocera. Depuis sa réception au palais de Léon X, il s'était mis avec ardeur au travail, encouragé d'ailleurs par Sadolet et Bembo. L'œuvre s'avançait : elle était presque achevée quand Rome fut assiégée par le connétable de Bourbon. Les soldats pillèrent la maison de l'évêque. Il lui restait un trésor qu'il avait caché, avec son service de table, dans l'église de la Minerve. En fouillant ce sanctuaire, deux officiers espagnols, Herrera et Gamboa, découvrirent la cassette. Gamboa prit l'argenterie ; Herrera s'empara du manuscrit, qu'il se hâta de porter à l'auteur, et dont il demandait un prix élevé. Paul Jove ruiné, n'ayant pas de quoi payer la rançon de son livre, s'adressa à Clément VII, qui, tout aussi pauvre, proposa à l'officier espagnol Herrera un bénéfice à Cordoue en échange du manuscrit : le marché fut accepté. L'histoire de Paul Jove n'était pas rachetée trop chèrement. Paul Jove est un historien philosophe qui ne se contente pas, comme on a fait jusqu'alors, d'exposer des faits, mais qui cherche à les expliquer : il apprécie les mœurs, les coutumes, les institutions des peuples divers dont il parle ; et ces peuples, c'est le monde entier. Il a décrit avec un soin extrême le passage des Français à travers les Alpes sous la conduite de François Ier. Et, dans le récit de cette glorieuse expédition, son style s'anime, se colore, et semble se précipiter comme nos soldats en attaquant et en franchissant les pics de glace que la nature leur opposait pour barrière. Il est malheureux que nous ayons perdu cinq livres de ces annales, les plus fertiles en grands événements : nous aurions voulu voir comment il aurait peint Jules II.

Jamais historien n'eut moins soin de sa réputation que Paul Jove. Il se représente languissant dans le repos, parce que personne ne s'offre pour l'acheter ; il a besoin de manger deux fois par jour, la soupe à chaque repas, et de se chauffer de la Saint-François à la Saint-Grégoire ; et en vérité, dit-il, bien fou qui s'alambiquerait la cervelle à ses dépens.

Ailleurs il se vante de donner aux uns de riches brocarts, aux autres un mauvais sarrau, et il s'écrie, dans un accès d'humeur presque gasconne : Malheureux qui me provoquent ; je vais faire venir ma grosse artillerie, et nous verrons à qui restera la victoire !

Il parle dans une de ses lettres de la plume d'or et de la belle encre dont il va se servir pour raconter la vie de Henri II, roi de France.

Il serait difficile de défendre l'honneur d'un écrivain qui se vante ainsi de sa vénalité : qui sait ? peut-être y a-t-il de la forfanterie jusque dans cette prétention à la malignité. Il nous semble à nous, qui avons lu ses ouvrages, qu'il vaut mieux que sa réputation. Un historien qui prend plaisir à mentir n'en appelle pas, comme Paul Jove, en tête de son livre, au témoignage de ceux dont il écrit la vie, et, avant de publier son ouvrage, il n'a pas soin de l'adresser à l'un des capitaines les plus illustres de l'époque, qu'il veut consulter sur la guerre où fut engagée Venise. Il loue franchement la bravoure de nos soldats quand ils viennent pour la seconde fois, sous François Ier, envahir le Milanais; il prend parti pour le duc d'Urbin qui se révolta contre le saint-siége; il dit à haute voix les défauts de Léon X, ménage les Frateschi, ennemis des Médicis; proclame la générosité, la vertu, le courage partout où il les trouve, et appelle du nom de monstre Christiern, roi de Danemark. Il est vrai, comme le remarque Thomas, que Christiern, ce Néron du Nord, était alors détrôné et enfermé dans une cage; mais la cage pouvait être brisée d'un jour à l'autre.

Des libéralités de Clément VII, des présents des princes étrangers, et du revenu de son évêché, où il n'avait jamais résidé, Paul Jove avait acheté la villa Pliniana sur les bords du lac de Côme, dont il avait fait un palais ou plutôt un musée. Il a décrit sa maison de campagne en poëte, en peintre, en archéologue : c'est un morceau achevé de style que cette description.

On voit, à travers les blanches eaux du lac, d'énormes tronçons de colonnes, des pyramides à demi brisées, des fragments nombreux de statues antiques; au milieu, une île remplie de pommiers, séjour de cette vierge toujours jeune que les Grecs nommaient Écho, qui répond par deux fois quand on l'interroge; près des bords, et pendante sur la colline, une villa rafraîchie par de doux zéphyrs; dans cette habitation rurale, une salle à manger où président Apollon et les Muses; à côté, une salle dédiée à Minerve, et ornée des statues de Pline l'Ancien, de Cécilius, de Rufus

Cellinius, d'Attilius le Grammairien ; puis la bibliothèque, formée de livres choisis, l'appartement des Sirènes, la salle des trois Grâces.

Dans le lointain, ce sont des montagnes qui s'inclinent en rampes verdoyantes, étincellent au soleil, et dont les fleurs portent jusqu'au lac de Côme leurs doux parfums; dans les vallées, des vignes, des pins, des oliviers, des myrtes, des orangers, des arbres de toutes sortes; sur le dernier plan, des rocs de granit à la tête chenue, des neiges éternelles, des glaciers aussi vieux que le monde; et au-dessus de ce paysage, le pavillon lumineux du ciel de l'Italie.

C'est dans cette retraite que Paul Jove composa son livre des Éloges, véritable musée où il a fait entrer le grand capitaine et le philosophe, le théologien et le poëte, l'orateur et le médecin, des empereurs et des doges, des moines et des reines. Quand on apprit que l'évêque avait conçu l'idée d'un semblable livre, chacun voulut avoir l'honneur de figurer dans sa galerie. Hercule Gonzague lui envoya les portraits du Mantouan et de Pomponace; un Musulman, celui de Mahomet, par Gentile Bellini; Vasari, les bustes des principaux personnages de l'antiquité; Fernand Cortez, une émeraude en forme de cœur, sans doute pour que Paul Jove fît usage de sa belle plume en le peignant; et l'Arétin s'envoya lui-même, après avoir posé devant le Titien, afin que l'historien épargnât au moins la figure de celui qui se nommait le fouet des princes.

GUICHARDIN.

Comme Paul Jove, Guichardin a raconté les événements dont l'Italie avait été le théâtre depuis l'expédition de Charles VIII; mais il a plus d'un avantage sur son rival. D'abord, la plupart des faits dont il donne le récit, il les a vus; puis la langue dont il se sert est l'idiome vulgaire; enfin les charges politiques dont l'ont investi ses maîtres ont dû lui livrer des secrets qu'un autre ne pouvait connaître.

Il était fils de Pierre Guichardin, citoyen de Florence, que l'empereur Sigismond avait décoré du titre de comte palatin. Bien jeune, nous le trouvons à Pise, à Ferrare, à Padoue, étudiant le droit civil, et à Florence, après qu'il a reçu le grade de docteur, expliquant les Institutes de Justinien. C'est un jeune homme grave, studieux, austère dans ses mœurs, sévère dans ses vêtements, sobre à table, et ardent au travail. Il avait à peine trente ans quand la république lui confia l'ambassade d'Espagne; il s'acquitta de cette mission avec tant de bonheur, que le monarque lui fit présent d'un service d'argenterie d'un grand prix. A l'élévation de Léon X, il fut chargé de complimenter le nouveau pape; le discours qu'il tint à Sa Sainteté était plein de noblesse; la cour de Rome en fut enchantée, et Léon X, en présence des cardinaux, témoigna tout son contentement à l'orateur. Plus tard, en 1515, lorsque le pape passa par Florence pour se rendre à Bologne, où François Ier et sa suite étaient attendus, Guichardin eut l'honneur de le complimenter, à Cortone, au nom de la république. Le lendemain, il était nommé avocat consistorial de Sa Sainteté.

Pour comprendre le prix de cette faveur, il faut savoir que Guichardin était un des habitués des jardins Rucellaï; républicain de cœur, partisan des Frateschi, et favorable à Savonarole; âme honnête, du reste, qui n'aurait jamais pris le poignard de Boscoli pour affranchir son pays, et incapable de trahir la confiance même d'un pape, quoiqu'il ressemblât à ces vieux sénateurs de Venise, toujours en arrêt contre la politique de Rome. Léon X connaissait parfaitement les opinions de Guichardin, et il n'hésita pas à lui confier le gouvernement de Modène et de Reggio. Guichardin exerça cet emploi en homme habile ; revêtu d'une double autorité, il sut se faire respecter et aimer, comme gouverneur militaire et comme administrateur civil. Adrien VI n'eut pas peur des talents littéraires de l'historien, et Clément VII les récompensa plus généreusement encore que ses deux prédécesseurs, en le nommant président de la Romagne.

Quelque temps avant de mourir, Guichardin fit appeler un notaire auquel il dicta ses dernières volontés. Comme le moribond gardait le silence sur l'histoire qu'il laissait en manuscrit, le notaire lui demanda ce qu'il fallait en faire. — La brûler ! répondit Guichardin.

Les intentions de l'auteur ne furent pas exécutées, heureusement pour la gloire de son nom et de l'Italie. L'ouvrage, qui ne contenait d'abord que seize livres, fut imprimé par A. Guichardin, neveu de l'historien, en 1561. Il y manque un grand nombre de passages et des chapitres entiers, entre autres celui qui a pour titre : *Des droits du saint-siége sur Parme et Plaisance*, que l'auteur vraisemblablement n'aurait jamais publié, et que des éditeurs ennemis du saint-siége ont rétabli dans les éditions postérieures. Il y avait dans cette âme si belle, si noble, un vieux levain de haine, non pas contre la papauté, mais contre la cour de Rome. En lisant quelques-unes de ses lettres, on surprend dans Guichardin de petits mouvements de vanité indignes d'un homme pareil. Il est possible qu'il ait pensé que la papauté n'avait pas assez généreusement payé les services qu'il lui avait rendus; de là des boutades d'humeur contre Léon X, et même contre Clément VII : c'est une faiblesse qu'il a rachetée bien souvent par l'expression d'une franche admiration pour les vertus de ces deux grands pontifes.

Il est presque aussi difficile de se défendre de la flatterie que de la malignité : quelquefois la malignité n'est qu'une flatterie déguisée envers un parti. En niant les droits du saint-siége sur Parme et Plaisance, Guichardin croyait faire sa cour aux Florentins, aux Vénitiens, à tous ceux qui feignaient d'avoir peur de l'ambition de la cour de Rome. On lui reproche d'avoir parlé en termes trop amers des Français: nous concevons la haine du républicain contre l'étranger; mais nous ne voudrions pas qu'elle l'aveuglât au point de ne lui faire voir dans Charles VIII qu'un prince difforme. Bezzuoli, le grand peintre de Florence, est tombé dans un excès contraire; il a donné à ce monarque une véritable tête grecque.

Juste-Lipse a accusé Guichardin de prolixité. Le récit de la guerre de Pise est d'une longueur démesurée; Boccalini en a fait une critique ingénieuse, en feignant que le sénat de Laconie imposa comme châtiment à un Spartiate qui avait employé trois mots quand deux auraient suffi, de lire en entier cette description, supplice auquel il préféra les galères.

Mais que sont ces taches, comparées aux beautés dont étincelle son histoire? Nul parmi les anciens n'a semé sa narration de réflexions plus profondes; Guichardin est un historien philosophe qui exerce la raison encore plus que l'imagination. L'étude des lois lui a donné du calme et de l'austérité; on s'aperçoit aisément, en le lisant, qu'il a suivi Savonarole au couvent de Saint-Marc, car il fait à chaque instant intervenir la Providence dans la conduite des choses humaines. Comme il a vécu sur le champ de bataille, au sénat, au milieu du peuple, parmi les grands, il a sur ses rivaux une incontestable supériorité, c'est qu'il parle avec connaissance de cause de toutes les matières qu'il traite. Nourri des écrivains antiques, de Tite-Live surtout, il aime avec trop de passion la harangue. Quelques-unes de celles qu'il met dans la bouche de ses personnages sont de véritables chefs-d'œuvre. On cite surtout celle de Gaston de

Foix avant la bataille de Ravenne; elle n'a qu'un défaut, c'est d'être trop longue. A vingt-quatre ans, quand on est Français et qu'on a devant soi l'ennemi, on ne perd pas son temps à faire des phrases. L'antiquité a porté plus d'une fois malheur aux historiens de la renaissance. Ce malheur était inévitable.

CHAPITRE XXXI.

POÉSIE. — POETES.

L'art, à la renaissance, ne pouvait pas éviter de tomber dans le paganisme.— L'*Arioste* à Rome est reçu par le pape.—Ce qu'il aurait voulu obtenir de Sa Sainteté. — Bulle du pape contre ceux qui réimprimeraient le Furioso. — L'Arioste à Ferrare. —*Vida*, que Giberti conduit à l'audience de Sa Sainteté, est encouragé et récompensé.—Le pape applaudit à l'idée de la Christiade.— Jugement sur ce poëme. — Vida dans son évêché. — *Sannazar* partage l'exil de son souverain, vient en France, et retourne en Italie après la mort de Frédéric. — Son poëme sur l'Enfantement de la Vierge. — Ses églogues. — Sannazar à Naples.

L'ARIOSTE.

Nous revenons toujours à Savonarole; Savonarole est plus qu'un moine, c'est une idée. Comme il se plaignait éloquemment en chaire de ce matérialisme païen qui s'était introduit à Florence jusque dans la poésie, cette langue angélique qui, pour parler au chrétien, n'aurait dû, disait-il, employer jamais que des images chrétiennes! Le zèle emportait le prédicateur, qui malheureusement ne comprit pas que le sensualisme qu'il déplorait était une fatalité à laquelle l'art ne pouvait échapper. Si l'art n'existait réellement que dans le monde païen, c'était là seulement qu'on pouvait aller le surprendre. Voyez ce qui se passe! L'intelligence qui veut connaître les phénomènes de la pensée, l'analyse des opérations de l'entendement, vient attendre sur les bords du Lido l'une de ces barques qui conduisent chaque jour à Venise quelque Hellène fugitif : à l'un de ces Grecs chassés violemment de Constantinople, elle emprunte Platon, à l'autre Aristote, les deux grandes divinités de l'imagination et de la raison. Pour étudier l'histoire, elle n'a que Tacite, Tite-Live, Xénophon, Thucydide; pour comprendre les miracles antiques de la parole sur la multitude, il faut qu'elle s'attache à Démosthène, à Cicéron; veut-elle chanter en vers, Virgile, Homère, Horace, Ovide, doivent l'inspirer; a-t-elle envie de jouer sur la scène quelques-uns des ridicules de la société, il faut qu'elle lise Aristophane, Plaute ou Térence; comme le frère de Saint-Marc, est-elle chargée de donner une constitution au peuple florentin, tout d'abord on lui demandera si elle connaît la législation romaine; à l'imitation de Pontano, essaye-t-elle de mettre en dialogue les sottises des lettrés, de toute nécessité il faut qu'elle aille à l'école de Lucien.

Suivez-la bien, cette intelligence; la voici en contemplation devant un de ces fragments de marbre achetés si cher par Laurent le Magnifique, qui l'a placé dans son musée de Saint-Marc : mais ce marbre est grec; l'artiste qui le fouilla, Grec, et l'individualité qu'il représente, grecque encore. Si l'intelligence voyageuse, comme elles le sont toutes à cette époque, veut aller à Rome pour assister aux fouilles du Campo Vaccino, que verra-t-elle sortir de terre sous la pioche du fossoyeur? une colonne du temple de la Paix, une statue de Vesta, une frise de l'arc de Sévère, des dieux de l'enfer, du ciel, des eaux, de l'air, tout le monde idolâtre. Esprit et matière, œuvres émanées du cerveau, ou faites de main d'homme, édifices et livres, tout ce qu'elle voit, tout ce qu'elle touche, tout ce qu'elle respire, tout ce qui tombe sous la vue ou sous le sens dans l'empire de l'art, est issu du paganisme. Comment, dans cette atmosphère païenne, garderait-elle la robe chrétienne qu'elle reçut au baptême? cela est impossible. Sous cette couche de poussière mythologique, elle va trouver l'art, et l'art sous des formes dont le christianisme ne peut encore lui offrir que d'imparfaits rudiments : est-il donc surprenant que, pour dérober à l'antiquité ses secrets, l'intelligence se soit faite païenne?

Ecoutons le cardinal Bessarion écrivant à « Démétrius et Andronic, fils du sage Gémiste : »

« J'ai appris que notre père et précepteur, s'étant dépouillé de tout ce qu'il avait de terrestre, s'est envolé vers les cieux dans un lieu de pureté pour y danser avec les dieux célestes la danse mystique de Bacchus. Je me félicite d'avoir eu commerce avec un si grand homme. La Grèce n'en a point produit de plus sage depuis Platon, si vous en exceptez Aristote; de sorte que si l'on veut admettre le sentiment de Pythagore sur la descente et le retour éternel des âmes, je ne ferai point de difficulté d'avancer que l'âme de Platon, engagée par les liens indissolubles du destin, pour achever la période de ses révolutions, avait choisi Gémiste pour sa demeure. »

Nous voudrions savoir ce que Savonarole aurait pensé de Bessarion, s'il eût connu cette épître; assurément il en aurait fait un païen et aurait brûlé la lettre dans le même bûcher qui consuma par son ordre les œuvres de Boccace et d'Ovide. Il aurait eu tort; Bessarion, trop plein de son vieil Homère, dont il veut ressusciter la langue en Italie, parle comme un prêtre de l'antique Samos, parce qu'il a besoin de raviver dans l'âme des fils de Gémiste cette flamme poétique qui s'alluma au foyer de la Grèce antique. Dira-t-on qu'il croyait à Bacchus, à Pythagore; qu'il écrivait une profession de foi? Non sans doute! Bessarion faisait de la mythologie dans son épître, tout comme Jean d'Udine en faisait sur les murs du Vatican : c'est la forme dont l'un et l'autre poursuivaient la réhabilitation. Si un saint évêque a dû succomber au paganisme, attendons-nous à trouver dans les poëtes de la renaissance, italiens et latins, toutes les folies de langage dont n'a pu se préserver une âme chrétienne comme celle de Bessarion. Quand donc Léon X encourage une littérature où domine l'élément païen, après les protestations qu'il a faites au concile de Latran contre le naturalisme, ne nous hâtons pas de le condamner; étudions son époque, et, si à l'aide de cet élément profane il a su donner aux lettres et aux arts une impulsion profonde, croyons que mieux qu'un autre il connaissait l'instrument dont il se servait.

Quand, sur cette muraille de soixante pieds, toile que le pape avait donnée à Michel-Ange pour peindre le Jugement dernier, nous vîmes pour la première fois Caron conduisant les âmes dans sa barque, notre foi murmura contre le grand artiste; mais nous nous rappelâmes bientôt les vers de Dante, qui place le nautonier dans son enfer.

Ainsi, l'un des premiers, Dante a consacré la formule païenne.

Parmi les poëtes qui brillèrent à la cour de Léon X, et qui sacrifièrent trop souvent au naturalisme, tous ne méritent pas également d'attirer notre attention. S'il en est dont la gloire n'aura pas de fin, on en compte beaucoup d'autres qui firent un moment quelque bruit en Italie, mais dont la renommée n'a pas mérité de traverser les Alpes. A ceux-là quelques mots de souvenir suffiront. Tiraboschi, en exhumant leurs noms, n'a pu leur donner l'immortalité. C'est en vain que l'Arioste s'écrie : « Dis-moi que tous les jours je pourrai m'entretenir avec Bembo, Sadolet, Paul Jove, Cavallo, Blosio, Molza, Vida et Tebaldeo. »

Bembo, Sadolet, Vida, Paul Jove, Molza peut-être, n'avaient pas besoin du poëte pour vivre dans l'éternité; mais Blosio et Tebaldeo, qui oserait leur dire : Lève-toi et marche?

En 1513, l'Arioste avait fait le voyage de Rome, pour joindre sa voix à celles des lettrés qui célébraient comme un bonheur public l'exaltation de Léon X. Le pape connaissait l'Arioste, qu'il avait vu plusieurs fois à Ferrare; et, s'il faut en croire le poëte, le cardinal de Médicis lui aurait fait de brillantes promesses qu'il ne tint pas lorsqu'il fut devenu pape. Quelles étaient ces promesses?

Il est facile de comprendre l'Arioste; il attendait, dit-on, un chapeau de cardinal. Rolli attribue le refus de Léon X au ressentiment dont le pape avait hérité de Jules II contre le duc Alphonse, protecteur de l'Arioste. Du reste, le poëte ne nous a pas mis dans la confidence de toutes ses espérances. Il venait à Rome aussi pour obtenir de Sa Sainteté une bulle contre ces forbans qui, sous le nom de libraires, traitaient les auteurs comme les lansquenets leurs prisonniers. Il achevait en ce moment son *Furioso*, cette épopée romanesque qui devait donner au monde poétique un second Homère. Le pape embrassa tendrement sur les deux joues l'Arioste, et lui promit une bulle dont il paya la moitié des frais. On conçoit la mauvaise humeur et le serment du poëte de ne pas revenir dans une ville où, pour toute récompense, il reçoit sur les joues un baiser pontifical.

A-t-il dit toute la vérité? nous en doutons. Ce n'est point un froid baiser qui nous aurait valu de sitôt ces beaux vers que nous écoutons dans un ravissant silence, mais bien, comme le remarque ici Gabriel Simeoni, les ducats dont le pape fit don à l'auteur pour imprimer le *Furioso*. Simeoni a raison, et l'Arioste lui-même a reconnu plus tard les bienfaits de Sa Sainteté. Il lui écrivait de Ferrare en 1520 : « Je serais bien ingrat si je n'avouais les services signalés que m'a rendus Votre Béatitude. » En fait de services, ce sont les dons pécuniaires que prisait l'Arioste, parce que, comme il le dit ailleurs, avant qu'Alphonse l'eût fixé définitivement à Ferrare, il menait une vie fort dissipée.

Le Furioso, achevé vers la fin de 1515, parut à Ferrare en 1516, in-4º, chez Mazzocho, qui le premier fit usage en cette ville de caractères grecs. Le poëte eut soin de placer en tête de son œuvre la bulle de Léon X, qui punit d'une amende de 200 florins tout imprimeur assez hardi pour reproduire le Furioso sans la permission de l'auteur. On a pu s'étonner avec quelque raison que le chef de l'Eglise prît tant de souci d'un poëme où La Fontaine a trouvé le sujet de quelques-uns de ses contes. Il est certain que le Roland de 1515 ne ressemble pas à celui que nous avons si souvent traduit; il n'avait d'abord que quarante chants; l'Arioste le fit reparaître en 1532 en quarante-six chants, avec de notables changements.

On connaît le mot intraduisible que l'on prête au cardinal d'Este qui venait d'achever la lecture du Furioso : « Où diable, seigneur Arioste, avez-vous pris toutes ces extravagances? » Le mot a fait fortune aux dépens du prélat : il est probable qu'il ne s'en est jamais rendu coupable. D'abord, mieux qu'un autre, Hippolyte d'Este, poëte et musicien, devait être sensible aux magnificences de toutes sortes que la muse de l'Arioste a répandues dans son ouvrage. Trente ans s'étaient écoulés depuis l'apparition de l'Orlando innamorato de Bojardo, et trente-quatre depuis celle du Morgante de Pulci. Il connaissait ces deux ouvrages, et on le fait parler comme si les géants, les fées, les paladins, les enchanteurs, venaient d'être trouvés par l'Arioste. C'est une impertinence qu'il n'a pas dite, et d'autant plus invraisemblable que, vaniteux comme il l'était, il devait être flatté des fines louanges que le poëte donne à la maison d'Este. Si les archives de cette famille pouvaient un jour se perdre, on les retrouverait dans le Furioso de l'Arioste.

A Ferrare, où il venait de se fixer, notre poëte avait trouvé la médiocrité, c'est-à-dire le bonheur. Nous le voyons remuer des vers, des pierres et des fleurs. Les vers étaient ceux de son Orlando; les pierres, celles de la petite maison qu'il se bâtissait, et les fleurs, celles du jardin, un des ornements de l'habitation. On dirait, en lisant son poëme, que les vers ne devaient pas plus coûter à l'Arioste qu'à quelques-uns de ses héros les grands coups d'épée qu'ils s'amusent à distribuer. Il n'en est rien pourtant. A cette imagination de fée, l'expression n'arrivait qu'après de longues fatigues de cerveau, que prouvent assez les nombreuses ratures dont son manuscrit est couvert. Il n'est pas de stance qu'il n'ait soumise à la critique éclairée de ses nobles amis de Rome, Bibbiena, Navagero, Sadolet, Bembo.

Sa maison était petite, mais propre et reluisante au soleil. On connaît l'inscription latine qu'il avait fait placer sur la façade de l'édifice :

> Parva, sed apta mihi, sed nulli obnoxia, sed non
> Sordida, parva meo sed tamen ære domus.

Il en avait été l'architecte, car il ne se mêlait pas seulement de poésie; il faisait le Vitruve, et présidait à l'œuvre dont il avait donné le dessin. Comme on s'étonnait que l'artiste qui, dans son poëme, avait bâti tant de palais enchantés, se fît une demeure si modeste, il répondit en riant que les vers coûtaient moins cher que la pierre. Cette pierre était à lui au moins; elle ne devait rien à personne, car il l'avait payée de ses deniers. A côté était un petit jardin qu'il aimait à bouleverser, et auquel il faisait violence comme à sa muse quand elle était rebelle. Son fils nous le représente traitant son parterre comme son poëme, défaisant le lendemain ce qu'il avait construit la veille, se regardant comme le père de chaque fleur qu'il avait semée, et dont il ne connaissait souvent pas la racine. Un jour qu'il se penchait pour assister à l'éclosion de câpriers, il fut fort étonné de voir sortir de terre une tige de sureau.

VIDA.

Un jour Giberti (Jean-Mathieu), l'évêque de Vérone, lisait à Léon X quelques pages du poëme des Échecs : *De Ludo Scacchiæ*. Le pape écoutait attentivement, émerveillé du bonheur d'expression avec lequel l'auteur avait rendu des détails techniques qui semblaient rebelles à l'art du versificateur. Tout à coup, à la vue de ces pions qui se meuvent, parlent, agissent comme les héros de l'*Énéide*, le pape s'écria qu'il fallait avoir un dieu dans le corps pour animer ainsi une figure taillée dans le bois. Il voulut connaître le nom du thaumaturge, et il apprit qu'il s'appelait Jérôme Vida, chanoine du monastère de San-Pietro del Po, à Crémone, sa ville natale ; que, depuis la mort de Jules II, il habitait Rome, où il cultivait les sciences théologiques ; qu'il était d'une conduite exemplaire, simple dans ses goûts, passionné pour l'étude, et cherchant ses inspirations sous les beaux pins dont les jardins de Martial étaient remplis. Le lendemain Giberti présentait son favori à Léon X. Vida n'ignorait pas qu'il allait trouver dans Sa Sainteté un poëte et un amateur d'échecs. Il n'est pas étonnant qu'il tremblât. Mais il se rassura bien vite quand il entendit le pape réciter quelques vers de l'élégie sur la mort de Séraphin Aquilano, début poétique de la muse de Crémone. On causa de poésie pendant quelque temps. Léon X, malgré toutes ses sympathies pour l'antiquité, croyait le moment venu où le poëte devait quitter cet Hélicon, vieux de plusieurs mille ans, pour gravir le Golgotha. « Il y avait, disait-il, une épopée magnifique enfermée dans la crèche de Bethléem, la *Christiade*, c'est-à-dire le monde échappant au démon ; l'humanité coupable rentrant en grâce auprès de Dieu et réhabilitée par le sang de Jésus ; la Croix, symbole et instrument de civilisation. Arrière les livres païens ! Il n'y a qu'un livre que le chrétien doive ouvrir pour y chercher des sujets dignes d'un enfant de Dieu. » Cette idée grande et majestueuse sourit au poëte, qui promit à Léon X une épopée chrétienne, et sur-le-champ se mit à l'œuvre ; « œuvre périlleuse, comme il le dit, et qu'il n'aurait jamais entreprise si deux grands papes de la famille des Médicis, Léon X et Clément VII, ne lui eussent, l'un indiqué le sujet, l'autre assigné le terme de son poëme. »

Le pape avait compris qu'au poëte biblique il fallait un monde qui ne ressemblât pas à celui de la Rome antique, une sorte de Thébaïde où la divinité mythologique ne posât jamais le pied, à l'abri de la poussière et des distractions des grandes cités ; une retraite pleine de beaux arbres, d'eaux écumeuses, de doux silence. Il l'eut bien vite trouvée. Le prieuré de Saint-Sylvestre, à Frascati, était vacant : il y nomma Vida, et Vida se mit en route après avoir pris congé, d'abord de Sa Sainteté, puis de Giberti, son protecteur ; puis de Bembo et de Sadolet, qui probablement enviaient son bonheur. Ils avaient raison, car il venait « de trouver des arbres touffus, des sources d'eau vive, des cascades, de la mousse, un notus frémissant à travers le feuillage de ces pins qui viennent si bien sous le soleil de Rome. » Que pouvait-il désirer de plus ? C'est là, dans ce fortuné séjour, que le poëte commença sa *Christiade*. Quand il était content de sa muse, il prenait le chemin de Rome, allait droit au Vatican, et demandait à parler à Sa Sainteté. En qualité d'humaniste, il avait ses libres entrées au palais pontifical. On assure que lorsque Léon entendit l'invocation du premier chant, il dit tout haut :

> Cedite romani scriptores, cedite graii !
> Nescio quid majus nascitur Iliade.

Distique, du reste, dont on a salué chaque poëme épique né depuis Homère, qui restera toujours sans rival.

Il ne faut pas prendre à la lettre le compliment de Léon X : comme humaniste, le pape n'était pas infaillible. Sans doute il y a dans l'œuvre de Vida de grandes beautés, et des beautés diverses de style, de pensées, d'idées ; mais, à tout prendre, l'eût-il écrit dans la langue italienne avec cette pureté de diction que possédaient Berni, l'Arioste, Bembo, nous doutons qu'il eût détaché un seul diamant de la couronne d'Homère. Toutefois il ne faut pas oublier que le Tasse a copié presque textuellement de Vida la peinture de l'assemblée des démons, qui ouvre le quatrième chant de la *Jérusalem délivrée*, et la harangue de Pluton. C'est la plus belle louange qu'on puisse faire du talent de Vida. Ailleurs, il emprunte à l'un des hymnes du prieur une délicieuse comparaison, ou plutôt un véritable tableau : le vase enduit de miel que le médecin présente aux lèvres du malade.

La grande image du Pandémonion, que Milton avait tirée du Tasse, appartient à Vida ; on connaît cette strophe de la *Jérusalem* :

> Chiama gli abitator dell' ombre eterne.

Vous allez en retrouver l'expression dans le poëme de la *Christiade* :

> ..... Ecce igitur dedit ingens buccina signum
> Quo subito intonuit cæcis domus alta cavernis
> Undique opaca, ingens ; antra intonuere profunda,
> Atque procul gravido tremefacta est corpore tellus.

Ce que personne n'aurait pu dérober à Vida, c'est son inaltérable douceur de caractère, sa piété sans faste, son amour pour son vieux père, sa reconnaissance pour Giberti son protecteur, son culte pour Léon X. Au milieu de toutes les séductions de la nature qui l'enchaînèrent plus tard à Frascati, il aimait en imagination à revoir les lieux de sa naissance, à baiser au front sa mère, à presser sur son cœur les blancs cheveux de son père. Il a peint en vers touchants les angoisses d'un fils à leurs derniers instants. Le poëte paraît dans cette scène suprême au moment où, comme l'oiseau voyageur, il rentre dans le nid paternel pour jouir de la surprise de ses parents, leur montrer les marques de dignités que lui conféra son souverain, leur crier : « Me voici ! » et tomber dans leurs bras. Les souvenirs de piété filiale reviennent souvent dans les récits de Vida, et portent véritablement bonheur au poëte, qui possédait une qualité assez rare chez les écrivains de sa nation, la mélancolie.

Quand il aimait, c'était de toute la force de son âme. Un jour Giberti venait de quitter Rome pour aller au loin remplir des missions dont le pape Clément VII l'avait honoré. Ce fut un coup terrible pour le cœur de notre poëte, qui ne put dire adieu à son noble ami ; les sanglots l'étouffaient. Après les larmes viennent les vers, et ils sont attendrissants. « Reviens, dit Vida, reviens bien vite ; peut-être que lorsque tu seras de retour j'aurai dépouillé mon enveloppe mortelle ; mais je ne te quitterai pas : mon âme t'accompagnera sur les montagnes de neige et sur les pics de glace. Si, dans ta patrie, ma tombe s'offre à tes regards, donne à mon ombre un souvenir; car je ne te demande pas des larmes, ce serait trop de vanité! Tu diras : J'aimais jadis cette poussière; et la terre me sera légère, et je dormirai en paix dans la mort. »

Vida eut un jour une tentation belliqueuse. Léon X encourageait les princes chrétiens à se liguer contre les Turcs. Le poëte rêvait déjà la chute du Croissant, et, dans sa joie, il voulait s'associer à ce triomphe des armes chrétiennes.

« Oui, disait-il à Léon X, j'irai où m'appelleront Bellone et Mars ; de mon glaive flamboyant j'enfoncerai les escadrons ennemis. — J'ai du cœur, du sang, de l'audace, du sang-froid : le barbare tombera sous mes coups. »

Vida se rappelait qu'il avait étudié à l'école de Jules II. Nommé par Clément VII évêque d'Albe, dans le Montferrat, un jour, du haut des tours de son église, il voit venir les Français, qui se jettent en furieux sur la ville, emportent le rempart, surprennent les Impériaux qui fuient de toutes parts. L'évêque n'a pas peur; il avait fait ses campagnes dans son poëme des *Échecs*. Il réunit les habitants, les harangue, fait sonner la charge, repousse les Français et délivre la cité. Mais bientôt la famine se fait sentir dans Albe, qui manque de pain; l'évêque vend jusqu'à son dernier vêtement pour en procurer aux malheureux; et, de peur que le fléau ne vienne de nouveau affliger la ville, il sème des fèves dans les champs voisins et jusque dans le jardin de l'évêché, et s'adressant à la terre : « O terre bienfaisante ! dit-il, garde-toi de tromper la semence que ma main te confie. Du haut de mon palais, je promènerai bientôt les yeux sur la plaine, et mon cœur battra de joie à la vue des malheureux, dont l'un cueillera, l'autre mangera, un autre encore emportera sur ses épaules ces vertes dépouilles. »

Les fèves prospérèrent : au printemps suivant, le champ

désolé était couvert de milliers de petites fleurs blanches, gage assuré d'une abondante moisson, et le bon évêque bénissait la Providence : il était sûr que ses pauvres ne mourraient pas de faim. A midi la cloche du palais sonnait, et l'on voyait arriver les commensaux ordinaires de l'évêque, des indigents auxquels il distribuait la nourriture quotidienne, puis il se mettait à table. Il ne mangeait qu'une fois par jour, et jamais de viande ni de poisson. Il avait écrit au-dessus de sa salle à manger : « *Etranger, si tu n'as pas peur d'un plat de légumes, viens, assieds-toi près de moi.* » L'étranger n'acceptait pas l'invitation.

SANNAZAR.

En 1501, toute une famille de princes se trouvait réunie sur le rocher d'Ischia : c'était Frédéric d'Aragon, roi de Naples, qu'Alexandre VI venait de priver de ses États, qu'il partageait entre les rois de France et d'Espagne; la reine Isabelle sa femme, et ses nombreux enfants; la sœur de ce prince, veuve de Mathias Corvin, roi de Hongrie, et sa nièce Isabelle, veuve de Jean Galéas, duc de Milan.

Naples venait de tomber dans les mains des Français, et le monarque, abandonné de ses sujets, était réduit à conclure avec d'Aubigny un traité en vertu duquel il put se retirer dans l'île d'Ischia. Le cœur se serre en voyant si lâchement trahi un prince comme Frédéric, qui s'appliqua pendant son règne à faire fleurir les arts, à protéger les lettres, à soulager l'indigence, à rendre bonne justice à ses sujets. Qu'avait-il fait pour mériter une si noire ingratitude? L'histoire en a vainement cherché les motifs. La devise de Frédéric était : Oubli du passé : *Recedant vetera* ; et il avait bien souvent pardonné.

Dégoûté de la royauté, il voulut la quitter comme il l'avait prise, sans peur et sans reproche. Il aurait pu continuer une lutte où le courage ne lui aurait pas fait défaut ; il préféra le repos au trône. Muni d'un sauf-conduit de Louis XII, il quitta les rochers d'Ischia, et fit voile pour la France, où, sous le nom de duc d'Anjou, il devait recevoir un tribut annuel de 30,000 ducats. Que les flots et les vents soient propices au vaisseau qui porte le dernier rejeton de cette maison d'Aragon, à laquelle Naples dut pendant tant d'années ses splendeurs ! Si vous jetez les yeux sur le pont du bâtiment, vous apercevrez d'abord le prince que Giannone regarde comme le restaurateur des lettres antiques, gloire qu'il partage avec Ferdinand son père ; puis quelques rares domestiques fidèles au malheur, car Frédéric a laissé sa famille à Ischia ; et, près de l'exilé, un poète qui a vendu deux belles terres patrimoniales pour subvenir aux besoins de son maître : c'est Sannazar (Jacopo Sannazzaro) qui s'exile avec celui qu'on nommait hier Frédéric d'Aragon, et qui salue Naples en beaux vers :

« Parthénope mes amours, douce sirène, adieu ; jardins enchantés, demeure des Hespérides, adieu ; adieu Mergellina, n'oublie pas Sannazar, et reçois cette guirlande, tribut des regrets d'un maître qui n'a rien autre à te donner. Salut, ombre de ma mère ! salut, ombre de mon père ! acceptez l'hommage de mon encens. Vierge de Fornello, ne taris pas pour moi ton fleuve favori, et que le sommeil me rende l'image et la fraîcheur de tes eaux absentes ; qu'il accorde à mon corps fatigué de chaudes ombres et un doux zéphyr ; que les autres fleuves répètent ton agréable murmure, car je pars pour l'exil, exilé volontaire. »

Qu'étaient devenus ces jours heureux où le poète, pour amuser Ferdinand et son fils Frédéric, improvisait dans la langue des lazzaroni de petits drames à l'imitation de ceux que joue Polichinelle dans les baraques de la place du Largo di Castello ! Des palais des princes ils passaient bien vite dans la rue, où le peuple s'amassait pour les entendre. Les historiens de cette époque ne parlent qu'avec transport d'une *farsa* qu'il composa à l'occasion de la conquête de Grenade, et qui fut jouée en 1492, en présence d'Alphonse, duc de Calabre, au château Capuano.

C'est une étude curieuse que celle de cette farsa, où l'on trouve en germe la comédie italienne, dont Bibbiena, dans sa *Calandra*, peut passer pour le créateur. En plus d'un passage, on reconnaît le malheureux penchant de Sannazar pour la satire. Il traite Mahomet, un des héros de la pièce, comme il traita plus tard Politien.

Frédéric avait choisi pour exil la ville de Tours : il y resta jusqu'en 1503, époque de sa mort. De ce petit nombre de serviteurs montés avec leur prince sur le vaisseau napolitain, un seul fut jusqu'à la fin fidèle au malheur. Ce fut encore notre poëte, qui, après avoir fermé les yeux de son maître, quitta Tours et prit le chemin de l'Italie, emportant avec lui divers manuscrits d'Ovide, de Gratius, d'Olympius Némésien, de Rutilius Numantianus, de Martial, d'Ausone, de Solinus. Il retrouva sa belle Parthénope, et sa Mergellina (Mergoglino) assise sur la colline du Pausilippe, et cette petite source dont il aimait à entendre le murmure, et où le pêcheur venait si souvent autrefois se désaltérer. Le vainqueur avait respecté la maison du proscrit. Ce fut un jour de fête pour Naples et les membres de l'Académie de Pontano, que celui où Sannazar leur fut rendu. On vit arriver pour embrasser l'exilé : Jérôme Carbone, Thomas Fusco, Rutilio Zenone, le duc Antoine Carbone, Cariteo, André Matheo, Pierre Summonte.

L'Arcadie, qu'il commença fort jeune et termina en France, parut à Naples en 1504, un an après le retour de l'auteur dans sa patrie. C'est un roman mêlé de prose et de vers, ainsi que l'Ameto de Boccace et les Asolani de Bembo, et où Sannazar emploie fort heureusement le vers que les Italiens appellent *sdrucciolo* ; il fit une vive sensation en Italie.

Florence, qui n'aimait rien de ce qui venait de Naples, applaudit néanmoins à l'heureuse pureté de style dont Sannazar avait fait preuve dans son poëme. D'habiles connaisseurs, entre autres Tiraboschi, disent qu'après trois siècles l'Arcadie est restée comme une des belles inspirations de la muse italienne.

Le vers de Sannazar est harmonieux, souple, gracieux, trop élégant peut-être. Le naturel n'est pas la qualité du poëte. Sannazar aime à briller, et ses bergers ressemblent un peu à ceux de Fontenelle. Aux époques de renaissance littéraire, l'écrivain fuit la simplicité avec le même soin qu'il aurait mis en d'autres temps à la chercher. Sannazar imite beaucoup plus qu'il ne crée, et plus l'imitation est apparente, plus il croit au succès. Il est heureux quand on le compare à quelqu'une des gloires des âges primitifs de la littérature : il faut qu'il descende de Virgile au moins. Le plus grand reproche qu'on parut adresser à l'Arioste, c'est que sa poétique ne se trouvait pas dans Aristote ; que ses héros ne ressemblaient pas à ceux d'Homère, et que ses mondes étaient inconnus des anciens. A ce Christophe Colomb de l'épopée romanesque on faisait un crime des terres nouvelles qu'il avait découvertes.

Il faut reconnaître que Sannazar a cherché sincèrement, sinon dans l'expression, du moins dans la fable, à donner une physionomie nouvelle à l'églogue. Dans Virgile, c'est un drame pastoral qui, d'ordinaire, a pour horizon l'ombre de ces beaux pins qui, depuis dix-huit siècles, élèvent leur parasol de verdure dans les campagnes de Rome. Avant Sannazar, d'autres s'étaient essayés dans la poésie bucolique, particulièrement Benivieni, chanoine de Florence, qui fit de ses bergers de véritables platoniciens. Sannazar, comme le remarque l'Arioste, imagina d'enlever les Muses à leur montagne et de leur donner pour habitation le sable de la mer.

L'idée est peut-être neuve, mais n'est pas heureuse. D'abord, le poëte a rétréci le cadre de ses drames ; la mer même, avec son espace immense, ne saurait fournir cette variété inépuisable d'images que donne le spectacle de la vie du pasteur, au milieu des vallons, des montagnes et des forêts. Ensuite, le pêcheur, qu'il emploie comme acteur, est un être que beaucoup de ses lecteurs n'ont pu voir et qui ne doit intéresser que médiocrement. Chacun de nous peut vérifier l'exactitude des peintures de Virgile et de Théocrite : vienne le printemps, les champs sont à nos portes. Mais le héros de Sannazar, qui donc ira le chercher sur la mer? Toutefois il y a des effets ravissants dans ces coups de filet lancés au soleil couchant, sur des flots rougeâtres ; dans cette petite barque qui s'avance orgueilleusement vers le rivage avec sa pêche miraculeuse ; dans cette vie du batelier au bruit des orages. Sannazar les a rendus souvent en peintre et en poëte. Scaliger ne l'a peut-être pas flatté en le plaçant immédiatement après Virgile.

C'est, dit-on, après l'un de ces repas littéraires qu'il avait institués pour célébrer la fête de Virgile, et si bien décrits par Alessandro d'Alessandri, que Sannazar vint écouter Égidius de Viterbe, que Léon X devait décorer de la pourpre romaine. L'orateur prêchait, ce jour-là, sur la Vierge ; Sannazar, en l'entendant, conçut l'idée, dit-on, de son poëme en l'honneur de Marie. Quelques fragments de cette épopée, lus à Rome, avaient donné une grande idée des talents de l'écrivain. On savait que Sannazar n'avait pas toujours pris ses sujets dans le monde qu'habite la mère de

Dieu ; que plus d'une fois il s'était mis en scène, même dans son Arcadie, avec de terrestres beautés dont il avait trop vivement célébré les charmes.

A Rome donc, on fut heureux d'apprendre que Sannazar cherchait à faire oublier des folies de jeune homme, par trop poétiques, en chantant, à la manière de Vida, les mystères de la foi chrétienne. L'intention était louable, et les encouragements du saint-siége ne pouvaient manquer au poëte. Léon X, au moment où la voix d'un moine venait de troubler l'Église, était heureux que le dogme catholique trouvât un défenseur parmi les humanistes séculiers, et, comme il le dit, un David, pour frapper au front un nouveau Goliath, et pour apaiser de sa sainte lyre les fureurs d'un autre Saül.

Il est manifeste que le pape cherchait à encourager toute pensée religieuse, qu'elle se traduisît en vers, comme chez Vida ou Sannazar ; en prose, comme chez Sadolet ; en couleur, comme chez Raphaël d'Urbin ; en marbre, comme chez Sangallo ; en airain, comme chez Sansovino. C'est le poëte théologien qu'il protége dans Sannazar, qui doit venir au secours de l'Église menacée par un moine allemand. A cet athlète de la foi il promet son amour et l'affection du saint-siége.

Nous pensons avec Érasme que le poëte eût mérité plus de louanges encore, s'il avait sacrifié moins souvent au paganisme dans un sujet tout chrétien. Qui pourrait pardonner, quand il s'agit de mystères tels que ceux qu'il célèbre, aux vers sibyllins que Marie porte dans ses mains ; à ces Néréides qui forment le cortége du Christ ; à Protée racontant les merveilles de la Rédemption ? Mais peut-être Sannazar avait-il le droit de se servir des divinités du paganisme pour chanter le triomphe du christianisme, au moment où les dieux du vieux monde étaient mis en fuite par un morceau de bois, taché, il est vrai, du sang de Jésus. C'est l'ingénieuse réflexion de l'un des biographes du Napolitain.

Nous reconnaissons avec Flor. Sabinus que Sannazar est toujours resté chaste, quoiqu'il ait abordé avec hardiesse tous les détails du mystère de l'enfantement de Marie; nous comprenons que cette langue latine qu'il parle si purement ait pu séduire l'oreille d'un pape, et qu'Égidius de Viterbe, cet esprit si religieux, ait écrit à l'auteur : « Lorsque je reçus votre divin poëme, je voulus connaître tout de suite cette merveilleuse création. Dieu seul, dont le souffle l'inspira, peut vous récompenser dignement, non pas en vous donnant les Champs Élysées, fabuleuses retraites des Linus et des Orphée, mais la bienheureuse éternité. »

Avant que le souhait du bon Égidius s'accomplît, Dieu réservait au chantre de Marie de cruelles épreuves. Cette demeure aérienne pendante comme un nid d'oiseau sur les flancs du Pausilippe, et qu'avaient respectée les Français lors de l'invasion de Naples, fut saccagée plus tard par les Impériaux. Sannazar supporta ce malheur en véritable chrétien; il refit sa demeure. La belle urne où, à l'imitation des anciens, il s'amusait à déposer un caillou blanc ou noir, suivant que le ciel avait fait pour lui le jour heureux ou néfaste, fut remplacée par une petite chapelle dédiée à la Vierge, et où, plus tard, Ange Poggibonsi érigea au poëte un magnifique mausolée sur lequel Bembo écrivit ces deux vers :

> Da sacro cineri flores; hic ille Maroni
> Sincerus musâ proximus ut tumulo.

Ne troublons pas les cendres du chantre de l'Arcadie en lui reprochant une épigramme contre Léon X, « qu'on aura glissée furtivement, dit Fontanini, avec quelques autres peut-être, dans les œuvres du poëte. Le courtisan, jusqu'à la mort, d'un roi déchu, n'a pu calomnier Léon X, son protecteur. »

M. ANT. FLAMINIO.

A Seravalle vivait un professeur de belles-lettres distingué, Jean-Antoine Zarrabini, qui se faisait nommer Flaminio depuis qu'il avait été reçu membre de l'Académie de Venise. Pendant la guerre qui désola l'Italie, après le traité de Cambrai, Jean-Antoine fut dépouillé de ses propriétés et chassé de sa patrie. Le cardinal Riario vint au secours de l'humaniste, en ouvrant sa bourse au proscrit. Jules II fit mieux : il lui rendit Seravalle. Or Flaminio avait un fils, Marc-Antoine, auquel il dit un jour : « Pars, mon enfant, non pas pour une ville obscure, mais pour Rome; va trouver, non pas un pontife ordinaire, mais Léon X, le prnce le plus éclairé du monde, et porte-lui ce poëme, que je viens d'écrire pour exhorter Sa Sainteté à faire la guerre aux Turcs; porte-lui nos sylves, que j'ai dédiées au cardinal de Sainte-Marie *in Viâ latâ*. »

Et le jeune homme partit.

Supposez que l'enfant, il n'avait que seize ans, se fût présenté au palais de l'empereur d'Allemagne, du roi de France, du roi de la Grande-Bretagne, de Sa Grâce l'électeur de Saxe; il est probable que la garde lui en eût défendu l'entrée. Mais le pape, c'est-à-dire le plus grand monarque de l'époque, ne ressemble pas aux autres souverains. Le Vatican s'ouvrit donc à Marc-Antoine Flaminio, qui se mit à lire, en présence d'un grand nombre de cardinaux, le dithyrambe contre les Turcs.

Le pape voulait garder l'enfant, dont il se proposait de confier l'éducation à des maîtres habiles; mais on ne put vaincre l'obstination du père. Marc-Antoine, rappelé, fut obligé de quitter Rome ; mais il y revint bientôt, et cette fois avec un bagage poétique tout personnel. Le pape était alors à sa villa Magliana, où Flaminio lui fut présenté de nouveau : « Nous nous reverrons à Rome, mon ami, dit Sa Sainteté à l'écolier. » Léon X voulait jouer le rôle de précepteur, et s'assurer si Flaminio comprenait les vers aussi bien qu'il les lisait. L'épreuve eut lieu, et Flaminio s'en tira glorieusement. Il répondit aux questions de Sa Sainteté avec une présence d'esprit, une sûreté de goût, un choix d'expressions qui ravirent l'assemblée. Le pape, puisant à pleines mains des ducats d'or dans cette bourse qu'il portait toujours à ses côtés, s'écria :

Macte novâ virtute puer, sic itur ad astra.

« Tu seras un jour, ajouta-t-il, non-seulement la gloire de ton père, mais l'ornement de l'Italie! » Cette fois le père n'y put plus tenir : il céda son fils à Léon X, qui lui donna pour maître Raphaël Brandolini. A partir de ce moment, chaque jour se vérifie de plus en plus la prophétie du pape : l'enfant croît en sagesse et en talent ; il a pour amis, encore plus que pour protecteurs, le comte Balthasar Castiglione, le seigneur le plus accompli de son siècle ; Jean-Mathieu Giberti, évêque de Vérone, qu'on est sûr de trouver toutes les fois qu'une jeune muse a besoin de guide ; Sannazar, le chantre de la Vierge ; Fracastor, peut-être le premier latiniste du siècle. A dix-huit ans il publiait des poésies, qu'il mettait sous la protection et sous le patronage d'un nom cher aux Muses, Michel Marulli. Le pape voulait fixer à Rome ce jeune homme dont il avait prédit les succès, et qui relevait un véritable talent par des mœurs virginales. Marc-Antoine aurait aidé Sadolet dans ses fonctions de secrétaire de Sa Sainteté, poste brillant qu'aurait envié Sannazar lui-même, et que notre poëte refusa pour ne pas désobéir à son père. Après la mort de Jean-Antoine, il ne put plus résister aux instances des cardinaux, qui voulaient s'attacher le poëte qu'aimait Léon X. Contarini le choisit pour l'accompagner à Worms, au fameux congrès religieux qui se tint dans cette ville en 1540, et où Flaminio se serait trouvé à côté de Mélanchthon et de Calvin; mais il souffrait de cette maladie de poitrine que l'air tiède de Naples avait une fois guérie. Plus tard, nous le trouvons à Trente en compagnie du cardinal Réginald, et toujours le même, cachant sa vie, aimant l'ombre et la solitude, et refusant la place de secrétaire du concile qu'on lui offre à plusieurs reprises. « Ange aux mœurs d'or, » a dit Tiraboschi, que le protestantisme jaloux voudrait, mais en vain, nous disputer, car il nous appartient à tous les titres, par sa soumission filiale surtout à l'Église sa sainte mère.

N'en croyons pas M. Sismondi : la mélancolie, chez les Italiens, n'est pas toute dans l'imagination; Flaminio était bien poëte par le cœur.

Nul, parmi les écrivains de la renaissance, n'a su comme lui peindre les peines de l'âme. Il a des traits de mélancolie que Goëthe ne désavouerait pas, comme dans ce petit tableau où il montre son cœur consumé par la douleur, ainsi que l'olivier par le feu. Et peut-être ne trouverait-on pas dans l'œuvre du maître hollandais le plus fini deux têtes d'une grâce aussi ravissante que celles de ces deux jeunes filles, l'une qui sourit et l'autre qui pleure, peintes par Flaminio.

CHAPITRE XXXII.

PEINTURE. — RAPHAEL.

Colbordolo habité par les ancêtres de Raphaël. — Jean Santi, son père, exerce avec succès la peinture à Urbin. — Son amour pour Raphaël. — Il consacre son habitation à la sainte Vierge, qu'il peint à fresque, aidé, dit-on, par son enfant. — Mort de Jean Santi. — Jugement sur ce peintre.

§ I. JEAN SANTI, LE PÈRE DE RAPHAEL.

Colbordolo, petite ville du comté d'Urbin, possédait, au moyen-âge, une forteresse dont il ne reste que quelques débris épars sur le dos de la montagne où jadis elle s'élevait. De ces ruines la vue s'étend sur des collines plantées d'oliviers et coupées par deux rivières, l'Isauro et l'Apsa, dont les eaux, après avoir arrosé les plaines de Pesaro, vont se jeter dans l'Adriatique. C'est dans ce bourg démantelé que vivait au quatorzième siècle Sante, dont les descendants portèrent un moment le nom de Sante ou Santi. Plus tard, à l'époque de Vasari, on traduisit d'après la mode italienne le nom latin de Sanctius en celui de Sanzio, que porta si glorieusement Raphaël.

En 1446, Sigismond Malatesta vint avec les troupes du pape ravager le territoire du comte d'Urbin et incendier Colbordolo. Peruzzolo, petit-fils du vieux Santi, fut obligé d'abandonner sa patrie et d'aller s'établir dans la capitale de la province, où il mourut en 1457. Santi, son fils, qui s'était mis à faire le métier de courtier pour nourrir sa famille, fut heureux dans son commerce. En 1450, le 21 octobre, nous le voyons acquérir, au prix de 240 ducats, une pièce de terre appartenant à Pierre-Antoine Paltroni, secrétaire du comte; quelques mois plus tard, le 30 avril 1451, une belle prairie arrosée par des eaux vives; et, deux ans après, une maison à double corps de logis, dans la Contrada del Monte, nom de la rue qui partait du marché et venait aboutir au sommet du monticule.

C'est dans cette maison que naquit Raphaël. De ce belvéder, qu'on prendrait pour un anneau de la chaîne des Apennins, le regard a toutes sortes de magiques spectacles : le matin, le soleil qui sort de l'Adriatique; au milieu du jour, des forêts étincelantes de feux; le soir, des jeux variés d'ombre et de lumière. De l'ouest à l'est on aperçoit les montagnes onduler comme autant de vagues au-dessus d'une mer orageuse : on reconnaît le Furlo à ses larges échancrures, qui rappellent la brèche de Roland de nos Pyrénées; à l'ouest, sur le premier plan, se dressent les pics du mont Nerone, découpés capricieusement, comme dans la haute Saxe ceux du Kœnigs et du Lilienstein; plus loin, les blanchâtres aiguilles du mont San-Simone, d'où le Tibre descend pour aller se perdre dans la Méditerranée; au nord repose, dans un nid de pierre, la petite république de San-Marino; aux pieds de l'observateur, enfin, la ville d'Urbin, avec ses quatre quartiers, aux maisons étincelantes de blancheur, aux églises surmontées de girouettes, aux communautés qui ressemblent à de véritables forteresses : admirable tableau où la nature a répandu avec profusion des eaux, des arbres et des fleurs.

C'est sur cette montage, si belle de lumière, de végétation et de coloris, que se passèrent les premières années de Raphaël.

Son père, Jean Santi, l'a chantée dans ses vers, car il était poëte. Il a laissé une chronique manuscrite, en « terza rima, » véritable épopée, moins le merveilleux, où il a célébré les faits et gestes du père de Guido, alors duc d'Urbin. Dante avait pris Virgile pour sa muse, Santi invoque Plutarque.

« Je voudrais bien savoir, lui dit le biographe, comment tu t'es mis dans la tête de te faire l'historien de cette grande famille? »

Le poëte lui répond :

« Par la grâce de Dieu, te dire comment, je ne sais; mais à peine eus-tu subjugué mes sens, qu'aussitôt mon ardeur s'enflamma, et je rimai. »

Dans ce poëme, Santi parle de tout : de combats, d'assauts et de prises de villes, de philosophie, de mythologie, et de peinture surtout. Bien qu'il peignît lui-même, nous le verrons bientôt, il n'hésite pas à louer tous ses rivaux morts ou vivants : il a su dans trois vers enfermer un éloge charmant de Pierre Vanucci et de Léonard de Vinci.

Jean était un peintre comme on en trouve à cette époque, amoureux de son art jusqu'à l'exaltation, et qui, assailli par le malheur, garda ses pinceaux pour toute consolation, ainsi qu'il le raconte si poétiquement à son Mécène, le prince auquel il a dédié sa chronique : « Depuis, lui dit-il, que la fortune a détruit mon nid domestique, a dévoré jusqu'à mon dernier morceau de pain, il serait trop long de vous dire toutes les tempêtes que j'ai essuyées. Pour gagner ma pauvre vie, je me suis mis à pratiquer l'art admirable de la peinture, et mes chagrins, loin de diminuer, se sont accrus. Me voilà sur les épaules un fardeau qu'Atlas pourrait à peine porter : je peins toujours, et, quoique indigne, je ne rougis pas d'avouer mon culte pour le bel art de Zeuxis. »

Nous retrouverons dans une lettre de Raphaël à Léon X quelques-unes de ces images poétiques qu'affectionna Santi. Tous deux les ont puisées vraisemblablement à la même source : dans le spectacle qui se déroulait à leurs regards, de leur observatoire inspirateur de la Contrada del Monte.

Santi ne fut point élevé en artiste : il ne fréquenta aucune de ces écoles où, sous la direction de Squarcione et de Verrochio, l'écolier doué de quelque imagination faisait de si rapides progrès. Heureusement il vivait dans une ville où chaque église, chaque couvent offrait quelque œuvre d'ancien maître, depuis Jules de Rimini, qui peignait au commencement du quatorzième siècle, jusqu'à Pierre della Francesca, qui demeura près de Santi pendant une partie de l'année 1469, aux frais de la confrérie du Corpus Domini, qui s'était chargée de payer la pension du peintre du Borgo di San-Sepolcro. Parmi les artistes qui laissèrent une trace ineffaçable de leur passage à Urbin, il faut citer Octavien di Martino Nelli, qui exécuta en 1407, dans l'église de Santa-Maria-Nuova, à Gubbio, une fresque qu'on a mise sous verre pour la préserver des ravages du temps. Octavien, si l'on en croit la chronique, était disciple d'Oderigi, ce miniaturiste que Dante, qui écrivit à Gubbio deux chants de sa Divine comédie, a placé dans son Purgatoire.

A l'époque dont nous parlons, les peintres flamands faisaient fréquemment le pèlerinage de l'Italie pour venir y étudier les principes de l'art. Les confréries des grandes cités accueillaient avec distinction ces hôtes étrangers, et leur commandaient des tableaux d'autel qu'elles payaient généreusement : c'est ainsi que les frères du Saint-Sacrement d'Urbin donnèrent à maître J. de Gand 250 florins d'or pour le travail dont il s'était chargé en peignant un maître-autel que le couvent lui avait demandé.

Santi connut van Eyck, qu'il cite avec admiration, et qu'il désigne le plus souvent, dans sa chronique, sous le nom du *grand Johannes*. Il fut émerveillé de l'habileté que ce maître mettait à reproduire les objets naturels, de façon à tromper le regard. Santi ressemble au spectateur placé pour la première fois devant une œuvre de Gérard Dow ; ce qui le frappe, c'est l'art de rendre la nature morte, où van Eyck paraissait n'avoir pas de rivaux : il faut l'écouter alors, il est poëte à la manière justement de celui qu'il veut louer :

« Qui pourra jamais imiter le coloris clair, limpide, transparent d'un rubis, et sa vague splendeur ? Qui pourra peindre un soleil du matin ou le miroir d'une eau encadrée dans des fleurs et des fruits ? Quel peintre sut jamais reproduire la blancheur du lis, la fraîcheur d'une rose ? Cette merveille est trouvée. »

Santi, rendons-lui cette justice, ne connaissait pas la jalousie de métier ; il louait en beaux termes ses rivaux. Un artiste de cette nature devait être heureux, et il le fut de toutes sortes de bonheurs. D'abord son atelier de la Contrada del Monte ne désemplissait pas de visiteurs. C'est à peine s'il pouvait suffire aux nombreuses demandes des confréries d'Urbin et des villes voisines, où sa réputation de peintre-doreur était si bien appréciée. Nul ne savait rehausser d'or comme lui les ailes d'un séraphin : aussi le voit-on occupé sans cesse à dorer des anges pour les frères du Saint-Sacrement. C'était enfin une notabilité de la ville avec qui le prince Frédéric ne craignait pas de causer. Quand il eut, après de longs travaux, amassé quelques centaines de florins, il songea sérieusement à se marier. Il fit choix d'une jeune fille du pays, la belle Magia, l'unique enfant d'un marchand nommé Baptiste Ciarla. On croit qu'il l'a peinte sous les traits de l'une de ces madones que son pinceau aimait à reproduire. En effet, les vierges de Santi ont toutes un véritable air de famille : front large, chairs vigoureuses, œil noir, quelque chose d'un peu masculin comme la beauté romaine. Raphaël s'est souvent inspiré du type inventé par son père ;

seulement dans ce bel œil noir il a mis une prunelle mobile; sous ces chairs rosées, du sang; dans cette incarnation luxuriante, de la vie; et dans tout le profil, un idéal que Santi n'aurait jamais trouvé : c'est un homme de métier que Santi, et presque jamais d'inspiration.

Le vendredi saint 1483, Magia mit au monde un enfant qui, selon la pittoresque expression de M. Passavant, devait être un jour la plus brillante étoile du firmament de l'art. Santi voulut qu'il portât le beau nom de Raphaël, ainsi que s'appelait ce séraphin qu'il avait peint si souvent pour les frères du Saint-Sacrement.

Si l'on en croit Vasari, Santi ne voulut pas que son enfant reposât sur les genoux d'une autre nourrice que Magia, qui devait faire passer dans le sang de Raphaël quelque chose de sa douceur maternelle. François Venturini venait de faire imprimer à Urbin, par maître Henri de Cologne, une grammaire latine; ce fut lui, dit Maffei, que Santi choisit pour donner des leçons à Raphaël : Michel-Ange de Florence était un élève de Venturini.

Santi aimait son fils comme il aimait sa femme, avec passion. Il l'a placé dans quelques-uns de ses cadres, entre autres sous les traits d'un enfant à genoux en contemplation devant la sainte Vierge et son divin fils, dans un tableau qui d'Urbin a passé au musée de Berlin. On ne saurait en douter, c'est bien là Raphaël avec ses cheveux noirs, son bel œil, son cou de cygne et sa peau rosée, avec cette fleur de carnation et de coloris que l'âge ne fit qu'épanouir.

Santi ne quittait pas un seul moment son bien-aimé : lui commandait-on au dehors quelque tableau d'église, alors la petite famille se mettait en chemin dans une voiture couverte, s'arrêtant à chaque église qu'elle trouvait sur sa route pour aller passer quelques instants en contemplation devant un tableau de vieux maître. Santi expliquait à son enfant le sujet du cadre, le procédé mécanique du peintre, sa pensée intime, ses défauts ou ses qualités.

Si vous traversez l'Ombrie, interrogez la première jeune fille que vous trouverez, et demandez-lui si elle connaît Dante Alighieri, Torquato Tasso, Lodovico Ariosto, Niccolo Machiavelli, Michel-Angelo, elle hochera la tête en signe d'ignorance ; prononcez ensuite le nom de Raphaël, vous la verrez sourire : un seul souvenir des gloires de l'Italie est resté dans toutes les intelligences, celui du peintre d'Urbin. Dans l'Ombrie, c'est quelque chose de plus qu'un artiste : c'est un être inspiré, une sorte de génie céleste, comme un ange qui communiquait avec ses semblables à l'aide de la couleur. Là, il n'est pas d'église de village, pas de maison noble qui ne se vante, bien souvent à tort, de posséder au moins un dessin de cet adolescent merveilleux. Un jour son père, qui avait une vive foi à Marie, voulut consacrer à la mère des anges la maison qu'il habitait. Jamais il ne fut mieux inspiré; sa Madone, peinte à fresque, était si belle, si pure de dessin et si suave d'expression, que, Jean étant mort, on dit hautement que Raphaël avait aidé son père dans cette œuvre magistrale. Pourquoi pas? l'enfance du grand homme est presque toujours prodigieuse. Mozart, ce Raphaël de la musique, à dix ans quittait ses compagnons de jeu pour courir au piano et improviser des mélodies qui arrachaient des larmes de joie à son vieux père.

Raphaël eut le malheur, bien jeune encore, de perdre son père. Jean mourut dans les plus tendres sentiments de piété, le 1ᵉʳ août 1494, et fut enseveli dans l'église de Saint-François, qu'il avait dotée de si beaux ouvrages; regretté de tous ceux qui l'avaient connu, et pleuré surtout de son fils bien-aimé et de son élève fidèle, Evangelista da Piano di Melito. Magia Ciarla, sa première femme, était décédée trois ans auparavant. Il institua, dans un testament fait deux jours avant son décès, en présence de maître Ambroise Barocci, sculpteur et lapidaire de Milan, de son élève Evangelista, et de Tomasso di Maestro Trojano Alberti, pour héritiers universels, Barthélemy son frère et Raphaël son fils. A Bernardina, qu'il avait épousée en secondes noces, il laissa, *jure restitutionis*, les 60 florins qu'elle avait apportés pour douaire dans la communauté, quelques bijoux de prix et une partie de sa garde-robe.

Que si maintenant nous voulons apprécier comme artiste Jean Santi, nous trouverons en lui un digne représentant des peintres qui fleurirent vers la fin du quinzième siècle; systématique dans l'ordonnance de ses tableaux, ainsi que ses devanciers; attaché aux formes traditionnelles léguées par l'école de Giotto, mais cherchant dans les détails à se rapprocher davantage de la nature, à reproduire plus fidèlement la vie réelle qu'on ne l'avait fait jusqu'alors. Il est aisé de s'apercevoir des efforts du maître, dans quelques-unes de ses compositions, pour se créer une personnalité, et quitter la voie d'imitation où tous ses rivaux s'étaient engagés, et marchaient avec plus ou moins de gloire. Santi lutte, et souvent avec bonheur, pour s'affranchir du joug de ces types que les peintres se lèguent comme un héritage. C'est un homme de réaction, qui n'avait pas assez de génie pour être complétement réformateur. Il est grave, sévère, touchant. Ce qu'il exprime avec le plus de bonheur, c'est la figure de l'enfant : comme dessinateur, il est loin d'égaler Mantegna, plus loin encore, comme peintre d'expression, de François Francia. Vous ne trouvez point en lui le jet si hardi de Luca Signorelli, ni le ton solennel de son ami Melozzo de Forli. Toutefois son nom ne saurait périr : d'abord parce qu'il fut le père de Raphaël; ensuite parce que, comme artiste, il a laissé des œuvres remarquables de sentiment religieux et de style.

CHAPITRE XXXIII.

PEINTURE.—RAPHAEL.

Raphaël part pour Pérouse. — Pierre Vanucci, surnommé le Pérugin, donne des leçons à Raphaël. — Progrès de l'écolier. — Raphaël retourne à Urbin, puis part pour Città di Castello. — Raphaël à Florence, où il étudie les œuvres de Masaccio. — Influence de Léonard de Vinci sur la manière de l'Urbinate. — Le symbolisme de Dante. — OEuvres que Raphaël peint à Florence. — Castiglione. — Sentiment chrétien répandu dans toutes les créations de Sanzio.

§ II. RAPHAEL SOUS LE PÉRUGIN.

Vers la fin de 1500, un enfant descendait la grande rue d'Urbin, et prenait le chemin de Pérouse. Si quelques peintres de l'époque, Luca Signorelli ou Timothée Vitti, avaient rencontré le voyageur de quinze ans, aux cheveux bouclés, à l'œil noir, au front éblouissant de blancheur, à la tête coiffée d'une petite casquette coquettement rabattue sur l'oreille, aux épaules négligemment couvertes d'un manteau de drap de Venise, présent de son bon oncle Ciarla, peut-être auraient-ils demandé la permission au serviteur qui l'accompagnait de prendre un croquis de cette figure d'ange; mais assurément ni l'un ni l'autre ne se seraient doutés que l'enfant portait dans sa valise le pinceau qui devait bientôt doter le monde du Mariage de Marie, de la Vierge à la Chaise, de l'Héliodore du Vatican, et de la Transfiguration.

Raphaël, donc, avait quitté sa ville natale, et, comme nous le disions, s'acheminait à pied vers Pérouse, où vivait Pierre Vanucci della Pieve, pour prendre des leçons de ce maître illustre. Ce fut une heureuse inspiration que le choix du Pérugin, fait par Simon Ciarla, l'oncle maternel du fils de Jean Santi. A cette nature d'enfant, douce et rêveuse, il fallait un maître comme Vanucci. La gloire de ce peintre était grande dans l'Ombrie. A cette époque on citait de lui trois cadres presque aussi beaux d'expression que de coloris, qu'il avait tout récemment achevés : son Christ sur la croix, que possède l'église Saint-Jean la Calza de Florence; Jésus au tombeau, qui appartient au palais Pitti, et l'Ascension, que Vasari regarde comme le chef-d'œuvre du maître, et qui de Saint-Pierre de Pérouse vint, en 1815, décorer le musée de Lyon : magnifique témoignage de reconnaissance de Pie VII envers la cité qui l'avait si pieusement accueilli.

Il y avait dans le talent de Vanucci quelque chose de tendre qui devait séduire l'imagination de Raphaël. Le Pérugin avait fait une étude approfondie des anciens peintres, et s'était approprié cette expression de mélancolie céleste qu'ils avaient su donner à leurs physionomies bibliques. Sa Vierge est souvent divine, et ses têtes d'apôtres, soit qu'elles regardent le ciel, soit qu'elles nagent dans un limbe lumineux autour de Marie et de son Fils, soit qu'elles contemplent le mystère de la Croix, sont des créations éthérées. Il paraît que ces figures de bienheureux, d'anges et d'enfants surtout, que Vanucci excellait à peindre, charmèrent Raphaël. Dans la sacristie de Saint-Pierre à Pérouse, on conserve, comme une relique, un petit cadre où, sur fond d'or, il a reproduit l'enfant Jésus et le petit saint Jean qu'on trouve dans le tableau que Vanucci avait peint pour Santa-Maria des Fossi de la même ville. Il est impossible de copier avec un goût plus pur la manière d'un professeur. Vanucci dut sourire en se voyant ainsi revivre dans l'œuvre de son élève.

Raphaël, comme les séraphins de son maître, avait des

ailes, et ne pouvait rester longtemps emprisonné dans les langes d'une imitation plastique. Il faut rendre cette justice à Vanucci, qu'il donna bien vite la clef des champs à ce captif volontaire : il le choisit pour second. C'est Raphaël qui a dessiné la tête de saint Joseph, dans la Nativité que le Pérugin exécuta pour l'église des Minori Riformati della Spineta, près de Lodi, et qui se trouve aujourd'hui dans la galerie du Vatican. Cet essai était quelque chose de merveilleux; Pierre en fut si content, qu'il lui laissa la direction d'une Résurrection destinée à l'église des Franciscains de Pérouse. Les deux gardes endormis, les deux autres qui s'enfuient quand le Christ secoue la pierre du tombeau, sont de Raphaël. Le dessin de ce double groupe, de la main de l'adolescent, appartenait à la collection de sir Thomas Lawrence. Ce sont des études où l'influence de l'école ombrienne se fait visiblement sentir, mais où l'écolier a laissé des traces de son individualité : une transparence de tons peu familière à son maître; un soin, peut-être une divination de la forme ou des phénomènes extérieurs, trop négligée jusqu'alors; une attention plus sérieuse donnée aux lignes et aux contours. Ce qui prouve la déférence du professeur pour l'élève, c'est que dans son tableau le Pérugin a laissé le modèle avec les vêtements inventés par Raphaël, tandis que, dans son carton il donnait aux figures un costume tout historique.

Raphaël paya sa rançon intellectuelle en mettant le maître et l'écolier dans le même tableau. Le garde endormi, dans la force de l'âge, c'est le Pérugin; l'autre garde qui sommeille, mais dans toute la fleur de la jeunesse, c'est lui, Sanzio.

Au moment où tout souriait à l'enfant, où professeur et disciples le choyaient à l'envi, où il inscrivait son nom dans des œuvres que Vanucci plaçait dans l'endroit le plus apparent du temple catholique, au-dessus du maître-autel, une fâcheuse nouvelle vint l'arracher à ce qu'il y a de plus doux pour un artiste en cette vie, la gloire. Le trouble s'était glissé dans sa famille, sa belle-mère allait manquer de pain; on disputait à la veuve de Santi une portion de l'héritage qu'il lui avait laissé en mourant.

Raphaël embrasse son maître, dit adieu à ses camarades, quitte Pérouse, et prend le chemin de sa ville natale, où bientôt Bernardina put vivre à l'abri du besoin, grâce aux 26 florins qu'on dut lui payer en outre de sa pension ordinaire.

Ces affaires domestiques réglées, il se remit en route, non plus pour Pérouse, que le Pérugin avait quittée momentanément, mais pour Città-di-Castello, où le lendemain de son arrivée il se mettait à peindre; car peindre, c'était vivre pour Raphaël. L'église de la Sainte-Trinité avait besoin d'une bannière; il s'en chargea. D'un côté de la toile, il peignit la sainte Trinité, de l'autre la création de l'homme. L'artiste, dans cette double composition, s'est inspiré de son maître et de son père; presque toutes les figures principales sont dans la manière de Vanucci, tandis que deux petits anges, l'un qui regarde le ciel, l'autre qui regarde la terre, sont une réminiscence de Santi. Ce qui appartient à Raphaël, dans ce cadre, c'est une pensée toute philosophique, qui dénote déjà le peintre des chambres du Vatican. Adam est plongé dans le sommeil; derrière notre premier père se dressent des rochers qui jettent des ombres épaisses autour des personnages, symbole de la chute qui bientôt obscurcira l'œuvre du Créateur.

Ce tableau, que Raphaël signa de ses initiales, fit du bruit dans la ville. Les augustins vinrent demander au peintre un cadre dont ils avaient fixé le sujet. Ils voulaient un saint Nicolas de Tolentino debout, au milieu des nuages, et couronné des mains de Dieu et de la Vierge ; Satan sous les pieds du thaumaturge, entre deux anges, faisant flotter un rouleau de papyrus où seraient écrites en lettres d'or les vertus du bienheureux. L'idée est poétique assurément et fait honneur aux moines ; l'exécution fut digne du sujet. Le tableau n'existe plus malheureusement.

Rien n'égale la fécondité de notre peintre : partout où il passe, il laisse quelque glorieux souvenir. Presque toutes les œuvres de ce maître de dix-huit ans sont de véritables merveilles : c'est, par exemple, le Mariage de la Vierge, ce Sposalizio auquel le musée de Brera, à Milan, n'a rien à comparer ; chef-d'œuvre de grâce, de chasteté et d'expression, dont le graveur Longhi a su reproduire en partie l'ineffable beauté ; c'est une petite Vierge, bijou inestimable, que possède le musée de Paris ; c'est le Couronnement de Marie, si souvent repris par les peintres d'Urbin, et toujours avec un nouvel amour, et qu'on admire au Vatican ; c'est la Vierge de Staffa, devant laquelle tout amateur qui traverse Pérouse doit aller s'agenouiller, dans la maison du comte dont elle porte le nom ; ce sont des esquisses, des caprices, des arabesques, mille fantaisies d'artiste, qu'il laissait tomber avec autant de grâce que d'insouciance partout où il séjournait quelques heures, et que Lawrence, qui en possédait plusieurs, n'aurait pas échangées, comme il le disait souvent, contre la couronne d'Angleterre.

Avouons aussi, avec Schelling, que Raphaël vient à une époque heureuse où l'amour de l'art exalte toutes les imaginations. Grâce aux Médicis, l'apparition d'une œuvre de Masaccio est un événement dans Florence, où Léonard de Vinci est traité royalement comme Charles VIII, et où les lettrés n'éprouvent pas plus de joie à la découverte d'une sylve inédite de Politien, que Pomponio Leto en trouvant, dans les ruines de Rome, une belle inscription lapidaire. Ce mouvement intellectuel a gagné l'Italie tout entière. A chaque Vierge nouvelle que produit Raphaël, c'est un murmure nouveau d'admiration, aussi nécessaire, ajoute le philosophe allemand, à la vie de l'artiste que le souffle du printemps à la plante.

N'oublions pas que dans cette Ombrie, où Raphaël peint en ce moment, Platon accoutuma les esprits à chercher le principe divin dans l'harmonie matérielle de la création, comme Dante leur enseigna l'emploi du symbolisme dans la manifestation intellectuelle de l'art : philosophe et poëte sont donc les auxiliaires, les instruments et les commentateurs des succès du peintre. Car, s'il a dérobé à Platon sa grâce, son rêve et sa poésie, à Dante il a pris sa figure de femme emblématique. Nous verrons bientôt, dans les loges du Vatican, comment Raphaël a su faire usage du mythe païen. Si en quelques-unes de ses peintures sacrées il introduit la mythologie des Grecs ou des Romains, ce n'est pas par un penchant classique pour les divinités de la fable, mais parce qu'à l'exemple de Dante, la figure païenne est un symbole sensuel à l'aide duquel il a mis en relief quelque chaste enseignement du christianisme.

Toutefois jusqu'alors les œuvres de Raphaël sont encore humaines, parce qu'en général la spontanéité leur manque; c'est de la lumière, mais dont la source est dans le cerveau du Pérugin. Même dans les traits à la plume et au crayon que l'artiste éparpille sur le papier, et que Venise a recueillis si dévotement, vous reconnaissez la main de Vanucci. On dirait que l'écolier veut suivre le précepte de Virgile, en s'attachant aux traces de son maître ou de son dieu. Et ce n'est pas seulement le sujet qu'il emprunte à Vanucci, mais la disposition des groupes, le jeu des ombres, l'horizon, le feuillage, le ciel. Cette imitation est telle, que, placé devant un cadre de l'enfance de Sanzio, on se met à murmurer le nom du Pérugin. Ce n'est qu'après un examen plus réfléchi, à quelque rayon transparent qui illumine l'œil, les lèvres ou le front de la Vierge, qu'on reconnaît son erreur. Du reste, ce rayon divin s'arrête tout juste au cou de la madone; la vie s'est réfugiée tout entière dans la figure de Marie, et le corps, sous ses draperies diverses, n'accuse presque pas de forme. On voit que l'écolier n'a pas encore contemplé le nu ; que la statue antique, à défaut du modèle vivant, n'a pas posé devant lui. Plus tard, il comprendra, à Florence et à Rome, la nécessité d'étudier les types matériels. Raphaël, comme tout esprit d'élite, sent bien qu'il doit échapper au Pérugin, et qu'il a une autre mission à remplir que celle de reproduire la manière de son maître. L'artiste est comme l'âme dont parle l'Écriture, qui ne doit pas vivre seulement de pain, mais de ce qui procède de la bouche de Dieu. Or ce qui sort des lèvres divines, c'est l'esprit, c'est l'inspiration, c'est la pensée, c'est le moi; et c'est à la poursuite de cette personnalité qu'il s'était mis en ce moment.

Il partit pour Florence, emportant avec lui une lettre de recommandation de la duchesse de Sora, la nièce du cardinal qui venait de monter sur le trône pontifical sous le nom de Jules II. Jeune, beau, bien fait, courtisé des princes, chanté déjà par les poëtes, et protégé par de nobles dames, Raphaël aurait pu faire plus tard comme Benvenuto Cellini, le ciseleur, dépenser sur les grandes routes son temps et son or, sûr de trouver quelque flatteur qui aurait complaisamment décrit les aventures de cette vie nomade. Heureusement pour sa gloire, il avait alors la modestie et presque la vertu d'une jeune fille. C'est la première fois, nous pensons, qu'on trouve à cette époque une belle dame vantant dans sa lettre de recommandation la sagesse de son protégé, surtout si l'on considère que l'épître est datée d'Urbin.

Donc, la duchesse écrivait au gonfalonier Soderini :

« Magnifique seigneur, vous que j'honore comme un père, celui qui vous remettra cette lettre est Raphaël, peintre d'Urbin, qui veut séjourner à Florence : gentil et sage jeune homme que j'aime beaucoup et que je recommande vivement à votre seigneurie. Qu'elle fasse pour mon protégé ce qu'elle ferait pour moi. » (1 oct. 1504.)

La lettre était pressante, et Soderini, en homme de cour, dut avoir égard aux sollicitations de la duchesse.

Du reste, l'enfant aurait pu se passer de la protection de Soderini : c'était à cette heure un artiste que toute Florentine se fût chargée d'introduire dans le beau monde de la *Via largha*, pour peu qu'elle eût eu l'espoir d'être peinte de la main du Zeuxis moderne, comme François Raibolini (Francia) appelait son ami.

Deux maîtres faisaient en ce moment grand bruit à Florence : Masaccio et Léonard de Vinci.

Mort en 1443, Masaccio avait eu le courage d'abandonner l'école de Giotto. C'était un artiste de réaction qui s'était posé en novateur, et s'était fait pardonner son audace à force de talent. Le premier il avait compris et pratiqué le clair-obscur, fait jouer dans sa composition l'ombre et la lumière, donné du relief à ses figures, et formulé plus nettement cette vie extérieure trop dédaignée par ses devanciers. En un mot, il paraissait avoir senti que l'homme est double, et que la fin de l'art doit être de peindre, à l'aide de la couleur, cette dualité visible et invisible, l'esprit et la chair, la matière et le souffle divin. Vasari a nommé cette poétique la *manière moderne*. C'était tout simplement la résurrection de la forme idéalisée ; ce que Schiller appelle la vie vraie, pour la distinguer de la vie réelle.

Il est incontestable que la contemplation des ouvrages de Masaccio opéra dans la manière de Raphaël une véritable révolution. Pendant plusieurs semaines on le vit étudier, avec ses camarades Ridolfo Ghirlandajo et Aristotile di Sangallo, les peintures de la chapelle des Brancacci.

Léonard venait de produire une œuvre que possède le musée de Paris, le portrait de la belle Mona Lisa, et achevait son carton célèbre de la bataille d'Anghiari, qui malheureusement a été perdu avec beaucoup d'autres trésors dans les troubles qui désolèrent Florence. A ceux qui nieraient que Raphaël se soit épris de Léonard, il suffirait, ce semble, dit M. Passavant, d'indiquer un profil de la main de l'Urbinate qui se trouve dans la collection de Lawrence. Mais que Raphaël, ajoute le biographe, se soit tout à coup arraché de Sienne, où le Pinturicchio peignait les fresques de la *Libreria*, pour venir à Florence étudier les cartons de Michel-Ange, ainsi que le prétend Vasari, c'est une erreur manifeste; car c'est en 1506 que Buonarotti exposait pour la première fois ses cartons, et Raphaël vint à Florence en 1504, comme le prouve la lettre de sa protectrice la duchesse de Sora.

Toutefois Raphaël restait encore amoureusement attaché au type du Pérugin, de peur peut-être qu'en se jetant dans le sensualisme de Léonard, il ne fût obligé de sacrifier quelque fleur de cette chaste poésie biblique dont Vanucci, fidèle aux traditions de ses maîtres, imprégnait chacune de ses compositions. La Madone qu'il fit à Florence est à la fois un souvenir de piété filiale envers son professeur et une protestation contre les tendances trop profanes de Léonard. Regardez-la, et dites si jamais, à vingt ans, un poëte rêva une création plus angélique! C'est bien là assurément la Vierge de nos litanies, rose mystique, Vierge des vierges, mère de grâce divine!

Raphaël a mis en action cette belle pensée de Herder :

« La prière, c'est l'amour, c'est l'art! A l'esprit qui ne connaît pas le recueillement, nulle vérité, nulle beauté n'apparaîtra jamais. »

Cette Madone a fait deux grandes passions depuis Raphaël : le duc de Toscane, Ferdinand III, l'emportait avec lui dans ses courses lointaines, donnant ainsi à l'image voyageuse le nom de son heureux possesseur ; et la grande-duchesse actuelle a longtemps, chaque soir, prié devant cette figure, pour obtenir de celle qu'elle représente un héritier au trône de Toscane.

Après un court séjour à Florence, Raphaël voulut retourner à Pérouse. Il laissait dans la ville qu'il quittait une autre Vierge qui, d'abord propriété de la famille du duc de Terra-Nuova, appartient maintenant à Naples, et un beau portrait de jeune homme à l'âge de dix-huit ans, que possède le roi de Bavière.

Pérouse l'attendait avec de belles commandes. Pour les nonnes de Saint-Antoine, il fit un maître-autel qui rappelle, dans les airs de tête des apôtres Pierre et Paul, son Couronnement de Marie; dans le coloris foncé des draperies, son Sposalizio, et dans quelques femmes, le jet de Masaccio.

C'est en 1505 qu'il exécuta, dans une chapelle de l'église des Camaldules, sa première fresque. Pour s'essayer à ce genre de peinture, dont il ne connaissait pas encore les ressources, il fit un galbe de jeune homme, que possède le roi de Bavière. Il y a, dans sa fresque des Camaldules, des réminiscences de Fra Angelico et de Fra Bartolomeo, dont il avait étudié les toiles à Florence.

L'image de cette cité, l'Athènes de l'Italie, obsédait la pensée de Raphaël. Il subissait alors cette force mystérieuse qui pousse le génie hors de ces sphères étroites, où il mourrait faute d'aliment inspirateur, pour lui livrer le monde, sa véritable patrie, comme a dit Goëthe.

Or, à cette époque, Florence était une cité où toute intelligence, qu'elle s'occupât de philosophie, de poésie, de peinture, de sculpture, de lettres ou d'art, était sûre de trouver une source abondante d'inspirations; au besoin, de la louange et des critiques, double foyer où, suivant notre poëte, vient s'alimenter la flamme du génie.

Raphaël n'y devait rencontrer que des admirateurs.

Deux maisons lui furent d'abord ouvertes; celle de Taddeo Taddi, l'humaniste, et celle de Baccio d'Agnolo, architecte sculpteur. Dans l'une, il devait trouver la vie matérielle; dans l'autre, la vie psychologique.

Baccio d'Agnolo était l'architecte le plus occupé, ce qui ne veut pas dire le plus habile de Florence. Les banquiers et les usuriers, deux expressions que Savonarole regardait comme synonymes, ne pouvaient loger que dans une habitation dont il avait dressé le plan. Il faut dire à sa louange qu'il recevait admirablement, les artistes surtout. Parmi ceux qui fréquentaient les salons du sculpteur, Vasari cite André Sansovino, Filippino Cronaca, Benedetto da Majano, Antoine et Julien de Sangallo et François Granacci. Michel-Ange y venait aussi, mais plus rarement. Raphaël, dans ce monde d'intelligences, étonnait par sa parole poétique, par ses belles manières, et surtout par sa modestie. Nasi, riche bourgeois florentin, rechercha et obtint l'amitié du peintre d'Urbin. Ce fut pour lui que Raphaël composa la Vierge au Chardonneret.

Taddeo Taddi s'occupait de lettres, mais par délassement; c'était le correspondant de Bembo, le premier latiniste du siècle. Il s'éprit tellement de Raphaël, qu'il lui offrit la table et le logement, que l'artiste accepta, mais qu'il paya généreusement : le logement, au prix d'une Madone que lord Francis Egerton acheta de nos jours 30,000 francs ; la table, par le don d'une autre Vierge qui fait aujourd'hui un des ornements du Belvédère de Vienne ; la première était un reflet du Pérugin ; la seconde, une inspiration de Léonard.

Aux soirées de Baccio d'Agnolo venait un marchand retiré qui, n'ayant plus rien à faire, s'était fait amateur, et dont le cabinet possédait une magnifique sainte Famille de Fra Bartolomeo, qu'on admire aujourd'hui au palais Corsini, à Rome, et un tableau de Michel-Ange, qu'on voit à la tribune de Florence. Raphaël fit le portrait de cet opulent bourgeois, nommé Angelo Doni, et celui de sa femme, la belle Madalena, tous deux à la manière du peintre de Mona Lisa.

Vers la fin de 1505, il eut envie de revoir Urbin, sa patrie, alors le séjour d'une brillante réunion de lettrés. A Florence, il avait étudié le procédé matériel des vieux maîtres ; à Urbin, il allait s'initier à la philosophie de l'art. On faisait chez le duc Guidubald un véritable cours d'esthétique comme dans une université d'Allemagne. Castiglione, l'auteur du *Livre du Courtisan*, nous a conservé quelques-unes de ces causeries, où des hommes comme Bembo et Bibbiena disputaient sur l'essence du beau, à la manière de Platon.

Nous avons essayé de donner une idée des théories esthétiques de Bembo.

Ailleurs, toujours dans ce Livre du Courtisan, il s'agit de décrire quelques-uns des caractères de la beauté matérielle, et l'un des interlocuteurs défend aux dames de montrer leurs dents. Le Pérugin, Francia, Luca Signorelli, ont pratiqué le précepte de Castiglione : aucune de leurs vierges n'ouvre la bouche. Raphaël imita ses devanciers jusqu'à ce qu'il eût vu les madones de Léonard. Plus loin, l'écrivain nous montre les Italiennes occupées à éclaircir leurs sourcils, à brûler les cheveux qui leur tombent sur le front. Raphaël, avant de venir à Urbin, connaissait cet artifice féminin : à peine si l'on aperçoit une ligne noire au-dessus de l'œil de ses vierges, dont le front dégagé s'épanouit dans toute sa blancheur.

C'est ainsi qu'un livre oublié peut nous donner le secret de procédés qu'on serait tenté d'abord de regarder comme un caprice indifférent d'artiste.

Il ne faut pas qu'on s'y trompe, Raphaël était un homme d'étude, un observateur curieux de la nature visible, un ardent travailleur. Il ne portait pas plus des madones que La Fontaine ne portait des fables : il eut du génie, surtout parce qu'il eut de la patience.

Ce que nous ne saurions assez remarquer à l'honneur de notre artiste, c'est le sentiment chrétien, auquel il est resté fidèle jusque-là. Il a peint par le cœur ; sa beauté, telle qu'il l'a conçue et produite chez son père, chez le Pérugin, à Urbin, à Florence, est aussi céleste que celle d'Angelico de Fiesole. Savonarole, du haut de sa chaire évangélique, ne cessait de reprocher aux artistes, avec une amertume éloquente, de prendre pour type de leurs vierges quelqu'une de ces beautés de comptoir dont Florence offrait alors un si grand nombre. Jérôme eût mis sur l'autel, au lieu de les brûler sur la place publique, les vierges de Raphaël : nul artiste n'a créé autant de madones, et il n'en est pas une, sous quelque forme qu'il l'ait peinte, avec la paupière baissée, ou l'œil fixé sur son divin enfant ; au pied de la croix, ou couronnée dans le ciel par la sainte Trinité ; portée sur les nuages par des anges, ou assistant à l'ensevelissement de Jésus, devant laquelle il ne faille s'agenouiller. Mais tandis que les maîtres de la vieille école épuisaient tout ce qu'ils avaient de poésie ou de parfum à idéaliser la tête de Marie, lui cherchait et réussissait à imprégner non-seulement la tête, mais le corps entier, d'une beauté toute céleste. Chez les peintres de l'Ombrie, cette beauté ne joue comme un rayon qu'autour de la figure ; le galbe est souvent commun ou défectueux. Chez Raphaël la beauté, comme le sang, circule dans toutes les veines.

Ne parlons pas des diverses manières de Raphaël, qui n'en eut jamais qu'une seule, qu'il embellit et agrandit, suivant la remarque de Puccini, jusqu'au moment de sa mort. Ce qui semble un changement n'est qu'un progrès ; Raphaël nous le dira bientôt : il a un type de beauté tout formé, un idéal reconnaissable dans tout ce que son angélique pinceau a produit depuis dix ans.

« On a fait à des conquérants, dit M. Delécluse, l'honneur de les considérer comme des instruments de la vengeance céleste : pourquoi ne dirait-on pas que Raphaël a été la main choisie de Dieu pour exciter l'attention de l'homme à se porter sur toutes les modifications des beautés visibles ? »

Gloire donc à ces moines qui ont accueilli, fêté et protégé Raphaël, et inscrit son nom parmi les confrères du Saint-Sacrement ! Ils remplissaient, sans le savoir, les vues de la Providence. Aussi, quand en Italie nous rencontrions sur notre chemin un de ces bons pères, augustin, dominicain, camaldule, franciscain, nous étions toujours tenté de l'arrêter et de secouer un des pans de sa robe, pour voir s'il n'en tomberait pas encore quelqu'un de ces beaux tableaux qu'ils inspiraient et payaient si bien à Raphaël.

CHAPITRE XXXIV.

PEINTURE.—RAPHAEL.

Bramante présente Raphaël à Jules II. — Le pape lui confie les chambres du Vatican. — La Segnatura. — Invention et exécution de l'institution du sacrement de l'Eucharistie (dispute du Saint-Sacrement). — L'école d'Athènes. — La Vierge au Donataire. — Le tableau d'Héliodore.

§ III. RAPHAEL SOUS JULES II.

Ce fut Bramante qui présenta Raphaël à Sa Sainteté. Le pape poursuivait alors une idée conçue déjà par Nicolas V. Du Vatican il voulait faire une ville assez vaste pour loger le pontife et sa maison, les cardinaux, les prélats, les fonctionnaires ecclésiastiques, les ambassadeurs étrangers, et les artistes de grand nom.

S'il faut en croire Pâris de Grassi, Jules refusa d'occuper les appartements qu'Alexandre VI avait habités. En vain son maître des cérémonies lui proposait de faire enlever les portraits de son prédécesseur, Jules resta sourd à toutes les objections de Pâris.

Force fut donc de disposer, pour la demeure du nouveau pape, les appartements de l'étage supérieur, dont les murs avaient été en partie peints, sous Nicolas V, par Pierre della Francesca, Bramantino da Melano, Luca Signorelli, Barthélemy della Gatta, et Pierre Pérugin.

L'appartement dit *della Segnatura* était alors presque nu; Antoine Razzi y avait peint seulement quelques scènes de mythologie. C'est là, comme on sait, que le pape signait les ordonnances relatives aux besoins spirituels de l'Église. Raphaël eut l'idée d'y représenter, en quatre compartiments, la théologie, la philosophie, la poésie, la jurisprudence, c'est-à-dire les quatre cercles où la vie intellectuelle s'agite le plus ordinairement. On dirait une conception de Dante; l'idée en est magnifique, et l'exécution répond à la pensée.

Jetons rapidement un regard sur cette composition allégorique.

La scène se passe tout à la fois dans le ciel et sur la terre, mais l'action est une. Au ciel, le Christ est le centre ou le héros du poëme, comme sur la terre; au ciel, le Christ Dieu; sur la terre, le Christ homme, mais en chair et en os dans les espèces du pain et du vin. L'artiste a voulu exprimer la Rédemption de l'homme par l'institution de l'Eucharistie. Il ne s'agit donc pas ici, comme on l'a trop souvent répété, d'une dispute sur le sacrement d'amour, mais bien de l'apothéose du sang versé sur le Golgotha.

Le ciel s'ouvre donc à vos regards, et dans toute sa gloire: Dieu le Père, Dieu le Fils, Dieu le Saint-Esprit; la Vierge, les chœurs des anges et des séraphins. C'est le Christ qui, dans le tableau, attire et domine l'attention; car il faut que le poëte-peintre chante et dessine le sacrifice de la Croix, c'est-à-dire l'effusion du sang divin pour le salut de l'humanité. A côté du Christ, vous voyez Adam, notre premier père, dans l'attente du Rédempteur qui rachètera la faute du premier homme par une immolation volontaire; à ses côtés, saint Jean le bien-aimé, qui doit raconter l'Incarnation du Verbe; David, souche terrestre du sauveur du monde; la Vierge sa mère dans l'attitude de l'adoration; Étienne, qui mourra le premier de la mort du martyre, pour attester la vérité du sacrement d'amour.

A gauche, voici saint Paul armé de son glaive flamboyant, souvenir de la mort qu'il subit pour confesser son maître, et symbole des armes spirituelles que le Christ lui donna pour frapper au cœur toute doctrine qui voudrait blasphémer ou nier le sang de Jésus ; Abraham, qui tient le couteau qui doit immoler Isaac, image de celui qui percera le flanc du Sauveur ; saint Jacques, l'un des trois témoins de la Transfiguration sur le Thabor, et qui représente l'Espérance, comme saint Pierre la Foi, et saint Jean l'Amour ou la Charité ; Moïse avec le livre de la Loi ancienne ; à ses côtés saint Étienne et saint Laurent, diacres martyrs de la nouvelle Loi.

Maintenant, si de ces hautes sphères où le sang divin est si poétiquement glorifié, vous jetez les yeux sur cette terre qu'il purifia de ses souillures, vous le verrez recueilli dans un ciboire d'or placé sur l'autel de la Nouvelle-Alliance. Des deux côtés, de lumineuses figures s'inclinent dans une contemplation d'amour et de foi : c'est d'abord saint Jérôme, traducteur des livres saints ; puis, à ses côtés, saint Ambroise, qui composa le *Te Deum*, l'œil et la main levés sur saint Augustin, qui dicte à son disciple vraisemblablement quelques pages de la Cité de Dieu. En face du docteur, Grégoire Ier est assis dans une chaise épiscopale, et revêtu de ses ornements pontificaux. Le Père de l'Eglise tourné vers saint Jérôme, c'est, assure-t-on, saint Bernard qui montre les deux mains le saint ciboire. En face de saint Ambroise, ce théologien à longue barbe, dont le geste a quelque chose de magistral, se nomme Pierre Lombard, le maître des sentences, qui a si doctement écrit sur le sacrement de l'autel. Plus loin sont Scot et Thomas d'Aquin, les deux lumières de l'ordre des Franciscains et des Dominicains. Derrière Innocent III, qui tient dans la main gauche son livre sur la messe, on aperçoit Dante, que Raphaël, fidèle à la tradition, a placé parmi les docteurs en théologie. Il y avait bien longtemps que Benozzo Gozzoli avait déjà représenté le Florentin dans le chœur de l'église des Franciscains de Monte Falbo, avec cette inscription : *Theologus Dantes nullius dogmatis expers*. Jules II permit à Raphaël de peindre au milieu de ce sénat de théologiens la grande et noble figure du frère Jérôme Savonarole, non point comme martyr de la vérité, et en haine d'Alexandre VI, mais parce que Jules II savait avec quel amour le frère parlait du sacrement eucharistique, et que, sur le bûcher, il avait mangé le pain des anges avant de mourir dans les flammes.

Comme art divin destiné à traduire aux regards, à l'aide de la couleur, l'amour ineffable du Sauveur dans la sainte Cène, la peinture ne pouvait être oubliée par Raphaël. Elle est représentée, dans le cercle théologique, par Fra Angelico de Fiesole, le dominicain, qui priait avec son pinceau comme d'autres avec leurs lèvres.

Il faut lire dans M. Passavant, l'ingénieuse explication qu'il donne de chacun des cercles symboliques où le peintre a mis en action la théologie, la philosophie, la poésie, la jurisprudence, ces quatre reines du monde intellectuel. On croirait entendre un professeur padouan du quinzième siècle, dévoilant en chaire les mystères enfermés dans les poëmes de Dante. Non plus que le Florentin, Raphaël n'a dit à personne le mot de quelques-uns de ses emblèmes.

Ce qui ressort des savantes études de M. Passavant sur Raphaël, c'est que ce peintre était doué d'un esprit philosophique que nous ne lui aurions jamais soupçonné. On ne comprend pas que cet adolescent qui voyage, à la manière de Pic de la Mirandole, sur les grandes routes, et qui n'a dû, dans cette vie nomade, que chercher à reproduire les phénomènes naturels qu'il avait sous les yeux, le coucher du soleil, les jeux lointains des ombres et de la lumière, l'étoile du ciel, la fleur du buisson, le plumage de l'oiseau, la transparence de l'eau, quelque type inconnu de beauté virginale, conçoive une suite d'allégories philosophiques aussi belles que celles qu'il a produites dans ses *stanze*. Faut-il croire, avec M. Delécluse, à quelque inspiration céleste? Mais Raphaël ressemble à tous les jeunes gens de son âge, et vous le surprendrez bien plus souvent un pinceau qu'un livre d'heures à la main. Il est vrai de dire pourtant qu'il a passé plusieurs mois à la cour d'Urbin, dans la société de Bembo, de Castiglione; qu'il était un des membres les plus assidus de cette académie où, plusieurs fois pendant la semaine, on discutait *de omni re scibili*. Qui donc nous empêcherait de croire qu'une nature si richement organisée a recueilli soigneusement et s'est ensuite approprié tous ces beaux enseignements de philosophie, d'archéologie, d'histoire, de peinture de mœurs antiques, qu'on faisait passer sous ses yeux dans ce Sunium italique? Si vous l'avez remarqué, nul en peinture n'a été plus soucieux de se former une couronne de tous les diamants qu'il trouvait sur celles des anciens maîtres : il en doit à Fra Angelico, à Léonard de Vinci, à Fra Bartolomeo, à Michel-Ange, au Pérugin, à Santi, à Masaccio. Pourquoi donc ne se serait-il pas assimilé les connaissances philosophiques de Bembo, l'érudition de Castiglione et la science biblique de Sadolet? Pour Raphaël, écouter c'était apprendre.

Du reste, ce qu'on ignore, c'est qu'il était poëte. Il s'est avisé de griffonner sur le dessin d'une de ses figures de la Théologie un sonnet, et ce sonnet, sans valoir l'esquisse, ne manque pas de grâce.

Il est curieux d'assister aux transformations successives de ce génie merveilleux. D'abord, c'est un peintre de madones, qui ne se plaît qu'à reproduire la même figure. Partout où il passe, on vient à lui pour lui commander une vierge. L'artiste se met à l'ouvrage, et, quelques jours après, la vierge est finie. Mais on ne connaît pas Raphaël, lui-même s'ignore peut-être; il a besoin qu'un pape le devine. A Jules II il faut une épopée toute chrétienne, que le peintre écrira sur les murailles du Vatican. Raphaël obéit, et de chacune de ses figures il fait un type que les peintres qui viendront après lui devront nécessairement reproduire. Et cette œuvre, nous ne parlons encore que du tableau de la Théologie, brille non-seulement par la riche variété des airs de tête, par la beauté des figures, par l'agencement harmonieux des groupes, par la simplicité des attitudes, par une ineffable poésie répandue sur l'ensemble comme un rayon céleste, mais encore par la richesse des tons. Il est des têtes, celle de saint Grégoire entre autres, aussi chaudement coloriées qu'aucune des figures du Giorgion ou de Rubens.

Le progrès se manifeste plus glorieusement dans l'école d'Athènes. Cette fois encore on dispute à l'artiste l'idée du tableau : on veut qu'elle ait été connue et indiquée à Raphaël par son illustre ami le comte de Castiglione, qui se trouvait alors à Rome. Cela peut être; Castiglione, dans tous les cas, n'a pu fournir au peintre qu'un thème décoloré: il a donné l'argile que Raphaël a pétrie et animée. Dites à un artiste de présenter le développement successif des anciennes écoles de philosophie ; il vous répondra sans doute que par la parole seule on pourrait en tracer l'histoire; et s'il a étudié l'antiquité, il vous donnera sur-le-champ l'analyse de chacune des doctrines professées par les maîtres anciens. Raphaël avait une tâche bien plus difficile : il devait, à l'aide de la couleur, vous faire percevoir tout à la fois par la chair et par l'esprit, c'est-à-dire par l'œil et par l'âme, la personnalité intellectuelle de chaque sage; pose, figure, vêtements, doivent vous offrir une idée de l'homme intérieur. Il ne s'agit pas ici d'un procédé mécanique, au moyen duquel tout ouvrier, pour peu qu'il ait une médaille, établira la ressemblance du personnage. L'image véritable gît ailleurs ue dans les traits, elle repose dans l'âme; c'est un portrait moral qu'il doit produire, suivant la méthode des maîtres anciens. Ainsi que l'observe judicieusement M. Passavant, Raphaël a matérialisé l'idée. Le génie de chacune des puissantes individualités qu'il a rassemblées dans son cadre, son intelligence, son âme, son moi enfin, sont indiqués admirablement dans leurs traits divers; c'est de la peinture historique et philosophique, parlant à la fois à l'esprit et aux sens : à l'esprit, par la connexion idéale des caractères des personnages qu'il a voulu représenter; aux sens, par la forme extérieure dont il les a revêtus. Comme œuvre technique, jamais la peinture n'a rien produit d'aussi beau.

Il est vrai que cette fois Raphaël a profité de la contemplation du plafond de la Sixtine. Il avait été introduit dans l'atelier de Michel-Ange peu de temps avant que cet artiste eût achevé son œuvre immortelle.

Quand on suit Raphaël au sortir du Vatican, pour l'accompagner dans le monde romain, on ne sait s'il mérite plus d'être admiré qu'aimé. La gloire qu'il s'est faite par ses œuvres ne l'enivre pas : dans ses moments de loisir il a toutes sortes de doux souvenirs pour Urbin, sa patrie; pour son vieil et bon oncle Simon Ciarla; pour son admirable maître, le Pérugin, dont Michel-Ange eut le malheur de méconnaître le génie; pour François Francia, son compagnon chéri, qui lui envoie son portrait comme on ferait à un frère. Raphaël veut lui donner le sien à son tour, et lui annonce cette nouvelle dans une lettre charmante :

« Je reçois à l'instant, mon cher Francesco, votre portrait, que m'apporte Barzotto, et dans un état parfait de conservation : je vous remercie du cadeau. L'ouvrage est admirable; on dirait qu'il vit : en le voyant, je crois être près de vous et vous entendre. Ayez un peu de patience, et ne me grondez pas si je tarde tant à vous envoyer le mien. C'est que la besogne dont je suis surchargé m'a empêché de le terminer plus tôt. J'aurais bien pu, pour aller plus vite, le faire exécuter ; mais je ne le veux pas. Vous me pardonnerez, j'en suis sûr ; car vous savez bien ce que c'est que d'être esclave, comme nous le sommes, des grands seigneurs.... Continuez de m'aimer comme je vous aime, de tout cœur. »

Tous les amis, et ils sont nombreux, que Raphaël s'est faits à Rome, ont part à ses libéralités : pour Paul Jove, l'évêque de Nocera di Pagani, dans le royaume de Naples, il peint la madone connue sous le nom de la Maison d'Albe ; pour un inconnu, la Vierge au diadème ; pour un de ses Mécènes, la madone dite d'Aldobrandini. Raphaël excelle à célébrer l'amour maternel, amour chaste, ineffable, qui remplit le cœur de Marie. S'il est vrai, selon la pieuse tradition des Orientaux, que saint Luc ait manié le pinceau, nous doutons qu'il ait jamais pu mieux faire que Raphaël, à moins qu'il n'ait peint comme il a parlé, sous l'inspiration du Saint-Esprit.

Mais un homme plus heureux que Jules II, dont Raphaël, à cette époque, reproduisit si magnifiquement les traits, c'est Sigismond Conti de Fuligno : et personne ne saurait lui envier son bonheur, car il en est digne, d'abord parce qu'il était de cette famille des Conti d'Agnani, qui donna au monde catholique Innocent III ; ensuite parce que c'était un docte écrivain dont Santi a célébré le talent littéraire ; enfin parce que, camérier ou secrétaire intime de Jules II, il aimait les arts comme son royal maître. Raphaël fit donc pour Sigismond cette Vierge au Donataire, chef-d'œuvre que les trois épithètes imaginées par Voltaire pour célébrer le talent poétique de Racine ne loueraient qu'imparfaitement.

Jules II, heureux et fier de l'œuvre de la Segnatura, mit un autre appartement du Vatican à la disposition de Raphaël : c'est la salle d'Héliodore. Il y avait là des fresques de Bramantino da Melano et de Pierre della Francesca. que le pape ordonna d'effacer. Raphaël fit prendre par ses élèves des copies de quelques portraits d'hommes célèbres, que Jules Romain offrit plus tard à Paul Jove.

Le premier sujet exécuté par Raphaël est l'expulsion d'Héliodore du temple de Jérusalem, dont, par ordre de Séleucus, il venait dérober les trésors. C'est un drame qui saisit l'âme du spectateur, étranger même à la connaissance de l'Ancien Testament. Onias, le grand prêtre, est prosterné dans le sanctuaire, implorant la protection céleste contre le spoliateur ; le peuple, campé dans le lieu saint, s'émeut et tremble, quand tout à coup apparaît. sur un coursier rapide, un cavalier à l'armure d'or, qui marche droit à l'impie; le renverse et le foule aux pieds : des messagers célestes le suivent à travers les airs, brandissant leurs armes vengeresses ; Héliodore, couché par terre avec ses trésors, semble, par son regard, s'humilier sous le coup qui le frappe ainsi subitement, tandis que plusieurs de ses gardes, incapables de deviner ce qui se passe dans les hauts lieux, lèvent leurs armes pour frapper les hérauts de la colère divine. La figure d'Héliodore, tout à fait dans la manière du Giorgion, est chaudement colorée.

Le tableau d'Héliodore, quelque beau qu'il soit, est inférieur au Miracle de Bolsena. Un prêtre qui doutait de la présence réelle célébrait la messe (1263), quand, au moment de la communion, l'hostie consacrée se couvre de sang. Les fidèles qui assistent à ce prodige témoignent, par leurs attitudes diverses, leur religieux effroi. Quatre soldats suisses agenouillés près de la chaise du pape Jules II, que l'artiste a placé dans son tableau, restent seuls étrangers et insensibles à ce grand coup du ciel : leur figure toute tudesque forme, par l'insensibilité dont elle est empreinte, un contraste dramatique avec la physionomie si différemment émue des autres spectateurs. Toutes les têtes sont autant de magnifiques portraits qui vivent et respirent : la parole même ne leur manque pas ; vous la saisissez dans leurs regards, sur leurs lèvres et dans leurs gestes. Du sang, il y en a partout, jusque sur les mains. Mengs a dit, en parlant du Titien : « Sa chair paraît être composée de sang, d'humeur vitale, de muscles et de veines. » Raphaël lutte ici contre tous les prodiges de coloris opérés plus tard par l'école vénitienne, et il en triomphe. Les fresques de la Scola de Sant'Antonio, peintes à Padoue par le Titien, ne peuvent supporter aucune comparaison avec la fresque du Miracle de Bolsena.

A cette époque, Raphaël fut obligé d'interrompre un moment ses travaux : Jules II venait de mourir. Si l'on eût écouté la voix d'Ulrich de Hutten, qui conseillait à l'empereur de dépouiller la papauté de sa souveraineté temporelle, le monde n'admirerait aucune des merveilles qu'étalent si glorieusement les murs du Vatican : sans la papauté, nous ne connaîtrions qu'imparfaitement Raphaël et Michel-Ange.

CHAPITRE XXXV.

PEINTURE.—RAPHAEL.

Raphaël est nommé par Léon X intendant des travaux de l'église de Saint-Pierre. — Lettre de Sa Sainteté à l'artiste.— Plan de Raphaël. — Marco Fabio Calvi l'aide dans ses recherches et ses travaux. — L'architecte de Saint-Pierre est chargé par le pape de la surveillance des ruines de l'ancienne Rome. — Salles du Vatican auxquelles travaille le peintre. — L'incendie du Bourg. — Les Loges.— Les tapisseries de la chapelle pontificale. — Raphaël imagine de ressusciter les monuments de l'ancienne Rome. — Lettre qu'il écrit à ce sujet à Sa Sainteté. — Raphaël peint le tableau de la Transfiguration. — Il tombe malade et meurt. — Causes de cette mort subite. — Funérailles du grand artiste. — Léon X vient, dans l'église de la Rotonde, baiser la main du peintre. — Découverte, sous Grégoire XVI, du corps de Raphaël. — Ce peintre a réhabilité la forme en l'idéalisant.

§ IV. RAPHAEL SOUS LÉON X.

Ordinairement, au sortir du Vatican, Raphaël allait jeter un coup d'œil sur la maison qu'il se faisait bâtir dans le Borgo Nuovo, et dont il dirigeait les travaux avec Bramante, son ami et son parent. Cette habitation devait être digne du grand artiste qui, peintre et architecte, en avait conçu le plan. Elle se composait de deux étages : le premier étage reposait sur six colonnes doriques ; cinq fenêtres s'ouvraient dans toute la largeur, encadrées dans des colonnettes ioniques, surmontées de corniches arrondies ou angulaires, genre d'ornementation dont Raphaël aimait à faire usage, à l'imitation des anciens architectes romains. La fenêtre du milieu était ornée des armes de Léon X : six médaillons en relief rehaussaient encore la beauté de cet édifice. Sous Alexandre VII, quand le Bernin imagina cette colonnade qui fait aujourd'hui le plus bel ornement de la place de Saint-Pierre, le pape acheta la maison au prieur de Malte 7,163 scudi et 34 bajochi, et la fit démolir.

Jamais artiste n'avait été aussi heureux que Raphaël, si le bonheur se compose d'odes et de sonnets, de bruit et de gloire, d'honneurs et de fêtes. A l'exception d'un seul homme, Michel-Ange, qui le boudait à Florence, tout ce que l'Italie comptait d'intelligences d'élite lui était attaché. Quand, après le couronnement de Léon X, l'Arioste vint à Rome, sa première visite fut pour le saint-père, la seconde pour le peintre d'Urbin. Plus tard, Bramante, étant près de mourir, le fit appeler, et, devant le pape, qui venait bénir son architecte, le désigna comme seul capable de continuer les travaux de la basilique de Saint-Pierre.

Léon X ne cachait pas qu'il voulait faire une œuvre merveilleuse. L'artiste eut l'honneur de présenter à Sa Sainteté un modèle qui excita l'admiration universelle. Quelques jours après, il était nommé intendant en chef des travaux de Saint-Pierre.

Ce fut Bembo qui rédigea le bref que Raphaël reçut au commencement d'août 1514, bien qu'il se fût mis à l'œuvre dès le mois d'avril. Les titres du peintre à l'admiration du monde y sont noblement rappelés.

« Raphaël d'Urbin, disait Léon X, ce n'est pas seulement comme peintre que vous vous êtes acquis parmi les hommes une gloire immortelle ; Bramante, avant de mourir, proclamait vos talents en architecture, et vous désignait pour continuer l'œuvre qu'il avait si glorieusement commencée. Les plans que vous nous avez présentés témoignent de votre rare capacité ; et comme tout notre désir est d'achever ce saint temple avec toute la magnificence possible, nous vous nommons intendant de Saint-Pierre avec 300 scudi d'or par an, qui vous seront payés par notre trésorier à des époques convenues, ou de mois en mois si vous le préférez.

» N'oubliez pas, nous vous en conjurons, qu'il s'agit dans ces fonctions d'assurer l'honneur de votre nom; de fonder, jeune encore, votre gloire à venir; de répondre dignement à la bienveillance toute paternelle que nous vous portons, à la célébrité du temple que vous allez édifier, à notre vénération pour le prince des apôtres. »

Nous n'avons pas oublié ce bon Simon Ciarla, qui aimait si tendrement son neveu; c'est à lui que Raphaël donna la première nouvelle de sa bonne fortune. Simon, dans sa petite habitation de la contrada del Monte, ne se doutait ni du bonheur ni de la gloire de son enfant chéri : il le croyait apparemment un excellent broyeur de couleurs, et il avait jeté les yeux, depuis quelque temps, sur une belle fille d'Urbin qu'il voulait lui donner en mariage.

« Carissimo, lui écrit Raphaël, ne vous inquiétez pas de moi ; je vous dirai que je suis bien content de n'avoir pas accepté la main de celle que vous me destiniez : je n'en serais pas où je suis si je vous avais écouté ; car figurez-vous que j'ai en propriétés pour plus de 3,000 florins, et un revenu de 50 scudi d'or ; sans compter que Sa Sainteté m'a confié la direction des travaux de Saint-Pierre, avec un traitement de 300 ducats l'an ; puis on me donne pour mes œuvres tout ce que je demande : j'ai 200 ducats pour peindre une nouvelle Stanza au Vatican. Vous voyez, mon bon oncle, que je vous fais honneur, à vous, à ma famille et à mon pays. Vous savez si je vous aime ; aussi, quand j'entends prononcer votre nom, c'est comme si j'entendais celui de mon père. Vous saurez que le cardinal de Santa-Maria in Portico veut me donner une de ses parentes ; et, avec votre agrément et celui de mon oncle Barthélemy Santi, j'ai promis d'être agréable à son éminence. Je ne puis manquer à ma parole. Sachez que si François Buffa peut là-bas trouver de bons partis, il ne m'en manquera pas ici; et si je voulais, je pourrais épouser à Rome une fille de bonne famille et de bonne réputation, qui m'apporterait en dot 3,000 scudi. Et impossible de demeurer ailleurs! d'abord, par amour pour l'église de Saint-Pierre, dont j'ai entrepris la construction; puis, parce que j'occupe maintenant la place de Bramante; ensuite, parce qu'il n'y a pas au monde de ville plus illustre que Rome! »

Le pape avait adjoint à Raphaël Julien de Sangallo et fra Giocondo de Vérone, tous deux employés déjà par Bramante; mais, usés par l'âge et le travail, fra Giocondo, obligé d'aller passer l'hiver à Florence pour recouvrer la santé, y mourut en 1518, et Sangallo cessa, vers la même époque, d'être porté sur les registres de l'administration. Raphaël resta donc seul chargé des travaux de la basilique. Le modèle original d'après les plans de l'artiste est perdu; nous n'en possédons que la description que Serlio a donnée dans ses Règles générales d'architecture.

Raphaël avait imaginé une croix latine avec une coupole à l'intersection des deux bras de la croix. Le vaisseau avait trois nefs, chacune des ailes cinq chapelles, chaque pilier une niche; le chœur et les tribunes latérales étaient également ornés de niches, dont chacune reposait sur un évidement soutenu par deux piliers et douze colonnes accouplées par quatre. La façade avait trois entrées principales. Le portique, exhaussé par des marches, reposait sur trente-six colonnes, trois dans la profondeur, douze sur la largeur, disposées de manière à ce que les lignes intérieures et extérieures fussent toujours doubles.

Les maîtres de l'art donnent de grands éloges à la simplicité de ce plan, que quelques-uns préfèrent à celui de Michel-

Ange, parce qu'il se rapproche davantage de la sévérité antique. Il fallait d'abord consolider les quatre pliers élevés par Bramante, qui devaient supporter la coupole, et qui reposaient sur un sol trop faible pour supporter un poids aussi grand. Ce fut un travail difficile que l'étayement des voûtes souterraines : des mois se passèrent à cette œuvre, en sorte que, les fonds consacrés par Léon X à l'édification de Saint-Pierre étant absorbés par les travaux de fondation, Raphaël ne put exécuter le dessin qu'il avait conçu.

Il fut plus heureux dans le plan de la cour du Vatican. Celui que Bramante avait laissé avant de mourir semblait à Léon X plus grandiose que beau ; il fit appeler son artiste chéri, qui, quelques jours après, présentait à Sa Sainteté un modèle en bois dont tout le monde fut charmé. Cette cour aujourd'hui est un des beaux ornements de Rome.

Raphaël, dans quelques-unes de ses lettres, nous montre avec quel soin éclairé le pape étudiait les travaux qu'il avait inspirés ou commandés. A chaque instant l'artiste était obligé de quitter son ouvrage pour aller dire à Léon X les progrès matériels d'un édifice ou d'une peinture. Le pape voulait tout voir de ses yeux, le dessin surtout, dont il discutait avec Raphaël le choix ou la convenance. Souvent il arrivait à l'improviste avec quelqu'un de ses serviteurs, et, mêlé à la foule des travailleurs, il excitait leur zèle par ses louanges ou ses libéralités. Raphaël, pour répondre aux encouragements du pape, passait les nuits à étudier.

Il y avait alors à Rome un savant en haillons qui aidait puissamment l'architecte dans ses recherches à travers l'ancien monde des empereurs : il se nommait Marco Fabio Calvi. Calcagnini, protonotaire apostolique, nous a laissé quelques curieux détails sur cet homme, qui semblait avoir hérité de la stoïque indépendance de Pomponio Leto, et dont les vêtements tombaient en lambeaux comme les ruines du Colysée.

« Fabio de Ravenne, dit-il, est un vieillard d'une probité antique. On ne sait si l'érudition en lui l'emporte sur l'amabilité. Grâce à sa science, Hippocrate a cessé de s'exprimer dans le jargon ridicule du moyen-âge, et parle maintenant en fort beau latin. Ce saint homme a horreur de l'or : il a sur la cassette de Sa Sainteté une pension mensuelle qu'il distribue le plus souvent à ses parents ou à ses amis, se contentant, pour vivre, d'herbes et de racines. Il mène la vie d'un pythagoricien, et loge dans un trou, vrai tonneau de Diogène, où il végète en feuilletant des livres. Aussi a-t-il gagné à ce métier une maladie grave. Il est en ce moment le pensionnaire de Raphaël, qui le nourrit et le choie comme un enfant. Raphaël est un artiste riche et le favori de Léon X. A un cœur excellent il unit un génie admirable. C'est peut-être le premier de nos peintres, sous les rapports théorique et pratique. Architecte d'un rare talent, il a des inventions que les plus grands génies n'auraient jamais trouvées : j'en excepte peut-être Vitruve, dont, au reste, il ne reproduit pas seulement les idées, mais qu'il réfute et corrige avec tant de convenance, qu'on ne saurait l'accuser de jalousie. Il exécute en ce moment une œuvre merveilleuse : je ne parle pas de la basilique de Saint-Pierre, dont il dirige les travaux, mais de cette Rome antique qu'il veut faire revivre à nos regards dans toute sa grandeur et toute sa magnificence, en abaissant les terrains, en fouillant les décombres, en restituant aux ruines leur physionomie primitive. Le pape en est tellement content, qu'il en fait un envoyé du ciel qui a reçu d'en haut la mission de ressusciter la ville éternelle. Et quelle rare modestie, quelle affabilité ! Comme il aime à prendre conseil, comme il écoute les objections, comme il se rend avec grâce quand on lui a montré son erreur ! Il honore Fabio comme son père et comme son maître ; il le consulte et l'écoute en véritable disciple. »

C'est pour Raphaël que Fabio avait traduit, dans ce tonneau dont parle Calcagnini, l'OEuvre architecturale de Vitruve. Si l'on en juge par les notes marginales du manuscrit, car la traduction n'a point été imprimée, Raphaël avait profondément étudié les préceptes de l'écrivain antique.

Sur ces ruines où le noble vieillard aimait à se reposer pour respirer un peu de soleil, de toutes les substances de la création la seule à laquelle il fît la cour, les Romains posaient souvent un marteau sacrilége; la pierre volait en éclats que ramassaient des ouvriers pour construire des maisons particulières. Léon X, averti par la clameur publique, se hâta de mettre un terme à cette spoliation de vandale.

Il écrivit à Raphaël :

« Comme il importe pour la construction du temple romain dédié au prince des apôtres, que la pierre et le marbre soient tirés du sol même de la ville plutôt que des environs, et que Rome en recèle dans son sein une grande quantité dont on se sert arbitrairement pour élever des habitations privées, je vous charge, vous l'architecte de Saint-Pierre, de la surveillance de toute espèce de ruines qu'on trouvera à dater de ce jour, soit à Rome, soit hors des murs de la ville, dans un rayon de mille pas, et dont vous ferez l'acquisition, si elles vous conviennent, pour la construction du saint temple. Je veux donc que quiconque trouve de ces marbres ou de ces pierres dans l'espace indiqué vienne vous en avertir sur-le-champ. Qui enfreindra cet ordre, trois jours après sa promulgation, sera passible d'une amende qui ne pourra être moindre de cent ducats d'or. Et comme nous avons appris que des tailleurs de pierre se servent, dans leur ignorance, de marbres ornés souvent d'inscriptions antiques, anéantissant ainsi des documents dignes d'être conservés dans l'intérêt des lettres et de la belle latinité, nous défendons à tous ceux qui exercent ce métier à Rome de mutiler aucune de ces vieilles pierres, sans votre permission expresse, sous peine d'une amende égale à celle qui a été ci-dessus mentionnée. »

Ce bref, que Rome connut bientôt, causa la joie la plus vive aux humanistes, aux peintres, aux statuaires et à tous les artistes. A partir de cette époque, le palais pontifical, qui ne comptait que quelques rares statues : le groupe de Laocoon, découvert en 1506; l'Apollon du Belvédère, que Jules II avait acquis lorsqu'il n'était que cardinal; le torse d'Hercule, que Michel-Ange regardait comme une merveille; l'Ariane célébrée par Castiglione, l'Antinoüs, les groupes du Nil et du Tibre, s'enrichit chaque jour de quelque nouvelle découverte.

Mais Léon X n'abandonnait pas la grande pensée conçue par son prédécesseur; il voulait que Raphaël achevât la peinture des salles du Vatican; deux restaient encore à peindre. Cette fois il s'agissait de raconter, à l'aide de la couleur, l'intervention divine dans l'établissement du christianisme.

C'est la grande image de la papauté, représentée par Léon III, que l'artiste évoquera. C'est le : *Exurgat Dominus et dissipentur inimici ejus*, traduit à la manière de Raphaël.

Les neveux d'Adrien Ier accusaient Léon III. Charlemagne rassemble dans l'église de Saint-Pierre de nombreux évêques, des docteurs et des savants, pour juger la conduite du pape. Au moment où il s'apprête à demander l'opinion des assistants, une voix se fait entendre qui crie : « Il n'appartient à personne de juger celui qui juge les autres! » et Charlemagne s'incline. Au bas du tableau on lit ces paroles du livre divin : « Il appartient à Dieu et non pas aux hommes de juger les pontifes. »

C'est l'infaillibilité du pape mise en action.

Dans la seconde fresque, Léon III pose la couronne sur le front de Charlemagne.

C'est le droit de la tiare sur les couronnes temporelles.

Raphaël a placé dans son tableau les deux figures de Léon X et de François Ier, en signe de l'alliance contractée entre ces deux souverains, à Bologne, dans l'hiver de 1515 à 1516. Un page tient la couronne de fer de Lombardie, debout, à côté de l'empereur des Romains agenouillé devant le pape. Sous les traits du page, Raphaël a représenté le jeune Hippolyte de Médicis, que Léon aimait tendrement.

La troisième fresque raconte la défaite des Sarrasins à Ostie. Ils allaient envahir les États du pape, quand Dieu soulève une tempête qui brise leurs vaisseaux et engloutit dans les eaux de la Méditerranée les hordes barbares. Le pape, sous les traits de Léon X, est assis sur le rivage, les regards tournés vers le ciel, pour le remercier de l'assistance qu'il lui a si miraculeusement prêtée. Des prisonniers sont enchaînés à ses pieds, tandis que des canots arrivent, dans le lointain, portant d'autres captifs. La joie répandue sur la figure du pontife forme un poétique contraste avec l'abattement et le désespoir empreints sur les traits des vaincus.

Le plus bel ornement de cette salle est l'Incendie du Bourg, que Raphaël exécuta de sa main.

En 847, un violent incendie éclate tout à coup dans le quartier habité par les Saxons et les Lombards, et qui s'étend du Vatican au mausolée d'Adrien. L'église de Saint-Pierre est menacée, les flammes commencent à l'envelopper, lorsque Léon IV apparaît, fait le signe de la croix, et le feu obéissant s'éteint.

Comme pensée, ce tableau est admirable ; le peintre a su y jeter un intérêt tout dramatique : on assiste vraiment à un incendie. Ici, c'est une famille plongée dans un sommeil profond, tout à coup réveillée au sifflement des flammes, et qui, de tout ce qu'elle possédait, n'a pu sauver qu'un enfant à la mamelle ; ailleurs, des hommes, des femmes qui, ne comptant plus sur aucun secours, regardent tristement le pape, dont la prière seule peut apaiser le ciel ; plus loin, deux femmes, au type tout romain, descendant peut-être de ces Sabines par qui fut repeuplée Rome, et qui apportent de l'eau pour éteindre les flammes, deux des belles figures qu'ait créées Raphaël, aussi pures de proportion qu'aucune de celles du Jugement dernier ; ailleurs, une pauvre mère qui ne songe qu'à son premier-né, que le père dispute aux étreintes maternelles ; plus loin, un jeune homme qui se sépare de ce qu'il a de plus cher au monde et ne songe qu'à sauver son vieux père, tandis que son fils court à côté de lui, et qu'une vieille femme s'occupe d'emporter quelques futiles objets, mais qu'un long usage lui a rendus chers. Raphaël a voulu montrer qu'il pouvait lutter avec Michel-Ange. Il essaye ici le nu, et l'on voit qu'il l'a étudié tout à la fois dans les livres, sur le corps vivant, et dans les œuvres de son rival. Si Buonarotti possède une science plus approfondie des détails anatomiques, si ses contours respirent une vie plus apparente, si ses muscles sont plus énergiquement attachés, si la charpente osseuse de ses personnages a plus de relief, en revanche Raphaël est plus vrai.

Buonarotti a fait l'homme à son image ; être idéal, type exceptionnel, nature toute gigantesque. L'homme de Sanzio n'a rien de conventionnel ; il se meut et vit selon les lois ordinaires de la nature ; il sort de la famille des êtres créés de Dieu ; il ressemble, dans sa structure, à tout ce que nous voyons autour de nous. C'est le fils d'Adam dans les différents âges de son existence mortelle : enfant, avec les grâces naïves du corps dans ses premiers développements ; adulte, avec une exubérance de vie qui ruisselle dans tous ses membres, ainsi que la séve dans les branches du jeune arbre ;

vieillard, avec ses muscles relâchés et ses fibres amollies.

Un jour qu'il visitait avec son disciple, Jean d'Udine, les bains de Titus, la pioche du maçon rencontra tout à coup quelques arabesques merveilleuses d'inspiration fantasque : Raphaël était dans l'extase. Peu de temps après, Jean d'Udine apportait à son maître un cahier rempli de toutes sortes de figures, comme le fiévreux en rêve la nuit dans son délire, comme nous en voyons le jour sur un ciel nuageux. Restait à donner à ces monstres aux milles formes la vie apparente que l'antiquité avait trouvée. Pour l'artiste, ce fut l'affaire de quelques jours. Raphaël fut si content de son élève, qu'il le chargea de reproduire ces caprices sur divers segments des Loges du Vatican, sa bible à lui, comme l'appelle l'école.

A l'imitation de Dante, dans la Divine Comédie, Raphaël tenta, dans les peintures des Loges, la combinaison des deux éléments chrétien et païen. Ainsi, dans l'histoire de la création du premier homme, le chérubin des livres saints est prosterné en contemplation devant la majesté de son Créateur, tandis qu'autour d'Adam on voit des Amours luttant contre des Harpies : image de l'homme tombé du ciel, et luttant misérablement, après son péché, contre la grâce divine. Dans l'Embrasement de Sodome et de Gomorrhe, il a figuré des monstres tels que la nature n'en produisit jamais. Ailleurs, ce sont des figures d'invention pour expliquer Salomon ou les joies de la famille. M. Passavant, qui a étudié habilement le génie des peintures de Raphaël, insiste avec raison sur leur caractère symbolique, et il montre que celui qui n'est pas initié à cette philosophie de l'art, dont Dante est le père, risque de se tromper en attribuant au naturalisme de la renaissance cet amour du mythe qui brille éminemment dans les créations de Raphaël, et qui, bien loin d'être la glorification de l'antiquité fabuleuse, n'est destiné qu'à faire ressortir par le contraste la vérité chrétienne.

Dans l'Eglise byzantine, on suspendait, aux grandes solennités, sur les murs des chapelles, des tapisseries ornées d'or et de soie. Le pape avait rêvé pour sa chapelle une décoration qui l'emportât sur celle des basiliques grecques. Il chargea Raphaël de dessiner les sujets des tapisseries. L'artiste les tira des Actes des Apôtres, et les traça sur des cartons qu'il coloria lui-même avec le plus grand soin. Richardson, Lanzi, Bottari et d'autres juges compétents regardent ces cartons non-seulement comme l'œuvre la plus admirable de Raphaël, mais comme l'expression la plus sublime de l'art. Il y en avait douze. Sept existent encore dans le palais de Hampton-Court, préservés par une glace de l'impression de l'air, et par un poêle perpétuellement allumé, dans la salle, de l'humidité de l'atmosphère. Léon X les avait envoyés en Flandre, où les plus habiles ouvriers devaient les reproduire sur des tapisseries tissues d'or et de soie. Panvinio porte à cinquante mille couronnes d'or la somme que le pape paya aux artistes flamands. Ils méritaient ce titre, car le jour de saint Étienne, le 26 décembre 1519, où les tapis furent exposés dans la Sixtine, Vasari raconte que Rome fut tentée d'attribuer ces beaux ouvrages à un prodige plutôt qu'au travail d'une main d'homme. Malheureusement les dessins étaient restés en Flandre, où Charles Ier les fit acheter au dix-septième siècle, et où Charles II, un moment, fut sur le point de les vendre à Louis XIV, qui avait chargé son ambassadeur d'en faire l'acquisition. Après la mort de Léon X, son successeur Adrien VI, qui n'entendait rien aux arts, oublia de les réclamer.

Un moment notre peintre fut distrait de son œuvre des Loges par une idée aussi grande qu'ingénieuse, et que lui inspira sans doute André Fulvio. Il s'agissait pour lui de rappeler à la vie ce qu'il nommait le cadavre de la vieille Rome ; de rendre à la ville ses édifices sacrés et profanes, ses palais, ses naumachies, son Colysée, ses arcs de triomphe, ses colonnes, ses jardins, ses places et ses rues ; de sorte que Virgile ou Horace, rappelé à la lumière, eût reconnu la cité d'Auguste. Ce miracle devait lui coûter beaucoup de temps, l'achat d'immenses ateliers, de grandes dépenses, des frais de voyage : le pape promit tout, à l'exception du temps, que Dieu seul pouvait accorder à l'artiste, mais qui était jeune et plein de santé, et qui avait trouvé un procédé graphique à l'aide duquel il pouvait relever en une journée plus de ruines qu'un dessinateur en un mois. C'est assis sur une de ces ruines qu'André Fulvio avait songé à refaire l'ancienne Rome ; et sur-le-champ il s'était mis à l'ouvrage, communiquant à Raphaël chacune de ses descriptions, dont l'artiste traçait aussitôt le dessin.

Il semble, en vérité, que quiconque touche aux ruines de Rome y trouve des trésors cachés : Pomponio Leto, le mot d'un grand nombre d'énigmes historiques ; Fulvio, la traduction de passages obscurs de Vitruve ; Sadolet, des odes splendides ; Jules II et Léon X, de magnifiques statues ; Jean d'Udine, de ravissantes arabesques ; et Raphaël, de la poésie de style. On en jugera par les fragments de la lettre qu'il écrit à Sa Sainteté :

« Depuis que je me livre à l'étude des antiquités, en m'aidant, dans mes investigations, des écrivains qui les ont décrites, et en comparant l'œuvre à la description, je pense avoir acquis quelque connaissance en architecture. Si la joie que j'éprouve à la vue de tous les prodiges de science opérés par nos ancêtres est vive, ma douleur ne l'est pas moins lorsque je contemple le cadavre de cette cité, autrefois la reine du monde, à cette heure si misérablement mutilé. Si la piété envers nos parents, envers notre patrie, est un devoir sacré, ne suis-je pas obligé d'employer tout ce que j'ai en moi de puissance pour conserver le dernier souffle, la dernière étincelle de vie, à cette Rome, qui fut autrefois la patrie de tout ce qui porte le nom de chrétien, et un moment si grande, qu'on put la croire, seule sous le ciel, au-dessus des coups de la fortune ; seule, en dépit des lois de la nature, exempte du trépas. Mais il semble que le temps, jaloux de la gloire des mortels, et se défiant de son pouvoir destructeur, ait fait pacte avec les Barbares, qui, à sa lime rongeante, à sa morsure venimeuse, ont uni le fer, le feu et tous les instruments de destruction. Alors on vit tomber, sous les assauts de cette rage impie, toutes ces merveilles de pierre dont il ne reste plus, à cette heure, qu'un squelette privé de chair et de sang. Mais que parlons-nous des Goths, des Vandales, lorsque ceux que la nature avait placés, comme pères et tuteurs, à la garde de ces reliques, ont eux-mêmes contribué à leur destruction ! Que de pontifes, très-saint-père, qui, revêtus de la même dignité que vous, mais n'en possédant ni la science, ni l'imagination, ni l'esprit, dons supérieurs qui vous élèvent presque jusqu'à Dieu, ont travaillé, eux aussi, à ruiner les vieux temples de la Rome antique, ses vieilles statues, ses vieux et glorieux édifices !... Cette Rome moderne, qui étale avec tant de splendeur ses palais, ses églises, ses monuments civils et religieux, a été, je n'ose le dire, construite avec la chaux de marbres antiques ! Je ne puis songer sans un déchirement de cœur inexprimable à tout ce que j'ai vu depuis onze ans, à Rome, de colonnes et de temples abattus et ruinés... »

Cette lettre, dont on voudrait faire honneur à Castiglione, et qu'on dirait écrite en quelques passages par Benvenutto Cellini, tant l'artiste y dit librement sa pensée, montre avec quel amour Raphaël avait étudié la vieille Rome. Quand l'édifice qu'il voulait dessiner n'offrait plus que des débris imparfaits, il avait, dit-on, recours à un instrument de son invention qui lui en livrait sur-le-champ toutes les proportions ; « instrument merveilleux, nous dit Paul Jove, et dont Raphaël malheureusement n'a pas voulu donner le secret. » En quelques minutes, l'artiste restituait une ruine, à peu près comme Cuvier, au moyen de son anatomie comparée, reconstituait un animal perdu. Au moment même où il présentait à Sa Sainteté le spécimen d'un édifice rétabli d'après le procédé qu'il avait trouvé, il songeait à donner une histoire complète de l'art chez les anciens, et laissait dans des manuscrits que la mort ne lui permit pas d'achever, des notes dont Vasari s'est heureusement servi.

Léon X était insatiable. A peine son artiste favori commençait-il une œuvre, qu'il lui en demandait une autre. Raphaël se prêtait à toutes les fantaisies du pape; mais, si sa gloire y gagnait, sa santé en souffrait visiblement, car ce n'était pas seulement la main qui travaillait, mais le cerveau qui s'épuisait. Il était aisé de s'apercevoir que chez ce sublime artiste l'intelligence finirait par tuer le corps. Pendant qu'il s'amusait à crayonner les profils de la ville antique, quittant cette vie si pénible d'atelier pour passer quelques douces heures avec les vieux Romains, qu'il aimait si tendrement, il reçut de Léon X l'ordre de décorer la grande salle qui conduit aux appartements du pape dans le Vatican. Cette fois, il avait à retracer la domination visible de l'Église sur les puissances de la terre, d'après quelques-uns des actes de la vie de Constantin.

Sébastien del Piombo, que Michel-Ange mettait, comme coloriste, au-dessus de Raphaël, avait, d'après un carton de son ami, peint à l'huile, sur l'une des murailles de la chapelle Borgherini à Saint-Pierre in Montorio, une Flagellation qui avait obtenu un grand succès. Raphaël voulut imiter ce procédé. En conséquence il fit préparer le plâtre et exécuter à l'huile, par Jules Romain et François Penni, les deux figures allégoriques de la Justice et de la Charité. C'était un essai qu'il tentait et dont les artistes romains devaient être juges; mais la mort vint le surprendre sans qu'il pût compléter sa pensée. Ses élèves achevèrent sous Clément VII une œuvre que le temps avait interrompue.

Le cygne allait chanter pour la dernière fois : « Rome, dit ici Vasari, était dans l'enthousiasme, et disait que Raphaël avait vaincu Michel-Ange. »

Michel-Ange, pour faire taire ces bruits, résolut d'entrer en lice avec Raphaël, et de s'aider dans cette lutte du talent de Sébastien del Piombo. Deux hommes donc, pour vaincre l'Urbinate : l'un Buonarotti, « l'ange » de l'Arioste, qui dessinera le sujet; l'autre Sébastien, ange aussi, mais dans le coloris, qui peindra le tableau.

Deux toiles avaient été préparées : sur l'une, Sébastien peignit la Résurrection du Lazare; sur l'autre, Raphaël retraça l'une des scènes les plus sublimes du Nouveau Testament, la Transfiguration du Christ. Les deux tableaux terminés, on les mit en présence dans la salle du consistoire. L'épreuve ne pouvait être douteuse : Sébastien était un maître habile, un coloriste éblouissant qui étonnait le regard, mais qui ne disait rien à l'âme. Il n'y eut qu'une voix dans Rome pour décerner la palme à Raphaël.

Bien que l'artiste ait pris son sujet dans l'Évangile, il est difficile de nier que, dans le choix de sa composition, il n'ait obéi, comme il l'a fait si souvent, au symbolisme mis en pratique par Dante; il a voulu personnifier deux images : la nature divine dans la Transfiguration du Christ sur le Thabor; l'Humanité déchue dans le démoniaque. Considérée sous ce point de vue, la pensée du peintre est admirable d'unité, tandis qu'autrement il y aurait deux *actions* dans le même cadre : d'abord la Transfiguration, et puis la possession de l'enfant. Nous savons bien que des hommes comme Rutgers, Fuseli, MM. Viardot et Constantin, ont combattu victorieusement ce dualisme apparent; mais l'objection est bien plus facile à réfuter, si l'on soutient, avec M. Passavant, que l'artiste, en s'inspirant du poëte florentin, a voulu mettre en présence deux signes pour exprimer une même idée.

Il est aisé de s'apercevoir, en examinant attentivement le tableau de la Transfiguration, de la coopération de Jules Romain à l'œuvre du maître. Sandrart avait entendu le vieux Michel-Ange Cacoselli raconter que, lorsque Jules peignait la tête du Possédé, Raphaël avait pris le pinceau des mains de son disciple, et touché l'œil et la bouche du démoniaque pour lui donner une vie que Jules n'avait pu réussir à formuler.

Un peintre qui, dans un long séjour à Rome, passa devant cette toile dix-huit cents heures, ainsi qu'il nous le raconte, M. Constantin, a décrit avec une patience enthousiaste les beautés toujours nouvelles que l'œil découvre dans ce tableau. La Transfiguration, à son avis, est le chef-d'œuvre de toutes les écoles, le dernier terme de la puissance humaine en peinture, la limite qui, dans l'art, sépare l'homme de l'ange. C'est l'opinion d'un bon nombre d'artistes, bien que des critiques dont le témoignage est d'un grand poids, M. Delécluse par exemple, préfèrent à la Transfiguration la Vierge au Donataire. Pour nous, oserons-nous le dire? nous trouvons dans cette œuvre admirable les signes d'une transformation malheureuse, peut-être même d'une chute prochaine de Raphaël. Il nous semble que l'expression, où le peintre n'avait pas encore de rival, n'est pas aussi belle que dans ses autres tableaux. Ici, ce qui d'abord attire le regard, ce n'est ni le Christ, ni le démoniaque, ni les apôtres; mais cette Romaine aux formes demi-viriles, dont Raphaël étale les belles lignes dorsales avec une complaisance sensuelle. Jusqu'alors, en contemplant une œuvre de Raphaël, on sentait plus qu'on ne voyait ; ici, tout au contraire, l'œil est plus occupé que l'esprit. Évidemment, c'est une route nouvelle où le peintre paraît vouloir s'engager. S'il vit encore quelque temps, il est à craindre qu'il ne tombe dans l'exagération de la forme ; et cette funeste révolution sera provoquée peut-être par l'admiration qu'excite le torse de sa belle Romaine. C'est pour la ligne savante qui coupe si harmonieusement le dos de cette femme, pour son profil gréco-romain, pour l'anatomie de ses bras, pour ses chairs luxuriantes, qu'on se passionne à Rome. On n'a pas l'air de faire attention à la figure du Christ, non plus qu'aux têtes des apôtres. Qui sait? dans l'intérêt de la gloire du peintre, la mort était peut-être une récompense au lieu d'un châtiment.

Tant de travaux devaient à la fin tuer Raphaël. Vingt ans après la mort de l'artiste, Fornari de Reggio assignait, dans un opuscule, d'autres causes à ce trépas subit; et Vasari, qui ne cachait pas ses prédilections pour Michel-Ange, répétait avec une complaisance maligne les détails donnés par le critique. Depuis, dans le monde artiste, il est presque de foi que Raphaël succomba aux excès d'une passion qu'il ne cherchait pas à cacher. M. Passavant a cru devoir venger le peintre d'une accusation posthume qui n'a pour garantie qu'un biographe comme Vasari. Il nous montre l'artiste, la veille même où il se mit au lit, parcourant les ruines de Rome pour lever les plans des édifices antiques, puis travaillant, pour se distraire de ses longues courses, au tableau de la Transfiguration ; et le soir, rentrant dans sa maison, où il trouve son vieux Fabio Calvi, cet homme de stoïque vertu, qu'il regarde comme un père et dont il écoute pieusement les conseils. Il invoque en faveur de l'artiste le témoignage de Celio Calcagnini, de Marc-Antoine Michel de Ser Vettor, qui, dans diverses lettres, parlent avec honneur des mœurs du peintre. Il cite encore, pour nous mettre en défiance contre le récit de Fornari, ce que Paul Jove et André Fulvio racontent de la conduite exemplaire de Raphaël.

N'est-il donc pas plus probable, avouons-le, de supposer, avec André Fulvio, que l'activité infatigable de son tempérament, que l'ardeur incessante de son cerveau, que des travaux de nuit et de jour, que des études prolongées le soir à la lampe allumée par Fabio Calvi, que de longues courses à travers la vieille Rome, usèrent avant le temps une constitution altérée si puissamment, du reste, par ce poison qu'on nomme la gloire, et qui a tué avant le temps un si grand nombre de beaux génies?

Aux premières atteintes de la maladie, Raphaël, averti par un pressentiment secret, comprit qu'il lui fallait dire adieu pour toujours à ce monde dont il était l'orgueil. Il laissait beaucoup d'œuvres inachevées, que la main d'un autre devait terminer : il chargea de ce soin Jules Romain et François Penni, ses disciples, auxquels il laissa comme récompense, ou plutôt comme souvenir, tout ce qu'il possédait d'objets précieux. Il institua pour légataires universels les parents qu'il avait à Urbin, et disposa des biens de son père en faveur de la confrérie de Sainte-Marie de la Miséricorde : il devait ce souvenir de reconnaissance aux bons pères qui avaient fait en partie la fortune de Jean Santi. Il donna sa belle maison de la place Saint-Pierre au cardinal Bibbiena, son ami plus encore que son protecteur. Longtemps avant sa mort, il avait manifesté le désir d'être enterré à Sainte-Marie de la Rotonde, le Panthéon d'Agrippa, dans un petit caveau pratiqué, de son vivant et d'après ses dispositions, près d'un autel où devait s'élever la statue de la Vierge qu'il chargea Lorenzetto d'exécuter. Toute sa vie Raphaël avait eu pour Marie un amour d'enfant. Il affecta, dans son testament, mille scudi à l'acquisition d'une maison dont les revenus étaient destinés à l'entretien de cette chapelle et au traitement du prêtre qui la desservirait : ce chapelain devait, chaque mois, dire douze messes pour le repos de l'âme de l'artiste. Il choisit pour exécuteurs testamentaires Balthasar Turini de Pescia, dataire, et Jean-Baptiste Branconio d'Aquila, camérier de Sa Sainteté, ses vieux et intimes amis.

Ces dispositions terrestres réglées, l'artiste se confessa, et reçut les sacrements de l'Eglise avec les plus tendres sentiments de foi et de piété.

Pendant le cours de la maladie, qui dura quinze jours, Léon X envoya souvent demander des nouvelles de son artiste bien-aimé. Rehberg raconte, d'après le récit d'un vieux peintre romain, que le pape, informé par ses médecins que tout espoir de sauver Raphaël était perdu, se préparait à partir pour donner sa bénédiction au moribond, quand un messager vint lui annoncer que Raphaël rendait le dernier soupir. Ce récit n'a rien d'invraisemblable : jamais âmes ne furent si bien faites pour se comprendre et s'aimer; et si Dieu eût fait de Léon un artiste, nul autre que Léon n'aurait fermé les yeux à Raphaël.

Ce fut le vendredi saint 1520, entre neuf et dix heures du soir, que mourut le peintre, à l'âge de trente-sept ans, le jour même de l'anniversaire de sa naissance.

Le corps fut exposé dans la maison que Bramante avait fait construire pour Raphaël, sur un catafalque éclairé par de nombreuses lampes, afin que Rome tout entière pût contempler une dernière fois les traits de son adorable artiste; car, suivant la coutume italienne, le mort avait la face découverte.

Léon X, dit Pâris de Grassi, voulut qu'on rendît d'insignes honneurs aux restes du peintre par qui l'art avait été régénéré, l'orgueil du saint-siége, la gloire de Rome. Longtemps avant le départ du funèbre cortége pour la Rotonde, la foule se pressait autour du corps de Raphaël; l'un baisait les franges du drap mortuaire; un autre touchait la main qui avait peint tant de chefs-d'œuvre; un autre posait ses lèvres sur ce front que le génie d'Apelles avait animé pendant trente-sept ans. Le cortége prit le chemin du château Saint-Ange. Il était précédé d'une foule de chars, de chevaux, d'hommes armés; puis venaient les confréries de la ville sur deux lignes étincelantes de flambeaux; ensuite tout ce que Rome possédait de peintres, de statuaires et d'architectes, d'une main tenant un cyprès, de l'autre un cierge allumé; après, les cardinaux, les prélats, le clergé, enfin le corps de Raphaël soutenu par quatre cardinaux en habit violet : les coins du poêle étaient tenus par le cardinal doyen, l'archichancelier, le camerlingue et le dataire. Derrière le corps marchaient à pied le gouverneur, le trésorier et toute la magistrature de Rome. Le cortége était clos par la garde suisse, derrière laquelle se pressait un peuple immense. Des fenêtres et des balcons, les femmes jetaient des fleurs sur les restes du glorieux artiste : pas un œil qui ne versât des pleurs ; c'était comme un deuil immense et une calamité publique.

Après que chacun des assistants eut répandu l'eau sainte sur le corps du défunt, on le déposa dans la niche pratiquée près de l'autel de la Vierge; puis on boucha l'entrée du caveau à l'aide d'une pierre sur laquelle on grava l'inscription que Bembo fit plus tard en l'honneur de l'artiste.

Le corps resta exposé dans l'église pendant trois jours. Au moment où l'on s'apprêtait à le descendre dans sa dernière demeure, on vit arriver le pape, qui se prosterna, pria quelques instants, bénit le corps, et lui prit pour la dernière fois la main, qu'il arrosa de ses larmes.

Bientôt s'éleva sur l'autel de la Vierge la statue dont Raphaël avait confié le travail à Lorenzetto (Lorenzo Lotti), et devant laquelle le peuple romain vint prier : elle a reçu le nom de Madone del Sasso ; c'est une œuvre médiocre.

Raphaël, comme on l'a vu, avait assigné dans son testament une somme de 1,000 scudi à l'acquisition d'une maison dont les revenus annuels serviraient à faire célébrer douze messes par mois pour le repos de son âme. Ses exécuteurs testamentaires achetèrent donc dans la rue des Coronari (fabricants de chapelets) une petite maison qui existe encore, mais où l'on ne voit plus, comme autrefois, le portrait du peintre qui servait d'enseigne. Pendant près de trois siècles, le chapelain célébra dévotement la messe votive pour Raphaël; mais, en 1805, l'archiprêtre Carbonara voulut rétablir la maison qui tombait en ruines : les frais exigés pour la reconstruction absorbèrent en partie les revenus de cette maison, qui rend à peine aujourd'hui quelques scudi; en sorte que la voix du prêtre ne peut plus s'élever comme autrefois, pour recommander à la miséricorde divine celui que Léon X pleura si amèrement. Espérons que la prière de Castiglione, quand il apprit la mort de son ami, aura été exaucée ! « En vérité, disait le noble comte, je suis bien à Rome, mais c'est comme si je n'y étais pas, parce que mon pauvre petit Raphaël me manque. Que Dieu ait pitié de cette belle âme ! »

Depuis plus de trois siècles, les restes de Raphaël reposaient dans le caveau de l'église de la Rotonde, « ensevelis moins profondément encore que le génie de l'artiste, » suivant la belle expression d'Overbeck, quand une discussion s'éleva tout à coup sur l'identité du crâne, que l'Académie de Saint-Luc croyait posséder. La société montrait aux visiteurs ce crâne comme appartenant à Raphaël. Quelques hommes érudits prétendaient que les restes tout entiers du peintre d'Urbin reposaient dans une église de Rome : on avait oublié généralement le nom de l'édifice. Le sculpteur Fabris demanda au gouvernement la permission d'ouvrir, ou plutôt de chercher la tombe de Raphaël. Grégoire XVI l'accorda, et, le 9 septembre 1833, les investigations commencèrent dans la Rotonde : le 14, on découvrit les restes authentiques de Raphaël.

Rome était représentée à cette exhumation de son grand peintre par toutes sortes de célébrités européennes : le cardinal Zurla, le chevalier Camucini, Horace Vernet, le sculpteur Fabris. M. Overbeck était là présent, attendant avec une anxiété religieuse le moment où apparaîtrait à son regard l'image, ou ce je ne sais quoi qu'on appelait autrefois Sanzio.

« Je ne vous dirai pas, écrit-il dans une lettre toute poétique au directeur de l'école des Beaux-Arts de Francfort-sur-Mein, l'émotion qui nous saisit à la vue de ce squelette que les assistants reconnurent pour celui de Raphaël. On comprendra le frisson qui nous agita tous tant que nous étions : c'était lui, c'était Raphaël ! »

Ainsi, le crâne de l'Académie de Saint-Luc devait quitter sa demeure de verre : ce n'était plus qu'un crâne vulgaire, celui du chanoine de la Rotonde, Desiderio d'Adjutorio, fondateur, en 1539, de la congrégation des Virtuosi.

Le squelette était long de sept palmes et demie (cinq pieds deux pouces); la tête était tournée vers le côté droit de l'autel; le crâne était parfaitement conservé; seulement l'eau, en s'infiltrant, pendant les inondations du Tibre, dans le caveau, avait légèrement corrodé l'occiput. A en juger d'après le modèle en plâtre moulé par le sculpteur Fabris, le front était saillant, mais étroit, d'une hauteur ordinaire; les dents d'une grande blancheur et au nombre de vingt-neuf; les mains fort belles.

Goëthe a écrit que, de tous les artistes, Raphaël est le seul dont on voudrait avoir fait tout ce qu'il a fait. Cherchez dans cette vie si courte, et pourtant si pleine, il n'est pas une pensée qui ne soit poétique : c'est l'artiste des âmes spiritualistes. Jamais il ne s'est servi de la matière que pour l'idéaliser. Il aima la forme, sans doute; mais à la forme il ne sacrifia pas la pensée.

On peut dire de la peinture ce qu'on a dit de la littérature, qu'elle est l'expression de la société; car peindre, c'est écrire en couleur. Au quinzième siècle, quand la vie est tout absorbée en Dieu, le peintre ne peut la reproduire que dans la manifestation ordinaire, la prière. Aussi sa composition est-elle toute spiritualiste, la matière n'y entre que comme un accident qu'il dédaigne ou qu'il néglige; c'est l'âme seule qu'il veut traduire aux regards. De là son indifférence systématique pour le corps ou tout ce qui peut le rappeler. Mais quand la société sortit du cloître pour apparaître dans l'intérieur du ménage, sur la place publique, dans le tribunal, dans ce qu'on nomme la vie réelle, le peintre dut comprendre que l'homme, qui jusqu'alors n'avait formulé qu'une unité, était double désormais, et qu'il devait le représenter en corps et en âme. Alors on sentit la nécessité d'étudier le phénomène extérieur, et la forme dut avoir son culte. Cimabue de Florence, et Duccio de Sienne, surent animer de quelque étincelle de vie les types engourdis de l'école byzantine; Giotto, Simon di Martino et quelques autres s'essayèrent dans une voie nouvelle. S'ils restèrent fidèles aux représentations traditionnelles de leurs devanciers, obligés de peindre des événements et des personnages pris dans la légende des cloîtres, ils cherchèrent à mettre en scène l'esprit et le corps de leurs personnages. Ces tentatives de réhabilitation de la forme, poursuivies depuis par Giotto, Masaccio et quelques peintres florentins, n'eurent de résultat que sous Léonard de Vinci, qui, possédant une science profonde de l'anatomie, exprima beaucoup mieux qu'on ne l'avait fait jusqu'alors la vie organique. Il fallait un peintre comme Raphaël, doué d'une exquise sensibilité, porté de sa nature à la contemplation, amoureux des rêveries spiritualistes, initié au symbolisme de Dante, pour réhabiliter la forme à force d'idéalisation, et faire resplendir le phénomène visible sans tomber dans le naturalisme.

Si la forme n'eût eu pour représentant qu'un artiste comme Léonard, si éminent du reste, mais trop porté vers le paganisme, peut-être n'eût-elle pas séduit autant d'esprits ; mais quand on la vit reproduite avec tant d'amour par un peintre de l'école du Pérugin, il n'est pas étonnant qu'on se passionnât pour tout ce qu'il y avait en elle de merveilleux. Par elle on fascinait le regard, par elle on attirait la foule, par elle on subjuguait les sens, par elle on faisait du bruit dans le monde. Mais comme il était impossible de dérober à Raphaël son pinceau pour orner le vêtement de cette fée visible, Raphaël mort, ce qu'on tâcha de reproduire ce fut sa couleur seulement : on ne comprit pas que cet artiste, qui voyait dans chaque objet créé un reflet de la Divinité, n'avait jamais fait la faute d'effacer sous l'ornement l'origine céleste que chaque objet créé portait en lui. Raphaël écrivait à Castiglione : « Pour formuler ma beauté, j'ai mon type dans l'esprit. » C'est d'après cet idéal qu'il composait ses madones. Il savait que la peinture, en se servant de couleurs et de lumières, substances tout à fait immatérielles, devait avant tout représenter la vie de l'âme, élément principal du christianisme. L'idéal produit dans la tête de sa Vierge, tout le reste, vêtement, pose, perspective, paysage, n'était destiné qu'à relever la beauté spirituelle dont il imprégnait la figure de Marie. Ses disciples, ses successeurs, tombèrent dans une exagération contraire à celle qu'on avait si justement reprochée à ses devanciers. Chez les maîtres anciens, l'homme n'est qu'une unité : il n'a pas de corps, il n'a qu'une âme ;

de son enveloppe terrestre ils ne font aucun cas. Ils ne veulent pas voir que le Christ a pris un corps, et que l'art, en représentant l'homme, doit à la fois exprimer ce dualisme; et c'est ce qu'a fait si heureusement Raphaël. Sous les successeurs de Sanzio, l'homme a perdu, ce semble, son âme; ce n'est plus que la matière organisée qu'ils s'étudient à embellir de toutes sortes de manières, tombant ainsi dans un naturalisme qui fait de la peinture un métier au lieu d'un art.

CHAPITRE XXXVI.

GUERRE CONTRE LES TURCS.

La papauté, tout en favorisant l'art, ne néglige pas les intérêts du christianisme. — Ses divers appels aux princes catholiques pour se croiser contre les Turcs. — Æneas Sylvius (Pie II). — Léon X prêche la sainte croisade.

La papauté, en se faisant homme dans l'intérêt de l'art, qu'elle traitait en grand seigneur, ne négligeait pas la cause des peuples dont Dieu lui confia la conduite.

Nous ne connaissons pas de plus beau spectacle que celui qu'elle donne au monde chrétien pendant plusieurs siècles, en convoquant tous ceux qui reçurent le saint baptême, empereurs, rois, ducs, princes, peuples, à se croiser contre les Turcs. Il ne se passe pas un jour sans que sa voix dénonce les conquêtes de l'islamisme menaçantes pour la religion du Christ. A tous ceux qui voudront combattre l'infidèle, soit l'épée, soit l'obole à la main, elle promet toutes les récompenses spirituelles qu'elle peut accorder. On peut dire que la papauté fait en quelque sorte l'office de journaliste : grâce à cet œil qu'elle tient toujours ouvert sur l'Orient, dès que le Turc avance d'un seul pas, la chrétienté en est avertie. A tous les chrétiens elle ne dit pas seulement : Ne laissez pas perdre ce sang précieux qui coula sur le Golgotha ; l'infidèle est à vos portes, renversant la croix du Sauveur, le sanctuaire sacré, la tombe de vos évêques ; mais : Si le croissant triomphe, c'en est fait de la civilisation, de l'humanité, de l'art ; la barbarie sera votre tombeau. La papauté a ses pontifes qui prient du haut de la chaire de saint Pierre ; ses missionnaires qui parcourent le monde ; ses saintes filles qui pleurent ; ses ambassadeurs qui négocient ; ses poëtes mêmes, comme le Mantouan, qui appellent aux armes dans la langue de Virgile. On dirait que le monde catholique est frappé de vertige et de cécité ; il laisse venir les Turcs, et affecte de ne pas croire aux prophéties de la papauté. Les Turcs marchent, et cette fois ils sont à Constantinople (1453). « Seule, crie l'évêque de Sienne aux monarques germains rassemblés à Francfort, seule au milieu des cités grecques, Constantinople était restée debout, asile des lettres, séjour de la sagesse antique, forteresse de la philosophie : la voilà couchée à terre. »

Les princes daignent à peine jeter un regard de pitié sur la pauvre esclave.

Les Turcs marchent : la papauté ne perd pas courage. Elle fait convoquer une diète à Augsbourg ; ses ambassadeurs gémissent, et attendrissent ceux qui les écoutent ; mais les pleurs sont bien vite séchés : nul ne veut partir pour la sainte expédition ; le peuple dit que ses maîtres cherchent à le voler.

Æneas Sylvius vient d'être élu pape, après la mort de Calixte III, qui, comme ses prédécesseurs, a prêché la croisade. Il sait que les contrées par où pénètrent les Turcs sont le chemin qu'avaient pris autrefois les hordes barbares pour envahir l'Italie. Il convoque une diète à Mantoue. Cette fois les oreilles des princes et des peuples ne sont plus sourdes : la Hongrie promet quatre mille hommes, l'Allemagne quarante mille, la Bourgogne six mille, les Italiens une belle marine, les prélats le dixième de leurs revenus, les séculiers le trentième, les juifs le vingtième.

Bessarion est chargé de presser l'envoi des secours promis par l'Allemagne ; mais il arrive au moment où les princes sont malheureusement divisés par des querelles intestines.

Les Turcs marchent. Alors Pie II rassemble ses cardinaux : « Frères, leur dit-il, le moment de mourir est arrivé ; ne disons plus aux princes : En avant ! disons-leur : Venez. Quand ils verront le vicaire de Jésus-Christ, vieux et infirme, partir pour la guerre sainte, ils rougiront de rester chez eux. Allons mourir. Notre place sera sur la poupe d'un vaisseau, sur le sommet d'un rocher : nous lèverons les mains vers Dieu ; en face de nous, nous placerons le corps de Jésus-Christ ; nous lui demanderons la victoire. Vous viendrez avec nous, mes frères, à l'exception des vieillards. »

Et les cardinaux s'inclinent en signe d'assentiment.

Et à l'heure dite, le pape, après avoir fait sa prière au pied de l'autel des saints Apôtres, remontait le Tibre dans une barque, et arrivait à Ancône, où l'attendaient un grand nombre de croisés, trente mille environ, tous hommes du peuple, pauvres, déguenillés, sans pain et sans armes. Et qui donc en prendra le commandement ? Le pape regardait tristement le cardinal Carvajal, qui, comprenant Sa Sainteté, s'inclina en s'écriant : « Me voici ; je suis prêt à suivre l'exemple du souverain pontife, qui va donner sa vie pour moi comme pour les autres. » Le pape souriait de joie et de pitié ;

car le malheureux Carvajal n'avait plus qu'un souffle de vie ; ses dents claquaient continuellement, par l'effet du froid qu'il avait souffert dans la guerre contre les Turcs.

Le 14 août 1464, on vit un beau spectacle sur la mer Adriatique : douze galères vénitiennes s'avançaient à pleines voiles sur une seule ligne. Pie II est heureux ; encore un peu de temps, et du haut de son navire il bénira ceux qui viennent au secours de la chrétienté menacée. Mais la nuit il se sentit suffoqué ; le lendemain, tous les cardinaux entouraient le lit du moribond, qui récitait le Symbole des Apôtres, demandait aux assistants pardon des fautes qu'il avait pu commettre, attirait doucement à lui le cardinal de Pavie, lui passait les bras autour du cou, et d'une voix éteinte murmurait : « Mon fils, fais le bien, prie pour moi...... » et mourait.

Les Turcs marchent. Sixte IV fait prêcher contre eux une croisade. Puis vient Innocent VIII, qui assigne à cette sainte guerre tous les revenus de l'Église de Rome, n'en retenant que la plus petite partie pour l'entretien de sa maison ; puis Alexandre VI, puis Jules II, qui prient et exhortent, et ne sont pas écoutés.

Un jour le soleil, en se levant, éclaira l'étendard du prophète sur les rivages italiens. Alors les monarques chrétiens croient avoir assez fait pour l'honneur du Christ, en prêtant à son vicaire quelques lances ou quelques sequins.

Les Turcs marchent. Il faut entendre Egidius de Viterbe, au commencement du concile de Latran, sous Jules II, pour se faire une idée des terreurs des peuples de la Péninsule. « Entendez-vous, Pierre ? entendez-vous, Paul ? entendez-vous, protecteurs de la ville de Rome ! Voici venir le Turc, qui va désoler l'Eglise fondée par votre précieux sang ; voyez-vous cette terre sacrée qui, cette année, a été arrosée de plus de sang que de pluie ! »

Alors Egidius pleure, prie, implore la pitié de la chrétienté, et, comme ceux qui sont venus avant lui, prophétise la ruine de l'homme et de l'humanité, si sa voix n'est pas entendue. Jules II, ainsi que Nicolas V, Calixte III, Pie II, Sixte IV, Innocent VIII, Alexandre VI, promet des indulgences, car il n'a pas d'autres trésors à donner à qui se croisera contre le Turc.

Comment croit-on que répondent à cet appel quelques-uns de ces Teutons qui sont venus en Italie s'échauffer au soleil des splendides intelligences que cette terre produit ? Ulrich de Hutten appelle un autre Brutus pour frapper un autre Jules ; car, dit-il dans son langage d'énergumène, « Rome est menacée de mort toutes les fois qu'elle a pour maître un Jules. »

Et, pour effrayer ses compatriotes, il se met à tracer le portrait du pontife romain. Ne dirait-on pas d'un Sarmate ? « Poitrine recouverte de fer, barbe touffue, chevelure ondoyante, œil louche, caché sous un front protubérant, lèvres d'où tombent des paroles de flammes *tartaréennes.* »

« Point d'or, dit-il ailleurs, pour combattre le Turc ! Ah ! oui, il faut se croiser, mais contre Rome ; Rome, où l'on ne trouve qu'avocats, auditeurs, notaires, procureurs, bullistes, juristes, gens aux nombreux domestiques et qui s'engraissent de nos sueurs et de notre sang.... Brisons leur joug insolent, brisons nos chaînes, Teutons ! »

Les plaintes qu'exhala plus tard la papauté, toujours dans ce même concile de Latran, semblent reproduire l'angélique douceur de celui qui en est le représentant. Léon X fait un appel tout à la fois au patriotisme et à la piété des princes ; il voudrait les voir s'unir dans une pensée commune de charité, pour refouler au loin ces hordes barbares qui vont bientôt effacer de la terre la religion du Christ, c'est-à-dire la civilisation elle-même.

Parmi les Pères du concile, l'archevêque de Patras attirait

tous les regards. Aaron, dans l'antiquité judaïque, n'avait pas une barbe plus belle de blancheur. Ne lui demandez pas de ces mouvements oratoires qui entraînent et qui subjuguent ; sa parole est éloquente de douceur ; c'était une âme tendre qui, ayant beaucoup souffert, avait trouvé d'ineffables ravissements dans sa piété envers Marie. Il parla contre les Turcs, mais sans emportement. Il voulait qu'on eût recours à la Reine des Anges, et pour la fléchir il lui offrait les larmes que tant de mères privées de leurs enfants par la cruauté des infidèles avaient répandues devant Dieu. Il parlait à l'assemblée de sa cithare qui ne savait plus que gémir ; il se comparait à Job, qui ne pouvait plus que pleurer.

Mais Dieu s'est enfin laissé fléchir ; les prières de la papauté ont été entendues : c'est qu'elle a prié dans les larmes, à travers les rues de Rome, sur la tombe des martyrs, les pieds nus et la corde au cou. Maximilien, l'empereur, s'est attendri et vient d'appeler l'Allemagne aux armes.

Que fait Hutten ? Couché sur son lit de douleur par la maladie qu'il a contractée dans les camps, il se soulève, demande une plume, et écrit au peuple qui se pressait pour apporter son obole : « Ne donne pas cette obole ; n'écoute pas, je t'en prie, ces légats que Rome envoie dans les quatre parties du monde pour demander l'aumône : c'est le lait des nations qu'elle veut tarir ; c'est à la mamelle des rois qu'elle veut s'enivrer. »

Alors la papauté va frapper, comme une mendiante, à la porte de tous les palais : Ouvrez-moi, dit-elle, au nom de Jésus, et donnez-moi un homme ou une obole.

Léon X écrit au roi d'Angleterre :

« Le moment va venir où vivre ne sera pas un poids insupportable : mon cœur est dans la joie, car j'apprends que Maximilien, empereur d'Allemagne ; François Ier, roi de France ; Charles, roi d'Espagne, s'entendent pour faire la guerre aux Turcs. Le Turc jusqu'à cette heure a mis à profit nos dissensions ; de jour en jour il devenait plus formidable : enfin, grâce à Dieu, il est sur le point d'être arrêté dans sa marche. Je vais envoyer aux princes chrétiens des légats, tous revêtus de la dignité de cardinal, de grands et nobles personnages, pour presser l'envoi du secours que les princes nous ont promis... Vous ne serez pas le dernier à prendre part à cette glorieuse croisade ; il y va de votre gloire. Que vous dirai-je encore ? Dieu, notre maître à tous, vous parle pour lui : écoutez sa voix. »

— « Non, non, crie un moine saxon, n'écoutez pas la voix de Léon X... Moi, Martin, je m'adresse à tous mes chers enfants dans le Christ, je les conjure de prier pour nos pauvres princes allemands : ne nous engageons pas dans cette croisade contre les Turcs, et ne donnons pas au pape un seul denier. Plutôt mille fois le Turc ou le Tartare que la messe ! Faut-il vous le dire à haute et intelligible voix ? je ne conçois pas plus la guerre faite à un Turc qu'à un chrétien. »

Léon X ne se décourage pas ; il ordonne de nouvelles prières pour que Dieu touche le cœur des rois, et il écrit à François Ier :

« Les Turcs ne discontinuent pas leurs préparatifs ; s'ils ne peuvent cet été, comme on le pensait, mettre en mer leur grande flotte, nous savons qu'ils se préparent à infester nos mers de leurs pirates... Je vous en conjure, équipez au plus tôt votre flotte, afin que vos vaisseaux réunis aux miens et à ceux du roi d'Espagne puissent donner la chasse à nos ennemis communs... »

Et un docteur en théologie monte en chaire, et parle ainsi :

« Point de guerre au Turc, je vous en conjure, mes bien-aimés : le Turc peuple le ciel de bienheureux, et le pape peuple l'enfer de chrétiens. Mais les cloîtres et les universités dans le royaume papiste valent beaucoup moins que les

Turcs ! Voulez-vous faire la guerre au Turc ? soit, mais commençons par la papauté : ma foi, si le Turc s'avisait de prendre le chemin de Rome, je ne pleurerais pas. »

Léon X lève de nouveau les yeux au ciel, il prie encore ; il faut que le Seigneur se laisse fléchir : c'est à François Ier qu'il adresse de nouveau ses supplications :

« Prenons garde, lui dit-il, qu'au jour du jugement le Seigneur ne nous condamne comme des serviteurs indignes qui ont abusé des dons qu'il nous fit, et qu'il ne nous accuse d'insouciance et de lâcheté, nous à qui il confia le soin de son troupeau.

» Voici venir le loup chassé par la faim, qui a soif de cette sainte rosée dont les pauvres brebis furent baignées au baptême ; il sort de sa tanière ; attention, veillons à la garde du troupeau évangélique ! »

Alors un prêtre se lève, qui, d'une voix qu'il dit inspirée, crie à tous les chrétiens :

« Faire la guerre aux Turcs, c'est faire la guerre à Dieu.

» Je n'ai jamais regardé Mahomet comme l'antechrist ; le pape, c'est autre chose, voilà le véritable antechrist.

» Qui a des oreilles, entende ! et se garde de s'enrôler contre les Turcs, tant qu'il y aura un pape sous la voûte du ciel. »

Le moine, le théologien, le prêtre, c'était Martin Luther.

Les Turcs marchent ; ils seront bientôt sous les murs de Vienne : la papauté continue de prier.

CHAPITRE XXXVII.

CAUSES DE LA RÉFORME.

Pouvoir de l'empereur d'Allemagne. — Ce qu'étaient les nobles à l'époque de la Réforme, — et les évêques et les moines. — Peu d'institutions pédagogiques au delà du Rhin. — Ignorance du peuple. — L'ivrognerie répandue dans la société. — Dépendance mutuelle des ordres. — Combien l'appel à la liberté fait par Hutten et Luther devait favoriser la révolte religieuse.

Pour comprendre le succès de la parole de Luther en Allemagne, il nous faut connaître les éléments dont la société germanique était alors composée, et peut-être sera-t-on moins surpris des triomphes du moine.

Nous nous figurons d'abord que rien n'était plus facile à l'empereur que d'imposer silence au frère augustin; mais l'empereur n'avait pas la puissance qu'il possède aujourd'hui. Les princes reconnaissaient, il est vrai, la juridiction impériale; mais, lorsqu'il s'agissait ou de leur honneur, ou de leur foi, ou de leur vie, la constitution leur permettait d'en appeler à un tribunal spécial, véritable cour des pairs, formée de juges ayant le même rang que les prévenus. Dans la dévolution d'un fief *ad manum imperii,* comme s'exprimait le droit écrit, celui qui se croyait lésé par la sentence du souverain pouvait porter l'affaire devant une chambre supérieure, la chambre ou le tribunal de l'Empire. Les villes possédaient des priviléges en vertu desquels elles déclinaient toute espèce de tribunal étranger, c'est-à-dire établi par l'empereur. La sentence rendue, il fallait la faire exécuter; et c'est alors que la volonté impériale éprouvait le plus de difficultés; tellement, que le souverain, pour ne pas voir son autorité méconnue, était obligé d'abandonner le rôle de juge pour prendre celui d'arbitre.

Il faut rendre justice aux efforts de Maximilien Ier pour améliorer les mœurs nationales; malheureusement ces tentatives louables ne furent pas couronnées d'un grand succès. Les nobles formaient une caste nombreuse qui vivait de brigandages. Les historiens qui ont vu de près les grands seigneurs teutons s'accordent à les peindre comme de vrais larrons. Campano, nonce en Allemagne, les représente cherchant à prouver, à force de rapines, que Dieu les avait faits d'illustre race. Poggio nous dit que parmi eux le vol était un titre de goire. Ils avaient un vocabulaire où certains mots du langage usuel changeaient de signification : ils appelaient chevalerie ce que le peuple, dans son idiome, nommait brigandage. Le grand chemin nourrissait les membres de cet ordre nouveau. Un archevêque de Cologne avait élevé un magnifique château : l'intendant, à qui Sa Grâce ne voulait donner aucun gage, s'avisa de lui demander « comment il ferait pour vivre? » Le prélat se contenta de lui montrer du doigt les quatre routes qui venaient aboutir au palais. On voit encore dans la Souabe, en Saxe et sur les rives du Rhin, des ruines d'anciens donjons en granit d'où le maître s'élançait comme un oiseau de proie sur le passant. Quand il l'avait détroussé, comme faisait Frédéric de Neumagen des marchands qui descendaient la Moselle, il disait qu'il venait de percevoir son droit de péage.

Et ce n'était pas seulement sur le voyageur qu'ils prélevaient ainsi des impôts forcés : quand leurs celliers étaient vides, que leurs meutes aboyaient de faim, que leurs bouffons de table menaçaient de les quitter, alors ils partaient de nuit avec leurs gens, armés de pied en cap, se ruaient sur le premier palais d'évêque qu'ils trouvaient, et le dévalisaient de la cave au grenier. Un de ces évêques s'écrie douloureusement : « Les nobles nos voisins s'arrogent violemment, à l'envi les uns des autres, mes droits de prince, et non-seulement me troublent dans ma juridiction, mais l'énervent et la détruisent. » A peine dans toute l'Allemagne trouve-t-on un diocèse dont l'évêque n'ait été plus d'une fois forcé de prendre les armes pour s'opposer aux attaques des nobles et à l'insolence des bourgeois. La position du prélat allemand est singulière : s'il veut se défendre les armes à la main, les nobles et les bourgeois crient au scandale; s'il se laisse dépouiller, les chapitres le blâment hautement. Aussi qu'arrive-t-il ? c'est que l'évêque, en lutte perpétuelle avec ceux qui dépendent de lui, au temporel ou au spirituel, car il est prince et prêtre, ne quitte pas le gantelet de fer, tient sa monture toujours sellée, ses armes toujours nettoyées, pour s'en servir contre ceux qui l'attaqueront dans ses droits. Muller parle d'un évêque d'Eischtedt, vertueux prélat du reste, qui portait une lourde cotte de mailles, et une longue rapière bavaroise dont le manche était formé d'un crâne d'homme. Ce n'est pas le prêtre qu'il faut accuser, mais l'époque, la société. Il ne nous conviendrait pas d'être plus sévère que le savant Æneas Sylvius, une des lumières de l'Église au quinzième siècle, qui ne s'effarouche pas de voir Thierri, archevêque de Cologne, à la guerre, combattre à la fois en soldat et en capitaine, et, de retour dans son diocèse, remplir tous les devoirs de sa charge sacerdotale.

Malheureusement tous les évêques ne ressemblaient pas à Thierri, et Ænéas Sylvius nous le dit ailleurs, en nous peignant quelques-uns de ces grands seigneurs mitrés qui ont des écuries pleines de chevaux, des chenils remplis de chiens de chasse, des tables splendidement servies, et ressemblent à cet Hibosadam des Écritures, intendant de la cuisine, et qui minait les murs de Jérusalem.

En Allemagne, comme en Italie, les ordres religieux s'étaient multipliés au moment de la réforme ; mais, il faut le dire, rien ne ressemble moins en général à une cellule italienne qu'une cellule allemande. Dans l'une habite ordinairement, comme nous avons pu le voir, la science unie à la piété ; le moine italien est théologien, philosophe, historien, peintre et sculpteur. Érasme ne pouvait jeter les yeux sur les rayons de la librairie de son ami Alde Manuce sans y rencontrer des grammaires, des lexiques, des traités de pédagogie, des éléments de sciences astronomiques et mathématiques, écrits par des moines. Ce n'est point en Italie qu'Ulrich de Hutten aurait pu publier ses *Epistolæ obscurorum virorum* : on n'aurait compris ni son mauvais latin ni ses saillies. En Allemagne, il n'en est point ainsi : le moine a trop souvent négligé les sciences, parce qu'il n'a pas près de lui un pape pour les prêcher ; son supérieur ecclésiastique est un être symbolique, moitié prêtre, moitié laïque, qui est obligé d'étouffer la lumière intellectuelle que Dieu a mise en lui, s'il veut veiller, dans l'intérêt de ses ouailles, à la conservation de cette vie matérielle qu'on leur dispute à chaque instant. Or, qu'on lise l'histoire, les peuples barbares n'ont presque jamais opposé de résistance à ceux qui leur proposèrent de changer de religion.

L'Allemagne, qui possédait plusieurs universités, comme celles de Prague, de Vienne, de Cologne, de Bâle, d'Ingolstadt, d'Erfurt, manquait d'écoles élémentaires : l'instruction n'y était pas gratuite ainsi qu'en Italie.

C'est à cette absence d'institutions pédagogiques qu'il faut attribuer ce vice ignoble répandu dans toutes les classes de la société, l'ivrognerie. « Chaque nation a son démon familier, a dit Luther ; celui qui possédera l'Allemagne jusqu'à la consommation des siècles, c'est le démon de la bouteille. » Au seizième siècle encore, celui qui enivrait un convive jusqu'à lui faire perdre la raison et à le laisser mort-ivre sous la table, se vantait, au rapport de l'historiographe de Nuremberg, de ce haut fait comme d'une victoire sur l'ennemi. Maximilien, cet empereur qui ambitionnait la double gloire de restaurer les mœurs et l'éducation du peuple allemand, demanda, lors de la diète, en 1495, que les ordres de l'Empire travaillassent à supprimer les santés nombreuses qu'on portait à chaque repas. Tout ce qu'il put obtenir, ce fut que les villes où régnait cette coutume conserveraient leurs priviléges, que d'autres villes ne pourraient réclamer. Ces toasts trouvèrent un singulier avocat, le démon, qui se servit de Hans de Schwarzenberg, en guise de secrétaire, pour faire l'apologie du vin, et apprendre au monde que les peuples qui s'enivrent sont francs, loyaux, sincères, hardis, fidèles et robustes; tandis que les buveurs d'eau, le diable évidemment veut parler des Italiens, sont mous, efféminés, ne savent ni porter une pesante armure ni garder un secret.

Campano, légat du saint-siége à la diète de Ratisbonne, en 1471, fait une triste peinture de l'état intellectuel de l'Allemagne à cette époque : pays malheureux, dit-il, plongé dans une épaisse barbarie, et où quelques esprits s'occupent à peine de lettres. Trente ans plus tard, ces ténèbres où Campano avait laissé l'Allemagne étaient à peine dissipées; au delà du Rhin, on trouve des savants, mais qui font peu de cas des lettres, qu'ils regardent comme inutiles. Hutten s'en est moqué dans son dialogue qui a pour titre : *Nemo et nullus*. Qu'étaient devenus ces temps où la cour des empereurs de Souabe était l'asile et le rendez-vous des poëtes ? A ces hommes inspirés avaient succédé les fous, meuble nécessaire des grandes maisons. Le nombre s'en était tellement accru, que la diète d'Augsbourg, en 1500, se vit forcée d'ordonner qu'ils ne pourraient porter désormais les armes, la bannière et l'écusson d'autres personnes que de celles qui les entretenaient.

Quand on suit attentivement Luther en chaire, à table ou dans sa cellule, on voit arriver incessamment, sous sa plume ou sur ses lèvres, un mot bien capable de remuer les masses, le mot de *liberté*. Il l'inscrit dans son livre *de Libertate christianâ*; il le place en tête de son traité *de Captivitate Babylonicâ*; il le glisse souvent dans sa correspondance avec ses frères. Hutten, dans sa première lettre au moine augustin, donne à son épître pour devise : *Vive, libertas;* et Mélanchthon semble lui-même avoir deviné l'effet magique de ce mot, lorsqu'il nous représente le chevalier Ulrich partant pour aller trouver Ferdinand, le frère de Charles-Quint, afin de préparer la délivrance de l'Allemagne.

Plaçons ici une remarque importante d'un historien :

« A la vérité, nous dit Schmidt, on aspirait plus à la liberté politique qu'à la liberté religieuse; mais l'une et l'autre sont si étroitement liées, et l'esprit humain est si accoutumé de sa nature à procéder par voie d'analogie, qu'il n'est point étonnant qu'on ait passé de l'une à l'autre, et même qu'on les ait confondues. »

Il est certain que l'émancipation religieuse devait produire l'émancipation politique; or, à cette époque, chacun, en Allemagne, se croyait esclave, et l'était peut-être : l'empereur, de la diète et des princes; les princes et la diète, des nobles; les nobles, des évêques; les évêques, des villes; les villes, du sacerdoce et de l'Empire. Tous les pouvoirs étaient confondus : dans le recez de la diète de Cologne, en 1512, lors de la déposition de Jules II par le conciliabule de Pise, l'empereur, au lieu de parler au nom de l'Église, d'invoquer les secours de l'autorité ecclésiastique, se pose en défenseur de la communauté chrétienne, et comme ayant droit de chercher les moyens d'éteindre le schisme.

Le clergé, qui travaillait à s'affranchir de plus en plus de la dépendance civile, en appelait, pour soutenir ses prétentions, à la bulle d'Innocent III, qui voulait qu'en cas de litige, la partie demandant que son affaire fût jugée par un tribunal ecclésiastique forçât la partie adverse à l'y suivre ; tandis qu'un rescrit de Guillaume de Saxe, de 1446, statuait que personne, de quelque qualité qu'il fût, noble ou roturier, ne citât devant un tribunal sacerdotal son adversaire pour une contestation de la vie commune.

On voit donc quel effet devait produire l'appel à la liberté que Luther fit retentir en chaire. La liberté, c'était pour l'empereur, suivant le sens que Hutten donnait à cette expression, la délivrance du joug du pontife romain, le droit de veiller de ses propres yeux sur le salut de l'Église allemande, l'affranchissement des taxes de la chancellerie romaine ; pour les nobles, la conquête des grands chemins, qui leur appartiendraient en toute propriété, avec tout ce qui les traverserait, homme de pied ou cavalier, marchandises ou denrées ; pour les villes, la sécularisation d'un grand nombre d'abbayes, dont les biens allaient passer à la commune ; pour certains prélats, hommes de camp bien plus que de presbytère, l'absolution du recel des produits des indulgences, qu'ils gardaient dans leurs mains ; pour les pauvres paysans attachés à la glèbe, comme ceux qui se révoltèrent en Franconie, le droit de pêcher dans l'étang de leur seigneur, de couper l'herbe de ses prés, de cueillir l'épi de ses champs ou le raisin de ses vignes, puisqu'il est, disent-ils, comme eux enfant du même père, qu'il se chauffe au même soleil, qu'il aspire le même air, et que, bien plus, eux travaillent quand il dort, qu'ils font l'office de sa monture, qu'ils bêchent, ensemencent, plantent et arrosent, pendant qu'il est à table avec ses courtisans.

A ces causes diverses qui hâtèrent le triomphe de Luther,

ajoutez le mouvement imprimé à l'esprit humain par l'invention de l'imprimerie ; le discrédit où étaient tombés certains moines de Cologne, depuis leur malheureuse attaque contre Reuchlin; les querelles des théologiens et des humanistes; les sarcasmes d'Érasme contre diverses pratiques des catholiques; les fureurs de Hutten contre les Italiens; et vous comprendrez Myconius, qui nous dit que « la parole de Luther marchait comme si elle eût été portée sur les ailes d'un ange. » Seulement Myconius se trompait sur la nature du séraphin ; ce n'était point un ange de lumière, nous en avons pour garant un historien protestant : Hume affirme que la logique ne fut pour rien dans les progrès du luthéranisme.

CHAPITRE XXXVIII.

LA RÉFORME.—1518.

Famille, naissance et premières années de Luther. — Luther au cloître. — Il reçoit les saints ordres. — Son voyage à Rome. — Il prend ses grades en théologie. — Léon X publie les indulgences. — Albert, archevêque de Mayence, charge Tetzel de les prêcher en Allemagne. — Luther se déclare contre les indulgences. — Thèses qu'il affiche sur l'église de Tous les Saints à Wittemberg. — Bruit qu'elles excitent. — Luther cité à Rome refuse d'obéir au pape. — Belle conduite de Léon X envers le moine augustin. —Luther à Augsbourg devant le cardinal Cajetan. — Il quitte la ville après avoir fait afficher son appel au pape. — Bulle de Léon X. — Ce qu'en pense Luther.

§ Ier. LES INDULGENCES.

Martin Luther naquit le 10 novembre 1483, à Eisleben,

petite ville de la haute Saxe. Hans, son père, était un pauvre paysan du village de Mœhra ou Moerke, dans le comté de Mansfeld ; sa mère, Marguerite Lindemann, une servante de bains, l'un et l'autre gagnant leur vie, Hans à labourer la terre, Marguerite à porter du bois sur les épaules. « Bonnes » gens, disait Martin, qui ont eu bien du mal pour me » nourrir, et dont la race va s'éteignant de jour en jour en » Allemagne. »

Bien jeune, Martin quitta Mansfeld, où sa famille était venue s'établir, car elle mourait de faim à Mœhra. Le havre-sac sur le dos, le bâton de pèlerin à la main, le cœur gros de larmes qu'il avait répandues en embrassant ses parents, il prit le chemin de Magdebourg, ayant pour compagnon de route un autre enfant du même âge à peu près, et nommé Jean Reineck. Tous deux, confiés à la garde du bon Dieu, allaient fréquenter ces saintes écoles où l'écolier payait sa nourriture et son éducation, la vie du corps et de l'âme, à l'aide de petites aumônes qu'ils recueillaient, sous les fenêtres des riches, en chantant, deux fois par semaine, un de ces petits cantiques, tout empreints de chaste poésie, que l'Allemagne catholique garde soigneusement, mais que l'Allemagne réformée a malheureusement effacés de ses livres de prières. La charité des habitants de Magdebourg s'épuisa bien vite : c'était une ville de commerce. Martin chantait vainement de cette belle voix dont il fut longtemps si fier ; pas un petit grœschel ne tombait dans sa casquette. L'enfant dut se résoudre à quitter Magdebourg pour prendre le chemin d'Eisenach, petite ville de la Thuringe, et que sa mère avait autrefois habitée. Comme il entrait dans la cité, il voulut tenter la pitié des habitants, et, d'une voix que le besoin rendait pénétrante, il se mit à chanter un noël sous une fenêtre d'assez belle apparence. La fenêtre s'ouvrit tout aussitôt, et une femme parut qui fouilla dans son tablier, en tira deux ou trois pièces de monnaie qu'elle jeta, le rire sur les lèvres, au mendiant, qui les ramassa et pleura en signe de reconnaissance et de joie. A la vue de ses larmes, Cotta, c'est le nom de la femme charitable, se sentit émue, fit signe à l'écolier de monter et lui promit de ne pas l'abandonner. Cotta tint sa promesse : l'enfant eut donc son petit coin à la table de la veuve, du papier, des livres, des vêtements, et, pour se récréer, une belle flûte que lui donna la bonne dame. Luther, quand plus tard il eut pour adversaires le pape et l'empereur, n'oublia ni la petite fenêtre d'Eisenach, ni le sourire de la pieuse veuve, ni le liard qui tombe à terre, et dont il achetait, le soir, ce pain qu'il appelle éloquemment « le pain du bon Dieu, *panis propter Deum*, le grain de millet du passereau, la manne de l'Israélite dans le désert. »

L'université d'Erfurt jouissait d'une réputation méritée : elle avait à cette époque des maîtres célèbres, entre autres Jodocus Truttvetter. Martin avait obtenu de son père la permission d'achever ses études dans cette ville; c'est là que l'écolier ouvrit une Bible pour la première fois. Ses yeux tombèrent sur l'histoire d'Anne et de son fils Samuel, qu'il lut avec un ravissement de cœur inexprimable; mais d'autres avant lui, en Italie surtout, avaient lu ce livre inspiré que la réforme a la prétention d'avoir révélé aux chrétiens. N'avons-nous pas vu Savonarole, sous ses rosiers de Damas, en expliquer à ses frères les divins enseignements? « Mon Dieu, s'était écrié Luther à la vue de ce précieux volume, je ne voudrais pour toute fortune qu'un semblable trésor ! » Mais tout l'argent que Hans, son père, gagnait en une année au travail des mines, n'aurait pas suffi pour en faire l'acquisition : c'était un de ces beaux manuscrits rehaussés d'or et de cinabre, ornés de miniatures coloriées; l'œuvre d'un moine, ou d'un ange plutôt. Dès ce moment Luther se dégoûta du droit qu'il étudiait avec ardeur, et ne voulut plus dormir sans avoir feuilleté sa chère Bible. L'étude lui avait échauffé le sang, il tomba malade tout à coup, se mit au lit, et fit sa prière comme si sa dernière heure était venue, lorsqu'un prêtre parut à son chevet pour le réconforter et lui dire qu'il ne mourrait pas. Alors l'âme malade reprit courage, le corps recouvra ses forces, et le mal s'enfuit. « Dieu vous aime puisqu'il vous châtie, » lui avait dit le bon prêtre.

Malheureusement l'écolier ne comprit pas le don de Dieu; et parce que l'humanité lui avait vendu jusqu'à l'air du ciel, il se crut en droit de murmurer contre la Providence. Il avait apporté en naissant le germe de deux mauvais penchants, l'orgueil et la colère, contre lesquels il n'essaya pas même de lutter. « Sans la superbe, disait-il, on ne saurait rien faire de beau, et le Christ et les martyrs n'ont été mis à mort que parce qu'ils se posaient en contempteurs de l'ancienne sagesse. » Pour excuser ses emportements, il renvoyait à Jésus, qui traitait ses ennemis de sépulcres blanchis. « D'ailleurs, ajoutait-il, qu'est-ce que la parole divine ? le glaive, la guerre, la ruine, le scandale, le poison, l'ours du grand chemin, la lionne dans la forêt. » Où étiez-vous, petite Bible d'Erfurt, quand Luther parlait ainsi ?

Il avait fait connaissance, en philosophie, d'un jeune homme nommé Alexis, qui fut un jour à ses côtés frappé de la foudre. Au bruit de ce tonnerre qui lui enlevait son ami, Luther s'épouvante, ferme ses livres, invoque l'assistance de sainte Anne, et fait vœu d'embrasser la vie monastique. La nuit venue, il quitte sa chambre sans rien dire à ses professeurs, et va frapper à la porte du couvent des Augustins. Il apportait avec lui un Plaute et un Virgile, dont il n'avait pu se séparer.

Au cloître, la vie de Luther est véritablement édifiante; il veille, il jeûne, il prie, il se mortifie, il pratique les rigueurs cénobitiques jusqu'à compromettre sa santé. Il avait peur de tomber, comme Alexis, dans les mains de Dieu sans avertissement. Ses nuits étaient agitées par des visions funèbres : il croyait entendre la voix du mort qui lui commandait de faire pénitence. Il était aisé de s'apercevoir des tourments auxquels cette pauvre âme était en proie. Un jour qu'il entendait la messe au couvent, et que le célébrant prononçait ces mots de l'Évangile : *Erat Jesus ejiciens dœmonium, et illud erat mutum*, il se leva et s'écria : *Ah! non sum ego, non sum ego!* Les tentations de la chair, l'orgueil et la colère étaient revenus. Pour réprimer ces deux passions, ses maîtres l'obligeaient à balayer les dortoirs, à fermer les portes du couvent, à monter l'horloge, à mendier de porte en porte dans la ville une besace sur le dos. Il eut pour professeur de théologie Carlstadt, qu'il regarda pendant deux ans comme un savant incomparable, et pendant vingt ans comme un pédant de collège qui pour deux gouldes, dix francs de notre monnaie, conférait le grade de docteur.

Le 2 mai 1507, Luther reçut les ordres sacrés à Erfurt. Le prélat ordinant, Lasph, lui demanda s'il promettait de vivre et de mourir dans le sein de l'Église catholique, apostolique romaine, et de lui obéir comme à sa mère ; et Luther inclina la tête, et prononça à haute voix son serment d'amour et d'obéissance. Ce fut un beau jour que celui de son ordidation, à laquelle il s'était préparé par des prières ardentes. Il avait invité à cette cérémonie Jean Braun, « prêtre du Christ et de Marie, » vicaire d'Eisenach, et son vieux père, qui ne voulait pas que Martin entrât dans les ordres, et qui résista longtemps aux sollicitations des frères du couvent et aux larmes de son fils. « Dieu veuille, disait le mineur, que Martin ne se soit pas trompé sur sa vocation! » Même après le saint sacrifice, il avait conservé rancune à son enfant. On s'était mis à table, Hans à côté de Martin : tout à coup le père se leva, et s'adressant aux maîtres en théologie invités au repas : « N'est-il pas écrit dans l'Écriture, demanda-t-il : Père et mère honoreras? — Oui, cela est écrit, » répondirent les convives. Hans prenant alors son verre : « Allons, trinquons, dit-il à son fils, et que Martin nous aime un peu mieux. » Le soir la paix se fit; Hans tira de sa poche vingt belles gouldes, fruit de ses épargnes, et qu'il remit, en signe de réconciliation, au fils désobéissant. En montant les degrés de l'autel pour célébrer sa première messe, Luther avait été saisi d'un tremblement dans tous les membres. Arrivé au canon, sa frayeur était si grande, qu'il fut sur le point d'interrompre le saint sacrifice. Quelle crainte agitait donc son âme? S'il eût aimé, aurait-il été obsédé par de semblables terreurs? C'est qu'il doutait déjà ; c'est qu'il savait bien qu'il ne tiendrait pas la promesse qu'il venait de faire à l'Église catholique. Nous avons toujours regretté que Marguerite Lindemann, sa mère suivant la chair, n'eût pas assisté à l'ordination de Martin. En Allemagne, le nouveau prêtre devait danser, après sa première messe, avec sa mère, au milieu des assistants formés en rond. Qui sait? peut-être que l'enfant n'aurait pas voulu contrister de ses doutes celle qui l'avait nourri de son lait. Une autre femme manquait à cette auguste cérémonie, la pauvre veuve d'Eisenach : est-ce que Cotta était morte? Nous aurions voulu la voir agenouillée dans l'église d'Erfurt : sa prière pour Martin fût montée au ciel comme un doux encens.

La réputation du frère augustin commençait à se répandre en Saxe : on le disait théologien habile ; il avait paru quelquefois en chaire, où sa parole avait été remarquée. Wittemberg voulut l'avoir pour professeur de philosophie. Nous ne comprenons pas l'empressement du moine à accepter l'offre de l'université wittembergeoise, lui qui jusqu'à ce jour n'a pas caché ses dédains pour Aristote; lui qui se rit publiquement de la scolastique; qui compare l'argument à l'âne d'Abraham, et qui regarde la dialectique comme une science nuisible au théologien. Il partit d'Erfurt sans dire adieu à son ami Braun, qui se fâcha, et qu'il essaya d'apaiser en termes de rhéteur : il disait que « l'aquilon n'avait point éteint dans son âme le feu sacré de la charité. »

C'est en 1510 qu'on place le voyage du professeur à Rome, où ses supérieurs l'avaient envoyé pour traiter certaines affaires de son ordre. Lisez la correspondance de Luther, nulle part vous ne trouverez une ligne sur cet événement de la vie de notre moine. Si dans les Propos de table (Tisch-Reden) il ne nous avait entretenus souvent de ce voyage, on pourrait douter de son séjour à Rome. Le moyen de croire à son récit, quand nous le voyons affirmer sérieusement qu'en fouillant les décombres d'un couvent de nonnes on découvrit enfouis en terre 6,000 crânes d'enfants nouveau-nés; qu'un pape pour faire niche au diable, auquel il s'était vendu et qui venait réclamer sa proie, s'était fait couper en morceaux; qu'Égidius de Viterbe, notre savant théologien, et un autre moine, avaient été trouvés un jour étranglés dans leur lit pour s'être moqués du pape; que les Italiens possèdent des poisons si subtils, que leur émanation tue celui qui se regarde dans une glace; que personne en Italie ne sait parler latin ; qu'à Rome on est athée? Et où donc a-t-il passé son temps à Rome? Dans les églises? mais il n'a donc pas entendu les magnifiques prédications de Cajetan? Au Quirinal? mais il n'a donc pas demandé le nom de tous ces lettrés qui se rendent le soir chez Sadolet? Au palais pontifical? mais il n'a donc pas pris garde à ces robes rouges portées si glorieusement par Grimani, auquel Érasme dédia sa paraphrase de l'épître de St Paul aux Romains; par Schinner, que notre Batave a si souvent loué; par Vigerio, qu'on regarde comme un saint? Au Vatican? mais il n'a donc pas levé les yeux en haut pour admirer les peintures de Raphaël, ces gloires éternelles de l'art chrétien? A l'ancien Agonale? mais c'est là qu'habite un cardinal de vingt-sept ans, du nom de Jean de Médicis, qui jeûne plusieurs fois la semaine, et dont les mœurs sont celles d'un anachorète. Peut-être qu'il a voulu épier l'héroïque Jules II de retour de l'une de ces guerres qu'il a soutenues ou entreprises dans l'intérêt de la nationalité italienne : mais il ne l'a donc pas vu parcourant à pied les rues de Rome, visitant les malades dans les hospices, les prisonniers dans leurs cachots, posant la première pierre d'édifices consacrés à recueillir les vieillards impotents, les femmes en couches, les pestiférés, les veuves et les orphelins? Dans son amour pour les livres, il aura visité les bibliothèques : mais, à la Vaticane, Inghirami a dû lui montrer l'histoire d'Anne et de Samuel, écrite non pas en latin comme dans la Bible d'Erfurt, mais en langue vulgaire par le moine Malerbi, et avec l'approbation du saint-siége, qui n'a jamais caché la parole de Dieu. Que parle-t-il de ténèbres et d'athéisme? de ténèbres dans un pays qui, depuis vingt ans, a produit seul plus de livres que l'Europe tout entière? d'athéisme dans une ville où chaque maison est vouée à un bienheureux, où l'image du Christ, de la Vierge, d'un apôtre, d'un saint, orne la façade de tout édifice particulier? Luther a répété jusqu'à trois fois qu'il n'aurait pas voulu pour mille gouldes n'avoir pas fait le voyage de Rome : et nous aussi nous ne voudrions pas pour tous les chefs-d'œuvre de sculpture et de peinture que les paysans, excités par ses doctrines, brisèrent dans la Souabe, qu'il n'eût pas visité la ville éternelle, parce qu'en nous racontant ce qu'il n'y a jamais vu, il nous a appris à nous défier de sa parole.

A son retour de Rome, Luther prit à Wittemberg ses grades de docteur en théologie. Un moine d'Erfurt, M. Joh. Nathin, se plaignit, au nom de son couvent, de l'ingratitude de Luther, qui répondit au reproche de ses frères dans deux lettres amères dont il ne tarda pas à se repentir. Le voyage en Italie ne l'avait pas guéri de son penchant à la colère : il en revint la tristesse et le doute dans le cœur; et, pour montrer qu'il avait vu Rome, il ne trouva rien de mieux que de la calomnier. Ainsi avait fait avant lui le chevalier Ulrich de Hutten; ainsi Érasme à son tour, et Rodolphe Agricola : c'est le Nord qui décrie le Midi, et, après quatorze siècles, un peuple vaincu qui se venge de ses anciennes défaites en déchirant son oppresseur : le vainqueur s'était servi de l'épée; le vaincu se sert de la plume. La guerre va donc recommencer : de l'encre d'abord, puis du sang.

Jules II était mort : Léon X, son successeur, publia en 1516 des indulgences qu'il permit de prêcher en Allemagne, et dont le produit devait être employé à l'achèvement de l'église de Saint-Pierre, cette merveille de Bramante que Raphaël avait ordre de terminer. On a dit que l'or des pardons était destiné à la sœur du pontife; c'est une calomnie dont s'est spirituellement moqué l'homme qui eut le plus d'esprit après tout le monde, Voltaire. On ajoute que Léon X avait enlevé aux Augustins, pour la donner aux Dominicains, la promulgation des indulgences; comme si Jules II ne l'avait pas déjà confiée aux frères mineurs. Enfin un écrivain réformé, que nous avons peut-être trop loué, Ranke, prétend qu'Alexandre VI avait le premier déclaré officiellement qu'au pape appartenait le droit de délivrer les âmes du purgatoire; or qui ne sait que Jean VIII en 878, et Jean IX en 900, avaient publié des indulgences *in suffragiun defunctorum?* Mabillon est une autre autorité que Ranke. N'oublions pas de remarquer avec M. de Maistre cette belle loi qui a mis deux conditions indispensables à toute indulgence ou rédemption secondaire : mérite surabondant d'un côté, bonnes œuvres et pureté de conscience de l'autre; sans l'œuvre méritoire, sans l'état de grâce, point de rémission de peines.

Albert, archevêque de Mayence, commissaire pontifical du saint-siége, délégua pour prêcher les indulgences en Allemagne un moine de l'ordre de Saint-Dominique, Jean Tetzel, homme de vive foi, de mœurs exemplaires, amoureux des disputes théologiques, mais qui pour triompher de son adversaire n'employait jamais que l'argument aristotélicien, qu'il laissait tomber comme du plomb sur toute intelligence rebelle, et de l'image et de la couleur faisait fi encore plus que Luther du syllogisme. C'était, dans un corps de moine, la scolastique sèche et aride et ne s'adressant qu'à la raison. Sa thèse était belle, il prêcha donc avec succès. Dans ses discours il vantait l'œuvre et glorifiait le libre arbitre. Or à cette époque Luther ne se cachait pas : il enseignait que toute œuvre, quelque pure qu'elle soit, l'aumône elle-même, est une offense à Dieu, un péché digne des feux éternels. Il soutenait encore que la créature, clouée par la chute d'Adam au mal comme le galérien à son boulet, reste esclave de ses sens déréglés, et ne peut opérer que l'iniquité : ver de terre qui, en voulant sortir de la fange, son berceau et son sépulcre, pour chercher le soleil, insulte à son Créateur. Voilà les désolantes doctrines qui percent à chaque ligne de sa correspondance longtemps avant son duel avec Rome. Ce qui apparaît encore, et sans voile, dans les premières épîtres du moine, c'est un insigne mépris pour ce qu'il appelle, dans son langage novateur, les romanistes; une colère insultante pour ces maîtres en théologie que l'école nommait ses anges; un besoin immense de nouveautés; le doute avec son cortége ordinaire de petites passions criailleuses; une incessante aspiration vers l'inconnu; une volonté fixe de sortir à tout prix, même par la révolte, de l'obscurité du cloître; l'orgueil de l'ange déchu sous les dehors de l'humilité de Job. Avec de telles dispositions, toute question portée publiquement en chaire pouvait servir à Luther de signal ou de prétexte pour s'insurger contre l'autorité. Aussi, à peine Tetzel a-t-il prêché, que le Saxon se prépare au combat : la lutte va donc commencer. Il nous faudra, dans le peu d'espace qui nous reste, décrire fidèlement ce drame si varié, que Luther a pris soin lui-même de raconter, mais à sa manière. Ce ne sera pas notre faute si notre héros ne ressemble pas à celui dont un éloquent écrivain a publié les Mémoires : ruse et violence, voilà ce que nous trouverons le plus souvent sous cette robe noire d'augustin.

Luther avait annoncé qu'il prêcherait à son tour sur les indulgences. Il monta donc en chaire, et avec lui le rire y monta pour la première fois. Ce n'était plus la prédication ancienne, mais une conversation entre l'orateur et l'assistant, de l'ironie, du sarcasme, de l'esprit, des jeux de mots, des bouffonneries même; une langue particulière et qu'on n'avait jamais encore parlée dans le lieu saint, toute remplie d'images prises dans la vie commune du peuple et jusque dans l'atelier de l'ouvrier; enfin, des insolences contre l'enseignement catholique que J. Huss sur son bûcher se serait à peine permises.

« As-tu de l'argent de reste, disait-il, donne à celui qui a faim, cela vaudra beaucoup mieux que de donner pour élever des pierres.

» Je te dis que l'indulgence n'est ni de précepte ni de conseil divin.

» Que les âmes soient délivrées du purgatoire par la vertu de l'indulgence, c'est ce que je ne sais pas, c'est ce que je ne crois pas.

» Ce que je te dis fera tort à leur boutique, que m'importent leurs bourdonnements? Cerveaux creux qui n'ont jamais ouvert la Bible, qui n'entendent rien aux doctrines du

Christ, ne se comprennent pas eux-mêmes, et s'abîment dans leurs ténèbres. »

Comme il descendait de chaire, un frère tira le prédicateur par le pan de sa robe, et en hochant la tête : — Savez-vous, lui dit-il, que vous avez été bien hardi ; n'allez pas nous faire un mauvais parti avec les dominicains.

— Cher père, répondit Luther, si cela vient de Dieu, cela ira ; si cela ne procède pas de son saint nom, cela tombera.

Or celui qui parle ainsi magistralement contre l'enseignement séculaire de l'Eglise n'a cessé de répéter qu'au début de la lutte il ne savait pas au juste ce qu'on appelait indulgence.

Voici quelque chose de plus hardi que le discours même, c'est la publication de l'œuvre en langue vulgaire, sans l'approbation de l'évêque ; l'effet parmi les populations en fut si prodigieux, que l'évêque de Brandebourg effrayé envoya l'abbé de Lenin pour le conjurer de ne pas réimprimer le sermon, et de renoncer à publier les thèses qu'il avait l'intention de soutenir contre Tetzel. Luther, tout confus, répondit à l'envoyé de Sa Grâce qu'il préférait obéir plutôt que de faire des miracles. Et le soir même il adressait à Lang, de l'ordre des augustins, à Erfurt, de nouveaux paradoxes : dans sa lettre, il traitait ceux qui le blâmaient, de piètres critiques, de Zoïles, de niais et d'imbéciles, et déclarait formellement qu'il se moquait de leurs arrêts, et qu'il passerait outre, puisqu'il avait Dieu pour lui.

Ces thèses, véritable programme de révolte, devaient être affichées sur l'un des piliers de l'église de Tous les Saints à Wittemberg, le 31 octobre 1517. L'intention de Luther était de publier ses propositions en langue allemande, afin que le peuple lui-même prît part au débat ; tout ce qu'on put obtenir de lui, ce fut qu'il les écrirait en latin. Le 31 octobre donc, le portier du couvent des Augustins affichait le manifeste de frère Martin, et le lendemain, jour de grande solennité dans l'Eglise catholique, tout ce qui portait une robe de bure, c'est-à-dire qui entendait la langue de Virgile, put lire :

Que le pape au purgatoire n'a pas d'autres pouvoirs que le simple curé de village ;

Que les prêcheurs empochent la pièce qui tinte dans le bassin et en font leur profit ;

Qu'il faut envoyer au diable quiconque croit qu'avec une indulgence on peut compter sur son salut ;

Que les trésors de l'Évangile sont des filets où l'on pêchait autrefois des hommes de richesse ;

Que le trésor des indulgences est un filet où l'on pêche aujourd'hui la richesse des fidèles.

Cependant, « sur mon salut, disait plus tard Luther, je ne savais pas plus ce qu'était en ce temps-là une indulgence, que le pauvre diable qui venait me consulter. » Alors, pourquoi tout ce bruit qui émeut l'Allemagne, contriste son évêque, trouble les âmes, et effraye l'empereur lui-même ? Au fond, Luther sait bien ce qu'il fait ; c'est une révolte qu'il veut, mais il dissimule. A son évêque, qui montrera la lettre aux dignitaires de l'Empire, et à tous ceux qui ont une puissante épée à leur côté, il écrit : « Mais que Votre Grâce ne s'y trompe pas, je dispute et n'affirme pas ; que l'Église prononce, et je me soumets. » Mais à Spalatin, qui se gardera bien de le répéter, il dit : « A vous, mon cher, et à nos
» amis, je déclare d'avance que l'indulgence n'est qu'une
» jonglerie ; c'est mon opinion, et en la soutenant je sais
» bien que j'ameute contre moi six cents Minotaures, Rha-
» damanthotaures, Cacotaures. »

C'est un homme habile que Luther : pour perdre ses adversaires dans le monde allemand, il se sert du rire et de la calomnie. Il ne se contente pas de changer Tetzel en animal fabuleux ; il écrit à l'archevêque de Mayence que le dominicain enseigne que les âmes sont arrachées des flammes du purgatoire dès que le grœschel est tombé dans le bassin du quêteur ; que la contrition est inutile à quiconque achète des pardons ; enfin, il prête à son adversaire une proposition effrontée, où Marie, l'essence de la pureté, sert de comparaison pour établir la miraculeuse vertu de l'indulgence. Cherchez dans les écrits de Tetzel cette phrase scandaleuse, vous ne la trouverez nulle part. N'est-il pas malheureux que des catholiques naïfs se soient eux-mêmes chargés de répandre la calomnie de Luther ?

Mélanchthon raconte que le dominicain fit allumer, sur la grande place de Jutterbock, un brasier où il jeta le sermon de l'augustin : cela n'est pas non plus. Et la preuve que Mélanchthon nous trompe, c'est que Luther n'a parlé nulle part de cet exploit de son adversaire : or, les belles colères que cet incendie lui aurait fournies ! Ce que nous pouvons affirmer, c'est que Tetzel essaya de réfuter Luther dans un écrit que Bossuet n'aurait pas avoué sous le rapport du style, mais qu'il eût signé comme enseignement dogmatique. Pour en finir, Tetzel proposait fièrement à Luther la double épreuve de l'eau et du feu ; Luther n'accepta ni l'une ni l'autre. Il répondit au dominicain : « Je me moque de tes cris comme des braiments d'un âne ! Au lieu d'eau, je te conseille du jus de la vigne ; au lieu de feu, hume le fumet appétissant d'une oie rôtie ; viens à Wittemberg, si le cœur t'en dit. Moi, docteur Martin Luther, à tout inquisiteur de la foi, à tout mangeur de fer rouge, à tout pourfendeur de rochers, savoir faisons qu'on trouve ici bonne hospitalité, porte ouverte, table garnie, soins empressés, grâce à la bienveillance de notre duc et prince l'électeur de Saxe ! »

Cherchez donc, dans tous les couvents d'Allemagne, un moine qui osât répondre à un semblable défi.

A la lecture de ce cartel, les écoliers de Wittemberg se prirent d'un grand éclat de rire, et, ayant rencontré sur leur chemin un frère qui apportait dans sa besace huit cents *Contre-Thèses* de Jean Tetzel, ils se jetèrent sur le malheureux commissionnaire, lui arrachèrent les feuilles fraîchement imprimées, puis, au son d'une trompe, annoncèrent dans les rues qu'à deux heures après midi on brûlerait en place publique les propositions de maître Tetzel, inquisiteur de la foi, bachelier en théologie, et prêtre de l'ordre de Saint-Dominique. A deux heures, la flamme brillait sur la place de l'Université, et un écolier, coiffé d'un bonnet doctoral, la figure couverte d'un masque, jetait les thèses au feu en criant : *Vivat Luther! pereat Tetzel!* Pendant plus d'une semaine on n'entendit dans les rues de Wittemberg que les mêmes cris. Tout ce peuple d'écoliers imberbes et à cheveux blancs croyait avoir conquis la liberté, parce qu'il avait brûlé une feuille de papier noircie d'encre d'imprimerie. Le temps n'est pas éloigné où mettre en doute à Wittemberg l'infaillibilité de Luther sera puni de l'exil ; Carlstadt, qui répète *vivat Luther, pereat Tetzel*, le premier éprouvera les colères de ce dieu nouveau que des enfants viennent de donner à l'Allemagne.

Les thèses du Saxon, et le bruit douloureux qu'elles excitaient, traversèrent bientôt les Alpes et allèrent émouvoir Rome. Ce fut un maître du sacré palais, un théologien à cheveux blancs, Priérias ou Mazzolini, né à Priéro dans le Montferrat, qui jeta le premier cri d'alarme en Italie contre les doctrines nouvelles. On a dit, en invoquant quelques quolibets de l'augustin, que le *rustique* Priérias (il avait reçu le nom de Sylvestre au baptême) n'était pas fait pour se mesurer avec un homme de la force de Luther, bien que des protestants aient reconnu les talents de l'écrivain. Mais Priérias, eût-il possédé l'éloquence de Démosthène, n'aurait pu triompher de son adversaire. Comment venir à bout d'un moine qui, pressé trop vivement, et pour éviter de répondre aux plaintes des catholiques, fait comme la taupe, rentre dans son trou, se cache sous son capuchon, et, d'une voix emmiellée, murmure à Spalatin : Comprenez-vous, père en Dieu, qu'ils ont le courage de soutenir que dans mes disputes j'ai offensé l'autorité du pape, moi qui n'aime par goût que les petits réduits ; moi qui sais par expérience qu'il ne faut pas lever la tête au soleil plus haut que le mouron ? Ah ! de grâce, mon père, servez-moi de colombe, et portez mes folies aux pieds de Léon X, ce pontife si bon; je le prends pour juge : que le saint-siége prononce !

A cette lettre il avait joint une belle épitre au pape, qu'il terminait par ces lignes, que Priérias aurait volontiers signées :

« Très-saint-père, me voici prosterné aux pieds de Votre Béatitude, moi et tout ce que je suis, et tout ce que j'ai : vivifiez, tuez, appelez, rappelez, approuvez, réprouvez : votre voix, c'est la voix du Christ qui repose en vous, qui parle par votre bouche. Si j'ai mérité la mort, je suis prêt à mourir. »

Eh bien, oui, nous l'avouons, Léon X se laissa prendre à ces douces paroles ; il crut à l'amour filial de Luther, à l'obéissance de son enfant, au repentir du petit moine, et il s'endormit un moment. Qui donc oserait blâmer ce sommeil ? Il est certain que Léon X n'avait pas le don de seconde vue. Si Dieu le lui avait accordé, le pape aurait surpris Luther interrompant sa lettre au père des fidèles pour composer un petit livre ascétique sur la mort d'Adam et la résurrection du Christ dans l'homme, où il parle insolemment du pouvoir des clefs ; puis montant en chaire pour dénigrer l'excommunication. Il faut l'entendre, ce moine superbe, quand le bruit se répand à Wittemberg que le pape, dont les yeux se sont dessillés, va le citer à Rome! Il joue le martyr, il rêve un bûcher, et écrit à Wenceslas Linck : « Je suis prêt, que la volonté de Dieu soit faite ! Que m'enlèveront-ils ? un corpuscule frêle et brisé ; c'est une ou deux heures au plus qu'ils me déroberont ; mais mon âme, elle est à moi, ils ne me l'ôteront pas !... La mort, c'est le lot du chrétien qui proclame la parole de Dieu : le Christ notre époux est un époux de sang. » Mais ce courage fastueux tombe bientôt, et, pour désobéir à la citation avec toutes les apparences d'une soumission filiale aux ordres du souverain pontife, il imagine un subterfuge indigne d'un homme de cœur. Spalatin, son ami, demandera un sauf-conduit à l'électeur Frédéric, que Sa Grâce refusera, et alors, disait Luther, mon excuse est toute trouvée : et cela se fit comme il le demandait. Rassuré désormais sur ce voyage à Rome, Luther n'a plus peur du pape. En même temps qu'il proteste de son respect pour l'autorité hiérarchique dans les lettres qu'il écrit aux prélats allemands et à ses maîtres temporels, il met sous presse deux pamphlets en réponse à Priérias : dans l'un, il déclare que si la doctrine enseignée par le maître du sacré palais, et mise sous les yeux de Léon X, est avouée par Rome, Rome est la Babylone en écarlate, et la cour romaine la synagogue et l'école de Satan ; dans l'autre, il s'écrie : Puisque nous avons des cordes, des glaives et du feu pour châtier les voleurs, les meurtriers et les hérétiques, eh bien ! pourquoi ne les emploierions-nous pas pour châtier le pape, les cardinaux, les évêques et toute la racaille de la Sodome romaine, empoisonneurs de l'Église de Dieu ? pourquoi ne baignerions-nous pas nos mains dans leur sang, afin de nous sauver nous et nos neveux ?

N'avons-nous pas raison de regretter que Luther n'ait jamais eu près de lui sa mère : comment aurait-il osé lever les yeux sur Lindemann après avoir écrit d'aussi horribles paroles?

L'électeur Frédéric, alors à la diète d'Augsbourg, et l'université de Wittemberg, demandèrent à Léon X que l'affaire fût jugée en Allemagne. Le pape y consentit par une bulle du 23 août 1518, et délégua pour examiner les opinions nouvelles le cardinal de Saint-Sixte, Thomas de Vio, si connu sous le nom de Cajetan, et alors légat du saint-siége près de la diète germanique. « Si Luther se repent, disait le pape à son ambassadeur, pardonnez-lui ; s'il s'opiniâtre, interdisez-le. »

Nous avons dit ce qu'était Cajetan : un des oracles de la science théologique en Italie, un exégète habile qui toute sa vie avait médité l'Écriture, un homme de cœur, par-dessus tout ennemi de la violence. Il devait échouer, car, deux jours avant de paraître devant le légat, Luther avait formellement déclaré — qu'il préférait la mort à la rétractation.

Luther s'était mis en route pour Augsbourg, accompagné de Wenceslas Linck, docteur en théologie et prédicateur de l'église conventuelle des Augustins à Nuremberg. Le 13 octobre 1517, il se présenta chez le légat, suivi du prieur de Sainte-Anne, de Wenceslas Linck et de trois religieux de son ordre. Le cardinal vint au-devant du moine, qu'il embrassa tendrement. Luther se jeta aux genoux du nonce, en protestant qu'il était prêt à désavouer les paroles qu'on lui reprochait, si on pouvait lui montrer qu'elles étaient coupables.

Cajetan le releva : — Mon fils, lui dit-il, mon intention n'est pas de disputer ; je vous demande, par ordre de Sa Sainteté, que vous rétractiez vos erreurs.

— Montrez donc, répondit Luther, en quoi j'ai péché. — Encore une fois, reprit Cajetan, je ne suis pas votre juge ;

vous avez promis de vous en rapporter, en enfant soumis, au jugement de Sa Sainteté : le pape vous condamne, rétractez-vous !

Luther s'obstinait et demandait qu'on lui signalât les propositions condamnables qu'il avait enseignées. Cajetan en cita deux que le moine voulut défendre. L'entretien dura plus d'une heure : malgré lui le cardinal disputait. A la fin il se ressouvint de la promesse qu'il avait faite, et la rappelant en riant à Luther :

— Finissons, ajouta-t-il : voulez-vous vous rétracter, oui ou non ?

Luther demanda trois jours pour répondre. Mais, le lendemain 14, il retourna chez le cardinal, accompagné de Staupitz, de quatre conseillers impériaux et d'un notaire, et remit au nonce une note où il protestait de son respect pour l'Église romaine, désavouait toute parole imprudente qu'il aurait pu prononcer, et se soumettait, lui et ses écrits, au jugement du saint-père et des universités de Bâle, de Fribourg, de Louvain, et de Paris surtout, mère et patronne des bonnes études.

— Vous rétractez-vous ? répéta Cajetan.

Luther resta muet. Alors Staupitz s'approcha du cardinal, et demanda comme une grâce que Luther pût se défendre par écrit.

— Et devant témoins, ajouta le moine.

Le cardinal hocha la tête en signe de refus ; mais Staupitz insista.

—Eh bien, soit, reprit le nonce, je vous entendrai.

Luther apporta le lendemain une thèse qu'il avait passé la nuit à rédiger, et où, s'appuyant de l'autorité de Panormita (Tudeschi), il soutenait qu'en matière de foi le simple fidèle est supérieur au pape, s'il a pour lui l'autorité et la raison. Amère dérision qui fit hausser les épaules au cardinal…, —

Voyez donc, disait Cajetan en montrant du doigt le passage de Panormita cité par Luther : vous voudriez que je misse sous les yeux de Sa Sainteté de si odieuses paroles !

— Mais, reprit Luther avec un dépit marqué, qu'on lise donc : après tout, je n'affirme pas, je dis que je m'en rapporte au jugement du pape.

— Frère, frère, comme vous vous emportez ! reprit Cajetan... Puis se rapprochant du moine dont il prit les deux mains : Allons, ajouta-t-il, il en est temps encore, j'intercéderai pour vous auprès de Léon X..., rétractez-vous. Luther garda le silencer. — Eh bien, dit le nonce, tout est fini, ne revenez plus.

On se sépara : mais après le souper Cajetan eut un entretien avec Staupitz et Linck, qu'il décida, au nom de Léon X et du repos de la Saxe, à tenter de ramener Luther. En entendant ces voix amies, le moine fondit en larmes, et promit d'écrire au cardinal une belle lettre, bien affectueuse, toute filiale ; et il l'écrivit en effet, mais après avoir déclaré, en termes formels, dans un billet à Spalatin, qu'il préparait un appel au futur concile, qu'il ne se rétracterait pas d'une syllabe, et qu'il allait publier sa réponse au cardinal pour le confondre aux yeux du monde chrétien, s'il continuait de procéder par la violence, comme il l'avait fait jusqu'à cette heure.

Puis, de la même plume dont il s'était servi pour tracer ces lignes incroyables, il écrit à Cajetan :

« Je reviens à vous, mon père ; je suis ému, mais je n'ai plus de crainte ; ma crainte s'est changée en amour : vous auriez pu employer la force, vous n'avez eu recours qu'à la charité.... Je l'avoue maintenant, j'ai été violent, hostile, insolent envers le nom du pape... Je suis affecté, repentant, et je vous demande pardon ; je dirai mon repentir à qui voudra m'entendre... Quant à la rétractation, mon révérend et doux père, ma conscience ne me permet en aucune manière de la donner. Je vous supplie en toute humilité de porter cette question sous les yeux de Sa Sainteté, afin que l'Église prononce. »

Et le 20 octobre, de grand matin, Luther sortait d'Augsbourg par une petite porte qu'un des conseillers impériaux lui fit ouvrir; et un portier du couvent des Carmélites affichait sur les murs de la cathédrale l'appel du pape mal informé au pape mieux informé; et le moine arrangeait d'avance un autre appel, l'appel au futur concile, dans le cas où le pape, de sa pleine puissance ou tyrannie, le condamnerait sur le premier appel.

Le 30 octobre, Luther rentrait à Wittemberg. A Nuremberg, il connut d'avance la bulle où le souverain pontife exposait la doctrine de l'Église touchant les indulgences; le nom du moine augustin n'y était pas même prononcé. Alors, oubliant tant de promesses si souvent réitérées, il se décide à jeter le gant à Léon X lui-même, et le langage dont il se sert pour formuler sa déclaration de guerre n'est pas moins prodigieux que sa conduite :

« Quel que soit le polisson, dit-il, qui, sous le nom de Léon X, essaye ainsi de me faire peur, qu'il sache bien que je comprends la plaisanterie. Si la bulle émane de la chancellerie, je leur ferai savoir bientôt leurs impudentes témérités et leur impie ignorance. »

Auriez-vous pensé que ce pauvre petit enfant qui mendiait à Magdebourg le pain du bon Dieu écrirait jamais de ce style?

CHAPITRE XXXIX.

LA RÉFORME.—1519-1520.

Léon X charge Miltitz d'une mission auprès de Luther. — Leur entrevue à Altenbourg. — Luther promet d'écrire au pape. — Lettre qu'il adresse à Sa Sainteté. — Comment il trompe Léon X et Miltitz. — Belle conduite de la papauté envers le moine révolté. — Dispute à Leipzig de Luther et d'Eckius. — Les doctrines de l'augustin sont réfutées par un grand nombre d'universités. — Emportements de Luther. — Sa lettre insolente au pape. — Il est condamné à Rome. — Bulle de Léon X. — Luther la fait brûler à Wittemberg. — La révolte est consommée.

II. RUPTURE DE LUTHER AVEC ROME.

Nous l'avouons : au tribun qui remue de sa parole enflammée l'Allemagne, nous préférons le moine en robe de bure agenouillé, à la lueur des étoiles, sur la tombe des martyrs: c'est que la prière a des parfums qui du cœur remontent à Dieu, et que la révolte dessèche l'âme. Et puis ce nouvel Arminius, comme on l'appelle à Wittemberg, malgré le trouble qu'il traîne après lui, n'est qu'un fils ingrat qui fait pleurer sa vieille mère, cette sainte Église, qui fut pour lui si bonne; qui le nourrit de son lait le plus pur; qui lui apprit à parler, à lire, à penser; qui lui donna le pain des anges et l'onction divine.

Elle ne désespère pas de ramener son enfant égaré. Vous l'avez vue, dans son ingénieuse charité, épuiser, pour l'attirer à elle, tout ce qu'elle a de trésors maternels, les conseils, la prière, les supplications, les larmes même. La robe rouge du cardinal Cajetan a peut-être fait peur à Luther ; Rome va faire choix d'un autre négociateur. Léon X a confié une mission de réconciliation à Miltitz, justement parce que Miltitz a toujours été ennemi des disputes théologiques, et qu'il ne s'est jamais occupé de ce qui remue le monde catholique, l'indulgence. C'est un de ces Allemands tels que les aime Luther dont on connaît bien le caractère à Rome ; un Misnien aux gais propos, un joyeux convive, une sorte d'habitant des montagnes, vif, âpre parfois, mais d'une franchise à toute épreuve.

Miltitz et Luther se rencontrèrent plusieurs fois, d'abord à Altenburg, à la manière des vieux Germains, le verre en main. A table, on est bien plus sûr de venir à bout du moine que sur un banc d'écolier. Le vin du Rhin, qu'il aime de prédilection, ou la bière d'Eimbeck, dissipe ses humeurs noires, le met en verve et en gaîté : dans cet état il est confiant et doux ; impossible à lui de voir un ennemi dans un convive qui lui rend raison, et boit à la santé de cette belle Allemagne qu'il préfère à tous les pays : or, Miltitz était un patriote exalté. On s'embrassa, on se fêta, et on sortit de table bons amis : Miltitz pleurait de joie. Luther venait de lui promettre de vivre en paix, de choisir pour juge l'évêque de Salzbourg, de ne plus prêcher désormais sur les indulgences, et d'écrire au souverain pontife une lettre de soumission. Luther ne demandait qu'une chose à Miltitz, c'était qu'on imposât silence à Tetzel ; Miltitz le promit.

Mais la table d'Altenburg est desservie ; le keller a emporté la bière mousseuse d'Eimbeck et le vin rosé du Rhin ; Miltitz a pris le chemin de Coblentz, et Luther celui de Wittemberg. Quelques jours se sont à peine écoulés depuis la rencontre des deux Allemands. Voyons donc ce que le moine pense du négociateur dont il a serré la main si affectueusement et qu'il a embrassé sur les deux joues : « Miltitz, c'est un menteur, un trompeur, qui m'a dit adieu en me donnant un baiser de Judas, en versant des larmes de crocodile, que j'avais l'air de ne pas comprendre. Il venait armé de soixante-dix brefs apostoliques pour me prendre et me conduire captif dans son homicide Jérusalem, la Babylone empourprée. » Et Miltitz, sur toute sa route, faisait l'éloge de son compagnon de table : pauvre Misnien, tu n'étais pas né diplomate !

Luther, aux yeux du monde, tenait à remplir la promesse qu'il avait faite à l'envoyé du pape; il écrivit donc à Sa Sainteté, le 3 mars (les dates sont des arrêts) :

« ..... Que Votre Sainteté daigne prêter une oreille miséricordieuse à la pauvre petite brebis du troupeau du Christ, et comprendre mes bêlements.

» Charles de Miltitz, le conseiller de Votre Béatitude, cet homme de probité, m'a formellement accusé, en votre nom, auprès de l'illustre prince Frédéric, d'irrévérence envers l'Église romaine... Ah! très-saint-père, devant Dieu et devant la création j'affirme que je n'ai jamais eu, ni autrefois ni maintenant, la pensée d'ébranler ou d'affaiblir l'autorité du saint-siége. Je confesse que la puissance de l'Église est au-dessus de tout; au ciel, sur la terre, rien n'est au-dessus de l'Église, Jésus excepté. Que Votre Sainteté n'ajoute aucune foi à ceux qui parlent autrement de Luther. »

On pourrait croire, en lisant notre récit, que c'est un roman contre la réforme, exhumé de la poussière de quelque couvent catholique, que nous reproduisons : il n'en est rien; notre parole est sérieuse autant que nos textes sont vrais.

Nous venons de dire que Luther, sur la proposition de Miltitz, avait pris pour arbitre souverain l'évêque de Salzbourg; mais il ne tarda pas à se repentir de la parole qu'il avait donnée. Voici ce qu'il pensait des évêques : « Ils m'appellent superbe, audacieux, ces évêques; mais que sont-ils donc, ces hommes-là, pour savoir ce qu'est Dieu ou ce que nous sommes? »

Prosterné jusqu'à terre, il a déclaré qu'il n'avait pas même voulu toucher du doigt à l'autorité du souverain pontife, et dix jours après, le soir, car la nuit lui porte malheur, il écrit à son confident habituel dont il a desséché le cœur: « Faut-il que je vous le dise à l'oreille? en vérité, je ne sais si le pape est l'Antechrist en personne ou son apôtre, tant le Christ, c'est-à-dire la vérité, est corrompu et crucifié dans les bulles papales! »

Mais contemplons un moment cette grande image de la papauté, objet des sacriléges insultes de Luther.

Il y a près de trois ans qu'un moine jette le désordre dans la société, trouble le sanctuaire, agite les consciences, désole les couvents, bouleverse l'Allemagne, arrête la marche de l'esprit humain. Et pourquoi? A-t-il découvert une seule vérité? Toutes les erreurs qu'il remue en chaire et dans ses livres sont vieilles de plusieurs siècles. Érasme le lui dira bientôt, en prenant la défense de la liberté humaine, et plus tard Henri VIII, en vengeant nos sacrements: seulement il a su parer l'erreur et lui donner un splendide vêtement. Averti à diverses reprises par l'épiscopat, le clergé, les ordres monastiques de l'Allemagne, il a feint de ne pas comprendre ce concert de murmures et de plaintes, et il a continué de marcher dans la révolte. Rome est alors intervenue, et nous sommes témoins de tout ce qu'elle a fait pour ramener Luther. Elle a réclamé l'intervention de l'archevêque de Mayence; Albert a parlé, et n'a point été écouté. Elle a prié l'évêque de Brandebourg d'intercéder en faveur de la vérité outragée; Scultet a fait partir pour Wittemberg l'abbé de Lenin, mais Luther s'est moqué de l'envoyé. Elle a donné à Cajetan pleins pouvoirs pour terminer la querelle, mais Luther a jeté de la boue sur la robe rouge du cardinal. Elle vient de faire partir pour l'Allemagne Miltitz, qui croit avoir triomphé du moine, mais Luther a livré à de poignants brocards le messager du pape. Elle est allée chercher jusque dans le fond de leur cellule des robes de la même couleur que celle que porte le grand agitateur ; mais Staupitz et Spalatin ont échoué complétement : tiare, diadème, hermine ducale, soutane blanche et noire, il a tout souillé de son encre corrosive. Que restait-il à faire à la papauté ? Au couvent de Jutterbock vivaient, dans la pratique de toutes les vertus, des moines franciscains qui, troublés dans leurs prières, et craignant pour le salut de l'âme de ce frère qui cherche le Seigneur dans le bruit, se rassemblent, et, après avoir imploré les lumières du Saint-Esprit, extrayent des écrits du moine quatorze propositions qu'ils défèrent, comme hétérodoxes, à l'évêque de Brandebourg. Rome espère que la voix de ces hommes simples touchera le cœur de Luther : elle se trompait encore. Parmi les propositions qui avaient scandalisé ces candides intelligences, était celle-ci : Que l'autorité du laïque, se fondant sur l'Écriture, est supérieure à celle du pape, du concile et de l'Église elle-même. Citons le passage tout entier de la lettre de Luther aux franciscains ; on ne nous croirait pas sur parole, et on aurait raison : « Oui, je le dis, au laïque armé de l'autorité il faut croire plus qu'au pape, plus qu'au concile, plus qu'à l'Eglise elle-même. C'est la doctrine des juristes, et de Panormita, c. Significasti ; c'est la doctrine catholique défendue par Augustin ; et jamais personne au monde n'a dit le contraire, à l'exception de ces téméraires hérétiques du couvent de Jutterbock, qui, avec un front de prostituée, déclarent coupables, absurdes, hétérodoxes, les sacrés enseignements des Pères qu'ils n'ont jamais lus. N'est-ce pas là blasphémer contre l'Esprit-Saint ? »

En proclamant la souveraineté du moi ou du sentiment

intime, Luther a fait toute une révolution. La raison l'a pris au mot, et l'anarchie est entrée dans l'Église d'Allemagne. Carlstadt n'écoute déjà plus la voix de son disciple, il marche quand Luther lui dit de s'arrêter; Mélanchthon hésite, a peur de l'avenir, et se couvre les yeux pour ne pas voir l'abîme que creuse son maître. Sur la montagne de l'Albis, un curé a répondu à l'appel de la révolte; mais, pour renverser l'édifice catholique, Zwingli s'y prend d'une tout autre manière que le Saxon. Luther dit : Cette pierre doit être conservée, c'est le Seigneur qui l'a posée de ses mains; Zwingli : Brisons-la, car elle a été apportée par Satan. La réforme n'a que trois ans de vie, et elle est déjà décrépite. N'est-ce pas un véritable esclavage que Luther a fondé sous le nom de cette raison individuelle, rayon de lumière qui prend sa source dans un misérable cerveau d'homme! Voyez de quel poids il pèse sur la pensée! A ces moines de Jutterbock dont il n'a pu mesurer l'intelligence, et qui veulent interpréter autrement qu'il ne l'a fait un verset des Écritures, il dit : Vous êtes des hérétiques, des blasphémateurs, des fils de perdition. Et comment donc! s'ils procèdent dans leur interprétation en vertu du même principe, et surtout si ce qu'il vient de trouver dans le livre saint est vrai : que nous appartenons tous également au sacerdoce, et que l'Écriture ne fait aucune différence entre le laïque et le prêtre, que le prêtre s'appelle évêque ou pape? Les princes se laisseront prendre les premiers à ces nouveautés, non pas qu'ils croient le moins du monde que le pape soit l'Antechrist, mais parce qu'ils sont las de payer à la chancellerie romaine des redevances annuelles; non pas qu'ils regardent les moines rebelles à Luther comme des blasphémateurs du Christ, mais parce qu'ils savent bien que la première conséquence du libre examen sera la sécularisation des couvents, qu'ils dépouilleront de leurs richesses.

Érasme a trouvé l'une des causes des progrès de la réforme : « C'est que le peuple, dit-il, aime à prêter l'oreille à des prédicateurs qui lui enseignent que la confession est chose inutile. » Calcagnini en indique une seconde : « Soyez tranquille, s'écrie Luther, le sang du Christ suffit pour obtenir le salut éternel. » Mélanchthon signale la troisième : « On ne s'est attaché à Luther, dit-il, que parce qu'il nous a délivrés des évêques. » Et Luther, en riant, a trouvé la meilleure de toutes : « C'est l'ostensoir, assure-t-il, qui a fait le plus de conversions parmi les grands. » L'ostensoir, avec ses beaux rayons d'or, était la prime offerte à l'apostasie. Il est malheureux que le sanctuaire, en Allemagne, eût à cette époque autant de diamants ; car chaque pierre précieuse causait la perte d'une âme.

Quand on contemple les portraits nombreux du docteur peints par Lucas Cranach, et répandus dans tous les musées protestants de l'Allemagne, il est aisé de deviner les penchants de Luther. Cette figure empourprée, sur le front de laquelle se croisent deux ou trois veines toujours gonflées, dénote un caractère enclin à la colère. Luther aimait avec passion la dispute, parce qu'il trouvait moyen d'y briller par des audaces heureuses d'expression : de la langue il se moquait comme de son adversaire ; et quand, pour faire rire un auditoire, l'idiome populaire lui faisait défaut, il forgeait un barbarisme. A la vue des pleurs que répandait l'Église d'Allemagne, un docteur d'Ingolstadt, Eckius, se sentit ému jusqu'aux entrailles, et résolut, après avoir consulté ses supérieurs, et Rome d'abord, d'entrer en lice avec le Saxon. Ce mouvement de compassion est d'un bon cœur et fait honneur à Eckius. Le congrès théologique eut lieu à Leipzig : il dura plusieurs semaines. Mélanchthon lui-même a confessé que le moine catholique s'y montra splendide dans ses argumentations. La dispute finie, il avoue qu'il ne savait à qui donner la victoire. Eckius eut donc raison de se vanter de son triomphe ; car aujourd'hui le protestantisme est d'accord avec le docteur sur la plupart des points contestés par Luther. Dans quelle bourgade protestante trouverait-on, à cette heure, une âme assez malheureuse pour nier la liberté de l'homme ? Nous ne cachons pas notre bonheur : nous sommes heureux d'avoir exhumé de la poussière, où le protestantisme avait intérêt à les tenir ensevelis, les titres d'Eckius à l'admiration du monde catholique.

Les thèses déférées, comme il avait été convenu, aux quatre grandes universités européennes, furent solennellement condamnées. Luther avait déclaré qu'il s'en rapporterait au jugement des maîtres en théologie ; mais, l'arrêt prononcé, revinrent les colères du moine. Pendant plusieurs semaines, il n'est pas une de ses épîtres où l'on ne voie un de ces pauvres docteurs apparaître, tantôt affublé du bonnet de théologastre, tantôt de la peau d'un âne, tantôt des deux ailes velues de la chauve-souris, tantôt des défenses du porc-épic, ou des attributs d'un animal qu'on ne trouve pas même dans la fable, et dont il s'est fait le créateur.

Mais il a bien d'autres images à son service que ces mauvaises figures de rhéteur ivre : écoutez-le, c'est le rôle de prophète qu'il joue : « Je ne veux pas que d'un glaive on fasse une plume : la parole de Dieu, c'est la tempête.... Le pape, c'est l'Antechrist, le fils de perdition qu'attend le monde : tout ce qu'il fait, tout ce qu'il dit, tout ce qu'il prescrit sent l'Antechrist... L'Esprit-Saint me pousse... je ressemble au Christ, qu'on pendit sur un gibet parce qu'il avait dit : Je suis le roi des Juifs... Il faut ou renoncer à la paix ou renier la parole divine : le Seigneur est venu apporter la guerre et non la paix... Malheur à la terre ! »

Eckius était parti pour Rome après le duel de Leipzig. Miltitz l'y avait précédé, apportant aux pieds du trône pontilical les paroles de paix prononcées à Altenburg par Luther. Mais le pape avait appris de tous les points de l'Allemagne combien Miltitz avait été cruellement joué, et les fureurs de Luther contre l'autorité.

Et quelques jours après arrivait à Rome une lettre adressée par Luther au pape, et que ni Wiclef, ni Jean Hus, ni Jérôme de Prague, n'auraient osé tracer ; que deux hommes seuls alors pouvaient signer : Luther et Hutten. Citons-en quelques fragments. En les lisant, n'oublions pas que la main qui formait ces caractères, hier encore touchait celle de Miltitz en signe de bonne amitié, la pressait sur son cœur, et que les lèvres d'où va tomber tant de fiel prononçaient des paroles de soumission et d'obéissance au saint-siége :

« ..... Vous ne sauriez le nier, mon cher Léon, le siége où vous êtes assis... surpasse en corruption et Babylone et Sodome. C'est contre cette Rome impie que je me suis révolté. Je me suis ému d'indignation en voyant qu'on se jouait si indignement, sous votre nom, du peuple de Jésus-Christ ; c'est contre cette Rome que je combats et que je combattrai tant qu'un souffle de foi vivra en moi. Non pas que je croie que mes efforts prévaudront contre la tourbe d'adulateurs qui règnent dans cette Babylone impure ; mais, chargé du soin de veiller sur mes frères, je voudrais qu'ils ne fussent pas la proie de toutes ces pestes romaines. Rome est une sentine de corruption et d'iniquité. Il est plus clair que la lumière que l'Église romaine, de toutes les Églises la plus chaste autrefois, est devenue une caverne fétide de voleurs, un lupanar de débauche, le trône du péché, de la mort et de l'enfer, et que la malice ne pourrait monter plus haut, quand l'Antechrist y régnerait en personne.

» Vous, Léon, vous voilà comme un agneau au milieu des loups, comme Daniel au milieu des lions, comme Ézéchiel au milieu des scorpions.... Les jours de Rome ont été comptés : la colère de Dieu a soufflé sur elle. Elle hait les sages, elle craint la réforme, elle ne veut pas qu'on mette un frein à sa fureur d'impiété. On dira d'elle ce qu'on a dit de sa mère : Nous avons prévenu Babylone, elle ne peut être guérie, laissons-la...

» Le siége de Rome n'est pas digne de vous : il devrait être occupé par Satan... N'est-il pas vrai que, sous ce vaste ciel, il n'y a rien de plus corrompu, de plus inique, de plus pestilentiel que Rome? Vraiment Rome surpasse en impiété le Turc lui-même; elle, autrefois la porte du ciel, est aujourd'hui la gueule de l'enfer...

» Comme je ne veux pas venir à vous les mains vides, je vous offre un petit traité, gage de mon amour pour la paix : présent de peu de valeur, si vous considérez la forme de l'ouvrage; bien précieux, si vous vous attachez à l'esprit du livre. »

Ce petit livre avait pour titre : *De Libertate christianâ*. C'est là que Luther résume les points principaux de son symbolisme : la justification sans l'œuvre, et l'impossibilité même de la foi avec l'œuvre; la sujétion de la créature au démon, même quand elle prie, pleure ou se repent; l'esclavage du moi; l'impeccabilité de l'âme qui n'a pas cessé de croire; l'infusion du sacerdoce dans l'humanité, comme de l'esprit dans le corps, et d'autres doctrines aussi prodigieuses, et dont l'école protestante elle-même a depuis longtemps fait justice.

Maintenant que la révolte a son programme, nous conjurons, au nom de l'Esprit de vérité, toute âme chrétienne de nous dire si jamais sectaire se montra aussi violent que Luther? Mais Jérôme de Prague, sur son bûcher, ne s'est pas permis de semblables insolences ! et nous n'en avons révélé qu'un petit nombre. Il en est d'enfouies dans la correspondance et dans les pamphlets du Saxon, que nous n'oserions reproduire, et qui souilleraient toute intelligence créée à l'image de Dieu. Encore si le moine marchait au soleil ; mais il se cache le plus souvent, pour murmurer à l'oreille de quelque complaisant des infamies qu'au grand jour il affirme sur son honneur n'avoir jamais écrites. Comment se fait-il qu'un ministre de Berlin, M. de Wette, ait eu le courage de réunir les nombreuses lettres du réformateur, véritable manifeste de violence, de mauvaise foi, de déloyauté? On parle de réfuter Luther ; comment? avec les armes ordinaires de la science théologique? Mais à quoi bon? Ses lettres sont là; rapprochez-les, et Luther, mieux qu'on ne le fera jamais, mieux que Bossuet, réfutera Luther. A l'aide de cette correspondance, un écolier ferait au besoin, dans quelques heures, du moine saxon un père de l'Église.

La justice devait avoir son tour. Léon ouvrit l'Evangile : à chaque ligne la condamnation du moine était écrite en caractères inspirés. Le vicaire de Jésus-Christ parla : son langage fut magnifique, même sous le point de vue humain. C'est Accolti qui rédigea la bulle que le pape fulmina le 15 juin 1520.

Ce fut pour la Saxe révolutionnaire un coup de foudre que la publication de la bulle de Léon X. Luther ne la redoutait pas : il pensait qu'il aurait le bonheur d'endormir encore quelque temps la vigilance du saint-père, et de tromper le monde catholique par ces beaux semblants de soumission à Rome qu'il affectait au dehors du couvent, et surtout dans sa correspondance avec les princes saxons, qui ne se croyaient pas si près d'une révolution. Au premier moment, Luther eut l'air de croire que la bulle colportée en Allemagne était apocryphe ; il s'était fait d'avance son thème : « Je m'arrangerai, disait-il à Spalatin, comme si la bulle n'était qu'un mensonge, bien que je sache pertinemment que ce n'est rien moins qu'une fable. » Et il ajoute ce vœu homicide : « Ah! si César était un homme, il se ruerait, au nom du Christ, contre tous ces Satans. »

On comprend assez que la comédie jouée par Luther n'avait qu'une chance éphémère de vie et de succès : l'Allemagne n'était pas une imbécile frappée de cécité intellectuelle; elle savait à quoi s'en tenir sur le rôle que le moine essayait de jouer. Ulrich de Hutten, qui parlait du moins franchement, venait de pousser un cri de fureur qui avait retenti dans tout le pays germanique. Il s'était pris à Léon X lui-même, dans sa sauvage colère, et il avait attaqué le caractère de Sa Sainteté en style de lansquenet. « C'est toi, X, écrivait-il en s'adressant au pape, qui as volé la Germanie; l'Evangile t'a toujours déplu, tyran que tu es : tu as avalé l'Allemagne; tu la rendras, Dieu aidant. Tu as soufflé, extorqué notre argent... Qu'appelles-tu la liberté de l'Eglise? la faculté de nous voler. Il n'y a que toi d'hérétique. Leo X, n'oublie pas que mon pays nourrit contre toi des lions, si ses aigles ne suffisent pas : Leo, tu es devenu lion, tu voudrais nous dévorer... » Le reste ne peut se traduire. Nous le donnerions, si notre plume, comme nos doigts et notre intelligence n'obéissaient en toute soumission aux conseils d'une sagesse supérieure.

Hutten, du reste, il faut lui rendre cette justice, voulait qu'au lieu de paroles sonores, on aiguisât contre Rome une épée à large poignée, et qu'on en finît avec Léon X et Albert de Mayence par une croisade armée. Cet Albert, archevêque de Mayence, avait prêté à diverses fois, au poëte malheureux, 400 ducats, que le poëte n'avait jamais payés qu'en remercîments.

Luther ne pouvait garder le silence : il le rompit, et avec éclat. Pendant plus de trois mois, la bulle de Léon X le tourmente, au couvent, à Wittemberg, la nuit et le jour. Il ne parle que de la bulle, il ne voit que la bulle ; ce fantôme l'empêche de dormir.

« Enfin, dit-il, il m'a été donné de la voir, cette chauve-souris, et dans toute sa beauté.... Qui a écrit cette bulle je le tiens pour l'Antechrist. Je la maudis, cette bulle, comme un blasphème contre le Christ, fils de Dieu. *Amen*. Je reconnais, je proclame, en mon âme et conscience, comme autant de vérités les articles que la bulle condamne. *Amen*. Je voue aux flammes de l'enfer tout chrétien qui la recevra. *Amen*. Voilà comme je me rétracte, bulle, fille d'une bulle de savon. Mais dis-moi donc, ignare Antechrist, tu es donc bien bête pour croire que l'humanité va se laisser effrayer ! S'il suffisait, pour condamner, de dire : Ceci me déplaît ; non, je ne veux pas : mais il n'y a pas de mulet, d'âne, de taupe, de souche, qui ne pût faire le métier de juge. Quoi ! ton front impudique n'a pas rougi d'oser ainsi, avec des paroles de fumée, se prendre aux foudres de la parole divine ! »

Le 10 décembre 1520, s'élevait à Wittemberg, près de la porte orientale, un vaste bûcher; tout autour étaient des échafauds de bois, disposés en gradins comme à l'amphithéâtre antique. A dix heures du matin se mirent en marche, d'un rendez-vous convenu, une foule d'écoliers, de membres de l'université, de frères du couvent des augustins, de moines noirs et de marchands de la cité : multitude joyeuse qui venait par ordre de Luther assister au spectacle que le docteur avait annoncé publiquement plusieurs jours d'avance. Bientôt on vit venir Luther revêtu des insignes universitaires, tenant sous le bras la bulle de Léon X, diverses décrétales de papes, et les constitutions nommées *extravagantes*. Quelques disciples suivaient le maître tenant en main les écrits d'Emser, de Priérias, d'Eckius et de tous ceux qui étaient entrés en lice avec le Saxon. A la vue de Luther, le peuple poussa de longs cris de joie. Le moine imposa silence de la main et de la voix à la multitude, et fit signe à un bedeau d'allumer le feu. Quand la flamme brilla, il prit la bulle, qu'il montra aux spectateurs, et la jeta sur le brasier, en criant : Tu as troublé le saint de Dieu ; que le feu éternel te trouble. — *Amen*, répondit en chœur la voix du peuple. Et le moine se retira, accompagné de maîtres et d'écoliers nombreux, qui criaient : *Vive Luther!*

Il était midi, l'heure du dîner en Allemagne. Le repas fini, un chariot parut, tiré par des bœufs, et portant des bacheliers en habit de théâtre. Le cocher tenait une pertuisane longue de quatre coudées, à laquelle était attachée, en guise de fouet, la bulle du pape, dont il se servait pour exciter l'attelage ; un héraut d'armes portait un bouclier où la cédule pontificale était traversée d'outre en outre par la lame d'une épée. Devant le char marchaient des trompettes qui faisaient retentir l'air de leurs fanfares. On apporta des fagots pour renouveler la flamme ; mais comme le brasier n'était pas assez ardent, quelques enfants escaladèrent la toiture d'un marchand de tuiles, et en arrachèrent les bardeaux, qu'ils jetèrent dans la fournaise ; la flamme eut bientôt plus de six pieds de hauteur. Alors les assistants se forment en rond, dansent autour du bûcher, et, à un signal donné, jettent la bulle dans le feu, pendant que le cercle des spectateurs criait d'une voix nasillarde : « Une messe pour la pauvre bulle. »

L'électeur de Saxe, le sénat, les bourgmestres, nul ne vint inquiéter cette farce sacrilége, que le docteur eut le courage d'annoncer au monde comme une victoire glorieuse :

« L'an de Notre-Seigneur Jésus-Christ 1520, le 10 décembre, à neuf heures du matin, ont été brûlés à la porte orientale de Wittemberg, en face de l'église de la Sainte-Croix, tous les livres papistes, les rescrits, les décrétales de Clément VI, les extravagantes et la nouvelle bulle de Léon X, afin que les papistes sachent qu'il ne faut pas un grand courage pour brûler des livres qu'on ne peut réfuter. »

Le lendemain, l'Erostrate monte en chaire et jette ces mots à ses nombreux auditeurs : « Hier je fis brûler en place publique les œuvres sataniques du pape : il vaudrait mieux que ce fût le pape qui eût rôti, je veux dire le siége de Rome. Abomination sur Babylone ! »

Nous connaissons un beau cantique qu'on chantait, avant la venue de Luther, dans toute l'Allemagne catholique; en voici quelques strophes :

« Dans la vallée de Sarnen croissent çà et là de belles fleurs où se jouent les couleurs les plus variées : là s'élève, au milieu de prairies verdoyantes, la cabane du pasteur; on l'aperçoit, riante et paisible, au milieu de taillis ombragés...

» Écoute le chant merveilleux de l'oiseau sur le tilleul; vois-le voltiger gaîment dans le feuillage : la flèche du chasseur va le percer; adieu ses chants, adieu ses plaisirs!

» Dans les montagnes de Sarnen règne un air pur; l'alouette y chante avec l'aurore; maintes sources d'eaux vives y jaillissent : dans leur gaîté, les bergers ornent de fleurs leurs chapeaux; ils poussent des cris de joie : « Ah! tout va bien pour nous ! »

Allemagne infortunée ! tu ne rediras plus ce cantique. Un de tes enfants vient de percer au cœur, de l'une de ses flèches, tout ce qui chantait chez toi de si beaux hymnes au Seigneur : la cloche dans le campanile gothique appelant à la prière du soir; la croix placée comme un phare lumineux sur le sommet de l'église; la vierge de bois dans un cadre de feuillage sur le bord du chemin; l'encens qui s'exhalait à la grand'messe avec la prière et montait jusqu'au trône de l'Éternel; le portrait du saint patron que le paysan plaçait en sentinelle à l'entrée de ses champs; le bénitier où la jeune fille trempait son doigt avant de s'endormir; la couronne d'immortelles que l'enfant posait sur la tombe de son père; les statues de nos saints rangées en forme de bataillon céleste autour du chœur de nos temples; la verrière coloriée cachant sous ses demi-jours à tout œil profane l'âme qui voulait prier en silence, et jusqu'à l'image du Dieu fait homme qui tombera bientôt sous les coups des iconoclastes pleins de l'esprit de Luther, leur apôtre.

Oui! la parole nouvelle que le moine vient de faire entendre est une parole de mort, puisqu'elle a brisé l'unité et desséché toutes les sources de la vie spirituelle!

CHAPITRE XL.

LA RÉFORME.

Rôle que le Rire joua dans le drame de la réforme. — Usage que Luther en fit dans sa polémique avec Tetzel, Eckius, Alved et le pape. — Le démon de Luther. — Le dialogue. — Ulrich de Hutten. — Mélanchthon s'associe à Luther. — Dialogue contre la Sorbonne. — Le Pape-âne. — Caricatures de Nuremberg. — Images qu'inspire la papauté.

§ III. DU RIRE, EMPLOYÉ PAR LA RÉFORME COMME INSTRUMENT DE PROPAGANDE.

Il nous semble qu'on n'a pas suffisamment étudié le rôle que le Rire joua dans le drame de la réforme. Un moment il fut, en chaire, dans le dialogue, dans la polémique dogmatique, un grand instrument de prosélytisme. Le bois et la pierre s'en servirent pour parler au regard et achever l'œuvre insurrectionnelle. Luther comprit la puissance de ce symbolisme, et, dès le début de son duel avec le représentant de l'autorité, il l'employa pour tuer son adversaire. A ses yeux, « le syllogisme aristotélicien n'est qu'un âne qu'il faut avoir soin d'attacher au bas de la montagne, quand on veut, comme Abraham, sacrifier sur les hauts lieux. »

Cet adversaire, ce fut d'abord Tetzel, dominicain fort peu rieur de sa nature, versé, quoi qu'on en ait dit, dans la science des divines Écritures, mais qui, ne marchant jamais sans un attirail d'arguments dérobés aux maîtres de l'école, ne pouvait atteindre le fils du mineur de Mœhra, qui, selon un écrivain protestant, « va, vient, brise la haie qu'il ne peut franchir, et escalade monts et vaux à la façon du diable. »

Refuserez-vous un peu de pitié à ce pauvre moine qui vient d'entrer à Jutterbock au son des cloches, portant sur un coussin de velours la bulle de pardon de Léon X, et qui se voit arrêté dans son chemin, non comme Héliodore par quelque resplendissante épée, à tout prendre il n'y a pas de honte à fuir devant un ange, mais par un moine qui va chercher son bouclier, comme il le dit lui-même, au fond d'une marmite? Encore si Martin lui avait jeté un argument scolaire; mais point : au lieu d'encre, c'est avec du vin qu'il veut lui barbouiller la figure. L'entendez-vous? le maître de la sainte théologie, l'inquisiteur de la foi, l'envoyé d'Albert de Mayence, prince du Saint-Empire, transformé en pourfendeur de rochers! Pauvre Tetzel, cherche dans Durand, dans Scot, dans Pierre Lombard, dans le divin Thomas, tu ne trouveras rien pour répondre au moine augustin. Garde-toi bien de te mettre en colère, la colère t'est défendue par ton catéchisme! N'ouvre pas la bouche pour rire, ton rire aurait une odeur d'école! Ne te frotte pas le front pour faire tomber de ton cerveau, à l'imitation du Saxon, quelque grotesque image, les supérieurs t'interdiraient! Que voulez-vous donc qu'il fasse? Qu'il descende dans la tombe pour secouer de leur linceul tous ces dieux de la scolastique qui dorment là depuis des siècles? Mais il n'a pas le don de la création ; ce n'est pas lui qui pourra donner la vie, le mouvement, la parole à tous ces cadavres : vous voyez déjà quel auxiliaire Luther a trouvé dans le Rire !

Le Rire, en Saxe, aura toutes les sympathies de ces écoliers turbulents, bien aises de ne voir dans Aristote qu'un pédant de collége qui a fait son temps ; — de ces humanistes séculiers si jaloux de la robe sacerdotale ;—de ces gantelets de fer, sûrs désormais qu'ils ont un dieu nouveau pour applaudir aux coups de dague dont ils frappent l'épaule monacale ; — et surtout de ce peuple bourgeois, qui a vécu jusqu'à présent en dehors d'une lutte dogmatique où dès ce jour les tenants parleront une langue intelligible : car le Rire s'exprime en allemand. Voilà les quatre figures qui vont prendre part à l'insurrection prêchée par Luther : l'indiscipline représentée par des écoliers, — la force brutale par les seigneurs, — la science poétique par les humanistes, — l'avenir par ce peuple dont Luther se vante d'émanciper la raison.

A partir de ce jour, le Rire fut le compagnon habituel du docteur. La logique était-elle impuissante, Martin appelait son second, qui arrivait sur-le-champ, et la lutte n'était pas longue.

Scultet, son évêque, humaniste fleuri, mélange de finesse italienne et de gravité teutonne, essaye d'adresser au moine quelques timides conseils ; — le Saxon l'éconduit en le comparant à une femme en travail qui accouchera bientôt d'un monstre.

Eckius, le docteur d'Ingolstadt, qui, à Leipzig, a porté pendant quatorze jours le poids d'une discussion théologique où, suivant Mélanchthon, il a fait preuve d'une rare habileté, veut défendre la primauté du pape ; — l'augustin lui crie :

Raca, vessie emplie de vent, *gloriaceus*, *glorianus*, *gloriensis et gloriosus*.

Alved se présente avec ses arguments tirés en partie du consentement des peuples catholiques qui toujours ont reconnu dans le pontife romain l'élu du Christ : — Retire-toi, lui dit-il, bœuf par la tête, bœuf par le nez, bœuf par la bouche, bœuf par le poil.

Les théologiens de Leipzig s'avancent en masse pour barrer le chemin au Saxon. — Arrière, leur crie-t-il, ânes, ânissimes, perânissimes, superânissimes.

On vient de lui apprendre qu'à Rome on a préparé contre lui une bulle foudroyante, bulle magnifique, l'œuvre littéraire du grand théologien Accolti. A cette nouvelle il bondit, et dans sa colère il trouve des images qu'aucune langue ne saurait reproduire, des paroles de courtisane. Puis sa voix se tait, il n'est pas content parce que son lecteur n'a pas souri.

Et il écrit :

« On dit que l'âne ne chante si mal que parce que, dans sa gamme musicale, il commence toujours par une note trop haute. Notre bulle eût bien mieux chanté, si d'abord elle n'avait pas posé sur le ciel sa bouche blasphématrice. »

Puis l'Elbe coulant à ses pieds, il y jette la parole du pape en ces termes : Bulle, tu n'es qu'une bulle de savon; nage donc dans ces flots ! *Bulla est, in aquâ natet*. Et tous les écoliers répandus le soir autour de sa chaire s'en vont, au sortir de sa leçon, crier dans les rues de Wittemberg : *In aquâ natet!*

C'est ici le moment de parler d'un filon nouveau de rire que Luther vient de trouver en enfer. Le Satan qu'il va évoquer n'est pas cet ange déchu qui transporte le Fils de Dieu sur la montagne. Il ne ressemble point à ce roi de l'abîme, dont la figure, dans Milton, est aussi splendide que la parole. Vous ne sauriez le comparer non plus à ce Méphistophélès de Goëthe, qui tente Marguerite dans des songes poétiques, et que Scheffer, avec son imagination allemande, a reproduit si heureusement sur la toile. C'est un type dont il a tout l'honneur; un démon créé à son image, bavard comme une pie, mauvaise langue comme un portier, sale comme un marmiton, grossier comme un portefaix italien. C'est tantôt le polichinelle napolitain, avec sa double gibbosité; tantôt notre paillasse de la place publique, avec sa face enfarinée; tantôt arlequin, la figure enduite de suie.

Si Luther répudie l'anthropomorphisme, c'est pour changer son démon en crapaud, en lézard, en singe, en chauve-souris.

Et le rôle répond à la forme.

La vie de Luther est un combat perpétuel avec le diable qu'il a rêvé. Quelquefois, après avoir échappé, par une sorte de miracle, aux agaceries de sa femme, il allait se cacher dans sa chambre de travail, respirant avec délices le parfum des fleurs qu'il entretenait sur sa fenêtre; écoutant dans une douce extase le bruit d'une gouttelette d'eau qui tombait de la fontaine de son jardin; enivrant sa poitrine altérée de cet air embaumé qui traversait le Poltersberg, ou caressant affectueusement le chien qu'il avait amené de sa prison de la Wartbourg. Alors il se prenait à s'entretenir avec ce monde visible; il disait à la fleur : Pauvre violette! combien tes couleurs seraient plus vives si Adam n'eût pas péché! — à la goutte d'eau : Où vas-tu, au sortir de ce bassin? Te mêler aux flots de l'Océan, comme l'homme à l'infini, en quittant cette terre; — à l'air de la montagne : Ah! vent du nord et du midi, porte à mon Créateur mes aspirations intimes; — au chien de sa « Pathmos » : Toi aussi, tu as vu bien des livres; en es-tu plus savant?

Et bientôt son démon l'arrachait à ces douces rêveries, mais un démon qui n'a touché ni ces fleurs, ni cette eau limpide, ni cet air des hauts lieux.

« Pécheur entêté, lui disait le diable, Dieu ne te pardonnera pas.

—Son Fils a pris mes péchés, répondait le moine au tentateur, ils ne m'appartiennent plus. N'as-tu plus rien à me dire? va-t'en. N'es-tu pas content? tiens, mon drôle, voici de quoi te savonner la figure. »

Et il se penchait vers sa table de nuit.

Vous pensez bien que le Satan de Martin n'avait garde d'attendre cette pluie immonde; il s'enfuyait.

Puis il revenait à tire-d'aile, et il bourdonnait : « **Tu seras condamné dans l'autre vie.**

— Pas vrai, te dis-je, répétait le Saxon. Tiens.... *in manum sume crepitum ventris, cum istoque baculo vade Romam.* »

S'il reparaissait, Luther prenait un grand verre qu'il emplissait de vin jusqu'au bord, et il buvait, buvait encore : car boire, disait-il, c'est le meilleur moyen d'échapper à Satan.

Presque toutes les puissantes imaginations de la Renaissance sont légendaires : Luther beaucoup plus qu'un autre. Il y a dans ses Propos de table une foule d'historiettes, racontées du reste avec une naïveté charmante, où son diable se cache sous les eaux pour saisir la jeune fille qui vient laver son linge; — près du berceau du nouveau-né, pour changer l'enfant qui dort; — à table, pour taxer la messe d'idolâtrie; — derrière un docteur catholique, pour lui souffler un argument hérétique; — au chevet du pauvre Érasme, pour saisir l'âme du Batave. Ces démons sont bavards à se boucher les oreilles, et ont toujours sur les lèvres quelque propos drôlatique que Luther a soigneusement recueilli.

Au sortir de son cabinet de travail, Luther montait souvent en chaire, où l'ironie venait s'asseoir à ses côtés.

Son auditoire était admirablement constitué pour le Rire. Il y avait là, autour de la chaire de l'église de Tous-les-Saints, des moines qui avaient jeté bas le froc pour obéir, dit le prédicateur lui-même, à des exigences gastriques ; des religieuses échappées du couvent, et qui attendaient, comme une sorte de Messie, l'époux qu'on leur avait promis ; des électeurs à moitié ivres du vin dérobé dans quelque caveau monacal ; des chevaliers qui, à l'instar de Sickingen, allaient sur la grande route à la chasse d'un « gibier encapuchonné ; » des écoliers qui avaient brûlé en place publique Aristote, et surtout de ces bons buveurs qui vidaient d'un trait une pinte de bière en se lamentant sur l'intempérance des chartreux.

Ce n'est pas nous qui avons tracé cette facétieuse nomenclature, mais Luther lui-même. Or, que le Rire descende, comme une langue de feu, sur tous ces auditeurs, vous êtes bien sûr d'une expansive gaîté qui circulera à travers les nefs du temple, pendant les bouffonnes improvisations du prédicateur contre les « papistes. »

Le dialogue est, de toutes les formes littéraires, celle que le Rire adopta de préférence en Allemagne, dans le duel entre la réforme et le catholicisme. Le fond en était léger ; les détails seuls brillaient par la broderie. C'était un conciliabule de moines, une thèse de théologiens, une aventure nocturne de dortoir, un festin de prêtres, une visite de médecins entre deux grilles. L'action était prise dans les mœurs conventuelles, dans la vie sacerdotale ou dans le régime scolaire. La scène se passait ordinairement dans quelque vieille sacristie. L'acteur portait presque toujours un capuchon, un rabat, une soutane noire, violette ou rouge. Il parlait latin, mais un latin de frère portier; ou bien allemand, mais un allemand de tabagie. L'écrivain, plus hardi qu'Aristophane lui-même, nommait en toutes lettres le malheureux qu'il voulait jouer, ou se contentait d'ôter ou d'ajouter une lettre au nom du personnage. En sorte que le peuple n'avait pas besoin de commentaire pour deviner le poëte : au marché, il voyait passer à ses côtés le comédien malencontreux ; à l'église, il l'entendait chanter au lutrin ; en chaire, il l'écoutait parler ; à l'école, il le trouvait expliquant Aristote ou saint Thomas : le programme du dialogue était comme une affiche de spectacle.

Ici le Rire va revêtir une autre figure : Hutten remplace Luther.

Ulrich de Hutten, né en 1488, au château de Steckelberg, en Franconie, est une de ces organisations excentriques que le moyen-âge a produites en abondance. Il ressemble à Salvator Rosa.

Il était poëte, orateur, théologien et guerrier. On le voit, dans quelques-uns de ses livres, la tête ceinte de laurier, les cheveux flottants, la poitrine couverte d'acier, la main armée d'une de ces grandes épées telles qu'en portaient les soldats de Charles le Téméraire à la bataille de Morat. Sur le trépied d'Apollon, il improvisait des vers où parfois manquait la mesure, mais brûlants comme du feu ; sur le champ de bataille, il frappait d'estoc et de taille ; à table, il buvait sans s'enivrer. Il aimait les femmes plus encore que le vin : heureux si, dans l'intérêt de sa santé et peut-être de sa gloire, il n'eût courtisé que les Muses.

Ulrich, qui avait parcouru l'Allemagne, la France, l'Italie, buvant, guerroyant, chantant, aimant, avait recueilli, dans sa vie nomade de poëte, d'homme d'armes et de galant aventurier, une foule de joyeusetés, de lazzi et de concetti, dont il adornait son style, à la manière de notre Rabelais. Pantagruel n'use pas du mot propre avec plus de délices.

Un jour qu'il retournait dans sa verte Franconie pour se guérir d'une maladie qui n'a rien de poétique, bien que Fracastor l'ait chantée en vers harmonieux, il trouva sur son chemin un morceau de bois de gayac qu'il essaya de dissoudre dans de l'eau, et qu'il avala en guise de remède; et le mal gaulois ou napolitain qu'il traînait avec lui, en expiation de son péché, cessa momentanément de le tourmenter.

Alors, dans la joie de cette cure miraculeuse, il se mit à célébrer la vertu de cette substance ligneuse, en un traité que Mayence imprima vers 1519. Or, à qui croyez-vous qu'il va dédier ce livre? Peut-être à quelque joyeux compagnon de corps-de-garde ou d'infortune? Point! « A son révérend père en Christ, Albrecht, prêtre de la sainte Église romaine, du titre de Saint-Chrysogone, cardinal, archevêque de Mayence et de Magdebourg. » L'épigramme serait meilleure si les mœurs du prélat n'avaient été louées par un moine qui n'aimait guère les robes rouges, par Luther lui-même.

On ne sait, en lisant le *De Guaiaci medicinâ*, s'il faut rire ou rougir de cette confession de lépreux. Le malade fait de son corps comme de ses livres: il montre toutes ses plaies, et dit jusqu'aux remèdes qu'il faut employer pour les guérir. Dans son enthousiasme pour sa découverte, il remercie le ciel et s'écrie: « Si les Égyptiens mettaient jadis l'ail au rang des dieux, comment n'adorerais-je pas le bois de gayac? » C'est qu'il a tant souffert et qu'il souffre tant encore! « Ah! monseigneur, raconte-t-il piteusement, si vous saviez tout l'argent que j'ai dépensé, les tortures que les chirurgiens m'ont fait subir, le sang que ces imbéciles de médecins m'ont tiré! » Seulement il ne dit qu'à demi la cause de son mal; il en attribue l'origine à des phénomènes physiques, à l'insalubrité de l'air, aux miasmes des eaux, et surtout à la conjonction de Saturne et de Mars.

L'historien serait bien malheureux s'il ne provoquait ici qu'un sourire d'étonnement. Il y a bien autre chose qu'une facétieuse épigramme de caché dans cette dédicace : le signe visible d'une révolution religieuse qui va venir. Le jour où le pouvoir laissa le nom d'un évêque en tête d'un livre destiné à célébrer les vertus anti-syphilitiques du bois de gayac, il était aisé de pressentir les destinées du sacerdoce : le prêtre était abandonné. Le peuple n'avait pas besoin d'une autre manifestation ; il avait compris la pensée de ses maîtres temporels.

Seulement, à ce peuple toujours à l'avant-garde d'une révolution, il fallait un langage plus intelligible : Ulrich le parla dans ses Dialogues. C'est là qu'il règne véritablement sans rival. Pour trouver un satirique auquel on puisse le comparer, il faut remonter jusqu'à l'antiquité grecque. De Thou a fait de Hutten un autre Lucien. C'est souvent, en effet, en tenant compte de la différence plastique de l'idiome, la même verve, la même causticité, et peut-être le même miel de paroles harmonieuses. Seulement la forme doit être différente. Comme Lucien s'adresse à l'esprit cultivé du philosophe, quand chez lui l'idée est indécente, le mot est ordinairement gazé ; tandis que de Hutten, parlant à la multitude, s'étudie, au contraire, à dépouiller le signe de toute espèce de vêtement. Il y a dans ses Dialogues des scènes qui ressemblent assez à ces peintures qu'on trouve sur les murailles de certaines maisons de Pompéi. Quelques-uns de ses personnages, comme Eckius, s'amusent, pour faire rire, à jeter bas jusqu'à la feuille de figuier de nos premiers pères. Nous nous garderons bien d'introduire notre lecteur dans ce *Musée défendu ;* qu'il lise le *Conciliabulum Theologistarum adversùs Germaniæ et bonarum litterarum studiosos, Coloniæ celebratum*, et il aura une idée de l'effronterie du Rire, en Allemagne, à l'époque de la Réforme.

Quelquefois le Rire, pour remuer plus ardemment la fibre populaire, se met à évoquer l'image mélancolique de la patrie. A la haine de Hutten contre la pourpre romaine, et qui déborde en sarcasmes si poignants, il est aisé de deviner le poëte de race teutonne. On serait presque tenté de lui pardonner sa fanatique colère, tant il y a dans son âme de flamme patriotique! C'est qu'il aime jusqu'à l'idolâtrie, l'herbe, la fleur, la glace, la neige, la blonde fille de sa chère Allemagne! c'est qu'il nourrit en son cœur un mépris profond pour les descendants de ces Romains qui vinrent brûler jusqu'à son toit de chaume; c'est qu'il croit au cygne que Jean Huss, le prêtre bohême, apercevait à travers les flammes de son bûcher; c'est qu'il rêve un Hermann spirituel qui viendra briser le joug que Rome fait peser, à ses yeux, sur la Germanie : alors chez lui le rire est fou, insolent, épileptique, comme dans le Dialogue qui a pour titre : « Comment Jules, qui après sa mort voulait forcer l'entrée du Paradis, a été repoussé par le portier Pierre, bien que de son vivant il se fît appeler du nom de saint, et que, vainqueur dans tant de guerres sur cette terre, il crût être un jour le maître du ciel. »

On a dû remarquer, dans l'histoire religieuse ou politique des nations, que la Providence a rarement manqué de placer à côté de ces organisations tempêtueuses qui ont pour mission ou châtiment de troubler l'harmonie du monde moral, quelqu'une de ces natures aimantes vers qui l'âme se sent attirée par d'irrésistibles sympathies. Ainsi fait-elle dans notre univers physique, en jetant au pied du Grindelwald le myosotis au diadème bleu de ciel, sur le versant du Grimsel abrupt le rhododendron à l'ombelle purpurine. Entre Hutten et Luther, comme pour nous consoler, elle mit Mélanchthon, ce « cygne aux blanches ailes qui va poser son nid au milieu des lotos grecs, à l'ombre du palmier iduméen ou du hêtre italique. » Dans ce drame que nous nommons la Réforme, où gronde sans cesse le tonnerre, où l'humanité ne marche qu'à travers la sombre lueur des éclairs, où l'azur du ciel est obscurci par d'éternels nuages, où l'oiseau cesse de chanter, l'étoile de briller, la rose de fleurir, elle suscite ce beau jeune homme, qui, un moment, moment bien court! aima tout ce qui fait battre le cœur, tout ce qui charme l'oreille, tout ce qui enchante le regard : poésie, musique et peinture.

Mélanchthon s'essaya, lui aussi, dans le dialogue; il voulut faire rire, mais son rire fut tourmenté.

Voici le sujet de sa colère :

La Sorbonne avait condamné divers articles de la symbolique wittembergeoise. Mélanchthon prit la défense de son maître bien-aimé ; son pamphlet eut peu de succès dans le monde théologique. Luther imagina de venir au secours de Philippe : le maître et le disciple se réunirent, et de concert composèrent ce *Ludus* où l'on reconnaît la simplicité littéraire de Mélanchthon, bien qu'il ne porte que le nom du Saxon. C'est une scène où l'on joue perpétuellement sur le mot, et par conséquent dont tout le sel est dans le vocable latin : *O vos rudes et vos Sorbonici*, dit Mélanchthon ; la Sorbonne répond : *rudes*, proposition offensante, si par rudes vous entendez ces pieux serrés dont on fabrique l'auge des porcs : *Spectabilis domine decane!* La Sorbonne se récrie : *de cane!* nous ne sommes pas progéniture canine, entendez-vous !

Ces tristes concetti firent sourire quelques blanches barbes sorbonistes; mais le peuple resta froid, cela devait être.

Alors le cygne dont Menzel nous a parlé eut le courage de souiller son beau plumage pour amuser les passants.

A Nuremberg, la ville des flèches ailées, des clochetons transparents, à côté de cette maison travaillée comme une dentelle, où naquit Albert Durer, était un atelier de graveurs qui avant la Réforme gagnaient leur vie à peindre, sur une planche de buis, ces fleurs aux corolles épanouies, ces séraphins aux ailes déployées, ces vierges aux blanches tuniques, ces pères éternels à la barbe soyeuse, et ces mille figures dont l'art aujourd'hui peut à peine reproduire les charmants caprices. La guerre déclarée aux images par Carlstadt avait nui à leur commerce. L'atelier fermé, les ouvriers, ou les poëtes plutôt, se mirent à parcourir l'Allemagne. Quelques-uns arrivèrent à Wittemberg, où Luther ne tarda pas à utiliser leur talent. Leur couteau, car ils ne se servaient pas d'un autre instrument pour évider le bois, catholique d'abord, se fit luthérien pour ne pas manquer d'occupation : le grand artiste était là, qui avec sa verve intarissable leur fournissait chaque jour de nouveaux sujets. Mélanchthon, pour se venger peut-être du peu de succès de son *Ludus adversùs sacrilegam Sorbonam*, aida son maître dans la composition d'une caricature dont la vue seule devait faire rire, aux dépens de la papauté, tous les buveurs de bière de l'auberge de l'Aigle-Noir, à Wittemberg. On se mit à l'œuvre ; Luther, qui savait un peu de dessin, traça le croquis de l'image. Callot n'eût pas mieux fait.

Donc représentez-vous une sorte de monstre tel que le fiévreux en imagine dans ses rêvasseries nocturnes, ayant une tête d'âne, la main droite semblable au pied d'un éléphant, la main gauche à celle d'un homme, le pied droit fait en forme de sabot de bœuf, le pied gauche d'un griffon, le ventre d'une femme enceinte, les bras, le cou, les jambes squammeuses, le bas des reins terminé par un dragon qui jette des flammes.

C'est le fameux Pape-âne, Papst-Esel, qui défraya, pendant de si longues années, la conversation de tous ceux qui prédisaient la chute du catholicisme.

On avait fait courir le bruit que l'original avait été trouvé au fond du Tibre, par un véritable miracle de Dieu, qu'on mettait en tiers dans cette farce de Tabarin. Un de ces ouvriers nomades de Nuremberg prit le dessin, qu'il reproduisit fidèlement sur le bois.

Puis Mélanchthon se chargea de la légende, qui montait, descendait et s'enroulait, avec toutes sortes de caprices bouffons, autour de l'image.

Cette légende est elle-même un véritable tour de force d'imagination, vous allez en juger :

« Le dragon qui sort du *podex* papal, jetant par la bouche des flammes, signifie les menaces, les bulles virulentes, les blasphèmes que le pape et sa séquelle vomissent sur cette terre au moment où ils s'aperçoivent que leur destin est accompli. »

Puis vient, comme dans nos complaintes rurales, la moralité; elle est bouffonne par son sérieux :

« Chrétiens qui me lirez, ne méprisez pas un si grand prodige. Le doigt de Dieu est ici dans cette peinture si fidèle de l'Antechrist : Dieu a eu pitié de vous, il a voulu vous tirer de la sentine du péché à l'aide de cette image miraculeuse. »

La gravure parcourut bientôt l'Allemagne réformée. Attachée à l'aide d'une épingle à la fenêtre des cabarets, étalée sur l'échoppe du libraire aux foires de Francfort, collée en guise d'illustration dans quelque pamphlet contre Rome, partout elle excitait le Rire : c'était une prophétie contre la papauté, traduite en signes visibles.

Le mouvement iconologique une fois donné, la caricature remplaça le dialogue, le sermon bachique, la discussion aristotélicienne. On n'attaqua plus le moine par des arguments bibliques qu'il pouvait repousser : un morceau de bois amassé dans un buisson, et sur la fibre ligneuse, polie comme la pierre à aiguiser, quelques linéaments taillés à l'aide d'un couteau de cuisine, et le capuchon fut livré aux moqueries populaires.

Le Rire en voulait surtout à la papauté ; il inspira Luther, qui cette fois cessa d'avoir recours à Mélanchthon.

Deux images sorties tout entières de son cerveau obtinrent un succès prodigieux.

Dans la première, le pape est assis sur son trône pontificat dans toute la splendeur de ses vêtements : de chaque côté de sa face se dressent deux oreilles d'âne. Autour de la tête du vieillard nagent, glissent, volent dans le vide, une myriade de démons. L'un d'eux est allé ramasser dans la table de nuit d'un père du couvent un emblème immonde qu'il pose sur la cime de la triple couronne.

L'autre, connue sous le nom de la Truie papale, représente le pontife assis sur une truie aux larges flancs, aux mamelles gonflées, que le cavalier pique à coups d'éperon. D'une main il bénit ses adorateurs : une vieille édentée, un paysan qui ressemble à l'un de nos niais de mélodrame ; de l'autre il présente l'emblème que nous n'osons nommer : la truie lève le grouin, flaire avec délice ; le pape impatienté crie à l'animal :

— Vilaine bête, veux-tu bien marcher ! au concile, au concile !

Il fallait bien raconter les prodigieuses imaginations du génie réformateur, si nous voulions donner une idée du Rire, dans l'une des représentations matérielles de l'art. L'historien ne saurait être blâmé parce qu'il a soulevé, comme la fille du patriarche, un pan de la tunique luthérienne. Serait-ce simplement pour dérider quelques fronts moroses, qu'il aurait étalé aux regards ces bouffonnes nudités ? A Dieu ne plaise ! L'histoire, cette fille de la vérité, porte aussi un miroir où Hutten apparaît avec son dialogue obscène, Luther avec ses causeries trempées de vin et de bière, Mélanchthon avec sa légende comico-sérieuse, pour nous montrer jusqu'où peut s'abaisser l'intelligence qui n'écoute que le mensonge! Voyez combien la parole, ce beau don du Seigneur, a été par eux souillée! En vérité, s'il est une âme qui dût rester pure, c'était celle de cet adolescent, qui porte dans l'œil, sur les lèvres, sur la figure, quelque chose de raphaélique; de ce professeur parfumé de langue grecque, qui verse chaque jour à ses auditeurs le nectar homérique; de cet hôte d'un monde idéal qu'habitent les ombres de Platon et d'Aristote; du commensal d'Erasme et du correspondant de Sadolet! Pour plaire à je ne sais quelles exigences terrestres, pour amuser un peuple d'écoliers et de marchands, le malheureux Mélanchthon consent à jeter de la boue à la face de cette royauté spirituelle qui civilisa le monde!

Pendant que Luther, Mélanchthon et Hutten s'étudient ainsi à dégrader la papauté, que fait cette fille du ciel? elle inspire Bramante qui pose les fondements de l'église de Saint-Pierre, Raphaël qui peint la Transfiguration, Michel-Ange qui trace sur les murs de la Sixtine la Création de l'homme: ces images valent bien celles que la Réforme a produites!

Retournons à Léon X.

CHAPITRE XLI.

DERNIERS ÉVÉNEMENTS.—MORT DE LÉON X.—1521.

Les Ordres d'Allemagne se rassemblent à Nuremberg pour donner un successeur à Maximilien Ier. — Charles d'Autriche et François Ier briguent l'empire. — Conduite politique du saint-siége. — Charles est élu. — Rivalité des deux princes. — Etat des esprits dans le duché de Milan. — Schinner reparaît sur la scène. — Léon X écoute les propositions de Charles-Quint. — Les hostilités éclatent. — Les Français sont chassés de Milan. — Parme et Plaisance rentrent sous la domination de l'Eglise. — Le pape quitte la Magliana pour aller à Rome et rendre grâces à Dieu du triomphe des confédérés. — Il tombe malade et meurt.

Après la mort de Maximilien, les Ordres se rassemblèrent à Nuremberg, conformément à la Bulle d'or, pour élire un empereur. Jamais l'Europe n'avait paru aussi attentive à un spectacle électoral donné par l'Allemagne : c'est que jamais, non plus, deux semblables rivaux n'avaient été en présence : le roi de Naples, Charles, et le roi de France, François Ier. L'Allemagne était elle-même agitée sérieusement ; le nouveau maître qu'on allait lui imposer pouvait lui ravir au dedans ses franchises, au dehors compromettre son repos. Et pourtant ce trône germanique, si envié, donnait à l'élu plus de splendeur que d'autorité réelle : au delà du Rhin, souverain ayant la préséance sur tous les autres monarques ; en deçà, instrument ou esclave d'une foule de ducs et de princes, d'évêques et de cités, de marchands et de nobles qui lui laissaient le titre, mais exerçaient les prérogatives de la royauté. Cet état de servitude avec les apparences du pouvoir n'a point échappé aux historiens; l'un d'eux, Pierre Martyr d'Anghiera, a peint la fastueuse misère de celui qui s'appelait le roi des Romains. « Voyez, demande-t-il, qu'est-ce donc que cette dignité impériale? l'ombre d'un arbre gigantesque ; un rayon de soleil qui perce le vitrage pour illuminer l'appartement; essayez d'arrêter au passage un de ces rayons lumineux, puis d'en faire un habit de soie, ou de vous en servir à table en guise de mets! »

C'est cependant pour cette ombre stérile tombant de la cime d'un arbre, pour cette gouttelette de lumière qui ne peut servir à aucun besoin de la vie commune, que tant d'ambitions s'agitaient en Europe. La politique de Rome se dessina nettement en cette conjoncture. Léon X ne pouvait, sans danger, soutenir les prétentions de l'un des deux compétiteurs à l'empire ; ce qu'il devait essayer, c'était de les faire échouer l'un et l'autre.

En Allemagne, quelques électeurs d'une grande influence étaient disposés à refuser leurs votes aux deux rivaux, et à choisir pour maître un homme de race germanique. Ce projet souriait au pape, qui envoya Robert des Ursins, archevêque de Reggio, à François Ier, pour l'engager, afin de faire manquer l'élection de Charles, à soutenir de son crédit un prince teuton incapable d'inquiéter ou le saint-siége ou la France. Le projet, dit Roscoë, était admirablement conçu, mais il devait échouer.

L'ambition eut sur François Ier plus d'empire que la voix de l'envoyé du saint-siége : il voulait à tout prix la couronne impériale.

Les deux prétendants prirent, pour négociateurs auprès pes électeurs, des ministres d'une rare habileté. François Ier choisit Bonnivet, esprit souple et délié, qui avait fait ses preuves de diplomate en Angleterre ; et Fleuranges, qui connaissait les affaires d'Allemagne, maniait la phrase avec autant d'adresse que l'épée, et à table buvait comme un Allemand. Charles jeta les yeux sur Érhard de La Mark, évêque de Liége, à qui François avait fait manquer le chapeau de cardinal, et qui joignait à la prudence du serpent, comme on le disait alors, l'astuce du renard; et sur le comte Henri de Nassau, un des beaux seigneurs de l'époque. Les ministres du roi de France voyageaient avec des chariots remplis d'or, et les poches chargées de lettres de change qu'ils espéraient escompter à Nuremberg. Les chariots furent bientôt vides; mais quand les lettres furent présentées au comptoir des marchands, personne ne voulut les accepter. Les Fugger, qui avaient plus de confiance en Charles qu'en François Ier, avancèrent cent trente mille florins au roi d'Espagne, qui ne leur donna pas même sa signature pour garantie. C'est qu'Allemands de sang et de cœur, ils préféraient au monarque français un prince qui parlait leur langue et avait été élevé en Allemagne.

Le nonce du pape à la diète était Thomas de Vio, dominicain versé dans les sciences théologiques, et que le pape avait élevé récemment à la dignité de cardinal. Son rôle était bien simple : il devait observer attentivement les mouvements des deux prétendants, et traverser leur élection. Robertson admire ici la politique de la cour romaine : seul de tous les monarques, Léon lisait dans l'avenir. Il y avait un égal danger pour l'équilibre européen dans le triomphe de l'un des deux rivaux : le premier, déjà roi d'Espagne et du Nouveau Monde; le second, duc de Milan et seigneur de Gênes. Le pape avait prédit que l'élection de l'un de ces souverains compromettrait la liberté de l'Europe, l'indépendance du saint-siége et le repos de l'Italie. Avec François Ier, plus de barrières de glace pour séparer l'Italie de la France; avec Charles, maître de l'Espagne et de Naples, plus de mer entre les Etats de l'Eglise et les possessions de ce monarque.

Cajetan, fidèle aux instructions de sa cour, dut rappeler aux électeurs la constitution qui excluait du trône impérial les rois de Naples, et le danger qu'il y aurait à donner le titre de roi des Romains à un jeune prince maître du Milanais.

Un moment on crut que la politique de Rome l'emporterait. La plupart des électeurs, justement alarmés des périls que signalait le nonce du pape, étaient décidés à repousser les deux compétiteurs. L'électeur de Trèves, n'ayant pu réussir à faire nommer son candidat, le roi de France, proposa aux membres de la diète de porter leurs voix sur l'un des grands vassaux de l'Empire. Les Etats offrirent la couronne à Frédéric, descendant de Witikind, qui si longtemps avait défendu contre Charlemagne les dieux et la liberté de son peuple.

Frédéric refusa. Tous les historiens ont célébré le désintéressement de ce prince, qui rejette une couronne que se disputent les plus puissants monarques du monde; mais peut-être dans ce refus entrait-il moins de générosité que de sagesse. Frédéric ne possédait en Saxe que le cercle électoral et une partie de la Thuringe. Mieux qu'un autre il connaissait le prix rée d'une couronne, la vie agitée qu'avait menée Maximilien Ier, ses luttes avec les Ordres germaniques, ses querelles avec la France et ses combats en Italie. Le char funèbre que ce prince, sur la fin de ses jours, traînait à sa suite, était un symbole trop éloquent de l'instabilité des choses de ce monde, pour qu'un homme qu'on appelait du nom de sage se laissât prendre au piége de la royauté. Comment soutenir la guerre qui éclaterait après l'élection, avec des revenus bornés comme les siens, quand Maximilien, qui tirait des subsides si abondants de ses possessions de la Bourgogne, n'avait pas même de quoi payer la solde arriérée des Suisses?

Il paraît que, frappés de la générosité de Frédéric, les

électeurs le prièrent d'une commune voix de nommer au trône vacant. Frédéric opina pour le roi d'Espagne. Le 5 juillet, l'archevêque de Mayence proclama, dans l'église de Saint-Barthélemi, Charles d'Autriche empereur d'Allemagne. Le nonce de Sa Sainteté, conformément aux instructions qu'il en avait reçues, voulut, dit Robertson, se faire un mérite auprès du futur empereur, en lui offrant volontairement, au nom de Léon X, une dispense pour réunir la couronne impériale à celle de Naples.

Charles reçut cette nouvelle sans manifester la moindre émotion, comme si, dit Pierre Martyr, il eût tenu déjà sous ses pieds le monde entier. On ne comprit pas d'abord, en Allemagne non plus qu'en France, ce qui avait valu à Charles une si haute dignité. A peine âgé de dix-huit ans, et jusqu'alors sous la tutelle de Chièvres, son gouverneur, il n'avait révélé aucun de ces talents supérieurs qui présagent un grand prince : mais l'impassibilité qu'il montra quand les envoyés allemands vinrent lui faire hommage de la couronne frappa d'admiration l'Europe entière. A quelques jours de là il montrait, dans un tournoi, qu'au besoin il saurait se servir de la lance pour défendre ses droits. A Valladolid, il permit à son écuyer de rompre une lance avec lui, et il le désarçonna. A son tour il l'attaqua en champ clos, et brisa trois fois le fer de son adversaire, sans que le mot *Nondùm*, gravé sur son écusson, eût été seulement égratigné. Sickingen n'eût pas mieux fait : Charles avait gagné ses éperons de chevalier.

Le pape n'était pas sans crainte sur les dispositions du nouvel empereur à l'égard du saint siége : Charles aurait-il pour l'Église la déférence de Maximilien? et quel parti prendrait-il envers ce moine augustin qui troublait en ce moment l'Allemagne? Le jour où Charles serait couronné,

Rome saurait si définitivement elle pouvait compter sur le dévoûment du prince.

Charles ne perdit pas un moment, et partit pour Aix-la-Chapelle, que la Bulle d'or avait désignée pour le couronnement. Georges Sabinus a décrit en véritable poëte les merveilles de la cérémonie. Quand la couronne impériale eut été posée sur le front du jeune monarque, aux acclamations de tous les assistants, l'archevêque de Cologne s'avança en habits pontificaux, et s'adressant à l'empereur : « Promettez-vous, lui dit-il à haute voix, de travailler saintement au triomphe de la foi catholique, de défendre et de protéger les Églises d'Allemagne, de soutenir loyalement les intérêts de l'Empire, d'être le père et le tuteur des veuves et des pauvres, de rendre au pontife de Rome l'obéissance qui lui est due? »

A chacune de ces questions, Charles se contentait d'incliner la tête; à la dernière il leva la main, et la posant sur le côté droit de l'autel : « Je le veux ainsi, dit-il, et je compte, pour remplir ma promesse, sur l'aide de Dieu et les prières des chrétiens : que Dieu et ses saints me soient en aide! »

Alors l'archevêque se tournant vers les électeurs : « Voulez-vous, leur dit-il, reconnaître Charles, ici présent, pour maître et pour souverain, l'aider, lui être soumis, lui obéir, suivant le précepte de l'Apôtre : Que toute âme soit soumise aux puissances? » *Fiat, fiat*, crièrent tous les assistants.

Fidèle à son serment, Charles, quelques mois après son couronnement, convoquait une diète à Worms, pour réprimer les doctrines de Luther. Mais les prédictions de Léon X ne devaient pas tarder à s'accomplir : l'Italie, ainsi qu'il l'avait prévu, allait servir de champ clos au duel entre les deux rivaux.

Avec son sang allemand, la maison de Bourgogne avait transmis à Charles sa vieille haine contre les Français. L'empereur gardait rancune au jeune prince qui avait voulu monter sur le trône d'Allemagne, retenait un duché appartenant au duc de Bourgogne, et s'était fait un nom glorieux à Marignan. Il lui en fallait un à lui, roi d'Espagne et de Castille, empereur élu des Romains, empereur d'Allemagne, et à qui Fernand Cortez venait de donner le Mexique.

François Ier, de son côté, avait ressenti cruellement l'affront que lui avaient fait les Ordres allemands en lui préférant un jeune homme à peine émancipé, de taille médiocre, au teint blafard, aux cheveux rouges, dont la lèvre inférieure pendait sur le menton ; qui traînait péniblement ses mots, et ressemblait à une momie ; digne fils de Jeanne la Folle, et incapable comme sa mère. En apprenant l'élection de Charles, François Ier avait déclaré qu'en qualité de duc de Milan, il ne souffrirait pas que l'empereur se fît couronner à Rome autrement que Sigismond et Frédéric III, c'est-à-dire sans armes. Or Charles, à Valladolid, avait montré qu'il savait trop bien se servir de sa lance pour la jeter aux pieds de son rival : une lutte était inévitable.

Léon X suivait avec soin les mouvements de ces deux princes. L'Italie devait encore avoir quelques mois de repos, car Charles était trop occupé en Allemagne à fonder son autorité, et François Ier en France à surveiller la guerre allumée dans les Ardennes et le duché de Luxembourg, pour qu'ils vidassent de sitôt leur querelle. Ce que la papauté devait faire, dans la prévision d'un conflit plus ou moins éloigné, c'était de se tenir prête à tout événement. Faible et désarmée, elle courait de grands risques ; puissante et sur ses gardes, elle pouvait faire acheter son alliance, rester maîtresse de ses mouvements, et faire pencher la balance partout où elle pèserait de cette double force dont elle seule réunissait les éléments, la force divine et la force humaine. La civilisation avait tout à gagner de la grandeur mondaine de Rome. Si vous ôtez à Rome l'épée dont se servit si heureusement Jules II, que deviendra-t-elle? vassale du roi de France, ou tributaire de l'empereur d'Allemagne; alors le mouvement intellectuel, à la tête duquel s'est noblement placée la papauté, s'arrête tout aussitôt; le pinceau s'échappe des mains de Raphaël, le ciseau de celles de Michel-Ange; Marc-Antoine Raymondi jette son burin; le gymnase romain est fermé, les travaux de Saint-Pierre sont abandonnés, les chants de Vida et de Sannazar interrompus, les histoires de Guichardin et de Paul Jove inachevées, les livres politiques de Machiavel livrés peut-être aux flammes, et la marche de l'esprit humain suspendue. La papauté est, au XVIe siècle, le soleil du monde intellectuel : qu'aucun corps étranger ne vienne s'interposer entre l'astre et les intelligences qu'il éclaire, car autrement il y aurait obscurcissement, et ténèbres peut-être.

Dans l'intérêt de son existence temporelle, et bien plus encore dans l'intérêt de la civilisation, la papauté avait raison de se mettre à la tête, pour le diriger, de tout mouvement qui pouvait agiter l'Italie. L'évêque de Pistoie, Pucci, partit avec une somme de 19,000 écus d'or pour lever en Suisse un corps de six mille hommes. Le cardinal de Sion, Schinner, l'attendait pour l'aider de toute son influence. Elle vivait toujours en Suisse, cette influence, grande, révérée et accrue, s'il était possible, dans ces derniers temps, par la pieuse résignation avec laquelle le prélat avait obéi aux ordres du souverain pontife, qui lui avait prescrit le silence et la retraite. Mis au ban de la papauté, pour ainsi dire, Schinner avait donné un bel exemple au monde catholique, en se courbant comme un enfant devant la parole de son maître, certain que tôt ou tard il sortirait de ce repos qui enchaînait et ses mains et son intelligence.

Milan commençait à se lasser des Français. « Tandis, dit un historien qui n'est pas suspect, que Louis XII avoit ménagé le Milanois comme un ancien héritage auquel il étoit affectionné, François I*er* n'y avoit vu qu'une riche province qui pouvoit plus payer que toutes les autres. » — « On estimoit, ajoute messire Martin du Bellay, le nombre de ceux que le sieur de Lautrec avoit bannis de l'État de Milan, aussi grand que celui qui estoit demeuré ; et disoit-on que la plus grande part avoient été bannis pour bien peu d'occasion, ou pour avoir leurs biens ; qui estoit cause à nous donner beaucoup d'ennemis qui depuis ont été moyen de nous chasser de l'État de Milan, afin de rentrer dans leurs biens. Auparavant que le maréchal de Foix fût venu lieutenant du roi au duché de Milan, estoit, comme dit est, le seigneur de Lautrec venu en France ; le seigneur de Téligny, sénéchal de Rouergue, demeura en son lieu, audit duché, lieutenant du roi ; lequel avoit, par sa sagesse et gracieuseté, gaigné les cœurs des Milanois, si que le pays estoit en grande patience ; mais le seigneur de Lescun arrivé, et le sénéchal de retour, les choses changèrent : aussi firent les hommes d'opinion. »

Les proscriptions durèrent longtemps. Lescun, qu'on nommait alors le maréchal de Foix, confisquait les biens des bannis, lançait ses soldats après les malheureux échappés à ses poursuites, et les faisait pendre quand il pouvait s'en emparer. C'était un véritable proconsul, fastueux, colère, irritable au dernier point, n'écoutant que sa mauvaise tête, méprisant les réprimandes que lui adressa plus d'une fois son maître ; bon capitaine du reste, dit Brantôme, mais pourtant plus hardi et vaillant que sage et de conduite. A la fin, les mécontents devinrent si nombreux, qu'ils se ruinèrent, coururent aux armes, et formèrent de véritables guérillas qui attaquaient sur les grandes routes les gens du roi de France. Ces proscrits, riches citoyens de Milan, semaient partout la défiance et la haine contre les Français. Il était difficile qu'on ne crût pas aux plaintes d'hommes dont les biens avaient été confisqués sans forme de procès, et la tête mise à prix, parce qu'ils « s'avisoient de l'iniquité du gouverneur. » Leurs plaintes arrivèrent jusqu'à Rome : ce fut Jérôme Morone, chancelier de Milan, exilé lui aussi, mais exilé volontaire, qui se chargea de plaider la cause des bannis. La voix de cet homme d'État, éloquente mais passionnée, ne pouvait manquer de faire une vive impression sur l'esprit de Sa Sainteté : quand un magistrat se plaint d'un soldat, presque toujours il est écouté.

Le pape était personnellement mécontent du gouverneur Lautrec, qui, sans respect pour l'autorité du saint-siége, disposait à son gré de tous les bénéfices, les conférait à des sujets indignes ou incapables, et défendait, sous des peines sévères, les appellations à la cour de Rome. Ces témérités, que François Ier eût été le premier à réprimer, s'il les eût connues plus tôt, blessaient au cœur Léon X. Le pape s'en était plaint d'abord par ses ambassadeurs à la cour de France, puis à ses cardinaux, quand il vit que les réparations promises se faisaient toujours attendre.

Quelques-uns des proscrits milanais qui fuyaient l'oppression s'étaient rassemblés à Busseto, petite place appartenant à Christophe Pallavicini. Lescun, irrité, député le Crémonais Cardino à Pallavicini, pour se plaindre d'une protection accordée, au mépris du droit des gens, à des sujets révoltés. Pallavicini conçoit des soupçons, fait appliquer à la question l'envoyé, qui confesse, vaincu par les tourments sans doute, des projets d'assassinat. Pallavicini, ne pouvant trouver des juges qui condamnassent sans procédure Cardino, s'érige en dictateur, prononce la sentence et livre le coupable au bourreau. Une semblable énormité ne pouvait rester impunie. Les bannis se hâtent de quitter Busseto, avec eux Pallavicini, et se sauvent à Reggio.

C'était une place démantelée et qui n'aurait pu résister à une attaque sérieuse. Le maréchal de Foix croyait qu'à la première sommation le gouverneur allait lui livrer les bannis : il se trompait. Ce gouverneur était Guichardin le Florentin, qui, bien que républicain, avait prêté serment de fidélité au pape, et qui n'était pas disposé à le trahir. Lescun lui demande une entrevue; le gouverneur l'accorde, en indiquant pour le lieu du rendez-vous la porte de Parme. Le maréchal, qui se défie de Guichardin, fait poster à la porte de Modène un corps de troupes, pour en barrer le chemin aux bannis, s'ils avaient envie de s'échapper. Pendant que le maréchal, qui s'est fait accompagner de quelques gentilshommes, échange des paroles de reproche avec l'historien, la porte de Modène s'ouvre afin de laisser passer une voiture de farine, et les soldats français se précipitent pour pénétrer dans la place; mais on les repousse. Alors de toutes parts on crie à la trahison, on court aux armes, on attaque la suite du maréchal, qui, sans le sang-froid du gouverneur, allait chèrement expier l'imprudence de ses gens; trop heureux d'échapper à la vengeance populaire, grâce aux efforts de son généreux ennemi.

Cette violation du territoire de l'Église était pour le pape un motif ou un prétexte de rupture avec la France. Le maréchal, pour réparer sa faute, se hâta de dépêcher La Motte-Grouin à Sa Sainteté; mais le pape refusa d'agréer les excuses du lieutenant de François Ier. Il assembla le consistoire, se plaignit amèrement de la conduite de ce monarque, dénonça comme un attentat au droit des gens la violation du territoire de Reggio, excommunia son ennemi, et déclara que, dès ce moment, l'alliance avec la France était rompue, et qu'il agréait les propositions que don Manuel, ambassadeur de Charles-Quint, faisait au saint-siége.

Ces propositions étaient tout à fait dans l'intérêt de la papauté. Charles-Quint, si Sa Sainteté voulait joindre ses troupes à celles de l'empereur afin de chasser les Français de l'Italie et de rétablir François Sforce à Milan, promettait de faire rentrer Parme et Plaisance dans le domaine de l'Église, d'aider le pape dans sa lutte contre ses vassaux rebelles, de donner une pension de mille ducats au cardinal de Médicis sur les revenus de l'archevêché de Tolède, et d'augmenter le cens qu'il payait au saint-siége sur le royaume de Naples.

La malheureuse invasion de Reggio détermina la rupture de Rome avec la France. Un historien contemporain dont l'opinion est d'un grand poids, M. Daru, trouve dans l'état de l'Église d'Allemagne, à cette époque, le motif d'un rapprochement naturel entre le pape et l'empereur. La Saxe était pleine du bruit que produisait la parole de Luther; les doctrines du moine faisaient chaque jour de nouveaux progrès; quelques princes même étaient séduits : or un seul homme pouvait mettre fin au schisme, c'était l'empereur; le pape vint à lui.

Charles-Quint était à la diète de Worms, quand il reçut en même temps la nouvelle de la signature du traité d'alliance défensive et offensive entre les deux cours, et de l'irruption des Français en Navarre. Il ne put réprimer un vague sentiment de crainte, car il prévoyait que la lutte dont le signal venait d'être donné ferait le malheur de l'empereur ou du roi. Les historiens favorables à Charles-Quint, tels que Maffei, Guichardin, Polydore Virgile, croient que le signal des hostilités fut donné par François Ier; mais le monarque s'est justifié de cette infraction aux traités dans une lettre qu'il fit parvenir au saint-père : c'est un débat entre deux têtes couronnées difficile à juger. Ce qu'il y a de certain, c'est que l'invasion de la Navarre par François Ier, provoquée ou non, était un coup de maître; si le monarque en eût fait la conquête, il serait resté paisible possesseur du Milanais, et la guerre aurait eu nécessairement l'Espagne pour théâtre. La noblesse tout entière était hostile à Charles-Quint; elle avait vu de mauvais œil l'élection de ce prince à l'empire, parce qu'elle craignait l'influence, dans les conseils du souverain, d'hommes étrangers aux mœurs espagnoles. François Ier avait dû compter sur les antipathies des deux peuples.

La fortune seconda d'abord les Français, qui traversèrent les Pyrénées et pénétrèrent en Espagne sans difficulté. Pampelune n'arrêta qu'un moment le vainqueur : le commandant s'enfuit à la première sommation. Restait la citadelle, défendue par un jeune homme d'un rare courage. Placé sur la brèche, il animait ses compagnons de la voix et du geste, et de sa longue épée menaçait les assiégeants; autour de lui se pressaient d'autres combattants du même âge à peu près, et résolus de s'ensevelir sous les ruines de la forteresse plutôt que de traiter avec l'ennemi, quand un éclat de pierre et un boulet de canon vinrent à la fois frapper le noble Espagnol aux deux jambes : il s'appelait Don Inigo. Le lendemain la citadelle capitulait, et Don Inigo était transporté dans le château de son père. Les médecins appelés crurent d'abord que les blessures étaient mortelles, et que le malade expirerait au milieu des souffrances de l'opération. Il les supporta cependant avec un courage héroïque et ne mourut pas. Pour tromper les longues heures de la convalescence, Don Inigo demanda quelques livres; on lui en apporta : c'étaient des romans de chevalerie qu'il ferma aussitôt, et les *Fleurs des Saints*, qu'il ouvrit et dévora. La nuit venue, il s'endormit plus doucement que de coutume, et eut des visions. Il crut que la terre s'agitait, que le lit où il reposait dansait sur ses pieds, et, frappé de terreur, il se mit à prier; alors sa petite chambre s'illumina d'une blanche lumière, et sur des nuages odorants il vit Marie la reine des anges qui lui souriait tendrement.

« Estant remis en santé, dit le Parisien Favin, sans déclarer à personne le secret de ses conceptions, il fait un pèlerinage à Notre-Dame de Mont-Serrat... et là, ayant quitté son espée, son poignard, son génet et son habit séculier, il prend un meschant roquet de toile, et se déguisant ainsi sans dire d'où il estoit, il s'adonne à la dévotion, à macérer sa chair, ne vivant que d'aumône. »

Il est malheureux que l'expédition de la Navarre ait été confiée à Lesparre, bon soldat comme tous les capitaines dont se servait François Ier, mais qui n'entendait rien à l'art de la guerre. S'il se fût contenté de jeter des garnisons dans les diverses places fortes de ce pays, et surtout s'il avait eu soin d'annoncer publiquement qu'il avait envahi la Navarre, non pas pour la réunir à la France, mais pour la restituer aux enfants de Jean d'Albret, qui la réclamaient comme leur patrimoine, en vertu du traité de Noyon que Charles d'Autriche avait signé, alors les esprits ne se seraient point émus en Espagne, et il serait resté maître du pays. Mais, enivré par ce facile triomphe, il marche en avant, se jette dans la Castille, et va mettre le siége devant Logrogno, commandée par Don Pèdre Velez de Guevara. Alors tous les Castillans de sang noble ou roturier se réunissent pour arrêter le vainqueur; partout on court aux armes; en quelques jours vingt mille hommes sortis des villes, des villages et des montagnes, se présentent pour barrer le passage à Lesparre, qui, au lieu d'attendre de Pampelune 6,000 Navarrais qu'on enrôlait pour lui porter secours, s'en va, avec autant d'imprudence que de courage, se heurter contre des masses compactes, est mis en déroute, et tombe avec ses principaux officiers dans les mains du vainqueur. Il avait employé environ trois semaines à conquérir la Navarre, il la perdit en moins de quinze jours.

Cependant tout se préparait en Italie pour de grands événements. Le pape donna le commandement de ses troupes à Frédéric, marquis de Mantoue, qui renvoya aussitôt à François Ier le cordon de S.-Michel dont il avait été décoré.

Guichardin eut le titre de commissaire général près de l'armée pontificale; le commandement des forces alliées fut confié à Prosper Colonne, ce vieux soldat qui depuis près de vingt ans n'avait pas quitté les camps ; encore plein de verdeur malgré ses blessures et son âge, très-beau sur un champ bataille, plus admirable dans une redoute. Au commencement du mois d'août 1520, toutes ces troupes vinrent prendre position sur la Lanza, à cinq milles de Parme. L'armée alliée était forte de six mille Italiens, de deux mille Espagnols, venus des environs de Gênes dont ils n'avaient pu s'emparer, de deux mille autres partis de Naples sous la conduite de François d'Avalos, marquis de Pescaire, de six mille Allemands et de deux mille Suisses environ.

Schinner était heureux ; voici le moment venu où, dociles à ses conseils, le pape et l'empereur paraissent avoir compris le danger de laisser plus longtemps les Français en Italie. Il a repris cette croix de légat que Jules II lui avait donnée, et qu'il portait à la bataille de Marignan. Depuis cette journée funeste, que de chagrins il a dévorés! Ses montagnards l'ont abandonné, Henri VIII n'a pas voulu l'écouter, et il a vu, dans le Valais, son château de Martigny ruiné par Georges Supersax. C'est en philosophe, ou plutôt en chrétien, qu'il a supporté les reproches de Léon X, l'ingratitude de ses paysans, les fureurs de ses ennemis, les triomphes des Français; il a cherché dans la prière des consolations contre la mauvaise fortune. A Sion, où il vit dans l'exil, il s'est remis, en attendant des jours meilleurs, à feuilleter le livre de Boèce, son vieil ami, qui sait si bien guérir les maladies de l'âme. Il a peu d'espoir de revoir Rome, aussi a-t-il fini par vendre à Léon X la maison qu'il possédait sur l'Esquilin, et qu'il avait prêtée à Sa Sainteté pour y loger les humanistes romains. Ne le croyez pas malheureux dans ses montagnes de la Suisse. Toutes les joies ne lui ont pas été ravies; un jour il reçoit une lettre d'Erasme; une autre fois, un voyageur qui passe à Sion lui remet une belle et longue épître de Sadolet; un soir, c'est un humaniste qui en traversant les Alpes, comme Longueil (Longolius), est dévalisé, et auquel il donne généreusement sa bourse. Mais le plus grand bonheur qu'il ait éprouvé de sa vie, c'est quand le pape revient à lui, et qu'il peut reprendre sa croix et sa cuirasse. Les montagnes de l'Appenzell, les deux Mythen et le lac de Wallenstadt retentissent du bruit du cor alpestre. C'est un appel, le dernier qu'il fait à ses montagnards, et les Suisses accourent en foule. Les soldats qu'il improvise traversent le Pont-du-Diable, l'Urnerloch, et arrivent dans le Modénais. Déjà Prosper Colonne en compte dans son armée plus de dix mille.

Mais Lautrec en avait à lui seul près de 20,000 qui semblaient devoir lui rester fidèles, car la diète helvétique, en rappelant ses soldats dans leurs foyers, menaçait de châtiment ceux qui violeraient leurs serments en se battant contre les Français. Le cardinal n'a pas peur de la diète; qu'elle arrache du sol valaisan jusqu'à la dernière pierre de ce château épiscopal qu'a renversé Supersax, que lui importe s'il peut chasser les Français de l'Italie, rétablir les Sforce, et rendre à l'Église Parme et Plaisance? C'est la ruse cette fois qu'il emploie. Il a des émissaires qui se glissent dans l'armée de Lautrec, qui parlent aux Suisses, excitent leurs défiances, leurs jalousies, leurs colères, et parviennent à les séduire. La désertion se met bientôt dans les rangs de ces soldats mercenaires, qui accusent le général de lenteur, d'incapacité, d'orgueil, et surtout de parjure : il leur avait promis une solde arriérée de plusieurs mois, l'argent n'arrivait pas. Mais ce n'était pas la faute du général français, qui pressait inutilement l'envoi des 30,000 ducats qu'il avait demandés, et que la duchesse d'Angoulême, mère de François Ier, avait reçus et dépensés. Alors les Suisses, malgré les protestations de Lautrec, quittent le camp français, et passent avec armes et bagages dans le camp des alliés, où les cardinaux de Sion et de Médicis, légats du saint-siége, les attendaient la crosse en main, insigne de leur dignité.

Il n'y avait pour Lautrec, compromis par une semblable défection, qu'un parti à prendre : c'était de se retirer derrière l'Adda, afin de couvrir Milan, que les alliés voudraient enlever. C'est ce qu'il fit résolument. Il est difficile d'expliquer comment il se laissa tromper par Prosper Colonne, qui passa la rivière sans coup férir. Au moins aurait-il dû s'avancer avec toutes ses forces pour harceler et inquiéter l'ennemi, s'il n'avait pu l'empêcher de traverser l'Adda; mais il reste l'arme au bras dans son camp, et se contente de détacher Lescun, son frère, qui, avec un misérable corps d'infanterie, quatre cents lances et cinq à six pièces de canon, va tenter d'arrêter les confédérés dans leur marche sur Milan. La partie n'était pas égale, et Lescun, malgré toute sa bravoure, devait succomber. Après d'inutiles prodiges de valeur, il fut forcé d'opérer sa retraite sur Cassano.

Lautrec, ayant appris par ses coureurs la défaite de son frère, se hâta de regagner à marches forcées Milan. Pour effrayer les habitants, il livra au bourreau un vieillard, Christophe Pallavicini, dont il s'était emparé quelques mois auparavant, et que Léon X avait vainement réclamé, en promettant en échange un chapeau de cardinal à l'une des créatures de Lautrec : imprudence ou cruauté qu'un historien français de cette époque a justement flétrie.

Milan, du reste, était fatigué de la domination française : à la première sommation des alliés, il se rendit, sans même essayer de se défendre. Depuis l'expédition de Charles VIII, l'esprit national italien avait fait de grands progrès ; le joug de l'étranger, qu'on subissait d'abord avec joie, était devenu dur et pesant : Jules II commençait à être compris.

Il faut bien avouer que cette haine pour l'étranger est due à la papauté, qui, depuis Alexandre VI, travaille à rendre odieux aux Italiens tout ce qui porte le nom de Barbare. Réduite à ses seules forces, il est certain que la papauté n'aurait pas pu opérer la délivrance du sol : aussi s'allie-t-elle à Charles-Quint pour refouler au delà des Alpes les Français ; mais avec une arrière-pensée, qu'on a taxée de ruse et qui n'est que du patriotisme, celle de tourner ses armes, avec la grande confédération italique, contre les Espagnols, dont elle se servait pour instrument ; puisque, comme l'a remarqué si justement M. Libri, l'asservissement de l'Italie devenait inévitable le jour où François Ier et Charles-Quint la choisiraient pour champ de bataille.

Léon X était à sa maison de campagne de la Magliana, quand un courrier vint lui apporter la nouvelle de la restitution au domaine de l'Eglise de Parme et de Plaisance, ces deux bras de l'exarchat de Ravenne, selon l'expression de Jules II. Que Dieu accorde encore quelques jours de vie au pontife, et dans toute l'Italie il ne restera pas une lance étrangère !

Il partit le 24 novembre de la Magliana pour Rome, où il avait hâte de remercier le ciel, au pied des autels, du triomphe que venait d'obtenir le saint-siége. Le peuple l'attendait aux portes de la ville, des couronnes d'olivier à la main ; partout sur son passage éclataient des transports d'amour. De grandes réjouissances eurent lieu pendant trois jours. Pâris de Grassi vint demander à Sa Sainteté si elle jugeait convenable de rendre à Dieu de solennelles actions de grâces. « Que vous en semble? » dit le pape. « Très-saint-père, répondit le maître des cérémonies, quand la guerre éclate entre des princes chrétiens, l'Église n'a pas coutume de célébrer la défaite du vaincu, à moins toutefois que l'Eglise n'en retire quelque avantage. » Le pape sourit et répondit : « J'ai recouvré un beau trésor ! — Alors, répliqua Pâris, nous remercierons Dieu. » Le pape convoqua le consistoire pour le mercredi 27, et, se trouvant incommodé, se retira dans sa chambre à coucher.

Les médecins furent appelés, mais l'indisposition leur parut sans danger : c'était un catarrhe, que l'humidité de la villa Magliana avait développé, et qui bientôt revêtit un caractère funèbre. Le pape avait de la peine à respirer; il se mit au lit. La nuit fut mauvaise et agitée; le dimanche matin, 1er décembre 1521, on le vit lever les yeux au ciel, joindre les mains, murmurer quelques mots d'une prière ardente, puis retomber sur son oreiller et mourir : le catarrhe l'avait suffoqué. Il achevait sa quarante-sixième année; il avait régné huit ans huit mois et dix-neuf jours.

Jamais la mort d'un pape n'avait encore excité d'aussi vifs regrets. Le peuple se jeta, dans les premiers transports de son aveugle colère, sur l'échanson de Sa Sainteté, Barnabé Malespina, qu'il accusait d'avoir empoisonné le pape dans une coupe de vin. On le traîna au château Saint-Ange; mais l'arrivée du cardinal de Médicis rendit la liberté au malheureux échanson. On avait cherché des preuves, et on n'avait trouvé que des rumeurs populaires. Les funérailles du pontife furent simples et modestes : Antoine de Spello prononça l'oraison funèbre du mort; mais les pleurs du peuple furent plus éloquents que les paroles du camérier.

Au bruit de cette mort si soudaine, Érasme écrivit d'Angleterre :

« La chrétienté vient de perdre un de ses plus beaux ornements. »

Quatre siècles, parmi les soixante qui se sont écoulés depuis que Dieu créa le monde, ont reçu le nom d'un homme.

Cet homme s'appela Périclès, Auguste, Léon X, ou Louis XIV.

CHAPITRE XLII.

L'HOMME INTIME.

Portrait de Léon X. — Chagrin du pape, quand il est obligé de punir. — Combien il était libéral. — Etablissements de charité qu'il fonde à Rome. — Les lettrés persécutés en appellent au pape. — Reuchlin et Erasme. — Piété de Léon X. — Henri VIII lui dédie l'*Assertio septem sacramentorum*. — Les épîtres familières du pape. — Combien elles témoignent du zèle du pontife pour la religion. — Calomnies des protestants répétées par les catholiques. — On doit à Léon X l'institution de diverses cérémonies religieuses. — Vie intérieure du pape. — Son goût pour la musique. — Léon X à table, à la chasse, à Viterbe et à la Magliana. — Conclusion.

Quittons le Vatican : ne parlons plus du pape, du souverain temporel, de l'artiste; essayons de faire connaître l'homme privé.

On dit que peu de temps après la mort de Léon X, un vieux serviteur du pape s'arrêta devant le portrait qu'en avait fait Raphaël, et qu'on trouve à Florence au palais Pitti, et s'agenouilla pour baiser la main de son maître, comme si le sang y circulait encore. C'est que jamais, en effet, peintre flamand ne mit plus de vie réelle dans une tête. C'est bien là cette figure de Médicis, au coloris tout vénitien; ces chairs blanches et mates de tous les hommes de sa race ; cet œil myope qui semble s'échapper de son orbite ; ce front d'une pureté limpide ; cette large tête reposant sur deux épaules évasées ; ces mains un peu trop féminines, aux doigts ornés de camées antiques ; et dans tous les traits cet air d'angélique bonté qui charmait ceux qui avaient le bonheur de l'approcher, avant même qu'il eût pu les séduire par le doux son de voix que les poëtes de l'époque comparaient à de la musique. On n'a pas besoin de connaître le personnage qu'a voulu représenter Sanzio, pour deviner que ces lèvres n'ont dû s'ouvrir que pour bénir ou pardonner. Luther est un aussi grand artiste que Raphaël : en quelques mots il a peint Léon X : *Mitis ut agnus*, a-t-il dit, doux comme un agneau.

Deux ou trois fois pendant le cours de son pontificat, Léon X dut user de rigueur envers de grands coupables, comme dans la conspiration des cardinaux. Ce jour, il souffrait dans l'âme et dans le corps ; il ne mangeait plus, des larmes involontaires tombaient de ses yeux, et la nuit il priait pour raffermir son courage ébranlé. Il y avait lutte entre le prince et le père : il fallait bien que la justice fût satisfaite, mais le combat était long et douloureux. L'expiation consommée, alors Léon X, de son plein mouvement, se laissait aller à ses instincts innés de bonté : il saisissait une solennelle occasion pour témoigner à celui qui l'avait offensé que le cœur du juge ne conservait plus aucun ressentiment. C'était le prêtre qui, la grille du confessionnal fermée, ne se rappelle plus les péchés du pénitent. Au milieu du saint sacrifice, quand, à la voix du célébrant, Dieu descend sur l'autel, il se levait, marchait droit à celui dont la faute était désormais couverte, l'attirait dans ses bras, l'embrassait avec effusion, et, au nom du sang divin, lui promettait de ne pas garder souvenir du passé, et il tenait religieusement sa parole.

Dans plus d'une page de notre histoire nous avons raconté

les libéralités du pontife envers les gens de lettres. Ces libéralités, souvent trop fastueuses, avaient leur récompense dans ce monde, où elles étaient chantées en vers et en prose, sur la toile et sur la pierre, car la reconnaissance n'est pas toujours muette. Mais il est des bienfaits qui tombaient dans l'ombre, sur des êtres obscurs, et entre trois témoins, sans compter Dieu : le pape, son maître des cérémonies et le solliciteur, et dont Rome ne parla qu'après la mort du pontife. Chaque matin, qu'il sortît du Vatican pour se promener dans Rome, ou qu'il restât dans son cabinet d'étude, Pâris de Grassi avait ordre d'emplir de pièces d'or et d'argent une grande bourse que Léon tenait suspendue à ses côtés, et où il puisait à pleines mains pour secourir le mendiant qui se présentait en haillons; l'exilé qui, chassé de sa patrie dans ces temps de déchirements politiques, venait à Rome chercher un refuge, car Rome alors, comme aujourd'hui, était l'asile des grandes infortunes ; l'écolier qui manquait de livres nécessaires pour achever ses études; le vieux professeur qui n'y voyait plus et dont l'âge avait affaibli les forces. En vain des voix prudentes essayaient-elles de faire comprendre au saint-père que ses libéralités devaient avoir un terme, il n'écoutait personne et retombait sans cesse dans ses habitudes d'enfance, la prodigalité. A ceux qui le tourmentaient trop vivement il répondait par toutes sortes de belles sentences tirées des livres saints ou des écrivains profanes : refuser le faisait souffrir. Un jour, un de ses secrétaires qu'il aimait comme tous ceux qu'il avait attachés à son service, Bianchi, lui demandait, dans une supplique écrite en termes pressants, une faveur que les canons faisaient un devoir au pontife de refuser.— Et si j'accordais le transfert du bénéfice, dit-il au solliciteur, qu'est-ce que cela vous rendrait ? — Deux cents écus d'or, répondit le serviteur. — Eh bien, reprit le pape, les voilà; et il déchira la supplique.

Une autre fois on lui parlait d'un poëte qui faisait admirablement les vers latins, et qui mourait de faim. — Comment donc, dit en riant le pape, moi qui, dans ma vie, ai secouru tant de piètres rimeurs, j'aurais pu oublier ce chantre divin ? Tenez, tenez, voilà pour le poëte, et il donnait sans compter.

A Rome, dans les Etats de l'Église et dans d'autres provinces italiennes, Léon X nourrissait un grand nombre de prêtres, de religieuses, de vieux militaires et d'exilés.

En montant sur le trône, il trouva sa capitale remplie de mendiants que les guerres avec l'étranger avaient réduits au plus affreux dénûment, et qui souvent tombaient morts de faim au coin d'une borne ; son cœur se sentit ému de pitié, et il fonda l'hospice des incurables de Sainte-Marie, destiné à recevoir les infirmes et les malades atteints d'affections que l'art regardait comme inguérissables. Par ses ordres, des hommes de confiance étaient chargés de parcourir la ville, d'aller à la découverte des pauvres et des malades, qui trouvaient dans cette léproserie tous les secours de l'art et de la charité.

On lui doit l'établissement d'un monastère, sous le vocable de Sainte-Marie-Madeleine, asile ouvert aux filles repenties qui, voulant pleurer les désordres d'une vie passée dans le libertinage, s'amendaient, et, réconciliées avec Dieu et la société, trouvaient dans cet hospice les soins de l'âme et du corps, le pardon de leurs fautes et l'oubli du passé. Le monastère était administré par les frères de l'Archi-charité, entretenu par les dons du souverain, les aumônes des fidèles, les quêtes faites dans les églises, et les biens des matrones mortes sans tester.

Cette confrérie de l'Archi-charité avait été instituée par le cardinal Jules de Médicis, pour venir au secours des pauvres honteux et des débiteurs insolvables, dont le nombre était si grand à Rome. Des visiteurs choisis par le conseil d'administration avaient pour charge de fouiller les greniers, afin d'y découvrir quelque pauvre âme toute honteuse de sa misère, et qui, n'osant pas tendre la main aux passants et révéler sa gêne au curé de la paroisse, était exposée à mourir de désespoir; ou bien encore l'ouvrier jeté en prison par un créancier qu'il ne pouvait payer, même au prix d'un travail de nuit et de jour. La confrérie veillait aussi sur les morts. Il arrivait souvent qu'on promenait de porte en porte le cadavre d'un indigent, afin de recueillir quelques pièces de monnaie destinées à l'ensevelir. Dans les temps de maladie épidémique, la charité et la pitié, trop souvent sollicitées, avaient fini par ne plus s'émouvoir; alors le corps était conduit au cimetière sans croix ni flambeau. Léon X vint au secours de l'institution par des dons et d'utiles règlements, et, grâce au pontife charitable, la société put donner chaque dimanche un pain de plusieurs livres aux pauvres de la ville de Rome.

Il est un moment dans l'histoire de l'esprit humain, au seizième siècle, où la pensée qui craint d'être persécutée se réfugie sous la blanche soutane du pape : c'est ce que fit Reuchlin, dans sa querelle avec Pfefferkon. Il avait publié sur la conservation des livres judaïques des opinions qui déplurent aux moines de Cologne. A Dieu ne plaise que nous condamnions le zèle du dominicain Hogstraet, homme de conviction et de foi! Reuchlin, le grand humaniste teuton, à la vue des flammes où l'on a jeté comme hétérodoxe son *Speculum oculare*, se rappelle qu'au delà des Alpes, à Rome, vit un pontife de la race des Médicis, qui aime les saintes lettres avec passion, et il lui demande des juges, tout comme Pic de la Mirandole, notre philologue nomade, en avait demandé à Innocent VIII et à Alexandre VI. Léon lit la supplique, et désigne Grimani, le protecteur d'Érasme, et d'autrès belles intelligences, pour terminer le procès. Le représentant de l'école de Cologne est cité à comparaître, mais il ne vient pas; et le pape alors, tout en réservant les droits de la vérité qu'a peut-être offensée Reuchlin, ordonne que l'affaire reste en suspens. Si Léon X eût vécu plus longtemps, il est permis de croire qu'il eût exigé quelques cartons dans l'œuvre de l'humaniste allemand; Reuchlin se serait soumis aux ordres de Sa Sainteté, et tout aurait été fini. Comment suspecter la foi d'un savant qui, dans la dédicace de son Traité de la Cabale au souverain pontife, écrit ces belles lignes : « Va, mon livre, reconnais l'autorité suprême de celui qui juge le monde? »

Érasme, lui aussi, avait pris pour juge Léon X. Il avait quitté Rome, traversé la mer, et fait son entrée à Londres, où venait de le devancer une lettre du pontife. Le pape écrivait à son fils Henri VIII : — Je vous recommande mon cher Érasme : j'ai toujours aimé les bonnes lettres. Cet amour inné en moi, l'âge n'a fait que l'accroître, parce que j'ai remarqué que ceux qui les cultivent sont attachés de cœur aux dogmes de notre foi, et qu'elles sont l'ornement et la gloire de l'Église chrétienne.

Dans divers chapitres de notre ouvrage, nous avons montré de quel zèle Léon X était animé pour les intérêts de la religion. A tout prendre, il eût pardonné peut-être à quelques épigrammes d'Érasme contre le froc, car il savait que, pour le philosophe, rire était vivre, et le pape ne voulait la mort de personne; mais il se fût montré inflexible pour la moindre offense envers la religion. Les poëtes eux-mêmes ont célébré la vive piété du pontife.

En Angleterre comme en France, on rendait justice aux sentiments religieux du souverain. Aussi, quand après l'apparition de la *Captivité de Babylone* par Luther, Henri VIII voulut prendre la défense du dogme catholique outragé par le moine augustin, il dédia son livre, *Assertio septem sacramentorum*, à Sa Sainteté. C'est un beau volume in-4° sur vélin, écrit par un calligraphe d'une rare habileté, par quelque moine peut-être, qui devait porter sa tête sur l'échafaud pour la gloire de cette sainte Église dont Henri se disait alors le fils soumis. Le roi s'est fait peindre sur la première page du manuscrit : c'est bien là le bel Henri, un des princes les mieux faits de son époque, aux vêtements tels qu'il les aime, rehaussés de vives couleurs. Il est dans l'attitude de la dévotion, à genoux : Léon X sur son trône semble écouter l'enfant qui vient offrir à son père le livre qu'il a composé pour la gloire du Christ. L'acte d'hommage est signé de la main du prince, d'une main ferme comme celle d'un martyr qui confesserait sa foi. A la fin du volume sont ces deux vers que le monarque a tracés avec amour :

> Anglorum rex, Henricus, Leo decime, mittit
> Hoc opus, et fidei testem, et amicitiæ.

Puis un nouvel acte de foi, c'est-à-dire une nouvelle signature.

La récompense ne se fit pas attendre : un autographe du pontife que l'on conserve dans les archives de la couronne d'Angleterre, et où Léon X donne au prince le titre de Défenseur de la foi, que les monarques anglais continuent de porter, de cette vieille foi pour laquelle tant de martyrs allaient bientôt monter sur l'échafaud, Thomas Morus entre autres, dont une femme a retracé si poétiquement les infortunes.

Il n'est pas de pontife qui dans sa vie ait reçu autant de dédicaces que Léon X, en prose et en vers. Le livre qui paraissait sous le patronage du pape était sûr d'un brillant accueil dans le monde lettré. Léon X lisait avec un soin extrême les ouvrages qu'on voulait lui dédier ; il les lisait en théologien, en écrivain, en artiste. Plus d'un poëte lui dut le redressement d'un vers boiteux ; plus d'un latiniste, l'indication d'un solécisme : son oreille était d'une grande sévérité. On montre en Italie, dans diverses bibliothèques, des notes ajoutées à la marge d'un livre, des ratures officieuses, d'heureuses substitutions de mots qui témoignent du goût et de la science linguistique du royal censeur. A cette Allemagne qui se vantait déjà d'être plus latine que le Latium même, quand elle poussait, par la voix de Luther, ce cri de révolte qui émut si douloureusement les âmes, Léon X opposa un des humanistes qui avaient fait à Rome l'étude la plus approfondie de la langue de Cicéron, et la chrétienté eut une bulle qui, sous le rapport de l'art, restera comme un modèle de style. Comparez l'œuvre de Luther répondant au pape, à la composition d'Accolti ; comme le Saxon est mesquin ! L'exorde de la bulle du pape est un tableau à la manière de Michel-Ange !

Un moment encore revenons à ces lettres écrites par Léon X, et publiées par Bembo ; c'est là que brillent toutes les qualités du pontife. Il faut étudier le pape quand il dispense ses royales faveurs. Avant de se décider, il attend, il écoute, il prend conseil ; souvent, c'est loin de Rome, dans un couvent obscur que ses regards s'arrêtent pour chercher quelque pauvre frère qu'il destine, non pas à briller dans le monde, mais à édifier l'Eglise par ses vertus.

Il s'agit de donner un remplaçant temporaire au vicaire général de l'ordre des Augustins, Egidius de Viterbe, jusqu'à ce que l'ordre en chapitre solennel ait conféré lui-même cette dignité à l'un de ses membres.

C'est sur un moine habitant Venise qu'est tombé le choix de Léon X. Gabriel n'a jamais rien demandé ; toute son ambition est de mourir dans ce silence des saintes lettres qu'il a choisi volontairement. C'est tout à la fois un ordre et une prière que le pape adresse au bon religieux. — Allons, lui dit-il, courage, acceptez la dignité dont je vous revêts de mon propre mouvement, et que je ne vous permets de refuser sous aucun prétexte.

Mais Gabriel refuse en s'excusant sur l'amour qu'il a voué à l'obscurité, sur sa pauvre petite intelligence qui redoute les grandeurs, sur sa santé souffrante qui succomberait sous le fardeau. Et le pape réfute une à une, avec une grâce charmante, les objections du religieux. « Que parle-t-il de sa pauvre petite intelligence? mais la lettre qu'il vient d'écrire est un beau témoignage d'élévation et de force d'esprit; de sa santé souffrante? mais Dieu n'est-il pas là pour donner à son serviteur la force du corps et de l'âme? de son amour pour la solitude? mais qui se cache ainsi est bien digne d'être donné en exemple au monde; de son amour pour l'obscurité? mais qui sait se commander à soi-même est fait pour commander aux autres. »

Alors Gabriel courbe la tête et obéit. Et voyez comme le pape avait bien jugé l'homme : le jour de l'élection venu, le frère eut l'unanimité des suffrages.

A cette heureuse nouvelle, le pape écrit au moine :

« Je me réjouis, non pas que vous ayez obtenu une dignité que vous avez toute votre vie dédaignée, mais des suffrages qui vous ont décerné le généralat. Oh! heureux événement! Mais c'est un véritable miracle que cette unanimité de votes! Vous voilà revêtu d'une grande magistrature; je suis heureux que vos frères aient eu de vous la même opinion que je m'en étais formée. Adieu, bonne santé; crainte de Dieu et amour de la justice. »

Le voilà, ce Léon X qu'a tant calomnié le protestantisme! Est-ce là le pape des Propos de table de Luther, ne pensant qu'à remuer des pierres, à construire des palais, à peindre les murailles de ses chapelles ? Reconnaissez-vous là le pontife mis en scène par les graveurs de Nuremberg, entouré d'hommes de plaisirs, marchant escorté d'artistes, sans cesse penché sur le marbre, fouillant la terre, exhumant les statues antiques, en adoration perpétuelle devant la matière ?

A la vue des splendeurs matérielles dont Léon X avait doté Rome, le protestantisme a feint de sourire, et, pour décrier le pape, en a fait un artiste. Il s'y était pris d'abord autrement : un jour qu'il passait sur la place de Saint-Pierre, il vit la papauté travaillant à élever un temple au prince des apôtres, et il écrivit : « Les pierres émigrent la nuit, je vous le dis sérieusement ; les princes chrétiens sont tourmentés pour contribuer à l'édification d'une basilique à laquelle deux ouvriers seulement travaillent, et l'un des deux est boiteux. » Quelques années après que Ulrich de Hutten avait trouvé cette facétie, que l'Allemagne prit au sérieux, l'église s'élevait à cinquante pieds au-dessus du sol. Alors le protestantisme imagina quelque chose de plus étrange peut-être : ce fut d'accuser la papauté d'avoir pris la place de l'ouvrier boiteux, et de ne s'occuper, en véritable manœuvre, qu'à poser des pierres les unes sur les autres, quand l'âme des enfants du Christ périssait faute de nourriture spirituelle. Grâces à Dieu, nous avons prouvé que le noble culte qu'elle avait voué à l'art ne la détourna pas un seul instant de son devoir envers l'humanité. La correspondance de Bembo existe, qui témoigne, à chaque ligne, du zèle de Léon X pour la religion, de son amour pour l'Église, de sa préoccupation à défendre le dogme catholique, de sa tendresse pour les pauvres, de sa sollicitude pour le salut des âmes, de sa foi vive et éclairée. Tel nous l'avons vu au concile de Latran, tel nous le trouverons dans ses épîtres familières ; c'est le même travail qu'il poursuit : la réformation des mœurs publiques, la paix parmi les princes chrétiens, le bon exemple dans le sanctuaire.

Encore si les protestants seuls s'étaient trompés sur le caractère de Léon X; mais les catholiques eux-mêmes se sont faits plus d'une fois étourdiment l'écho des tristes clameurs de nos frères. Ils pensent avoir formulé un arrêt historique, quand ils ont répété, comme des plagiaires, que le pape montra trop souvent une insouciance coupable pour les intérêts de la religion. A ces âmes abusées disons simplement : Ouvrez et lisez la correspondance du pape, et vos yeux seront dessillés. Même dans une lettre insignifiante à quelques égards, on trouve le pape fidèle aux leçons du divin Maître, et tâchant de ramener au bercail du pasteur la brebis égarée. En achevant la lettre que nous citions tout à l'heure, et qu'il adressait à Gabriel, l'image de l'un de ses enfants rebelles se présente au souvenir du pontife, qui laisse tomber sur Luther ces lignes si pleines d'affectueuse tendresse :

« Et maintenant il faut que je mette à profit votre zèle. Un prêtre en Allemagne, Martin Luther, comme vous le savez, tente d'entraîner les âmes dans la révolte, en prêchant de nouveaux dogmes. Employez, pour le ramener à la vérité, votre autorité de général de l'ordre, vos conseils et vos frères; tâchez d'apaiser cet homme. Si vous vous hâtez, il sera facile d'éteindre une flamme naissante; si vous différez, je crains bien que, lorsque nous tenterons d'éteindre l'incendie, nos secours n'arrivent trop tard. Mais pourquoi tous ces conseils ? Est-ce que votre sagesse, votre piété, vos lumières, ne vous disent pas assez la conduite que vous avez à tenir ? Tout ce que je puis vous recommander, c'est d'employer à cette œuvre de réconciliation, objet de tous mes désirs, et vos pensées, et vos soins, et votre zèle, et votre temps. »

Il est dans la vie de Léon X des pages où l'on se dirait transporté au moyen-âge, cette époque d'enthousiasme religieux. Sélim, à la tête de ses hordes tartares, faisait chaque jour un nouveau pas en Europe. Pour arrêter cet autre Attila, le pape, à l'aide de ses légats, remuait les cours chrétiennes; et partout on promettait à l'homme qui représentait à la fois le christianisme et la civilisation, des soldats et de l'argent; mais les secours promis n'arrivaient pas. En Allemagne, un poëte s'était mis en tête de lutter avec le pape, et conseillait à l'empereur, aux princes, aux diètes, de refuser leur concours au père des fidèles; et la voix du poëte était plus puissante que celle du vicaire de Jésus-Christ. Alors, dit un historien philosophe, on vit à Rome le souverain pontife marcher nu-pieds et appeler sur son peuple, par des gémissements et par des larmes, la protection céleste. Ses prières furent plus efficaces que ses négociations : Sélim mourut avant d'avoir pu exécuter ses projets.

C'est à Léon X que nous devons en partie l'institution de ces belles cérémonies religieuses qui, chaque année, pendant la semaine sainte, attirent un si prodigieux concours d'étrangers à Rome. On ne saurait dire la majesté avec laquelle officiait le pontife, le recueillement qu'il gardait pendant la célébration du saint sacrifice. On le voyait, les mains jointes, l'œil fixé à terre ou sur l'autel, prier constamment. Il n'accompagnait et ne portait jamais le saint sacrement que la tête découverte. Il assistait tous les dimanches au sermon, mais il voulait que le prêtre ne parlât pas plus d'une demi-heure, conformément à la décision du concile de Latran. Musicien habile, il faisait chercher dans toute l'Europe les maîtres de chant les plus célèbres, les instrumentistes les plus renommés, pour célébrer le service divin. Il appela de Florence Alexandre Mellini, poëte et musicien, pour accoutumer ses chapelains à garder la tonique dans la psalmodie des psaumes, et la mesure syllabique dans le chant des hymnes ou des proses : car son oreille souffrait quand on brisait le rhythme ou qu'on offensait la prosodie.

Zacharie Ferreri nous a dit ailleurs que sous Jules II les hymnes qu'on chantait à Rome outrageaient souvent à la fois la grammaire et la quantité. Léon commanda au poëte des chants sacrés où la mesure et la syntaxe sont rigoureusement observées, mais que gâte trop malheureusement l'image païenne. Ce ne fut pas la faute du pape que cet étrange amalgame d'idées chrétiennes et d'expressions mythologiques, mais bien de l'époque elle-même, ainsi que nous l'avons ailleurs remarqué. Il paraît que de Grassi ou un autre avait composé tout exprès pour le service des chapelles pontificales un rituel où le cérémonial romain était minutieusement décrit. Le manuscrit tomba dans les mains de Christophore Marcello, archevêque de Corcyre, qui le fit imprimer à Venise en 1515, et le dédia à Sa Sainteté.

Pâris de Grassi voulait absolument qu'on punît ce qu'il appelait un crime de lèse-majesté pontificale; mais le pape, qui connaissait mieux l'antiquité ecclésiastique que son maître des cérémonies, bien loin de condamner, approuva l'archevêque, qui livrait ainsi à la piété des fidèles une liturgie dont jamais Rome n'avait fait un secret.

Léon X se levait de bonne heure et faisait sa prière à genoux; quand la maladie dont il était atteint l'avait fait souffrir la nuit, il prenait un luth suspendu à la muraille de sa chambre à coucher, et se mettait à jouer. Il estimait que la musique est un présent du ciel, qu'elle adoucit le caractère, et qu'elle élève l'âme à Dieu. Il la regardait, après les lettres, comme la plus efficace consolation de l'homme dans l'exil. Il aimait à converser sur les principes de l'art musical, et démontrait ses théories en s'accompagnant sur le luth. Les musiciens comme les humanistes venaient chercher fortune à Rome, où le pape les accueillait avec empressement. C'est à Léon X que le Florentin Pierre Aaron dédia le livre qui a pour titre *Toscanella della musica*. Aaron nous apprend dans son épître dédicatoire que, voulant se faire un sort, car il était pauvre, il vint à Rome et se livra avec ardeur à l'étude des sciences musicales, jusqu'à ce que la mort lui eût ravi son généreux protecteur.

Le professeur Thibaut, dans son beau livre sur la musique, a dit: « L'Église catholique avait, selon son système, plus que toutes les autres, les plus pressantes raisons de conserver intacts les chants primitifs nommés ambrosiens et grégoriens, chants vraiment célestes, mélodies sublimes, ravissantes intonations qui ont été créées par le génie dans les temps primitifs du christianisme, qui saisissent l'âme plus profondément que beaucoup de nos nouvelles compositions combinées pour l'effet. »

Nous n'avons pas besoin de dire que les chants empreints d'une simplicité sévère n'étaient pas plus du goût de Léon X que de son siècle. A cette époque, tous les esprits étaient emportés comme à leur insu vers l'effet: c'était l'effet qu'on cherchait en poésie, en peinture, en sculpture, en musique; et Léon X, sorti du monde brillant de Florence, ne put échapper à cette loi commune que subissait l'intelligence. Un frère s'était rencontré dans un couvent, Savonarole, qui avait tenté de rendre au choral religieux sa forme primitive; mais il ne vécut pas assez de temps pour opérer cette révolution que le Nord devait poursuivre plus heureusement. Le clergé, si rigoureux à Rome, plus qu'ailleurs peut-être, pour tout ce qui tient au rit, laissa introduire la musique mondaine dans l'église: la psalmodie, avec son ordonnance uniforme, ne pouvait plaire à ce peuple qui allait admirer sur les murs du Vatican les arabesques de Jean d'Udine; à la Farnésine, l'Alexandre de Soddome, et plus tard, dans diverses chapelles, les peintures de Jules Romain. Ce n'est pas dans une église de Rome à la renaissance qu'on aurait chanté une litanie de la Vierge sur le mode du sixième ton des psaumes ; or Léon X, pas plus que tout ce qui l'entourait, n'était porté de sa nature au beau simple.

Cette passion pour la musique suivait le pape jusqu'à table : à la fin de ses repas, on appelait des musiciens qui exécutaient diverses mélodies en s'accompagnant sur la guitare ou sur un autre instrument. Ce repas ressemblait assez à ceux que Vida donnait aux étrangers dans son évêché d'Albe. Les légumes y figuraient en abondance; le mercredi, pas un plat de viande ne paraissait sur la table ; le vendredi, on n'y servait que des racines; le samedi, il était de règle qu'on ne mît pas le couvert, le pape jeûnant ce jour-là. Léon X mangeait peu et ne buvait que de l'eau. Paul Jove, qui plus d'une fois eut l'honneur de s'asseoir à la table du pontife, nous dit que l'amour des lettres et des arts était si vif en lui, qu'il ne voulait pas que le temps du repas fût perdu pour l'instruction des convives : il indiquait un sujet souvent religieux, auquel tout le monde prenait part. Quelquefois l'entretien roulait sur un livre récemment paru, et dont Sa Sainteté indiquait les défauts ou les mérites.

Le soir, la conversation se renouait, vive, animée, pleine de saillies, de mots heureux, de traits d'esprit que le pape échangeait avec ses hôtes. Il savait, avec une adresse infinie, amener la discussion sur les poëtes profanes, qu'il avait tant aimés dans sa jeunesse, et dont il citait par cœur de longs fragments. C'était tour à tour un professeur, mais sans pédanterie, analysant les beautés d'un passage de Virgile avec un goût qu'eût envié Politien; un archéologue déchiffrant une inscription avec l'érudite intelligence de Pomponio ; un philosophe discutant comme Benivieni l'influence de Platon sur la restauration des lettres; un autre Castiglione exposant ses théories sur les lois du beau, et, quand ses convives portaient une robe rouge, un nouveau Sadolet, tout plein des Pères de l'Église. De ses vastes lectures chrétiennes et profanes, il avait retenu une foule de sentences qu'il amenait avec un à-propos exquis. Tous ceux qui avaient le bonheur de l'approcher s'en allaient émerveillés de ses connaissances variées, de son érudition, de son beau langage. Le peuple l'aimait avec passion, et s'inclinait quand il passait comme devant un saint, parce qu'il admirait en lui des mœurs d'une pureté si éclatante, que la calomnie n'essaya pas même de les ternir : enfant, adolescent, homme fait, il vécut chaste et défia jusqu'au soupçon.

Nous savons les reproches que de sévères moralistes ont adressés à Léon X : ils blâment surtout son amour pour la chasse. Il est certain que le pape aima cet exercice avec une sorte de passion : ses médecins lui en avaient fait un précepte hygiénique; le repos eût abrégé ses jours. Vers la fin de l'été, il commençait ses promenades aux environs de Rome. Quand les pluies avaient rafraîchi l'atmosphère si chaude dans la Romagne jusqu'à la fin de septembre, il se rendait à Viterbe et s'amusait à chasser aux perdrix, aux faisans, et aux oiseaux de toutes sortes dont le pays abonde; puis il continuait ses excursions, s'embarquait sur le lac Bolsène, mettait pied à terre dans l'île qui s'élève au milieu des eaux, et pêchait pendant des heures entières. Alexandre Farnèse l'attendait sur le rivage, pour le recevoir dans l'une de ses belles villas, demeures toutes royales, où Léon X, entouré de ses serviteurs, se livrait à un autre plaisir qu'il chérissait par-dessus tout : la conversation, à la nuit tombante, au pied de l'un de ces beaux pins chantés par Virgile. Là il faisait comme Machiavel à Casciano, il évoquait les ombres des grands hommes de l'antiquité païenne: seulement le pape appelait les poëtes, tandis que le publiciste n'interrogeait que les historiens. Dans ces doctes entretiens, Léon X n'était plus qu'un humaniste dont Bembo pouvait discuter les jugements littéraires. Plus de vingt ans après la mort du pontife, Sadolet, dans son évêché de Carpentras, se rappelait avec attendrissement ces heureux instants passés avec son souverain, et des larmes s'échappaient de ses yeux !

Bientôt le pape quittait la maison de plaisance de Farnèse, et s'avançait jusqu'à Civita-Vecchia. « Là, dit Roscoë, qui a copié les récits de Paul Jove, on rassemblait, dans une plaine couverte de broussailles et entourée de collines disposées en amphithéâtre, un grand nombre de bêtes fauves qu'il prenait plaisir à chasser. »

On conserve aux archives de Civita-Vecchia une lettre charmante de Léon X au gouverneur du château; elle est datée de Rome, le 18 octobre 1518 :

« Mon cher châtelain, dit le pape, je serai le 24 courant à Civita-Vecchia avec une suite nombreuse. Vous me servirez du poisson et un bon dîner : il faut que je fasse figure au milieu de tous ces littérateurs, de tous ces artistes que j'amène avec moi. Je vous rembourserai de mes deniers tout ce que vous aurez dépensé. Je vous recommande bien de faire attention à ce qu'il ne manque rien au repas, car il s'agit de festoyer des hommes de grande importance et que j'aime avec délices. Nous serons cent quarante : que cela vous serve de règle; vous ne pourrez pas prétexter d'ignorance. Je vous donne ma bénédiction. Votre souverain, qui vous aime tendrement. »

Les convives qu'il amenait avec lui étaient, entre autres, Bembo, Sadolet, Favorino, Berni et Raphaël.

Mais de toutes les villas hors de Rome, c'était la Magliana dont Léon X préférait le séjour.

A quelques milles du Vatican, sur les bords du Tibre, au pied du monastère de Sainte-Cécile, est une assez vaste plaine, jadis habitée par une peuplade du nom de Manlia;

tout autour s'étendent des collines autrefois plantées d'arbustes. C'est là que Sixte IV fit élever un magnifique palais, qu'Innocent VIII accrut et embellit; c'est là que Léon X venait souvent se réfugier pour échapper au tumulte de Rome, amenant avec lui des ambassadeurs étrangers, des princes, des grands seigneurs et des artistes, et le plus souvent deux ou trois de ses serviteurs intimes. On savait le jour où le pape viendrait habiter la Magliana; alors le chemin que devait traverser Sa Sainteté était rempli de paysans qui, à la vue de leur souverain bien-aimé, s'agenouillaient pour recevoir sa bénédiction. Sur son passage on élevait des bancs de verdure, des arcs de triomphe tressés de fleurs. Le pape descendait de cheval ou de voiture, s'asseyait sur un de ces bancs rustiques improvisés par la piété, interrogeait les vieillards, embrassait les enfants, dotait les jeunes filles, payait les dettes des pauvres laboureurs, et s'en allait comblé de bénédictions et de témoignages d'amour.

La Magliana n'existe plus; mais le souvenir de celui qui l'habita longtemps vit toujours. Les paysans montrent encore le tertre où Léon X venait tenir ses assises villageoises. Ils ne savent pas que celui qui traversa tant de fois ces campagnes aujourd'hui si tristes fut le protecteur des lettres, le Mécène des artistes; que, grâce à sa faveur, plus d'un « cygne au blanc plumage se changea en phénix à la couronne de pourpre, et plus d'un laurier en diadème, » comme dit le poëte; qu'il illustra son règne par de splendides monuments; qu'il donna son nom au siècle qui le vit naître : on leur a dit seulement que Léon X répandait la joie partout où il portait ses pas, qu'il aimait les pauvres, qu'il pratiquait la justice, qu'il était le père de ses sujets, et ils ne peuvent prononcer son nom sans attendrissement.

FIN.

TABLE DES MATIÈRES.

Préface. 1-17

CHAPITRE PREMIER.

Laurent le Magnifique. — Jean de Médicis. — 1475-1489.

Florence. — La famille des Médicis. — Les Grecs chassés de Constantinople se réfugient à Florence. — Protection que leur accorde Laurent le Magnifique. — Amour de Laurent pour les lettres. — Côme fonde l'Académie platonicienne. — Gemiste Pléthon. — Le Néoplatonisme. — Idée de cette doctrine philosophique. — Laurent la chante. — Fête qu'il institue en l'honneur de Platon. — Son goût pour le naturalisme païen expliqué et jugé. — Laurent dans son ménage. — Naissance de Jean de Médicis. — Il reçoit la tonsure. — Louis XI lui confère l'abbaye de Passignano. — Avénement à la papauté d'Innocent VIII. — Jean obtient le chapeau de cardinal. — Lettre de Politien au pape. — La république félicite Sa Sainteté. — Scala, 19-40.

CHAPITRE II.

Les maîtres de Jean de Médicis. — Marsile Ficin. — Pic de la Mirandole. — Politien.

Marsile Ficin enfant, adolescent. — Il traduit Platon, et refait sa version, d'après les conseils de Musurus. — Il explique en chaire les doctrines du philosophe. — Son disciple Mercati. — Pic de la Mirandole. Son portrait tracé par son neveu. — Il étudie à Bologne. — Se met à parcourir le monde. — Est trompé par des Juifs. — Son voyage à Rome. — Il est accusé d'hérésie, et protégé par Innocent VIII. — Accusé de nouveau à la mort de ce pape, et défendu par Alexandre VI. — Ses sentiments religieux. — POLITIEN. Sa villa de Fiesole. — Ses goûts. — Il professe l'éloquence latine à Florence — Son portrait, par Paul Jove. — Ses Sylves. — Idée de son style. — Sa liaison avec le Magnifique. — Influence de ces lettrés sur Jean de Médicis, 41-58.

CHAPITRE III.

JEAN DE MÉDICIS A PISE. — 1489-1492.

Chalcondyle. — Bibbiena. — Jean de Médicis étudie la musique. — Il part pour Pise. — L'université de cette ville est protégée par les papes, et restaurée par les Médicis. — Les professeurs Philippe Decio et Barth. Soccino. — Progrès de l'écolier. — Il soutient sa thèse à Florence, où il est reçu docteur en droit canon. — Philomus prédit que Médicis sera pape un jour, 58-66.

CHAPITRE IV.

JEAN DE MÉDICIS A ROME. — MORT DE LAURENT. — 1492.

Arrivée de Jean de Médicis à Rome. — Il est reçu par le pape. — Sa lettre à son père. — Les cardinaux romains La Rovère, Piccolomini, Borgia, et leur caractère. — Rome et Florence poursuivent également l'affranchissement de la pensée. — Travaux archéologiques de Pomp. Leto, avec lequel se lie le cardinal de Médicis. — L'Académie romaine un moment dispersée par Paul II, et pourquoi. — Aquilano, P. Cortese. — Plan de conduite que Laurent trace à son fils. — Mort de Laurent. — Jugement sur ce prince, 67-84.

CHAPITRE V.

L'ITALIE A LA MORT DE LAURENT. — 1492.

ITALIE POLITIQUE. Milan et ses ducs. — Louis Sforce appelle Charles VIII en Italie. — Venise, Gênes, Florence au moment de l'invasion. — Pierre de Médicis incapable d'arrêter le mouvement révolutionnaire dont est menacée la Toscane, 85-94.

CHAPITRE VI.

RETOUR A FLORENCE. — 1492-1493.

Affliction que la mort de Laurent cause à Rome. — Lettres du cardinal à son frère Pierre. — État des esprits à Florence. — Le cardinal retrouve ses anciens amis à Florence. — Témoignage de sa reconnaissance envers les professeurs. — Roderic Borgia est nommé pape et prend le nom d'Alexandre VI. — Comment le peuple romain accueille cette nomination, 94-105.

CHAPITRE VII.

CHUTE DES MÉDICIS. — 1494-1495.

Les princes italiens favorisent l'expédition de Charles VIII. — Alexandre VI fait de vains efforts pour arrêter le monarque français. — L'armée française se met en marche, arrive à Lyon, à Turin, à Pise. — Pierre de Médicis va traiter avec le roi. — Irritation des esprits à Florence en apprenant la convention signée par Laurent. — Retour de Pierre à Florence. — Insurrection. — Le cardinal essaye en vain d'apaiser le peuple. — Il est obligé de fuir. — Le couvent de St-Marc lui ferme ses portes. — Pillage du palais des Médicis. — Entrée de Charles VIII à Florence. — Pierre à Bologne. — Le cardinal à Castello, 105-125.

CHAPITRE VIII.

SAVONAROLE. — 1494-1497.

Enfance de Savonarole. — Il entre et prêche au couvent de Saint-Marc. — Il commente l'Apocalypse en chaire. — Belles images qu'il en tire. — Ses rapports avec Laurent de Médicis. — Passe pour prophète. — Sa visite à Charles VIII. — Ascendant qu'il prend sur les esprits à Florence. — Rédige un projet de constitution pour la république. — Merveilles qu'il opère par ses prédications. — Sa guerre au paganisme. — Comment il en triomphe. — Idées esthétiques du moine, 126-146.

CHAPITRE IX.

SAVONAROLE. — 1498.

Chute du crédit de Savonarole. — Il est dénoncé au pape Alexandre, qui refuse d'abord de lui interdire la chaire. — Partis nombreux que le dominicain suscite à Florence. — Pierre, à l'aide de ces divisions, tente de rentrer dans sa patrie, et échoue devant la vigilance du moine de St-Marc. — Arrestation et supplice de cinq citoyens accusés de conspiration en faveur de Pierre, et qui en appellent au peuple. — Refus de Savonarole de porter l'appel au grand Conseil. — Les haines éclatent. — Savonarole est de nouveau dénoncé à Alexandre, qui le cite à Rome. — Le moine refuse d'obéir à Sa Sainteté. — Savonarole, excommunié, continue à prêcher. — Dominique de Pescia propose le jugement du feu pour prouver la vérité de la doctrine de Savonarole. — Le défi est accepté par Fr. de la Pouille. — Conduite des deux champions. — Le peuple se soulève contre Savonarole et attaque le couvent de St-Marc. — Jugement et mort de Savonarole. — Quelle opinion on doit se former du moine, 147-172.

CHAPITRE X.

MORT DE PIERRE DE MÉDICIS. — 1498-1503.

Deuxième tentative de Pierre de Médicis. — Il échoue. — Le cardinal à la cour d'Urbin. — Il voyage en différentes parties de l'Europe. — Il retourne en Italie, et retrouve Julien de la Rovère à Savone. — Il arrive à Rome, et s'occupe d'arts et de lettres. — Ses réunions. — Troisième tentative de Pierre de Médicis, qui est trahi par César Borgia. — Il s'engage dans l'armée française, et meurt devant Gaëte, 173-188.

CHAPITRE XI.

JULES II. — 1503-1512.

Election de Jules II. — Son portrait. — Il s'empare de César Borgia et le force à restituer les forteresses du Saint-Siége. — Le cardinal gagne l'amitié du neveu de Jules II. — Sa conduite à Rome. — Dangers que court la royauté temporelle du pape. — Quelques cardinaux se détachent de l'autorité, et convoquent un conciliabule à Pise. — Soderini favorise les prélats rebelles. — Jules II nomme le cardinal de Médicis son légat à Bologne. — Le cardinal part pour réduire cette ville qui vient de se révolter. — Il est obligé d'en lever le siége. — Gaston de Foix attaque et prend Brescia. — L'armée du pape se retire et vient se poster près du Rancone. — Bataille de Ravenne. — Mort de Gaston de Foix. — Le cardinal tombe dans les mains des Français, 189-214.

CHAPITRE XII.

DÉLIVRANCE DU LÉGAT DE JULES II. — 1512.

Les princes amis des Français se rallient à la politique de Jules II. — Les Suisses accourent au secours du pape. — La sainte ligue est partout victorieuse. — Résultats de l'expédition de Louis XII en Italie. — Le cardinal, prisonnier des Français, est délivré à Cairo. — Bologne est obligé de capituler. — Alphonse d'Este vient implorer son pardon à Rome. — L'Arioste à la cour de Jules II, 214-226.

CHAPITRE XIII.

JULES II, PROTECTEUR DES ARTS ET DES LETTRES.

Enfance de Jules II, qui apprend à connaître Michel-Ange à Florence, et le fait appeler à Rome. — Entrevue du pape et de l'artiste. — Tombeau de Jules II. — Michel-Ange se brouille avec Sa Sainteté, et retourne à Florence. — Effroi de Soderini, qui tâche d'apaiser son compatriote. — Michel-Ange se réconcilie avec le saint-père. — Il est chargé de faire la statue de Jules II, puis des travaux de la chapelle Sixtine. — Bramante commence l'église de St-Pierre et meurt. — Caractère de cet artiste. — Protection que Jules II accorde aux arts. — Rome sous ce pontife, 226-246.

CHAPITRE XIV.

RÉTABLISSEMENT DES MÉDICIS. — MORT DE JULES II. — 1513.

Jules II veut punir Soderini. — Portrait du gonfalonier. — Don Raimond de Cardonne, après le congrès de Mantoue, est envoyé pour réduire Florence. — Soderini veut se défendre, mais manque d'adresse. — Cardonne s'empare de Prato. — Soderini est déposé et exilé. — Restauration des Médicis. — Le cardinal rentre à Florence. — Comment il s'y conduit. — Julien est nommé chef de la république. — Conspiration de Boscoli. — Machiavel est mis à la torture. — Mort de Jules II. — Jugement sur ce pontife. — Lettre qu'il écrit à son frère, 246-257.

CHAPITRE XV.

LÉON X, PAPE. — 1513.

Modes usités pour l'élection du pape, compromis, adoration, accessit. — Le conclave. — Comment on y vote. — Le cardinal de Médicis part de Florence pour Rome, afin de prendre part à l'élection. — Comme le plus jeune, il recueille les suffrages. — Il est élu pape, et prend le nom de Léon X. — Ancien mode d'intronisation. — Couronnement du pape. — Léon X prend possession de St-Jean de Latran. — Description de cette prise de possession. — Joie que Rome fait éclater à la nomination de Léon X, 257-265.

CHAPITRE XVI.

PREMIERS ACTES DE LÉON X. — 1513.

Lettres de Delfini et d'Érasme à Léon X. — Le pape demande et obtient la grâce de Machiavel. — Rappel de Soderini. — Le pape travaille à réconcilier entre eux les princes chrétiens. — Avances qu'il fait à Henri VIII, roi d'Angleterre, à Louis XII, roi de France. — Guichardin est chargé par la république de Florence de complimenter Sa Sainteté. — Le repos de l'Italie est de nouveau menacé. — Ligue de Louis XII et des Vénitiens. — Conseil que le pape adresse inutilement au roi de France. — La ligue franco-vénitienne est défaite. — Bataille de Novare. — Admirable conduite de Léon X après la victoire des alliés du saint-siége, 265-283.

CHAPITRE XVII.

SADOLET. — BEMBO. — BIBBIENA.

Sadolet étudie à Ferrare, s'attache à Virgile, puis à saint Paul. —

Il part pour Rome; entre d'abord chez le cardinal Caraffa, et, à la mort de ce prélat, chez le cardinal Frégose. — Caractère de Sadolet. — Sa lettre à Mélanchthon. — *Bembo* se lie à Ferrare avec Sadolet; part pour la Sicile, et apprend le grec sous Constantin Lascaris; retourne à Florence, où il fait connaissance de Lucrèce Borgia. — Bembo à la cour d'Urbin. — Il compose les Asolani. — Idées esthétiques de Bembo. — Sa théorie sur l'imitation. — Services qu'il rend à la numismatique. — Il protége Pomponace. — *Bibbiena*. — Idée de son caractère. — Étudie Plaute, et le prend pour modèle en écrivant la Calandra. — Ses idées artistiques. — Sadolet, Bembo et Bibbiena, trois symboles de la vie intellectuelle que Léon X réunit auprès de sa personne, 283-303.

CHAPITRE XVIII.

CONCILE DE LATRAN. — 1513 et suiv.

Ouverture du concile de Latran par Léon X. — Carvajal et Saint-Severin y comparaissent, souscrivent une formule de rétractation et sont solennellement absous. — Léon X fait grâce à Ferreri, secrétaire du conciliabule de Pise. — Réformes entreprises par Léon X. — Réforme du haut clergé, réforme des prêtres et des moines. — Décret du concile sur l'éducation cléricale et sur les prédicateurs. — Combien sont peu fondées les plaintes que l'Allemagne fit entendre contre Rome, par l'organe de Hutten. — Idée sommaire des principaux actes du concile de Latran, et nécessité de les étudier pour répondre aux accusations du protestantisme, 304-319.

CHAPITRE XIX.

LE CONCILE DE LATRAN. — LES MONTS-DE-PIÉTÉ. — 1513 et suiv.

L'usure, au moyen-âge, est exercée par les juifs. — Le frère Barnabé, moine récollet, a la première idée des monts-de-piété. — Il est secondé plus tard par un religieux du même ordre, Bernardin de Feltre. — Succès des prédications du moine, qui meurt en odeur de sainteté. — Cajetan, dominicain, attaque les monts

comme usuraires ; vive polémique qu'il excite. — Léon X y met
fin en approuvant ces établissements, 319-326.

CHAPITRE XX.

LE CONCILE DE LATRAN. — LA PRESSE.

Les manuscrits au moyen-âge. — Difficultés de la science. — Susceptibilité et orgueil de l'humaniste. — Quelques exemples de querelles littéraires de la renaissance. — Politien et Mabile, Galeotto et Merula. — La presse ne respecte rien ; elle attaque jusqu'à la royauté, que Pontano joue dans un de ses dialogues. — Réflexions sur cette polémique. — On ne saurait nier les services rendus à l'imprimerie par la papauté. — Ce que de Bussi fit à Rome pour les ouvriers typographes. — Plaintes élevées de toutes parts contre les abus de la presse. — Dangers dont elle menace la société. — Le concile de Latran prend des mesures pour que le repos de la chrétienté ne soit pas troublé ; mesures religieuses et sociales. — Décret de Léon X, 327-345.

CHAPITRE XXI.

LA VATICANE. — TACITE. — MANUSCRITS. — 1514-1515.

La sacristie sert d'abord de bibliothèque à nos églises. — Premières bibliothèques catholiques. — Soins des papes pour la conservation des manuscrits. — Nicolas V est le créateur de la Vaticane. — Inghirami est nommé conservateur de cette bibliothèque par Jules II. — Béroalde lui succède sous Léon X. — Recherche des manuscrits. — Léon X achète des moines de Corbie quelques livres inédits de Tacite. — Il veut publier une édition des œuvres de cet historien, et en confie le soin à son bibliothécaire. — Un imprimeur de Milan veut contrefaire le Tacite. — Léon X charge un grand nombre d'humanistes d'aller à la découverte des livres anciens. — Ses libéralités envers les savants. — Musurus, Lascaris, Alde Manuce, 346-357.

CHAPITRE XXII.

LE GYMNASE ROMAIN. — 1515.

Services rendus par Nicolas V à l'enseignement. — Léon X forme le projet d'agrandir le gymnase romain. — Règlements anciens introduits dans les universités italiennes. — Le pape appelle à Rome des professeurs illustres. — Parrasio, Bottigella, Démétrius Chalcondyle, Favorino, Scipion Fortiguerra. — Encouragements de toute sorte qu'il prodigue aux maîtres du gymnase. — Ses libéralités à leur égard. — Chaire spéciale qu'il affecte à l'enseignement de la botanique appliquée à la médecine dans l'intérêt des pauvres, 358-369.

CHAPITRE XXIII.

MARIGNAN. — MATH. SCHINNER. — 1515.

Dans la prévision d'une invasion nouvelle des Français en Italie, Léon X cherche à gagner Venise. — Bembo échoue dans sa mission. — Mort de Louis XII. — François Ier forme le projet de reconquérir le Milanais. — Budé, envoyé à Rome, ne peut réussir à rallier Léon X à la politique du nouveau roi. — Le pape, au premier bruit de la marche des Français, se hâte de former avec l'empereur d'Allemagne et le roi d'Espagne une ligue défensive et offensive. — Mathieu Schinner. — Ses premières années. — Sa vie au camp. — Il marche avec les Suisses à la rencontre des Français. — Bataille de Marignan. — Défaite des Suisses. — François Ier s'empare de Milan, 369-392.

CHAPITRE XXIV.

ALLIANCE AVEC LA FRANCE. — 1515.

Situation où se trouve le pape après la bataille de Marignan. — Il est forcé par les événements de se rapprocher des Français. — Canosse est chargé de traiter avec le vainqueur. — Entrevue à Londres d'Érasme et de Canosse. — Les négociations sont entamées, et Léon X obligé de subir les conditions imposées par François Ier. — Léon X part de Rome pour avoir une entrevue avec le roi. — Fêtes qu'on fait au pontife à Florence. — Entrevue à Bologne des deux souverains. — Pâris de Grassi. — Le chancelier Duprat, 393-411.

CHAPITRE XXV.

CONCORDAT. — 1516.

La pragmatique-sanction de Louis IX et de Charles VII. — Est modifiée dans un temps de schisme par les Pères de Bâle, et repoussée par le saint-siége.—Abus qu'elle produit en France.— Louis XI veut l'abolir. — Elle est un moment rétablie par Louis XII. — Concordat qui abroge la pragmatique. — Esprit de cette constitution disciplinaire qui éprouve en France de vives résistances. — Analyse de quelques-unes des dispositions du concordat. — Quel jugement on doit en porter. — Les deux monarques se séparent. — Retour à Rome de Léon X. — Mort de Julien de Médicis, 411-424.

CHAPITRE XXVI.

EXPÉDITION DE MAXIMILIEN. — GUERRE D'URBIN. — 1516.

Schinner rallume les haines contre la France. — L'empereur Maximilien prépare une nouvelle expédition en faveur du duc de Milan. — Il est sur le point de prendre la ville, quand les Suisses se révoltent dans son camp. — Maximilien s'enfuit. — Belle conduite de Léon X lors de la prise d'armes de l'empereur. — Ses lettres à Schinner et à l'évêque Ennio. — Le pape garde fidèlement sa parole. — Révolte du duc d'Urbin. — Griefs du saint-siége contre ce prince. — Le pape lui fait la guerre et le dépouille de sa principauté.—Heureuses influences pour l'Italie de la conquête d'Urbin, 424-435.

CHAPITRE XXVII.

CONSPIRATION DES CARDINAUX. — 1516-1517.

Alphonse Petrucci conspire contre Léon X, et pour quel motif.— Il met dans ses intérêts un chirurgien nommé Vercelli.— Les projets de Petrucci sont connus; appelé à Rome, il est pris et arrêté au château St-Ange. — L'instruction commence. —Complices de Petrucci : Raphaël Riario, Adrien de Corneto, Soderini, de Sauli. — Petrucci et Vercelli sont condamnés à mort et exécutés. — Adrien de Corneto, Soderini, Sauli et Riario obtiennent leur pardon, 436-445.

CHAPITRE XXVIII.

NOMINATION DE CARDINAUX. — 1517.

Intention de Léon X en créant de nouveaux cardinaux. — *Egidius* de Viterbe. — Lettre que lui écrit Léon X. — Il refuse d'abord et est obligé d'accepter la pourpre. — *Adrien* d'Utrecht. — Ses premières années à Louvain. — Son amour pour les pauvres. — Vertus qu'il fait briller quand il monte sur la chaire de St-Pierre. — *Thomas de Vio* (Cajetan) entre dans l'ordre des Dominicains. — Succès qu'il obtient à l'université et en chaire. — Ses mérites divers. — *Ponzetti* cultive les sciences et les saintes lettres. — Paul-Émile *Cesio* se distingue par sa charité. — Quelques mots sur les autres cardinaux. — Luther à Wittemberg, jugeant Rome et l'Italie, 446-462.

CHAPITRE XXIX.

THÉOLOGIE. — LINGUISTIQUE.

C'est à tort qu'on reproche à Léon X d'avoir négligé les théologiens. — Professeurs qui enseignent la sainte science au Gymnase. — Mouvement imprimé par le pape à l'étude des langues. — Ambrogio travaille à sa grammaire polyglotte. — Il est chargé d'enseigner le chaldéen à Bologne. — Pagnini traduit le psautier de l'hébreu en latin. — Léon X protège les travaux de l'orientaliste. — Valeriano reçoit des encouragements du pape, et s'occupe d'un grand ouvrage sur les hiéroglyphes. — Travaux divers de ce savant. — Réformation du calendrier de Jules César entreprise par Léon X, 463-477.

CHAPITRE XXX.

L'HISTOIRE.

État de Florence à la mort de Julien de Médicis. — Léon X consulte Machiavel sur la forme de gouvernement à introduire à

Florence. — Plan donné par le publiciste. — Léon X refuse de l'accepter, parce qu'il anéantirait les libertés de la cité. — Vie intérieure de Machiavel. — A quelles conditions il offre de rentrer au service des Médicis. — Son livre du Prince. — Machiavel historien. — *Paul Jove* entreprend d'écrire l'histoire générale de son époque. — Il fait le voyage de Rome pour lire quelques fragments de son ouvrage à Léon X. — Encouragements qu'il reçoit de Sa Sainteté. — Ce qu'il faut penser de la vénalité de Paul Jove. — L'historien dans sa villa du lac de Côme. — *Guichardin* a un véritable avantage sur ses rivaux pour écrire l'histoire. — Il est nommé avocat consistorial par Léon X. — Il veut brûler son histoire au moment de mourir. — Ses préjugés contre la cour de Rome. — Belles qualités de son livre, 478-497.

CHAPITRE XXXI.

POÉSIE. — POETES.

L'art, à la renaissance, ne pouvait pas éviter de tomber dans le paganisme. — L'*Arioste* à Rome est reçu par le pape. — Ce qu'il aurait voulu obtenir de Sa Sainteté. — Bulle du pape contre ceux qui réimprimeraient le Furioso. — L'Arioste à Ferrare. — *Vida*, que Giberti conduit à l'audience de Sa Sainteté, est encouragé et récompensé. — Le pape applaudit à l'idée de la Christiade. — Jugement sur ce poëme. — Vida dans son évêché. — *Sannazar* partage l'exil de son souverain, vient en France, et retourne en Italie après la mort de Frédéric. — Son poëme sur l'Enfantement de la Vierge. — Ses églogues. — Sannazar à Naples, 497-518.

CHAPITRE XXXII.

PEINTURE. — RAPHAEL.

Colbordolo habité par les ancêtres de Raphaël. — Jean Santi, son père, exerce avec succès la peinture à Urbin. — Son amour pour Raphaël. — Il consacre son habitation à la sainte Vierge, qu'il peint à fresque, aidé, dit-on, par son enfant. — Mort de Jean Santi. — Jugement sur ce peintre, 519-526.

CHAPITRE XXXIII.

PEINTURE. — RAPHAEL.

Raphaël part pour Pérouse. — Pierre Vanucci, surnommé le Pérugin, donne des leçons à Raphaël. — Progrès de l'écolier. — Raphaël retourne à Urbin, puis part pour Citta di Castello. — Raphaël à Florence, où il étudie les œuvres de Masaccio. — Influence de Léonard de Vinci sur la manière de l'Urbinate. — Le symbolisme de Dante. — OEuvres que Raphaël peint à Florence. — Castiglione. — Sentiment chrétien répandu dans toutes les créations de Sanzio, 527-540.

CHAPITRE XXXIV.

PEINTURE. — RAPHAEL.

Bramante présente Raphaël à Jules II. — Le pape lui confie les chambres du Vatican. — La Segnatura. — Invention et exécution de l'institution du sacrement de l'Eucharistie (dispute du Saint-Sacrement). — L'école d'Athènes. — La Vierge au Donataire. — Le tableau d'Héliodore, 541-550.

CHAPITRE XXXV.

PEINTURE. — RAPHAEL.

Raphaël est nommé par Léon X intendant des travaux de l'église de Saint-Pierre. — Lettre de Sa Sainteté à l'artiste. — Plan de Raphaël. — Marco Fabio Calvi l'aide dans ses recherches et ses travaux. — L'architecte de Saint-Pierre est chargé par le pape de la surveillance des ruines de l'ancienne Rome. — Salles du Vatican auxquelles travaille le peintre. — L'incendie du Bourg. — Les Loges. — Les tapisseries de la chapelle pontificale. — Raphaël imagine de ressusciter les monuments de l'ancienne Rome. Lettre qu'il écrit à ce sujet à Sa Sainteté. — Raphaël peint le tableau de la Transfiguration. — Il tombe malade et meurt. — Causes de cette mort subite. — Funérailles du grand artiste. — Léon X vient, dans l'église de la Rotonde, baiser la main du peintre. — Découverte, sous Grégoire XVI, du corps de Raphaël. — Ce peintre a réhabilité la forme en l'idéalisant, 551-576.

CHAPITRE XXXVI.

GUERRE CONTRE LES TURCS.

La papauté, tout en favorisant l'art, ne néglige pas les intérêts du christianisme. — Ses divers appels aux princes catholiques pour se croiser contre les Turcs. — Æneas Sylvius (Pie II). — Léon X prêche la sainte croisade, 576-583.

CHAPITRE XXXVII.

CAUSES DE LA RÉFORME.

Pouvoir de l'empereur d'Allemagne. — Ce qu'étaient les nobles à l'époque de la Réforme, — et les évêques et les moines. — Peu d'institutions pédagogiques au delà du Rhin. — Ignorance du peuple. — L'ivrognerie répandue dans la société. — Dépendance mutuelle des ordres. — Combien l'appel à la liberté fait par Hutten et Luther devait favoriser la révolte religieuse, 584-591.

CHAPITRE XXXVIII.

LA RÉFORME. — 1518.

Famille, naissance et premières années de Luther. — Luther au cloître. — Il reçoit les saints ordres. — Son voyage à Rome. — Il prend ses grades en théologie. — Léon X publie les indulgences. — Albert, archevêque de Mayence, charge Tetzel de les prêcher en Allemagne. — Luther se déclare contre les indulgences. — Thèses qu'il affiche sur l'église de Tous les Saints à Wittemberg. — Bruit qu'elles excitent. — Luther, cité à Rome, refuse d'obéir au pape. — Belle conduite de Léon X envers le moine augustin. — Luther à Augsbourg devant le cardinal Cajetan. — Il quitte la ville après avoir fait afficher son appel au pape. — Bulle de Léon X. — Ce qu'en pense Luther, 591-611.

CHAPITRE XXXIX.

LA RÉFORME. — 1519-1520.

Léon X charge Miltitz d'une mission auprès de Luther. — Leur entrevue à Altenbourg. — Luther promet d'écrire au pape. — Lettre qu'il adresse à Sa Sainteté. — Comment il trompe Léon X et Miltitz. — Belle conduite de la papauté envers le moine révolté. — Dispute à Leipzig de Luther et d'Eckius. — Les doctrines de l'augustin sont réfutées par un grand nombre d'universités. — Emportements de Luther. — Sa lettre insolente au pape. — Il est condamné à Rome. — Bulle de Léon X. — Luther la fait brûler à Wittemberg. — La révolte est consommée, 612-626.

CHAPITRE XL.

LA RÉFORME.

Rôle que le Rire joua dans le drame de la réforme. — Usage que Luther en fit dans sa polémique avec Tetzel, Eckius, Alved et le pape. — Le démon de Luther. — Le dialogue. — Ulrich de Hutten. — Mélanchthon s'associe à Luther. — Dialogue contre la Sorbonne. — Le Pape-âne. — Caricatures de Nuremberg. — Images qu'inspire la papauté, 627-642.

CHAPITRE XLI.

DERNIERS ÉVÉNEMENTS. — MORT DE LÉON X. — 1521.

Les Ordres d'Allemagne se rassemblent à Nuremberg pour donner un successeur à Maximilien Ier. — Charles d'Autriche et François Ier briguent l'empire. — Conduite politique du saint-siège. — Charles est élu. — Rivalité des deux princes. — État des esprits dans le duché de Milan. — Schinner reparaît sur la scène. — Léon X écoute les propositions de Charles-Quint. — Les hostilités éclatent. — Les Français sont chassés de Milan. — Parme et Plaisance rentrent sous la domination de l'Église. — Le pape quitte la Magliana pour aller à Rome et rendre grâces à Dieu du triomphe des confédérés. — Il tombe malade et meurt, 643-662.

CHAPITRE XLII.

L'HOMME INTIME.

Portrait de Léon X. — Chagrin du pape quand il est obligé de punir. — Combien il était libéral. — Établissements de charité qu'il fonde à Rome. — Les lettrés persécutés en appellent au pape. — Reuchlin et Erasme. — Piété de Léon X. — Henri VIII lui dédie l'*Assertio septem sacramentorum*. — Les épîtres familières du pape. — Combien elles témoignent du zèle du pontife pour la religion. — Calomnies des protestants répétées par les catholiques. — On doit à Léon X l'institution de diverses cérémonies religieuses. — Vie intérieure du pape. — Son goût pour la musique. — Léon X à table, à la chasse, à Viterbe et à la Magliana. — Conclusion, 662-679.

FIN DE LA TABLE.

Poitiers. — Imp. de F.-A. SAURIN.

www.ingramcontent.com/pod-product-compliance
Lightning Source LLC
Chambersburg PA
CBHW061959300426
44117CB00010B/1402